MUNDO SEM FIM

Escatologias Pentecostais em Perspectiva

Tradução
BRENO SEABRA

Organizadores:

Peter Althouse
Robby Waddell

Título original: *Perspectives in Pentecostal Eschatologies: world without end*

As citações bíblicas sem indicação da versão *in loco* foram extraídas da Nova Versão Internacional, da Biblica Inc.

PRODUÇÃO EDITORIAL Fabiano Silveira Medeiros
COPIDESQUE Shirley Lima
REVISÃO Bruno Saadi e Eliel Vieira
DESIGN DE CAPA Kaiky Fernandez
DIAGRAMAÇÃO Sonia Peticov

Dados Internacionais de Catalogação na Publicação (CIP)
(Câmara Brasileira do Livro, SP, Brasil)

M965
1.ed. Mundo sem fim: escatologias pentecostais em perspectiva / organização Peter Althouse, Robby Wandell; tradução Breno Seabra. – 1.ed. – Rio de Janeiro: Thomas Nelson Brasil, 2025.
464 p.; 15,5 x 23 cm.

Vários autores.
Bibliografia.
ISBN 978-65-5217-241-9

1.Bíblia. N.T. – Apocalipse – Comentários. 2. Bíblia. N.T. – Apocalipse – Crítica e interpretação. 3. Escatologia. 4. Movimento carismático. 5. Pentecostalismo. 6. Teologia. I. Althouse, Peter. II. Wandell, Robby. III. Seabra, Breno.

04-2025/149 CDD-228.07

Índice para catálogo sistemático:
1. Bíblia : Novo testamento : Escatologia : Cristianismo 228.07
Bibliotecária responsável: Aline Graziele Benitez – CRB-1/3129

Rua da Quitanda, 86, sala 601A - Centro,
Rio de Janeiro/RJ - CEP 20091-005
Tel.: (21) 3175-1030
www.thomasnelson.com.br

Este livro foi impresso pela Braspor, em 2025, para a Thomas Nelson Brasil.
O papel do miolo é Pólen Natural 70g/m² e o da capa é Cartão 250g/m².

Aos visionários que tiveram a ideia de
reunir um corpo de pensadores pentecostais:

The Society for Pentecostal Studies
[Sociedade para Estudos Pentecostais].

Glória ao Pai, ao Filho e ao Espírito Santo.
Como era no princípio, hoje e para sempre,
um mundo sem fim.
Amém.

Sumário

Lista de colaboradores

J. AYODEJI **ADEWUYA**, PhD (The University of Manchester) é professor de Novo Testamento, Seminário Teológico Pentecostal, Cleveland, Tennessee. É autor de *Holiness and community in 2Corinthian 6:14—7:1: Paul's view of communal holiness in the corinthian correspondence* [Santidade e comunidade em 2Coríntios 6:14—7:1: a visão de Paulo sobre a santidade comunitária na correspondência com os coríntios] e de outros comentários.

SAMMY **ALFARO**, PhD (Fuller Theological Seminary) é professor assistente de Estudos Cristãos, Grand Canyon University, Phoenix, Arizona. É o autor de *Divino compañero: toward a hispanic pentecostal christology* [Divino companheiro: rumo a uma cristologia pentecostal hispânica].

PETER **ALTHOUSE**, PhD (University of St Michael's College, University of Toronto) é professor associado de Teologia, Southeastern University, Lakeland, Flórida. É autor de *Spirit of the last days: pentecostal eschatology in conversation with Jürgen Moltmann* [Espírito dos últimos dias: escatologia pentecostal em diálogo com Jürgen Moltmann].

JOHN A. **BERTONE**, PhD (University of St Michael's College, University of Toronto) é pastor inglês na Kitchener-Waterloo Chinese Alliance Church, Ontário, e acadêmico independente de Novo Testamento. É autor de *"The law of the Spirit": experience of the Spirit and displacement of the law in Romans 8:1-16* ["A lei do Espírito": experiência do Espírito e deslocamento da lei em Romanos 8:1-16] e de vários artigos e resenhas de livros.

DANIEL **CASTELO**, PhD (Duke University) é professor associado de Teologia, Seattle Pacific University, Washington. É autor de *The apathetic God: exploring the contemporary relevance of divine impassibility* [O Deus apático: explorando a relevância contemporânea da impassibilidade divina].

BLAINE **CHARETTE**, PhD (The University of Sheffield) é professor de Novo Testamento, Northwest University, Kirkland, Washington. É autor de duas monografias sobre o Evangelho de Mateus.

MURRAY W. **DEMPSTER**, PhD (University of Southern California) é professor honorário de Ética Social, Southeastern University, Lakeland, Flórida. É coeditor de *The globalization of pentecostalism and called and empowered: global mission in pentecostal perspective* [A globalização do pentecostalismo e os chamados e capacitados: missão global na perspectiva pentecostal].

JEFFREY **GROS**, FSC, PhD (Fordham University) é professor honorário de Ecumenismo e Teologia Histórica, Memphis Theological Seminary, Tennessee. É coeditor *de Growth in agreement II & III* [Crescimento na concordância II & III] *e Introduction to ecumenism* [Introdução ao ecumenismo]

FRANK D. **MACCHIA**, PhD (University of Basel) é professor de Teologia, Vanguard University, Califórnia. É autor de *Baptized in the Spirit: a global pentecostal theology* [ed. em português: Batizados no Espírito: uma teologia pentecostal global (Rio de Janeiro: Thomas Nelson, 2024)].

MICHAEL J. **MCCLYMOND**, PhD (The University of Chicago) é professor associado de Estudos Teológicos, Saint Louis University, Missouri. É autor de *Encounters with God: an approach to the theology of Jonathan Edwards* [Encontros com Deus: uma abordagem à teologia de Jonathan Edwards], *Familiar stranger: an introduction to Jesus of Nazareth* [Estranho familiar: uma introdução a Jesus de Nazaré], editor da *Encyclopedia of religious revivals in America* [Enciclopédia de reavivamentos religiosos na América] e coautor de *The theology of Jonathan Edwards* [A teologia de Jonathan Edwards].

LARRY **MCQUEEN**, aspirante a PhD (Bangor University) é acadêmico independente e autor de *Joel and the Spirit: the cry of a prophetic hermeneutic* [Joel e o Espírito: o grito de uma hermenêutica profética].

NESTOR **MEDINA**, PhD (University of St. Michael's College, University of Toronto) é professor adjunto no Master's College and Seminary, Seminário Evangélico de Teologia, Matanzas Cuba, e na Emmanuel College, Universidade de Toronto. É autor *de Mestizaje: (re)mapping race, culture and faith in latina/o catholicism* [Mestiçagem: (re)mapeamento de raça, cultura e fé no catolicismo latino].

David **Moore**, PhD (Regent University) é historiador da Igreja Internacional do Evangelho Quadrangular e publicou *The shepherding movement: controversy and charismatic ecclesiology* [O movimento de apascentamento: polêmica e eclesiologia carismática]

John Christopher **Thomas**, PhD (The University of Sheffield) é professor de Estudos Bíblicos da cadeira Clarence J. Abbott, Seminário Teológico Pentecostal, Cleveland, Tennessee, e diretor associado do Centro de Estudos Pentecostais e Carismáticos da Bangor University, norte de Gales. É coautor do próximo comentário sobre o Apocalipse para a série de comentários "*Two Horizons*" da editora Eerdmans.

Matthew K. **Thompson**, PhD (Luther Seminary) é professor assistente de Estudos Religiosos, Southwestern College, Califórnia. É autor de *Kingdom come: revisioning pentecostal eschatology* [Que venha o reino: revisitando a escatologia pentecostal], 2010.

William **Raccah**, PhD (Université Laval) é filantropo educacional, diretor executivo da Consultoria de projetos e autor de *Widows at the gate* [Viúvas no portão].

Robby **Waddell**, PhD (The University of Sheffield) é professor associado de Novo Testamento, Southeastern University, Lakeland, Flórida. É autor de *The Spirit in the book of Revelation* [O Espírito no livro de Apocalipse].

Lista de reduções

ABD *Anchor Bible dictionary*, 6 vols. Org. David Noel Freedman (New York: Doubleday, 1992)
AJPS *Asian Journal for Pentecostal Studies*
BNTC *Black's New Testament Commentaries*
BSac *Biblioteca sacra*
CBQ *Catholic biblical quarterly*
CD *Karl Barth, Church dogmatics* [ed. em português: *Dogmática eclesiástica* (São Paulo: Fonte, 2017)], 4 vols.
DPCM *Dictionary of pentecostal and charismatic movements. Org. Stanley M. Burgess, Gary B. McGee e Patrick H. Alexander (Grand Rapids: Zondervan, 1988)*
EA *Encyclopedia of apocalypticism*, 3 vol. Org. Bernard McGinn, John J. Collins e Stephen J. Stein (Londres: Continuum, 2000)
EgT *Église et théologie*
GTJ *Grace Theological Journal*
HCL *The 'higher Christian life': sources for the study of the holiness, pentecostal, and Keswick movements.* 48 vols. Org. Donald W. Dayton (New York: Garland, 1985)
IBMR *International Bulletin of Missionary Research*
IMR *International Review of Mission*
JACT *Journal of African Christian Thought*
JECS *Journal of Early Christian Studies*
JES *Journal of Ecumenical Studies*
JETS *Journal of the Evangelical Theological Society*
JPT *Journal of Pentecostal Theology*
JPTsup *Journal of Pentecostal Theology supplement series*

JRA	*Journal of Religion in Africa*
JRS	*Journal of Religious Studies*
JTS	*Journal of Theological Studies*
NCB	*New Bible commentary*
NICNT	*New international commentary on the New Testament*
NIDNTT	*New international dictionary of the New Testament.* 4 vols. Org. Colin Brown (Grand Rapids: Zondervan, 1975-1979).
NIDPCM	*New international dictionary of Pentecostal and charismatic movements.* Ed. rev. e org. Stanley M. Burgess e Eduard M. van Der Mass (Grand Rapids: Zondervan, 2002).
NTS	*New Testament studies*
TDNT	*Theological dictionary of the New Testament. 10 vols. Org. Gerhard Kittel e Gerard Friedrich.* Trad. Geoffrey W. Bromiley (Grand Rapids: Eerdmans, 1964-1976).
Transformation	*Transformation: an international dialogue on mission and ethics*
WBC	*Word biblical commentary*
WTJ	*Wesleyan theological review*

Agradecimentos

A IDEIA DE PUBLICAR ESTE LIVRO surgiu após uma discussão em sala de aula sobre escatologia. Com as habilidades de Robby Waddell como estudioso da Bíblia e as habilidades de Peter Althouse como teólogo, pensamos que uma colaboração construtiva em escatologia pentecostal e carismática seria extremamente necessária, em face da ênfase indevida no dispensacionalismo fundamentalista dentro do movimento, o que, a toda prova, enfraquece a sustentabilidade de seus alicerces pneumatológicos. Os capítulos que se seguem são uma tentativa de ampliar os horizontes de pesquisa sobre escatologia pentecostal e carismática, em um esforço de revelar a diversidade que esse movimento abriga. Gostaríamos de agradecer especialmente à Southeastern University por prover uma generosa doação para a realização do simpósio "*Fresh Perspectives in Pentecostal Eschatologies*", no qual os autores dos capítulos deste livro se reuniram para discutir suas pesquisas com professores e estudantes. Agradecimentos especiais vão para Esteban Felix, que auxiliou na preparação do manuscrito. E um imenso agradecimento às nossas famílias, que sacrificaram seu tempo enquanto trabalhávamos para concluir este livro.

O panorama da escatologia pentecostal e carismática:

uma introdução

PETER ALTHOUSE ■

Os contornos do panorama escatológico

REFLETIR SOBRE O PANORAMA escatológico é, para dizer o mínimo, uma tarefa desafiadora. A escatologia é a área da dogmática cristã que investiga o apogeu da atividade divina no que é tradicionalmente chamado de "doutrina das últimas coisas". Essa doutrina lida com as questões da morte, do julgamento, do céu e do inferno, bem como do fim da história do mundo, da vinda do reino de Deus e do destino do cosmos. A escatologia, porém, não pode ser reduzida tão somente ao fim; na verdade, ela recapitula toda a história da humanidade. A escatologia não pode ser reduzida simplesmente à redenção individual da alma, abrangendo também dimensões sociais e cósmicas no ápice da vida sócio-histórica e dos elementos não humanos na terra. A propósito, todo o universo será transformado por Deus. Conceitos teológicos relacionados à escatologia incluem apocalipticismo — a crença na revelação divina do fim por meio de contínuas lutas históricas entre o bem e o mal; milenarismo — um reinado de mil anos no fim da história; e messianismo — a crença em um salvador divino que trará uma era melhor.[1] Entretanto, o significado de "apocalíptico" pode variar muito, dependendo de

[1] Collins; McGinn; Stein, "General introduction", p. ix-x.

sua conotação. Por exemplo, o termo pode referir-se a um antigo gênero literário do Antigo Oriente Próximo, a noções teológicas da revelação divina ou do desvelamento da revelação, ou ainda ao próprio evento do fim dos tempos.

Por um lado, a escatologia evangélica tende a ser permeada pelas visões milenares do fim. Tomando como significativo o reinado de mil anos de Cristo no fim dos tempos, os milenaristas argumentam que Deus virá para julgar o mundo e estabelecer o reino divino nesta terra. No entanto, as opiniões milenaristas variam de forma substancial. Historicamente, o pré-milenarismo pode ser rastreado até o segundo século, em Tertuliano e no movimento conhecido como montanismo. Duas profetisas, Priscila e Maximila, previram que o mundo acabaria enquanto vivessem, mas suas profecias foram refutadas com a morte de Maximila, em 179 d.C. Contudo, a resposta de Tertuliano foi que, uma vez que a igreja estava na era do Consolador, os crentes haviam recebido uma visão profética de que todas as profecias bíblicas deveriam ser cumpridas antes da vinda de Cristo e do fim do mundo. Tertuliano criticou a elite romana de sua época e buscou centrar a esperança cristã na era escatológica vindoura, estabelecendo, assim, o padrão do milenarismo.[2] Joaquim de Fiore, teólogo do século 12, também propôs uma escatologia milenar. Ele argumentou que a história da salvação é dividida em três eras: a era do Pai (da Criação até o nascimento de Cristo), que ele acreditava ter ocorrido sete mil anos antes, a era do Filho (desde a encarnação até o retorno de Cristo) e a era do Espírito (que começaria com o *escháton*). Interpretando historicamente o livro de Apocalipse, Joaquim acreditava que a igreja estava passando por tribulações — especificamente, sete tribulações. Seis já haviam sido cumpridas na história, começando por Nero e Herodes, e incluindo a derrota de Saladino pelos cruzados cristãos. A última tribulação seria a do Anticristo, cujo reinado foi predito, segundo Joaquim, no livro de Daniel. Embora Joaquim evitasse prever um momento específico para o retorno de Cristo, as expectativas eram grandes em 1200 d.C., e alguns de seus seguidores identificaram o ano de 1260 d.C. como o fim do mundo, quarenta e duas gerações após o

[2] Stackhouse, *End of the world?*, p. 35-40.

nascimento de Cristo. De forma particularmente significativa para a era pré-Reforma, Joaquim afirmou que, quando a segunda era se aproximasse do fim, o papado experimentaria declínio moral.[3] Ao longo dos trezentos anos seguintes, houve expectativa de que o Anticristo surgiria por intermédio do papado, fornecendo uma crítica interna poderosa para a reforma moral e papal dentro do catolicismo romano, mas também dando a base para a crítica protestante de Martinho Lutero ao papado e à sua identificação com o fim apocalíptico do mundo.[4]

Profetas com expectativas milenares e previsões do fim iminente surgiram às vezes ao longo dos quatrocentos anos seguintes. A predição tornou-se o alimento do milenarismo, visto que os profetas carismáticos interpretavam a profecia bíblica de acordo com os acontecimentos históricos contemporâneos e ofereciam previsões quanto ao tempo exato para o regresso de Cristo. Durante a Reforma Protestante, uma ala radical de profetas anabatistas afirmou uma escatologia quiliástica e, por fim, alienou-se da reforma luterana. O anabatista Melchior Hoffman esperava o início do milênio em Estrasburgo, em 1533, e Jan Matthys acreditava que Münster seria o local da Nova Jerusalém. A visão dele foi frustrada por sua própria morte, pelo cerco católico romano aos radicais anabatistas e pela desilusão dos habitantes da cidade, que, por fim, abriram os portões da cidade ao bispo romano.[5] Mais tarde, o pietista alemão Johann Albrecht Bengel também adotou crenças quiliásticas e esperava a iminência do reino vindouro na parúsia. Usando elaborados cálculos proféticos, Bengel previu que a vinda de Cristo e o fim do mundo ocorreriam em 1836.[6] Durante o século 19, as expectativas milenares trouxeram consigo numerosas previsões da vinda de Cristo e do fim do mundo. A pregação milenar da vinda de Deus se intensificou, especialmente no período americano pós-guerra, quando os sentimentos religiosos se tornaram cada vez

[3] Ibidem, p. 41-5.

[4] Veja McGinn, "The last judgment in Christian tradition", p. 361-401; Rusconi, "Antichrist and antichrists", p. 287-325; Anderson, "A catholic and ecumenical response to the Left Behind series", p. 209-30; Obermann, *Luther: Man between God and the devil*, p. 42-4.

[5] González, *The story of Christianity*, vol. 2. *The Reformation to the present day*, p. 57-9.

[6] Macchia, *Spirituality and social liberation*, p. 9-11.

mais antagônicos ao sistema americano. O líder do movimento Discípulos de Cristo, Alexander Campbell, proclamou o retorno iminente de Cristo em categorias milenaristas e cataclísmicas. No entanto, foi William Miller, um batista autodidata e fundador dos *Milleritas* (grupo que, mais tarde, formaria a Igreja Adventista do Sétimo Dia), que, recorrendo a uma abordagem historicista da interpretação profética e do desenvolvimento de cálculos complexos, previu que Cristo retornaria por volta de 1843, o que seria posteriormente refinado até 22 de outubro de 1844. A desconfirmação de Miller resultou na denúncia do movimento, embora sua retórica antigovernamental e o cinismo em relação aos esforços humanos para o avanço social no presente (a base tanto das teologias modernistas como do evangelicalismo do século 19) tenham sido transportados para o pensamento milenar posterior, o que também forneceu impulso para a efetivação de mudanças teológicas no evangelicalismo. A teologia evangélica mudou da esperança pós-milenarista, com sua ênfase na transformação social e em conquistas como a abolição da escravatura, os direitos humanos e a emancipação, além do sufrágio feminino, para o pessimismo dispensacionalista pré-milenarista, com seu distanciamento dos esforços para a transformação social.[7] Charles Taze Russell, fundador da Sociedade Torre de Vigia de Bíblias e Tratados, que, por fim, se incorporou às Testemunhas de Jeová, também adotou uma interpretação historicista para argumentar que o milênio já fora inaugurado em 1874, mas que o retorno de Cristo se daria apenas quarenta anos depois, em 1914.[8] Os ensinamentos heterodoxos de Russell sobre a separação entre Cristo e Jeová e a eliminação do Espírito como divindade, a crença nos 144 mil santos de Deus e a aniquilação dos não regenerados o colocariam na ala radical (embora seja possível ver sua influência no pentecostal Charles F. Parham), mas seus ensinamentos apocalípticos e milenares difundiram certa desilusão quanto ao otimismo moderno no progresso e na reconstrução social, típico das correntes dominantes do cristianismo na época.[9]

[7] Boyer, "The growth of fundamentalist apocalyptic in the United States", p. 145-6; Moorehead, "Apocalypticism in mainstream Protestantism: 1800 to the present", p. 82.

[8] Quarenta é um número comum nos cálculos proféticos e simbolicamente significativo nas Escrituras.

[9] Boyer, "Growth of fundamentalist apocalyptic", p. 157-60.

A desconfirmação, ou seja, a desilusão que atinge os cristãos quando a volta de Cristo não ocorre como previsto, deixou o milenarismo em uma posição minoritária nos amplos contornos da escatologia cristã. A decepção pelo fato de Cristo não haver regressado como esperado — e o mundo continuar o mesmo — gerou descrença tanto entre os cristãos como entre os espectadores seculares. O problema da desconfirmação mudaria, contudo, com a ascensão do dispensacionalismo no século 19. Começando com um pequeno grupo de pensadores teológicos da Universidade de Oxford e do Trinity College Dublin, e popularizado pelos esforços de John Nelson Darby e da publicação da *Bíblia de Estudos Scofield*,[10] o problema da desconfirmação milenar foi resolvido com a inclusão de um arrebatamento secreto e inesperado dos santos fiéis da igreja, momento em que os cálculos proféticos, tendo sido suspensos por um tempo que começara no Pentecostes, com a idade da igreja, seriam retomados. As especulações sobre o fim se concretizariam. Em outras palavras, os cálculos proféticos da antiga aliança não se aplicavam à era da igreja porque Deus estava agindo em graça para redimi-la. No arrebatamento, no entanto, teria início uma tribulação de sete anos, durante a qual o Anticristo surgiria e os santos pós-arrebatamento (não importando sua definição) seriam perseguidos, culminando na derrota do Anticristo e das forças que se opõem a Deus na batalha do Armagedom. A genialidade do pré-milenarismo dispensacionalista foi que a expectativa iminente e as previsões proféticas poderiam ser mantidas, mas sem o embaraçoso problema da desconfirmação. Os pensadores fundamentalistas poderiam discutir os detalhes da tribulação sem represálias, o que, em rigor, eles fizeram, discorrendo, com frequência, sobre quando ocorreria o arrebatamento, que tipo de tribulações o mundo experimentaria, os cálculos específicos de determinadas profecias, quem seria arrebatado e quem seria deixado para trás. O arrebatamento era uma espécie de carta curinga imprevisível nos esquemas dispensacionais, mas todo o resto poderia ser calculado. O milenarismo dispensacionalista criou raízes no terreno fértil do evangelicalismo, embora com graus variados de sucesso. Em sua maior parte,

[10] Gribbens, *Writing the rapture*, p. 5-7.

o dispensacionalismo pré-milenarista tem sido afirmado principalmente no Ocidente moderno, muitas vezes em áreas de expansão missionária ocidental, e tende a ser proclamado nos Estados Unidos (mais nos estados do sul do que nos estados do norte).[11]

Embora o dispensacionalismo pré-milenarista tenha exercido grande influência no movimento pentecostal, especialmente em meados do século 20, no horizonte das opções escatológicas, o milenarismo desempenhou papel bem menor. O período de mil anos é mencionado apenas uma vez em todo o Novo Testamento (Apocalipse 20) e talvez esteja implícito na redenção dos 144 mil (Apocalipse 14), mas o estilo literário do livro de Apocalipse é altamente simbólico. Outras escatologias surgiram historicamente dentro das tradições do cristianismo e fazem parte da composição teológica do cristianismo nos dias de hoje. Reginald Stackhouse argumenta, por exemplo, que, ao longo da história do cristianismo, surgiram três tipos de escatologia: (1) milenarismo (acima), que aplica uma interpretação literal das Escrituras para compreender o fim como um evento histórico no tempo e no espaço; (2) pastoral, que entende a escatologia como a atividade presente de Deus no ser humano e na igreja que milita, ou seja, a igreja que está atualmente na terra (essa abordagem é mais psicológica, pois ajuda as pessoas de fé a se prepararem para seu desenvolvimento espiritual e para sua própria mortalidade); e (3) social, que entende o escatológico como a promessa da nova era no presente, o fim da ordem social atual e o início de uma nova era. A mudança social é o resultado da imaginação escatológica.[12] Nos tipos pastoral e social de escatologia, o Apocalipse de João é considerado simbólico. Consequentemente, impor um reinado "literal" de mil anos distorceria a escatologia do Novo Testamento. Embora, no interior das tradições milenaristas, seja possível encontrar alternativas ao pré-milenarismo — especificamente, pós-milenarista (a manifestação de Deus na terra após um período de construção social que esteja em consonância com os ideais do reino de Deus) e amilenarista (a compreensão da escatologia em termos não milenaristas, ou milenaristas realizados) —,

[11] Gribbens, *Writing the rapture*, p. 53, 64, 160; Boyer, "Growth of fundamentalist apocalyptic", p. 159.

[12] Stackhouse, *End of the world?*, p. 26-7.

aqueles que estão fora das tradições milenaristas dificilmente usariam essa terminologia. No entanto, mesmo no campo pré-milenarista, o reinado esperado e iminente de Deus na terra muitas vezes é entendido simbolicamente.[13]

Jürgen Moltmann argumenta que existem quatro tipos de escatologia no discurso teológico: pessoal, histórico-social, cósmica e divina. A escatologia pessoal investiga a questão do destino último do indivíduo, não no sentido da ascensão platônica da alma desprovida de vida material, mas como corpo e alma juntos na ressurreição dos mortos. A escatologia histórico-social investiga o destino final dos desenvolvimentos sociopolíticos da história, o fim da história mundial e o início do reino de Deus. A escatologia cósmica investiga o destino último da terra e de todo o universo — o destino no qual a criação de Deus encontra seu cumprimento divino. A escatologia divina investiga a questão do ser divino, em que a dinâmica da doação trinitária será glorificada e Deus será tudo em todos.[14] Moltmann também estabelece distinção entre milenarismo histórico e milenarismo escatológico. O primeiro é a localização prematura do reinado de Deus em uma realidade histórico-política particular (ou seja, o reinado papal no Sacro Império Romano, ou a política de destino manifesto dos Estados Unidos, segundo a qual o reino de Deus é equiparado à sua religião civil). Contudo, no final, o milenarismo histórico sucumbe aos poderes sociopolíticos e econômicos e cria outras formas de opressão. O milenarismo escatológico é a esperança legítima no reino de Deus nesta terra como um ato soberano e livre de Deus. Do ponto de vista milenar, o milenarismo histórico é uma forma de pós-milenarismo, enquanto o milenarismo escatológico é uma forma de pré-milenarismo. No entanto, enquanto o atual pré-milenarismo dispensacionalista americano encoraja o afastamento passivo na esperança de escapar

[13] Enquanto Gribbens argumenta que o dispensacionalismo pré-milenarista funciona como uma crítica da modernidade ao se apropriar e apoiar a ideologia modernista (Gribbens, *Writing the rapture*, p. 4-5), a análise sociocientífica de Damien Thompson de uma congregação pentecostal na Grã-Bretanha argumenta que é preciso distinguir entre o milenarismo preditivo, que é uma proclamação profética da destruição apocalíptica iminente, e o milenarismo explicativo, que funciona como uma narrativa retórica que aborda questões sociais atuais como um meio de reduzir a anomia e estabilizar as instituições sociais. Thompson, *Waiting for the antichrist*, p. 22-31.

[14] Moltmann, *Coming of God*, passim.

do presente, o pré-milenarismo apostólico inspira a resistência aos poderes opressivos, na esperança do reino vindouro de Deus.[15] A escatologia da esperança de Moltmann se enquadraria no tipo social de Stackhouse por causa de sua ênfase na teologia política crítica como um reflexo da esperança escatológica.

A investigação de Bernard McGinn sobre temas apocalípticos da Idade Média demonstra que os temas apocalípticos das tradições monásticas trouxeram reformas em que as crenças e práticas político-religiosas foram usadas tanto para reformar e apoiar a ordem social como para subvertê-la.[16] Mesmo na era do Anteniceno, a literatura apocalíptica subvertia a ordem política: inicialmente, do Império Romano e, depois, das potências dominantes. Depois que o cristianismo se tornou a religião oficial do Império Romano, a dura crítica ao *status quo* encontrada na literatura apocalíptica caiu em desuso entre boa parte dos primeiros cristãos, acentuando o atraso na aceitação do livro do Apocalipse em algumas partes do mundo cristão. No entanto, a literatura apocalíptica se provou resiliente e tornou-se popular, especialmente entre as seitas marginalizadas.

As imagens apocalípticas informam e transformam os contextos sociopolíticos dentro e fora do cristianismo. No contexto moderno, as imagens apocalípticas informaram a subversão e as reformas dos poderes dominantes das monarquias e das hierarquias eclesiásticas, a fim de estabelecer novos sistemas de poder em torno da racionalidade. A tese perspicaz de Robin Barns defende que as mudanças provocadas pelos temas apocalípticos contribuíram para a ascensão da modernidade. "As linhas gerais desse quadro sugerem que as mudanças comumente associadas à 'modernidade' emergente, incluindo as reformas religiosas, a ascensão da ciência experimental e até mesmo o desenvolvimento do liberalismo político, estavam intimamente relacionadas à evolução contínua das visões proféticas e apocalípticas ocidentais."[17] Ao lidar com a tensão entre o desespero pessimista e a esperança otimista, o apocalipticismo moderno contribuiu para a ascensão da modernidade ao

[15] Ibidem, p. 146-78.
[16] McGinn, "Apocalypticism and church reform: 1100-1500", p. 74-109.
[17] Barns, "Images of hope and despair", p. 143-84.

transformar a esperança milenar no fim dos tempos em uma esperança "para o futuro" no progresso histórico. Desse modo, o progresso atua como uma variação da providência, em que o Espírito está presente no processo histórico. Por outro lado, o desespero apocalíptico contribuiu para o uso prático da razão cética e do ateísmo metodológico.[18]

Da mesma forma, Altizer argumenta que foi Hegel quem trouxe à tona o impulso apocalíptico do modernismo em sua declaração do fim da história e da autonegação do divino. Seu método dialético de negação propôs que a própria consciência estava evoluindo da certeza sensorial para o conhecimento absoluto, segundo o qual os eventos da história são fundamentalmente a evolução do espírito absoluto, representado na categoria do reino de Deus no Novo Testamento. *Fenomenologia do espírito* é uma obra apocalíptica porque identifica o conhecimento absoluto com a morte de Deus.[19] Para Hegel, a *kenosis* na cruz, que toca tanto o divino como o humano em Jesus Cristo, é a realização da autonegação divina. Para Hegel, a cruz é a morte de Deus e, como tal, o início da secularização, visto que a autoconsciência está agora certa de si mesma como liberdade absoluta. Na dialética da negação, o próprio essencial é negado e o sujeito torna-se totalmente livre. Contudo, na liberdade do eu, por meio da negação da essência divina, a própria morte é esvaziada de significado, de modo que, na liberdade absoluta, o eu realiza o terror de sua própria negação na morte.[20] "[A] morte é objetivamente sem sentido e insignificante. Mas é subjetivamente mais real do que nunca e, assim, a morte se torna o único portal para a resolução e a realização subjetiva e interior plena e final. O termo de Hegel para essa forma de consciência que se realiza ao perder toda a essência e a substância de si mesma é *Consciência Infeliz*, uma consciência que se realiza ao perceber interiormente que *o próprio Deus* está morto (ênfase no original)."[21] Para Hegel, a Revolução Francesa incorporou o fim da história e

[18] Ibidem, p. 166-71.

[19] Hegel, Georg W. F. *Phenomenology of spirit* [ed. em português: *Fenomenologia do espírito* (Petrópolis: Vozes, 2014)].

[20] Altizer, *Apocalypticism and modern thinking*, p. 329-31.

[21] Ibidem, p. 332.

o terror da morte na abstração vazia de Deus, a morte de Deus, mas, nesse caso, há um novo começo, isto é, o início da modernidade. No entanto, a morte de Deus se efetiva na autoalienação e na autonegação do espírito de si mesmo e no cumprimento da *kenosis*. "Assim, é dialética e apocalipticamente necessário que o espírito se torne totalmente afastado e alienado de si mesmo antes que possa realizar e efetuar sua própria morte ou autonegação. No entanto, esse é o evento apocalíptico definitivo que, por fim, gera um mundo absolutamente novo, mas apenas quando se trata da morte real de Deus."[22] A lógica do método dialético de Hegel é progressiva, avança e está aberta a um novo futuro. Portanto, é escatologicamente progressiva, mas ao preço do deslocamento apocalíptico de Deus e do fim da história.[23]

A filosofia de Hegel influenciou os pensadores filosóficos e teológicos posteriores. Por um lado, o avanço do método dialético de Hegel informou as teorias evolucionistas biológicas e sociais. Também informou a crítica social de Feuerbach, que inverteu a dialética de Hegel para refletir uma perspectiva mais humanista, e de Marx, que defendeu uma compreensão materialista da história, baseada na dialética de Hegel, na qual os meios de produção progridem por meio dos modos feudal, industrial e comunista. Marx também incorporou a visão apocalíptica de Hegel tanto no colapso da transcendência como o "ópio do povo" quanto no fim revolucionário da história na revolta comunista, que estabelece uma sociedade utópica como o *telos* da história. Por outro lado, a filosofia de Hegel influenciou os desenvolvimentos niilistas do existencialismo. O primeiro é teleologicamente aberto ao futuro como autorrealização humana ou social; o segundo é apocalíptico na transcendência vazia, no colapso da essência na existência pura.

Portanto, podemos falar de escatologias seculares com raízes na tradição cristã e inerentes à modernidade. A era científica incorporou uma perspectiva escatológica que resiste ao desespero apocalíptico e à morte. Além disso, buscou transformar a era futura ao aplicar os princípios da racionalidade à melhora da situação da

[22] Ibidem, p. 333.
[23] Ibidem, p. 335-7.

humanidade. Para cumprir essa tarefa, o domínio dos poderes políticos e religiosos foi desafiado, e seus "mitos", desconstruídos, com o fim de afirmar a autoridade da razão científica. Hans Schwarz destaca uma série de perspectivas científicas com impulso escatológico. O positivismo de Auguste Comte tentou explicar os fenômenos naturais como sujeitos a leis naturais e aplicar as regras do materialismo científico ao objetivo do progresso social e humano.[24] Tanto o postulado da lei da conservação de J. Robert Mayer quanto as visões naturalistas da humanidade de Julien Offray de la Mettrie explicavam a natureza como a totalidade da matéria (incluindo a chamada espiritualidade da alma), em que o futuro é apenas uma modificação do passado.[25] Ludwig Feuerbach modifica o pensamento hegeliano e reinterpreta a ressurreição, argumentando que nenhuma existência desencarnada é possível na vida material. As noções de uma alma imortal ou de existência celestial negam a existência corporal e material, de modo que o humano deixa de ser humano. Feurbach argumenta que o cristianismo enganou a humanidade porque nega a capacidade humana de aplicar a racionalidade aos seus próprios problemas e de procurar suas próprias soluções.[26] A questão é que o materialismo científico contribuiu para um tipo de escatologia secular que buscava sua própria realização na aplicação da razão às ordens da natureza, em que o futuro melhoramento da humanidade seria realizado por intermédio do progresso humano.

Segundo Schwarz, a teoria evolucionista proposta por Charles Darwin também pode ser vista como uma perspectiva escatológica. Embora as teorias do desenvolvimento de Darwin tentem compreender as ligações causais entre os organismos ao examinar sua história biológica, sem fazer afirmações relativas ao seu estado futuro, ele sugere um objetivo escatológico. Na conclusão de *A origem das espécies*, Darwin escreve: "E como a seleção natural funciona unicamente por e para o bem de cada ser, todas as dotações corporais e mentais tenderão a progredir em direção à

[24] Schwarz, *Eschatology*, p. 174.
[25] Ibidem, p. 175-6.
[26] Ibidem, p. 176-8.

perfeição".[27] Se Darwin tivesse limitado seu exame à compreensão do desenvolvimento da vida biológica com base nos registos fósseis do passado, teria permanecido no campo das ciências naturais. Contudo, ao sugerir que a vida biológica estava progredindo em direção a um *telos* perfeito, Darwin insinua possibilidades de progresso.[28] A visão evolucionista foi uma mudança de paradigma que influenciou muitas áreas de pesquisa. Enquanto alguns tentaram permanecer estritamente científicos com base nas condições biológicas presentes e passadas, outros aplicaram suas teorias progressistas às esferas biológicas e sociais, em um esforço para mudar o futuro. A aplicação da eugenia, por exemplo, foi uma tentativa de produzir uma raça humana mais perfeita. Um resultado claramente negativo dessa abordagem foi a ascensão da Alemanha nazista e de seu programa para exterminar os indesejáveis, embora a eugenia também tenha sido utilizada na América do Norte para justificar a esterilização seletiva de indivíduos com deficiência física e mental.[29] A eugenia também é a teoria que apoia os esforços atuais para mapear o genoma e desenvolver terapias genéticas para superar doenças hereditárias.

Do ponto de vista teológico, Pierre Teilhard de Chardin pode ser considerado um representante da escatologia evolucionista, embora tenha sido fortemente criticado. Teilhard de Chardin acreditava que o universo está evoluindo em direção a um estado ultra-humano de consciência superior. Ele interpretava o processo evolutivo não apenas no sentido naturalista do avanço biológico da vida, mas também como um processo cristológico em que o objetivo teleológico é a "cristificação" do universo. Por meio do Cristo cósmico, a redenção e a queda não se limitam aos humanos, estendendo-se a todo o cosmos. A evolução da humanidade até seu potencial máximo é a precondição para a parúsia, e tanto a ascensão antropogênica como a permeação da descida cristogênica formam uma unidade na história da salvação.[30] Os detalhes da teologia de Teilhard de Chardin,

[27] Citado em Ibidem, p. 186 (ênfase do autor); Darwin, *Origin of the species*, p. 528 [ed. em português: *A origem das espécies* (São Paulo: Edipro, 2014)].

[28] Schwarz, *Eschatology*, p. 185-8.

[29] Veja, por exemplo, Black, *War against the weak*; e Bruinius, *Better for all the world*.

[30] Schwarz, *Eschatology*, p. 189-94; Moltmann, *Way of Jesus Christ*, p. 292-6.

contudo, não são importantes aqui. Basta notar que ele oferece uma proposta escatológica que inclui o processo evolutivo.

Enquanto Teilhard de Chardin representa uma escatologia cósmica evolucionista como um contrapeso às perspectivas evolucionistas seculares, o progressismo metodológico e o niilismo apocalíptico de Hegel influenciaram o desenvolvimento de uma série de escatologias existenciais de tendências seculares e teológicos. Por um lado, várias filosofias existenciais seculares defendem formalmente uma metodologia ateísta que evita qualquer forma de imposição metafísica. Nietzsche utiliza a morte de Deus em Hegel para argumentar que o niilismo é a consequência da história ocidental, começando pela morte de Deus no Gólgota. Para Nietzsche, a morte de Deus é um acontecimento histórico e um acontecimento último, em que o colapso da transcendência traz a inauguração da imanência absoluta. Assim, a vontade de poder é a energia da vida em seu "devir".[31] Consequentemente, a morte torna-se uma categoria central na filosofia existencialista, pois nada além da morte tem influência em nossa existência e, portanto, nossa única opção é buscar viver de maneira autêntica no presente. O significado existencial não é gerado fora de nós, mas a partir do "ser no mundo" (Heidegger), da "liberdade" radical dos pontos de referência metafísicos (Sartre) ou do absurdo niilista (Camus); viver para algo além de nossa própria existência seria inautêntico. Para Camus, o mal não emerge das instituições sociais injustas, mas do coração humano. Camus afirma que a ajuda humana só pode vir da solidariedade humana, atendendo a propósitos humanos, e não de fontes metafísicas — o que levou Hans Schwarz a sugerir que a afirmação de Camus transmite, de forma implícita, a ideia de que um propósito metafísico pode servir para satisfazer a uma necessidade humana.[32] No entanto, a morte pode ser vista como um apocalipse negativo da vida humana, a cessação da existência humana e, portanto, uma aniquilação apocalíptica de toda a vida.

Por outro lado, o existencialismo cristão propõe a escatologia da eterna irrupção no presente. Rudolf Bultmann talvez tenha sido o

[31] Altizer, "Apocalypticism and modern thinking", p. 342-3.
[32] Schwarz, *Eschatology*, p. 210-6.

existencialista cristão mais influente do século passado. Com base na filosofia de Heidegger, Bultman entendia a escatologia como a decisão pessoal de fé na crise do presente. O encontro existencial com Cristo é uma decisão de fé desprovida de mitologias bíblicas ou de realidades históricas. O que é importante é a "minha história", na qual a eternidade irrompe em minha existência presente, permitindo-me viver de forma autêntica. No entanto, Moltmann observa que, para Bultmann, o futuro se transforma em presente, tornando o julgamento e a ressurreição uma realidade presente.[33] Enquanto, para o existencialismo secular, a morte se torna um pronunciamento apocalíptico de aniquilação, no existencialismo cristão a ansiedade relativa à aniquilação da morte aponta para a crise da fé como um momento radical de fé para levar uma vida autêntica. Entretanto, nada sobrevive ao apocalipse da morte. Curiosamente, a teologia da crise de Karl Barth também poderia se enquadrar nesse modelo existencialista, embora Barth tenha resistido a essa comparação; ele vê a morte como a porta de entrada para a vida futura. Para Barth, a irrupção da eternidade na vida presente chama as pessoas a uma tomada de decisão radical de fé. O momento eterno supera o tempo cronológico porque não há passado nem futuro em Deus; porém, mais uma vez, o futuro se transforma em presente.[34]

Portanto, o problema da escatologia diz respeito a navegar na tensão entre o presente e o futuro, ou, mais precisamente, a tensão entre "o já e o ainda não" do reino vindouro de Deus. A tensão escatológica entre a era presente e a era futura pode ser colapsada no presente, relegada a um futuro distante ou mantida em tensão. Os conceitos comparáveis de esperança e desespero podem ser correlacionados à tensão do "já e ainda não". A visão escatológica da vinda de Deus pode trazer grande desespero no pavor do julgamento divino sobre este mundo e as criaturas que o habitam; ou a visão escatológica pode trazer grande esperança para a culminação dos propósitos divinos na redenção espiritual e material da humanidade, do mundo e das ordens cósmicas do universo.

[33] Moltmann, *Coming of God*, p. 19-21.

[34] Barth, *Epistle to the Romans*, p. 92; cf. Moltmann, *Coming of God*, p. 13-5.

Por um lado, o horizonte da escatologia varia entre o presente e o futuro; por outro, entre a esperança e o desespero. Se organizássemos as opções escatológicas em uma grade, o eixo X consistindo no presente à esquerda e o futuro à direita, e o eixo Y consistindo na esperança em posição superior e no desespero em posição inferior, poderíamos começar a explicar as opções teológicas dentro do campo da escatologia. O quadrante superior esquerdo da esperança atual poderia incluir várias escatologias seculares com a esperança modernista de progresso e emancipação. O materialismo marxista, as visões utópicas e o darwinismo social são versões seculares da esperança cristã. Esse quadrante também poderia incluir as escatologias cristãs da eterna irrupção de Karl Barth, as escatologias realizadas, a evolução cristã e as escatologias existenciais cristãs. O quadrante superior direito da esperança futura pode incluir escatologia como o futurismo secular, o pós-milenarismo, a escatologia da chuva serôdia e a teologia da esperança de Moltmann, embora algumas possam ocupar o quadrante superior esquerdo. Na verdade, uma série de escatologias mantém o presente-futuro em tensão, como, por exemplo, as escatologias inauguradas ou pactuais e prolépticas. Passando da esperança ao desespero, a extremidade inferior do quadro implica ansiedade em relação ao julgamento apocalíptico. O quadrante inferior esquerdo poderia incluir o pré-milenarismo explicativo, o niilismo existencial, os holocaustos ecológicos e políticos de variedades seculares e cristãs, enquanto o quadrante inferior direito poderia abranger o milenarismo futurista, com suas teorias tribulacionistas, o milenarismo preditivo ou o niilismo apocalíptico no divino, humano, ou mesmo a destruição cósmica do mundo. No entanto, essas escatologias podem abranger quadrantes, de modo que o dispensacionalismo pré-milenarista, que é predominantemente uma função da desesperança futura (canto inferior direito), pode estimular a esperança na fuga por meio de um arrebatamento secreto (canto superior direito). Outro exemplo poderia ser um apocalíptico ecológico, visto na preocupação atual com poluição ou lixo nuclear (canto inferior esquerdo), que pode funcionar como um sinal que aponta para um futuro apocalíptico de destruição mundial por meio do holocausto nuclear (canto inferior direito) ou, de forma inversa, poderia ocupar o quadrante superior esquerdo na oferta de esperança por meio da libertação na atividade sociopolítica de esperança. A questão é que, embora algumas escatologias ofereçam esperança, enquanto outras conduzem à desesperança; embora algumas sejam futuristas e outras focadas no presente, nenhuma realmente se ajusta exatamente a um só tipo, abrangendo vários quadrantes. O que sugerimos aqui é uma ferramenta heurística, uma espécie de tipo ideal. Quando observamos os detalhes essenciais, as diferentes escatologias podem abranger vários quadrantes e, portanto, esse quadro começa a desmoronar. No entanto, essa grade é útil para compreendermos os contornos das opções escatológicas.

ESPERANÇA ATUAL	ESPERANÇA FUTURA
Escatologias seculares	**Escatologias seculares**
Materialismo marxista	Futurismo
Darwinismo: variantes naturais e sociais	
Escatologias cristãs	**Escatologias cristãs**
Pós-milenarismo evangélico do século 19	Teologia da esperança
Amilenarismo	Milenarismo histórico
Evangelho social	Escatologia da chuva serôdia
Existencialismo	

Unindo as escatologias

Escatologias pactual, proléptica e inaugural

DESESPERANÇA ATUAL	DESESPERANÇA NO FUTURO
Escatologias seculares	**Escatologias seculares**
Niilismo existencial	Apocalipticismo secular
Niilismo cosmológico e ecológico	
Escatologias cristãs	**Escatologias cristãs**
Pré-milenarismo explicativo	Dispensacionalismo pré-milenarista
Cultos do juízo final	Milenarismo preditivo

Escatologias pentecostais e carismáticas

Qual, então, é o panorama da escatologia pentecostal? Neste volume, o pentecostalismo será definido de forma ampla para incluir suas expressões clássicas, carismáticas e independentes ou não denominacionais. O pentecostalismo clássico, que tem suas raízes americanas na missão da rua Azusa, mas encontra expressão global no País de Gales, Índia, Coreia, Toronto, Alemanha etc.,[35] é composto por algumas das denominações pentecostais mais antigas, como a Igreja de Deus (Cleveland), a Igreja de Deus em Cristo, as Assembleias de Deus, a Igreja Internacional do Evangelho Quadrangular, as Assembleias Pentecostais do Canadá e uma variedade de denominações apostólicas. Em vários graus, essas denominações foram influenciadas pelo desenvolvimento do pré-milenarismo dispensacionalista, embora suas primeiras expressões estivessem mais próximas do milenarismo tripartite de Joaquim de Fiore, mediado por fontes wesleyanas e escatologias da aliança, articuladas como a teologia da chuva serôdia. Em vez de uma retirada passiva da sociedade em antecipação a um arrebatamento secreto e à expressão do julgamento divino sobre os ímpios, os primeiros pentecostais clássicos anteciparam a intensificação do derramamento carismático do Espírito, na expectativa de uma colheita final e gloriosa de almas antes do vinda do Senhor. As forças fundamentalistas logo influenciariam os pentecostais, e eles abandonariam sua escatologia da chuva serôdia em prol do pré-milenarismo dispensacionalista, ainda que à custa do fundamento de sua doutrina mais querida: o falar em línguas como a expressão do batismo do Espírito. O dispensacionalismo é sustentado por uma doutrina cessacionista que argumenta que todos os dons carismáticos espetaculares cessaram na era apostólica.[36] O problema do casamento do dispensacionalismo com a pneumatologia pentecostal é evidente e, como bem argumenta Gerald Sheppard, enfraquece a eclesiologia pentecostal e a doutrina do batismo no Espírito. O significado da "bendita esperança", antes visto como o advento da segunda vinda, foi alterado para essa nova visão do arrebatamento.[37] O afastamento passivo da sociedade substituiu, assim, a visão original da esperança na escatologia pentecostal.

[35] Anderson, *Introduction to Pentecostalism*, p. 24, 35-37, passim.

[36] Althouse, *Spirit of the last days*, cap. 1; Althouse, "Left Behind — fact or fiction", p. 187-207.

[37] Sheppard, "Pentecostalism and the hermeneutics of dispensationalism", p. 5-34.

As expressões carismáticas do pentecostalismo começaram oficialmente em 1960, com o padre episcopal Dennis Bennett, em St. Marks, em Van Nuys, Califórnia. Embora as formas pentecostais de espiritualidade e glossolalia encontrassem expressão nas tradições históricas mais antigas, o anúncio público de Bennett tornou-se um foco simbólico para as origens da renovação carismática protestante. No início da década de 1960, experiências de glossolalia e outras manifestações carismáticas estavam acontecendo em todas as principais denominações protestantes. O início oficial da renovação carismática católica romana foi em 1967, na Universidade de Duquesne e na Universidade de Notre Dame. Ao contrário de seu homólogo protestante, o movimento carismático católico acontecia entre os leigos católicos instruídos e, mais tarde, entre os sacerdotes, no contexto de renovação do Vaticano II, e foi, portanto, teologicamente complexo.[38] Embora a renovação carismática adotasse espiritualidade e práticas semelhantes às pentecostais, como glossolalia e cura, os participantes permaneceram circunscritos às suas próprias tradições e interpretaram suas novas práticas dentro do contexto de suas teologias tradicionais. Assim, a glossolalia, a cura e a adoração espontânea foram lidas pelas lentes de uma escatologia já dada. No final da década de 1970 e na década de 1980, surgiram expressões não denominacionais ou independentes do pentecostalismo, com ênfase em redes de líderes e associações transcongregacionais. O movimento carismático não denominacional inclui diversos grupos e redes, como *National Leadership Conference, People of Destiny, House Church Movement, Covenant Ministries, International Convention of Faith Ministries, Vineyard Fellowship* e sua ramificação conhecida como *Toronto Blessing*, ou *New Frontiers International* e *Salt and Light* no Reino Unido. Também inclui personalidades carismáticas como Ken Sumrall, Charles Simpson, Kenneth Hagin e Kenneth Copeland, Pat Robertson, Earl Paulk, Steven Strang, Oral Roberts, John Wimber e Peter Wagner, Randy Clark e John Arnott, para citar apenas alguns nomes.[39] A ênfase nessas redes varia muito, mas frequentemente inclui o ministério quíntuplo: apostólico e profético, adoração exuberante, cura e dons carismáticos. Neste livro, o pentecostalismo é

[38] Hocken, "Charismatic movement", p. 481.
[39] Ibidem, p. 487-9.

entendido no sentido mais amplo para incluir variedades clássicas, carismáticas e não denominacionais, e, assim como suas expressões variam, o mesmo acontece com sua escatologia.

Objetivo e esboço do livro

A coleção de ensaios neste volume aborda a questão da escatologia pentecostal a partir de perspectivas bíblicas, teológicas e contextuais. A primeira seção é uma avaliação bíblica da escatologia, sob a premissa de que, embora todo o cânon bíblico deva ser levado em consideração na construção da teologia, cada um dos autores bíblicos tem pontos de vista teológicos particulares e, portanto, é possível observar variações em perspectivas escatológicas. O objetivo não é ser exaustivamente abrangente, mas, sim, oferecer um retrato bíblico dos contornos para a compreensão da escatologia bíblica. O capítulo inaugural de William Raccah, "Escatologia judaica primitiva", resume isso muito bem e coloca a escatologia no contexto da antiga cosmovisão judaica. A própria criação torna-se significativa em sua culminação escatológica. Deus, como Criador, transcende a criação, mas também escolhe fazer aliança com o povo de Israel na história. A esperança messiânica era uma esperança para Israel, para o mundo e para a criação, o que também é revelado por outros símbolos escatológicos. Blaine Charette explora a questão lucana do destino de Israel em "Restaurando o reino a Israel: reino e espírito no pensamento de Lucas". Em resposta à pergunta dos discípulos sobre a restauração do Israel nacional, Jesus oferece o Espírito escatológico retratado no evento de Pentecostes. O reino é restaurado a Israel porque o Espírito de Deus é restaurado ao povo de Deus em sua totalidade, e o dom do Espírito é escatologicamente significativo porque os sinais do reino estão presentes entre o povo de Deus. Em "Sete dispensações ou visão da história em duas eras? Uma perspectiva paulina", John A. Bertone explora o *corpus* paulino para argumentar que o dispensacionalismo é incongruente com a ênfase de Paulo na multiplicidade dos dons espirituais. Enquanto o dispensacionalismo ensina que os dons carismáticos cessaram com a era da igreja, Paulo defende, de forma clara, o propósito edificante desses dons como obra do único Espírito. Significativamente, para os pentecostais, o dispensacionalismo carece de apoio bíblico e prejudica, em grande medida, a lógica da operação dos dons do Espírito. Robby Waddell oferece suporte bíblico para uma escatologia ecologicamente responsável em "Sustentabilidade apocalíptica: o futuro da ecologia pentecostal". Ele se abstém da noção de uma destruição cataclísmica da terra não só por sua preocupação ética com o fato de a destruição apocalíptica ser incongruente com o ministério social e a justiça, mas porque a tradição bíblica aponta para a renovação da terra, apoiando, assim, uma postura de responsabilidade ecológica. John Christopher Thomas, em "O mistério da Grande Prostituta: discernimento pneumático de Apocalipse 17", conclui a seção bíblica com uma avaliação bíblica da prostituta da Babilônia. A "Grande Prostituta" alude a uma crítica sociopolítica das potências mundanas (Roma), em referência a cidades anteriores de destruição (Egito e Sodoma). No entanto, Deus provocará a queda da prostituta e, por implicação, a queda dos governantes ímpios.

A seção seguinte aborda a escatologia pentecostal em dimensões históricas e teológicas. Em "Escatologia pentecostal primitiva à luz de *The apostolic faith* [A fé apostólica], 1906-1908", Larry McQueen busca descobrir a escatologia que emerge dessa obra, um periódico ligado à missão da rua Azusa e sua relação com a espiritualidade pentecostal, a fim de avaliar se a escatologia pentecostal inicial estava ou não alinhada com o dispensacionalismo clássico. A teologia da rua Azusa era holística e profundamente dependente do derramamento do Espírito; tinha uma ênfase apocalíptica, no sentido de que sustentava que o céu era um estado futuro, mas também uma experiência que poderia ser parcialmente realizada na atividade presente do dom do Espírito. Larry argumenta que a escatologia da rua Azusa não pode ser compreendida como outro tipo de pré-milenarismo dispensacionalista. Murray W. Dempster explora a relação entre escatologia e ética social em "Escatologia, batismo do espírito e inclusão: uma análise das marcas de uma ética social pentecostal". Integrando a teologia bíblica e a visão ética, Dempster busca explorar a relação entre a doutrina pentecostal do batismo no Espírito e a escatologia, com o propósito de construir uma ética social pentecostal que vá além da piedade individual e da proclamação para a transformação social em identidade com a obra de Cristo.

Em "Escatologia como soteriologia: o evangelho pleno cósmico", Matthew Thompson baseia-se na teologia wesleyana para defender uma soteriologia escatologicamente infundida. Tal escatologia não é nem plenamente cumprida nem individualista, mas progressiva e de âmbito cósmico; corresponde à preocupação patrística com *theosis* e o movimento divino de descida e ascensão. Thompson, então, esboça de que forma a *theosis* pode ser aplicada à compreensão do evangelho pleno. O capítulo de Peter Althouse "Escatologia pentecostal em perspectiva: a orientação escatológica do Evangelho Pleno" se encaixa perfeitamente com o de Thompson, mas, onde Thompson propõe uma soteriologia escatologicamente infundida de orientação wesleyana, Althouse sugere uma leitura escatológica da teologia pentecostal moldada por uma perspectiva reformada. Althouse entende a escatologia como proléptica, em que o reino é inaugurado na vida, morte e ressurreição de Cristo Jesus, que oferece o Espírito escatológico no dia de Pentecostes, e encontrará seu ápice no *eschaton*. Ele sugere uma leitura escatológica do evangelho quádruplo[40] influenciado por Moltmann, Barth e N. T. Wright, e não pela tradição continental. O capítulo de Daniel Castelo "Paciência como uma virtude teológica: um desafio à escatologia pentecostal" sustenta que uma apropriação adequada da tradição teológica da paciência ajudaria os pentecostais a reavaliar sua ênfase frenética no imediatismo escatológico. Ao cultivarem a virtude da paciência, os pentecostais podem manter a expectativa da vinda escatológica de Cristo, ao mesmo tempo que se rendem ao mistério do reino vindouro como um ato divino, com todas as ambiguidades, tensões, frustrações e dificuldades que o reino vindouro envolve.

Na sequência, exploram-se os vários desenvolvimentos carismáticos na escatologia. Escrito em uma perspectiva carismática católica romana, o capítulo de Jeffrey Gros "Esperança para a vida

[40] A principal diferença entre as perspectivas da Santidade Wesleyana e da Pentecostal Reformada reside na visão da santificação. A primeira assume a teologia da inteira santificação, enquanto a última segue William H. Durham e acredita que a santificação é objetivamente "terminada na cruz", embora com ênfase em seu desenvolvimento progressivo ao longo da vida cristã e sendo plenamente realizada na glorificação.

eterna: perspectivas para pentecostais e católicos" une as perspectivas pentecostais e católicas sobre escatologia, a fim de encorajar o diálogo ecumênico. Observando os elementos escatológicos que tanto os pentecostais como os católicos romanos têm em comum, embora com vários graus de ênfase, Gros revela o papel da piedade e da imaginação populares na formação de crenças escatológicas e como produzem mal-entendidos entre as duas tradições. Para avançar no processo de reconciliação, é necessário proceder a uma investigação das crenças populares de cada um e do seu papel, se houver, na formação das crenças fundamentais. Gros, neste caso, desvenda o desenvolvimento histórico das visões dispensacionalistas e milenaristas desde a era patrística, com o objetivo de discutir a ascensão da piedade popular católica romana. O capítulo é um convite a uma resposta pentecostal para aprofundar o diálogo. Em "*Discernindo os tempos*: a escatologia vitoriosa do movimento de apascentamento", David Moore explora o desenvolvimento histórico e as perspectivas escatológicas de cinco líderes carismáticos independentes que se submeteram voluntariamente à autoridade uns dos outros, em um esforço para produzir reforma moral. A tendência escatológica do movimento de apascentamento era restauracionista: nos últimos dias, Deus estaria restaurando o ministério quíntuplo de apóstolo, profeta, evangelista, pastor e mestre. Embora controverso para outros grupos pentecostais e carismáticos, o tipo apostólico de liderança e autoridade do movimento de apascentamento, que encorajava as pessoas a se submeterem à autoridade de um líder, era inerentemente coerente com sua escatologia restauracionista. O capítulo de Michael McClymond "Prosperidade 'já e ainda não': uma interpretação escatológica da ênfase em 'saúde e riqueza' no movimento pentecostal-carismático americano" investiga a compreensão escatológica daquele tipo de cristianismo carismático denominado "evangelho da prosperidade". McClymond argumenta que o evangelho da prosperidade deve ser interpretado no contexto do reavivamento da chuva serôdia da década de 1940, no qual a restauração de profetas e apóstolos e uma escatologia otimista moldaram a ideia da igreja como o domínio do reino de Deus, demonstrando a realização parcial do *eschàton*. Tanto os capítulos de Moore como os de McClymond podem ser vistos como peças complementares que revelam o impulso escatológico de dois representantes do movimento carismático independente.

A quarta parte analisa como a escatologia pentecostal tem sido étnica e geograficamente contextualizada. Nestor Medina inicia a seção com o capítulo "A Nova Jerusalém *versus* responsabilidade social: os desafios do pentecostalismo na Guatemala". Medina oferece uma crítica sociopolítica do pentecostalismo na Guatemala. Nesse contexto, ele argumenta que existe uma tensão paradoxal entre uma escatologia voltada ao mundo que virá, retardando o envolvimento sociopolítico construtivo, e uma ênfase na expansão missionária do cristianismo, que traz os pentecostais diretamente para a arena sociopolítica. Os pentecostais guatemaltecos são, em geral, conservadores, embora por vezes tenham apoiado tanto regimes repressivos quanto reformas democráticas. Sammy Alfaro investiga os ritos fúnebres dos pentecostais hispânicos em "'*Se fue con el Señor*': o funeral pentecostal hispânico como celebração antecipatória", como uma celebração prévia da esperança no reino vindouro, que, ao mesmo tempo, traz libertação ao presente. Os ritos fúnebres trazem consolo na esperança de que Deus triunfará sobre o pecado e a morte na era vindoura, mas que os fiéis também podem receber uma antecipação do reino celestial em sinais de cura, salvação e até mesmo libertação. Em "Construindo uma escatologia pentecostal africana: qual é o caminho?", J. Ayodeji Adewuya reflete sobre as contribuições da escatologia pentecostal africana. Advertindo que as cosmovisões africanas não podem ser tomadas como monolíticas e, portanto, o pentecostalismo africano também não, Adewuya toma por base suas raízes nigerianas para argumentar que a escatologia pentecostal africana deve começar por uma reflexão sobre a cosmovisão africana. Essa cosmovisão aponta para a esperança além deste mundo, a salvação como alívio nos tempos de angústia — em que a cura, a libertação, a capacitação e uma vida bem-sucedida são elementos importantes —, a morte como o único portal para a existência humana contínua e, especialmente, a crença central no Espírito Santo no contexto de uma cosmologia de espíritos e possessão demoníaca. Adicionada a essa mistura, está a influência do dispensacionalismo por meio das proclamações dos missionários evangélicos ocidentais. Essa influência traz elementos escatológicos específicos, como o retorno de Jesus Cristo, a certeza de uma ressurreição futura e a derrota de Satanás. Contudo, Adewuya insiste que África não deve oscilar entre as visões escatológicas ocidentais e sua própria visão do mundo, devendo construir sua própria voz escatológica. Por fim, o capítulo de Frank Macchia, "Jesus é vitorioso: a escatologia dos Blumhardt com implicações para as escatologias pentecostais", oferece uma escatologia pentecostal europeia. Mesmo antes da eclosão da adoração carismática na rua Azusa, nos Estados Unidos, Johann e Christoph Blumhardt haviam desenvolvido uma espiritualidade pentecostal com ênfase em cura divina e transformação social. A recuperação da escatologia sob o conceito do reino de Deus influenciou grandes teólogos alemães, como Karl Barth, Paul Tillich e Jürgen Moltmann. Moltmann chega a afirmar que o "pentecostalismo de Blumhardt" pode ser um corretivo para a escatologia futurista do dispensacionalismo.[41] A contribuição de Macchia consiste em investigar de que forma a ênfase de Johann na cura divina foi transformada em uma ênfase na atividade libertadora da ação social e da justiça na teologia de Christoph, na qual a escatologia do reino de Deus desempenhou papel significativo. A implicação para a escatologia pentecostal é que o reinado libertador do reino de Deus deve ser compreendido menos como uma piedade estreita e focada em eventos futuristas e mais como uma renovação da vida em toda a sua diversidade e dimensão global.

A obra oferece uma contribuição modesta e preliminar para o desenvolvimento dos estudos pentecostais, com o objetivo de traçar o vasto e diversificado horizonte da escatologia pentecostal e contribuir para seu desenvolvimento futuro. Esperamos que você seja encorajado, inspirado e até mesmo desafiado por estes capítulos ao refletir sobre o significado da esperança cristã.

[41] Moltmann, prefácio, em Althouse, *Spirit of the last days*, p. viii.

Primeira parte

ESCATOLOGIA EM PERSPECTIVA BÍBLICA

1

Escatologia judaica primitiva

WILLIAM RACCAH ■

Introdução

ESCATOLOGIA É O RAMO DA TEOLOGIA preocupado com as últimas coisas, como a morte, a ressurreição, o julgamento, o messias e a imortalidade. Derivado do grego *eschatos*, o termo "escatologia" significa "muito distante" ou "último", e o *Dicionário Oxford*, de língua inglesa, o define como "a ciência das quatro últimas coisas: morte, julgamento, céu e inferno". Paradoxalmente, embora se preocupe com as "últimas coisas", como, por exemplo, o fim deste mundo e desta vida, o significado religioso do termo também enfatiza a ideia de uma nova vida e de um novo mundo. O velho mundo — este mundo presente — dará lugar à inauguração do novo mundo da eternidade.[1]

A escatologia é essencialmente um símbolo religioso.[2] Por lidar com os símbolos da experiência religiosa, ela não conduz a uma análise conceitual filosófica. Nem pode ser reduzida a conhecimento

[1] Harshbarger; Mourant, *Judaism and Christianity*, p. 332-3.

[2] "Por 'símbolo,' queremos dizer aquilo que representa ou expressa alguma forma de realidade, seja uma coisa, uma pessoa ou uma ação específica no passado, presente ou futuro. O uso religioso de símbolos exclui o conceitual pelo existencial. Nas palavras de Mircea Eliade, 'os símbolos ainda mantêm contato com as fontes profundas da vida; expressam, pode-se dizer, o 'espiritual como vivido'' (*le spirituel vécu*). Por isso os símbolos têm, por assim dizer, uma aura numinosa; revelam que as modalidades do espírito são ao mesmo tempo manifestações de vida e, consequentemente, envolvem diretamente a existência humana. O símbolo religioso não revela apenas uma estrutura de realidade ou uma dimensão de existência; antes, traz *significado* à

científico, pois o conhecimento científico é conceitual e factual. Transcendendo a filosofia e a ciência, a escatologia relaciona-se com uma realidade cósmica baseada nas revelações apreendidas e aceitas pelo indivíduo, as quais chamamos de símbolos. Vez ou outra, é claro, a escatologia pode abordar alguns problemas frequentemente tratados na investigação filosófica, como, por exemplo, a demonstração da imortalidade da alma ou a tentativa de descobrir as leis da história, mas os símbolos são os símbolos da experiência religiosa, com a premissa de que as verdades são aceitas como reveladas. Assim, basicamente, o principal método da escatologia é a explicação e a interpretação dessas verdades e desses símbolos, e muitas das conclusões relativas aos símbolos básicos do judaísmo ou do cristianismo, por serem bastante especulativas, admitem frequentemente mais diversidade de opiniões do que mera concordância.[3]

Como símbolo religioso, a escatologia interpreta a história como significativa, intencional e ética. Essa interpretação da história contrasta, de forma incisiva, com as opiniões de muitos historiadores e filósofos. Assim, embora o historiador não esteja preocupado com o fim da história nem se esforce para transcendê-la e relacioná-la com alguma realidade cósmica superior, e os filósofos concordem que o estudo da história não produz conhecimento demonstrativo e que determinar seus propósitos é um empreendimento arriscado, essas considerações não impediram muitos filósofos de especular sobre a natureza e o curso da história humana.[4] Na verdade, assim como o escritor de Eclesiastes, o filósofo da história pode contentar-se em afirmar: "Não há nada novo debaixo do sol" (Eclesiastes 1:9).

De acordo com a maioria das religiões, a história não se move em um tempo linear que culmina em algum objetivo específico, mas em ciclos de tempo ao longo da eternidade. Essa visão cíclica, ou o mito do eterno retorno, sustenta que a história se repete infinitamente, sem direção e desprovida de fim ou propósito. No entanto, para a tradição judaico-cristã, a história é significativa. Ela tem

existência humana. Por isso mesmo os símbolos que visam à realidade última constituem conjuntamente revelações existenciais para o homem que decifra sua mensagem" (Eliade, *History of religions*, p. 100).

[3] Harshbarger; Mourant, *Judaism and Christianity*, p. 332.

[4] Ibidem.

um propósito e um objetivo que trazem esperança. Tanto o judaísmo como o cristianismo são únicos em sua concepção da história. Seguindo algumas interpretações encontradas nos escritos judaicos do período intertestamentário e dos primeiros séculos da Era Cristã, os primeiros escritores cristãos e aqueles que os seguiram ao longo dos séculos afirmaram que a esperança reside em Deus e na convicção de que seus propósitos são realizados na história. Por essa razão, o povo de Israel e, posteriormente, os cristãos depositaram — e depositam — suas esperanças na expectativa de um grande bem, a vinda do reino messiânico, um reino onde a felicidade e a salvação finais serão alcançadas.[5]

Assim, quando olhamos para o conceito religioso de escatologia, descobrimos que o significado da história é revelado nas Escrituras, e não nas tentativas especulativas dos filósofos. É possível dizer que o significado da história está contido em uma *teologia* da história, e que essa teologia fornece uma certeza e um significado que se baseiam na fé do indivíduo, o que não é encontrado em uma *filosofia* da história.[6] Consequentemente, para o judaísmo, assim como para o cristianismo, o significado da criação é revelado em seu fim, e apenas na avaliação de quão boa é a criação que ela se torna significativa.

Curiosamente, podemos observar que o que é dito no início e no fim do universo é altamente simbólico ou especulativo. Existem muitos símbolos na tradição judaico-cristã para o significado do fim da história, símbolos que devem ser mantidos juntos, em uma espécie de padrão, para sua plena compreensão. Além disso, esses símbolos devem ser dispostos em uma estrutura ordenada, que é a própria história.[7] Como para os judeus o significado da história está centrado nas alianças que Deus fez com Noé e Abraão, que foram ratificadas na aliança com Moisés no Sinai, a Lei dada a Moisés dá sentido à história, pois a observância da Lei aperfeiçoa a humanidade e a sociedade. Assim, somente na consumação da história e na realização do reino de Deus é que a Lei desaparecerá.

[5] Ibidem, p. 334-5.
[6] Ibidem, p. 335.
[7] Ibidem, p. 336.

Tanto para judeus como para cristãos, a história não diz respeito primariamente a nações e pessoas, mas ao seu relacionamento com Deus. Portanto, a história não se reduz a meros acontecimentos humanos, como foi desenvolvido posteriormente a partir da Renascença e do Iluminismo, pois isso minaria a personalidade humana e o significado no fluxo e no refluxo dos acontecimentos. A importância de ser pessoa é ocupar seu lugar, seu papel no drama da humanidade na presença de Deus. Nesse drama, nenhum indivíduo é simplesmente uma coisa ou um evento. Cada indivíduo é um sujeito de destino ilimitado e de grande significado, e cada indivíduo é desafiado a tomar uma decisão que fará história no que diz respeito a esse indivíduo. Outra forma de expressar isso é dizer que o *kairos* dá sentido ao *chronos*, pois o *kairos* é a interseção do nosso tempo com a eternidade, tornando significativo cada momento do tempo (*chronos*). Com a manifestação de Deus na e por meio da história, cada momento do tempo é carregado de significado e valor.[8]

O messias e o reino messiânico

Ao refletirmos sobre a escatologia judaica primitiva, é importante nos lembrarmos de uma premissa básica muitas vezes tida como certa, mas, com frequência, ignorada: Jesus, seus discípulos, os apóstolos, os vários escritores do Novo Testamento (com a possível exceção de Lucas), Paulo e a maioria daqueles que compunham a igreja primitiva, todos eram judeus. Não eram apenas judeus, mas também participantes de pleno direito e representantes típicos dos judeus que viveram na Palestina do primeiro século e na Diáspora. Nessa condição, tudo o que afirmaram, discutiram, escreveram ou pronunciaram estava dentro de um contexto que definia sua identidade. Esse contexto incluía aspectos teológicos e questões escatológicas. Portanto, enquanto outros neste livro abordarão os escritos, pronunciamentos e interpretações do que lemos nas páginas do Novo Testamento, nós focaremos a atenção, nas próximas páginas, nos elementos escatológicos encontrados no período anterior e contemporâneo ao surgimento e ao desenvolvimento da igreja primitiva.

[8] Ibidem, p. 336.

Quando olhamos para o material relevante, observamos que os rabinos do período primitivo, ao que parece, mostram certo descuido e alguma lentidão na aplicação dos princípios teológicos,[9] o que é bastante surpreendente, levando-se em consideração o cuidado com que abordavam diversos assuntos, especialmente os que diziam respeito ao povo judeu, ao seu relacionamento com Deus e vice-versa. Como já mencionado, o judaísmo é essencialmente uma religião histórica. Na história, Deus é revelado ao povo judeu e intervém pelo povo judeu e por todas as nações. Para esses rabinos, a eleição de Israel foi predestinada antes da criação do mundo e santificada em nome de Deus antes mesmo de o universo ser chamado à existência.[10] Assim, para os rabinos, "Israel já existia antes de o mundo ser criado e ainda existe agora e continuará a existir no futuro".[11] Por essa razão, Deus fez aliança com o povo escolhido e os conduziu para fora do Egito, para a terra prometida. O que fica claro, portanto, é que Israel tem um futuro, que Deus atribuiu um significado à história de Israel, dotando-a de promessas e esperanças divinas, e que essas promessas e esperanças estão centradas no símbolo central da escatologia judaica: o messias e o reino messiânico.[12]

Para o judaísmo, existem um messias e um reino messiânico. Ambos estão intimamente conectados entre si e atrelados à história. O messias *aparecerá* na história; o reino messiânico *aparecerá* dentro dessa história. Tal entendimento contrasta fortemente com o cristianismo, que ensina que o messias, Jesus, já apareceu e estabeleceu seu reino agora e o completará no futuro. O futuro reino messiânico predito nas escrituras hebraicas prevê a destruição dos males atuais e a realização de um conjunto completamente novo de valores. É importante notar que, para a escatologia judaica e cristã, esse ponto é completamente ético. A visão do reino messiânico como aquele em que os mais elevados valores éticos

[9] Schechter, *Aspects of rabbinic theology*, p. 13.

[10] Veja *Gen Rabba* 1:4: "É proibido investigar o que existia antes da criação, como Moisés claramente nos diz em Deuteronômio 4:32: 'Perguntem, agora, aos tempos antigos, antes de vocês existirem, desde o dia em que Deus criou o homem sobre a terra'. Assim, o escopo da investigação é limitado ao tempo desde a Criação".

[11] Schechter, *Aspects of rabbinic theology*, p. 59.

[12] Harshbarger; Mourant, *Judaism and Christianity*, p. 337.

serão alcançados é a consequência lógica da crença em um Deus pessoal que estabeleceu relação moral com um grupo escolhido de pessoas. Além disso, dizer que o messias e o reino messiânico aparecerão na história significa, para a tradição judaica, que o messias e o reino messiânico são essencialmente *deste* mundo, embora sua realização esteja no futuro.[13]

A vinda do messias e do reino messiânico está intimamente ligada ao desenvolvimento inicial do judaísmo e da monarquia judaica. No Antigo Testamento, em que o termo ocorre trinta e oito vezes, "messias" é um adjetivo, enquanto seu uso como substantivo surgiu muito mais tarde.[14] Significa "ungido" e, na monarquia primitiva, referia-se a uma pessoa ungida com óleo sagrado (2Reis 5:3). No início da história de Israel, a monarquia, especialmente sob o rei Davi, alcançou prestígio considerável, e as expectativas judaicas em relação ao messias centraram-se na concepção do messias real davídico.[15] Assim, a monarquia estabelecida por Davi não apenas tornou-se um ideal para o futuro, mas também recebeu sanção e ratificação religiosa. O principal dever dele era manter a aliança e preparar a futura salvação da humanidade no reino messiânico que está por vir. A estreita relação entre a monarquia davídica e Deus é evidente em inúmeras passagens de 2Samuel, livro que cobre o reinado de Davi. Em particular, o caráter divino e a direção da monarquia estão registrados nas palavras de Deus relatadas pelo profeta Natã (2Samuel 7:12-16). No versículo 12, "Quando a sua vida chegar ao fim e você descansar com os seus antepassados, escolherei um dos seus filhos para sucedê-lo, um fruto do seu próprio corpo, e eu estabelecerei o reino dele", a referência imediata é ao reinado do rei Salomão. Os teólogos judeus, porém, acrescentam que esse versículo também se refere à santificação do governo vindouro do messias como rei. Na verdade, todo o capítulo parece ratificar a monarquia davídica e estabelecer seu caráter messiânico para todos os tempos vindouros.[16]

[13] Ibidem, p. 337.

[14] Stewart, *Rabbinic theology*, p. 46.

[15] De Jonge, *Jewish eschatology, early Christian christology and the testaments of the twelve patriarchs*, p. 65.

[16] Harshbarger; Mourant, *Judaism and Christianity*, p. 338.

Além disso, a prosperidade e a grandiosidade da monarquia davídica constituem um tipo do que está por vir na futura realização do reino messiânico. O caráter religioso da monarquia, evidente em seu importante papel na manutenção da aliança, estava conectado ao seu prestígio político e à sua prosperidade econômica. Todos esses fatores não apenas contribuíram para o forte sentimento de nacionalismo em Israel, mas também serviram de base para algumas esperanças nacionalistas que passaram a se centrar na visão do reino messiânico. Em particular, essas esperanças incluíam a forte convicção de que o novo reino seria realizado neste mundo e que seria especialmente marcado por bênçãos materiais e prosperidade.[17]

No entanto, apesar da ratificação da monarquia davídica e de seu sucesso mais imediato e fenomenal, seus crescentes fracassos nos anos seguintes levaram a críticas e denúncias proféticas. Um dos críticos mais veementes e importantes da monarquia em seu período posterior foi o profeta Isaías, cuja profecia para o futuro da monarquia é a visão de uma monarquia ideal, de um reino de Deus governado pelo messias que será um descendente de Davi. Para Isaías, o messias, como rei ideal, virá para governar um reino ideal, aquele que restaurará a idade de ouro da humanidade, uma era em que não há mal, nem doença, nem morte.[18] Tudo isso é claramente evidenciado em Isaías 11:1-10. No entanto, o termo "messias" não é o título central nem está relacionado apenas a um príncipe de descendência davídica.[19]

O fato de a terminologia ser pouco clara também resulta em alguma ambiguidade. Os termos "messias" e "messiânico" são frequentemente usados em um sentido mais amplo do que lhes foi atribuído por teólogos posteriores. Essas palavras denotam qualquer mediador escatológico, independentemente de ser chamado de "ungido"

[17] Essa noção de prosperidade material como concomitante de valores espirituais não é incomum. Embora muito presente hoje, já o era nas crenças de alguns teólogos puritanos do século 17, que identificavam a riqueza material como um sinal de que o indivíduo que a possuía era um dos eleitos, enquanto a pobreza era um sinal de condenação futura.

[18] Ibidem, p. 338.

[19] Veja De Jonge, "Use of the word 'anointed' in the time of Jesus", p. 132-48; De Jonge, "Role of intermediaries in God's final intervention in the future according to the Qumran Scrolls", p. 44-63; De Jonge; Van Der Woude, "11Q Melchizedek and the New Testament", p. 301-26.

ou não.[20] Portanto, não é muito útil chamar todo futuro "redentor/salvador" ou todo agente de libertação divina de "messias". Na verdade, a palavra "ungido" é raramente usada para futuras figuras mediadoras nas fontes literárias do início da era cristã e, à exceção do exemplo incerto em *1Qsa* 2:11-16, o uso absoluto do termo "messias" é encontrado apenas em algumas passagens do *Apocalipse de Baruque*[21] siríaco e 4 Esdras.[22] O aparecimento de uma figura mediadora, seja humana, angélica ou divina, qualquer que seja o nome ou o título atribuído, não é um elemento regular ou indispensável. Contudo, falar de messianismo sem messias não contribui para maior clareza de pensamento. No Antigo Testamento, "ungido" e "unção" são termos usados em conexão com reis, sumos sacerdotes e outros sacerdotes, além de profetas. O termo é usado para Saul, Davi e os reis davídicos, e até mesmo foi usado para Ciro uma vez.[23] Em quatro lugares distintos encontramos a expressão "o sumo sacerdote ungido" (Levítico 4:3,5,16; 6:15). No que diz respeito aos profetas, 1Reis 19:16 anuncia a unção de Eliseu por Elias para ser profeta em seu lugar. O uso variado do termo no Antigo Testamento se reflete em fontes judaicas posteriores, em particular na imagem de Davi, que atua como a descrição idealizada dos reis davídicos em vários salmos reais (p. ex., Salmos 2, 89, 110 e 132) e textos proféticos sobre a vinda de um verdadeiro filho de Davi (veja em particular Isaías 11:1-10), em que o termo "ungido" ("messias") não aparece. De Jonge adverte: "Não deveríamos falar de um messias real, sacerdotal ou profético, mas de um futuro rei, sumo sacerdote e profeta que é, em alguns lugares, chamado de 'ungido'".[24]

Curiosamente, os documentos Macabeus, que repudiam o renascimento da dinastia davídica, ignoram o termo, e tanto o *Livro dos*

[20] De Jonge, "Use of the word 'anointed' in the time of Jesus", p. 110.

[21] *2Baruque* é um texto pseudepigráfico judaico que se acredita ter sido escrito no final do primeiro século d.C. ou no início do segundo século d.C., após a destruição do Templo, em 70 d.C.

[22] O livro conhecido como *4Esdras* é uma compilação de três tradições textuais que compõem dezesseis capítulos e foi escrito no final do primeiro século d.C., na Palestina. Os capítulos centrais do livro (3—14) são um apocalipse judaico, com um acréscimo cristão posterior posicionado à frente (caps. 1 e 2) e um acréscimo cristão posterior colocado ao final, como um apêndice/conclusão (caps. 15 e 16).

[23] Isaías 45:1: "Assim diz o Senhor ao seu ungido: a Ciro, cuja mão direita seguro com firmeza para subjugar as nações diante dele e arrancar a armadura de seus reis, para abrir portas diante dele, de modo que as portas não estejam trancadas". Veja Stewart, *Rabbinic theology*, p. 46.

[24] De Jonge, "Use of the word 'anointed' in the time of Jesus", p. 111.

Jubileus como vários outros, *como 1Enoque* 1—36 e 91—104, *Assunção de Moisés,*[25] *2Enoque, Oráculos sibilinos,* não fazem menção ao termo "messias".[26] Entretanto, "todos contêm passagens proféticas nas quais seria razoavelmente possível esperar que algum messias aparecesse".[27] Para Eclesiástico, ou Ben Sira,[28] que não tem interesse no futuro redentor, o "ungido" ou "messias" é o rei israelita. Os manuscritos de Qumran, por sua vez, mencionam pelo menos dois messias, um davídico e um sacerdotal, e nenhum deles é necessariamente uma figura escatológica.[29] Para complicar ainda mais a situação, os manuscritos também aplicam esse termo aos profetas.[30] No capítulo 17 de *Salmos de Salomão,*[31] que não é um texto nem apocalíptico nem escatológico, o messias é um futuro rei davídico idealizado que também exibe traços de sábio e mestre. *Similitudes de Enoque,*[32] por sua vez, aludem não a um rei, mas

[25] Também conhecido como "Testamento de Moisés". Com base na tradução literal de expressões idiomáticas contidas no texto, aceita-se, em geral, que a versão latina existente é uma tradução do grego ou provavelmente uma tradução do hebraico. O objetivo do livro é apresentar profecias secretas que foram reveladas por Moisés a Josué já perto do fim de sua vida. Nele, encontramos um breve esboço da história judaica até o primeiro século d.C. A maioria dos estudiosos data a obra no início do primeiro século d.C., sendo contemporânea às últimas figuras históricas nela apresentadas. Um número significativo de outros estudiosos, porém, acredita que faz mais sentido datar o livro no século anterior, sugerindo que as referências ao primeiro século d.C. são inserções posteriores no texto. Um número bem menor de estudiosos o situa no segundo século d.C.

[26] Os *Oráculos sibilinos*, da forma que os temos agora, são uma mistura caótica que consiste em doze livros (originalmente quatorze) de diversas autorias, datas e concepções religiosas, muitas vezes até mesmo de fragmentos não relacionados. Acredita-se que o editor desconhecido da organização final tenha sido Alexandre (século 6 d.C.), o qual parece ter composto o livro por capricho ou segundo um princípio pouco discernível de edição. De origem anônima, esses oráculos poderiam facilmente ser modificados e ampliados pelos judeus helenísticos e pelos cristãos para fins missionários. O mais antigo dos *Oráculos sibilinos* sobreviventes são, aparentemente, os livros 3 a 5, que foram compostos em parte por judeus em Alexandria, por volta de 140 a.C. O terceiro oráculo parece ter sido composto no reinado de Ptolemeu VI Filómetor. Os livros 1 e 2 podem ter sido escritos por cristãos, embora possivelmente um texto original judaico tenha sido adaptado para fins cristãos. Os *Oráculos sibilinos* aparecem como um pastiche das mitologias pagãs grega e romana, empregando temas de Homero e Hesíodo, lendas judaico-cristãs como o Jardim do Éden, Noé e a Torre de Babel, homilias gnósticas e cristãs primitivas e escritos escatológicos, além de referências veladas a figuras históricas como Alexandre, o Grande, e Cleópatra.

[27] Smith, "What is implied by the variety of messianic figures?", p. 68.

[28] *Eclesiástico* é a única obra apócrifa cujo autor é conhecido: Ben Sira. Escrito em hebraico, na Palestina, por volta de 180-175 a.C., Ben Sira era provavelmente um escriba bem versado na lei e nos costumes judaicos.

[29] Collins, *Apocalyptic imagination*, p. 123.

[30] Green, "Messiah in judaism: rethinking the question", p. 3.

[31] Grupo de dezoito canções ou poemas religiosos que datam do primeiro século a.C. Originalmente escritos em hebraico ou aramaico e depois traduzidos para o grego, os Salmos de Salomão fazem parte da *Pseudepígrafa*.

[32] *Similitudes de Enoque* é a segunda parte de uma obra maior conhecida como *1Enoque*. É muito difícil datá-la, mas o consenso geral dos estudiosos parece ser do primeiro século d.C., mas anterior ao ano 70.

a uma figura celestial transcendente, preferindo títulos como "o escolhido" e "o filho do homem" (*1Enoque* 37—71).[33] As imagens conflitantes do messias encontradas em *4Esdras* acrescentam outra dimensão do conceito de messias dentro da variada literatura judaica antiga. Em 7:28, o messias morre sem redenção antes do *escháton* (fim dos tempos), mas os capítulos posteriores o retratam anunciando e executando o julgamento final. Em *2Baruque*, o termo "messias" aplica-se principalmente a um guerreiro, o matador dos inimigos de Israel. Por fim, nos contextos legais da *Mishná*, a denominação "messias" refere-se a um sacerdote ungido, e o conceito do messias como redentor não é mencionado.

Tendo em vista os dados acima, "é possível questionar legitimamente por que a ideia de um 'messias' foi considerada um componente fundamental tanto da religião israelita como do judaísmo primitivo".[34] Poderíamos também perguntar sobre as razões para a afirmação de que, "desde o primeiro século antes da Era Cristã, o messias foi a figura central no mito judaico do futuro",[35] ou para a afirmação de que "a crença no messias" é um dos quatro "dons que o povo de Israel deixou como herança para o mundo inteiro",[36] ou para a suposição generalizada de que, "no tempo de Jesus, os judeus aguardavam um messias".[37] Pode-se perguntar como tanta coisa foi escrita sobre uma concepção supostamente judaica pela qual tantos textos judaicos antigos manifestam tão pouco interesse.[38]

Para os teólogos judeus — e, na verdade, para a maioria do povo judeu ao longo dos séculos —, a vinda do messias ainda faz parte do sonho de Israel. Além disso, para os judeus, o messias esperado é uma pessoa, um ser humano, e não um deus. A natureza humana do messias é muitas vezes destacada em passagens como "o servo

[33] Veja Collins, "Son of man in first-century Judaism", p. 448.

[34] Mowinckel, *He that cometh*, p. 3.

[35] Patai, *Messiah texts*, p. xxvii.

[36] Klausner, *The messianic idea in Israel*, p. 13.

[37] Mowinckel, *He that cometh*, p. 3.

[38] Lindars, *New Testament apologetics*, p. 251. "A primazia do 'messias' como assunto de estudo acadêmico não deriva da antiga preocupação judaica, mas da escolha de palavras, da teologia e da apologética dos primeiros cristãos. Os primeiros cristãos, particularmente os primeiros escritores cristãos, tiveram de estabelecer um discurso que desse sentido à carreira de Jesus, tornando crível sua morte inesperada, seu compromisso audacioso e sua nova vida, plausíveis."

sofredor do Senhor" (Isaías 52 e 53). O messias também será pobre, humilde e desprezado. Os Targuns de Jonathan ben Uzziel sobre essa passagem, datados do primeiro século da Era Cristã, iniciam Isaías 52:13 identificando imediatamente o servo sofredor como o messias, dizendo: "Vejam, o meu servo agirá com sabedoria; será engrandecido, elevado e muitíssimo exaltado".[39] Os rabinos não enfatizavam nenhuma ideia de sua morte como expiação ou "resgate", mas existem alusões ocasionais aos seus sofrimentos. No entanto, essas alusões são muito posteriores ao período em consideração.[40]

A concepção de que o messias já existia no céu desde a criação,[41] e que ele havia nascido como humano muito tempo antes, mas fora mantido escondido, provavelmente por causa dos pecados de Israel, era bem comum desde o começo. A manifestação pública como messias ainda estava por vir. Nessa vida oculta, ele teve de suportar muitos sofrimentos por causa de Israel. Assim, "os sofrimentos são divididos em três porções, das quais uma parte foi atribuída a todas as gerações do mundo, uma parte à era das perseguições [sob Adriano] e uma parte ao messias, como está escrito: 'Ele foi ferido pelas nossas transgressões'".[42] O sofrimento nesse mesmo versículo de Isaías é mencionado em *Ruth Rabba* 2:14, onde lemos: "Mergulhe o seu bocado no vinagre: estes são os sofrimentos do messias, como diz: Ele foi traspassado pelas nossas iniquidades".[43]

O *Midrash Sifre*, datado de meados do século 3 d.C., mas com a maior parte de seu material central remontando às escolas do rabino Akiva e do rabino Ismael, aplica Isaías 53:5-6 ao messias. O argumento é o seguinte: se a transgressão de Adão (o primeiro

[39] Citado em Neubauer, *Fifty-third chapter of Isaiah according to the Jewish interpreters*, p. 5.

[40] Montefiore, *Rabbinic literature and gospel teachings*, p. 305.

[41] A preexistência do messias aparece pela primeira vez no livro apócrifo de *1Enoque* (46:1-3; 48:4-6; 62:7-9), que foi originalmente escrito em hebraico ou aramaico por volta de 150 a.C. Desse período em diante, o conceito do messias que foi criado nos seis dias da criação (*B. Pesachim* 54a; *B. Nedarim* 39a; *Gen Rabba* 1:4; 2:4), ou mesmo antes deles, ou que nasceu em datas posteriores, declaradas de várias maneiras, e depois escondido para aguardar seu tempo, tornou-se uma característica padrão da escatologia messiânica judaica. Em uma versão, o nome do messias é que teria sido criado no início (*1Enoque* 48:2-3; *B. Sanhedrin* 98b; *Y. Berachot* 5a; *B. Sanhedrin* 98b; *B. Baba Bathra* 75b: *Pereq Shalom*, p. 101; Sifre em Deuteronômio 65a; *Lam Rabba* 1:51), enquanto em outra, seu espírito ou sua alma; em uma terceira versão, o próprio messias nasceu e até mesmo seu trono celestial foi formado. Veja Patai, *The messiah texts*, p. 16.

[42] *Midrash Samuel*, p. xix, 29b.

[43] *Midrash Ruth*, v. § 6 em ii. 14.

humano a quem foi dada uma proibição) resultou em tamanha consequência para todos os seus descendentes ("todas as gerações"), e uma vez que o atributo da bondade é maior e mais poderoso que a vingança, os sofrimentos do messias justificarão muito mais todas as gerações.[44] Curiosamente, esse argumento é semelhante ao apresentado por Rav Shaul (o apóstolo Paulo) em Romanos 5:15-19.

O *Talmude babilônico* afirma: "Os Rabanan[45] dizem que o nome do messias é o 'estudioso sofredor da casa do rabino' (ou 'o estudioso leproso'), pois está escrito: 'Certamente ele deu à luz a nossa dor e carregou as nossas tristezas, mas nós o estimamos ferido, castigado por Deus e afligido'".[46] A partir disso, parece evidente que o *Talmude babilônico* aplica Isaías 53:4 ao messias. Acrescenta ainda: "O messias — qual é o seu nome? Nossos mestres disseram: seu nome será o leproso da casa do rabino [talvez em referência aos sofrimentos do rabino por treze anos], assim como diz: 'Certamente ele levou sobre si as nossas doenças e carregou as nossas dores; contudo, nós o considerávamos como alguém acometido de lepra e ferido por Deus'".[47]

Assim, dentro da teologia judaica, o messias será uma realidade concreta, e seu aparecimento ocorrerá no tempo de Deus, ou seja, o fim dos tempos e o estabelecimento do reino de Deus.[48] Uma vez que o conhecimento do fim da história pertence a Deus, somente Deus consumará o fim da história com a vinda do verdadeiro messias.[49]

[44] "R. Yosé, o Galileu, disse: 'Venha e aprenda a justiça do rei Messias e a recompensa dos justos do primeiro homem que recebeu apenas um mandamento, uma proibição, e a transgrediu: considere quantas mortes foram infligidas a si mesmo, às suas próprias gerações e sobre aqueles que as seguiram, até o fim de todas as gerações. Qual atributo é maior: o atributo da bondade ou o atributo da vingança? Ele respondeu: O atributo da bondade é maior e o atributo da vingança é menor; quanto mais, então, o rei Messias, que suporta aflições e dores pelos transgressores (como está escrito: 'Ele foi ferido' etc.), justificará todas as gerações! E é isso que se quer dizer com: 'E o Senhor fez cair sobre ele a iniquidade de todos nós'". Citado em Neubauer, *Fifty-third chapter of Isaiah according to the Jewish interpreters*, p. 10-1.

[45] Os Rabanan (explicadores) eram um grupo de sábios que, em meados do século 5 d.C., na Babilônia, foram encarregados de fornecer explicações finais sobre o Talmude inteiro.

[46] *Sanhedrin* 98a.

[47] *Sanhedrin* 98b em Neubauer, *Fifty-third chapter of Isaiah according to the Jewish interpreters*, p. 7. Nessa passage, "rabino" é o título do rabino Judá, o santo, o redator da Mishná. As passagens mais completas e interessantes daqueles que tratam dos sofrimentos do Messias vêm da compilação midráshica de homilias sobre lições especiais do Pentateuco e Proféticas, conhecidas como *Pesikta Rabbati*, que datam do início do século 8 d.C. Veja em particular *Pesikta Rabbati* 146b, 159b, 161a, 161b, 162a e 163a.

[48] Veja a passagem familiar encontrada no *Sanhedrin* 98a, que baseia sua conclusão em Salmos 95:7b.

[49] Harshbarger; Mourant, *Judaism and Christianity*, p. 339.

No desenvolvimento histórico dessa noção messiânica, é preciso observar uma transição importante: a concepção do messias como governante político e libertador, alguém que apenas libertará os judeus do governo opressivo de outros, para a concepção de um monarca ideal, alguém que efetuará a regeneração espiritual de todas as pessoas. Embora originalmente fosse apenas um salvador nacional, o messias agora se torna o tipo perfeito de governante que santificará e estabelecerá o governo da lei de Deus para todos. A singularidade e o nacionalismo envolvidos na concepção original do messias fundem-se na concepção de um messias para toda a humanidade, alguém que redimirá não apenas Israel, mas também o mundo inteiro. Com essa concepção de um reinado mais universalista, descobrimos que a ênfase no messias é substituída cada vez mais pela ênfase no reino messiânico, cujos benefícios se estenderão não apenas ao povo judeu, mas a todos os povos, em todos os tempos.[50] Encontramos essa nova concepção do messias e do reino messiânico presente na revelação do profeta Daniel (7:13-14). É importante notar que o contexto em que Daniel está escrevendo não era a antiga Palestina, mas a Medo-Pérsia, que, à época, controlava vários povos e nações. Todos estavam sob alguma forma de escravidão ou controle, e todos aspiravam à liberdade e à reafirmação de sua identidade. A mensagem de Daniel tornou-se, assim, universal e inclusiva em sua proclamação, e foi apropriada, alguns séculos mais tarde, por algumas pessoas que viviam naquela região.[51]

A religião de Israel deve abranger o mundo, o que é revelado pelo fato de Israel não ser apenas uma testemunha de Deus — um parceiro de Deus em uma relação histórica —, mas também um agente da verdade divina para outras nações. Uma vez que existe um só

[50] Ibidem.

[51] Na primeira metade do primeiro século d.C., segundo Josefo, em uma pequena dependência do Império Parta chamada Adiabene, no lado oriental do Médio Tigre, o rei Izates e sua esposa, Helena, converteram-se ao judaísmo. A casa governante tinha relações estreitas com Jerusalém, local em que a rainha Helena e seus dois filhos viveram por algum tempo, contribuindo, até mesmo, com fundos para o Templo. É bastante provável que, naquela época, esses governantes tivessem pelo menos a Torá traduzida para seu dialeto aramaico oriental, para uso próprio e o uso de seus súditos. Ao mesmo tempo, os Targumins eram produzidos em dialeto aramaico ocidental. Foi postulado que a tradução do Antigo Testamento produzida para a igreja síria em aramaico siríaco oriental manifesta relações evidentes com uma fase preliminar do Targum palestino do Pentateuco. Isso sugere que houve pelo menos uma tradução judaica parcial do Antigo Testamento em aramaico oriental da Síria. Veja Noth, *Old Testament world*, p. 323.

Deus, não deveria haver também apenas uma humanidade, uma lei, uma justiça e um conjunto de valores morais para todos, e não apenas para uns poucos escolhidos?[52]

Leo Baeck afirma: "A concepção messiânica do judaísmo também pode ser contrastada com a do cristianismo. O judaísmo enfatizava o reino de Deus não como algo já realizado, mas como algo ainda a ser alcançado — não como uma posse religiosa dos eleitos, mas como tarefa moral. No judaísmo, o ser humano santifica o mundo glorificando a Deus, superando o mal e realizando o bem. O reino de Deus está diante de cada um para que possa assumir seu papel e sua tarefa; e está diante de cada um porque está diante de todos. Para o judaísmo, toda a humanidade é escolhida; a aliança de Deus foi feita com todos os seres humanos".[53] Dito de forma simples, para o cristianismo, o reino de Deus não deve ser alcançado pelos próprios esforços do indivíduo. O indivíduo necessita da graça de Deus; o judaísmo, por sua vez, deixa a realização desse fim para o indivíduo. Assim, para o judaísmo, o messias será uma pessoa totalmente humana ou um símbolo do produto dos esforços coletivos de toda a humanidade para trazer à existência a era messiânica.[54]

Apesar das diferenças de opinião entre os judeus, mesmo durante a Era Comum e intertestamentária, deve-se enfatizar que a expectativa messiânica foi — e continua a ser — algo vital e vivo para os crentes judeus. Essa expectativa não só é afirmada frequentemente nas Escrituras, mas também é difundida durante os dias santos de celebração, o *Shabbath* e, a rigor, por todo o calendário judaico. Maimônides[55] expressou essa expectativa da seguinte forma: "Ele pode vir a qualquer hora".[56] Um rabino e editor expressa essa expectativa messiânica da seguinte forma: "A principal

[52] Harshbarger; Mourant, *Judaism and Christianity*, p. 340

[53] Baeck, *Essence of Judaism*, p. 252.

[54] Harshbarger; Mourant, *Judaism and Christianity*, p. 340.

[55] O nome completo de Maimônides era Moses ben Maimon (1135-1204); em hebraico, ele é conhecido por Rabino Moses ben Maimon, ou Rambam. Nasceu na Espanha, mas, para evitar a perseguição dos muçulmanos, Maimônides fugiu com a família, primeiro para o Marrocos, depois para Israel e, finalmente, para o Egito, onde serviu como médico do sultão daquela nação. Ele escreveu numerosos livros sobre medicina e, em seu "tempo livre", serviu como líder da comunidade judaica do Cairo. As duas obras mais conhecidas dele são *Mishneh Torá* e *Guide to the perplexed*. Veja Telushkin, *Jewish literacy*.

[56] A compreensão judaica tradicional do messias não é sobrenatural e é mais bem-elucidada por Maimônides em seu comentário ao tratado do Sanhedrin, do *Talmude babilônico*. Ele escreve:

característica da crença no messias pode ser resumida da seguinte forma: (1) seu governo da verdade e da bondade se estenderá por toda a humanidade; (2) Israel será restaurado em sua glória e em sua segurança primitivas; (3) sua soberania será inaugurada pela promulgação de Deus, não por conquistas humanas; (4) o messias será uma pessoa humana por meio de quem Deus realizará o milagre final".[57]

Inferno, céu, ressurreição e imortalidade são símbolos de menor importância na escatologia judaica em comparação ao símbolo muito mais importante do messias e do reino messiânico, sendo, portanto, considerados "símbolos menores". No entanto, foram, e continuam a ser, questões muito debatidas. Embora exista praticamente uma unanimidade de fé no messias e no reino messiânico, independentemente de como possam ser concebidos, os teólogos e crentes judeus estão em acentuado desacordo sobre esses símbolos menores. Além disso, a evidência, tanto bíblica como tradicional, dos símbolos menores é menos substancial e, muitas vezes, é uma questão de diferença de interpretação. Uma vez que é extremamente difícil conferir-lhes uma coerência histórica essencial, não importa por qual desses símbolos menores comecemos. Na próxima seção limitaremos nossa atenção aos símbolos do inferno, do céu e da ressurreição, pois cada um deles (e as crenças a eles associadas) adquire significado a partir da retribuição moral para o indivíduo. Na verdade, e de forma bem interessante, o modo pelo qual essa retribuição moral pode ser elaborada tem muito menos

Na era messiânica os judeus recuperarão sua independência e todos regressarão à terra de Israel. O messias será um grande rei, alcançará grande fama, e sua reputação entre as nações gentias será ainda maior que a do rei Salomão. Sua grande justiça e as maravilhas que realizará farão com que todos os povos tenham paz com ele e todas as terras sirvam a ele [...] Contudo, nada mudará na era messiânica, exceto que os judeus recuperarão sua independência. Ricos e pobres, fortes e fracos, ainda existirão. Entretanto, será muito fácil para as pessoas ganharem a vida e, com muito pouco esforço, serão capazes de realizar muitas coisas [...] será um tempo em que o número de sábios aumentará [...] a guerra não existirá, e nação não levantará mais a espada contra outra nação [...] A era messiânica se destacará por ser uma comunidade de justos, dominada pela bondade e pela sabedoria. Será governada pelo messias, um rei justo e honesto, notável em sabedoria e próximo de Deus. Não pense que os costumes do mundo ou as leis da natureza vão mudar; isso não é verdade. O mundo continuará como está. O profeta Isaías previu: "O lobo viverá com as ovelhas, o leopardo se deitará com o cabrito". Isso, porém, é apenas uma alegoria, significando que os judeus viverão em segurança, mesmo com as nações anteriormente iníquas. Todas as nações retornarão à verdadeira religião [monoteísmo, embora não necessariamente o judaísmo] e não roubarão nem oprimirão mais. Observe que todas as profecias a respeito do messias são alegóricas — somente na era messiânica saberemos o significado de cada alegoria e o que elas têm a nos ensinar. Nossos sábios e profetas não ansiavam pela era messiânica para que pudessem governar o mundo e dominar os gentios [...] a única coisa que eles queriam era ser livres para os judeus se envolverem com a Torá e sua sabedoria.

[57] Millgram, *Great Jewish ideas*, p. 189.

importância do que a própria ideia de retribuição moral. "Isso explica por que", segundo Harshbarger e Mourant, "uma vez afirmados os símbolos, muito pouco se diz sobre seu significado. Nesse contexto, é preciso destacar que, para alguns estudiosos, a doutrina mais significativa no judaísmo é a da redenção do ser humano a ser efetuada pelo messias nos dias vindouros."[58]

Inferno: *sheol* e *geena*

Semelhante à crença cristã, a crença judaica no céu e no inferno está atrelada à convicção moral de que Deus dará retribuição de acordo com as ações do indivíduo nesta vida. No judaísmo, essa noção de retribuição associada à vida após a morte desenvolveu-se gradualmente.

Na Bíblia, começando pelos escritos proféticos do século 8 a.C., a crença no "dia do Senhor" é atestada como um antigo princípio popular. O povo esperava que chegasse o dia em que Deus executaria julgamento sobre as nações do mundo. Amós advertiu que o dia do Senhor seria "de trevas, não de luz" (Amós 5:20), o que significa que o próprio Israel também teria de se submeter ao severo escrutínio de Deus e receber punição por sua injustiça. Depois disso, esperava-se que o dia do Senhor fosse um dia de calamidade nacional. Quando, menos de dois séculos depois de Amós, os babilônios destruíram Jerusalém, isso foi interpretado como o cumprimento dessas expectativas (veja Lamentações). Após o exílio babilônico, surgiu a esperança de que o dia do Senhor fosse um dia de rejuvenescimento, restauração e redenção, e que os inimigos de Israel, por sua vez, receberiam retribuição.[59]

Perto do final do período bíblico, o dia do Senhor assumiu um crescente tom "sobrenatural", além de um caráter escatológico. O livro de *1Enoque*, escrito no século 1 a.C., parece desenvolver bastante essa noção. A mensagem recorrente é que Deus entregará os reis e os poderosos das nações aos anjos para punição. Nos *Oráculos sibilinos*, datados apenas algumas décadas depois, o dia do Senhor está ligado ao aparecimento de um "rei" que tem características

[58] Harshbarger; Mourant, *Judaism and Christianity*, p. 341.

[59] Patai, *The Messiah texts*, p. 211.

messiânicas definidas.[60] Na época dos *Salmos de Salomão*, escritos por volta de 63 antes da Era Cristã, o "Filho de Davi", ou messias, já se havia tornado definitivamente o agente responsável por executar a vingança de Deus sobre as "nações ímpias".[61]

Os mestres talmúdicos elaboraram essa ideia e retrataram discussões acirradas que, supostamente, eram travadas entre Deus e as nações ímpias, as quais tentariam alegar uma defesa fraudulenta de suas más ações, obviamente sem sucesso. Nesses textos, repetidos inúmeras vezes, encontramos o castigo das nações idólatras e dos ímpios de Israel, bem como sua condenação ao *geena*. Entretanto, normalmente, embora o Juízo Final seja projetado na era messiânica, o messias não desempenha papel algum no processo. Deus, sentado no exaltado Trono do Julgamento, ouve os casos, examina os culpados e os sentencia.[62]

Agora, embora o judaísmo se concentre na importância do mundo presente, o fato é que o judaísmo clássico afirma a vida após a morte. A tradição judaica afirma que a alma humana é imortal e, portanto, de alguma forma, sobrevive à morte física do corpo. A existência da alma após a morte é por vezes caracterizada por expressões como *Olam Haba* (o mundo vindouro),[63] *Gan Eden* e geena ou *Gehinnon*.

Há muito material rabínico sobre o que acontece com a alma do falecido após a morte, o que ela vivencia e para onde vai. Em vários pontos da jornada após a morte, a alma pode encontrar *Hibbut ha-kever* (as dores da sepultura), *Dumá* (o anjo do silêncio), o anjo da morte, *Kaf ha*-Kela (a catapulta da alma), geena e *Gan Eden* (céu ou paraíso). Todos os estudiosos rabínicos clássicos concordam que

[60] *Sybylline oracles* 3:652-72.

[61] *Psalms of Solomon*, 17:21-36.

[62] Veja, por exemplo, B. *Avodah Zarah* 2a-b; *Ecclesiastes Rabba* 3:9; *Sefer Eliyahu* 3:67, *Nistarot di Rabbi Shim'on ben Yohai* 3:80-81; *Midrash vaYosha'* 1:56–57; *Midrash Hallel* 5:107; *B. Sanhedrin* 91a-b. Veja Bauckman, "Early Jewish visions of hell", p. 355.

[63] O fim do mundo é chamado de *acharit hayamim* (fim dos dias). É importante notar que o Talmude, no tratado *Avodah Zarah* 9a, afirma que este mundo como o conhecemos só existirá por seis mil anos. "O Tanna Debey Eliyahu ensinou: o mundo existirá por seis mil anos; os primeiros dois mil serão 'vazios' [da Torá], os próximos dois mil serão o período da Torá [de Abraão à conclusão da Mishná — a primeira parte do Talmude] e os [últimos] dois mil anos seguintes são o período do messias [ou seja, a era messiânica poderia começar ainda durante eses tempo]; por meio dos nossos pecados [dos judeus], vários destes [tempos para a vinda do messias] já passaram [e o messias ainda não chegou]."

esses conceitos estão além da compreensão humana. Ao longo da literatura rabínica, essas ideias são expressas por muitas parábolas e analogias.

A antiga crença judaica na morte do indivíduo centrava-se no termo *nefesh* (Gênesis 2:7; Levítico 7:20-21), em que a morte era concebida como um refluxo virtual da força vital do indivíduo para uma mera sombra do antigo eu (*nefesh*). Tal sombra reflete a noção dos mortos levando uma existência monótona e fantasmagórica. A morada dos mortos, nesse sentido, era chamada de *sheol*, termo aparentemente derivado, segundo alguns, de "buraco" ou "poço". Assim, em Salmos 30:3, lemos: "Senhor, tiraste-me da sepultura [*sheol*]; prestes a descer à cova, devolveste-me à vida".

O *sheol* é claramente um lugar subterrâneo e se assemelha ao hades descrito por Homero.[64] No desenvolvimento inicial das doutrinas judaicas, pouca ênfase foi dada às recompensas e punições na vida após a morte para o indivíduo. Em vez disso, presumia-se que tais recompensas e punições seriam aplicadas nesta vida por meio da justiça imposta pela comunidade. Após o exílio, contudo, a justiça social imposta pela comunidade ruiu. Isso levou os teólogos judeus da época a desenvolverem a crença na retribuição para cada indivíduo na vida após a morte. Sentia-se que só assim a justiça divina poderia ser mantida. Aparentemente, no período pré-exílico parece ter havido pouca relação entre Yahweh e os habitantes do *sheol*, mas, depois do exílio, o governo de Yahweh sobre o *sheol* passou a ser afirmado; cada indivíduo deveria ser julgado por Yahweh e sujeito à justiça divina. Por fim, *sheol* desapareceu como um conceito importante e, curiosamente, parece não haver nenhuma descrição do julgamento final no Antigo Testamento. E, no livro apócrifo *1Enoque* 45—69, descobrimos que o julgamento final será entregue ao messias.

Após o exílio, o termo *Gehinnon* (ou geena) tornou-se predominante. A ideia era que os ímpios deveriam sofrer individualmente por seus erros, uma vez que não eram mais considerados meras

[64] Hades (*aidēs*) refere-se tanto ao antigo submundo grego, a morada de Hades, como ao deus do submundo. Em *Odisseia*, de Homero, Hades, cujos irmãos eram Zeus e Poseidon, referia-se apenas ao deus associado ao submundo. Hades também era chamado de Plutão (*Ploutōn*), que significa "rico".

sombras vivendo uma existência monótona com seus iguais no *sheol*. O termo escolhido para designar o local em que os mortos eram reunidos foi *Gehinnon*, derivado de *Ge-Hinnon*, o vale de Hinom. Esse vale estava localizado nos arredores de Jerusalém, onde se acreditava que os pré-israelitas sacrificavam crianças ao deus Moloque. Mais tarde, diz-se que os primeiros judeus o usaram para se desfazer dos corpos de criminosos e de animais, que eram deixados para apodrecer e ser queimados. A descrição desse lugar — o fogo e a fumaça, os sofrimentos e os gritos — passou a ser identificada com os horrores do inferno. Já no século 8 a.C., o profeta Isaías afirmou um castigo sem fim para os ímpios (Isaías 66:24) e, mais tarde, os escritos rabínicos e o Novo Testamento passariam a identificar *Gehinnon* como um lugar de punição.[65]

A escola de Hillel, nos últimos tempos talmúdicos, ensinou uma concepção muito mais moderada e humana de *Gehinnon*. Com base em seu argumento sobre a compaixão de Deus, os rabinos pertencentes a essa escola de pensamento sustentavam que, depois da justiça retributiva de Deus ser satisfeita e todos os pecadores serem purificados, Gehinnon cessaria e todas as almas participariam do mundo vindouro.[66] Esse pensamento é reforçado pelo desenvolvimento do conceito de purgatório. Um exemplo da concepção dos mortos em seu período purgatorial é encontrado em um Baraita,[67] sugerindo que os mortos são beneficamente afetados pelas orações, ou pelos sofrimentos, dos viventes. Assim, um filho deve honrar seu pai, entre outras coisas, dizendo: "*Eis que serei a expiação pelo seu leito de morte*". Ele deve dizer isso durante doze meses após a morte de seu pai, porque a ideia é que o período do purgatório em *Gehinnon* duraria, no máximo, apenas doze meses. Por sua disponibilidade

[65] *Erubin* 19a, *Sukkah 32b*; Mateus 5:22,29.

[66] Foi ensinado (que) a escola de Shammai diz: "(Haverá) três grupos no Dia do Julgamento [*yom ha din*]: (a) um que é completamente justo, (b) um que é completamente perverso (c) e um que está no meio. Os completamente iníquos serão registrados e condenados imediatamente ao *Gehinnom*, como diz: 'Multidões que dormem no pó da terra acordarão: uns para a vida eterna, outros para a vergonha, para o desprezo eterno' (Daniel 12:2). Aqueles que estão no meio descerão ao *Gehinnom* e clamarão e se levantarão, como está escrito: '"Colocarei essa terça parte no fogo, e a refinarei como prata, e a purificarei como ouro. Ela invocará o meu nome, e eu lhe responderei. É o meu povo, direi; e ela dirá: 'O Senhor é o meu Deus' (Zacarias 13:9). (Mas) a escola de Hillel diz: 'Aquele que é Mestre da graça tende para a graça'" (*Rosh HaShanah Babilônico* 16b-17a).

[67] O termo "Baraita" designa uma tradição da lei oral judaica não incorporada na Mishná.

em aceitar os sofrimentos no lugar do pai, o filho seria capaz de encurtar o período que o pai passaria no purgatório.[68]

Uma interpretação mais profunda dessa doutrina diz que *Gehinnon*, assim como *Gan Eden*, é algo criado por humanos e existe na humanidade. Assim, de acordo com alguns rabinos, o ditado da escola de Hillel de que "*Gehinnon* cessará" significa que o homem vai aboli-lo por meio de uma vida justa.[69]

Céu: *Gan Eden*

O *Gan Eden* (jardim das delícias) nos primeiros escritos judaicos era considerado uma morada de felicidade. É possível que tenha derivado, por analogia linguística, do relato do Jardim do Éden no livro de Gênesis. Muitos dos primeiros intérpretes judeus consideravam o Jardim do Éden o protótipo de um paraíso celestial, embora tendessem a tratar as descrições do céu em sentido figurado, considerando-as principalmente como exemplos da justiça divina. Como diz Friedlander:

> Como a vida de Adão e Eva no Jardim do Éden era livre de preocupações e problemas, e tal vida era o ideal das esperanças e dos desejos humanos, o Jardim do Éden [literalmente, o "jardim das delícias"] tornou-se o símbolo da vida de felicidade do ser humano em sua perfeição, tal como será para os bons e justos. Por outro lado, o vale de Hinom, nas proximidades de Jerusalém, era um lugar de horror e repulsa; um lugar no qual as crianças, em uma época, haviam sido sacrificadas a Moloque, e onde mais tarde era lançado o lixo da cidade. Morar no vale de Hinom tornou-se o símbolo do castigo a ser infligido aos ímpios. *Gan-Eden* ou Paraíso, e *Gehinnon* ou inferno, são, portanto, meras figuras para expressar a ideia da existência de uma retribuição futura, e não devem ser tomados literalmente como os nomes de certos lugares. As descrições detalhadas do

[68] Veja *Kiddushin* 31b. A esmagadora maioria do pensamento rabínico sustenta que as pessoas não são torturadas no geena (*Gehinnon*) para sempre; diz-se que o período mais longo que alguém pode permanecer lá são doze meses, com raras exceções. Alguns o consideram uma forja espiritual em que a alma é purificada para sua ascensão última ao *Gan Eden* (céu), onde todas as imperfeições são eliminadas.

[69] Harshbarger; Mourant, *Judaism and Christianity*, p. 343.

paraíso e do inferno trazidas em livros profanos e religiosos nada mais são do que fruto da imaginação humana.[70]

Ressurreição

A ideia da ressurreição aparece às vezes nas Escrituras hebraicas (p. ex., Jó 19:26; Isaías 26:19; Daniel 12:2), e sem dúvida faz parte da tradição judaica. O Antigo Testamento fala de várias pessoas notáveis sendo "reunidas ao seu povo",[71] embora alguns livros tomem como certo que a morte não é o fim da existência humana.[72] Essa reunião é apresentada como um evento separado da morte física do corpo ou do sepultamento.[73] Por outro lado, alguns pecados são punidos quando o pecador é "afastado do seu povo".[74] Essa punição é referida como *kareit* (literalmente, "cortar", mas, em geral, traduzida por "excisão espiritual") e significa, tradicionalmente, que a alma não terá parte na vida após a morte, ou no "mundo vindouro".[75]

Em Levítico 19 e 20 e também Deuteronômio 18, os israelitas são proibidos de contatar os espíritos dos mortos, sugerindo, portanto, que algo de uma pessoa continua vivo após a morte física. Da mesma forma, Saul, em 1Samuel 28:8, pede a uma feiticeira para ressuscitar o espírito do profeta Samuel, que havia morrido algum tempo antes. Uma das passagens das Escrituras mais citadas é a visão do vale dos ossos secos em Ezequiel 37:1-14, que é contemporânea à destruição do Primeiro Templo de Jerusalém, em 586 a.C. Isso tem sido interpretado como um símbolo da futura restauração de Israel ou, como escreveu Raphael Patai, "[a] ressurreição torna-se um milagre messiânico, a contrapartida diacrônica da reunião sincrônica dos exilados".[76] Afirmações mais positivas de uma crença na ressurreição podem ser encontradas em Isaías

[70] Michael Friedlander, *Jewish religion*, p. 223.

[71] Veja, por exemplo, Gênesis 25:8 (Abraão), 25:17 (Ismael), 35:29 (Isaque), 49:33 (Jacó), Deuteronômio 32:50 (Moisés e Arão), 2Reis 22:20 (rei Josias).

[72] Veja, por exemplo, Jó 19:26, Isaías 26:19, Eclesiastes 12:7, Daniel 12:2.

[73] Johnson, "Resurrection of the body in early Judaism and early Christianity", p. 235.

[74] Veja, por exemplo, Gênesis 17:14 e Êxodo 31:14.

[75] Veja Chilton, "Resurrection of the body in early Judaism and early Christianity", p. 157-60.

[76] Patai, *The Messiah texts*, p. 197.

26:19 e Daniel 12:1-3. As orações e os serviços judaicos também enfatizam a ressurreição dos mortos.[77]

A menção mais antiga a uma futura ressurreição é encontrada nos Apócrifos. Em *2Macabeus* 7:14,23,[78] a esperança da ressurreição faz parte da história da mulher e de seus sete filhos que sofreram o martírio pela santificação do nome de Deus. Em *2Baruque*,[79] escrito no início do primeiro século d.C., a ressurreição está ligada ao aparecimento do messias; na literatura rabínica,[80] a crença na ressurreição está associada aos dias messiânicos.[81]

Para entendermos mais claramente a natureza da ressurreição, temos de considerar uma série de questões específicas, como: a ressurreição aplica-se a todas as pessoas? De que forma a ressurreição acontece? Aplica-se apenas ao espírito ou também ao corpo? Qual relação específica a ressurreição tem com o símbolo da imortalidade, e como este último é interpretado?[82] Sobre a primeira questão, não há uma resposta clara. Existem textos nos livros extracanônicos que excluem, de forma inequívoca, os ímpios da ressurreição. Isso é particularmente aparente nos capítulos 3 e 4 do *Livro da Sabedoria*, outrora atribuído a Salomão.[83] E no livro extracanônico dos *Salmos de Salomão* somos informados: "A destruição do pecador é para sempre. E ele não será lembrado quando [o Senhor] visitar os justos. Essa é a porção dos pecadores para sempre; mas aqueles que temem o Senhor ressuscitarão para a vida eterna".[84] No entanto, parece não haver declarações claras e explícitas sobre essa questão nas Escrituras hebraicas. Portanto, é difícil chegar a alguma conclusão a esse respeito com base nesses poucos textos. Uma

[77] Essas orações normalmente obedecem ao seguinte o padrão: "Não há ninguém além de ti, ó nosso Redentor, mesmo nos dias do Messias, e não há ninguém comparável a ti, ó nosso Salvador, [que é capaz de trazer] a ressurreição dos mortos".

[78] *2Macabeus* é o resumo de um livro perdido, escrito originalmente em grego por Jasão de Cirene, por volta de 150 a.C.

[79] *2* [Siríaco] *Baruque* 30:1-5.

[80] *B. Taanit* 2a; *B. Ketubot* 111a; 111b; *Targum of the Songs of Solomon* 8:5; *Gen Rabba* 28:3.

[81] Com base nisso, esse livro foi incluído entre os "Treze artigos de fé" de Maimônides.

[82] Harshbarger; Mourant, *Judaism and Christianity*, p. 343-4.

[83] Esse livro apócrifo representa a língua grega mais clássica encontrada na Septuaginta, tendo sido escrito no período helenístico judaico (no primeiro ou no século 2 a.C.). O autor do texto parece bem versado nos escritos filosóficos, religiosos e éticos populares adotados pela Alexandria helenística.

[84] Citado em Sutcliffe, *Old Testament and the future life*, p. 170.

vez estabelecido o reino messiânico, a ressurreição se aplicaria aos justos de todos os povos.[85] Uma sequência de virtudes bem executada levará à ressurreição dos mortos. Se alguém vivencia as virtudes nesta vida presente, como, por exemplo, a pureza, a abstinência, a santidade, a modéstia e assim por diante, não há ruptura entre esta vida e a próxima; o que, por sua vez, levaria a eventos sobrenaturais, como o encontro com o Espírito Santo, a ressurreição dos mortos e assim por diante.[86]

A segunda questão abre caminho para dificuldades semelhantes. Alguns escritores antigos interpretavam o símbolo da ressurreição como significando literalmente uma ressurreição física. O raciocínio era que Deus poderia facilmente repetir o milagre da criação e recriar o corpo físico, unindo-o à alma. Isso é bem evidenciado na profecia de Ezequiel 37:10-14. A ressurreição física do corpo[87] também envolve um retorno a esta terra no reino messiânico do futuro. Embora a maioria dos escritores judeus contemporâneos rejeite qualquer interpretação literal da ressurreição do corpo,[88] o tópico da ressurreição foi um assunto acalorado durante o primeiro século, como está bem documentado em Mateus 22:23-33. Existem algumas indicações na literatura rabínica de que, na vida ressurreta, as pessoas se casariam, gerariam e teriam filhos. Entretanto, parece mais provável que a evidência se refira à vida da era messiânica. Em uma passagem familiar de *Berachoth* 17a, Rav, que morreu por volta de 250 d.C., diz: "No mundo vindouro não há comida ou bebida, nem procriação ou nascimento de filhos, ou comércio e negócios, nem inimizade ou conflito; os justos sentam-se com coroas em suas cabeças e desfrutam o brilho da shekiná". Essa passagem pode referir-se ao estado intermediário entre a morte e a ressurreição, e não à vida após a ressurreição. Nesse estado intermediário, a alma vive sem o corpo. Essa noção parece ser apoiada por uma passagem de um pequeno tratado, a saber: *Kallah*

[85] Harshbarger; Mourant, *Judaism and Christianity*, p. 344.

[86] *Sotah* 9:15; *Y. Shabbat* 1:3 v3; *Y. Sanhedrin* 6:9.III. Veja Neusner, *Theology of normative Judaism*, p. 129-47; Neusner; Chilton, *Jewish-Christian debates*, p. 172-3.

[87] Parece não haver nenhum ensino específico no sentido de um corpo espiritual dentro do judaísmo.

[88] Harshbarger; Mourant, *Judaism and Christianity*, p. 344.

Rabbati.[89] No entanto, de acordo com Montefiore, é mais provável que, tanto durante o primeiro século d.C., como na época do primeiro Amoraim, Abba Arika, respeitosamente referido como Rav, houvesse a visão popular segundo a qual a vida da ressurreição seria completamente material e assimilada à nossa, exceto por sua duração e seu deleite. Com frequência, os rabinos citavam Salmos 50:12-13 com o propósito de mostrar que "não se come nem se bebe no céu". Assim, muito mais tarde, lemos em *Pesikta* 57b: "Se Moisés, enquanto esteve na montanha sagrada por quarenta dias, não comeu nem bebeu, quanto menos há comida e bebida diante de Deus! É isso que as palavras de Salmos 50:12 sugerem".[90]

Imortalidade

Perdendo apenas em importância para a crença no messias e no reino messiânico, está a crença na imortalidade. Sem essa crença, haveria pouco significado em doutrinas como a da ressurreição, a da retribuição no além e outras noções escatológicas. A crença na imortalidade provavelmente surgiu no período do Segundo Templo. De qualquer forma, essa crença não estava presente na época em que o livro de Jó foi escrito, pois Jó não tem o consolo que essa crença poderia oferecer. O principal grupo responsável pelo desenvolvimento dessa crença foi o dos fariseus. Em oposição aos saduceus, que enfatizavam um Deus nacional apenas para Israel, os fariseus afirmavam a existência de um Deus universal para todos. Enfatizando as relações e a responsabilidade do indivíduo para com Deus, os fariseus sustentavam a sobrevivência da alma e sua recompensa ou punição na vida por vir.[91]

[89] Os Tratados Menores são normalmente impressos no final do Seder Nezikin, no Talmude; o tratado *Kallah Rabbati*, uma elaboração do tratado *Kallah*, aborda assuntos como noivado, casamento e sexo. Seu nome vem da convenção de professores que acontecia duas vezes ao ano nas academias da Babilônia, pelos judeus então em cativeiro na Babilônia, após o início do período amoraico (de 230 a 500 d.C.), nos dois meses de Adar (fevereiro-março) e Elul (agosto-setembro).

[90] Esse Midrash é considerado uma obra de *Erets Israel*, editada nos séculos 6 ou 7 d.C.

[91] Harshbarger; Mourant, *Judaism and Christianity*, p. 344. Entre os filósofos judeus medievais, a noção de imortalidade prevalece. Em geral, eles tendem a considerar a imortalidade algo totalmente espiritual e aplicável à alma, não ao corpo. Dessa forma, pode-se dizer que Maimônides dá uma interpretação figurativa ao que outros consideram uma ressurreição física. Maimônides ensina que as funções do corpo não serão mais

A concepção da imortalidade envolve mais do que a mera sobrevivência além do túmulo, convidando os seres humanos a cooperarem com Deus e a manterem o relacionamento divino. Uma pessoa deve merecer a imortalidade: "o pó volte à terra, de onde veio, e o espírito volte a Deus, que o deu (Eclesiastes 12:7).

Conclusão

O tema da imortalidade tem dado origem a muitos discursos, debates, especulações e pensamentos esotéricos. Porém, a rigor, tudo se resume aos tópicos da ressurreição dos mortos, ao estado dos mortos e à pessoa e à missão do messias.

Neste capítulo, busquei explorar esses assuntos, entendendo que uma apresentação aprofundada em apenas algumas páginas não é uma tarefa simples. Os símbolos selecionados são apenas os mais proeminentes. Nosso objetivo aqui foi descritivo, não proposicional ou prescritivo. Meu propósito era oferecer um resumo das diversas perspectivas predominantes no judaísmo primitivo, o que nos ajudará a compreender melhor o(s) contexto(s) em que Jesus, Paulo e os primeiros escritores cristãos começaram a apresentar sua mensagem.

necessárias (mas não ensina que o corpo é mau) e que a imortalidade se aplica apenas à alma. Em seu *Essay on the resurrection of the dead*, ele fala dessa existência imortal.

2

Restaurando o reino a Israel:

reino e espírito no pensamento de Lucas

BLAINE CHARETTE

ALGO BASTANTE COMUM NA ESCATOLOGIA PENTECOSTAL, pelo menos em âmbito popular, é associar os eventos finais da era atual aos acontecimentos relacionados ao Estado-Nação de Israel. Isso se deve, é claro, ao impacto significativo que as abordagens escatológicas dispensacionalistas tiveram na reflexão e na pregação pentecostal, principalmente com o estabelecimento do Estado de Israel, em 1948. Em consequência, a realização do propósito de Deus é muitas vezes interpretada levando em conta a situação instável e em constante mudança que caracteriza a política do Oriente Médio. Um ponto fraco inerente a uma grande parte da escatologia pentecostal é a relutância em criticar a legitimidade do paradigma dispensacional e avaliar, de forma adequada, seu impacto no pensamento pentecostal. Muitos pentecostais se contentam em abraçar uma abordagem teológica que não é coerente com a estrutura e os objetivos essenciais da teologia pentecostal e que, na verdade, pode até mesmo lhe ser contrária.

O objetivo deste capítulo é examinar uma faceta da escatologia do Novo Testamento que aborda essas questões mais amplas. Nosso ponto de partida será o modo como Lucas trata a última pergunta que os apóstolos fizeram a Jesus antes de sua ascensão: "Senhor, é neste tempo que vais restaurar o reino a Israel?". Jesus responde à pergunta, dirigindo a atenção deles para o Espírito escatológico que está prestes a ser derramado. A questão a ser explorada a seguir é até que ponto os objetivos nacionais de Israel são mais plenamente realizados quando, no Pentecostes, a atividade redentora do Espírito de Deus começa a se mover para além da esfera de Israel até os confins da terra. O reino é restaurado a Israel quando a nação se torna a peça central e o ponto de partida da redenção escatológica que atinge todos os povos.

A cena de abertura do livro de Atos consiste em um diálogo entre Jesus e seus discípulos que aborda dois tópicos de importância fundamental para a narrativa que se segue.[1] Primeiro, Jesus fala do dom do Espírito Santo ("a promessa do Pai"), que seus discípulos estão prestes a receber, o que capacitará seu testemunho até os confins da terra (1:4-5,8). Segundo, os discípulos desejam saber se aquele seria o momento em que Jesus restauraria o reino a Israel (1:6). A importância do Espírito Santo para a narrativa de Atos não demanda discussão; basta observar a referência definitiva ao Espírito Santo em Atos 1:8, o versículo temático da narrativa. A ideia de reino pode não parecer tão significativa para Atos quanto é para o Evangelho de Lucas (a palavra *basileia* ocorre apenas oito vezes em Atos, contra 46 ocorrências em Lucas); contudo, a importância do reino para Atos não é uma questão de frequência, mas de localização. É significativo o fato de a narrativa começar com a observação de que, durante os quarenta dias seguintes à sua ressurreição, Jesus falou aos seus apóstolos sobre o reino de Deus (1:3), e concluir com Paulo em Roma proclamando o reino de Deus a todos que vieram a ele (28:31).[2] Ao optar por abrir e encerrar sua narrativa fazendo referência ao reino, Lucas está chamando a atenção para a importância desse conceito.

[1] Poderíamos falar, com mais precisão, das "cenas iniciais", uma vez que a ordem de Jesus aos apóstolos nos v. 4-5, para esperarem em Jerusalém pelo Espírito prometido, ocorre antes da pergunta e da resposta dos v. 6-8. No entanto, as duas partes constituem um diálogo único, em que a pergunta dos apóstolos sobre o reino no v. 6 está entre colchetes entre as duas declarações de Jesus sobre o dom iminente do Espírito.

[2] Ao observar a inclusão formada por essas referências ao reino em Atos, Dunn observa que "[esta] é presumivelmente a maneira de Lucas sugerir que, embora a proclamação pós-Páscoa se concentrasse na morte e na ressurreição de Jesus, o conteúdo e as preocupações centrais da pregação e do ensino pré-Páscoa de Jesus continuaram a ser uma característica fundamental da pregação e do ensino pós-Páscoa" (Dunn, *Beginning from Jerusalem*, p. 143).

Pode parecer que Jesus e seus discípulos estão conversando sobre coisas diferentes. Jesus deseja prepará-los para a vinda do Espírito, enquanto eles procuram resposta à questão relativa à sorte nacional do povo de Israel. Contudo, a pergunta deles não é totalmente inapropriada, uma vez que, de acordo com o preâmbulo de Atos (1:1-3), Jesus falou aos seus discípulos sobre o reino de Deus quando lhes apareceu durante o período de quarenta dias após a sua ressurreição. No entanto, mais especificamente, parece ser a intenção de Lucas reunir esses dois tópicos logo no início da narrativa, de modo que os leitores possam iniciar seu próprio diálogo sobre a conexão entre o reino e o Espírito na operação do propósito divino.[3] A intenção deste capítulo é entrar nesse diálogo por meio da análise dessa troca entre Jesus e seus discípulos e das questões centrais levantadas por essa justaposição do reino e do Espírito.

Para compreender a pergunta dos discípulos ("Senhor, é neste tempo que vais restaurar o reino a Israel?"), é importante reconhecer que ela é motivada pelo ensinamento anterior de Jesus sobre o reino de Deus e por sua declaração mais recente de que, em breve, seriam batizados no Espírito Santo; mas, além disso, também deve ser vista dentro do quadro mais amplo de expectativa para Israel que é delineado em Lucas—Atos.[4] Na narrativa da infância lucana, João Batista e, especialmente, Jesus são associados às esperanças de Israel que logo se concretizarão. João é associado ao processo de arrependimento do povo. Ele é quem converterá muitos em Israel ao Senhor, seu Deus (1:16), para que possam obter a restauração prometida. Jesus, porém, é associado a essa expectativa de uma forma muito mais completa. Seu nascimento marca a assistência do Senhor (*antilambanō*) a Israel (1:54), a redenção (*lutrōsis*) do povo

[3] Sobre a compreensão do reino dentro do quadro mais amplo da promessa do Espírito, Dunn comenta que "o Espírito prometido é, na verdade, a presença e a atividade do poder real de Deus" (Dunn, *Beginning from Jerusalem*, p. 144). A conclusão de Dunn me parece melhor que a de Pervo, que escreve que a "narrativa convida os leitores, como os apóstolos, a esperar a vinda do Espírito e não o advento do governo de Deus" (Pervo, *Acts*, p. 43). É melhor ver os conceitos de reino e Espírito como relacionados e complementares.

[4] Embora Lucas e Atos sejam narrativas distintas que podem ser lidas de forma independente entre si, ainda assim formam um todo teológico, visto que cada narrativa auxilia na interpretação da outra e, portanto, a interpretação conjunta é melhor. Vale a pena observar que os conceitos duais de reino e Espírito são combinados muito cedo em Lucas, nas palavras do anjo Gabriel a Maria (Lucas 1:33,35) e na pregação final de Paulo em Roma (Atos 28:25,31).

(1:68; cf. 2:38), a consolação (*paraklēsis*) de Israel (2:25) e o aparecimento da luz para a glória de Israel (*doxa,* 2:32). Além disso, Jesus efetuará a salvação de Israel em seu papel como filho messiânico de Davi. A ele, o Senhor dará o trono de seu pai Davi (1:32). Ele deve ser "o chifre de salvação" (*keras sōtērias*) levantado na casa de Davi (1:69), o salvador (*sōter*), que é Cristo, o Senhor (2:11). Ao mesmo tempo, essa introdução ao evangelho soa como uma nota ambivalente: essa criança está destinada à queda e à ascensão de muitos em Israel e a ser um sinal de contradição (2:34).[5] O propósito dessa linguagem ressonante é identificar que chegou o tempo da restauração escatológica de Israel.

O trabalho de João, ao proclamar o batismo de arrependimento (3:3), é preparar o povo para a obra daquele que está por vir, o qual é mais poderoso e que batizará no Espírito Santo e com fogo (3:16). Por meio do ministério ungido de Jesus, tem início a redenção de Israel. No entanto, a ironia central do Evangelho de Lucas é que Israel falha em reconhecer na atividade de Jesus o tempo da visitação divina (19:44). Muitos estão cegos para a realidade da redenção (19:42b: "Mas agora isso está oculto aos seus olhos")[6] porque não entendem como a promessa deve ser cumprida. Jesus não corresponde às expectativas e, consequentemente, se torna a causa da queda de muitos em Israel.

Mesmo aqueles que estão mais próximos de Jesus não reconhecem o significado pleno da redenção centrada nele. Isso é enfatizado nas cenas finais do Evangelho. Na penúltima cena, dois discípulos conversam com Jesus ressuscitado a caminho de Emaús. Eles falam de suas esperanças frustradas a respeito de Jesus (24:21: "esperávamos [*elpízō*] que era ele que traria a redenção a Israel"). Em resposta, Jesus repreende sua tolice e lentidão de coração, pois suas esperanças não foram adequadamente moldadas pelas

[5] É melhor não seguir a opinião de Bovon, no sentido de que a "queda" se aplica ao Evangelho de Lucas, e a "ascensão", ao livro de Atos (Bovon, *Luke 1*, p. 104). Ambas as narrativas incluem referências aos israelitas que rejeitam e que aceitam a mensagem centrada em Jesus.

[6] A atividade de Deus está implícita no *ekrubē* passivo. O povo carece de percepção, mas isso em si faz parte do julgamento de Deus; cf. Marshall, *Gospel of Luke*, p. 718. Em meu artigo "Tongues as of fire" (p. 174-6), argumentei que, como aquele que batizará no Espírito Santo e no fogo, Jesus efetua uma separação dentro de Israel. Aqueles que estão abertos à obra do Espírito no ministério de Jesus são capazes de reconhecer a redenção de Deus; os outros, porém, que recusam a obra do Espírito presente em Jesus enfrentam julgamento.

palavras de Moisés e dos profetas (24:25-27).[7] Na cena final, Jesus aparece a um grupo maior de discípulos, incluindo esses dois que haviam retornado a Jerusalém, para confirmar a realidade de sua ressurreição. A resposta deles é alegria misturada com descrença e espanto (24:41). Mais uma vez, Jesus responde os equívocos deles com referência ao que está escrito em Moisés, nos profetas e nos salmos: "Então lhes abriu o entendimento, para que pudessem compreender as Escrituras. E lhes disse: 'Está escrito que o Cristo haveria de sofrer e ressuscitar dos mortos no terceiro dia'" (24:45-46). Jesus realmente veio para redimir Israel, mas a natureza dessa redenção é facilmente mal compreendida.

Levando em consideração que, no final de Lucas, os discípulos estavam apenas começando a compreender a forma que as esperanças de Israel encontram cumprimento em Jesus, é bem provável que sua pergunta em Atos 1:6 reflita mais incompreensão. Jesus responde à pergunta voltando a atenção deles para o poder que receberão quando o Espírito descer sobre eles e para o testemunho mundial que então realizarão.[8] Se é verdade que, nessa fase da narrativa, os seguidores de Jesus ainda não têm certeza de como o reino proclamado por Jesus está relacionado com as esperanças escatológicas de Israel, talvez seja útil olhar para a forma de seus seguidores articularem essa ideia mais tarde na narrativa, quando presumivelmente sua compreensão é mais ampla. A perspectiva de Paulo sobre esse assunto é muito instrutiva, especialmente a forma que ele apresenta suas palavras aos líderes dos judeus em Roma. Essas palavras têm a vantagem particular de serem registradas

[7] O fato de os discípulos serem impedidos de reconhecer Jesus durante toda a sua conversa e até o momento em que ele parte o pão demonstra sua ignorância em relação à necessidade do Messias de sofrer antes de entrar em sua glória, que, para Lucas, é declarada em Moisés e nos profetas, e demonstrado também no partir do pão por Jesus na Última Ceia. Assim, até certo ponto, até os discípulos de Jesus compartilham a ignorância de Israel sobre a forma que a nação será redimida.

[8] O fato de a pergunta acontecer após quarenta dias de instrução de Jesus sobre o reino de Deus talvez sugira que ela vem de uma perspectiva informada. No entanto, a resposta imediata de Jesus, de que não cabe a eles saber os tempos ou as estações estabelecidas pela autoridade do Pai, remete ao contrário. Pervo observa que a tradição literária permitia que os alunos "fizessem perguntas enfadonhas e inadequadas para que os mestres pudessem promulgar a visão correta" (Pervo, *Acts*, p. 41). A resposta de Jesus em duas partes à pergunta dos discípulos é mais bem compreendida como uma repreensão inicial à sua ignorância, seguida por uma declaração positiva que não ignora sua pergunta, mas a transpõe, inserindo-a em uma nova moldura de significado.

perto do final da narrativa. Nessa ocasião, ele informa aos líderes judeus que deseja falar com eles, pois é "por causa da esperança (*elpizō*) de Israel" que ele chegou a Roma acorrentado (28:20). Qual é essa esperança de Israel a que Paulo se refere?

Com base no uso que Paulo faz do termo esperança (*elpizō*) anteriormente em Atos, fica claro que essa esperança está centrada na realidade da ressurreição.[9] Diante do Sinédrio, Paulo declara que enfrentará julgamento por causa da esperança da ressurreição dos mortos (23:6). Diante de Félix, ele atesta que até mesmo seus acusadores judeus têm a esperança de que haverá uma ressurreição geral (24:15). Por fim, diante de Agripa, Paulo reitera, mais uma vez, que é acusado pelos judeus e agora está sendo julgado por causa dessa esperança na promessa que Deus fez a Israel, uma promessa que Israel espera alcançar (26:6-7). Paulo deseja falar aos judeus romanos, pois foi por causa de sua esperança na ressurreição que ele chegara a Roma acorrentado. O que é de particular interesse é que, quando ele fala com eles, dá testemunho do reino de Deus, buscando convencê-los sobre Jesus e apelando para Moisés e os profetas (28:23).[10] Como já mencionado, essa referência a Moisés e aos profetas chama a atenção para a necessidade de que o messias de Israel morra e ressuscite. Parece que, para Paulo, em Atos, a mensagem do reino se fundiu com a da ressurreição de Jesus.[11] Na ressurreição de Jesus, as esperanças de Israel, especialmente aquelas que encontram expressão no conceito do reino de Deus, estão se realizando.

Essa correlação entre ressurreição e reino também é articulada em uma ocasião anterior: a pregação de Paulo à sinagoga em

[9] Fitzmyer analisa as diversas opções interpretativas para "a esperança de Israel" e decide corretamente sobre a esperança na ressurreição dos mortos (Fitzmyer, *Acts of the apostles*, p. 793).

[10] A estreita ligação em Atos 28:23,31, entre o anúncio da mensagem do reino por Paulo e seu ensino sobre Jesus, sugere que são substancialmente idênticos.

[11] O uso do verbo *prosdechomai* por Lucas (aparecendo sete vezes em Lucas—Atos) pode fornecer uma pista de como a esperança judaica deve ser compreendida. No Evangelho, Simeão é apresentado como "ansioso" pela consolação de Israel (Lucas 2:25), Ana fala sobre Jesus a todos os que estavam "esperando" pela redenção de Israel (Lucas 2:38) e José de Arimateia é apresentado como alguém que está à procura do reino de Deus (Lucas 23:51). Em Atos, o verbo é usado para se referir aos acusadores judeus de Paulo, o qual tem a "esperança" da ressurreição (24:15). É bem provável que Lucas tenha em mente que seus leitores reconheçam que "consolação", "redenção" e "reino" chegam a Israel por meio da "ressurreição" de Jesus, especialmente levando em consideração a centralidade escatológica que Lucas atribui à ressurreição de Jesus.

Antioquia da Pisídia (13:16-41). Após uma visão geral da história de Israel, com foco particular em Deus elegendo Davi como rei, Paulo volta-se para a narrativa de Jesus, com foco em Deus ressuscitando Jesus dentre os mortos. Em 13:32-33, Paulo resume as boas-novas que traz observando que a promessa (*epangelia*) que Deus fez aos pais é cumprida para os filhos na ressurreição de Jesus. Além disso, as "santas promessas" (*hosia*) feitas a Davi encontram cumprimento na ressurreição de Jesus (13:34-37). As promessas a Davi aqui mencionadas (por meio de Isaías 55:3) são aquelas feitas por ocasião em que a aliança davídica foi confirmada em 2Samuel 7:12-16. Deus "suscitará" um filho para Davi e estabelecerá o trono de seu reino para sempre.[12] Por intermédio desse filho, a casa, o trono e o reino de Davi serão estabelecidos para sempre. Essas mesmas promessas são mencionadas no início do Evangelho de Lucas. O anjo Gabriel anuncia a Maria que Deus dará ao seu filho o trono de seu pai Davi e que seu reino não terá fim (Lucas 1:32-33). A ressurreição de Jesus cumpre essas promessas feitas a Davi, visto que a consequência direta da ressurreição de Jesus é sua exaltação à direita de Deus. É nesse trono exaltado, posicionado à direita de Deus, que o governo de Jesus começa a ser estabelecido.

Essa crença já é articulada no primeiro sermão de Atos, no qual Pedro interpreta o significado do evento de Pentecostes. Segundo Pedro, Davi sabia que Deus colocaria um de seus descendentes em seu trono. Além disso, por ser um profeta, Davi predisse a maneira pela qual isso ocorreria: por meio da ressurreição e da exaltação do messias (2:25-32). No sermão, Pedro nota outro resultado da ressurreição de Jesus: sendo exaltado à direita de Deus e tendo recebido a promessa do Espírito Santo, Jesus agora derrama Espírito (2:33). Mais tarde, Pedro informa ao seu público que esse Espírito prometido é para eles, seus filhos, e para todos os que estão longe (2:39). O segmento de frase "para todos os que estão longe" (*pasin tois eis makran*), embora evoque passagens do Antigo Testamento que se referem aos exilados dispersos de Israel, no

[12] É importante notar que o verbo *anistēmi*, usado de forma consistente por Lucas com referência à ressurreição de Jesus, também é usado em 2Samuel 7:12 (LXX) com referência à descendência de Davi, a quem Deus levantará.

contexto de Atos refere-se aos gentios a quem Deus chama[13] (observe o uso revelador de *makran* em 22:21: Jesus ressuscitado informa a Paulo que o enviará "para longe", aos gentios). Este agrupamento de ideias no sermão programático de Pedro no Pentecostes aponta para o fato de Jesus ascender ao governo eterno prometido a Davi por meio de sua ressurreição e exaltação. Dessa posição de autoridade, ele derrama o Espírito Santo sobre todos os que invocam seu nome.[14] Tudo isso sugere que, para Lucas, o reino (ou governo) de Deus é experimentado principalmente pelas bênçãos que fluem da atuação do Espírito escatológico agora derramado.[15] O governo de Jesus é estabelecido sobre a terra por meio da obra transformadora do Espírito prometido.

Em face dessa compreensão do reino, o significado do texto davídico em Atos 15:16 é claro. De acordo com a interpretação de Tiago, Amós 9:11-12 encontra cumprimento na aceitação favorável de Deus aos gentios como seu próprio povo. Em seu cenário original, a passagem de Amós diz respeito à restauração da dinastia davídica no sentido de uma renovação da força nacional e a consequente subjugação de outros povos. Por meio da linguagem da Septuaginta, Tiago lê a promessa de um modo diferente. A restauração divina da casa davídica (*anoikodomēsō tēn skēnēn Dauìd*), por meio da ressurreição e da exaltação de Jesus,[16] cria uma nova ordem, de modo que todas as pessoas, incluindo os gentios, possam buscar o Senhor e desfrutar os benefícios da salvação. O fato de as

[13] Johnson observa que a expressão *tois makran* em Isaías 57:19 (LXX) poderia ser interpretada como se aplicando aos gentios (Johnson, *Acts of the apostles*, p. 58).

[14] A "promessa" (*epangelia*) em Lucas—Atos está conectada tanto com a ressurreição (Atos 26:6; veja 13:12) como com o dom do Espírito Santo (Lucas 24:49; Atos 1:4; 2:33,39). O cumprimento do primeiro na ressurreição de Jesus ao mesmo tempo que antecede o segundo também funciona como a base para seu cumprimento.

[15] A tese de Cho, de que, para Lucas, a conexão primária entre o Espírito e o reino é que o Espírito capacita a proclamação do reino é muito limitante. Em Lucas—Atos, o Espírito é mais do que o agente divino por trás dessa proclamação; o Espírito produz os muitos benefícios que distinguem o governo de Deus. Cho, *Spirit and kingdom*, p. 194-5. Mais próxima da verdade, está a afirmação de Smalley, de que "o reinado escatológico de Deus na história é mediado e caracterizado pelo Espírito" (Smalley, "Spirit, kingdom and prayer", p. 68). Com respeito ao impacto em Israel, Turner observa que "o dom do Espírito não é apenas capacitar para testemunhar, mas que as diversas atividades do Espírito de profecia [...] tudo junto também constituirá o poder purificador e restaurador de Deus na comunidade que efetua a transformação/salvação de Israel" (Turner, "Spirit of prophecy", p. 345).

[16] Embora não seja seguida por muitos intérpretes, a exegese de Haenchen de que a reconstrução da tenda caída de Davi prenuncia "a história de Jesus, culminando na ressurreição, na qual a promessa feita a Davi é cumprida" é convincente (Haenchen, *Acts of the apostles*, p. 448).

observações de Tiago seguirem o lembrete de Pedro sobre o evento de Cornélio e o testemunho de Barnabé e Paulo sobre os sinais e as maravilhas que Deus havia feito por meio deles entre os gentios sugere que é por intermédio da atividade redentora presente na operação do Espírito que o governo davídico, agora restaurado, encontra realização. As aspirações nacionalistas foram substituídas por novas realidades criadas pelo Espírito escatológico — realidades que beneficiam todos os povos. A pergunta dos discípulos "Senhor, é neste tempo que vais restaurar o reino a Israel?" encontra sua resposta aqui. O reino está sendo restaurado a Israel, mas de uma forma que eles não esperavam.

Lucas prepara seus leitores para entender o reino em seu relato da atividade de Jesus nesse assunto. Quando Jesus proclama as boas-novas do reino, sua presença é evidente principalmente por meio de curas e exorcismos. Após seu batismo, Jesus começa a trabalhar na autoridade e no poder do Espírito. Quando seu ministério começa em Cafarnaum, ele não apenas ensina com autoridade, mas também com autoridade e poder (observe o uso de uma linguagem que ressoa associações com a realeza). Jesus efetua uma série de exorcismos (4:36) e diversas curas no povo da cidade (4:38-41).[17] Na manhã seguinte, ele informa às multidões da cidade que ele deve "levar as boas-novas" (*euangelizō*) do reino de Deus também a outras cidades (4:43). O contexto sugere que, para Lucas, o verbo *euaggeliō* significa muito mais do que a mera proclamação verbal do reino; significa a demonstração real da bondade transformadora do governo de Deus.

Essa ênfase continua em Lucas 9:1-2, quando Jesus reúne os Doze e lhes dá poder e autoridade sobre todos os demônios e para curar doenças. Ele, então, os envia para proclamar (*kērussō*) o reino e para curar. Da mesma forma, em suas instruções aos Setenta em 10:1-12, Jesus lhes ordena que curem os enfermos e lhes digam: "O Reino de Deus está próximo (*engizō*) de vocês" (v. 9). A evidência mais clara de que o governo de Deus está próximo é encontrada nos exorcismos e nas curas realizadas por Jesus e por seus discípulos por

[17] É importante notar que os demônios expulsos respondem com a seguinte declaração: "Tu és filho de Deus" (v. 41), dirigindo-se a Jesus com um título que evoca o governante davídico (veja Salmos 2:7; 2Samuel 7:14).

meio do poder e da autoridade conferidos a Jesus quando o Espírito Santo desce sobre ele em seu batismo. O governo de Deus está sendo estabelecido em Israel por intermédio dessa atividade capacitada pelo Espírito.

Essa caracterização de como o reino se manifesta é de particular importância para a compreensão de Lucas 17:20-21. Os fariseus perguntam a Jesus quando (*pote*) o reino de Deus virá. Jesus responde afirmando que o reino de Deus "não vem de modo visível" (*meta paratērēseōs*); antes, o reino de Deus está "entre vocês" (*entos humōn*).[18] Essa pergunta pode ser vista como uma prévia daquela feita pelos discípulos no início do livro de Atos, visto que diz respeito ao momento da vinda do reino e muito provavelmente reflete uma compreensão do reino amplamente moldada pelas aspirações políticas nacionais. A resposta de Jesus condiz com a concepção de reino desenvolvida por Lucas até esse ponto. Os sinais visíveis da vinda do reino de Deus não são os mesmos de um reino tipicamente mundano (observe, por exemplo, um exercício bem diferente de poder e autoridade; veja Lucas 22:25: "Os reis das nações dominam sobre elas"). No entanto, o reino de Deus está operando no meio deles. O reino está entre eles, e isso é evidente nas curas e nos exorcismos realizados por meio da obra messiânica de Jesus.

O argumento apresentado neste capítulo, de que o reino é restaurado a Israel na restauração do povo pleno de Deus por meio do poder do Espírito Santo, recebe apoio adicional das conexões interessantes de palavras-chave presentes na narrativa mais ampla de Lucas. Por exemplo, Lucas 6:6-11 relata a cura de um homem com uma mão atrofiada. A cura ocorre no sábado, ato que Jesus defende diante das acusações dos escribas e fariseus, observando que é lícito, sim, fazer o bem e salvar a vida no sábado.[19] Jesus cura o

[18] O termo *paratērēsis* ("visível") é usado apenas aqui na Bíblia grega. O uso por Lucas do verbo relacionado *paratēreō* (quatro das seis aparições no NT estão em Lucas—Atos) pode sugerir que as observações dos fariseus não terão êxito na detecção do aparecimento do reino, uma vez que suas observações anteriores da atividade de Jesus os levaram à descrença. Eles se revelam pessoas deliberadamente cegas à obra redentora de Deus. Green observa que, embora Lucas os apresente como observadores atentos da atividade de Jesus, "os fariseus comparam, de forma constante, seu ministério com seus próprios e falaciosos cânones" (Green, *Gospel of Luke*, p. 629).

[19] Nesse contexto, os escribas e fariseus são apresentados como observando (*paratēreō*) a atividade de Jesus para que pudessem levantar acusações contra ele. Seu foco em uma potencial violação da Torá faz com

homem ordenando-lhe que estenda sua mão e, quando ele faz isso, Lucas nota que sua mão é restaurada (*apokathistēmi*). A única outra vez que Lucas usa esse termo é na pergunta dos discípulos em Atos 1:6: "Senhor, é neste tempo que vais restaurar o reino a Israel?".[20] O ato de restauração na cura proporciona uma pista importante sobre qual deve ser a resposta a essa pergunta.

Da mesma forma, Lucas 13:10-17 relata a cura de uma mulher enferma com um espírito que a encurvava havia dezoito anos. Mais uma vez, Jesus é criticado por realizar a cura no sábado e responde argumentando que é apropriado que aquela filha de Abraão, a quem Satanás amarrou por tanto tempo, seja libertada no sábado. Ao relatar os detalhes da cura, Lucas observa que, no momento em que Jesus impôs as mãos sobre seu corpo, ela "se endireitou" (*anorthoō*). A única outra vez que Lucas usa esse termo é na citação de Tiago, na promessa divina a respeito da casa caída de Davi em Atos 15:16: "e a restaurarei (*anorthoō*)".[21] O ato de libertar essa filha de Abraão da escravidão aponta para a realidade do governo davídico. Nesses atos de cura e libertação, o governo eterno prometido a Davi é manifesto.

É importante notar que Lucas relaciona a cura da mulher à parábola do reino do grão de mostarda, em 13:18-19. A parábola é introduzida pela frase "Então [*oun*] Jesus perguntou", o que demonstra que a parábola é um corolário e, portanto, está relacionada ao significado da cura anterior.[22] O propósito da parábola é apresentar como é o reino de Deus. É como uma semente que cresce e se torna uma árvore de tamanho considerável. A questão é que o governo de Deus é discernível mesmo nessa cura da mulher. Embora seja um evento aparentemente sem importância no esquema mais amplo das coisas, ainda assim define a essência do reino de Deus, que

que percam a demonstração do governo real de Deus, que está se desenrolando bem diante deles.

[20] Na LXX, *apokathistēmi* é usado com referência à restauração escatológica de Israel das terras para as quais havia sido exilado. Green observa que, nessa cena, "vemos uma expressão da mediação de Jesus na redenção escatológica de Deus" (Green, *Luke*, p. 256).

[21] Observe que, na LXX, *anorthoō* pode ser lido como um termo técnico para o estabelecimento da dinastia davídica (2Samuel 7:13,16; 1Crônicas 17:12,14,24; 22:10).

[22] Segundo Marshall, a presença de *oun* sugere que, agora, Jesus está comentando o que acabou de acontecer (Marshall, *Luke*, p. 560).

crescerá em magnitude de forma condizente com essa representação embrionária.

A preocupação de Lucas no evangelho é mostrar que a vinda do governo de Deus beneficia particularmente os enfermos ou aflitos em Israel. As mesmas pessoas que não recebem benefícios daqueles que exercem o poder terreno tornam-se beneficiárias do poder do governo de Deus.[23] Em Atos, essa preocupação continua e encontra complemento na aceitação de Deus em relação aos gentios, que, por tanto tempo, permaneceram fora da aliança e, portanto, além do alcance das bênçãos do governo de Deus.[24] Por meio do poder do Espírito, Deus está agora trazendo a todas as pessoas os benefícios do reino. O reino é restaurado a Israel quando são levadas as boas-novas aos pobres (veja Lucas 4:18) e no cumprimento da obrigação da aliança de Israel para com as nações (veja Atos 13:47). A resposta que Lucas oferece à pergunta que os discípulos fazem no início de Atos é de relevância contínua para o povo de Deus. Apenas quando compreendemos verdadeiramente a natureza do reino de Deus e de que forma o Espírito estabelece esse reino, somos capazes de ser testemunhas eficazes de Cristo. Se interpretarmos mal a natureza e os meios do governo de Deus, nosso testemunho se tornará incerto ou obscuro, e o poder do Espírito dado para testemunhar será mal orientado ou mal utilizado. No entanto, quando o povo de Deus conhece seu rei e procura seu reino, é capaz de dar testemunho eficaz de sua salvação até os confins da terra.

É provável que a escatologia dispensacionalista tenha impedido os pentecostais de reconhecerem o pleno significado escatológico do dom do Espírito. Por causa da influência dessa teologia, o foco escatológico muitas vezes está nos "sinais do fim" e em cenários dramáticos que detalham a execução final do plano de Deus. Consequentemente, é possível que os crentes pentecostais fiquem cegos à evidência da atividade escatológica de Deus em seu meio.

[23] Tannehill observa corretamente que "o reino sobre o qual Jesus quer governar deve estender-se para incluir as pessoas excluídas pelo povo santo, conforme definido anteriormente" (Tannehill, "Kingdom", p. 20).

[24] Em Atos, apenas Filipe e Paulo proclamam o reino — Filipe em Samaria (8:12) e Paulo em Antioquia da Pisídia (14:22), Éfeso (19:8; veja 20:25) e Roma (28:23,31). Não tanto as pessoas, mas os locais é que importam aqui. O reino agora é anunciado fora da terra de Israel. Desse modo, Lucas destaca que as boas-novas trazidas inicialmente a Israel agora se destinam a todos os povos.

Uma lição importante pode ser aprendida com os contemporâneos de Jesus. Muitos deles presumiam entender bem a forma que Deus estabeleceria seu governo no mundo e o papel que Israel desempenharia nesse propósito. No entanto, tais suposições os impediram de reconhecer a verdadeira obra de Deus e, em alguns casos, fizeram com que se opusessem a essa obra. Lucas pode ser lido como um conto de advertência sobre os riscos que acompanham um apego excessivamente confiante a uma perspectiva escatológica falha. Os pentecostais devem sempre procurar discernimento, em vez de oferecer lealdade cega a uma agenda teológica particular. Devemos estar sempre abertos ao que o Cristo ressuscitado e exaltado continua a fazer e a dizer por meio do seu Espírito. Como pessoas do Espírito, deveríamos ser sensíveis ao que o Espírito está fazendo e deseja fazer em nosso meio. Quando os crentes pentecostais escolherem operar em fiel submissão à agenda de Cristo, o movimento pentecostal se tornará um instrumento ainda mais eficaz no estabelecimento do governo de Deus.

3

Sete dispensações ou visão da história em duas eras?

uma perspectiva paulina

JOHN A. BERTONE ■

Status quaestionis [o estado da investigação]: Paulo, o *dispensacionalista*?

O FERVOR DO PENTECOSTALISMO DO INÍCIO do século 20 baseava-se na convicção de que Deus estava restaurando as manifestações do Espírito nos últimos dias, como curas, milagres, profecias e línguas. Os pentecostais acreditavam que o derramamento do Espírito era uma indicação da "chuva serôdia" ou uma restauração dos "últimos dias" na igreja apostólica, que, em breve, culminaria com o retorno de Cristo.[1] De forma irônica, os pentecostais encontraram um terreno comum com os dispensacionalistas em relação à ideia do retorno iminente de Cristo e abraçaram uma ideologia dispensacionalista.[2] William Menzies fala do movimento pentecostal inicial da seguinte forma: "Imbuído de uma sensação de proximidade do fim dos tempos, e de que o avivamento pentecostal fora o arauto

[1] Sheppard, "Pentecostals and the hermeneutics of dispensationalism", p. 5-31, espec. 7.

[2] O dispensacionalismo é uma ideologia em constante evolução. Por exemplo, C. A. Blaising e D. L. Block defendem um sistema conhecido como dispensacionalismo "progressista", modificando alguns dos ensinamentos de J. N. Darby, a quem se credita a condição de um dos pioneiros pela promoção das ideias dispensacionalistas. Blaising; Block, *Progressive dispensationalism*.

do cataclismo, o grito foi anunciado em todo o mundo: 'Jesus está voltando em breve'. Foi fácil adaptar o ensino e a literatura do dispensacionalismo scofieldiano à ênfase pentecostal".[3]

Entretanto, embora os pentecostais pudessem concordar com os dispensacionalistas no que diz respeito ao retorno iminente de Cristo, a posição pentecostal era um ponto de discórdia para os dispensacionalistas. O dispensacionalismo scofieldiano defendia a visão de que os dons de sinais foram confinados à era apostólica: "O capítulo 14 [1Coríntios] regula o ministério de dons na assembleia apostólica primitiva dos crentes em Cristo [...] As línguas e os dons de sinais cessarão".[4] Os pentecostais, por sua vez, não conseguiram se reconciliar com a cessação dos dons de sinais. A socióloga Margaret Poloma afirma: "A crença de que Deus uma vez concedeu 'dispensações' (permitindo manifestações dos dons do Espírito, incluindo 'milagres' e 'línguas', conforme relatado na Bíblia) que, desde então, foram retiradas é contestada pela doutrina pentecostal, no sentido de que os dons do Espírito Santo são para todos os tempos e para todos os crentes".[5] Por isso, muitas das denominações pentecostais, como as Assembleias de Deus, a Igreja de Deus (Cleveland, Tennessee) e a Igreja Pentecostal da Santidade, não se comprometeram por completo com a ideologia dispensacionalista. Além de sua discordância em relação aos dons de sinais, o movimento pentecostal alinhou-se, convenientemente, com o pensamento dispensacionalista, adotando a linguagem das "dispensações"[6] e enfatizando especialmente os eventos associados à Segunda Vinda: o arrebatamento da igreja, a tribulação de sete anos, o milênio e o julgamento cataclísmico.[7]

[3] Menzies, *Anointed to serve*, p. 329. Observe que Scofield foi capaz de manter o caráter inesperado da vinda do Senhor. Crutchfield, *The origins of dispensationalism*, p. 178.

[4] Scofield, *Oxford NIV Scofield Study Bible*, p. 1210.

[5] Poloma, *Charismatic movement*, p. 126. Veja, a seguir, "A reductionism of the Spirit?".

[6] Myer Pearlman menciona a "missão dispensacional" de Cristo e do Espírito, e os respectivos papéis que desempenham na inclusão dos gentios. Após esse período, ele se refere ao papel do Espírito no mundo como tendo "outro e diferente relacionamento". Pearlman, *Knowing the doctrines of the Bible*, p. 341. Isso corresponde às distinções dispensacionalistas entre as "dispensações" de "graça" e "reino", em que os primeiros enfatizavam a graça de Deus como uma bênção para toda a humanidade (especialmente os gentios), mas o último concentra-se no cumprimento das promessas da aliança feitas a Abraão e Davi. Ryrie, *Dispensacionalism today*, p. 63.

[7] Observe a promoção do arrebatamento da igreja, da tribulação de sete anos, do milênio e do julgamento das nações sob o título "Segunda Vinda" por influentes teólogos pentecostais. Pearlman, *Knowing the doctrines of the Bible*, p. 390-4; Duffield; van Cleave, *Foundations of pentecostal theology*, p. 519-53.

Tanto o pentecostalismo como o dispensacionalismo defenderam o método literal ou histórico-gramatical de interpretação.[8] Por isso, as profecias preditivas também foram compreendidas de forma literal.[9]

O dispensacionalismo ensina que Deus lida com a raça humana em sete fases sucessivas da história: inocência (Gênesis 1:1—3:7), consciência (Gênesis 3:8—8:22), governo (Gênesis 9:1—11:32), governo patriarcal (Gênesis 12:1—Êxodo 19:25), lei mosaica (Êxodo 20:1—Atos 1:26), graça (Atos 2:1—Apocalipse 19:21), reino (Apocalipse 20:1-6).[10] Cada um desses períodos é marcado nas Escrituras por uma mudança na maneira pela qual Deus responde ao pecado e à responsabilidade humana.[11] Essas foram as sobreposições de John N. Darby às Escrituras, que foram inseridas na *Bíblia de Estudo Scofield* em 1909 e nas edições subsequentes, impactando muitos dos primeiros pentecostais.[12]

Quando nos voltamos para os escritos do apóstolo Paulo, constatamos que não há menção ao termo "dispensações" ou a qualquer coisa que diga respeito a sete fases sucessivas da história

[8] "A interpretação coerentemente literal ou simples é indicativa de uma abordagem dispensacionalista à interpretação das Escrituras" (Ryrie, *Dispensationalism today*, p. 45-6). Veja também Pentecost, *Things to come*, p. 9-15. Esses textos foram amplamente utilizados nas faculdades bíblicas pentecostais em toda a América do Norte.

[9] Os dispensacionalistas interpretaram literalmente as imagens e os números bizarros, ignorando os símbolos multivalentes e a natureza poética da literatura apocalíptica. Em consequência, números repetidos no livro do Apocalipse, como quatro (7:1; 8:1), sete (1:4; 5:1; 6:1; 13:1; 15:1; 17:1), dez (17:12) e doze (7:5-8), e seu simbolismo inerente geralmente davam lugar a uma interpretação literal. Além disso, a prática judaica da gematria — a atribuição de valores numéricos às letras do alfabeto — nem mesmo foi considerada. Por exemplo, em geral os estudiosos da Bíblia aceitam que o número 666 em Apocalipse 13:18 era uma referência à figura neroniana do anticristo, Domiciano, em 88-89 d.C. (Witherington, *Revelation*, p. 177-9). O maior problema com uma leitura literal do Apocalipse é hermenêutico. A literatura apocalíptica e sua linguagem poética são lidas como prosa, e não como poesia. Basta observar, para nosso propósito aqui, que, se alguém interpretar literalmente o livro do Apocalipse e usá-lo como modelo para se ajustar à compreensão de Paulo dos eventos associados à Segunda Vinda, haverá uma visão distorcida da compreensão de Paulo sobre o segundo advento de Cristo, uma vez que todos os escritos paulinos se enquadram em outro gênero literário, o de "carta" (veja Achtemeier et al., *Introducing the New Testament*, p. 4-6; Witherington, *Jesus, Paul, and the end of the world* e *Jesus the Seer*).

[10] Crutchfield, *Origins of dispensationalism*, p. 34-44; para uma explicação mais completa, veja Ryrie, *Dispensationalism today*, p. 50-64.

[11] Rossing, *Rapture exposed*, p. 23.

[12] A *Bíblia de Estudo Scofield* continha extensas notas, em conjunto com mapas, gráficos e títulos dispensacionais. A maioria dos textos proféticos foi explicada e coordenada com as dispensações, de acordo com os ensinamentos de Darby. As notas foram elaboradas no próprio texto, aparecendo como um ensinamento evidente. Milhões de *Bíblias de Estudo Scofield* foram vendidas, em parte por causa de sua promoção pelo Moody Bible Institute e por William E. Blackstone, um rico empresário de Chicago. Veja Canfield, *Incredible Scofield and his book*, p. 1988; veja também as referências positivas à *Bíblia de Estudo Scofield* em Duffield; van Cleave, *Foundations of pentecostal theology*, p. 470 e 531.

da redenção. Ainda que adotemos uma leitura completamente literal de Paulo, ficaremos impressionados com o fato de que ele nunca menciona um reinado milenar precedido pelo arrebatamento secreto da igreja que seja distinto do segundo advento de Cristo, nem um período de tribulação de sete anos, eventos que são considerados típicos da escatologia dispensacional.[13] No entanto, de forma surpreendente, os escritos que promovem um ponto de vista dispensacionalista citam extensivamente os escritos de Paulo como suporte às suas posições teológicas.[14] Este capítulo analisa as cartas de Paulo com o fim de determinar se elas podem ser usadas para apoiar uma visão dispensacionalista da história bíblica, e se podem ser usadas para apoiar uma escatologia dispensacional. Examinaremos também a hipótese de que Paulo promoveu a cessação dos dons de sinais (cura, milagres, profecia, línguas) após o fim da era apostólica.

A era futura imposta ao presente

Definindo o conceito de "dispensação"

C. I. Scofield escreve: "Uma dispensação é um intervalo de tempo durante o qual o homem é testado no que diz respeito à obediência a alguma revelação específica da vontade de Deus".[15] Conceitos importantes estão implícitos nessa definição: há um depósito de revelação divina a respeito da vontade de Deus, uma exigência de que os seres humanos se comportem de forma adequada, os períodos de tempo e a revelação divina são dominantes no teste de obediência de uma pessoa a Deus.[16] Etimologicamente, a palavra "dispensação" vem do latim *dispensatio,* a tradução da Vulgata para a palavra grega *oikonomia.*[17] O substantivo feminino grego *oikonomia* ocorre nove vezes no Novo Testamento (Lucas 16:2,3,4;

[13] Ryrie, *Dispensationalism today*, p. 159-61.

[14] No livro de Ryrie, *Dispensationalism today*, há aproximadamente 72 referências feitas às cartas de Paulo (Romanos, 1 e 2Coríntios, Gálatas, Filipenses, Colossenses e 1 e 2Tessalonicenses) e aproximadamente 38 referências feitas a Efésios, 1 e 2Timóteo ou Tito (veja p. 220-1).

[15] *Scofield Study Bible*, p. 3.

[16] Ibidem.

[17] Skeat, *Etymological dictionary of the English language*, p. 174.

1Coríntios 9:17; Efésios 1:10; 3:2,9; Colossenses 1:25; 1Timóteo 1:4), que pode significar a "responsabilidade de administrar [ou seja, de uma família], o estado de organização, um programa de instrução [ou seja, no caminho da salvação]".[18] De acordo com os dispensacionalistas, a palavra grega *oikonomia* envolve o conceito de tempo (isto é, o período correspondente) e significa uma mordomia divinamente dada com base na verdade divina em desenvolvimento. Por exemplo, John F. Walvoord fala de uma dispensação da seguinte maneira: "Uma dispensação é considerada uma mordomia dada por Deus, com base em uma regra de vida específica revelada no desdobramento progressivo da verdade divina nas Escrituras. Cada novo grande depósito de verdade tinha sua própria exigência de fé e obediência [...] uma dispensação [...] muitas vezes se distingue do período anterior por alguma crise espiritual na história do povo de Deus".[19] Uma dispensação está inevitavelmente relacionada com o tempo porque um "período" específico está implícito. Contudo, a condição *sine qua non* de uma dispensação é a verdade distintamente revelada no plano redentor de Deus nesse período específico de tempo e a resposta apropriada dos humanos a essa verdade.[20]

Com o propósito de reforçar essa definição, um apelo bíblico é frequentemente feito pelos dispensacionalistas em relação aos escritos associados a Paulo. Por exemplo, é dito que Paulo[21] menciona pelo menos três dispensações: em Efésios 1:10, ele escreve sobre "a dispensação [*oikonomia*] da plenitude dos tempos", referindo-se ao período futuro do reino; em Efésios 3:2, ele cita a "responsabilidade imposta a mim [dispensação, *oikonomia*] em favor de vocês pela graça de Deus", referindo-se ao presente período de graça;

[18] Danker, *A Greek-English lexicon of the New Testament and other early Christian literature*, p. 697-8.

[19] Walvoord, "Dispensational premillenialism", p. 11; veja também a explicação dada por Ryrie, *Dispensationalism today*, p. 25-33.

[20] Chafer, *Major Bible themes*, p. 126.

[21] Existem dúvidas se Paulo foi ou não o autor da Epístola aos Efésios. Em Efésios, o estilo do grego é visivelmente diferente das cartas principais de Paulo. As semelhanças literárias sugerem que o autor de Efésios dependia de Colossenses para boa parte de suas ideias e da linguagem empregada. Há também um número significativo de palavras encontradas em Efésios que não ocorrem nas outras cartas paulinas. Além disso, muitas expressões-chave que Paulo usa em suas cartas principais não ocorrem em Efésios (Achtemeier et al., *Introducing the New Testament*, p. 379-80). Alguns até mesmo questionam a autoria de Colossenses por Paulo, tanto em bases linguísticas como doutrinárias (Achtemeier et al., *Introducing the New Testament*, p. 418-20).

e em Colossenses 1:25-26 está implícito que outra dispensação precedeu a presente.[22] Ryrie escreve: "É muito importante notar que, nos dois primeiros casos [Efésios 1:10 e 3:2], *não há dúvida de que a Bíblia usa a palavra 'dispensação' exatamente da mesma forma que o dispensacionalista*".[23]

Contudo, Efésios 1:10 deve ser compreendido no contexto dos versículos de 7 a 10 como um todo. Esses versículos abordam a redenção de Deus obtida por meio da morte sacrificial de Cristo, semelhante a Romanos 3:25. As palavras "redenção por meio do seu sangue" em Efésios 1:7 são paralelas a "sacrifício para propiciação mediante a fé, pelo seu sangue" em Romanos 3:25. Em Efésios 1:7, o verbo no presente é empregado, sugerindo que se trata de uma redenção que ocorre e é desfrutada no presente de modo contínuo: "Nele temos [*e continuamos a ter* (*echomen*)] a redenção". Existem aspectos resultantes e futuros dessa redenção ainda a serem realizados, todos associados à morte decisiva e sacrificial de Cristo.[24] Esse é um potencial problema para o pensamento dispensacionalista, que entende o tempo referido em Efésios 1:10 especificamente como a futura dispensação do reino, distinta da presente dispensação da graça. Pelo contrário, não existe tal distinção nesses versículos. A "*oikonomia* da plenitude dos tempos" em Efésios 1:10 é simplesmente considerada parte de um todo unificado, o resultado direto da redenção já obtida por meio da morte sacrificial de Cristo no passado, que florescerá e culminará de várias maneiras no futuro já planejado por Deus. Um exame mais detalhado dos versículos que se seguem confirma isso.

Em Efésios 1:9, lemos: "Ele [Deus] nos revelou o mistério da sua vontade". "Mistério" é um termo recorrente em Efésios 3:3,4,9; 5:32; 6:19, referindo-se a "uma verdade antes escondida, mas agora tornada conhecida" (veja Romanos 11:25; Colossenses 1:26; cf. Mateus 13:11,35). Tanto na literatura apocalíptica judaica como nos Manuscritos do Mar Morto, a palavra denota o plano secreto de Deus, que será revelado no fim dos tempos.[25] Aqui em Efésios 1:9,

[22] Ryrie, *Dispensationalism today*, p. 27.

[23] Ibidem, ênfase no original.

[24] Em Efésios 1:11, é usado o verbo aoristo *eklērōthēmen*, que é traduzido por "fomos também escolhidos", denotando que os seguidores de Cristo no presente já foram destinados a obter sua herança como filhos.

[25] Bornkamm, "μυστηριον μυεω", p. 802-28, espec. 813-7.

porém, o desvendar do mistério do plano secreto de Deus já foi dado a conhecer aos filhos de Deus porque já foi posto em ação no presente. Não há necessidade de esperar pelo futuro para saber qual é a estratégia ou a revelação de Deus quanto à redenção e ao reino. A prova mais clara é a obra sacrificial de Cristo no passado: "E nos revelou [Deus] o mistério da sua vontade, de acordo com o seu bom propósito que ele *estabeleceu em Cristo*" (Efésios 1:9). Esse entendimento contraria a ideia dispensacionalista de que a futura dispensação do reino tem sua própria verdade revelada em relação ao plano redentor de Deus. Muito pelo contrário: esse plano já foi revelado e promulgado no presente.

Em Efésios 1:10, a palavra *oikonomia* é usada com o significado de uma "administração" adicional ou uma fase posterior no plano redentor de Deus que já foi implementado: "isto é, de fazer convergir em Cristo todas as coisas, celestiais ou terrenas, na *dispensação* da plenitude dos tempos". A expressão "plenitude dos tempos" refere-se ao fato de Deus colocar em prática o plano redentor abrangente inaugurado na morte de Cristo, conforme referido em Efésios 1:7. Gálatas 4:4 diz: "Mas, quando chegou a *plenitude do tempo,* Deus enviou seu Filho, nascido de mulher, nascido debaixo da Lei". Aqui em Efésios 1:10, a referência é ao segundo advento de Cristo, quando a história da salvação atinge seu clímax.[26] Isso é confirmado pelas palavras "de fazer convergir em Cristo todas as coisas, celestiais ou terrenas" (Efésios 1:10). "Todas as coisas" refere-se a toda a criação (Colossenses 1:17; Hebreus 1:3). Em outro lugar, lemos como no segundo advento de Cristo tudo será subsumido a Cristo (1Coríntios 15:27; Filipenses 2:10). A ideia aqui transmitida é que o plano redentor de Deus implementado pela primeira vez com a morte sacrificial de Cristo tem efeitos futuros e de longo alcance que acabarão por assumir também uma dimensão cósmica, estendendo-se para além da raça humana. Mais uma vez, podemos notar que qualquer noção de uma dispensação separada e sucessiva é estranha ao pensamento de Paulo.

Em Efésios 3:2, a palavra *oikonomia* refere-se à graça associada ao apostolado de Paulo: "Deste evangelho me tornei ministro pelo

[26] Wood, "Ephesians", p. 26.

dom [*oikonomia*] da graça de Deus, a mim concedida pela operação de seu poder" (Efésios 3:7-8).[27] Essa graça envolve a proclamação da mensagem do evangelho aos gentios. A Paulo, foi dada uma responsabilidade especial no que diz respeito à evangelização do mundo gentio ["que, mediante o evangelho, os gentios são coerdeiros com Israel, membros do mesmo corpo, e coparticipantes da promessa em Cristo Jesus" (Efésios 3:6; 1Coríntios 9:17)]. Semelhante a Efésios 1:9, ele se refere a isso como um "mistério" que lhe foi revelado (Efésios 3:3). Nesse contexto, o referente para *oikonomia* em Efésios 3:2 não é a presente dispensação da "graça". É mais provável que seja uma alusão à administração do ofício apostólico de Paulo ("dom [*oikonomia*] da graça de Deus, a mim concedida").[28] Isso se torna ainda mais aparente em Colossenses 1:25, o outro versículo que Ryrie afirma funcionar como base bíblica para uma "dispensação" distinta. Colossenses 1:25 diz: "Dela me tornei ministro de acordo com a responsabilidade [*oikonomian*] por Deus a mim atribuída de apresentar-lhes plenamente a palavra de Deus". Isso sugere que Paulo entendeu que a obra para a qual Deus o designou era uma designação sagrada e de confiança. Essa não pode ser, como afirma Ryrie, "outra dispensação anterior à atual, na qual o mistério de Cristo no crente é revelado".[29]

Em nossa análise de Efésios 1:9, notamos que a palavra *oikonomia* é uma referência ao plano redentor de Deus como um todo unificado que foi implementado pela primeira vez com a morte sacrificial de Cristo e que está atualmente em curso. Em Efésios 3:2 e Colossenses 1:25, a palavra *oikonomia* refere-se à nomeação especial e à confiança do apostolado de Paulo aos gentios. Em nenhum desses contextos encontramos a ideia de sete períodos temporais distintos e sucessivos, caracterizados por verdades reveladas especialmente a respeito do plano salvífico de Deus. Em vez disso, há uma atestação constante de que, com a morte sacrificial de Cristo, Deus impôs a era futura de seu reino ao presente e, por causa desse

[27] Bruce, *Epistles to the Colossians to Philemon and to the Ephesians*, p. 311.

[28] "Paulo não está se referindo agora à graça salvadora como em Efésios 2:5,8, mas ao aparato que lhe permitiu cumprir seu chamado como missionário entre os gentios (cf. v. 7,8; 4:7-13)" (Wood, "Ephesians", p. 45).

[29] Veja a explicação acima e Ryrie, *Dispensationalism today*, p. 27.

ato decisivo, haverá realizações posteriores associadas, especialmente a culminação com o segundo advento de Cristo. O reino de Deus é tanto presente como futuro, formando um todo unificado.

A era futura no presente

A palavra grega *aion* é outro termo que merece consideração. Os dispensacionalistas hesitam em equiparar essa palavra à sua concepção de dispensação porque afirmam que o termo não inclui a ideia de arranjo de mordomia no programa redentor progressivo de Deus.[30] No entanto, Paulo usa essa palavra de modo sistemático, em um contexto histórico-salvacionista, particularmente com o objetivo de contrastar a presente era do pecado com a futura era da salvação.[31] Seu pensamento foi moldado pela escatologia apocalíptica judaica, que defendia uma simples divisão dupla da história.[32] Segundo o pensamento hebraico, o tempo era concebido tipicamente como uma sucessão de duas eras, e a história era compreendida como um movimento progressivo, começando pela criação e terminando com o julgamento final. O principal sinal de que a era futura havia chegado era a vinda do messias real que inauguraria a era messiânica.[33] Paulo compartilhava esse esquema escatológico, referindo-se à era atual como "este século" (Romanos 12:2, ARA; 1Coríntios 1:20; 2:6-8; 3:18; 2Coríntios 4:4), associando-a ao pecado (Gálatas 1:4) e referindo-se à era futura como "o fim dos tempos" (1Coríntios 10:11) e a "nova criação" (2Coríntios 5:17; Gálatas 6:15).

Com a vinda de Jesus, que, de acordo com Paulo, era o Cristo (ou seja, o messias real), e sua morte e ressurreição (Romanos 1:3-4;

[30] Ehlert, *Bibliographic history of dispensationalism*, p. 33; Ryrie, *Dispensationalism today*, p. 29; Crutchfield, *Origins of dispensationalism*, p. 24.

[31] Veja Sasse, "αιων αιωνιος", p. 197-209, espec. 205-6.

[32] "E ele revelou a sabedoria do Senhor dos Espíritos aos justos e santos, pois preservou a porção dos justos porque eles odiaram e desprezaram este mundo [*aion*] de opressão (junto com) todos os seus caminhos de vida e seus hábitos em nome do Senhor dos Espíritos" (*Ethiopic Enoch* 48:7). Veja: "Ele vos proclamará paz em nome do mundo [*aion*] que há de vir" (*Ethiopic Enoch* 71:15) (Traduções de Isaac, *1 [Ethiopic Apocalypse of] Enoch*, p. 35); veja também *4Esdras* 4:2; 9:19; cf. 7:13.

[33] Veja particularmente 2Samuel 7:14, que diz que um descendente de Davi se sentaria no seu trono e estabeleceria seu reino para sempre. O segmento de frase "que, como homem, era descendente de Davi" (Romanos 1:3) usado por Paulo faz parte de uma fórmula credal e significa a esperança comum de um messias real em Israel. Veja também Petersen; Nickelsburg, "Eschatology", p. 575-94.

1Coríntios 15:20,23; 2Coríntios 5:14-15,17), o esquema escatológico judaico anterior foi alterado e precisava ser modificado. A era futura já se havia imposto ao presente, e o clímax escatológico já havia ocorrido. Paulo associa a encarnação à "plenitude dos tempos" em Gálatas 4:4, instigada por Deus. Em Romanos 1:4, Paulo refere-se à ressurreição de Jesus geralmente como "sua ressurreição dentre os mortos", e não "ressuscitou dos mortos" (Romanos 4:24; 6:4; 6:9; 7:4; 8:11,34; 10:7,9; Gálatas 1:1; Colossenses 1:18; 2:12; 1Tessalonicenses 1:10, cf. 1Coríntios 15:13,21,42; 1Coríntios 15:12), sugerindo que ele entendia a ressurreição de Jesus como o início da ressurreição geral dos mortos reservada para a era futura.[34] Essa é a razão pela qual Paulo pode representar Jesus como as "primícias dentre aqueles que dormiram" em 1Coríntios 15:20, ou seja, Jesus foi o primeiro que ressuscitou na ressurreição geral, o primeiro fruto da colheita em curso (1Coríntios 15:22-23).

Ao mesmo tempo, o clímax escatológico foi incompleto porque os mortos ainda não ressuscitaram e o julgamento ainda não ocorreu. A conclusão do plano redentor de Deus exige um novo clímax, o segundo advento de Cristo. Só então, os outros eventos finais, incluindo a ressurreição dos crentes mortos, acontecerá (1Tessalonicenses 4:13-5:11; 1Coríntios 15; Romanos 8:31-39; 11:26-27; Filipenses 3:20-21; Colossenses 4:4-5). Por isso, Paulo acreditava que a era presente e a era futura coexistiam.[35] "Nós", lembra ele aos coríntios, "sobre quem tem chegado o fim dos tempos" (1Coríntios 10:11). No entanto, ao mesmo tempo, ele diz que seus destinatários ainda vivem na "presente era perversa" (Gálatas 1:4) do pecado, embora essa esteja "passando" (1Coríntios 7:31). Essa tensão entre a era futura "já" estar presente mas "ainda não" plenamente estabelecida também é evidente na forma que ele entende a redenção e a salvação. Por exemplo, por um lado, Paulo se refere à redenção como um benefício já adquirido por seus leitores (Romanos 3:24; Colossenses 1:14); por outro lado, eles ainda aguardam a "redenção do corpo" (Romanos 8:23). Da mesma forma, a salvação é algo que já foi adquirido (Romanos 8:24, cf. 8:15), mas

[34] Dunn, *Theology of Paul the apostle*, p. 240.

[35] Isso é idêntico à tensão "já" e "ainda não" referida por Cullman, *Christ and time*, p. 145 e 154-5.

que não está completamente finalizada (1Coríntios 1:18). Também é notável a chegada plena do reino de Deus na Segunda Vinda de Jesus (1Coríntios 15:23-28; 1Tessalonicenses 4:13-5:10; 2Tessalonicenses 2:2). Portanto, para Paulo, aqueles que creram em Cristo vivem suas vidas como Cristo "entre os tempos", ou seja, entre esse tempo de sobreposição das eras presente e futura, e a ainda pendente Segunda Vinda, quando a era presente não existirá mais e a era futura será completamente concretizada.

A compreensão da história por Paulo apresenta corolários importantes. Primeiro, Paulo não concebe sete fases distintas e sucessivas de "dispensações" ou qualquer coisa que correspondesse a sete estágios separados na história da redenção de Deus. Seu pensamento foi moldado pela escatologia apocalíptica judaica, que defendia uma divisão simples e dupla da história: a era presente e a era futura. Paulo associou a era futura à "vida" (Romanos 5:17,18,21), a "Cristo" (Romanos 5:15,17,21) e ao "Espírito" (Romanos 7:6; 8:2,4-16); a era atual, ao "mal" (Gálatas 1:4), a "Adão" (Romanos 5:12-21; 1Coríntios 15:21-22), a "morte e corrupção" (Romanos 5:12), à "carne" (Romanos 7:14, 25) e à lei (Romanos 7:1-6). A definição de Paulo da "era presente" corresponderia ao que os dispensacionalistas chamam de dispensações de consciência, de governo, de governo patriarcal e de lei mosaica. Embora Paulo estabeleça distinção entre o período anterior da lei e a promulgação da lei com Moisés, a premissa teológica subjacente dele foi a universalidade do pecado provocada pela desobediência de Adão e pelo reinado do poder do pecado e da morte na raça de Adão, estendida até o tempo de Cristo (Romanos 5:12-21). Suas ideias foram impulsionadas pelo pensamento judaico comum da pecaminosidade universal associada à "queda".[36] Paulo não concebeu o período entre Adão e Cristo como unidades separadas e desconectadas na história da redenção, como fazem os dispensacionalistas.

Em segundo lugar, e mais importante, a demarcação entre as chamadas dispensações da graça e do reino é artificial. Como já

[36] Gênesis 6:5; 8:21; 1Reis 8:46; 2Crônicas 6:36; Jó 4:17; 14:4; 25:4; Salmos 51:5; 130:3; 143:2; Provérbios 20:9; Eclesiastes 7:20; Jeremias 17:9 (Fitzmyer, *Paul and his theology*, p. 71-2); veja "Da mulher teve início o pecado, e por ela todos morremos" (*Sir* 25:24); *Sabedoria* 2:23-24, cf. 2Coríntios 11:3; *Sabedoria* 2:23-24, cf. Romanos 1:19-21.

demonstramos, Paulo entendia que a era futura — ou seja, o que os dispensacionalistas chamariam de dispensação do "reino" — começaria com o evento mais decisivo na história judaica: a morte e a ressurreição de Cristo. A era futura já era uma realidade presente. As expectativas do "reino" (ou seja, a era futura) já ocorreram no presente com a vinda de Cristo, e os seguidores de Cristo experimentam os benefícios resultantes, como santificação, justificação, redenção e salvação agora no presente. A vinda de Cristo garantiu esses benefícios no presente, embora existam complementos adicionais no futuro, na Segunda Vinda. Paulo entendia essas consequências da morte e ressurreição de Cristo como benefícios, tanto aqueles experimentados no presente como aqueles que ainda estão pendentes. Não obstante, todos estão diretamente relacionados com a definição de Paulo da era futura que se impôs sobre o curso da história.

Por exemplo, o uso que Paulo faz da metáfora das "primícias" (1Coríntios 15:20) transmite a ideia de que não podemos postular uma distinção de "dispensações" (ou seja, uma fase separada e não relacionada no plano redentor de Deus, baseada em "verdades" novas e reveladas)[37] entre a ressurreição de Cristo e a ressurreição geral dos crentes mortos: "Ora, se está sendo pregado que Cristo ressuscitou dentre os mortos, como alguns de vocês estão dizendo que não existe ressurreição dos mortos? Se não há ressurreição dos mortos, então nem mesmo Cristo ressuscitou" (1Coríntios 15:12-13). A ressurreição de Cristo e a ressurreição dos seus seguidores são consideradas um todo inextricável, ainda que aconteçam em momentos distintos. Para Paulo, a ressurreição de Cristo significa que a ressurreição geral anteriormente reservada à era futura já havia começado no presente. A ressurreição de Cristo pôs em movimento a ressurreição geral dos mortos e a era futura.

A teologia do "arrebatamento" exposta

A tendência entre os dispensacionalistas de postular períodos distintos e separados no curso da história da redenção também

[37] Veja, acima, as características importantes do conceito de "dispensação".

é evidente em sua compreensão da escatologia paulina. Uma das características da escatologia dispensacionalista é incluir uma cronologia precisa dos eventos do fim dos tempos. No final da era da igreja, haverá um arrebatamento secreto no qual a igreja subirá, seguido pela tribulação de sete anos.[38] No final da tribulação, Cristo retornará e descerá com aqueles anteriormente arrebatados e travará a batalha do Armagedom, momento durante o qual Satanás estará preso. Depois de as forças de Satanás serem neutralizadas, haverá o milênio — mil anos de paz e justiça na terra, período no qual as promessas a Israel se cumprirão. No final do milênio, Satanás é libertado, tenta se revoltar, mas é derrotado e atirado no lago de fogo pela eternidade.[39]

Uma característica importante para a escatologia dispensacionalista é a distinção entre a igreja e Israel. A igreja será levada ao encontro de Cristo nos ares, no arrebatamento, mas é durante o reinado milenar de Cristo que as promessas proféticas feitas ao Israel étnico se concretizarão.[40] Ryrie afirma: "Se as profecias do Antigo Testamento a respeito das promessas futuras feitas a Abraão e Davi forem literalmente cumpridas, então haverá um período futuro, o milênio, no qual elas serão cumpridas, pois a igreja não as está cumprindo agora em sentido literal".[41] Essa é a motivação para manter um arrebatamento separado da igreja e uma posterior Segunda Vinda, e um reinado milenar de Cristo. Os mil anos são o intervalo no qual Deus honrará seus compromissos com o Israel étnico, nomeadamente o abraâmico (Gênesis 17:1-22), o davídico (2Samuel 7:12-17) e as novas alianças (Jeremias 31:31-34). Ryrie acrescenta: "O pré-milenarista dispensacionalista diz que a igreja não está de forma alguma cumprindo essas profecias [as profecias de Israel],

[38] "A igreja será tirada da terra antes do início da tribulação [...] O pré-tribulacionalismo tornou-se parte da escatologia dispensacionalista" (Ryrie, *Dispensationalism today*, p. 159). No entanto, aqueles que defendem a crença em uma tribulação literal de sete anos estão divididos sobre o arrebatamento ocorrer antes (pré-tribulação), durante (na tribulação) ou depois (pós-tribulação). Pentecost, *Things to come*, p. 164-218; Crutchfield, *Origins of dispensacionalism*, p. 41; Ryrie, *Basis of the premillennial faith*, p. 139.

[39] Veja o que Crutchfield diz em "Eschatology of dispensationalism", no capítulo "Normative dispensational theology", *Origins of dispensationalism*, p. 40-2; compare com a descrição de Ryrie em "The features of dispensational eschatology", no capítulo "Dispensational eschatology", *Dispensationalism today*, p. 157-61.

[40] Ryrie, *Basis of the premillennial faith*, p. 145-6.

[41] Ryrie, *Dispensationalism today*, p. 158.

mas que seu cumprimento está reservado ao milênio, caracterizado precisamente pelo cumprimento dessas profecias".[42]

Contudo, Paulo nem sempre distingue, como os dispensacionalistas querem que acreditemos, os benefícios da aliança a serem desfrutados exclusivamente por Israel em um futuro "reinado milenar do messias" e as bênçãos experimentadas pela igreja na presente "dispensação da graça". Pelo contrário, ele entende que alguns dos benefícios de Israel prometidos nas várias alianças são aplicáveis à igreja durante seus dias. Por exemplo, em Gálatas 3:6-9,16-18,29, Paulo afirma: "Estejam certos, portanto, de que os que são da fé, estes é que são filhos de Abraão" (v. 7) e posteriormente afirma: "E, se vocês são de Cristo, são descendência de Abraão e herdeiros segundo a promessa" (v. 29).[43] Nesse caso, Paulo não estabelece uma distinção nítida e clara entre as promessas feitas aos crentes judeus étnicos e aqueles que creem em Cristo, sejam judeus ou gentios. Em outros lugares, porém, Paulo faz uma distinção entre aqueles que acreditam em Cristo, que fazem parte da etnia de Israel, e aqueles que são gentios. Em Romanos 11, Paulo se dirige aos crentes judeus como os destinatários das bênçãos da aliança de Deus.[44] Isso fica claro especialmente no versículo 25: "Irmãos, não quero que ignorem este mistério, para que não se tornem presunçosos: Israel experimentou um endurecimento em parte, até que chegasse a plenitude dos gentios". No versículo 26, ele afirma: "todo o Israel será salvo", sugerindo que Israel é uma identidade corporativa.[45] Paulo provavelmente está se referindo a uma conversão em massa de judeus que ocorreria na parúsia culminante de Cristo.[46]

[42] Ibidem, p. 159.

[43] Observe ainda a alegoria de Paulo sobre Agar e Sara e a declaração aos crentes gálatas: "Vocês, irmãos, são filhos da promessa, como Isaque" (Gálatas 4:28); veja também a linguagem da nova aliança de Jeremias em 2Coríntios 3:3-18 aplicada ao ministério de Paulo e daqueles que recebem o Espírito. Não há delimitação entre judeus e gentios nesses exemplos.

[44] Dunn, *Romans 9-16*, p. 634-83.

[45] "Paulo escreve 'todo o Israel', não 'todos os israelitas' — e essa diferença é importante. 'Todo Israel' [...] tem um significado corporativo, referindo-se à nação como um todo, e não a cada indivíduo que faz parte dessa nação (Moo, *Epistle to the Romans*, p. 722 [ed. em português: *Romanos:* comentário exegético (São Paulo: Edições Vida Nova, 2023]).

[46] Romanos 11:15 nos dá uma indicação quanto ao ponto específico no futuro em que Israel se voltará para Cristo. Há uma associação estabelecida entre a aceitação de Israel e a ressurreição escatológica dos mortos na parúsia de Cristo: "Pois se a rejeição deles é a reconciliação do mundo, o que será a sua aceitação, senão vida dentre os mortos?".

Em seguida (v. 26), Paulo explica isso mais completamente com uma base bíblica. Paulo segue Isaías 59:20 da LXX com uma ligeira modificação e escreve: "Virá de Sião o *redentor* [...] E esta é a minha aliança com eles". Em outra parte de seus escritos, Paulo identifica Jesus com esse redentor em sua Segunda Vinda: "e esperar dos céus a seu Filho, a quem ressuscitou dos mortos: Jesus, que nos livra da ira que há de vir" (1Tessalonicenses 1:10). É bem provável que Paulo, quando escreveu Romanos 11:27, tivesse em mente a promessa da nova aliança de Jeremias 31:31-34.[47] Quando Cristo vier do céu, cumprirá a aliança com Israel. No entanto, na discussão de Paulo não há menção a um reinado de mil anos.

Os dispensacionalistas insistem que há um intervalo de tempo significativo entre 1Tessalonicenses 4:13-18 e 5:1-11. Ao destacarem a expressão "o dia do Senhor" em 1Tessalonicenses 5:2, eles afirmam que esse dia abrange múltiplos eventos: o período de sete anos da tribulação, a segunda vinda e toda a era milenar.[48] Antes do "dia do Senhor", houve um evento separado, o arrebatamento da igreja, conforme citado em 1Tessalonicenses 4:13-18. A ideia de uma separação entre a parúsia e o dia do Senhor é artificial e requer um apelo especial. Paulo não se refere a um período intermediário de sete anos entre a parúsia da igreja em 1Tessalonicenses 4:13-18 e o dia do Senhor em 1Tessalonicenses 5:1-11. Além disso, o elemento surpresa evidente na descrição do dia do Senhor vindo "como ladrão à noite" (1Tessalonicenses 5:2) não pode ser conciliado com a precisão associada a um período de tribulação de sete anos e a um período de mil anos. Como argumentaremos, a noção de um "arrebatamento" separado da igreja, seguido por um intervalo de sete anos antes da Segunda Vinda e do reinado milenar[49] de Cristo, não faz parte do pensamento de Paulo.

[47] Dunn, *Romans 9—16*, p. 692.

[48] Pentecost, *Things to come*, p. 174.

[49] Alguns usam 1Coríntios 15:24-27 ("*Então* virá o fim, quando ele entregar o Reino a Deus, o Pai, depois de ter destruído todo domínio, autoridade e poder. Pois é necessário que *ele [Cristo] reine* até que todos os seus inimigos sejam postos debaixo de seus pés. O último inimigo a ser destruído é a morte. Porque ele 'tudo *sujeitou* debaixo de seus pés'") como um complemento de Apocalipse 20:1-6, que menciona, de forma explícita, um reinado de mil anos de Cristo. Ladd, *The gospel of the kingdom*, p. 35-36 e 43-46. No entanto, parece impensável que Paulo tivesse o objetivo de falar sobre um reinado de mil anos de Cristo aqui, mas não mencionasse uma só palavra. É mais provável que a palavra "Então" ("Então virá o fim...") signifique apenas *depois*

A diferenciação entre um "arrebatamento" secreto da igreja e a Segunda Vinda não parece ter surgido antes do século 19. Em 1830, em Glasgow, Escócia, Margaret MacDonald participou de um culto de cura e afirmou ter recebido uma visão do retorno de Cristo em dois estágios.[50] Essa ideia teria caído na obscuridade se John Nelson Darby, fundador dos Irmãos de Plymouth [Assembleias dos Irmãos], não tivesse ouvido e espalhado a história por toda parte. Ele usou a discussão de Paulo sobre a parúsia em 1Tessalonicenses 4 e 5 para fundamentar essa posição teológica.[51]

O termo "arrebatamento" não ocorre em nenhum lugar do Novo Testamento. A etimologia vem da palavra latina *raptus/raptio*, uma tradução da palavra grega *harpazō*, que significa "agarrar ou pegar repentinamente para remover ou obter o controle, *arrebatar/tirar*",[52] usada em 1Tessalonicenses 4:17. Em 1Tessalonicenses 4:13-18, Paulo fala do estado atual dos mortos e de seu destino na futura vinda de Cristo: "Irmãos, não queremos que vocês sejam ignorantes quanto aos que dormem, para que não se entristeçam como os outros que não têm esperança. Se cremos que Jesus morreu e ressurgiu, cremos também que Deus trará, mediante Jesus e juntamente com ele, aqueles que nele dormiram" (1Tessalonicenses 4:13-14). Paulo não está discutindo o fim da história por si só; ele

disso — a parúsia de Cristo, acompanhada pela ressurreição dos cristãos, inaugura o fim, momento em que o evento principal é a entrega do reino por Cristo a Deus (Barrett, *The First Epistle to the Corinthians*, p. 356). Também é significativo o uso do verbo "sujeitou" (*hupataxen*) ("Porque ele 'tudo *sujeitou* debaixo de seus pés'" (1Coríntios 15:27). O verbo está escrito no pretérito, indicando que Deus já iniciou o processo de submeter as coisas aos pés de Cristo, ou seja, Cristo já está reinando. Essa explicação coincide melhor com o que Paulo afirma em outra passagem. Paulo entendia que o reinado de Cristo já havia começado em sua exaltação, e que a conclusão desse reinado implica a aniquilação da morte e a ressurreição dos mortos (veja 1Coríntios 15:54-55). Por exemplo, em Filipenses 2:9-11, lemos: "Por isso Deus o exaltou [*huperupsōsen*, tempo aoristo] à mais alta posição e lhe deu o nome que está acima de todo nome, para que ao nome de Jesus se dobre todo joelho, no céu, na terra e debaixo da terra, e toda língua confesse que Jesus Cristo é o Senhor, para a glória de Deus Pai". O pretérito do verbo "exaltou" indica que Cristo já está reinando e, com a ressurreição dos mortos (veja 1Coríntios 15:24-25), o reinado de Cristo terá sido plenamente realizado e o reino será entregue a Deus. Veja Plevnik, *Paul and the parousia*, p. 76.

[50] Rossing, *Rapture exposed*, p. 22.

[51] Sob o título "O arrebatamento", Darby afirma: "Ela [a igreja] subirá fisicamente para encontrar Cristo nos ares (1Tessalonicenses 4:15-17)" (Darby, *Collected writings*, #6, p. 361-2). Contudo, Darby é rápido em apontar que o arrebatamento não estabelece o reino. No final do período da tribulação, Cristo retornará com os santos para destruir o poder de Satanás na terra e libertar o mundo de sua influência maligna (Darby, *Collected writings*, #6, p. 362).

[52] Danker, *Greek-English lexicon of the New Testament and other early Christian literature*, p. 134.

tem em mente encorajar os convertidos em Tessalônica. A questão era se os cristãos mortos participariam ou não com Jesus nos ares quando ele voltasse e se estariam com ele para sempre.[53]

Em 1Tessalonicenses 4:15, Paulo fala da "parúsia do Senhor", que pode ser traduzida por "presença" ou "vinda", denotando, com frequência, a chegada cerimonial de uma visita real a uma cidade, com o rei sendo saudado com honrarias.[54] Essa conotação é confirmada em 1Tessalonicenses 4:17, quando Paulo afirma que, na parúsia, aqueles que estão vivos irão ao "*encontro* (*apantēsis*) com o Senhor nos ares". A palavra *apantēsis* era frequentemente usada com a palavra parúsia para se referir às visitas de dignitários que seriam cerimonialmente escoltados de volta à cidade.[55] No versículo 16, Paulo conecta a ressurreição dos crentes que morreram à parúsia e ao encontro de Cristo nos ares. É evidente que esse será um evento público, e não um regresso secreto ou invisível. Paulo fala de uma "ordem em voz alta", como aquela dada em um campo de batalha para sinalizar as tropas.[56] O motivo subjacente da ordem sinaliza a ação decisiva de Deus no "dia do Senhor".[57] Em conjunto com a voz do arcanjo (Judas 9; 1Enoque 20:1-7; *4Esdras* 4:36) e o chamado da trombeta de Deus, essas imagens comunicam a ideia de Jesus convocando seu exército. Os anjos são regularmente associados à segunda vinda (Marcos 8:38; 13:27; Mateus 24:31). A trombeta também era frequentemente tocada durante uma teofania como a segunda vinda (Sofonias 1:14-16; Isaías 27:13; Mateus 24:31) e, em 1Coríntios 15:52, Paulo a relaciona à ressurreição dos mortos e ao fim.

Nos versículos 16-17, Paulo deixa claro que Cristo descerá do céu e encontrará seus seguidores nas nuvens, não no céu. Não há discussão sobre um "arrebatamento" para o céu aqui: "Pois, dada a ordem

[53] "Parece que os cristãos tessalonicenses temiam que os fiéis falecidos não fossem unidos a Cristo, como seriam os vivos, em sua vinda. Por alguma razão inexplicável, eles pensavam que a morte roubaria isso dos que já haviam falecido" (Plevnik, *Paul and the parousia*, p. 69).

[54] Diessmann, *Light from the Ancient near east*, p. 368-73; Danker, *Greek-English lexicon of the New Testament and other early Christian literature*, p. 780-1.

[55] Veja Josephus, *Ant* 11:327s.

[56] Schmid, "κελευσμα", p. 656-9.

[57] A palavra *keleusma* ("ordem") que Paulo usa em 1Tessalonicenses 4:16 ocorre apenas no Novo Testamento, mas Plevnik identifica o motivo subjacente da "ordem" que ocorre no contexto do dia do Senhor, como, por exemplo, em *4Esdras* 12:31-32; 13:1-13; *2Baruque* 21:19-23; Salmos 17:23-24 (Plevnik, *Paul and the parousia*, p. 45-50).

[...] o próprio Senhor *descerá do céu*, e os mortos em Cristo ressuscitarão primeiro. Depois disso, os que estiverem vivos serão arrebatados juntamente com eles nas nuvens, *para o encontro com o Senhor nos ares*". As nuvens acompanhavam regularmente uma teofania quando Deus desce ao nível humano, não quando os humanos são elevados à presença de Deus no céu (Êxodo 19:16; 40:34; 1Reis 8:10-11; Salmos 97:2). Paulo, então, reafirma aos tessalonicenses que "os mortos em Cristo ressuscitarão primeiro" (v. 16). Evidentemente, Paulo está preocupado apenas com os cristãos mortos aqui, não com o que acontece com os incrédulos. Nada é dito sobre o corpo ressurreto ou sobre a transformação que ocorrerá naqueles que estão vivos na parúsia (1Coríntios 15; Filipenses 3:21). Então, os cristãos vivos serão "arrebatados" (*harpagēsometha*) e encontrarão o Senhor nos ares. Paulo não nos diz o que acontecerá depois da reunião nos ares, exceto que os crentes "estarão com o Senhor para sempre". Sua principal preocupação é transmitir a ideia de que os cristãos mortos não serão prejudicados; antes, eles terão precedência e serão ressuscitados primeiro. O objetivo dessas palavras é encorajar os tessalonicenses (v. 18).

Em 1Tessalonicenses 5:1, Paulo adota um novo ângulo sobre o tópico previamente discutido da parúsia em 1Tessalonicenses 4:13-18. Em vez de encorajar os convertidos em Tessalônica com novas informações sobre a participação ativa dos cristãos mortos na parúsia, ele exorta os tessalonicenses com base no conhecimento que eles já têm. Em 5:2, ele escreve: "pois vocês mesmos sabem perfeitamente que o dia do Senhor virá como ladrão à noite". Depois disso, ele os exorta a serem diligentes enquanto esperam a chegada do dia do Senhor: "estejamos atentos e sejamos sóbrios" (v. 6). "Nós, porém, que somos do dia, sejamos sóbrios, vestindo a couraça da fé e do amor e o capacete da esperança da salvação" (v. 8). As exortações para que os crentes em Cristo sejam diligentes não fariam sentido caso eles não estivessem na terra até o dia do Senhor. Qual motivação Paulo teria para escrever 1Tessalonicenses 5:4: "Mas vocês, irmãos, não estão nas trevas, para que esse dia [o dia do Senhor] os surpreenda como ladrão"? As exortações contidas nos versículos de 5 a 7, sobre serem sensíveis à redenção inevitável, seria inútil se ele acreditasse que eles seriam arrebatados antes do dia do Senhor. Paulo conclui suas exortações em 1Tessalonicenses 5:1-11 da mesma forma que 1Tessalonicenses 4:13-18. Ambos revelam como os crentes estarão "com o Senhor" (1Tessalonicenses 4:18; 5:10) e ambos terminam com a admoestação "Consolem-se uns aos outros" (1Tessalonicenses 4:18; 5:11). A razão para essas semelhanças é porque, em ambas as passagens, Paulo se refere apenas a uma segunda vinda de Cristo, mas sob duas perspectivas distintas. Na passagem de 1Tessalonicenses 4:13-18, ele fala da segunda vinda pela perspectiva do resgate dos crentes, enquanto 1Tessalonicenses 5:1-11 examina o mesmo evento sob a ótica do julgamento dos incrédulos.[58]

Em 1Tessalonicenses 5:2, Paulo nos conta que Jesus virá como um "ladrão de noite", de maneira inesperada. A ideia de uma vinda repentina e inesperada aparece em passagens como Malaquias 3:1, Marcos 13:34, Lucas 12:35-40 e, parcialmente, em Jó 24:14, Joel 2:9, Obadias 5, mas em nenhum lugar está ligado ao dia do Senhor. Existem variantes em 2Pedro 3:10, Apocalipse 3:3 e 16:15, bem como nas duas últimas passagens do livro de Apocalipse: o Exaltado, e não o dia do Senhor, que vem. A metáfora "como um ladrão de noite" é encontrada em *Q* (Lucas 12:39 = Mateus 24:43), que contém as primeiras palavras de Jesus. Em *Q*, diz-se que é o próprio Jesus quem vem como o ladrão durante a noite. Paulo aplica essa metáfora ao dia do Senhor em 1Tessalonicenses 5:2. Ele usa diversos termos e expressões para se referir a esse evento futuro: o dia (1Tessalonicenses 5:4; 1Coríntios 3:13; Romanos 2:5; cf. 13:12), o "dia em que ele vier" (2Tessalonicenses 1:10), o dia do Senhor (1Tessalonicenses 5:2; 2Tessalonicenses 2:2; 1Coríntios 5:5), o dia de nosso Senhor Jesus Cristo (1Coríntios 1:8), o dia do Senhor Jesus (2Coríntios 1:14), o dia de Cristo Jesus (Filipenses 1:6) ou o dia de Cristo (Filipenses 1:10; 2:16). As diversas expressões remontam à história judaica e referem-se a uma intervenção decisiva ou final de Deus. Essencialmente, é um tempo de julgamento, mas também passou a significar um dia de libertação para o povo de Deus (Amós 5:18-20; Joel 1:15; cf. 1:32; Isaías 13:6,9; Obadias 15-17; Zacarias 14). O dia de Yahweh tornou-se o dia do Senhor, Cristo,

[58] Best, *First and Second Epistles to the Thessalonians*, p. 219; Howard, "Literary unity of 1Thessalonians 4:13—5:11", p. 163-90.

para o movimento cristão primitivo.[59] Para Paulo, a expressão "dia do Senhor" é empregada em contextos nos quais ele fala do julgamento vindouro (Romanos 2:5). É evidente que o uso especial que Paulo faz de "o dia" em 1Tessalonicenses 5:4 e o "dia do Senhor" em 1Tessalonicenses 5:2 é motivado pela associação específica com os temas de julgamento para os incrédulos e de libertação para os fiéis que foram ideias que ele recebeu de sua tradição judaica.[60] Ele não está se referindo a um evento diferente daquele que já mencionou em 1Tessalonicenses 4:13-18. Para os crentes, o dia do Senhor resultará em salvação, incluindo uma vida vivida com Jesus Cristo, como Paulo se referira em 1Tessalonicenses 4:13-18 e reitera aqui em 1Tessalonicenses 5:8-10. Podemos deduzir com segurança que 1Tessalonicenses 5:1-11 não é uma referência a uma vinda separada de Cristo que ocorrerá sete anos após o "arrebatamento" da igreja. Pelo contrário, é apenas um dos eventos que terão lugar com vários outros no único e exclusivo segundo advento de Cristo.

Quando examinamos os detalhes de 1Tessalonicenses 4:13-18 e 5:1-7, vemos uma notável semelhança com a tradição sinótica em Mateus 24:30-49. Esses paralelos tornam provável que Paulo se baseie na tradição associada à segunda vinda, que já era proeminente durante o tempo de Jesus. O discurso em Mateus 24 é sobre "o sinal da tua vinda [de Jesus]" (v. 3) (ou seja, a segunda vinda). Os dispensacionalistas confiam em Mateus 24 para fundamentar sua posição de uma tribulação de sete anos (v. 21-22) seguida pelo retorno glorioso de Cristo (v. 29-30), enquanto se voltam para os escritos de Paulo (1Tessalonicenses 4:13-18) para reforçar a ideia de um arrebatamento separado da igreja que precederá ambos os eventos.[61] Contudo, quando examinamos 1Tessalonicenses 4:13-18

[59] Witherington, *Jesus, Paul, and the end of the world*, p. 163-5.

[60] Em 1Tessalonicenses 5:3-9, Paulo escreve: "Quando disserem: 'há paz e segurança', então, de repente, a destruição virá sobre eles [...] e de modo nenhum escaparão [...] Deus não nos destinou para a ira, mas para recebermos a salvação por meio de nosso Senhor Jesus Cristo".

[61] A compreensão de Scofield sobre a relação entre Mateus 24 e 1Tessalonicenses 4:13-18 é a seguinte: Cristo retornará primeiro do céu para ressuscitar os santos mortos, que, juntamente com aqueles que ainda vivem, serão arrebatados para encontrar o Senhor nos ares e permanecer para sempre com ele (arrebatamento da igreja, 1Tessalonicenses 4:16-17). Esse evento será seguido pela tribulação de sete anos (Mateus 24:21,22; Daniel 12:1; Jeremias 30:5-7; Sofonias 1:15-18). Então, o Senhor retornará em poder e glória para julgar a terra e preparar o caminho para a última dispensação, a dispensação do reino (Mateus 24:29,30; 25:31-46). Scofield, *Rightly dividing the word of truth*, p. 15; veja também o relato de Crutchfield, *Origins of dispensationalism*, p. 126.

e 5:1-11, notamos que, juntas, essas passagens correspondem aos detalhes de Mateus 24.[62]

Cristo retorna do céu	1Tessalonicenses 4:16	Mateus 24:30
Acompanhado de anjos	1Tessalonicenses 4:16	Mateus 24:31
Com a trombeta de Deus	1Tessalonicenses 4:16	Mateus 24:31
Os crentes encontram Cristo nas nuvens	1Tessalonicenses 4:17	Mateus 24:30-31,40-41
Tempo desconhecido	1Tessalonicenses 5:1-2	Mateus 24:36
Vindo como um ladrão	1Tessalonicenses 5:2,4	Mateus 24:43
Os incrédulos inconscientes do julgamento vindouro	1Tessalonicenses 5:3	Mateus 24:37-39
Julgamento como as dores de parto de uma mãe	1Tessalonicenses 5:3	Mateus 24:8
Os crentes não são enganados	1Tessalonicenses 5:4-5	Mateus 24:43
Os crentes devem estar vigilantes	1Tessalonicenses 5:6	Mateus 24:37-39
Advertência sobre a embriaguez	1Tessalonicenses 5:7	Mateus 24:49

Esses paralelos confirmam nossa análise de 1Tessalonicenses 4:13-18 e 5:1-11. Paulo estava se referindo à mesma segunda vinda de Cristo, seguindo a tradição de Mateus 24, e não a um retorno de Cristo em duas etapas, com uma tribulação intermediária de sete anos. Para Paulo, "a vinda do Senhor" (4:15) se refere ao mesmo evento que "o dia do Senhor" (5:21) e "o sinal da tua vinda [de Jesus]" (Mateus 24:3).

Os dispensacionalistas estabelecem a mesma distinção artificial entre o arrebatamento da igreja e o dia do Senhor em 2Tessalonicenses 2. Em um comentário a 2Tessalonicenses 2, Darby escreve: "[O] curso de raciocínio de todo o capítulo [2Tessalonicenses 2] [*Darby inclui a passagem bíblica*], que mostra (*sic*) a distinção entre o arrebatamento dos santos antes do aparecimento de Cristo e a vinda do dia em que ele será admirado por eles".[63] Darby propõe uma diferença entre 2Tessalonicenses 2:1 e 2:2. Ele afirma que 2Tessalonicenses 2:1

[62] Witherington, *Problem with evangelical theology*, p. 117.

[63] Darby, *Collected writings*, vol. 11: *Prophetic nº.* 46, p. 115.

é uma referência ao arrebatamento da igreja, quando Paulo fala de "nossa reunião com ele". Para Darby, 2Tessalonicenses 2:2 refere-se ao "dia do Senhor", que é uma referência ao tempo de julgamento que ocorrerá em uma ocasião separada na segunda vinda. No entanto, o substantivo *episunagōgēs*[64] ("reunião" [reencontro] em "reunião com ele") em 2Tessalonicenses 2:1 tem um verbo cognato em Marcos 13:27 e 24:31, que se refere à reunião dos crentes na vinda do Filho do homem, a segunda vinda. Em Tessalonicenses 2:1, Paulo está usando o mesmo cognato para se referir à sua discussão anterior sobre a parúsia em 1Tessalonicenses 4:17, o mesmo assunto que estava sendo abordado naquela ocasião: a segunda vinda. Em 2Tessalonicenses 2:2, o assunto de Paulo, evidentemente, é o "dia do Senhor": "Irmãos, quanto à vinda de nosso Senhor Jesus Cristo e à nossa reunião com ele, rogamos a vocês que não se deixem abalar nem alarmar tão facilmente, quer por profecia, quer por palavra, quer por carta supostamente vinda de nós, como se o dia do Senhor já tivesse chegado" (2Tessalonicenses 2:1-2).

Paulo estaria promovendo a teologia do "arrebatamento"? Talvez ele esteja promovendo o "arrebatamento" da igreja se, por arrebatamento, estamos nos referindo ao evento em que a igreja será elevada ao ar para encontrar Cristo nas nuvens, evento seguido por vários outros nesse momento, como, por exemplo, o julgamento dos incrédulos, o que vai acontecer no evento único da segunda vinda. Contudo, Paulo não transmite a ideia de um "arrebatamento" secreto da igreja que a poupará de qualquer forma de tribulação que se seguirá. Os dispensacionalistas usam 2Tessalonicenses 2:3-11 para promover a ideia de um intenso período de perseguição, mas no qual a igreja já foi "arrebatada".[65] Como já mostramos a respeito de 2Tessalonicenses 2, Paulo não concebe um intervalo de tempo de sete anos entre o momento em que os crentes se encontram com

[64] O substantivo *episunagōgēs* ("reunião" [reencontro]), usado em 2Tessalonicenses 2:1, é raro no Novo Testamento (sendo encontrado apenas em Hebreus 10:25). Tanto o substantivo como o verbo cognato foram usados para se referir à reunião dos judeus dispersos na Palestina (Isaías 52:12; 2Macabeus 1:27; 2:7,8). De forma compreensível, usado nesses contextos anteriores, rapidamente assumiu significado escatológico em Mateus 24:31 e Marcos 13:27. Veja Best, *First and Second Epistles to the Thessalonians*, p. 274.

[65] De acordo com Scofield, "a manifestação do homem do pecado e do Anticristo" ocorrerá (2Tessalonicenses 2:3-10; Mateus 24:15; Apocalipse 13:1-8,11-18; 1João 2:18) logo após o arrebatamento, iniciando, assim, os primeiros três anos e meio da tribulação (*Scofield StudyLeaflets*, Série C, Lição 20).

Cristo (v. 1) e "o dia do Senhor" (v. 2), uma vez que ambos se referem ao segundo advento de Cristo. Além disso, o tema do sofrimento permeia tanto 1Tessalonicenses como 2Tessalonicenses, o que demonstra que, durante toda a era da igreja, os crentes em Cristo suportaram e continuarão a experimentar sofrimento e perseguição até o tempo do fim.[66] Em 2Tessalonicenses 1:4, Paulo escreve: "Por esta causa nos gloriamos em vocês entre as igrejas de Deus pela perseverança e fé demonstradas por vocês em todas as perseguições e tribulações que estão suportando". Para Paulo, sofrimento, perseguição e martírio são elementos comuns para a igreja no passado e no futuro, estendendo-se até o tempo da segunda vinda (veja Marcos 13:19,24,26-27; Mateus 24:9-14; Lucas 21:12-19). Ben Witherington observa: "A igreja da última geração passará pelo fogo, tal como todas as outras gerações de cristãos tiveram de fazer [...] Não haverá nenhum efeito do tipo 'transporte-me, Scotty' para a última geração de cristãos".[67]

Um reducionismo do Espírito?

Uma das divergências mais significativas entre o dispensacionalismo e o pentecostalismo ocorre quando chegamos ao assunto do Espírito Santo. Os dispensacionalistas adotaram uma posição cessacionista. Scofield afirmava que "os dons extraordinários", ou "dons de sinais", ou seja, os dons de cura, fé, operação de milagres e línguas, cessaram após a era apostólica e deveriam ser proibidos, pois Deus não concede mais esses dons. Uma variação dessa mesma conclusão é a ideia de que os dons de sinais eram relevantes apenas para a era anterior à conclusão do cânon das Escrituras.[68]

[66] "Pois quem é a nossa esperança, alegria ou coroa em que nos gloriamos perante o Senhor Jesus na sua vinda? Não são vocês? [...] para que ninguém seja abalado por essas tribulações. Vocês sabem muito bem que fomos designados para isso" (1Tessalonicenses 2:19—3:3).

[67] Witherington, *Problem with evangelical theology*, p. 130.

[68] Deve-se notar que nem todos os cessacionistas defendem uma visão dispensacionalista da história da salvação. Por exemplo, Richard Gaffin é um defensor da visão de que os dons de profecia, línguas e conhecimento perduraram apenas durante o processo de escrita das Escrituras (*Perspectives on Pentecost*, p. 111). A premissa subjacente é que o conteúdo transmitido por meio desses dons torna-se redundante à luz da supremacia completa e autoritativa das Escrituras. De forma irônica, os pentecostais, carismáticos e cessancionistas, juntos, defendem a mesma visão da inspiração verbal e plenária das Escrituras (veja Duffield; van Cleave, *Foundations of pentecostal theology*, p. 24-5; Pearlman, *Knowing the doctrines of the Bible*, p. 15-29).

Eles não são mais necessários, uma vez que o registro da revelação de Deus nos escritos canonizados os substitui.[69] Os dispensacionalistas acreditam que o Espírito opera de maneira limitada, complementando o estágio atual na história da salvação. Esse é um ponto fundamental de discórdia nos círculos pentecostais e carismáticos. Em geral, os pentecostais pensavam no derramamento do Espírito no século 20, principalmente o expresso pelo dom do falar em línguas e a operação de milagres, como evidência da "chuva serôdia", um sinal da restauração dos "últimos dias" da igreja apostólica anterior ao retorno de Cristo.[70] Com o derramamento do Espírito, cria-se um *continuum* com a proclamação original da mensagem do evangelho na era apostólica e as operações do Espírito que a acompanharam. Além disso, uma das convicções teológicas distintivas do pentecostalismo clássico é o ensino de uma experiência posterior à conversão, o batismo no Espírito Santo, que é evidenciado pela manifestação do falar em línguas.[71]

Nosso propósito nesta seção é examinar os escritos do apóstolo Paulo para determinar se ele propôs uma distinção entre os períodos apostólico e pós-apostólico no que diz respeito à operação do Espírito. Se realmente tal distinção não existe para Paulo, a ideologia dispensacionalista criou uma dicotomia artificial entre um Espírito da era apostólica e um Espírito da era pós-apostólica. Isso, por sua vez, oferece o risco de promover um reducionismo do Espírito na era pós-apostólica e, hoje, de minimizar o benefício potencial que o dom complementar do Espírito pode ter para a igreja de Cristo (1Coríntios 12:7).

No entanto, os pentecostais e carismáticos acreditam que as informações transmitidas nos dons de profecia, conhecimento e interpretação de línguas complementam as verdades reveladas nas Escrituras e são relevantes para mudar a situação contemporânea. Se genuínos, esses dons nunca contradizem as Escrituras. Os pentecostais sempre defenderam a autoridade suprema das Escrituras como padrão dominante. Como Pearlman afirma: "A inspiração manifestada no dom de profecia não está no mesmo nível da inspiração das Escrituras" (*Knowing the doctrines of the* Bible, p. 325). Da mesma forma, Duffield e Van Cleave afirmam: "Todos os crentes cheios do Espírito experimentam, até certo ponto, o milagre da inspiração divina pelo Espírito Santo, mas nunca na extensão experimentada pelos escritores das Escrituras [grifo meu]" (*Foundations of pentecostal theology*, p. 27).

[69] Walvoord, "Contemporary issues in the doctrine of the Holy Spirit: IV, spiritual gifts today", p. 315-28; Fraikin, "'Charismes et ministères' àl lumière de 1Cor 12—14", p. 462.

[70] Arrington, "Dispensationalism", p. 247-8.

[71] Pearlman, *Knowing the doctrines of the Bible*, p. 313-5.

As posições cessacionistas costumam apoiar-se em 1Coríntios 13:8 para sua base bíblica: "O amor nunca perece; mas as profecias desaparecerão".[72] Em 1Coríntios 12—14, Paulo interrompe sua discussão sobre os dons espirituais no capítulo 13, quando, então, ele busca direcionar toda a discussão sobre os dons para uma perspectiva adequada. Ele demonstra a superioridade do amor. O amor dura para sempre, enquanto os dons são todos temporários. A passagem de 1Coríntios 13:9-12 explica ainda por que os dons são temporários. Por meio de uma série de comparações e analogias, Paulo mostra de que forma essas manifestações do Espírito são especialmente relevantes para a igreja até o tempo da consumação final.[73] Nos versículos 9 e 10, Paulo fala do conhecimento e do profetizar como parciais, "em parte", em comparação a um tempo futuro em que "o completo" chegará e o que é "em parte" desaparecerá. Quando esse tempo de "conclusão" chegar, os dons de profecia, conhecimento e línguas, além de outros dons carismáticos, desaparecerão.[74]

Ao falar sobre a cessação dos dons carismáticos, Paulo tinha em mente a era pós-apostólica, a conclusão do próprio cânon ou a maturidade da igreja? Mesmo em uma leitura superficial, é difícil acreditar que Paulo esperasse que os coríntios pensassem que, por "conclusão", ele estaria se referindo à era pós-apostólica, a um cânon fixo ou à maturidade da igreja. No versículo 11, ele retoma os temas "em parte" e "completo", dando continuidade aos versículos

[72] "O capítulo 14 regula o ministério dos dons na assembleia cristã apostólica dos crentes em Cristo [...] As línguas e os dons de sinais devem cessar" (Scofield [org.], *Oxford NIV Scofield Study Bible*, p. 1210); veja também Reymond, cujo argumento depende do contraste de Paulo entre "imperfeito" e "perfeito" em 1Coríntios 13:10. O "perfeito", afirma ele, refere-se a um meio completo de revelação, o tempo no qual o cânon das Escrituras estará completo.

[73] Fee, *First Epistle to the Corinthians*, p. 643 [ed. em português: *1Coríntios:* comentário exegético (São Paulo: Vida Nova, 2022)]; Carson, *Showing the Spirit*, p. 69-72 [ed. em português: *Manifestação do Espírito*: A a contemporaneidade dos dons à luz de 1Coríntios 12—14 (São Paulo: Vida Nova, 2013)].

[74] Paulo nomeou intencionalmente os dons de profecia, línguas e conhecimento em 1Coríntios 13:8 porque eles refletem a situação, naquele momento, da igreja de Corinto. Por exemplo, em 1Coríntios 14, a discussão enfatiza o valor superior da profecia em relação às línguas ininteligíveis quando a igreja se reúne para adoração, porque, quando o dom de profecia é exercido, é falado em língua vernácula e beneficia toda a igreja. A expressão "línguas dos anjos" (1Coríntios 13:1) remete à possibilidade de uma escatologia realizada. Quando os coríntios exerciam o dom de línguas, acreditavam já haver alcançado status celestial como o dos anjos. Além disso, o argumento de Paulo parece assumir a hipótese de falar em línguas, "se eu for visitá-los e falar em línguas" (1Coríntios 14:6), o que é um sinal seguro de que os coríntios estavam fascinados com esse dom específico (veja também a ênfase em "sabedoria" e "conhecimento" em 1Coríntios 2). A lógica sugere que o que Paulo diz sobre os dons de profecia, línguas e conhecimento também é relevante para os outros dons carismáticos.

9 e 10, por meio da analogia entre "o menino" e "o homem". O adulto não continua a "falar", "pensar" ou "raciocinar" como menino. O uso do verbo "falar", que é o mesmo empregado para conotar o fenômeno das "línguas" (1Coríntios 12:30; cf. 13:11), e o contraste em 14:20 entre pensar como menino e homem foram interpretados por alguns como um sinal de que o propósito da analogia em 13:11 era transmitir a ideia de que falar em línguas era evidência de um estado de imaturidade que a igreja de Corinto tinha de superar.[75] Mas, em muitos aspectos, essa linha de raciocínio é falha. Primeiro, em 13:11, Paulo escreve usando o pretérito e a primeira pessoa do singular,[76] incluindo a si mesmo na analogia: "Quando eu *era* menino, *falava* como menino". Seria ilógico que Paulo escrevesse mais tarde em 14:18: "Dou graças a Deus por *falar* em línguas mais do que todos vocês", se ele pensasse que pessoalmente havia "superado" a experiência de falar em línguas. O uso do verbo no presente *lalō* ("eu falo") em 14:18 refere-se à experiência atual de Paulo com o dom de línguas, quando ele escreve a carta aos coríntios. Em segundo lugar, as extensas discussões em 1Coríntios 12:4-11 e 14:1-40 seriam inúteis se realmente Paulo acreditasse que o dom de línguas era algo a ser "superado". Ele não mede esforços para enfatizar a variedade de dons (incluindo a manifestação de línguas, 12:10) concedidos pelo Espírito em 12:4-11. Além disso, em 14:1-40, ele se envolve em uma ampla exposição do benefício superior das profecias inteligíveis em relação às línguas que não são interpretadas quando as pessoas se reúnem para adoração.

Com a analogia, Paulo está tentando ilustrar a diferença entre o tempo presente e o tempo futuro, e não a imaturidade associada a ser menino e a maturidade que acompanha o ser homem. Ele busca demonstrar tipos de comportamento característicos de vários períodos da vida de uma pessoa. Por exemplo, uma criança demonstrará a fala adequada à sua idade atual, mas, quando a criança se torna adulta, esse tipo de fala não será mais adequado à vida de um adulto. A analogia remete ao momento em que os dons não serão mais apropriados, assim como a fala infantil não é

[75] Thomas, "Tongues... will cease", p. 81-9.

[76] "Seria impossível fazer a seguinte analogia: *lalein* [falar] = falar em línguas etc.; isso já é contrário à figura e à sua forma (primeira pessoa, pretérito)" (Conzelmann, *1Corinthians*, p. 226, nº. 85).

mais apropriada a um adulto. Chegará um tempo em que os dons "desaparecerão" (1Coríntios 13:11). E quando será esse momento? A analogia seguinte, no versículo 12, explica isso de forma mais clara. O uso de "pois" no versículo 12 é uma confirmação de que nosso entendimento da analogia anterior no versículo 11 se refere ao contraste de dois períodos de tempo, e não ao contraste entre imaturidade e maturidade (1Coríntios 13:11b-12a).

No versículo 12, Paulo estabelece essa distinção de tempo entre o presente e o futuro de forma mais definitiva: "*Agora*, pois, vemos apenas um reflexo obscuro, como em espelho; *mas, então*, veremos face a face. *Agora* conheço em parte; então, conhecerei plenamente, da mesma forma como sou plenamente conhecido". A expressão traduzida por "um reflexo obscuro"[77] é usada para aludir à visão indireta da realidade em um espelho. Por outro lado, "face a face" é uma expressão bíblica para a comunicação pessoal e direta, remetendo a um contraste com a visão indireta da realidade a partir de um espelho. Essa expressão transmite a visão direta e completa de Deus como a experiência de alguém em uma teofania.[78] Essa é certamente uma referência ao novo estado futuro trazido pela parúsia. A analogia transmite a ideia de que, em nossa existência atual, temos apenas uma visão indireta de Deus por meio da comunicação que recebemos quando os dons do Espírito estão em operação.[79] Por melhor que seja o estado atual, no entanto, no futuro não haverá necessidade dos dons do Espírito, já que teremos acesso direto e pessoal a Deus.[80]

Além disso, as palavras no versículo 12, "Agora conheço em parte; então, conhecerei plenamente, da mesma forma como sou plenamente conhecido [por Deus]", são informativas para nós. Mais uma vez, Paulo contrasta o presente ("agora") com o tempo

[77] A palavra *ainigmati* ("uma reflexão pobre") é usada apenas aqui no Novo Testamento e provavelmente se refere a Números 12:6-8 (LXX), passagem em que Deus falou diretamente com Moisés ("boca a boca") em contraste com os profetas, a quem ele falava por meio de visões ou sonhos, "em enigma, ou de forma figurada" (v. 6), o que sugere que eles receberam verdades menos claras do que as recebidas por Moisés (Fee, *First Epistle to the Corinthians*, p. 647, nº. 42).

[78] A expressão "face a face" não é encontrada no Novo Testamento, mas na Septuaginta (LXX): Gênesis 32:30; Deuteronômio 5:4; 34:10; Juízes 6:22; Ezequiel 20:35; Êxodo 33:11.

[79] Isso corresponde à descrição do conhecimento e das profecias presentes como "parciais", em contraste com a "conclusão" em um tempo futuro (1Coríntios 13:9-10).

[80] Fee propõe que uma metáfora comparável seria a diferença entre ver uma fotografia e ver alguém pessoalmente, *First Epistle to the Corinthians*, p. 648.

futuro ("então"). Assim como acontece nas comparações anteriores, o tempo futuro refere-se ao tempo do fim decretado pela segunda vinda de Cristo. Paulo usa dois verbos diferentes para "conhecer" nesse versículo. Ele afirma: "Agora *conheço* em parte". Esse verbo, *ginōskein,* é o mesmo que ele usa anteriormente em 13:9 para se referir ao "conhecer" que é parcial no presente. No entanto, quando ele fala do tipo futuro de "conhecer" ("então, conhecerei plenamente, da mesma forma como sou plenamente conhecido [por Deus]", Paulo emprega o verbo *epiginōskein,* que significa "conhecer exata, completa e totalmente".[81] Esse verbo evoca a completude do conhecimento futuro, ou seja, "o conhecimento presente será eliminado não para ser substituído pela ignorância, mas, sim, pelo entendimento pleno".[82] Paulo pretende delinear a diferença entre "o conhecimento" que está disponível por meio do dom do Espírito no presente e é parcial,[83] por um lado, e o futuro "conhecimento", que será completo (1Coríntios 13:10) e tornado possível pela segunda vinda de Cristo.[84]

No versículo 12, a natureza do conhecimento final é expressa pelas palavras "da mesma forma como sou plenamente conhecido". Paulo equipara esse tipo de "conhecimento" no futuro ao tipo de "conhecimento" que Deus tem de Paulo ("como sou plenamente conhecido [por Deus]"). Ele prevê um tempo no qual seu conhecimento será, de alguma forma, comparável ao conhecimento atual que Deus tem dele. Isso, porém, não significa que ele espera que Deus lhe conceda onisciência; refere-se, na verdade, a um tempo no qual Paulo espera estar livre das incapacidades de compreender Deus e sua vontade, que fazem parte desta vida presente mesmo quando exercemos o dom do conhecimento por meio do Espírito. É provavelmente comparável a Deus nos conhecer de forma plena, como sugere a analogia anterior do espelho. No futuro, o conhecimento de Paulo fará parte do conhecimento atual que Deus tem dele, sem limitações quanto ao que pode ser percebido nessa época e sob as condições atuais em que Paulo se encontra atualmente.[85]

[81] Danker, *Greek-English lexicon of the New Testament and other early Christian literature*, p. 369.

[82] Barrett, *First Epistle to the Corinthians*, p. 306-7.

[83] "Pois em parte conhecemos [*ginōskein*]" (1Coríntios 13:9).

[84] "Paulo [...] está pensando [...] em termos escatológicos. Isto também indica o sentido no contexto atual: mesmo o carismático não alcança a visão plena de Deus neste mundo. Isso está reservado ao futuro." Conzelmann, 1Corinthians, p. 228.

[85] Grudem, *Gift of prophecy*, p. 231-2.

No versículo 13, Paulo afirma: "Assim, permanecem agora[86] estes três: a fé, a esperança e o amor. O maior deles, porém, é o amor". A primeira observação é que agora, além do amor, ele menciona a permanência da fé e da esperança: "Assim, permanecem agora estes três". Em contraste com o versículo 8, que se refere ao uso temporário de profecias, línguas e conhecimento, que são limitados à era presente, a fé, a esperança e o amor perdurarão também na era por vir, ou seja, no período que Paulo citou anteriormente, quando "porém, vier o que é perfeito" (v. 10), a forma direta de ver — "face a face" (v. 12), "conhecerei plenamente" (v. 12). Paulo provavelmente acrescenta fé e esperança ao amor com o propósito de formar uma tríade que era comum no cristianismo primitivo (Romanos 5:1-5; Gálatas 5:5-6; Efésios 4:2-5; Colossenses 1:4-5; 1Tessalonicenses 1:3; 5:8; Hebreus 6:10-12; 10:22-24; 1Pedro 1:3-8,21-22). Fé, esperança e amor resumem a existência cristã. Aqui, a fé não se refere mais à fé que opera milagres de 1Coríntios 13:2, mas à aceitação confiante de Deus (Romanos 1:16,17; em especial, 3:21-22). A esperança não é direcionada tão somente ao objeto da bênção por vir que ainda não é visto, mas também ao próprio Deus e a Cristo — é uma esperança fundamentada em Deus (1Coríntios 15:19). Em 13:13, Paulo diz que o amor é "o maior" porque exemplifica o próprio caráter de Deus e é fundamental até mesmo para a fé e a esperança ("a fé que opera pelo amor", Gálatas 5:6). Compreendido dessa forma, o amor está em uma categoria diferente dos dons do Espírito porque o amor é tanto para o presente como para o futuro. No presente, diz-se que o amor acompanha os dons do Espírito, e não os substitui: "Ainda que eu fale as línguas dos homens e dos anjos, se não tiver amor [...] Ainda que eu tenha o dom de profecia [...] mas não tiver amor [...] Ainda que eu dê aos pobres tudo o que possuo e entregue o meu corpo para ser queimado, mas não tiver amor [...]" (13:1-3). Em contraste com os dons espirituais, o amor durará pela eternidade.

[86] As palavras "permanecem agora" podem ser compreendidas temporalmente: "agora, durante esta era, apenas estas três virtudes permanecem: fé, esperança e amor" (Moss, "1Corinthians xiii.13", p. 93). Também podem ser interpretadas como implicando uma força lógica: "agora, de fato, apenas estas três virtudes permanecem: fé, esperança e amor" (Barrett, *First Epistle to the Corinthians*, p. 308). Mas, dada a comparação temporal entre "o presente" e "o futuro", e o presente do verbo "permanecer" (isto é, "continuar a permanecer"), não é improvável que Paulo pretendesse comunicar ambos os significados — "Assim, *permanecem agora, durante esta era*, apenas estas três virtudes: fé, esperança e amor".

Quando analisamos 1Coríntios 13:8 em seu contexto, não há garantia exegética suficiente para proibir as línguas, a profecia — os chamados dons de "sinais" — e, por implicação, qualquer um dos dons espirituais, com base no fato de Paulo antecipar seu término no final da era apostólica, na conclusão do cânon ou na maturidade da igreja. Além disso, para Paulo, os dons espirituais são indispensáveis para o bom funcionamento e a sustentação da igreja até o momento da segunda vinda de Cristo. Em Romanos 8:17-27, notamos como o Espírito assume papel primordial entre o momento em que Deus implementa pela primeira vez seu plano redentor, na morte e ressurreição de Cristo, até o momento da segunda vinda de Cristo.[87] No versículo 23, Paulo refere-se aos "primeiros frutos do Espírito". O termo *aparchē* ("primeiros frutos") é usado na Septuaginta em Números 15:19-21, com referência ao pão feito da primeira colheita para ser usado em uma "contribuição", sugerindo que a colheita já começou. Paulo toma a metáfora da primeira colheita e a emprega no contexto da colheita escatológica. Aqui, Paulo entende o Espírito como a primeira colheita e como garantia e esperança para a colheita escatológica final no futuro, que inclui todos os benefícios da adoção e da redenção do corpo: "nós mesmos, que temos os primeiros frutos do Espírito, gememos interiormente, esperando ansiosamente nossa adoção como filhos, *a redenção do nosso corpo*" (v. 23).

Nos versículos 26 e 27, Paulo transmite um exemplo específico de como o Espírito auxilia os indivíduos nessa fase da história da redenção. Ele escreve: "Da mesma forma o Espírito nos ajuda em nossa fraqueza, pois não sabemos como orar, mas o próprio Espírito intercede por nós com gemidos inexprimíveis. E aquele que sonda os corações conhece a intenção do Espírito, porque o Espírito intercede pelos santos de acordo com a vontade de Deus". Existem boas razões para acreditar que Paulo tem em mente a experiência do falar em línguas quando descreve o suplicante do Espírito com "gemidos inexprimíveis". Romanos 8:26 apresenta uma correlação direta com 1Coríntios 14. Em 1Coríntios 14, Paulo afirma três características positivas de exercer o dom de línguas: (1) falar com Deus (v. 2), que é

[87] Bertone, "Function of the spirit", p. 85-97.

uma circunlóquio para orar;[88] (2) aqueles que falam em línguas edificam-se (v. 4); e (3) Paulo desejava que todos falassem em línguas (v. 5). Em relação a (2), pergunta-se até que ponto uma expressão de glossolalia "ininteligível" pode ser edificante para o orador. Paulo responde a isso em 1Coríntios 14:14: "Pois, se oro em língua, meu espírito ora, mas a minha mente fica infrutífera". O possessivo "meu" espírito é justaposto com "minha" mente e sugere que, aqui, Paulo se refere ao seu próprio "espírito" humano em oração, especialmente como o centro das emoções humanas. É como se Paulo estivesse dizendo: "Quando oro em línguas, as profundezas das minhas emoções são agitadas, mas a minha cognição não é afetada".[89] O resultado desse fenômeno do falar em línguas não é o benefício recebido por meio de uma fala inteligível, que requer racionalidade e raciocínio humanos, mas, sim, o Espírito Santo se conectando com o espírito humano, momento em que o indivíduo sente o alinhamento emocional com o Espírito na comunicação com Deus. Quando Paulo se refere à intercessão do Espírito em Romanos 8:26 como "gemidos inexprimíveis", está se referindo aos "gemidos" que acompanham toda a experiência do dom de línguas. A experiência do "gemido" do Espírito sustenta o crente nesse período de transição entre o "já" e o "ainda não". Dessa forma, "o Espírito nos ajuda em nossa fraqueza" (Romanos 8:26).

Como já demonstramos, Paulo, de forma inequívoca, ensina que o Espírito concede uma variedade de dons cujo propósito principal é fortalecer e sustentar a igreja até que o plano redentor de Deus tenha sido plenamente realizado na segunda vinda de Cristo. O dispensacionalismo não negaria que o Espírito desempenhou papel crucial na igreja após o dia de Pentecostes. Mas, ao mesmo tempo, os "dons de sinais" (cura, fé, operação de milagres e línguas) não operam mais na era pós-apostólica.[90] Isso remete, inevitavelmente, a uma dicotomia entre um Espírito da era apostólica e um Espírito da era pós-apostólica, resultando em uma mudança artificial no curso da história da salvação. É como se os dispensacionalistas estivessem dizendo que, com a proclamação das boas-novas do reino

[88] "Pois, se oro em língua, meu espírito *ora*, mas a minha mente fica infrutífera" (1Coríntios 14:14).

[89] Bertone, "Experience of glossolalia and the Spirit's empathy", p. 59-60.

[90] Ironicamente, Darby chama o período entre o dia de Pentecostes e o arrebatamento de "a dispensação do Espírito", Darby, *Collected writings of J. N. Darby*, 1:127.

de Deus, o Espírito opera hoje de maneira mais restritiva do que quando a mensagem original do evangelho foi proclamada. Isso é especialmente estranho porque cura, fé, milagres e línguas são todas expressões tangíveis do reino de Deus na terra.[91] Paulo relata seu sucesso missionário da seguinte maneira: "pelo poder de sinais e maravilhas e por meio do poder do Espírito de Deus. Assim, desde Jerusalém e arredores, até o Ilírico, proclamei plenamente o evangelho de Cristo".[92] As várias operações do Espírito trouxeram os humanos face a face com a realidade do Deus vivo.[93] Dizer que esses dons cessaram hoje é reduzir a mensagem do evangelho a um reino de Deus "sem sinal", tornando Deus obscuro.

Toda a noção dispensacional de uma distinção entre uma era apostólica e uma era pós-apostólica é irônica, uma vez que ambas caem sob o mesmo guarda-chuva da "dispensação da graça", de acordo com o esquema dispensacional da história.[94] Mais uma vez, a tendência dispensacional de dividir o tempo em fases separadas na história da salvação representa um problema para Paulo e para sua compreensão do papel do Espírito. Certamente, Paulo ficaria surpreso e descontente ao ver suas palavras escritas em 1Coríntios 13:8 usadas para legitimar uma igreja futura mais "madura", que "superou" os dons de cura, fé, operação de milagres ou línguas.

Implicações para o pentecostalismo

Em seu favor, tanto os dispensacionalistas como os pentecostais reconhecem a ênfase de Paulo no retorno iminente de Cristo. No entanto, Paulo não queria assustar os cristãos que viviam no alvorecer do século 21, anunciando um período severo e único de

[91] "Minha mensagem e minha pregação não consistiram em palavras persuasivas de sabedoria, mas consistiram em demonstração do poder do Espírito, para que a fé que vocês têm não se baseasse na sabedoria humana, mas no poder de Deus" (1Coríntios 2:4-5).

[92] Romanos 15:19; em Atos 19:6, as atividades missionárias de Paulo são caracterizadas de forma mais vívida, fazendo-se acompanhar das manifestações do discurso inspirado (línguas e profecia).

[93] "Mas se entrar algum descrente ou não instruído quando todos estiverem profetizando, ele por todos será convencido de que é pecador e por todos será julgado, e os segredos do seu coração serão expostos. Assim, ele se prostrará, rosto em terra, e adorará a Deus, exclamando: 'Deus realmente está entre vocês!'" (1Coríntios 14:24-25). Veja também Gee, *Concerning spiritual gifts*, p. 30-1.

[94] Os dispensacionalistas acreditam, em geral, que "a dispensação da graça" cobre o período entre Atos 2:1 e Apocalipse 19:21.

tribulação de sete anos e um longo período de apostasia,[95] além das tribulações que, ao longo dos tempos, o cristianismo já experimentou e continuará a experimentar até o fim. Muitos "especialistas" populares em profecias são conhecidos por suas interpretações excessivamente criativas das Escrituras, usando Paulo e o livro do Apocalipse para prever o tempo preciso de uma guerra nuclear global, a identidade de um ditador mundial e coisas afins. Essas pessoas escreveram livros que são imensamente populares nos círculos pentecostais contemporâneos. Desse modo, muitos pentecostais entram em um estado de frenesi, orando para que sua teoria do arrebatamento pré-tribulação seja a correta, evitando produtos com códigos de barras com o número 666, ou tentando desesperadamente identificar qualquer figura política ou religiosa como propagador de "uma nova ordem mundial". Entretanto, tanto Paulo como o livro do Apocalipse apelam aos crentes para que não vivam com medo, mas, sim, que vivam diariamente com base na fé. As palavras de Paulo destinavam-se a consolar aqueles que suportavam a perseguição.[96] Essa fé inclui a confiança de que a história está nas mãos de Deus e de Jesus.

O medo em relação ao futuro também pode resultar em uma forma de escapismo e ociosidade, levando os crentes a abandonarem o interesse pelo mundo e por seus problemas. Um dos ensinamentos distintivos do dispensacionalismo é a ideia de que, no final da "dispensação da graça", a própria igreja se tornará "o centro e o poder do mal e da corrupção no mundo",[97] nada podendo ser feito para restaurar essa dispensação.[98] O próprio Darby declarou: "Acredito, a partir das Escrituras, que a ruína não pode ser remediada" e que os cristãos deveriam preparar-se para "um avanço do mal".[99] Essa dispensação, diz-se, culminará em grande apostasia,

[95] O "homem do pecado", mencionado em 2Tessalonicenses 2:3, será fundamental para enganar muitos, resultando em um tempo de apostasia. No entanto, aprendemos mais tarde, no versículo 7, que Paulo estava descrevendo alguém ou algo já evidente em sua época: "A verdade é que o mistério da iniquidade já está em ação". Isso não pode referir-se a um período de tribulação de sete anos em um futuro distante.

[96] Depois de falar sobre a vinda do Senhor em 1Tessalonicenses 4:13-17, Paulo escreve: "Consolem-se uns aos outros com estas palavras".

[97] Darby, *The collected writings of J. N. Darby-Doctrinal Nº. 1*, p. 278.

[98] Ibidem, p. 349.

[99] Carter, *Anglican evangelicals*, p. 220 e 226.

com a presença de muitos anticristos e o principal Anticristo.[100] O resultado final será julgamento.[101] A crença nessas condições que se aproximam rapidamente pode levar ao pessimismo, ao fatalismo e ao abandono da responsabilidade política.[102]

A ociosidade era uma das principais preocupações que Paulo tinha para com os tessalonicenses, que estavam dominados pelo medo e pela tristeza em relação à volta do Senhor. Em sua primeira carta a eles, Paulo escreve: "confortem os desanimados, auxiliem os fracos" (1Tessalonicenses 5:14). Em sua segunda carta, esse problema havia aumentado a ponto de muitos já não mais trabalharem para sustentar a si próprios ou suas famílias. Paulo escreve "Se alguém não quiser trabalhar, também não coma" (2Tessalonicenses 3:10) e os adverte: "Irmãos, em nome do nosso Senhor Jesus Cristo nós lhes ordenamos que se afastem de todo irmão que vive ociosamente e não conforme a tradição que receberam de nós" (1Tessalonicenses 3:6). Devemos aprender com Paulo: ele sempre foi ativo na proclamação da mensagem do evangelho, buscando constantemente novos locais (Romanos 15:20), não importando quão terríveis fossem as circunstâncias que o envolviam. Além disso, ele demonstrou preocupação com o meio ambiente (Romanos 8:21) e também com questões políticas (Romanos 13:7). O movimento pentecostal nunca deveria aderir a uma mentalidade que preconiza "sentar, esperar e não fazer nada", motivado pelo medo. Pelo contrário, deve estar à altura de um de seus distintivos teológicos e proativos que o definem: o poder para servir (Atos 1:8).

Na seção anterior, discutimos alguns dos corolários teológicos da noção dispensacionalista de que os dons de "sinal" cessaram com o fim da era apostólica e concluímos que essa posição, na realidade, transmite certo reducionismo do Espírito. Demonstramos também como uma das convicções originais do movimento pentecostal era a ideia de que a igreja vivia na "chuva serôdia", com Deus restaurando diversas manifestações dos dons do Espírito, que logo culminariam com o retorno de Cristo. Alguns pentecostais clássicos entendem a

[100] Ibidem, p. 302-3.

[101] Scofield afirma que, no final da dispensação da graça, a situação da igreja "é irremediável e aguarda julgamento" (*Oxford NIV Scofield Study Bible*, p. 1012-3).

[102] Hill, *In God's time*, p. 208.

lista de dons espirituais de Paulo em 1Coríntios 12:8-10 como definitiva e, em certo sentido, completa das variedades das operações do Espírito.[103] Por exemplo, L. Thomas Holdcroft afirma: "Somente a lista de Paulo em Coríntios apresenta uma enumeração sistemática dos carismas divinos".[104] Outros chegaram a afirmar que "todo acontecimento sobrenatural na Bíblia ou fora dela — exceto, claro, os milagres forjados de origem satânica — *deve ser incluído no conjunto dos nove dons sobrenaturais* [grifo meu]".[105] Declarações desse tipo expressam os pensamentos de muitos crentes pentecostais sinceros nos dias de hoje. Há uma tendência crescente de categorizar[106] e enfatizar excessivamente esses nove dons espirituais específicos, a ponto de perder de vista o propósito original para o qual Paulo os listou. Isso estabelece restrições desnecessárias ao papel do Espírito e, inadvertidamente, impõe o risco de colocar Deus em uma caixa.

O ponto principal de Paulo em 1Coríntios 12:4-11, afirmado de forma simples, é que há uma variedade de dons, mas é o mesmo Espírito que opera dentro de cada indivíduo em benefício da comunidade como um todo.[107] Desse modo, não deveria haver "espaço para rivalidade, descontentamento ou sentimento de superioridade" entre os cristãos de Corinto.[108] Em 12:4-6, Paulo enfatiza que a diversidade tem suas raízes em Deus: "Há diferentes tipos de dons, mas o Espírito é o mesmo. Há diferentes tipos de ministérios, mas o Senhor é o mesmo. Há diferentes formas de atuação, mas é o mesmo Deus quem efetua tudo em todos". No versículo 7, ele afirma: "A cada um, porém, é dada a manifestação do Espírito, visando

[103] Outros pentecostais clássicos, porém, entendem corretamente a lista de Paulo em 1Coríntios 12:8-10 como uma amostra, não como uma lista completa ou abrangente. Por exemplo, ao comentar essa passagem em 1Coríntios, Stanley M. Horton afirma: "O objetivo principal é dizer que todos os dons vêm do Espírito Santo, não nomear todos os dons" (*What the Bible says about the Holy Spirit*, p. 209). Veja também Duffield; van Cleave, *Foundations of pentecostal theology*, p. 329 e 355.

[104] Holdcroft, *Holy Spirit*, p. 145.

[105] H. Horton, *Gifts of the spirit*, p. 80.

[106] Holdcroft categoriza os dons espirituais enumerados em 1Coríntios 12:8-10 da seguinte maneira: (1) dons de revelação (palavra de sabedoria, palavra de conhecimento, discernimento de espíritos), (2) dons de poder (fé, operação de milagres, dons de cura) e (3) dons de palavra (profecia, diferentes tipos de línguas, interpretação de línguas) (*Holy Spirit*, p. 145).

[107] Fee, *First Epistle to the Corinthians*, p. 584.

[108] Barrett, *First Epistle to the Corinthians*, p. 283-4.

ao bem comum". Paulo coloca "a cada um" em uma enfática primeira posição na estrutura da frase grega, a fim de destacar ainda mais seu ponto de vista sobre a diversidade. Em "cada" pessoa, há uma revelação única da atividade do Espírito ("manifestação do Espírito"), e essa diversidade serve para beneficiar a comunidade como um todo.[109] Então, ele passa a demonstrar isso de forma mais completa nos versículos de 8 a 10: "*Pelo Espírito*, a um é dada a *palavra de sabedoria*; a outro, a *palavra de conhecimento*, pelo mesmo Espírito; a outro, fé, *pelo mesmo Espírito*; a outro, *dons de cura*, pelo *único Espírito*". Paulo está tentando ilustrar que a diversidade tem origem em Deus (v. 4-6) e, por sua vez, os diversos dons são evidentes nos crentes por meio da operação do Espírito (v. 7-11).

O propósito de Paulo não é fornecer uma lista abrangente e exaustiva de dons, mas tão somente ilustrar que o Espírito dispensa diversos dons. Após um exame mais detido, observamos que os dons espirituais, "palavra de sabedoria" (12:8), "palavra de conhecimento" (12:8) e "variedade de línguas" (12:10) refletem a própria situação dos crentes de Corinto. Antes do capítulo 12, os temas "sabedoria" e "conhecimento" são abordados em um contexto diferente (veja 1Coríntios 1:17; 2:1-16; 8:1-13), e os benefícios do dom de "línguas" são comparados aos da "profecia" em 1Coríntios 14 (1Coríntios 14:1-25,27-28; 1Coríntios 12:10). É bem provável que alguns dos presentes em 1Coríntios 12:8-10 sejam listados, em parte, para se adequar à situação. Os outros presentes podem ser simplesmente uma amostra. Paulo tem seis outras listas de dons espirituais no mesmo contexto de 1Coríntios 12 (1Coríntios 12:28,29-30; 13:1-3,8; 14:6,26), e em nenhum dos casos há dois exatamente iguais em linguagem, número ou natureza. Assim, concluímos que a lista de dons em 12:8-10 não é exaustiva nem estruturada quanto à sua natureza ou à sua qualidade específica.[110]

Desde o início, o movimento pentecostal compreendeu o relevante papel do Espírito, levando a sério o ensino de Paulo em

[109] A locução pronominal "cada um" é distributiva, enfatizando as instâncias individualizadas em um sentido coletivo expresso nas palavras "em todos" do versículo anterior (1Coríntios 12:6).

[110] Conzelmann afirma: "A enumeração nos versículos de 8 a 10 é *assistemática*" (*1Corinthians*, p. 209, [grifo meu]).

1Coríntios 12—14. As manifestações do Espírito autenticam e confirmam que o reino de Deus é uma realidade presente e que o tempo do retorno de Cristo se aproxima rapidamente. Contudo, se seguirmos de perto a lógica de Paulo, constatamos que seu objetivo era destacar a multiplicidade de dons concedidos pelo Espírito, contrariando o fascínio dos coríntios pelo dom de línguas. Hoje, o movimento pentecostal não pode permitir-se ter uma visão restritiva do Espírito, uma visão que, no final, impõe limitações à obra de Deus em nosso mundo de hoje. Isso, na verdade, resultaria em uma igreja disfuncional, como Paulo explica em sua metáfora do corpo em 1Coríntios 12:12-19: "Ora, assim como o corpo é uma unidade, embora tenha muitos membros [...] assim também com respeito a Cristo. Pois em um só corpo todos nós fomos batizados em um único Espírito [...] Se todos fossem um só membro, onde estaria o corpo?". A história bíblica nos ensina que Deus não trabalha dentro dos limites dos esquemas humanos ou dos limites das organizações eclesiásticas. A história nos ensina que os avivamentos espirituais acontecem nos lugares e das formas mais inesperadas. Os crentes são responsáveis por manter os olhos bem abertos às diversas manifestações do Espírito de Deus.

O maior dom que Deus pode conceder é o dom do Espírito Santo, criando uma nova vida, residindo no interior de cada crente e conferindo o status de parte da família de Deus: "Pois vocês não receberam um espírito que os escravize para novamente temer, mas receberam o Espírito que os adota como filhos, por meio do qual clamamos: 'Aba, Pai'. O próprio Espírito testemunha ao nosso espírito que somos filhos de Deus" (Romanos 8:15-16). Todos os outros diversos dons resultam da criação de uma nova vida pelo Espírito.[111] *Emitte Spiritum tuum et creabuntur*.

[111] Bertone, "Law of the spirit", p. 192-204.

4

Sustentabilidade apocalíptica:

o futuro da ecologia pentecostal

ROBBY WADDELL ■

> Resolver a crise ecológica do nosso planeta [...] já não é um problema que podemos deixar para os cientistas. Assim como todos fazem parte do problema, todos também fazem parte da solução. Precisamos todos lidar com as forças que criaram essa crise e com os recursos dentro das nossas tradições que podem nos motivar a resolvê-la. Uma dessas tradições é a nossa herança bíblica.[1]

Introdução

NO TRECHO CITADO, Desmond Tutu afirma que "nossa herança bíblica" é um recurso que pode nos motivar a resolver a crise ecológica. Por um lado, existem textos bíblicos que apoiam a ecojustiça, como, por exemplo, Romanos 8:21, "a própria natureza criada será libertada da escravidão da decadência em que se encontra para a gloriosa liberdade dos filhos de Deus". Por outro lado, há uma série de textos que alimentaram a ambivalência e, algumas vezes, até mesmo a hostilidade em relação ao cuidado da criação. Um excelente exemplo é 2Pedro 3:10: "O dia do Senhor, porém, virá como ladrão. Os céus desaparecerão com um grande estrondo, os

[1] Tutu, prefácio, *Earth story in the New Testament*, p. vii.

elementos serão desfeitos pelo calor, e a terra, e tudo o que nela há, será desnudada". E, infelizmente, esse texto teve muito mais influência entre os pentecostais do que Romanos 8 quanto à responsabilidade ecológica da igreja, ou à falta dela.

Não obstante as palavras do arcebispo Tutu, a tradição cristã não esteve na vanguarda do pensamento ou da práxis ecológica, levando muitos a questionarem se o cristianismo é compatível com a preocupação ambiental. O cristianismo, na verdade, tem sido responsável por uma parte significativa da crise ecológica, uma acusação apoiada por uma série de argumentos isolados, embora relacionados entre si. Um argumento é que o mandato cultural em Gênesis 1:28 encoraja uma visão antropocêntrica do mundo, o que inevitavelmente resulta em degradação da natureza.[2] Com uma interpretação mais abrangente das narrativas da criação, Miroslav Volf desafia a suposição de que Gênesis sanciona o abuso humano da criação não humana, embora qualifique que "o trabalho humano é *a* causa dos problemas ecológicos".[3] E conclui: "Tanto os alarmistas ecológicos como os otimistas devem concordar que a qualidade de vida da raça humana — e, na verdade, o seu futuro — depende da capacidade dos seres humanos de aprenderem a trabalhar de uma forma que seja cooperativa e não destrutiva com o ambiente não humano".[4]

Igualmente predominante é a reclamação de que algumas formas de escatologia cristã têm uma orientação irremediavelmente voltada ao mundo por vir e, portanto, tornam os cristãos incapazes de se preocupar com o meio ambiente. Por exemplo, Ludwig Feuerbach afirmou que "a natureza, o mundo, não têm valor nem interesse para os cristãos. O cristão pensa apenas em si mesmo e na salvação da sua alma".[5] Neste capítulo, responderei às críticas protológicas e escatológicas de que o cristianismo contribui para a degradação ecológica, reexaminando, de forma sucinta, o papel que a humanidade tem na ordem criada, seguido pela análise de um texto bíblico chave que é frequentemente usado para apoiar o abuso ecológico, a saber, 2Pedro 3:10-13.

[2] Por exemplo, White, "Historical roots of our ecological crisis", p. 1203-7.
[3] Volf, *Work in the Spirit*, p. 42, grifo do autor.
[4] Ibidem, p. 42.
[5] Feuerbach, *Essence of christianity*, p. 287.

Cuidando da criação no princípio

Embora Lynn White não seja o primeiro a responsabilizar o cristianismo pela crise ecológica, seu artigo frequentemente citado, "Historical roots of our ecological crisis",[6] tornou-se a marca da crítica anticristã. White, que caracteriza o cristianismo ocidental como "a religião mais antropocêntrica que o mundo já viu", sustenta que o monoteísmo da cosmovisão judaico-cristã é único no estabelecimento de uma teologia hierárquica da criação que, logicamente, conduz ao uso e ao abuso da natureza. De acordo com White, o mandato cultural que instrui os humanos a subjugarem e a terem domínio sobre o restante da criação não só permite, mas também encoraja as pessoas a dominarem a natureza e a utilizá-la para atender às suas necessidades. Na interpretação de White de Gênesis, "nenhum aspecto na criação física tem qualquer propósito, exceto servir aos propósitos do homem".[7]

De forma alternativa, Wendell Berry argumenta corretamente: "Essa leitura de Gênesis 1:28 é contraditada por praticamente todo o resto da Bíblia, como muitos já apontaram [...] (para Deus) o mundo é bom e ele o ama. Se Deus ama o mundo, então como qualquer pessoa de fé poderia ser desculpada por não amar o mundo ou ser justificada por destruí-lo?".[8] Embora a humanidade seja chamada a subjugar e ter domínio sobre o resto da ordem natural, não se segue necessariamente que os humanos devam *dominar* a natureza de forma egoísta. A humanidade foi criada à imagem e à semelhança de Deus. Portanto, o governo humano na terra deveria assemelhar-se ao governo amoroso de Deus sobre a criação. Muitas vezes, nas narrativas bíblicas, termos como "governar" ou "ter domínio" estão atrelados à ideia de sustentar e nutrir, em vez de dominar e abusar (veja Salmos 104). Em Salmos 72, o rei é instado a usar seu domínio como um meio de levar justiça aos pobres e para o bem das crianças. Da mesma forma, no Novo Testamento Jesus define sua própria liderança na condição de um servo (Marcos 10:45). Definir "domínio" como mordomia se ajusta melhor à narrativa da

[6] White, "Historical roots of our ecological crisis", p. 1203-7.
[7] Ibidem, p. 1205.
[8] Berry, *What are people for?*, p. 98.

criação em Gênesis 2:15, passagem em que Adão é instruído a trabalhar e cuidar do jardim. "O propósito do domínio humano sobre a natureza é a preservação da integridade da criação não humana, e não simplesmente a satisfação das necessidades e dos desejos humanos".[9] No final, a interpretação antropocêntrica de White em relação à narrativa da criação é muito seletiva.

White também argumenta que o cristianismo é ainda mais culpado pela crise ecológica por causa de seu papel na ascensão da ciência e da tecnologia modernas, que têm sido o meio de grande parte da degradação ecológica do mundo. Essa crítica também é problemática. Embora, ao longo da história ocidental, muitos cientistas tenham sido cristãos, é irrealista pensar que só o cristianismo forneceu motivação para suas descobertas. Em resposta, Wolfhart Pannenberg comenta que o domínio da natureza pelo poder humano corresponde mais à época do século 18, "quando a humanidade moderna, em sua autocompreensão, começou a cortar os laços com o Deus criador da Bíblia".[10] Na realidade, a base filosófica para a dicotomia entre humanos e o mundo material pode ser facilmente creditada ao dualismo radical entre a alma e o corpo popularizado pela filosofia de René Descartes. Em *Discurso do método*, Descartes sugere que seu projeto filosófico, se bem-sucedido, transformará a humanidade em "mestres e possuidores da natureza", permitindo que uma pessoa "desfrute sem problemas os frutos da terra e todos os bens nela encontrados".[11]

Significativamente influenciados pela filosofia cartesiana (e platônica), "os teólogos cristãos têm, durante séculos", de acordo com Volf, "despojado o espírito humano de tudo o que é corpóreo e esvaziado a corporeidade de tudo o que é espiritual".[12] Apesar da popularidade desse tipo de crença, uma leitura cuidadosa das

[9] Volf, *Work in the spirit*, p. 147.

[10] Pannenberg, *Anthropology in theological perspective*, p. 78. Embora, no final das contas, a avaliação de White sobre a causa da crise ecológica seja bastante limitada, ele sugere uma solução interessante ao problema. Entendendo a cultura industrial e tecnológica como moralmente falida, White propõe um renascimento do cristianismo franciscano, seguindo o exemplo de seu fundador, Francisco de Assis. Francisco, a quem White se refere como "o santo padroeiro dos ecologistas", é conhecido por seu cuidado e preocupação com os animais e a natureza.

[11] Descartes, *Discourse on method*, p. 35 [ed. em português: *Discurso do método* (Lisboa: Edições 70, 2008)].

[12] Volf, *Work in the spirit*, p. 143.

narrativas da criação apoia uma antropologia mais integrada. Um ser humano não é simplesmente uma alma que habita um corpo, mas, sim, a integração entre corpo e alma. A bondade da natureza não deve ser reduzida a uma função utilitária que fornece as condições necessárias, embora transitórias, para a existência dos humanos. Deus afirma a bondade inata da criação ao pronunciá-la como tal mesmo antes da formação do homem (veja Gênesis 1:4-25). A ênfase na posição singular da humanidade como única portadora da imagem de Deus ofusca, com frequência, o fato de a humanidade não ter sido criada em um dia separado, mas, sim, partilhar o sexto dia da criação com o restante do reino animal, o que remete a uma conexão humana básica com a natureza.[13]

Por um lado, meus comentários até agora não devem ser lidos como uma justificativa para a negligência ambiental, em relação à qual os cristãos partilham responsabilidade. Como cristãos, temos de confessar nosso pecado de não cuidarmos do restante da criação. Reiterando Tutu, "somos todos parte do problema". Por outro lado, desejo destacar a forma que nossa herança bíblica nos fornece uma voz alternativa que repudia a história destrutiva da exploração e da degradação ecológica, promovendo uma teologia holística do cuidado da criação. Em outras palavras, a protologia judaico-cristã, quando compreendida de forma correta, encoraja a preocupação ecológica.

Cuidado com a criação à luz do fim

O argumento ecológico contra a escatologia cristã está centrado principalmente em uma forma generalizada de escatologia, mais popular entre os evangélicos e pentecostais americanos, que prevê o futuro da criação como uma inevitável espiral descendente que termina em destruição cósmica. Por implicação, se a igreja será arrebatada, e o mundo, destruído, qual é a necessidade de cuidado ecológico? Al Truesdale comenta: "Até que os evangélicos purguem de sua visão da fé cristã o vinho do pré-milenarismo dispensacionalista pessimista, a doutrina judaico-cristã da criação e a imagem bíblica da mordomia não terão espaço em seu meio".[14]

[13] Veja Moltmann, *God in creation*, p. 244ss.

[14] Truesdale, "Last things first", p. 116.

A incompatibilidade entre o milenarismo dispensacionalista e a preocupação ecológica significa que a escatologia apocalíptica "torna religiosamente desnecessário e logicamente impossível o envolvimento em compromissos de longo prazo com o ambiente".[15] Quando, em algumas ocasiões, defendi a conservação de energia ou protestei contra várias formas de degradação ecológica, tive alunos que, ingenuamente, questionaram minha motivação. Se tudo vai queimar no julgamento final, por que nos preocuparmos com o mundo material temporário?[16]

A resposta a essa pergunta depende da compreensão da natureza escatológica do reino de Deus. As opiniões populares e acadêmicas estão divididas a respeito de como o reino de Deus deve ser entendido. As muitas visões podem ser divididas em três áreas: (1) *escatologia apocalíptica,* que espera um fim abrupto do *status quo* provocado por uma intervenção divina radical; (2) *escatologia inaugurada,* que entende o reino como já presente, mas ainda não totalmente consumado; e (3) uma *escatologia realizada,* que vê o reino totalmente presente, tanto nas palavras e ações de Jesus como nas palavras e ações contemporâneas dos seguidores de Jesus.

O pentecostalismo, em suas diversas formas, parece oscilar historicamente entre os dois extremos de uma escatologia apocalíptica — a qual, por sua vez, foi influenciada pelo dispensacionalismo fundamentalista e atualmente popularizada pela série *Deixados para trás* — e uma escatologia realizada — representada tanto no pós-milenarismo do movimento "*Kingdom Now*" como na doutrina da hiperfé proposta por Kenneth Hagin, Kenneth Copeland e outros. Esses extremos parecem ser determinados, pelo menos parcialmente, pelo estatuto socioeconômico dos grupos em questão. Os pobres e socialmente marginalizados gravitam em torno da escatologia apocalíptica, com suas tendências aniquilacionistas, enquanto a classe média e classe em ascensão gravitam funcionalmente, se não teoricamente, em torno da escatologia realizada. A ironia da tendência das megaigrejas nos círculos pentecostais é

[15] Ibidem.

[16] A lógica por trás dessa questão é falha. Mesmo que se admita a premissa de que o mundo é temporário, não se segue necessariamente que temos licença para abusar ou negligenciar a criação. Cf. Bouma-Prediger, *For the beauty of the earth*, p. 78.

que elas mantêm compromisso verbal com uma escatologia apocalíptica e, portanto, pregam que a salvação das almas é o único objetivo ministerial de valor último; no entanto, ao mesmo tempo, as megaigrejas constroem edifícios multimilionários, dedicam-se de todo o coração a campanhas políticas (em geral, conservadoras) e oferecem seminários que prometem maximizar o sucesso pessoal e financeiro de seus membros no aqui e agora.[17] Essa bipolarização teológica tem atormentado o movimento pentecostal há décadas.[18]

Outros problemas se fazem presentes entre teologia e ética. Apesar da orientação sobrenatural da escatologia apocalíptica e de sua expectativa quanto a um fim repentino e destrutivo para o mundo, os pentecostais têm endossado e se engajado em várias formas de ministério social.[19] O fracasso da igreja em abordar essa tensão resultou em uma ambivalência teológica segundo a qual "é permitido que as crenças sigam numa direção, enquanto a prática do ministério se dirige a outra".[20] Teologicamente, esse enigma foi resolvido pela construção de uma escatologia distintamente pentecostal. Nas últimas décadas, os estudiosos pentecostais não optaram nem pela escatologia apocalíptica nem pela escatologia

[17] Althouse, "In appreciation of Jürgen Moltmann", p. 31. É interessante notar que a popularidade do dispensacionalismo fundamentalista parece estar diminuindo entre os ministros pentecostais. De acordo com a pesquisa de Margaret Poloma, apenas cinquenta e oito por cento dos pentecostais pesquisados concordaram fortemente com a seguinte afirmação: "Acredito em uma interpretação dispensacionalista das Escrituras" (Poloma "The future of American Pentecostal identity", p. 162).

[18] Muitos dos primeiros pentecostais que mantinham uma visão apocalíptica do reino evitavam envolver-se com política, exibindo, assim, certa coerência em sua ética teológica (veja Wacker, *Heaven below*, p. 19-20).

[19] Teologicamente, o pentecostalismo tem sido, em grande parte, uma religião de outro mundo, mas, na prática, seus adeptos têm estado comprometidos com e envolvidos em uma variedade de ministérios sociais. Embora não se mostre condizente com sua escatologia, o envolvimento com o ministério social provou ser um ajuste natural com a pneumatologia pentecostal, uma vez que, do ponto de vista pentecostal, o Espírito capacita os cristãos nos últimos dias a ministrar no mundo. Em 1968, Michael Harper expressou um apelo renovado ao ministério social, afirmando que, "no livro de Atos dos Apóstolos, o Espírito Santo está constantemente destruindo barreiras sociais e desfazendo preconceitos profundamente arraigados" (Harper, *Walk in the spirit*, p. 60). Em 1968, o Presbitério Geral das Assembleias de Deus redigiu uma declaração sobre a preocupação social que incluía o compromisso final de "exercer (sua) influência como cidadãos cristãos para uma ação social justificável em áreas de relações domésticas, educação, aplicação da lei, emprego, igualdade de oportunidades e outras questões benéficas". Para a declaração completa, consulte Menzies, *Anointed to serve: the story of the Assemblies of God*, p. 394-5. De forma irônica, o Presbitério Geral de 1968 também retirou a declaração oficial da irmandade sobre o pacifismo. Para uma avaliação desses e de outros esforços pentecostais pela justiça social na década de 1960, veja Dempster, "Soundings in the moral implications of glossolalia", p. 1-2. Veja Sepúlveda, "Reflections on the pentecostal contribution to the mission of the church in Latin America", p. 108; Alexander, *Peace to war*.

[20] Dempster, "Christian social concern in pentecostal perspective", p. 53.

realizada e, em vez disso, defenderam uma escatologia do tipo "já, mas ainda não".[21]

Nos Evangelhos, o reino de Deus (e o equivalente verbal de Mateus, "reino dos céus")[22] está presente na terra, introduzido pelas seguintes palavras de Jesus: "O tempo está cumprido". Gordon Fee estabelece uma distinção importante, no sentido de que o reino de Deus "refere-se a um *tempo* que foi *prometido* e que deve ser *cumprido*, não a um lugar para o qual as pessoas devem ir. Portanto, aqueles ao redor de Jesus nunca perguntam sobre *o que* ou *onde*, mas '*quando*' virá (o reino)".[23] Apoiando essa ideia e contrariando a opinião popular, a visão final do Apocalipse não contém uma imagem de cristãos sendo ressuscitados e partindo para o além, mas, sim, do reino de Deus descendo à terra (ou seja, a descida da Nova Jerusalém). Na nova criação, o céu vem à terra e os dois se tornam um. O trono de Deus, que antes estava escondido no reino celestial (Apocalipse 4—5), agora está revelado na terra (21:3,5, fornecendo, assim, a consumação final da oração do Pai-nosso: "Venha o teu reino e seja feita a tua vontade, assim *na terra* como no céu".[24]

Ao orar "venha o teu reino", o cristão está reconhecendo os elementos futuros do reino, uma oração de "expectativa do reino". Ao orar "seja feita a tua vontade", o cristão está suplicando por uma transformação presente, uma oração de "participação no reino".[25] Chamando a atenção para o último aspecto do reino, Fee explica: "O evangelho que pregamos não diz respeito simplesmente à 'salvação das almas', mas, sim, como Jesus restaura a integridade de pessoas quebrantadas por todo tipo de angústia".[26] Concentrar-se apenas na dimensão espiritual ou na realidade física é interpretar

[21] Veja Kuzmič, "History and eschatology", p. 135-64; Volf, "Loving with hope", p. 28-31; Dempster, "Evangelism, social concern and the kingdom of God", p. 22-43; Land, *Pentecostal spirituality*; Macchia, *Spirituality and social liberation*; Petersen, *Not by might nor power*.

[22] Embora Mateus mostre forte tendência ao uso da expressão "reino dos céus", em quatro ocasiões ele usa a expressão mais comum "reino de Deus". Para uma análise detalhada da terminologia em Mateus, veja John C. Thomas, "Kingdom of God in the Gospel according to Matthew", p. 136-46.

[23] Fee, "Kingdom of God and the church's global mission", p. 8.

[24] De várias maneiras, este capítulo, ao se concentrar nas implicações ecológicas de uma escatologia transformacional, baseia-se em meu trabalho anterior sobre as implicações cósmicas da transformação. Veja Waddell, "Revelation and the (new) creation", p. 30-50.

[25] Kuzmič, "History and eschatology", p. 150-4.

[26] Fee, "Kingdom of God", p. 17

mal a missão global da igreja. A missão cristã — na verdade, a missão de Deus (*missio Dei*) — é indivisível. Em outras palavras, a escatologia e a ética social caminham, inevitavelmente, de mãos dadas.

Embora vários pentecostais tenham escrito sobre a correlação entre escatologia e ética social, Miroslav Volf foi quem conectou de forma mais clara escatologia, responsabilidade social e preocupação com a ecologia.[27] Em seu artigo "On loving with hope: eschatology social responsibility", Volf responde a uma afirmação que questiona o valor ou mesmo a adequação do uso da escatologia apocalíptica para a justificação de uma ética social cristã.[28] Ele admite que é logicamente possível defender o cuidado da criação, mesmo que se espere a aniquilação do mundo. Na verdade, utilizar adequadamente os recursos naturais enquanto durarem é uma forma fundamental de cuidar dos outros humanos, ou seja, de amar o próximo. Seja como for, se a crença na aniquilação estiver atrelada à expectativa de um retorno iminente de Jesus, então a preocupação com a ecologia perderá todo o suporte racional.[29] Essa combinação de pontos de vista teológicos levou James Watt, membro da Assembleias de Deus e primeiro-secretário do interior de Ronald Reagan, a apoiar o consumo imprudente dos recursos naturais nos Estados Unidos. Quando questionado sobre sua política, Watt respondeu: "Não sei quantas gerações futuras ainda teremos antes do regresso do Senhor".[30]

[27] Outras construções pentecostais de uma ética social escatológica não são absolutamente desprovidas de preocupação ecológica. O trabalho de Volf, contudo, é o mais explícito sobre as implicações ecológicas. Veja especialmente Macchia, *Spirituality and social liberation*. O trabalho de Macchia é muito útil em identificar uma preocupação inicial, teologicamente motivada, pela ecologia no ministério de Johann Blumhardt, que defendeu a "libertação" de toda a criação. Essa ideia pode ser ainda mais visivelmente encontrada no antecessor de Johann, Friedrich Oetinger, que ansiava, de forma genuína, por uma transformação escatológica da natureza, p. 1-12. Talvez ninguém tenha sido mais influente na construção de uma ética social pentecostal do que Murray Dempster (veja o capítulo de Dempster neste volume). Para a relação entre preocupação social pentecostal e mandato de justiça do Antigo Testamento, veja Dempster, "Pentecostal social concern and the biblical mandate of social justice", p. 129-53. Sobre o papel da glossolalia na justiça social, veja "Soundings in the moral implications of glossolalia". Sobre a dimensão social do reino de Deus, veja "Evangelism, social concern and the kingdom of God". Sobre o papel escatológico da ética social, veja idem, "Christian social concern in pentecostal perspective", todos do mesmo autor.

[28] Volf, "Loving with hope", op. cit. Volf está respondendo a Williams, "The partition of love and hope: eschatology and social responsibility", p. 24-7. Argumentando a favor de uma ética baseada unicamente no mandamento de amar o próximo, Williams questiona a legitimidade do papel da escatologia na formação da responsabilidade social.

[29] Volf, "Loving with hope", p. 29.

[30] Citado em in Fowler, *Greening of protestant thought*, p. 47. Cf. Wolf, "God, James Watt, and the public lands", p. 58-65.

Embora, logicamente, alguém que espera a aniquilação (e não uma parúsia iminente) possa estar envolvido com a preservação social e ecológica, teologicamente a doutrina da aniquilação cósmica não é condizente com a doutrina protológica da bondade da criação. A destruição apocalíptica sugere que "o que Deus aniquilará é tão prejudicial que não é possível redimir, ou tão insignificante que não vale a pena ser redimido".[31] Volf afirma que a doutrina cristã da ressurreição corporal e a doutrina pentecostal fundamental da cura divina fazem pouco sentido se, ao final, toda a matéria for aniquilada. Em vez de serem aniquilados, nossos corpos — na verdade, toda a criação — serão transformados (veja Filipenses 3:20-21 e Romanos 8:19-23, respectivamente).

Uma inferência dessa transformação corporal e cósmica é que existe continuidade entre presente e futuro. Segundo Volf, essa continuidade inclui uma integração do trabalho humano no desenvolvimento cultural, social e ecológico. "Por meio do seu trabalho", escreve ele, "os seres humanos contribuem, à sua maneira modesta e imperfeita, para a nova criação de Deus".[32] Nas palavras de Paulo: "Portanto, meus amados irmãos, mantenham-se firmes, e que nada os abale. Sejam sempre dedicados à obra do Senhor, pois vocês sabem que, no Senhor, o trabalho de vocês não será inútil" (1Coríntios 15:58).[33] O trabalho a que Paulo se refere certamente não pode ser limitado a questões espirituais. Afinal, o contexto de sua afirmação é a discussão sobre a ressurreição do corpo, que requer um ambiente material, embora glorificado.[34] De acordo com Jürgen Moltmann, "a escatologia cristã não pode ser reduzida à escatologia humana, e a escatologia humana não pode ser reduzida à salvação da alma no céu. Não existem almas humanas sem corpos humanos, nem existência humana sem o sistema de vida da Terra, nem Terra sem o universo".[35] Comentando a declaração de Paulo em Romanos 8:21, de que "própria natureza criada será libertada da escravidão

[31] Volf, "Loving with hope", p. 30.

[32] Ibidem, p. 31.

[33] Cf. Wright, *Surprised by hope*, p. 208-9.

[34] Volf, "Loving with hope", p. 29.

[35] Richard Bauckham ecoa um sentimento semelhante: "Reconhecemos que, em continuidade com o Antigo Testamento, o Novo Testamento assume que os humanos vivem em mutualidade com o restante da criação de

da decadência", F. F. Bruce explica: "Se palavras significam alguma coisa, essas palavras de Paulo denotam não a aniquilação do presente universo material no dia da revelação, para ser substituído por um universo completamente novo, mas a transformação do presente universo para que cumpra o propósito para o qual Deus o criou".[36]

Considerando o argumento que desenvolvemos até aqui, é possível concluir que a nova criação não é *ex nihilo* (a partir do nada), mas, sim, *ex vetera* (a partir do antigo). Contudo, isso levanta questões sobre como interpretar os textos bíblicos que parecem ensinar a destruição da Terra sem simplesmente descartá-los como hipérboles. Na próxima seção, examino o que talvez seja a mais difícil dessas passagens, 2Pedro 3:10-13, a "atestação" mais comum para aqueles que mantêm uma visão aniquilacionista.

2Pedro 3:10-13 e a terra re(nova)da

O texto de 2Pedro 3 contém uma resposta às acusações de falsos mestres que ensinavam que o regresso do Senhor é duvidoso, pois sua vinda estava demorando muito, para além de qualquer expectativa razoável. O autor sugere que o aparente atraso não deve ser medido por nossa incapacidade de enxergar, porque o cálculo do tempo feito por Deus é muito diferente do cálculo humano comum (2Pedro 3:1-9; cf. Salmos 90:4/LXX 89:4). Na verdade, o propósito desse aparente atraso resulta diretamente da tolerância de Deus, em seu desejo de que todos se arrependessem e abandonassem a ética questionável dos falsos mestres. Apesar da longanimidade de Deus, o julgamento é inevitável e chegará de forma inesperada. O autor relata a rapidez do dia do Senhor vindo como um ladrão, um símile usado nas parábolas de Jesus para ilustrar a vinda do Filho do Homem (Mateus 24:36-44; Lucas 12:35-40).[37]

Deus, que a história da salvação e a escatologia não tiram os humanos da natureza, mas curam precisamente sua relação distinta com o restante da natureza" (Bauckham, "Jesus and the wild animals (Mark 1:13)", p. 4).

[36] Bruce, *Epistle of Paul to the Romans*, p. 170 [ed. em português: *Romanos*: introdução e comentário (São Paulo: Vida Nova, 1979)]. Bruce continua: "Não há descontinuidade entre agora e o futuro, no que diz respeito à obra de Deus em e para seu povo. Se a criação inanimada anseia cegamente pelo dia de sua libertação, a comunidade dos redimidos [...] deve se esforçar para avançar de forma inteligente para essa mesma consumação", p. 170-1.

[37] O tempo de Noé serve como pano de fundo aparente tanto para o Evangelho de Mateus como para 2Pedro, embora de maneiras distintas. Mateus compara a época de Noé à época de Jesus (24:36-39). O texto

No dia do Senhor, "os céus desaparecerão com um grande estrondo, os elementos serão desfeitos pelo calor, e a terra, e tudo o que nela há, será desnudada" (v. 10). O segmento final, que é certamente o mais difícil de interpretar, é caracterizado por Richard Bauckham como "*crux interpretum*" (cruz para o intérprete).[38] Embora a evidência do manuscrito esteja dividida, o verbo final *ehurethēsetai* (será desnudada) é inquestionavelmente a melhor leitura como *lectio difficilior*.[39] De acordo com Bruce Metzger,[40] houve tentativas antigas de corrigir essa passagem opaca, incluindo o acréscimo de uma negação (*oux ehurethēsetai*),[41] assim traduzida, "e a terra, e tudo o que nela há, não será desnudada", ou fornecendo um verbo adicional no final do versículo (*luomena*), que seria traduzido por "e a terra, e tudo o que nela há, se *dissolverá*".[42] Outras tentativas de harmonização incluem a omissão total do último segmento de frase (Jerônimo, Pelágio e outros) ou a substituição por um termo alternativo que dê melhor sentido à passagem, como, por exemplo, "será queimado" (*katakaēvsetai*).[43] Reforçando a ideia de que a nova criação não tem nenhuma continuidade com o presente, muitas traduções modernas optaram por essa variante final ou algo muito semelhante.[44] Apesar da dificuldade da tradução

de 2Pedro alude ao Dilúvio como a primeira destruição do mundo, que será seguida por um segundo julgamento e pela destruição com fogo (3:5-7).

[38] Bauckham, *Jude, 2 Peter*, p. 316.

[39] Apesar de essa variante ser a mais antiga e a que melhor explica as outras variantes existentes, Bruce Metzger duvida que seja original. O suporte textual para essa leitura inclui: ê B K P et al. A terceira edição da UBS atribui à leitura a nota mais baixa possível, "D". Metzger, *Textual commentary on the greek New Testament*, p. 705-6.

[40] Metzger, *Textual commentary on the Greek New Testament*, p. 705-6.

[41] A evidência textual para essa leitura é esparsa, incluindo apenas a versão Sahidic e um único manuscrito da versão Harclean Siríaca. Sem atestação nos manuscritos gregos, essa variante certamente não é original, embora vários comentaristas a prefiram. Para mais discussão a esse respeito, veja Bauckham, *Jude, 2Peter*, p. 317.

[42] Essa emenda também carece de suporte manuscrito suficiente, aparecendo apenas na P72. Como observa Bauckham, não "se recomendou [essa leitura] a nenhum estudioso. Apesar da tendência do nosso autor de repetir palavras, a repetição desajeitada de *luesthai* três vezes nos versículos 10-11 é improvável" (Bauckham, *Jude, 2Peter*, p. 317).

[43] O suporte textual para essa leitura é o Códice Alexandrino e uma série de letras minúsculas posteriores. Para uma série de tentativas modernas de emenda, consulte Metzger, *Textual commentary*, p. 706.

[44] As versões que traduzem a frase final por "serão queimados" são RSV, NASB, KJV, JB, ASV. O TEV traduz: "a terra com tudo o que nela há desaparecerá". Conforme observado por Steven Bouma-Prediger, "os equivalentes francês e espanhol do TEV traduzem o último verbo 'deixará de existir' (*cessera d'exister*) e 'será queimado' (*sera quemada*). A atualização de 1985 da Bíblia alemã de Lutero aproxima-se do verdadeiro significado ao traduzir o último segmento por 'a terra e as obras sobre ela encontrarão o seu julgamento' (*werden ihr Urteil finden*)" (Bouma-Prediger, *Greening of theology*, p. 3).

"será desnudada", essa ainda é a melhor opção textual e, portanto, requer um olhar mais atento que resulte na apresentação de uma interpretação sensata.

Alguns dos comentaristas mais antigos entendiam que o versículo referia-se a uma revelação das más obras da humanidade em preparação para um veredicto divino.[45] Em outras palavras, a terra e tudo o que há nela tornam-se visíveis e, portanto, suscetíveis ao julgamento final, uma vez que os céus foram queimados. Essa revelação dos ímpios em 2Pedro pode ser contrastada com aqueles que tentam esconder-se da ira de Deus (por exemplo, Apocalipse 6:15-16). "O julgamento é aqui representado não tanto como um ato destrutivo de Deus, mas como uma revelação de seu caráter, do qual ninguém pode escapar."[46] Assim, mesmo diante de um inferno cósmico, os humanos ainda terão de enfrentar as consequências de suas ações.[47] É importante notar que o tema do julgamento tem sido a preocupação constante do autor, e não o de uma destruição cósmica final (veja 2Pedro 3:7, "os céus e a terra que agora existem estão reservados para o fogo, guardados para o dia do juízo e para a destruição dos ímpios"). O motivo do julgamento também é levado adiante nos versículos seguintes (2Pedro 3:11-14). Os leitores de 2Pedro são encorajados a buscar uma vida de santidade e piedade, a fim de "serem encontrados (*ehurethēai*) por ele em paz, imaculados e inculpáveis" (v. 14). Ao contrário das más obras da humanidade que serão encontradas por Deus para condenação, aos fiéis, encoraja-se que sejam encontrados *imaculados*.[48]

Compreender o versículo principalmente como um anúncio profético de julgamento, e não uma aniquilação do cosmos, ajuda a esclarecer outros problemas no texto. Por exemplo, a familiar separação dos céus e da terra é abreviada nesse versículo, dizendo simplesmente: "Os céus desaparecerão (*pareleusontai*) com um grande

[45] Wilson, "Euvreqhsetai in 2 Peter iii.10", p. 44-5. Essa interpretação é endossada por Bauckham, *Jude, 2 Peter*, p. 319-21, e Skaggs, *1 Peter, 2 Peter, Jude*, p. 137-8.

[46] Wilson, "Euvreqhsetai in 2 Peter iii.10", p. 44-5.

[47] Veja Roberts, "A note on the meaning of 2Peter 3:10d", p. 32-3; Lenhard, "Ein Beitrag zur Übersetzung von II Ptr 3.10d", p. 128-9.

[48] No versículo 10, a voz passiva do verbo (*ehurethēsetai*) sugere, de forma implícita, uma ação divina, embora no versículo 14 a gramática seja mais explícita, pois os justos serão encontrados por ele (*auto ehurethēai*).

estrondo, os elementos serão desfeitos pelo calor".[49] Embora o afastamento dos céus e da terra possa parecer um pré-requisito necessário para os novos céus e a nova terra prometidos no versículo 13, não está totalmente clara a necessidade de uma aniquilação do original. Os primeiros cristãos entendiam o dia do Senhor como uma renovação da criação, e não como uma destruição dela. Eusébio de Emesa escreve: "Como um manto, o corpo (de uma pessoa) envelhece com o tempo. Mas, embora envelheça, será renovado por sua vontade divina, ó Senhor. Os céus não serão destruídos, mas, sim, transformados em algo melhor. Da mesma forma, nossos corpos não são destruídos para desaparecer por completo, mas para que sejam renovados em um estado indestrutível".[50] Em suas visões do futuro, tanto Isaías[51] como João, o Revelador,[52] parecem sugerir uma transformação da primeira criação. Em 2Pedro, a adição do modificador adverbial "com grande estrondo" (*rhoizēdón*) reforça a

[49] Para o uso de *parérxomai* com a expressão mais completa "céus e terra", veja Mateus 5:18; 24:35; Lucas 16:17; 21:33. Veja Didaquê 10:6, em que o verbo é usado para se referir ao fim do mundo (*kósmos*). A maioria dos comentaristas concorda que a palavra traduzida por "elementos" (*stoixeia*) refere-se ao sol, à lua e às estrelas (cf. Isaías 34:4, LXX; *2Clemente* 16:3). Alternativamente, Beda entende que a palavra se referia aos elementos básicos da natureza. Ele escreveu: "Existem quatro elementos: terra, ar, fogo e água. Tudo isso será varrido por um grande incêndio. No entanto, esse fogo não devorará a todos, mas apenas dois deles (fogo e água), pois haverá um novo céu e uma nova terra quando essa destruição tiver passado" (Beda, "On 2 Peter", p. 239).

[50] Eusebius of Emesa, "Catena", p. 100.

[51] Em Isaías 65:17-35, o verbo hebraico para "criar" (*bârâ*) é usado três vezes nos dois primeiros versículos, enfatizando a atividade criadora de Deus; contudo, a descrição dessa nova criação é tão contínua com a vida anterior de Israel que acreditar nela dificilmente requer imaginação escatológica. Embora a taxa de mortalidade infantil seja zero (v. 20) e a expectativa de vida padrão seja consideravelmente prolongada ["quem morrer aos cem anos ainda será jovem, e quem não chegar aos cem será maldito" (v. 20)], a vida das pessoas parece de modo surpreendente semelhante ao antigo. A vida extraordinariamente longa, embora notável, não teria sido algo estranho aos israelitas, dada a duração da vida de seus patriarcas, conforme registrada em Gênesis. Na visão de Isaías acerca da nova criação, as pessoas estão vivendo em Jerusalém, construindo casas, plantando vinhas, desfrutando os frutos do seu trabalho e proporcionando um futuro seguro aos seus filhos e netos. A descontinuidade não reside no tipo de vida que vivem, cheia de paz e esperança, mas na prevalência com que a vivem, não mais de forma parcial ou ameaçada, mas em toda a sua extensão. A primeira pista de que a vida na nova criação representa um ecossistema radicalmente diferente vem no versículo final, que faz referência ao estilo de vida domesticado dos lobos, os quais se alimentarão não das ovelhas, mas com as ovelhas, e dos leões, que comerão palha como os bois (v. 25).

[52] Nos capítulos finais de Apocalipse, João relata sua visão de um novo céu e de uma nova terra, pois o primeiro céu e a primeira terra já passaram (21:1) e todas as coisas estão sendo feitas novas (21:5). Observe que ele não diz que Deus está fazendo *todas as coisas novas*, mas, sim, *fazendo novas todas as coisas*. Essa distinção é muito importante. Embora João tome emprestadas imagens de Isaías, contradiz explicitamente seu exemplo profético ao classificar a vida na nova criação como eterna: "Não haverá mais morte" (21:4). As primeiras coisas que passam são a morte, a tristeza e a dor. A morte da morte, em grande medida, é o que torna a nova criação renovada, ou seja, diferente.

conotação de julgamento, em face do uso frequente dessa metáfora na literatura judaica como acompanhamento do julgamento divino.[53] O texto de *2Clemente* 16, que quase certamente partilha uma fonte apocalíptica judaica comum com 2Pedro, fornece um paralelo corroborativo, em que o tema da conflagração cósmica é usado como um meio para revelar os feitos da humanidade. Clemente escreve: "Mas você sabe que 'o dia' do julgamento já está 'se aproximando como um forno ardente, e alguns[54] dos céus derreterão', e toda a terra será como chumbo derretido no fogo, e então serão manifestadas as ações secretas e abertas dos (humanos)" (16:3).[55]

O argumento de 2Pedro 3 pode ser resumido da seguinte forma: (1) os falsos mestres estão incorretos quando interpretam a demora da vinda do Senhor como evidência de que isso não vai acontecer; (2) a aparente demora resulta da longanimidade de Deus, não querendo que ninguém pereça, mas, antes, que todos cheguem ao arrependimento; (3) o atraso, entretanto, não deve ser presumido como uma absolvição, pois o julgamento é inevitável; (4) Deus criará um lugar para a justiça habitar; e, portanto, (5) *caveat lector*, que o leitor tome cuidado para viver em paz com Deus. De acordo com a interpretação oferecida acima, esse argumento não necessita da aniquilação. O monge Andreas, do século 7, escreveu: "Não seremos apenas nós, diz Pedro, mas também toda a criação ao nosso redor, que será mudada para melhor. Pois a criação participará da nossa glória, assim como foi sujeita à destruição e à corrupção por nossa causa".[56]

"Sustentabilidade apocalíptica" é um oxímoro?

Seguindo o exemplo de outros estudiosos pentecostais, tenho defendido uma escatologia inaugurada, ao mesmo tempo biblicamente

[53] Uma compreensão alternativa da metáfora onomatopaica (*rhoizēdón*) é que ela denota o crepitar dos elementos celestiais enquanto eles queimam na conflagração, e não um anúncio estrondoso do julgamento divino. Veja Oecumenius, "Commentary on 2 Peter", p. 616.

[54] Nessa passagem, Clemente alude a Isaías 34:4, que, em uma leitura variante da LXX, diz que "os poderes (*dunámeis*) do céu se dissolverão". J. B. Lightfoot recomenda substituir *dunámeis* por *tines* (alguns) na tradução de *2Clemente* 16:3. Lightfoot, *Apostolic fathers*, p. 250.

[55] A tradução de *2Clemente* vem de *Apostolic fathers*, 1:155.

[56] Andreas, "Catena", p. 101.

sólida e teologicamente prática. Ao adotar uma compreensão transformacional da escatologia, os pentecostais são capazes de manter a tensão entre o já e o ainda não. Por um lado, a criação já é boa e toda a vida tem valor. Portanto, os ministérios sociais da igreja são teologicamente viáveis. Desse modo, devemos continuar a orar e cuidar dos doentes, alimentar os famintos, abrigar os desabrigados, a abraçar os marginalizados, falar contra a injustiça e a cuidar do meio ambiente. Por outro lado, nossa esperança está na vinda de Deus, o único que tem o poder de transformar este mundo. Para evitar que o ativismo social se transforme em um ateísmo velado, devemos continuar a orar, cantar, adorar e discernir o que o Espírito está dizendo às igrejas.

Ao contrário da crença popular, a palavra "apocalipse" não significa fim dos tempos ou dissolução cósmica, mas, sim, desvendamento ou revelação. Os textos apocalípticos judaicos e cristãos antigos têm mais relação com discernir o significado espiritual do presente do que com prever o futuro. O poder da linguagem apocalíptica reside em suas metáforas drásticas, que se tornaram bastante comuns entre aqueles que falam sobre a crise ecológica (por exemplo, no documentário *An inconvenient truth* [Uma verdade inconveniente]). A natureza dualista da literatura apocalíptica (e do cristianismo primitivo) é frequentemente exagerada. É verdade que a literatura apocalíptica propõe o dualismo entre bem e mal, Criador e criação, era presente e era por vir. Contudo, os historiadores e críticos religiosos estão enganados quando assumem que esse dualismo apocalíptico inclui necessariamente uma denúncia de toda a fisicalidade em favor de uma realidade espiritual etérea.[57] Os primeiros cristãos e os judeus antes deles esperavam um fim da "presente ordem mundial", não um fim cósmico do espaço-tempo.[58] Quando o apocalipse é corretamente definido, a expressão "sustentabilidade apocalíptica" não é um oxímoro.

Para encerrar, quero fazer algumas observações finais sobre a razão pela qual penso que a sustentabilidade ecológica é uma questão importante para os pentecostais. Entre os vários desafios que o

[57] Veja Wright, *New Testament and the people of God*, p. 297-8.
[58] Ibidem, p. 299.

mundo enfrenta hoje, a crise ecológica cruza-se com e sobrepõe-se a uma série de outras questões de justiça. O pentecostalismo tem sido e continua a ser a religião preferida entre os pobres do mundo e, por essa razão, a teologia pentecostal tem frequentemente encontrado uma ligação correspondente com teologias que defendem a causa dos marginalizados. Isso pode ser visto na apreciação de várias formas de teologia da libertação, sejam latino-americanas, negras ou feministas. A teologia ecológica, como um dos muitos ramos da teologia política, é o próximo passo natural para os pentecostais. Ao abordar a crise ecológica, os pentecostais verão a interseção de seus esforços com outros ministérios sociais, porque a degradação ambiental e a pobreza caminham de mãos dadas. Mais uma vez nas palavras do Arcebispo Tutu: "Precisamos todos lidar com as forças que criaram essa crise e com os recursos dentro das nossas tradições que podem motivar-nos a resolver a crise".

5

O mistério da Grande Prostituta:

discernimento pneumático em Apocalipse 17

JOHN CHRISTOPHER THOMAS ■

UMA DAS IMAGENS ESCATOLÓGICAS mais intrigantes encontradas no Apocalipse é a da Grande Prostituta, no capítulo 17. Ela é a favorita entre os artistas que buscam trazer as imagens do Apocalipse para a expressão visual e, com frequência, é retratada em seus trabalhos. Sua relação com diversas figuras escatológicas, como a besta, os sete chifres da besta – que representam sete reis –, os dez reis que reinam por uma hora, aqueles a quem ela domina com seu poder e os santos de cujo sangue está bêbada, tudo isso faz dela uma personagem de relevo que, muitas vezes, faz parte das especulações contemporâneas sobre o fim dos tempos. Meu objetivo neste capítulo é oferecer um exercício de discernimento pneumático, o qual é exigido pelo próprio texto de Apocalipse. Em vez de impor uma variedade de questões externas ao texto, meu propósito é permitir que o texto do Apocalipse nos informe sobre o significado da Grande Prostituta, bem como de qualquer outro personagem dentro do texto com quem ela tem contato ou que a ela esteja relacionado. Metodologicamente, este capítulo emprega uma combinação de análises narrativas e intertextuais, com o objetivo de determinar, tanto quanto possível, o efeito do texto sobre os ouvintes. Procuro honrar tanto a natureza visionária do livro como seu aspecto profético, uma prioridade claramente estabelecida no livro.

O contexto da passagem dentro do livro do Apocalipse

À medida que a segunda e maior seção do Apocalipse vai chegando ao fim, a próxima seção principal começa com a terceira ocorrência da expressão “no Espírito” (17:3). Essa passagem extensa conduz os ouvintes da destruição de Babilônia, a Grande Cidade, à Nova Jerusalém, que desce do céu. Assim, nessa seção os ouvintes encontram um relato das coisas finais. Começando pela descrição de Babilônia, a Grande Cidade (17:1-18), a seção avança para uma extensa descrição de sua destruição (18:1-24). Segue-se um relato de grande clamor no céu acompanhando a ceia das bodas do Cordeiro (19:1-10), da vitória do Rei dos Reis e Senhor dos Senhores sobre seus inimigos (19:11-21), dos mil anos do reinado de Jesus e daqueles que venceram (21:1-6), da rebelião e da derrota final de Satanás (20:7-10), do julgamento final (20.11-15) e da descrição da Nova Jerusalém descendo do céu (21:1-8).

A mulher e a besta: Babilônia, a prostituta (17:1-18)

Mais uma vez, os ouvintes podem ser perdoados se não estiverem preparados para o fato de o Apocalipse ainda não ter chegado ao fim. Isso porque, apesar de as últimas sete pragas da ira de Deus já terem sido derramadas, culminando na destruição da Grande Cidade e na queda das cidades das nações, a narrativa continua: “Um dos sete anjos que tinham as sete taças aproximou-se e me disse: ‘Venha, eu lhe mostrarei o julgamento da grande prostituta que está sentada sobre muitas águas, com quem os reis da terra se prostituíram; os habitantes da terra se embriagaram com o vinho da sua prostituição”. Embora essas palavras não designem qual dos sete anjos está em vista, os ouvintes provavelmente entenderiam essa figura angélica como o sétimo anjo que derramou a sétima taça,[1] o que remete à destruição da Grande Cidade, agora apresentada como o julgamento da Grande Prostituta. O fato de esse anjo ser um dos que derramaram as últimas sete taças das pragas da ira de Deus também sugeriria aos ouvintes que o relato do julgamento

[1] Smalley, *Revelation to John*, p. 426.

a seguir está intimamente atrelado ao derramamento das taças que o precede.[2] Talvez os ouvintes também apreciassem o fato de que, embora muitos anjos tenham sido apresentados até este ponto no livro, essa é a primeira vez que um anjo se dirige, de forma direta, a João. Um encontro tão dramático torna-se ainda mais significativo pelas palavras específicas que o anjo dirige a João. Embora a primeira palavra vinda do anjo para João (*deuro*, "venha") pudesse ser tomada como uma simples ordem da parte do anjo, os ouvintes joaninos provavelmente se lembrariam de que sua única outra ocorrência em toda a tradição joanina está na ordem de Jesus a Lázaro para "sair" de seu túmulo (João 11:43). Tal associação, sem dúvida, enfatizaria a ideia de que, por meio dessa ordem angélica, João encontra um convite divino. O significado desse convite é ainda revelado pela próxima palavra do anjo (*deixo*, "eu lhe mostrarei"), já que seu significado para os ouvintes joaninos incluiria dois aspectos específicos, em face de suas ocorrências anteriores dentro do Apocalipse e seu uso na tradição joanina mais ampla.

Em primeiro lugar, os ouvintes já encontraram esse termo em Apocalipse 1:1 e 4:1, passagens em que a palavra está intimamente associada às coisas que devem acontecer em breve, sugerindo que o julgamento da Grande Prostituta deve ocorrer logo. Em segundo lugar, o termo também tem uma história rica no quarto Evangelho, no qual é frequentemente usado para fazer referência à revelação divina, que vem de Jesus e/ou de Deus (João 5:20; 10:32; 14:9; 20:20).[3] Assim, em Apocalipse 17:1, o termo pareceria aos ouvintes repleto de um significado revelador divino. O anjo promete mostrar a João, especificamente, "o julgamento da grande prostituta que está sentada sobre muitas águas". É difícil acreditar que os ouvintes não veriam no julgamento da Grande Prostituta uma resposta à oração das almas sob o altar para que Deus julgasse aqueles que derramaram seu sangue (6:10). Tal ato de julgamento se ajustaria perfeitamente ao fato de que, no Apocalipse, o tempo para julgar os mortos já chegou (11:18; 14:7) e de que os julgamentos de Deus são realmente considerados justos (16:5,7). Tais conexões também sugeririam

[2] Prigent, *L'Apocalypse de saint Jean*, p. 375; Murphy, *Fallen is Babylon*, p. 348.
[3] Schneider, "dei,knumi deiknu,w", p. 280-81.

aos ouvintes que uma descrição do julgamento final virá logo em seguida. A ocorrência da palavra *pornes*, "prostituta", lembraria os ouvintes de suas ocorrências anteriores, bem como introduziria um grupo de palavras nesse contexto, que terá destaque incomparável à medida que a seção vai se desenrolando. Anteriormente, os ouvintes encontraram a forma verbal desse termo em estreita associação com comer alimentos sacrificados aos ídolos (2:14), especificamente em relação às atividades da mulher que se autodenomina profetisa, mas a quem o Jesus ressuscitado chama de Jezabel — mulher que incentiva os servos de Deus a cometerem imoralidade sexual e consumirem alimentos sacrificados aos ídolos (2:20). No que diz respeito a essa mulher, o Jesus ressuscitado adverte que o julgamento a aguarda, bem como seus filhos, caso ela não se arrependa de sua imoralidade sexual (2:21-23). É provável que os ouvintes veriam no julgamento da Grande Prostituta, em 17:2, um cumprimento final da advertência que o Jesus ressuscitado dá em sua mensagem profética à igreja em Tiatira. Ao mesmo tempo, os ouvintes não ignorariam a maneira pela qual esse termo é frequentemente aplicado no AT a Israel (Oseias 5:3) e a uma variedade de cidades, incluindo Jerusalém (Isaías 1:21; Ezequiel 16:15; 23:1), Tiro (Isaías 23:16) e Nínive (Naum 3:4). Contudo, talvez mais do que qualquer outra coisa, os ouvintes pensariam nas palavras que Jeremias 51 fala a respeito da destruição de Babilônia.[4] A caracterização da Grande Prostituta, em Apocalipse 17:1, como "sentada sobre muitas águas" lembraria aos ouvintes não apenas a descrição da Babilônia em Jeremias 51:13, bem como as qualidades físicas da Babilônia histórica por meio da qual o Eufrates corria e que era atravessado por canais,[5] mas também revelaria algo sobre as ambições idólatras da Grande Prostituta, pois os ouvintes provavelmente se lembrariam de que é YAHWEH quem está entronizado sobre o dilúvio (Salmos 29:10).[6]

As palavras que seguem essa descrição deixam claro que a Grande Prostituta merece esse título, pois a grande *pornes*, "prostituta", é identificada como aquela com quem os reis da terra *eporneusan*, "se prostituíram", e de cujo vinho de *porneias*, "imoralidade sexual", os

[4] Prigent, *L'Apocalypse de saint Jean*, p. 375.
[5] Aune, *Revelation 17—22*, p. 929.
[6] Smalley, *Revelation to John*, p. 427.

habitantes da terra se embriagaram. Tal concentração de variações da mesma palavra grega nessa passagem serviria para destacar seu papel na sedução de outras pessoas em sua atividade idólatra. O fato de "os reis da terra" e "os habitantes da terra" — uma expressão que, em geral, tem associações negativas no livro (3:10; 6:10; 8:13; 11:10; 13:8,12,14), serem apresentados como seus parceiros ativos em atividades sexualmente imorais revela que sua sedução para a prática de atividades idólatras tem sido universalmente bem-sucedida, incluindo tanto os líderes mundiais como seu eleitorado. A menção ao "vinho da sua prostituição" comunicaria pelo menos outros dois significados aos ouvintes. Primeiro, serviria para aumentar o contexto de julgamento em que essas palavras ocorrem, dado o encontro anterior dos ouvintes com essa expressão em 14:8, que ocorre nas palavras do anjo: "Caiu! Caiu a grande Babilônia". Segundo, essa associação encorajaria os ouvintes a fazerem a ligação entre a Grande Prostituta e a Babilônia, a Grande, explícita em 17:5.

Embora, a esta altura, os ouvintes possam muito bem ficar impressionados com os muitos pontos de continuidade entre essas primeiras palavras do capítulo 17 e aquelas que as precederam, rapidamente descobrem que estão no início da próxima seção principal do Apocalipse ao ouvirem as seguintes palavras: "Então o anjo me levou no Espírito para um deserto". Pela terceira vez, os ouvintes encontram a expressão "no Espírito". A partir de seus encontros anteriores com a expressão em 1:10 e 4:2, eles provavelmente saberiam sua ocorrência aqui em 17:3 é bastante significativa. Primeiro, como não há nenhum indício no texto de que João não estivesse mais "no Espírito" no início do capítulo 17, o aparecimento da expressão aqui transmitiria um sentido de continuidade entre a experiência de João nos capítulos 1—3, sua experiência nos capítulos 4—16 e sua experiência no capítulo 17 e seguintes. Em segundo lugar, pelo que os ouvintes aprenderam em seus últimos encontros com essa expressão, provavelmente esperam palavras proféticas adicionais de Jesus ou sobre Jesus no que se segue. Terceiro, à medida que o Apocalipse vai se desenrolando, agora eles podem suspeitar que essa expressão é central para a estrutura do livro e descobrir que a revelação dada é "no Espírito". Quarto, parece haver uma conexão entre algumas localizações geográficas e estar "no Espírito". No capítulo 1, há uma conexão entre João estar na ilha de Patmos e sua experiência "no Espírito" (1:9-10), enquanto em Apocalipse 4:2 parece haver uma conexão entre João estar "no Espírito" e estar no céu. Essa tendência se mantém em Apocalipse 17:3, passagem em que João é transportado para o deserto "no Espírito", sem dúvida lembrando aos ouvintes a experiência de Ezequiel (3:12,14; 8:3; 11:1,24; 37:1; 43:5). Embora o local para onde João é transportado "no Espírito" possa surpreender os ouvintes contemporâneos, não é provável que tenha surpreendido os joaninos. Na tradição joanina, o deserto é um lugar no qual Deus atua de maneira profética e redentora. O deserto não é apenas o local da obra profética de João (o Batista), que é comparado a "uma voz que clama no deserto" (João 1:23), mas também onde ocorre o sinal redentor da serpente sendo levantada no deserto (3:14).[7] No discurso do pão da vida, por duas vezes Jesus faz referência à provisão graciosa de maná para Israel no deserto (6:31,49). Além dessas associações, o deserto também funciona como o lugar em que Jesus e seus discípulos se refugiaram após a ressurreição de Lázaro dentre os mortos (11:54). De Apocalipse 12:6-14 em diante, os ouvintes saberiam que o deserto é um lugar preparado por Deus para a proteção e o sustento do povo de Deus. Assim, quando João for transportado para o deserto "no Espírito", os ouvintes reconhecerão, sem dúvida, que o que espera por João não será menos repleto de significado profético e salvífico do que outros eventos do "deserto" na tradição joanina.[8] Assim que João é arrebatado, imediatamente começa a ver uma série de coisas: "Ali vi uma mulher montada numa besta vermelha, que estava coberta de nomes blasfemos e que tinha sete cabeças e dez chifres". No Espírito, João vê a Grande Prostituta, que está sentada sobre muitas águas, se transformar em uma mulher que está sentada sobre uma besta vermelha. Sua presunçosa e idólatra entronização sobre as águas, no lugar de YAHWEH, é revelada, na verdade, como uma entronização sobre uma besta idólatra. Os ouvintes podem não se surpreender com o fato de a mulher estar entronizada nessa besta, pois a cor lembra a do Grande Dragão Vermelho,[9]

[7] Sobre a dimensão salvífica desse texto, veja Thomas, *Spirit of the New Testament*, p. 175-89.
[8] Aune, *Revelation 17—22*, p. 933, que sugere que o deserto aqui tem uma conotação negativa.
[9] Ladd, *Revelation*, p. 223.

enquanto sua aparência física tem notável semelhança com a besta que emerge do mar em 13:1, que também tem dez chifres, sete cabeças e nomes blasfemos.[10]

Se essa mulher estiver realmente entronizada na besta escarlate, os ouvintes não terão dúvidas quanto ao seu caráter ou suas intenções. Seu poder vem do Grande Dragão Vermelho, que se opõe à mulher vestida de sol, ao seu filho e à sua outra semente — o dragão que foi expulso do céu. Por fim, o Grande Dragão Vermelho dá sua autoridade à besta do mar, que é uma paródia do Cordeiro, adora o dragão, é adorada por toda a terra como invencível na batalha, blasfema contra Deus e sua morada, e guerreia contra os santos. Não seria difícil para os ouvintes imaginarem o fato de essa besta ser apresentada em Apocalipse 17:3 como cheia de nomes blasfemos, já que tais nomes blasfemos revelam suas ações e a natureza presunçosa e idólatra. Se a mulher estiver entronizada sobre alguém assim, não pode haver absolutamente nenhuma dúvida quanto às suas próprias ações e à natureza presunçosa e idólatra.

Antes que os ouvintes possam ponderar sobre a relação entre a mulher e a besta vermelha, sua atenção é dirigida ao seu traje: “Achava-se a mulher vestida de púrpura e de escarlata, adornada de ouro, de pedras preciosas e de pérolas, tendo na mão um cálice de ouro transbordante de abominações e com as imundícias da sua prostituição” (Apocalipse 17:4, ARA). A ocorrência do termo *peribeblemene,* “vestida”, provavelmente chamaria a atenção dos ouvintes para o contraste entre a forma que essa mulher é descrita e a última ocasião em que esse termo é usado, referindo-se à mulher vestida de sol (12:1). Na verdade, até esse ponto no Apocalipse, cada ocorrência do verbo *periballo,* “vestir”, carrega consigo uma conotação positiva (3:5,18; 4:4; 7:9,13; 10:1; 11:3), sugerindo que o contraste que os ouvintes devem identificar não é simplesmente entre essas duas mulheres, por mais impressionante que seja, mas também entre essa mulher e todos aqueles que se encontram vestidos de branco. Especificamente, essa mulher está vestida de púrpura, cor que transmite pretensões à realeza,[11] o que, para os

[10] Murphy, *Fallen is Babylon*, p. 335

[11] Aune, *Revelation 17–22*, p. 935.

ouvintes joaninos, estaria associado à zombaria de Jesus por parte dos soldados durante sua Paixão, ao vesti-lo e exibi-lo com uma vestimenta púrpura (João 19:2,5) para caçoar dele como "o Rei dos Judeus" (19:3). Assim, não só seu relacionamento com a besta revela a natureza presunçosa e idólatra dessa mulher, mas também a descrição da primeira peça de roupa que ela está vestindo! O fato de ela também estar vestida de escarlata deixaria claro aos ouvintes que essa mulher depende da besta como base de sua autoridade e que ela realmente compartilha de sua natureza.[12]

O próximo detalhe de sua aparência sugere que ela está literalmente coberta de ouro, já que a expressão *kechrusomene chrusio*, "adornada de ouro", ressalta a extraordinária quantidade de ouro que ela usa, a mesma raiz da palavra aparecendo tanto no verbo como no substantivo, uma forma de transmitir melhor o ponto de vista. Tal como acontece com os detalhes anteriores, esse revela contraste entre todos os indivíduos e as coisas associadas ao ouro até esse ponto no Apocalipse (1:12,13,20; 2:1; 3:18; 4:4; 5:8; 8:3; 9:13,20; 14:14; 15:6,7) e esse retrato opulento.[13] Até mesmo a menção a *lítho timio*, "pedras preciosas", é significativa, provavelmente reforçando o caráter presunçoso e idólatra dessa mulher. Até esse ponto, apenas Deus e um dos anjos foram apresentados como usando pedras (4:3; 15:6) e somente a Deus e ao Cordeiro o termo *timen*, "honra" ou "valor", foi atribuído (4:9,11; 5:12,13; 17:12). Assim, o uso de pedras preciosas revela algo da natureza da mulher. Dadas todas essas associações, os ouvintes poderiam muito bem esperar que a menção das pérolas que a mulher usa também transmitisse mensagem semelhante. Porém, nesse momento, eles ficam em dúvida, pois terão de esperar até 21:21 para ter suas suspeitas confirmadas. Basta dizer que, de um modo nem sempre aparente para os intérpretes modernos, o traje dessa mulher revela muito sobre sua natureza e seu caráter presunçoso e idólatra.

Se o traje da Grande Prostituta reflete seu caráter, mais ainda é revelado pela taça de ouro em sua mão. Pois, em contraste com o cálice de ouro cheio das orações dos santos (8:3), esse cálice de

[12] Gause, *Revelation*, p. 221.

[13] A única exceção possível a esse uso positivo é encontrada em 9:7.

ouro está cheio de abominações e da impureza de sua imoralidade sexual.[14] O conteúdo do cálice seria especialmente significativo para os ouvintes, pois a expressão lhes transmite diversas coisas. Primeiro, pode parecer-lhes significativo que tanto *bdelugmaton*, "coisas repugnantes", como *ta akatharta*, "impureza", apareçam no plural, sublinhando a extensão de suas atividades abomináveis e impuras. Em segundo lugar, embora *bdelugmaton*, "coisas repugnantes", possa trazer consigo a ideia geral daquilo que é repugnante diante de Deus,[15] os ouvintes provavelmente teriam uma compreensão mais concreta desse termo, pois nos Profetas (na LXX) ele frequentemente aparece com referência a ídolos (Jeremias 13:27; 39:35; 51:22; Ezequiel 5:9,11; 6:9).[16] Terceiro, os ouvintes provavelmente veriam nas palavras *ta akatharta tes porneias autes*, "da impureza da sua prostituição", uma referência aos espíritos imundos da idolatria, que vêm da boca do dragão, da besta e do falso profeta em 16:13, que, por meio de sedução demoníaca, reúnem os reis de todo o mundo habitando juntos para fazer guerra com Deus (16:14).[17] Os apetites da mulher correspondem à sua aparência. Ela bebe constantemente em abominações idólatras e na impureza de sua imoralidade sexual, que caracteriza sua própria identidade idólatra.

Se houver alguma confusão por parte dos ouvintes quanto à identidade dessa mulher, eles recebem assistência divina adicional para auxiliar em seu discernimento pneumático com as seguintes palavras: "Em sua testa havia esta inscrição: MISTÉRIO: BABILÔNIA, A GRANDE; A MÃE DAS PROSTITUTAS E DAS PRÁTICAS REPUGNANTES DA TERRA". As primeiras palavras desse segmento de frase chamariam a atenção dos ouvintes, visto que eles passam a conhecer o significado que a testa de um indivíduo desempenha no Apocalipse, pois, até esse ponto, é o lugar no qual estão o selo de Deus (7:3; 9:4) e/ou seu nome (14:1) — nome colocado sobre aqueles que se identificam com ele. De forma inversa, é o lugar no qual a marca da besta foi colocada sobre aqueles que se identificam com ela (13:16; 14:9). Assim, a menção à testa da mulher aumentaria

[14] Wall, *Revelation*, p. 206.
[15] Zmijewski, "bde,lugma", p. 209-10.
[16] Prigent, *L'Apocalypse de saint Jean*, p. 377.
[17] Smalley, *Revelation to John*, p. 431.

o nível de expectativa dos ouvintes de que, em breve, teriam uma indicação clara da identidade da mulher. Suas expectativas não são frustradas quando descobrem que um nome foi escrito em sua testa, um nome escrito no passado que continua válido, como sugere o tempo perfeito *gegrpammenon*: "havia esta inscrição". Mas há mais, pois, pela terceira vez no livro, os ouvintes encontram a palavra "mistério". Embora seja possível que os ouvintes tomem a palavra "mistério" como parte do nome da mulher, é provável que as ocorrências anteriores desse termo (1:20; 10:7), ao lado de outros suportes divinos dados para facilitar o discernimento pneumático dos ouvintes, os alertassem de que o nome da mulher deve ser reconhecido, como muitos outros nomes que ocorrem no livro até esse ponto (Balaão, Jezabel, Sodoma, Egito, a cidade na qual seu Senhor foi crucificado, o número da Besta etc.).[18] Consequentemente, quando os ouvintes aprendem que o nome da Grande Prostituta é Babilônia, a Grande, compreendem que são capazes de reconhecer seu significado, assim como discerniram numerosos outros nomes, títulos e eventos ao longo do Apocalipse.

O que exatamente os ouvintes notariam a esse respeito? Talvez a coisa mais óbvia seria que essa Babilônia, a Grande, é a mesma Babilônia, a Grande, de 14:8, cuja queda foi declarada pelo segundo anjo e de cujo vinho da ira de sua imoralidade sexual todas as nações têm bebido. Essa reflexão ajudaria, de alguma forma, a fechar a lacuna entre essa figura e a descrição da Grande Prostituta, com a qual a seção começa, especificamente as palavras angélicas a João com relação ao julgamento da Grande Prostituta em 17:1 e o fato de os habitantes da terra ficarem embriagados com o vinho da prostituição. Os ouvintes provavelmente também lembrariam que a Babilônia, a Grande, mencionada em 17:5 é a mesma Babilônia, a Grande, que, no contexto do julgamento (16:17-21), foi lembrada diante de Deus para lhe dar o cálice do vinho do furor da sua ira (16:19). Será que os ouvintes também se lembrariam da Babilônia, a Grande, que destruiu Jerusalém, exilou seus habitantes, sentou-se sobre as águas e cujo rei finalmente reconheceu o Deus do céu (Daniel 4:4-37)? Se sim, talvez notassem que, assim como

[18] Aune, *Revelation 17—22*, p. 936.

a besta continua a existir apesar da morte de Nero, Babilônia, a Grande, continua a existir, apesar da destruição da antiga Babilônia![19] Entretanto, o título "Babilônia, a Grande" não é o único que a caracteriza, pois seu nome também inclui as palavras "A MÃE DAS PROSTITUTAS E DAS PRÁTICAS REPUGNANTES DA TERRA" (Apocalipse 17:5).[20] Essas palavras deixam claro que a Grande Prostituta e Babilônia, a Grande, são realmente iguais a essa Grande Prostituta e são a fonte, a origem e a mãe, de todas as prostitutas — daqueles que praticam e defendem a atividade idólatra. Essa mãe de todas as prostitutas contrasta diretamente com a mulher vestida de sol que dá à luz ao menino que é elevado ao céu (12:1-6) e com o restante de sua descendência, que são "os que obedecem aos mandamentos de Deus e se mantêm fiéis ao testemunho de Jesus" (12:17).[21] Em contraste, a mãe de todas as prostitutas produz pessoas como a falsa profetisa Jezabel, que comete e defende a imoralidade sexual (2:20-21), assim como sua mãe. A referência adicional à Babilônia, a Grande, como a mãe das "práticas repugnantes da terra" deixa clara sua relação com as abominações da idolatria, pois ela não apenas segura na mão uma taça de ouro cheia de tais abominações (17:4), mas também produz filhos que praticam e propagam ativamente atividades idólatras.

Apesar dessas descrições anteriores da Grande Prostituta, sua descrição torna-se ainda mais vívida com as próximas palavras lidas: "Vi que a mulher estava embriagada com o sangue dos santos, o sangue das testemunhas de Jesus". A segunda ocorrência de *ehidon*, "Vi", nessa passagem confirma aos ouvintes que a mulher que João viu sentada sobre uma besta vermelha (17:3) é a mesma que ele agora vê embriagada com o sangue dos santos. Várias ideias convergem nessa imagem repulsiva. Primeiro, para os ouvintes dificilmente poderia haver dúvida de que o sangue dos santos e o sangue das

[19] Cf. Cheung, "The mystery of Revelation 17:5 & 7", p. 1-19, esp. p. 18.

[20] Essa representação, em detalhes vívidos, da Grande Prostituta levou Bruns ("The contrasted women of Apoc. 12 and 17", p. 459-63) a concluir que Valéria Messalina, esposa do imperador Cláudio (41-54 d.C.), posou para esse retrato. Suas façanhas, conforme relatadas por Juvenal (*Satire* 6:116-32), Tácito (*Annals* 11:1,2,12,26-38) e Plínio (*Natural history* 11:171), sugerem que "Messalina foi lembrada [...] como (1) uma imperatriz romana que (2) literalmente fez o papel de prostituta e (3) coroou seus adultérios em meio ao ambiente luxuoso de uma orgia de bebedeiras". De acordo com o relato de Juvenal, ela literalmente tinha um nome falso (em sua testa?): "Lycisca", "The aolf girl". Bruns sugere que sua morte ignominiosa é semelhante à da Grande Prostituta em Apocalipse 17:16.

[21] Smalley, *Revelation to John*, p. 432.

testemunhas de Jesus aqui enfatizado estão intimamente ligados ao sangue das almas debaixo do altar (6:10) e ao sangue dos santos e profetas (16:6). Essa continuidade reforça a realidade da perseguição e da morte daqueles que seriam testemunhas fiéis de Jesus. Em segundo lugar, a menção ao sangue dos santos e ao sangue das testemunhas de Jesus serviria, mais uma vez, para chamar a atenção ao testemunho fiel do próprio Jesus, que teve seu sangue derramado, evento que traz consequências salvíficas e pelo qual ele é frequentemente elogiado. Assim, os ouvintes têm ainda outro lembrete de que aqueles que desejam seguir o Cordeiro aonde quer que ele vá (14:4) devem estar preparados para segui-lo até a morte. Terceiro, os ouvintes provavelmente também se perguntariam se não existe uma ligação entre o sangue com que essa mulher se embriagou e o cálice de ouro em sua mão, que está cheia de abominações e prostituição.

Embora o conteúdo do cálice não se transforme no sangue dos santos e no sangue das testemunhas de Jesus diante dos olhos (ou ouvidos) dos ouvintes, como as transformações que ocorreram com uma variedade de outras imagens no Apocalipse até esse ponto, os ouvintes provavelmente reconhecerão uma profunda conexão entre ambos. À medida que o Apocalipse vai se desenrolando, um aumento na atividade idólatra da terra traz consigo a morte dos santos. Isso é visto, em parte, pela maneira que o Grande Dragão Vermelho faz guerra contra os santos (12:17) e pela maneira que a besta da terra não permitirá nenhuma dissidência da adoração universal da primeira besta (13:15). Aqueles que permanecem fiéis em seu testemunho de Jesus e se recusam a adorar a besta, sua imagem, seu nome ou seu número inevitavelmente enfrentam a morte. Assim, o conteúdo da taça de ouro e o sangue com que a Grande Prostituta se embriaga compartilham uma ligação profunda.[22] O aumento de um implica o aumento do outro. Em último lugar, os ouvintes também podem identificar uma conexão entre o vinho de sua prostituição *ek*, "com o qual", os habitantes da terra se embriagaram, o cálice de ouro cheio de abominações e a impureza de sua prostituição, e o sangue dos santos e o sangue das testemunhas de Jesus *ek*, "com o qual", a Grande Prostituta se embriagou. Essa ligação deixa claro que a Grande Prostituta não

[22] Ibidem.

está sozinha em sua culpabilidade, que é compartilhada pelos reis da terra que cometeram imoralidade sexual com ela (17:2) e pelos habitantes da terra que se embriagaram com seu vinho, depois de adorar a besta (13:8,12,14). Neste caso, os ouvintes também podem se perguntar sobre a relação entre o sangue dos santos e das testemunhas de Jesus, do qual ela se embriagou, e o sangue que Deus deu aos seus inimigos para beber, por terem derramado o sangue de seus santos e profetas (16:6). Quer os ouvintes vissem ou não, em retrospecto, o sangue com o qual Deus inunda a terra e seus habitantes com o derramamento das últimas taças de sua ira e o sangue com o qual a Grande Prostituta se embriagou, eles provavelmente apreciariam a conexão entre o testemunho fiel dos santos, seu sangue derramado, as orações que oferecem e o julgamento final de Deus sobre a terra. Nesse caso, o estado de embriaguez resultante da orgia de atividade idólatra que levou à morte dos santos e das testemunhas de Jesus revela que a Grande Prostituta ficou embriagada e se viu incapaz de funcionar de forma lúcida, tendo consumido a testemunha que poderia tê-la levado à salvação!

Mesmo a natureza perturbadora da descrição da Grande Prostituta até esse ponto talvez não prepare os ouvintes para o choque que advém das próximas palavras que vão ler, pois João declara: "Quando a vi, fiquei muito admirado" (Apocalipse 17:6). Vários aspectos dessa declaração seriam significativos para os ouvintes. Talvez a primeira coisa a impressioná-los seja a estrutura gramatical, pois as palavras "quando a vi" ficam no meio da frase grega, cercadas por um acusativo cognato em que tanto o verbo como o objeto direto empregam a mesma raiz grega — nesse caso, *ethaumasa*, "fiquei muito admirado" [...] *thauma mega*, "uma grande maravilha". Assim, gramaticalmente, a visão dessa mulher é cercada pelo maravilhamento de João, ressaltando que sua aparência surtiu esse efeito. O que aumentaria o sentimento de preocupação dos ouvintes é sua memória de que esse mesmo verbo apareceu apenas outra vez no Apocalipse para se referir à resposta do mundo inteiro à cura da cabeça ferida da besta (13:3), uma resposta que resulta em adoração universal ao dragão e à besta (13:4)![23] É possível que, aqui, João pudesse ser suscetível

[23] Caird, *Revelation of saint John*, p. 213.

à mesma sedução idólatra que resultou na adoração do dragão e da besta por todo o mundo?[24] Essa possibilidade seria uma ênfase adicional ao tema recorrente da adoração verdadeira e falsa. Se o próprio João, que estava "no Espírito" naquele momento, ainda assim foi tentado, alguém poderia ficar imune a tamanha sedução? Tal possibilidade serviria como um alerta severo aos ouvintes sobre a vigilância necessária para resistir à tentação. Ao mesmo tempo, os ouvintes joaninos provavelmente lembrariam que esse termo é usado para uma resposta que, com frequência, acompanha alguns aspectos dos ensinamentos ou das ações de Jesus que se revelam de difícil entendimento para vários indivíduos no quarto Evangelho (João 3:7; 4:27; 5:20,28; 7:15,21). Além de aumentar o significado da vigilância no que diz respeito às tentações da adoração idólatra, os ouvintes talvez também vissem nessas palavras um sinal da perplexidade de João ao interpretar esse detalhe da visão.[25]

Se os ouvintes ainda estão preocupados com a resposta de João ao poder sedutor da Grande Prostituta, também o anjo parece estar, como João relata: "Então o anjo me disse: 'Por que você está admirado? Eu lhe explicarei o mistério dessa mulher e da besta sobre a qual ela está montada, que tem sete cabeças e dez chifres'" (Apocalipse 17:7). Essas palavras do anjo abordam ambos os aspectos da reflexão dos ouvintes sobre a resposta de João à visão da Grande Prostituta. O anjo começa com uma pergunta que dificilmente pode ser considerada outra coisa senão uma repreensão a João.[26] Para os ouvintes, a pergunta proporcionaria algum espaço, ainda que pequeno, para refletir sobre a resposta de João à Grande Prostituta. Talvez também provocasse os ouvintes a responderem, eles próprios, à mesma pergunta. Existe alguma sedução nessa visão que possa resultar em atividade idólatra da parte deles? Ou, dito de outra forma, o que há nessa visão de tão sedutor? Os ouvintes aprendem várias coisas com o restante das palavras ditas a João. Primeiro, são informados de que, assim como João, receberão assistência divina adicional em seu discernimento pneumático, pois o

[24] Schüssler Fiorenza, *Book of Revelation*, p. 96.
[25] Aune, *Revelation 17–22*, p. 938.
[26] Gause, *Revelation*, p. 223.

anjo diz que explicará o mistério da mulher e da besta que a carrega. Especificamente, os ouvintes podem muito bem suspeitar que o significado das sete cabeças e dos dez chifres da besta será revelado pelo anjo, assim como o Jesus ressuscitado revelou o mistério das sete estrelas e dos sete candelabros de ouro em 1:19-20. Segundo, os ouvintes aprendem sobre a estreita relação entre a mulher e a besta, pois seu mistério deve ser explicado em conjunto.[27] Terceiro, ao descobrirem que a mulher está sendo carregada pela besta (*bastazontos*, "sobre a qual ela está montada"), os ouvintes, sem dúvida, contrastariam essa besta e o que ela carrega com a igreja em Éfeso, "que [...] não pode tolerar (*bastasai*, 'suportar') homens maus" (2:2), mas que "tem perseverado e suportado (*ebastasas*, 'carregar') sofrimentos por causa do meu nome" (2:3).

O anjo, talvez contrariamente às expectativas dos ouvintes, começa sua explicação do mistério da mulher e da besta com a atenção focada na besta: "A besta que você viu, era e já não é. Ela está para subir do abismo e caminha para a perdição. Os habitantes da terra, cujos nomes não foram escritos no livro da vida desde a criação do mundo, ficarão admirados quando virem a besta, porque ela era, agora não é, e entretanto virá" (Apocalipse 17:8). A primeira coisa a chamar a atenção dos ouvintes pode muito bem ser as palavras "a besta", que aparece primeiro na oração gramatical grega como um ponto de ênfase, seguida das palavras *ho eides*, "que você viu", um marcador literário que direciona a atenção dos ouvintes a muitos detalhes da visão para a qual o anjo agora oferece interpretação.[28] Ao concentrarem a atenção na besta, os ouvintes aprendem que ela é apresentada com uma denominação: "era e já não é. Ela está para subir do abismo", que é simultaneamente uma paródia daquele que está sentado no trono e do Cordeiro.

Essa tripla denominação não poderia deixar de invocar a tripla descrição de Deus como "aquele que é, que era e que há de vir" (1:4,8; 4:8). Essa denominação ajudaria os ouvintes a entenderem a presunção idólatra da besta em consonância com a Grande Prostituta. Os ouvintes também podem reconhecer que essa denominação, por

[27] Ladd, *Revelation*, p. 226.
[28] A expressão *ho eides*, "que você viu", ocorre cinco vezes em 17:8-18 (v. 8,12,15,16,18).

mais idólatra que seja, traz consigo o testemunho da destruição da besta, pois dificilmente eles a escutariam sem se lembrar que Deus agora é apresentado com uma denominação dupla, "que és e que eras" (11:17), sugerindo que Deus não é mais apresentado como aquele que vem: ele já veio! Ao mesmo tempo, a descrição da besta como "e já não é" sem dúvida seria tomada como referindo-se ao massacre sofrido por uma das cabeças da besta (13:3), que é uma paródia do Cordeiro, o qual também foi massacrado (5:5). A caracterização da besta como prestes a "subir do abismo e caminha para a perdição" revela parte de seu caráter,[29] por causa de sua origem e do fim, e confirma aos ouvintes que essa besta é idêntica àquela que guerreia e vence as duas testemunhas (11:7), pois também ela vem do abismo. Assim, a suspeita anterior de que a besta que vem do abismo (11:7) e a besta que vem do mar (13:1) são uma única entidade é confirmada.

Com esses pensamentos ainda em mente, a atenção é dirigida para "os habitantes da terra [...] ficarão admirados" (Apocalipse 17:8), palavras que lembram aos ouvintes que o espanto terreno com a cura da cabeça abatida da besta levou à adoração universal do dragão e da besta (13:3-4), e que o próprio João ficou surpreso ao ver a Grande Prostituta (17:6). Pela segunda vez no livro, a identidade dos habitantes da terra, que ficam admirados com a besta, fica mais clara com as seguintes palavras: "cujos nomes não foram escritos no livro da vida desde a criação do mundo" (Apocalipse 17:8). Anteriormente, o livro da vida esteve intimamente associado ao Jesus ressuscitado (3:5) e ao Cordeiro morto antes da fundação do mundo (13:8). Aqui, apesar da falta de exatidão na linguagem, os ouvintes joaninos seriam lembrados do fato de que aqueles que estão tão entusiasmados com a besta tomaram a decisão de se identificar com ela, deixando de levar em consideração as provisões salvíficas feitas pelo Cordeiro abatido — provisões salvíficas que, na verdade, são anteriores à fundação deste mundo e estão fundamentadas no relacionamento pré-temporal do Pai e do Filho. Em última análise, eles são lembrados de que pessoas assim não

[29] Caird as apresenta como qualidades permanentes da besta, e não como um relato de eventos isolados. A besta está sempre surgindo do abismo e sempre caminhando rumo à destruição. Caird, *Revelation of saint John*, p. 216.

têm seus nomes escritos no livro da vida porque escolheram aquele cujos caminhos levam à destruição, e não aquele que é a Vida, em cujo livro seus nomes não aparecem. Os habitantes da terra ficarão admirados por "verem a besta, porque ela era, agora não é, e entretanto virá". Com essas palavras, talvez os ouvintes percebessem que a descrição dos habitantes da terra, que estão admirados com a besta e cujos nomes não foram escritos no livro da vida, está delimitada, de ambos os lados, por descrições da denominação tripla da besta, o que ressalta seu caráter presunçoso e idólatra. A intensidade dessa última denominação é ainda maior pelo fato de terminar com a palavra *parestai*, "virá", que não só é usada exclusivamente para a atividade de Jesus no quarto Evangelho (João 7:6; 11:28), mas também é o verbo do qual deriva o substantivo *parúsia*, "vinda",[30] um termo usado pelo menos em uma ocasião na tradição joanina para o retorno de Jesus (1João 2:28). Assim, a descrição da besta como uma paródia daquele que está sentado no trono e do Cordeiro continua na última palavra de Apocalipse 17:8.

À medida que os ouvintes passam a refletir sobre detalhes tão surpreendentes, encontram palavras que, mais uma vez, encorajam seu discernimento pneumático: "Aqui se requer mente sábia. As sete cabeças são sete colinas sobre as quais está sentada a mulher. São também sete reis" (Apocalipse 17:9-10). Para os ouvintes, pouco importa se esse chamado é para refletir sobre as palavras de 17:8[31] ou para que avancem na explicação oferecida pelo anjo, pois as palavras de 17:8 e as seguintes estão intrinsecamente conectadas. O chamado ao discernimento pneumático lembra um chamado semelhante em Apocalipse 13:18, passagem em que, seguindo as palavras "Aqui há sabedoria", é feito um chamado para "aquele que tem entendimento" com o propósito de calcular o número da besta.[32] De forma significativa, o chamado em 17:9 combina as palavras "entendimento" com "sabedoria", e o versículo também se preocupa em reconhecer espiritualmente os aspectos da identidade da besta, sugerindo que o discernimento exigido em 13:18 e 17:9 são atividades relacionadas. As primeiras palavras que acompanham esse apelo ao discernimento

[30] Schneider, "μάρειμι", p. 36.
[31] Veja Aune, *Revelation 17—22*, p. 941; Smalley, *Revelation to John*, p. 435.
[32] Murphy, *Fallen is Babylon*, p. 359.

pneumático ajudam os ouvintes nessa tarefa, pois revelam algo sobre a identidade das sete cabeças da besta, assim como Jesus revelou o mistério das estrelas e dos sete castiçais anteriormente no livro (1:20). Em 17:9, o anjo revela que as sete cabeças são sete colinas, uma identificação que poderia muito bem levar os ouvintes a pensar nas sete colinas de Roma, em virtude de sua descrição em muitos autores antigos (Virgílio, *Geórgicas* 11:535; *Eneida* vi.783; Horácio, *Carmina* 7; Ovídio, *Tristezas* 1:5.69; *Metamorfoses* iv:64; Cícero, *ad Atticum* vi:5).[33] Tal identificação também confirmaria a ligação entre o discernimento pneumático mencionado em 13:18 e em 17:9. No primeiro caso, há uma semelhança entre Nero e besta; no segundo, há uma semelhança entre Roma e a besta. Mas, da mesma forma que a besta não se limitou à identificação com Nero no discernimento pneumático anterior dos ouvintes, a imagem das sete colinas não se esgotaria na identificação de Roma com a besta.[34] O significado do número sete ao longo do Apocalipse provavelmente comunicaria a imagem de Roma; a imagem das sete colinas provavelmente transmitiria a ideia de poder universal, não muito diferente da forma que as montanhas e colinas estavam intimamente associadas ao poder político no Antigo Testamento (Jeremias 51:25).[35] Essa identificação certamente não seria um choque para os ouvintes, por causa do poder universal com que a besta governa no capítulo 13. Nem representa uma surpresa que a Grande Prostituta, Babilônia, a Grande, sente-se sobre eles, pois são as sete cabeças da besta!

No entanto, antes que os ouvintes possam compreender de forma plena essa interpretação, a imagem das sete cabeças, que se transformou nas sete colinas, agora se transforma na imagem dos sete reis. Embora, algumas vezes, constitua um desafio para os intérpretes modernos,[36] tal transformação confirma o reconhecimento inicial dos ouvintes de que as colinas fazem referência a poderes políticos, até mesmo a poderes políticos universais. Embora não tão evidente como no caso das sete colinas, a imagem

[33] Caird, *Revelation of saint John*, p. 216.

[34] Smalley, *Revelation to John*, p. 435.

[35] Wall, *Revelation*, p. 207.

[36] Por exemplo, Ladd não vê conexão entre as sete colinas e os sete reis, preferindo considerar os sete reis os representantes de sete reinos (Ladd, *Revelation*, p. 227).

dos sete reis possivelmente traria Roma à memória dos ouvintes, pois, nas histórias romanas e etruscas (Tácito, *Histórias* 3:72; Plínio, *História Natural* 34:139), houve sete reis (Romulus, Numa Pompilius, Tullus Hostilius, Ancus Marcus, Tarquinus Priscus, Servius Tullius e Tarquinius Superbus), com historiadores posteriores chegando a identificar figuras menores com figuras maiores, a fim de preservar o número sete![37] Ao mesmo tempo, a imagem de sete reis reforçaria para os ouvintes a ideia de governo universal ou completo, que as sete colinas inicialmente geraram e que a besta exibiu anteriormente, no capítulo 13.

Agora, com a imagem dos sete reis em mente, os ouvintes encontram palavras adicionais: "Cinco já caíram, um ainda existe, e o outro ainda não surgiu; mas, quando surgir, deverá permanecer durante pouco tempo" (Apocalipse 17:10). Vários aspectos dessas palavras enigmáticas seriam significativos para os ouvintes. Em primeiro lugar, essas palavras ampliam claramente a descrição e concentram-se na imagem dos sete reis, visto que sua descrição corporativa agora assume a forma tripla. Em segundo lugar, essa forma tripla é uma reminiscência da descrição tripla da besta, "era, agora não é, e entretanto virá" (17:8), sugerindo que a identidade dos sete reis deve ser compreendida como intimamente ligada à identidade da besta. Terceiro, o fato de que "Cinco já caíram, um ainda existe, e o outro ainda não surgiu" sugere que os ouvintes que já encontraram a besta na forma dos "cinco já caíram" estão atualmente enfrentando a besta na forma daquele que é, e certamente o enfrentarão na forma daquele "outro [que] ainda não surgiu", mas reinará por um pouco de tempo. Quarto, o fato de que "Cinco já caíram" e "um ainda existe" sugere aos ouvintes que eles realmente estão perto do fim de todas as coisas, pois aguardam o surgimento daquele que completa os "sete".[38] Quinto, as palavras ditas sobre o sétimo, "deverá permanecer [*oligon*] durante pouco tempo", podem muito bem lembrar aos ouvintes palavras semelhantes ditas sobre o Diabo, que sabe que tem apenas *oligon*, "pouco tempo" (12:12), ressaltando ainda mais a conexão entre o Diabo, a besta e os sete reis. Sexto, a referência a "permanecer durante pouco tempo" pode

[37] Aune, *Revelation 17–22*, p. 948.

[38] Beasley-Murray, *Revelation*, p. 257.

até trazer à mente do ouvinte a duração relativamente curta do reinado de quarenta e dois meses da besta (13:5), apontando, mais uma vez, para a conexão entre a identidade dos sete reis e a besta.

As tentativas de calcular a identidade desses sete reis seriam praticamente impossíveis, por causa do elevado número de variáveis envolvidas, como, por exemplo, o ponto de partida para os cálculos (começa-se com Júlio César, Augusto ou até mesmo com Tibério?), os parâmetros que determinam quais reis estão incluídos e quais são excluídos (incluem-se todos aqueles que governaram, até mesmo figuras relativamente menores, como Galba, Otão, Vitélio?) e a identidade daquele que é (Galba, Otão, Vitílio, Vespasiano, Tito, Domiciano?).[39] Embora provavelmente não houvesse consenso nem mesmo entre os ouvintes quanto à identidade dos sete reis,[40] a probabilidade da estreita ligação entre o Diabo, a besta e os sete reis seria bastante clara.[41]

A relação entre a besta e os sete reis fica ainda mais clara nas próximas palavras que os ouvintes encontram: "E a besta, que era e não é, também é ele, o oitavo rei, e procede dos sete, e caminha para a destruição" (Apocalipse 17:11, ARA). Talvez uma das primeiras coisas que impressionam os ouvintes ao se deparar com essas palavras seja a maneira pela qual elas, ao lado daquelas da última parte de 17:8, servem como uma *inclusio* em torno do mistério que os ouvintes são chamados a discernir nos versículos 9 e 10. Assim, a besta e sua identidade estão integralmente interligadas com as sete colinas, que são os sete reis. A fórmula tríplice pela qual a besta passou a ser conhecida como uma paródia de Deus e do Cordeiro é expandida nesse versículo, chamando a atenção para alguns elementos da identidade da besta que, até esse ponto, ainda não foram esclarecidos. Dois aspectos dessa expansão são particularmente dignos de nota. Primeiro, a besta, nesse versículo, é identificada como "o oitavo", um detalhe surpreendente, pois, até aqui, só houve referência a sete reis. Embora os ouvintes possam se sentir tentados a interpretar essas palavras como significando que os sete reis se transformaram em um oitavo rei, essa opção interpretativa é improvável, em virtude da proeminência do número sete em todo o livro em geral e à sua proeminência no que

[39] Para as diversas possibilidades, veja a útil visão geral de Aune, *Revelation 17—22*, p. 945-50.
[40] Para um argumento semelhante, veja Kiddle, *Revelation*, p. 350.
[41] Para uma conclusão semelhante, veja Murphy, *Fallen is Babylon*, p. 358.

diz respeito à besta em particular. Em vez disso, esse detalhe enigmático provavelmente produziria mais reflexão sobre a identidade da besta. Talvez a referência à besta como "oitavo" lembrasse aos ouvintes a reflexão perspicaz à qual foram anteriormente chamados, ao calcularem o nome da besta e seu número, 666.

Entre as muitas coisas identificadas sobre o número da besta, estava o fato de que o número 666 é triangular, a soma de todos os números de 1 a 36, e que os números triangulares são extremamente raros. Na verdade, o número 666 é apenas o oitavo número triangular a ocorrer (1, 6, 21, 55, 120, 231, 406 e 666).[42] Em um nível, então, a identificação da besta como "oitavo" em 17:11 provavelmente chamaria a atenção dos ouvintes de volta aos cálculos do número da besta em 13:18, revelando ainda mais a conexão entre os sete reis e a besta. Nesse sentido, a besta não é o oitavo rei depois dos sete, mas o "oitavo" cujo número é 666. Em segundo lugar, tal entendimento deixaria claro para os ouvintes por que a besta é *ek*, "procede dos", "dos sete",[43] pois a sua identidade coincide com os sete como um todo, e não como um dos sete individualmente. Assim, esse oitavo (666) procede dos sete. Antes de deixar a discussão do versículo 11, é preciso observar que as palavras com que esse versículo conclui, "e caminha para a destruição", são um lembrete de que, apesar do relacionamento da besta com os sete reis, ela está finalmente condenada à destruição. É típico da sua identidade, um detalhe do qual ela não pode escapar!

A caracterização da besta continua nas palavras que se seguem: "Os dez chifres que você viu são dez reis que ainda não receberam reino, mas que por uma hora receberão autoridade como reis, juntamente com a besta". Pela segunda vez na caracterização da besta, os ouvintes encontram as palavras *ho eides*, "que você viu", sugerindo que um novo detalhe está sendo revelado acerca do mistério da besta sobre a qual a Grande Prostituta está sentada. Especificamente, agora a atenção está focada nos dez chifres da besta, divinamente revelados como dez reis. Ao serem informados desse detalhe, os ouvintes teriam uma série de ideias anteriores provavelmente convergindo para ele. Pois, desse ponto de vista, seria mais fácil identificar a conexão entre os dez dias de tribulação sofrida trazida pelo

[42] Bauckham, *Climax of prophecy*, p. 395-6.

[43] Mounce, *Book of Revelation*, p. 316.

Diabo (2:10), os dez chifres do Grande Dragão Vermelho (12:3), os dez chifres e dez diademas da besta (13:1), o número da besta (666), que, em grego, inclui a palavra/número *deka*, "dez", os dez chifres da besta sobre a qual a Grande Prostituta está sentada (17:3,7), os dez reis que são os dez chifres (17:12) e como estão todos intimamente ligados ao Grande Dragão, a antiga serpente, aquele chamado Diabo e Satanás, aquele que engana o mundo inteiro (12:9). Nesse sentido, seu trabalho é o mesmo. Assim, mais uma vez, a obra da besta se concretiza em termos humanos. Embora a identidade desses dez reis seja um mistério a essa altura, talvez os ouvintes vejam alguma continuidade entre eles e os dez chifres/reis escatológicos de Daniel 7:24, por um lado, e os reis do leste (Apocalipse 16:12) que parecem se transformar em todos os reis de todo o mundo habitado (16:14), por outro lado. A conexão entre os dez reis e todos os reis do mundo habitado se encaixaria perfeitamente na forma que "dez" é, em si, um número de conclusão no Apocalipse. O que talvez fosse mais claro para os ouvintes nesse ponto do que a identidade dos dez reis é a maneira pela qual a descrição seguinte desses reis se assemelha a uma parte da caracterização dos sete reis antes mencionada. A apresentação dos dez reis como aqueles "que ainda não receberam reino" e "que por uma hora receberão autoridade como reis" (17:12) é um paralelo notável com a descrição anterior do último dos sete reis descrito como "o outro ainda não surgiu; mas, quando surgir, deverá permanecer durante pouco tempo" (17:10). Tais semelhanças enfatizariam pelo menos a estreita ligação entre esses dez chifres da besta e uma ou mais das sete cabeças da besta. A curta duração do reinado desses dez reis — uma hora — contrasta fortemente com o reinado de quarenta e dois meses da besta (13:5), demonstrando, assim, que seu reinado dura apenas a parte mais curta de sua atividade. A natureza derivada de sua autoridade fica clara pelo fato de que eles têm autoridade como reis "juntamente com a besta". A relação dos dez reis com a besta torna-se ainda mais clara nas palavras que se seguem: "Eles têm um único propósito, e darão seu poder e sua autoridade à besta" (Apocalipse 17:13). A construção gramatical sugere que esse "único" propósito é dar seu poder e sua autoridade à besta, sublinhando a ligação íntima entre os dez reis e a besta. Quando os ouvintes encontram um (os dez reis), eles encontram o outro (a besta)!

As intenções dos dez reis ficam claras nas palavras que se seguem: "Guerrearão contra o Cordeiro, mas o Cordeiro os vencerá, pois é o Senhor dos senhores e o Rei dos reis; e vencerão com ele os seus chamados, escolhidos e fiéis" (Apocalipse 17:14). De uma forma que lembra a sedução demoníaca de todos os reis de todo o mundo habitado que se reúnem no Armagedom para fazer guerra (16:16), esses dez reis guerrearão contra o Cordeiro. Em várias passagens do Apocalipse, a atenção é atraída para a capacidade da besta (11:7) e do Grande Dragão Vermelho (12:7,17) de guerrear contra o povo de Deus. Na verdade, os habitantes da terra até entoavam canções para a besta, exaltando sua alegada invencibilidade na guerra (13:4). Apesar dessas atividades, 17:14 é o primeiro texto a afirmar explicitamente que a guerra foi travada contra o Cordeiro! Provavelmente não é surpresa para os ouvintes saberem que os esforços de guerra contra o Cordeiro por parte dos dez reis (os dez chifres da besta) resultam em derrota total, pois esse Cordeiro está unicamente conectado com a vitória no Apocalipse: ele se apresenta como aquele que venceu (3:21), é descrito como tendo vencido como o Leão da tribo de Judá (5:5) e ainda é dito que os seguidores venceram pelo sangue do Cordeiro e pela palavra do seu testemunho (12:11). Esse mesmo Cordeiro, que anteriormente havia prometido fazer guerra com a espada da sua boca contra aqueles que se recusassem a se arrepender em Pérgamo (2:16), é vitorioso contra os dez reis (da besta).

Os ouvintes são informados, de forma expressa, por que o Cordeiro vence, "pois ele é Senhor dos senhores e Rei dos reis", uma atribuição extraordinária! Até esse ponto no Apocalipse, o termo *kurios*, "senhor", tem sido frequentemente aplicado a "Aquele que está assentado no trono", "o Senhor, Deus, o Todo-Poderoso" (1:8; 4:8,11; 11:4,15,17; 15:3,4; 16:7), com a palavra usada em referência a Jesus apenas em uma ocasião (11:8). Em 17:14, o uso desse título para o Cordeiro destacaria o relacionamento próximo entre Deus e o Cordeiro, e a superioridade de Jesus sobre todos os reis da terra (os dez reis em particular). Ele não tem rivais.

A segunda parte do título seria especialmente significativa, por diversas razões, para os ouvintes joaninos. Primeiro, a identificação de Jesus como rei é rica na tradição joanina (João 1:49; 6:15; 12:13,15; 18:33,37,39; 19:3,12,14,15,19,21). Segundo, uma das primeiras coisas que os ouvintes aprendem sobre Jesus no Apocalipse é que ele é o governante dos reis da terra (Apocalipse 1:5). Terceiro, os reis da terra às vezes representam, no Apocalipse, aqueles que estão em inimizade com Deus e o Cordeiro (6:15; 16:12,14) e/ou aqueles a quem o testemunho profético deve ser dado (10:11). Quarto, por vezes o próprio Deus é mencionado como rei (15:3). Assim, o fato de o Cordeiro ser aqui chamado de Rei dos reis destaca a identidade inerente de Jesus como rei e governante de todos os reis da terra, especialmente dos dez reis que procurarão fazer-lhe guerra! Nesse sentido, ele também é rei da besta, cujos dez chifres são esses dez reis. Além disso, os ouvintes agora aprendem que o Cordeiro não está sozinho, mas, assim como em 14:1-5, passagem na qual ele está com os 144 mil que o seguem aonde quer que vá, ele tem companhia. Esses não são apresentados como participantes diretos da guerra; eles são simplesmente referidos como aqueles "chamados, escolhidos e fiéis."

Essa tripla designação sublinha o caráter daqueles que estão com o Cordeiro, recorrendo ao conhecimento dos ouvintes de uma forma muito sutil. Embora o termo *kletoi*, "chamado", não apareça em nenhum outro lugar da literatura joanina, a forma verbal da qual deriva provavelmente ajuda a entender seu sentido aqui apresentado. Os ouvintes joaninos estariam cientes de sua estreita conexão com o tema do discipulado, pois é usado para se referir à renomeação de Simão como Cefas por Jesus (João 1:42), além de funcionar como um termo de convite aos discípulos para o casamento em Caná (2:2), evento no qual eles são apresentados como crentes em Jesus (2:11). Ao mesmo tempo, a partir do Apocalipse, eles reconheceriam que esse termo revela a identidade e até mesmo o significado espiritual de lugares e/ou indivíduos (Apocalipse 1:9; 11:8; 12:9; 16:16). À luz dessas conexões, os ouvintes provavelmente compreenderiam a ocorrência de *kletoi*, "chamado", como um sinal de que aqueles que estão com o Cordeiro são seus discípulos, isto é, aqueles que foram nomeados ou chamados pelo próprio Jesus. O segundo termo a aparecer nessa designação tripla, *elektoi*, "escolhido" ou "eleito", também seria significativo para os ouvintes joaninos, pois essa palavra de honra é usada para um indivíduo ou uma comunidade que se encontra em posição correta com o presbítero (2João 1,13). Ao mesmo tempo, quando a forma verbal de que deriva ocorre no quarto Evangelho, sempre é encontrada nos lábios de Jesus em contextos que enfatizam sua própria seleção divina ou a escolha de seus discípulos (João 6:70; 13:18 e especialmente 15:16). Assim, o fato de aqueles que estão com o Cordeiro serem chamados de "escolhidos" ou "eleitos" ressalta que seu relacionamento com o Cordeiro repousa em iniciativa divina. O terceiro termo a aparecer nessa tripla designação, *pistoi*, "fiéis", seria imediatamente reconhecível pelos ouvintes, pois tornara-se o termo por excelência para a obediência fiel até a morte que exemplifica Jesus (Apocalipse 1:5; 3:14), para aqueles que são chamados a suportar o sofrimento infligido pelo diabo até a morte (2:10) e para Antipas, que fora morto por causa do seu testemunho fiel (2:13). Assim, o fato de aqueles que estão com o Cordeiro serem chamados de "fiéis" significa que pessoas desse tipo, assim como os 144 mil que seguem o Cordeiro aonde quer que ele vá, são vencedores, por causa de sua fidelidade até a morte![44]

Com essas palavras de louvor para aqueles que estão com o Cordeiro, a atenção dos ouvintes é direcionada para outra dimensão desse mistério: "Então o anjo me disse: 'As águas que você viu, onde está sentada a prostituta, são povos, multidões, nações e línguas'" (Apocalipse 17:15). A terceira ocorrência das palavras *ho eides*, "que você viu", nessa explicação do anjo direciona os ouvintes para outro aspecto da visão de João. É um retorno à prostituta do começo da visão, com uma referência específica às águas sobre as quais ela se sentou. Aqui, as águas são identificadas como pessoas por meio de uma lista quádrupla e já familiar: povos, multidões, nações e línguas. Pela sétima vez no Apocalipse, essa fórmula quádrupla aparece (com pequenas variações), e é uma fórmula que transmite um sentido de universalidade.[45] Nesse ponto, os ouvintes já compreenderam a fórmula para designar todos aqueles que adoram a Deus e ao Cordeiro (5:9; 7:9), aqueles que se opõem a Deus e estão sob a autoridade da besta (11:9; 13:7), aqueles a quem João deve profetizar uma segunda vez (10:11) e aqueles a quem o evangelho eterno deve ser pregado (14:6). Os ouvintes não apenas seriam atingidos mais uma vez pela blasfêmia da Grande Prostituta, que presume sentar-se no lugar de Deus (17:1), mas

[44] Pode ser que esses termos sejam entendidos como uma construção uns sobre os outros, como observa Prigent: "Essa fidelidade é a resposta do homem que reconhece e aceita as vocações e a eleição". Prigent, *L'Apocalypse*, p. 383.

[45] Smalley, *Revelation to John*, p. 440.

também compreenderiam ainda mais plenamente que aqueles a quem seu testemunho pneumático deve ser dirigido se encontram sob a opressiva autoridade da Grande Prostituta, assim como anteriormente se dizia que estavam sob a autoridade da besta (13:7).

Com essas ideias sobre os povos dominados pela prostituta em suas mentes, a atenção dos ouvintes é direcionada a outro aspecto da visão pelas seguintes palavras: "A besta e os dez chifres que você viu odiarão a prostituta. Eles a levarão à ruína e a deixarão nua, comerão a sua carne e a destruirão com fogo" (Apocalipse 17:16). Tal como aconteceu com as três ocorrências anteriores das palavras *ho eides*, "que você viu", a quarta ocorrência alerta os ouvintes para outra dimensão da visão a ser explicada. A menção aos dez chifres e à besta serviria para destacar aos ouvintes a solidariedade das ações dos dez reis e das ações da besta. Por incrível que pareça, a besta (e seus dez chifres), que até agora apoiou a prostituta e seu domínio sobre os povos do mundo, volta-se contra ela com uma crueldade normalmente associada às ações dos animais selvagens![46] A prostituta provavelmente geraria uma resposta visceral entre os ouvintes ao encontrarem a linguagem do ódio, da desolação, da nudez, do consumo de carne e da queima de fogo. Especificamente, essa linguagem impressiva provavelmente lembraria aos ouvintes as palavras de Ezequiel (23:1-49) ao relatar os julgamentos divinos provocados pelas ações de duas irmãs prostitutas, Oolá (Samaria) e Oolibá (Jerusalém). Por causa de sua opulência, dos adultérios desenfreados e das imoralidades sexuais, são entregues aos que os odeiam, são despidas, sua carne é mutilada e seu remanescente é queimado no fogo![47] Além da mensagem de julgamento divino transmitida pelas semelhanças com a passagem de Ezequiel, os ouvintes provavelmente também perceberiam várias outras nuances no texto. O fato de a besta e os dez chifres odiarem a Prostituta pode transmitir a ideia de que suas ações estão, de alguma forma, ligadas ao julgamento de Deus, visto que o próprio Jesus ressuscitado afirmou anteriormente "odiar" as obras dos nicolaítas (Apocalipse 2:6), talvez sugerindo uma conexão entre suas obras e as da Grande Prostituta.

[46] Ladd, *Revelation*, p. 233.
[47] Murphy, *Fallen is Babylon*, p. 364.

São proferidas palavras de advertência de que a Grande Prostituta será arruinada ou desolada em antecipação ao evento que se seguirá (18:19).

O fato de a Prostituta ficar nua deixaria clara a real natureza de seu estado espiritual, como aconteceu com a igreja em Laodiceia (3:17), expondo sua vergonha (16:15). Nem mesmo a justaposição de seu estado nu com seu traje opulento anterior passaria despercebida aos ouvintes. Talvez eles se perguntassem se não existe uma conexão mais profunda no fato de comer a carne da Prostituta e suas imoralidades sexuais idólatras incluir a sedução para consumir alimentos sacrificados aos ídolos, uma tentação contra a qual mais de uma das sete igrejas lutou (2:14,20). Essas palavras horríveis também podem lembrar aos ouvintes o destino final de Jezabel (2Reis 9:30-37).[48] Embora os ouvintes não percebam isso neste momento, esse relato da besta e de seus dez chifres comendo a carne da Prostituta serve como um prenúncio do que está por vir (19:18). Por causa da estreita associação entre queimar (8:7) e a exibição do fogo como uma atividade quase universal de Deus no Apocalipse (a única exceção é 13:13), a menção ao seu destino ardente dificilmente poderia ser interpretada como outra coisa senão julgamento divino.

Se o versículo anterior leva os ouvintes a suspeitarem da mão de Deus no desaparecimento da Prostituta, as palavras que se seguem confirmam essa suspeita: "pois Deus colocou no coração deles o desejo de realizar o propósito que ele tem, levando-os a concordarem em dar à besta o poder que eles têm para reinar até que se cumpram as palavras de Deus" (Apocalipse 17:17). Agora os ouvintes descobrem que até mesmo o único propósito dos dez reis, de dar a sua autoridade à besta quando saem para fazer guerra contra o Cordeiro (v. 13-14), não está além da ação de Deus. Assim como os ouvintes aprenderam anteriormente que o derramamento da sexta taça fez com que o Eufrates secasse para que pudesse ser aberto um caminho para a invasão dos reis do Oriente (16:12), agora aprendem que Deus tem uma mão na aventura cooperativa dos dez reis e da besta! O *mian gnomen* deles, "o propósito", é, na

[48] Aune, *Revelation 17—22*, p. 957.

realidade, seu *mian gnomen*, "um propósito". Tais atividades fazem parte do plano divino e desempenharão papel relevante na conclusão das "palavras de Deus".[49] A ocorrência do termo *telesthesontai*, "terá sido completada", teria um significado especial para os ouvintes joaninos, pois é o mesmo verbo que Jesus pronuncia no final de sua vida na cruz ("Está consumado", João 19:30), mas também funciona no Apocalipse para apontar para a conclusão de coisas extraordinariamente importantes: o mistério de Deus (Apocalipse 10:7), o testemunho das duas testemunhas proféticas (11:7) e a ira de Deus (15:1,8). Aqui os ouvintes provavelmente considerariam essas "palavras de Deus" coincidentes com "as palavras desta profecia" (1:3; 22:7,9,10,18,19). As ações desses dez reis estão de acordo com a vontade divina, e essas ações estão sendo reveladas no livro que João escreveu!

Por fim, a explicação angélica retorna ao ponto no qual começou com as palavras: "A mulher que você viu é a grande cidade que reina sobre os reis da terra" (Apocalipse 17:18). O mistério da mulher, que o anjo anteriormente prometeu revelar (17:7), é agora retomado diretamente quando ela é identificada com a grande cidade. Com essas palavras, converge para os ouvintes uma série de coisas sobre a identidade da mulher. A primeira menção à grande cidade no Apocalipse remetia à cidade na qual repousaria o corpo das duas testemunhas proféticas: uma cidade chamada pneumaticamente Sodoma, no Egito, o lugar no qual seu Senhor foi crucificado. Eles provavelmente lembrariam que essa cidade universal era um local cuja identidade só poderia ser reconhecida por meio do Espírito (11:8). Em conjunto com essa cidade, lê-se a primeira menção à besta no Apocalipse (11:7), enfatizando a estreita relação entre ambas. Agora, em 17:18, eles aprendem que essa mulher é identificada com essa "grande cidade", que não é outra senão Babilônia, a Grande! Com tais palavras, os ouvintes seriam lembrados de que, apesar de seu poder incomparável, o destino dessa mulher é tão certo quanto o de Babilônia, a Grande, que já havia caído!

[49] Gause, *Revelation*, p. 227.

Segunda parte

REFLEXÕES TEOLÓGICAS SOBRE ESCATOLOGIAS PENTECOSTAIS

6

Escatologia pentecostal à luz de *The apostolic faith*

[A fé apostólica], *1906-1908*

LARRY MCQUEEN ■

Introdução

OS HISTORIADORES QUE ESCREVEM SOBRE os primeiros anos do pentecostalismo concordam que a escatologia desempenhou papel importante na formação e no desenvolvimento do pensamento pentecostal dos primeiros tempos.[1] Além disso, a maioria acredita que muitos dos primeiros pentecostais adotaram (com modificações) a escatologia do dispensacionalismo pré-milenarista clássico em vários graus.[2] Os estudiosos que analisam a escatologia do pentecostalismo inicial frequentemente apontam para como os pentecostais modificaram o roteiro dispensacional, a fim de manter sua compreensão da obra do Espírito Santo.[3] Vários estudiosos remetem à tensão teológica que se desenvolveu entre a espiritualidade do pentecostalismo e a escatologia dispensacional adotada.[4] A questão que ainda permanece, porém, é sobre quão influente foi o dispensacionalismo no período inicial do movimento. Este capítulo

[1] Cf. Dayton, *Theological roots of pentecostalism*; Faupel, *Everlasting gospel.*

[2] Prosser, *Dispensationalist eschatology.*

[3] Cf. Wacker, *Heaven below*, p. 251-65.

[4] Cf. Sheppard, "Pentecostalism and the hermeneutics of dispensationalism", p. 5-33.

procura abordar essa questão examinando a escatologia pentecostal inicial sob a perspectiva de *The apostolic faith* [A fé apostólica], o periódico produzido por The Apostolic Faith Mission [Missão da Fé Apostólica] na rua Azusa, em Los Angeles, de 1906 a 1908.[5] Representando a primeira articulação publicada do pensamento pentecostal, *The apostolic faith* rapidamente se tornou o principal meio de difundir a mensagem do "evangelho pleno", tanto nacional como internacionalmente. Assim, contém uma ampla representação do pensamento em nível popular, bem como daqueles que mais tarde se tornariam líderes do movimento.

A dinâmica do discernimento

Com o advento do derramamento pentecostal em 1906, uma infinidade de questões teológicas foi levada a um período de reexame. O discernimento espiritual tornou-se uma necessidade. A principal questão a ser repensada era, naturalmente, o significado do batismo no Espírito, especialmente em relação à santificação. Contudo, muitas outras questões foram trazidas para esse processo, incluindo a escatologia. Na rua Azusa, o processo de discernimento centrou-se na submissão da experiência à Palavra de Deus, entendida como uma relação dialética entre a Escritura e o Espírito, resultando em uma hermenêutica pentecostal distinta. William Seymour escreveu: "Se permanecermos nas Escrituras e seguirmos o abençoado Espírito Santo até o fim, estaremos, potencialmente, à altura da Palavra de Deus, em toda a sua plenitude".[6] A experiência foi julgada em relação às Escrituras, sendo afirmada ou negada a partir do critério bíblico. Por exemplo, a prática de escrever em "línguas" foi considerada antibíblica e não era incentivada nas reuniões,[7] ao passo que vários textos bíblicos e a unção percebida do Espírito se mostraram suficientes

[5] A metodologia aqui empregada é a análise indutiva. Assim, a questão dos antecedentes ou fontes históricas está fora do escopo deste estudo.

[6] *AF* 1.5 (janeiro de 1907), p. 2. O Espírito Santo foi considerado crucial no processo interpretativo. Uma breve exortação em *AF* 1.1 (setembro de 1906), p. 2, incentiva: "Queridos, não se confundam com teorias, mas permaneçam em Jerusalém, e o Espírito lançará luz sobre a Palavra de Deus e vocês serão capazes de vê-la exatamente como ela é. Ele revelará toda a palavra, de Gênesis a Apocalipse [*sic*]".

[7] *AF* 1.10 (setembro de 1907), p. 2.

para validar as mulheres no ministério.[8] Algumas vezes, o processo de discernimento resultou em mudança de compreensão, como, por exemplo, na questão do que constituía a “evidência bíblica” do batismo no Espírito. Falar em línguas acabou sendo considerado algo deficiente em si mesmo, exigindo que o contexto mais amplo do amor fosse uma confirmação do batismo no Espírito.[9] O processo de discernimento em relação à escatologia seguiu o mesmo padrão de muitas outras questões. O pensamento sobre escatologia foi formado a partir de passagens bíblicas relevantes em diálogo com experiências espirituais atuais, todas interpretadas como obediência ao Espírito.[10] A compatibilidade de uma compreensão particular da escatologia com as experiências espirituais gerais do crente tornou-se um fator primário, com aquelas experiências também sujeitas ao processo de discernimento. Os resultados desse processo serão detalhados nos parágrafos seguintes.

Espiritualidade holística

A escatologia da rua Azusa era parte de uma espiritualidade holística. A sensação de que a escatologia não era tanto uma doutrina formulada, mas também uma realidade vivida, é evidente, de pronto, nas páginas de *The apostolic faith*. Isso é demonstrado, por um lado, pelo fato de que a escatologia nunca fez parte da declaração de fé publicada em quase todas as edições;[11] por outro lado, porém, a escatologia

[8] *AF* 1.9 (de junho a setembro de 1907), 3, faz referência a Joel 2:28; 1.10 (setembro de 1907), 2, referência a Gálatas 3:28; 1.12 (janeiro de 1908), 2, faz referência a Atos 2:17-18; 21:9 e notas: "Antes do Pentecostes, as mulheres só podiam entrar no 'pátio das mulheres', e não no pátio interno. Mas agora: 'É o mesmo Espírito Santo que opera tanto na mulher quanto no homem'".

[9] *AF* 1.1 (setembro de 1906), 2; 1.9 (de junho a setembro de 1907), 2; 1.11 (outubro de 1907), 3.

[10] Uma breve exortação em *AF* 1.12 (janeiro de 1908), 3, ordena: "Muita leitura da Palavra sem oração conduz a argumentações vãs. Muita oração sem leitura bíblica leva a fantasias inúteis". A Escritura como um todo foi trazida para esse processo. Em um artigo que aborda a possibilidade de as pessoas casadas fazerem parte da noiva de Cristo, Seymour escreveu: "Devemos dividir corretamente as Escrituras e comparar Escritura com Escritura, para que não haja confusão, e nenhum espírito enganoso ou ensino errado possa se infiltrar".

[11] A declaração reiterada inclui "arrependimento, tristeza segundo Deus pelo pecado, confissão do pecado, abandono dos caminhos pecaminosos, restituição, justificação, santificação, batismo com o Espírito Santo e cura". Robeck, em *Azusa street mission and revival*, p. 119-23, observa que Seymour disponibilizou a declaração de fé na missão como um panfleto parcial (data desconhecida; cf. reimpressão, p. 120). O panfleto continha uma seção adicional além da impressa em *The apostolic faith*, que incluía uma lista de "Passos para o céu", sendo os finais: "Redenção, ressurreição dos mortos, vida transformada, a única e verdadeira igreja gloriosa

permeia os testemunhos pessoais, poemas, cartas, relatos de línguas estranhas e artigos como um lembrete constante de que "Jesus voltará em breve". A sensação do retorno iminente de Jesus estava intimamente ligada à experiência espiritual dos participantes.

Dentro da cosmovisão holística apresentada em *The apostolic faith*, a nova compreensão e a experiência do Espírito Santo estavam estreitamente ligadas à escatologia.[12] A presente obra do Espírito foi entendida como o cumprimento da "chuva serôdia", caracterizada como "os últimos dias em que ele derrama o seu Espírito sobre toda a carne".[13] Historicamente, então, os participantes da rua Azusa posicionavam a si mesmos "na noite da dispensação do Espírito Santo" (sendo o dia de Pentecostes "a manhã"). Assim como João Batista advertiu às pessoas que preparassem o caminho do Senhor, também "a voz de advertência está sendo ecoada no mundo hoje para se preparar para a segunda vinda do Senhor Jesus Cristo".[14] Thomas Hezmalhalch escreveu: "Como nos alegramos com a esperança, cada dia nos traz uma experiência mais profunda e uma garantia mais firme de que nunca veremos o túmulo! Seu retorno está tão próximo que quase podemos ouvir as canções dos anjos que o acompanharão em sua vinda. Sem sombra de dúvida, estamos vivendo nos últimos dias e aquela 'chuva serôdia' está sendo derramada sobre nós".[15]

A principal mensagem que o Espírito Santo estava trazendo para a igreja era "que Jesus virá em breve e devemos nos preparar para encontrá-lo".[16] Na verdade, com frequência relatava-se que mensagens em línguas de todo o mundo eram interpretadas

restaurada, adoção, corpos perfeitos e glorificação". Em 1915, Seymour publicou *The doctrines and discipline of the Azusa street apostolic faith mission*, obra em que estão incluídas breves declarações de crença relativas à escatologia, embora, nos documentos de *The apostolic faith*, isso não seja encontrado. Mesmo em *The doctrines and discipline* [As doutrinas e disciplina], as afirmações não são abrangentes, pois estão focadas na imortalidade da alma e no estado final.

[12] A escatologia foi apenas uma área de crença sujeita à reconsideração, à luz do derramamento do Espírito. Alexander, em *Pentecostal healing*, p. 78-9, observa que havia um processo semelhante em relação à cura.

[13] *AF* 1.3 (novembro de 1906), p. 2.

[14] *AF* 1.2 (outubro de 1906), p. 3.

[15] *AF* 1.9 (junho-setembro de 1907), p. 4

[16] *AF* 2.13 (maio de 1908), p. 4. Cf. o testemunho de E. C. Ladd, *AF* 1.6 (fevereiro-março de 1907), p. 3: "O fardo do Espírito parece ser a cegueira do povo, a breve vinda do Senhor, os terríveis julgamentos que estão por vir e a tarefa de preparar mensageiros e a noiva para sua vinda".

como "Jesus voltará em breve".[17] O próprio fato de pessoas em todo o mundo estarem buscando a Deus pelo batismo no Espírito Santo sugeria que "o Senhor está preparando o seu povo para seu retorno em breve".[18] O testemunho de A. H. Post conclui:

> Certamente a vinda gloriosa do nosso bendito Senhor está muito próxima, e toda esta obra sobrenatural de Deus é necessária para que a obra seja concluída. Este é apenas o começo da graciosa Chuva Serôdia, que nosso Senhor ressuscitado derramará sobre toda a carne, e quando o Espírito Santo moldar cada vaso adequado para o serviço, restaurará por completo todos os dons, ou melhor, manifestará cada um como necessário. Pois tudo está inerente nele, e todos os que forem assim batizados serão, na verdade, um só. Agora, o Espírito Santo está nos conduzindo a um estudo fervoroso de sua Palavra. Ele torna Cristo cada vez mais tudo em todos, transforma a carne em nada, os filhos de Deus em um, e a vinda do Senhor em algo cada vez mais real. Amado, não critique; apenas junte-se a nós em oração.[19]

A espiritualidade holística na missão da rua Azusa tinha fundamento e foco cristológicos. De acordo com Seymour, os benefícios da expiação incluíam "justificação, santificação, cura e batismo no Espírito Santo".[20] As preocupações escatológicas também foram colocadas sob a égide da cristologia. De uma forma significativa, a única inclusão das preocupações escatológicas em uma lista de crenças na *The apostolic faith* aparece sob o título: "Os princípios da doutrina de Cristo". A lista inclui:

1. Arrependimento
2. Fé em nosso Senhor e Salvador Jesus Cristo
3. Batismo nas águas
4. Santificação
5. O batismo com o Espírito Santo

[17] *AF* 1.1 (setembro de 1906), p. 1; 1.7 (abril de 1907), p. 1; 1.8 (maio de 1907), p. 3; 1.11 (outubro de 1907), p. 3; 2.13 (maio de 1908), p. 4.
[18] *AF* 1.4 (dezembro de 1906), p. 1.
[19] *AF* 1.5 (janeiro de 1907), p. 2.
[20] *AF* 1.1 (setembro de 1906), p. 2.

6. A segunda vinda de nosso Senhor Jesus Cristo
7. Julgamento final do trono branco[21]

A pregação de nascimento, morte, ressurreição e segunda vinda de Cristo foi naturalmente estendida para incluir: "Seu reinado em seu reino milenar, seu julgamento no trono branco, e então os novos céus e terra e a Nova Jerusalém descendo do céu, quando ele tiver colocado todos os inimigos debaixo de seus pés e ele reinará eternamente, e permaneceremos com ele para todo o sempre".[22]

O seguinte testemunho de um leitor da Inglaterra revela uma integração semelhante entre a escatologia e a cristologia expressa em uma espiritualidade holística: "Na noite da nossa próxima reunião para oração e espera, uma revelação após outra foi dada sobre o Cordeiro: a glória do Cordeiro, o poder do Cordeiro, a vitória do Cordeiro, a ceia das bodas do Cordeiro e o reinado do Cordeiro com sua noiva glorificada. Daquele momento em diante, eu soube que Cristo Jesus estava no trono do meu coração como o Cordeiro morto desde a fundação do mundo, e que seu propósito era demonstrar a vida do Cordeiro por intermédio de mim".[23]

A noiva de Cristo e a ceia do casamento

A metáfora bíblica mais frequente e sistematicamente aplicada em referência à segunda vinda de Jesus em *The apostolic faith* era a da noiva de Cristo vista no contexto da parábola das dez virgens (Mateus 25:1-13) e do banquete de casamento do Cordeiro (Apocalipse 19:9). Esse conjunto de imagens forneceu uma estrutura abrangente dentro da qual é possível conectar a nova compreensão do batismo no Espírito Santo, as experiências espirituais do crente e a antecipação da realização futura. Na escatologia da rua Azusa, o batismo no Espírito Santo era "o verdadeiro tipo" da "porção dupla" de óleo obtida pelas virgens sábias na parábola das dez virgens. Assim, apenas aqueles que foram batizados no Espírito

[21] *AF* 1.11 (outubro de 1907), p. 4.
[22] *AF* 1.6 (outubro de 1907), p. 7.
[23] *AF* 1.11 (outubro de 1907), p. 2. Cf. *AF* 1.6 (fevereiro-março de 1907), p. 7.

eram tidos como preparados para encontrar o noivo que estava por vir e participar da ceia das bodas.[24] A. G. Johnson escreveu: "Por favor, diga aos santos do Senhor que Cristo virá em breve e que o tempo é muito curto. Jesus está procurando por sua noiva, alguns dentre o corpo, a igreja, os escolhidos, as primícias a Deus e ao Cordeiro, as virgens sábias que têm óleo em seus vasos dentro de suas lâmpadas".[25] A T. M. Rist relatou uma visão segundo a qual lhe fora entregue uma vestimenta deslumbrante, que ela entendeu ser "a vestimenta nupcial". Ela observou: "Foi-me revelado que essa chuva serôdia estava preparando as pessoas para a 'ceia das bodas do Cordeiro', e esse é o momento em que as virgens sábias estão colocando o óleo em seus vasos com suas lâmpadas".[26] A membresia na noiva de Cristo e a participação na ceia das bodas não eram apenas rótulos teológicos, mas parte da realidade vivida por aqueles que professavam o batismo no Espírito. Lillian Garr observou: "Ele anseia por uma noiva que compartilhe seus sofrimentos e alegria. Quero entrar em seu próprio coração e sentir como ele sentiu, deixando sua alegria ser a minha alegria, e sua tristeza, a minha tristeza".[27] Da mesma forma, G. B. Cashwell escreveu uma carta aos leitores de *The apostolic faith*: "Anseio ver todos vocês na vida, mas, se não vir, eu os encontrarei na ceia das bodas do Cordeiro".[28]

Em um artigo intitulado "Eis que vem o noivo!", com base em Mateus 25:1-13, a metáfora da noiva de Cristo (virgens sábias-óleo-ceia de casamento) é central na explicação de William Seymour sobre a sequência de eventos futuros. Vale a pena considerarmos uma citação mais extensa de sua explicação:

> Nessa parábola, Cristo está falando sobre a igreja e sua condição no período de seu retorno. Hoje, muitas almas preciosas não estão

[24] Seymour deixa isso claro em *AF* 1.5 (janeiro de 1907), p. 2: "Amados, as únicas pessoas que encontrarão nosso Senhor e Salvador Jesus Cristo e o acompanharão na ceia das bodas do Cordeiro são as virgens sábias, isto é, as que não apenas foram salvas e santificadas, tendo seus corações puros e limpos, mas também as que receberam o batismo com o Espírito Santo. As outras não estarão preparadas. Elas têm um pouco de óleo em suas lâmpadas, mas não têm a porção dobrada do Espírito Santo". Cf. *AF* 1.3 (novembro de 1906), p. 4; 1.6 (fevereiro-março de 1907), p. 6.

[25] *AF* 1.5 (janeiro de 1907), p. 3.

[26] *AF* 1.10 (setembro de 1907), p. 4.

[27] *AF* 1.9 (junho-setembro de 1907), p. 4.

[28] *AF* 1.8 (maio de 1907), p. 1.

> aguardando o retorno de seu Senhor, e serão encontradas na mesma condição que as cinco virgens tolas [...] Acham que têm [óleo] suficiente. Elas têm um pouco do amor de Deus em suas almas, mas não a porção dobrada. O que precisam é de óleo em seus recipientes junto com suas lâmpadas. Isso está extremamente claro. Amados, as Escrituras dizem: "Felizes os convidados para o banquete do casamento do Cordeiro" (Apocalipse 19:9). Abençoados são os que foram convidados. Aqueles que terão permissão de entrar serão os justificados, os santificados e os cheios do Espírito Santo — selados para o dia da redenção. Ó, que Deus desperte sua noiva que espera em todos os lugares para colocar óleo em seus vasos com suas lâmpadas para que possam entrar na ceia das bodas! Aqueles que não estiverem prontos no arrebatamento serão deixados para a terrível tribulação que está vindo sobre a terra. As virgens sábias estarão na ceia das bodas e passarão o tempo da grande tribulação com o Senhor Jesus [...] Parece que as pessoas poderão comprar azeite durante o arrebatamento. Parece que o Espírito ainda estará aqui na terra e que elas poderão obtê-lo, mas será tarde demais para a ceia das bodas. Aqueles que ficarem no arrebatamento e ainda se mostrarem fiéis a Deus e não receberem a marca da besta, embora tenham de sofrer o martírio, serão ressuscitados para reinar com Cristo [...] Mas nós, que formos arrebatados à ceia das bodas do Cordeiro, escaparemos das pragas que estão vindo sobre a terra.[29]

Um artigo não assinado que partilha muitas características com as contribuições assinadas de Seymour desenvolve essas ideias,[30] acrescentando que "apenas os santos encontrarão o Senhor Jesus nos céus, quando ele vier no arrebatamento".[31]

Se o batismo do Espírito Santo foi reconhecido como a marca identificadora da noiva de Cristo, isso significa que a santificação,

[29] *AF* 1.5 (janeiro de 1907), p. 2.

[30] Robeck, em *Azusa street mission and revival*, p. 116-19, observa que várias contribuições anônimas para *The apostolic faith* talvez tenham origem em Seymour.

[31] *AF* 1.10 (setembro de 1907), p. 4. Um exemplo claro do processo de discernimento é a observação do autor: "Aqueles que não têm luz sobre o batismo com o Espírito Santo, mas foram santificados, terão parte na primeira ressurreição", ou seja, uma vez que alguém saiba sobre o batismo no Espírito, é responsável por recebê-lo, para poder participar da ceia das bodas.

o batismo no Espírito e a expectativa de participar da ceia nupcial foram integrados em um *continuum* de experiência espiritual. Essa integração foi apoiada por uma linguagem usada de forma constante no periódico, denotando a experiência espiritual no sentido de direção: a santificação exigia "*descer*" à humildade espiritual, abandonando todas as reivindicações de identidade própria; o batismo no Espírito resultava da "*passagem*" para uma nova identidade espiritual, tornando-se, assim, um membro da noiva de Cristo; e a esperança futura antecipava a "*elevação*" à realização espiritual para encontrar o Senhor nos ares e ir à ceia das bodas.

Batismo no Espírito como selo de Deus na testa

Outra imagem proeminente usada em *The apostolic faith* para se referir ao batismo no Espírito Santo é a do selo de Deus na testa.[32] Em uma clara referência a Apocalipse 7:1-3, Seymour escreveu: "Estou tão feliz que o Senhor está retendo os ventos até que o anjo tenha selado todos os santos do Deus vivo em suas testas, o batismo do Espírito Santo".[33] Comparando o batismo do Espírito à escrita de Deus nas tábuas de pedra armazenadas no santo dos santos, um escritor não identificado comenta: "Quando somos batizados com o Espírito Santo, somos selados na testa até o seu retorno".[34] Condizente com outros aspectos da espiritualidade na rua Azusa, esse selamento não foi entendido posicionalmente (como uma espécie de segurança eterna), mas experimentalmente (como uma marca de caráter): "Esse óleo nos mantém puros, doces e preservados. Também sela você com o Espírito Santo de Deus para o dia da redenção (Efésios 4:30). Ele sela você para evitar qualquer coisa que possa azedar ou amargar".[35] Outro escritor acrescentou: "Deus quer

[32] *AF* 1.4 (dezembro de 1906), p. 2; 1.5 (janeiro de 1907), p. 2; 1.6 (fevereiro-março de 1907), p. 1 e 6; 1.9 (junho--setembro 1907), p. 1 e 4; 2.13 (janeiro de 1908), p. 2.

[33] *AF* 1.9 (junho-setembro de 1907), p. 4; veja tb. *AF* 1.5 (janeiro de 1907), p. 2: "O Espírito Santo está peneirando um povo que está vestindo as vestes da justiça e o selo em suas testas. O anjo está segurando os ventos agora até que todos os filhos de Deus sejam selados em suas testas com o nome do Pai. Então a ira de Deus será derramada".

[34] *AF* 1.4 (dezembro de 1906), p. 2.

[35] *AF* 1.6 (fevereiro-março de 1907), p. 7.

que você use este selo, e não os distintivos de homens e demônios".[36] Após ser selada, a noiva que espera será arrebatada para o banquete de casamento. Então, "a terrível noite negra da tribulação, como a noite negra do Egito, cairá sobre todo o mundo".[37]

O escritor de um artigo não assinado intitulado "Vencedores plenos: Apocalipse 14"[38] expandiu o complexo de imagens para incluir o "filho varão" de Apocalipse 12 e os 144 mil de Apocalipse 14. Em um aparente tratamento simbólico do número, os 144 mil que aparecem com o Cordeiro no Monte Sião (Apocalipse 14:1) são identificados como "vencedores plenos" que estavam prontos para seguir, no arrebatamento com Cristo, para a ceia das bodas. Assim como a noiva de Cristo, eles são "representados" como o "filho varão" que veio da igreja e é "arrebatado" ao trono de Deus (Apocalipse 12:5).[39] Ainda em Apocalipse 14, o escritor conclui que esse grupo é santificado, pois "são virgens", cheios do Espírito Santo, pois "seguem o Cordeiro" (v. 4), e são protegidos do mal, ao se mostrarem irrepreensíveis diante do trono de Deus (v. 5). Somente os "vencedores plenos", ou seja, "aqueles que são lavados no Sangue, santificados e selados com o Espírito Santo da promessa", estarão "prontos para o arrebatamento". O tempo de tribulação que se seguirá ao "arrebatamento da noiva" será caracterizado pela pregação do evangelho a todas as nações (v. 6).[40] Embora não estejam presentes na ceia das bodas do Cordeiro, aqueles que são fiéis a Jesus e não se curvam diante do Anticristo durante a tribulação receberão proteção espiritual. O escritor baseia-se em Apocalipse 12:6 para concluir que, durante a tribulação, "o Senhor alimentará a igreja e a protegerá da face da serpente". A igreja é avisada em Apocalipse 14:9-11 que

[36] *AF* 1.9 (junho-setembro de 1907), p. 1. O escritor associa "emblemas de homens e demônios" a crenças criadas por humanos e associações mundanas.

[37] *AF* 1.9 (junho-setembro de 1907), p. 4.

[38] *AF* 1.12 (janeiro de 1908), p. 2. Embora não esteja assinado, esse artigo compartilha muitas características estilísticas com outros atribuídos a William Seymour.

[39] Outra referência à igreja dando à luz o "filho varão" também aparece em *AF* 1.11 (outubro de 1907), p. 4. É possível notar que essa visão foi mantida por Charles F. Parham e também é encontrada em vários outros periódicos pentecostais antigos.

[40] Em um aparente esforço para discernir o significado de Apocalipse 14:6, o escritor comenta: "*Parece* que depois do arrebatamento, ou arrebatamento da noiva, o evangelho ainda será pregado na terra às pessoas que ficaram para trás e não estavam prontas para entrar na ceia das bodas" (grifo meu).

aqueles que adoram a besta serão "atormentados dia e noite", mas é encorajada nos versículos 12 e 13 que aqueles que mantiverem a fé até a morte serão abençoados.

Sofrimento e reino

Os crentes da rua Azusa usaram outra ideia abrangente para conectar a realidade presente com o futuro antecipado além da ceia das bodas e da tribulação: o sofrimento no presente é um pré-requisito para reinar com Cristo no futuro. Sofrer com Cristo significa "suportar todas as coisas e manter a fé de Jesus em nosso coração".[41] De acordo com uma profecia escrita por Mary Galmond, os cristãos devem se preparar para guerras, pestes, inundações e terremotos, e estar prontos para a vinda do Senhor. Ela escreveu: "Está chegando o tempo em que os pobres serão oprimidos e os cristãos não poderão comprar nem vender, a menos que tenham 'a marca da besta', marca que ela associou aos sindicatos de trabalhadores".[42] Seymour acreditava que apenas os fiéis que vencessem "o mundo, a carne e o diabo" seriam dignos de reinar "nesta terra com nosso Senhor".[43] Uma exortação declara: "Nosso tempo de reinar chegará quando Jesus vier do trono com grande poder. Até então, seremos espancados, cuspidos e ridicularizados. Devemos ser como seu filho".[44]

A metáfora de reinar com Cristo domina os relatos do milênio e além. Aqueles que estão prontos para o arrebatamento voltarão com Cristo em cavalos brancos para ajudá-lo a executar o julgamento na terra e abrir caminho para o reino milenar. O milênio será um tempo de reinar com Cristo "sobre a humanidade não glorificada", durante "mil anos, num jubileu de paz".[45] No milênio, a noiva

[41] *AF* 1.11 (outubro de 1907), p. 3.

[42] *AF* 1.2 (outubro de 1906), p. 2. Galmond previu que a falta de comida para os pobres causaria tumultos e derramamento de sangue. As imagens em sua profecia ecoam as de Apocalipse 14:17-20. Seymour, em *AF* 1.12 (janeiro de 1908), p. 2, menciona a marca da besta em alusão ao tempo de tribulação após o arrebatamento, momento em que muitos cristãos que não forem levados à ceia das bodas serão martirizados por resistirem ao Anticristo. Em um artigo sobre a condição espiritual das pessoas casadas e dos pais, Seymour trata a tribulação de Mateus 24:19-21 como uma referência à destruição de Jerusalém em 70 d.C. e à preocupação de Cristo com as mães durante esse evento. Cf. *AF* 1.12 (janeiro de 1908), p. 3.

[43] *AF* 1.11 (outubro de 1907), p. 3.

[44] *AF* 1.9 (junho-setembro 1907), p. 2.

[45] *AF* 1.5 (janeiro de 1907), p. 2.

"assentar-se-á com o Cristo glorificado no seu trono, como sua rainha, a esposa do Cordeiro", ajudando-o a governar "este velho mundo [...] quando a justiça cobrirá a terra como as águas cobrem o mar. Depois, no julgamento do trono branco, vamos nos sentar com ele e julgar o mundo. Então, depois dos novos céus e da nova terra, quando o reino estiver entregue nas mãos do Pai, reinaremos com ele por toda a eternidade. Ó amado, você está pronto?".[46]

Tipologia do Antigo Testamento

Várias passagens do Antigo Testamento foram tratadas em *The apostolic faith* como "tipos" ou prefigurações da salvação plena da noiva de Cristo e da vinda de Cristo. Em um artigo de William Seymour intitulado "Rebeca: uma representação tipológica da noiva de Cristo (Gênesis 24)", a busca de Eliezer para encontrar uma noiva para Isaque entre os parentes de Abraão tipifica a busca do Espírito Santo por uma noiva para Cristo "entre seus irmãos, os santificados".[47] Seymour conclui: "Agora estamos vivendo no entardecer dessa dispensação, quando o Espírito Santo está nos guiando, a noiva de Cristo, para encontrá-lo nas nuvens".

Um artigo anônimo, "Festas do Antigo Testamento cumpridas em nossa alma hoje", explica que as quatro festas do Antigo Testamento "tipificam a salvação completa".[48] Páscoa, Primícias e Pentecostes são tipos de justificação, santificação e batismo do Espírito, respectivamente. A Festa das Trombetas, como a "festa da colheita plena [...] tipifica a vinda e o reinado de nosso Senhor e Salvador, Jesus Cristo, quando ele abrirá o tabernáculo e nos alimentará".[49]

A arca de Noé também é vista como "um símbolo da vinda de Jesus". Um escritor explicou: "Assim como quando surgiu o Dilúvio, o povo de Deus estava levantado pela arca em direção ao céu, então, quando Jesus Cristo, que é a nossa arca, aparecer, nós também apareceremos com ele em glória. Então, assim como a arca voltou e

[46] *AF* 1.10 (setembro de 1907), p. 4. Observe que o foco aqui está nas experiências futuras da noiva de Cristo.
[47] *AF* 1.6 (fevereiro-março de 1907), p. 2.
[48] *AF* 1.9 (junho-setembro de 1907), p. 2.
[49] *AF* 1.9 (junho-setembro de 1907), p. 2

pousou no monte Ararate, quando o Senhor Jesus voltar, estaremos com ele no monte das Oliveiras. Cristo vem e recebe seus santos antes da grande tribulação, que corresponde ao Dilúvio. As mesmas condições prevalecem agora como nos dias de Noé (Mateus 24:37)".[50]

Espiritualidade apocalíptica e antecipação do futuro

A cosmovisão holística dos participantes da rua Azusa pode ser chamada de apocalíptica, visto que os reinos do céu e da terra eram frequentemente percebidos como inter-relacionados. Embora certamente acreditassem no céu como um estado futuro, também experimentavam a sensação imediata do "céu na terra".[51] Nellie Burnwell escreveu: "É o paraíso ir para o céu".[52] G. B. Cashwell testemunhou: "O céu parece estar mais próximo a cada dia. Ouço a música. Vejo a cidade".[53] Outro participante testificou: "Essas grandes bênçãos caíram sobre os humildes. Muitos tiveram visões de Jesus e do fogo celestial e as interpretações falam da vinda em breve de Jesus".[54] Maggie Geddis relatou uma visão da "Nova Jerusalém descendo do céu, bem como do trono rodeado de arco-íris, apenas uma parte daquele apresentado no Apocalipse".[55] Uma visão do inferno convenceu Thomas Junk de que esse é um lugar literal, e que ele deveria pregar sobre o inferno dessa maneira.[56] Dois crentes em Mineápolis relataram ter recebido visões idênticas da "Nova Jerusalém, da mesa posta e de muitos dos santos ali presentes".[57] Essas visões, em geral, eram acompanhadas de exortações para que se preparassem para a vinda de Jesus. Visões e sonhos também

[50] *AF* 1.9 (junho-setembro de 1907), p. 4. A arca de Noé também é tratada como um tipo de arrebatamento no artigo "Full overcomers" [Vencedores plenos], mencionado acima, que aparece em *AF* 1.12 (janeiro de 1908), p. 2.

[51] *AF* 1.4 (dezembro de 1906), p. 2. Outro escritor comentou que "o céu e a terra se uniram" em um culto batismal recente. *AF* 1.2 (outubro de 1906), p. 4.

[52] *AF* 1.6 (fevereiro-março de 1907), p. 8.

[53] *AF* 1.7 (abril de 1907), p. 4.

[54] *AF* 2.13 (maio de 1908), p. 1.

[55] *AF* 1.6 (fevereiro-março de 1907), p. 4.

[56] *AF* 1.3 (novembro de 1906), p. 4. Junk falou do inferno como uma advertência para "aqueles que desprezam a santidade e o batismo", incluindo as pessoas religiosas. A aniquilação foi repudiada porque, na história de Lázaro e do homem rico, o homem rico não foi queimado no inferno, mas "atormentado pela chama". Cf. *AF* 1.4 (dezembro de 1906), p. 1; 1.6 (fevereiro-março de 1907), p. 2.

[57] *AF* 1.11 (outubro de 1907), p. 4.

estavam sujeitos ao processo de discernimento de serem "testados" ou "provados" pelas Escrituras.[58]

Dentro dessa espiritualidade apocalíptica, algumas imagens do livro do Apocalipse, como o rio da vida e as folhas da árvore para cura, em Apocalipse 22:1-2, eram algumas vezes usadas para se referir a experiências espirituais presentes.[59] A terminologia encontrada no testemunho de Alberta Hall é comum em *The apostolic faith*: "Na terceira noite fiquei sob o poder de Deus por cerca de três horas. Eu estava embriagada com *o vinho do reino*" (grifo meu)".[60] Essa linguagem atual do reino é frequentemente associada ao batismo do Espírito Santo como "o penhor da nossa herança" ou como "uma antecipação do céu". A respeito do batismo no Espírito, um escritor comentou: "As pessoas não precisam sofrer ou agonizar pelo batismo, pois, quando o nosso labor cessa, é então que Deus vem. Deixamos de lado nossas próprias obras, que é o próprio tipo do milênio".[61] Joseph Grainger, relembrando seu tempo na rua Azusa, fala sobre a experiência como "uma antecipação do feliz dia do milênio".[62]

Poder para a missão atual

Essa visão apocalíptica impulsionou seus ouvintes à missão mundial de difundir a mensagem do "evangelho pleno" porque "o tempo é chegado".[63] O aspecto global da missão foi captado no seguinte anúncio: "Um sinal da vinda do Senhor é que ele está fundindo todas as raças e nações, e elas estão cheias do poder e da glória de Deus. Ele está batizando com um só Espírito, em um só corpo, e formando um povo que estará pronto para encontrá-lo em seu retorno".[64] *The apostolic faith* rapidamente se tornou um periódico internacional, pois foram publicados relatórios de reavivamento em todo o país e

[58] *AF* 1.6 (fevereiro-março de 1907), p. 1.

[59] *AF* 1.4 (dezembro de 1906), p. 1. Para participar do fruto da árvore da vida, o crente é encorajado a "lançar-se no rio pela fé".

[60] *AF* 1.6 (fevereiro-março de 1907), p. 8.

[61] *AF* 1.11 (outubro de 1907), p. 1.

[62] *AF* 1.12 (janeiro de 1908), p. 4.

[63] *AF* 1.1 (setembro de 1906), p. 1.

[64] *AF* 1.6 (fevereiro-março de 1907), p. 7.

em outros países, como na Inglaterra, Suécia, Índia, Noruega e no continente africano.[65] Em uma interessante referência a Apocalipse 10:1-7, a comissão daqueles que foram batizados pelo Espírito para evangelizar o mundo não cessaria "até que o anjo se coloque com um pé na terra e outro no mar e declare que o tempo não existirá mais".[66] Em uma paráfrase de Mateus 24:14, o editor de *The apostolic faith* resumiu melhor: "Este evangelho, o evangelho pleno de Jesus, deve ser pregado em toda a terra como testemunho. Então virá o fim".[67]

Conclusão

Esta breve visão geral do *The apostolic faith* destaca a natureza holística da espiritualidade pentecostal como ponto de partida para o estudo da escatologia dentro do pentecostalismo primitivo. A escatologia, ao lado de muitas outras questões, foi envolvida em um intenso processo de discernimento à luz do derramamento do Espírito. A escatologia tornou-se essencial para a filosofia da história, visto que os adeptos viam o derramamento do início do século 20 como "a chuva serôdia", criando limites de tempo para uma "dispensação do Espírito Santo". Mais do que isso, o derramamento na rua Azusa apontou para o breve retorno de Jesus. Dentro desse quadro abrangente, o batismo no Espírito Santo foi reconhecido como a marca definidora de pertencimento à noiva de Cristo. Usando a parábola das dez virgens (Mateus 25:1-13) e a ceia das bodas do Cordeiro (Apocalipse 19:9) como metáforas controladoras, as primeiras testemunhas pentecostais teceram a escatologia em sua experiência diária do Espírito, visualizando um *continuum* de avanço espiritual: justificação, santificação, batismo no Espírito, ceia das bodas do Cordeiro, reinado com Cristo no milênio e depois pela eternidade. A metáfora secundária do batismo no Espírito como o selo de Deus

[65] A equipe do *The apostolic faith* via o periódico como uma ferramenta evangelística. Veja *AF* 1.3, 3: "Este evangelho deve ser espalhado, pois Jesus está voltando [...] Como os trabalhadores não conseguem chegar aos campos com rapidez suficiente, o Senhor está usando o papel". Alexander, em *Pentecostal healing*, p. 70-2, destaca a importância da publicação no início do pentecostalismo, especialmente como meio de formação espiritual.

[66] *AF* 1.9 (junho-setembro 1907), p. 2. O escritor não oferece comentários adicionais, deixando em aberto se essa é uma referência genérica ao "fim dos tempos" ou se a aparição do anjo sinaliza o arrebatamento da noiva.

[67] *AF* 1.10 (setembro de 1907), p. 1.

na testa (Apocalipse 7:1-3) e a consequente identificação da noiva de Cristo com o selamento dos 144 mil (Apocalipse 14:1-5) apoiaram a visão primária, fornecendo uma imagem complementar condizente com a primeira: a experiência do batismo no Espírito tinha um significado escatológico pessoal. Além disso, a natureza apocalíptica do batismo no Espírito teve múltiplas ramificações: vista como uma antecipação do reino vindouro de Cristo, também significava que o reino estava próximo. Assim, o tempo era curto para fazer o trabalho de evangelismo global.

Essa avaliação da escatologia nas primeiras fontes escritas pentecostais coloca em questão análises históricas anteriores que postulam que a escatologia pentecostal primitiva era meramente uma modificação do dispensacionalismo clássico.[68] À luz de *The apostolic faith*, esse claramente não é o caso. As supostas conexões entre o dispensacionalismo clássico e a escatologia aqui articulada são transformadas à luz da natureza holística e apocalíptica da espiritualidade pentecostal primitiva.[69] Primeiro, o Antigo Testamento não era compartimentalizado, mas, sim, visto como uma rica fonte de textos que "tipificavam" a soteriologia e a escatologia pentecostal. Segundo, as imagens do livro do Apocalipse não foram relegadas ao futuro, mas, sim, interpretadas segundo sua importância

[68] Bass, em *Backgrounds to dispensationalism*, p. 18, lista as seguintes características distintivas do dispensacionalismo clássico: "Sua visão da natureza e o propósito de uma dispensação; literalismo rigidamente aplicado na interpretação das Escrituras; dicotomia entre Israel e a igreja; visão restrita [complementar ou intercalada] da igreja; um conceito judaico de reino [cumprimento das promessas feitas a Abraão]; um adiamento do reino [não cumprido na igreja]; distinção entre lei e graça que cria uma base múltipla para o trato de Deus com o homem; compartimentalização das Escrituras; um arrebatamento pré-tribulação; sua visão do propósito da grande tribulação [reunir o restante de Israel]; sua visão da natureza do reinado milenar de Cristo [para cumprir o reino judaico]; seu conceito sobre o estado eterno e seu conceito sobre a natureza apóstata da cristandade [separatismo]".

[69] Minhas conclusões aqui apoiam as de Dayton, *Theological roots of pentecostalism*, p. 146-7. A escatologia do pentecostalismo primitivo não é uma assimilação acrítica das categorias dispensacionais clássicas, pelas seguintes razões: (1) a ênfase na "chuva serôdia" e na "restauração dos dons espirituais" não se enquadra tão facilmente nas categorias dispensacionais; (2) em linhas gerais, o pentecostalismo adotou periodizações da história distintas (tripartidas) do modelo dispensacionalista clássico; e (3) a hermenêutica bíblica dos pentecostais possibilitou a aplicação das promessas do Antigo Testamento e de vários textos do Novo Testamento diretamente à igreja (Sermão do Monte etc.), que os dispensacionalistas relegam ao milênio. Em vez disso, Dayton propõe que a escatologia pentecostal é um desenvolvimento paralelo (ou, por vezes, um antecedente) da ascensão do dispensacionalismo, com uma dinâmica em comum e muita mistura. Além disso, ele sugere que a escatologia da santidade e os ramos etnicamente definidos do pentecostalismo mostram menos dependência de categorias dispensacionais.

contemporânea para a espiritualidade do crente. Terceiro, o ensino sobre o arrebatamento não era primário; ele foi moldado pelo complexo de metáforas da noiva de Cristo mencionado acima, tornando-se complementar ao evento da ceia das bodas. Quarto, a igreja não foi definida a partir de sua distinção de Israel, mas, sim, vista como o grupo do qual emergiria a noiva de Cristo. Embora excluída da ceia das bodas, a igreja continuaria aos cuidados de Jesus durante a tribulação. Em último lugar, o milênio não foi visto como o cumprimento das promessas feitas aos judeus, mas, sim, caracterizado como um tempo no qual os cristãos fiéis que sofrem agora reinariam com Cristo e ajudariam a julgar o mundo. Imersos em uma visão de mundo diferente, os pentecostais da rua Azusa não apenas modificaram o roteiro do dispensacionalismo, mas também se afastaram dele de forma significativa.

7

Escatologia, batismo do Espírito e inclusão:

uma análise das marcas de uma ética social pentecostal

MURRAY W. DEMPSTER ■

O PROPÓSITO GERAL DO MEU CAPÍTULO é desenvolver uma ética social cristã que forneça uma base teológica e ética para a igreja pentecostal dar continuidade à sua missão de unir as tarefas de evangelismo, fortalecendo a própria vida congregacional da igreja na adoração e na *koinonia,* e criar ministérios sociais voltado a pessoas dentro e fora da igreja — ministérios que promovam bem-estar humano, justiça social e dignidade pessoal. Essa visão holística da missão e do ministério da igreja destina-se a afirmar o crescente sentimento de preocupação social cristã entre os pentecostais nos vários setores do movimento, o que tem gerado um número crescente de programas sociais concebidos para ministrar todo o evangelho ao ser humano integralmente. Contudo, esses vários programas sociais existem com frequência como apêndices desajeitados e, em alguns setores, como uma distorção indesejável da tarefa "prioritária" da igreja de evangelização mundial.

A escatologia bíblica organizada em torno de uma estrutura dispensacional, tal como tem existido na compreensão pentecostal, é um fator teológico importante, talvez o principal, que desencadeou e perpetuou a controvérsia sobre o envolvimento social da igreja. Em contraste, pretendo demonstrar que a crença no retorno triunfante de Jesus Cristo, quando fundamentada na missão, no ministério e na mensagem do próprio Jesus sobre o reino de Deus, na verdade implica uma garantia escatológica e um mandato moral para o envolvimento da igreja na sociedade. Além disso, argumento que o caráter moral do reinado vindouro de Deus, proclamado por Jesus como a base da sua própria missão e do seu ministério, identifica os princípios éticos para construir uma ética social que oriente o envolvimento da igreja no serviço social e na transformação social.

Após uma breve discussão sobre a conexão entre escatologia e evangelismo mundial no pentecostalismo, por um lado, e sua negligência no desenvolvimento de uma ética social, por outro, identifico a missão e o ministério da igreja retratados em Lucas—Atos, explorando a conexão Pentecostes/reino, mas oferecendo especial atenção aos Evangelhos sinóticos. Para Lucas, a escatologia do reino de Jesus era central para sua missão, ministério e mensagem. Com base no retrato escatológico do reino feito por Jesus, a ética social correspondente do reino será desenvolvida como uma base teológica e ética para o envolvimento social de dentro, integrando uma abordagem holística à sua missão.

Motivação escatológica para o evangelismo mundial na missiologia pentecostal primitiva

Em geral, os pentecostais fazem uma conexão entre a capacitação do batismo no Espírito e a urgência escatológica para a missão global da igreja de espalhar o evangelho. Os líderes pentecostais destacam a referência de Pedro à profecia de Joel em seu sermão de Atos 2, que explica o derramamento do Espírito no Dia de Pentecostes (especialmente, v. 17-18). Eles também conectam, de modo hábil, a referência de Pedro à profecia de Joel em Atos a vários outros versículos proféticos do Antigo Testamento que distinguem entre o tempo da "chuva serôdia" e da "primeira chuva" no ciclo da colheita agrária anual. Por meio desse arranjo hermenêutico dos textos bíblicos, os pentecostais retratam a vinda do Espírito no Cenáculo em Jerusalém como a "primeira chuva" e a vinda do Espírito na missão da rua Azusa em Los Angeles como a "chuva serôdia". Em consequência dessa lógica, os pentecostais acreditavam que o derramamento do

Espírito da "chuva serôdia" na rua Azusa e além era um "sinal" revelador do retorno iminente de Jesus Cristo.[1] Robert Mapes Anderson observou que, dada a natureza experiencial repetível do batismo no Espírito — com seus enchimentos e reenchimentos —, o fervor escatológico do movimento pentecostal em seu início parecia se comparar à igreja do Novo Testamento.[2]

O missiólogo pentecostal L. Grant McClung Jr. observa que a crença dispensacional pré-milenarista no retorno iminente de Jesus Cristo e a experiência do batismo no Espírito para capacitar os crentes para ir "pelo mundo todo e pregar o evangelho a todas as pessoas" (Marcos 16:15) combinaram-se para construir uma poderosa força motivacional voltada ao evangelismo mundial. Com base em sua análise missiológica dos primeiros anos de formação do movimento pentecostal do século 20, McClung chega à seguinte conclusão: "A urgência escatológica está no cerne da compreensão do fervor missionário do pentecostalismo inicial".[3] O historiador pentecostal Dwight J. Wilson concorda com McClung em sua análise do papel da escatologia na motivação do evangelismo global. Ele faz a observação adicional perspicaz de que a escatologia dispensacional pré-milenarista do pentecostalismo primitivo também promoveu involuntariamente certo afastamento da igreja do envolvimento social, porque tal preocupação social poderia desviar a igreja de sua prioridade de missão evangelística. Wilson caracteriza o impacto da escatologia dispensacionalista pré-milenarista na formação da mentalidade pentecostal predominante no ministério social: "Como o fim está próximo, eles são indiferentes à mudança social e rejeitam os métodos reformistas dos pós-milenaristas otimistas, concentrando-se em 'salvar as almas do fogo' e deixar que as reformas sociais resultem do novo nascimento da humanidade".[4] Portanto, a intensidade escatológica teve a função *manifesta* de

[1] Por exemplo, veja Myland, "Latter day lectures", *The latter rain evangel* 1 (maio de 1909) e 2 (outubro de 1909), publicado posteriormente em *The latter rain covenant and Pentecostal power*.

[2] Anderson reúne evidências históricas consideráveis para apoiar sua tese de que a crença em um retorno iminente e apocalíptico de Cristo era o conceito unificador em uma visão de mundo pentecostal (Anderson, *Vision of the disinherited*, p. 79-97). Veja também Wilson, "Eschatology, Pentecostal perspectives on", p. 267.

[3] McClung, "Missiology", p. 607.

[4] Wilson, "Eschatology, Pentecostal perspectives on", p. 267. Cf. Sheppard, "Pentecostalism and the hermeneutics of dispensationalism", p. 5-33.

inspirar a igreja pentecostal ao evangelismo capacitado pelo Espírito; mas, como observou Wilson, a crença no retorno iminente de Jesus Cristo tinha a função *latente* de produzir no movimento pentecostal um espírito de apatia social.

As ironias emergem quando os ministérios práticos das igrejas pentecostais desde os primeiros anos até o presente, especialmente nos ministérios da força missionária do movimento, são comparados à lógica teológica de um enfoque escatológico no evangelismo. A primeira ironia é que o foco escatologicamente orientado no evangelismo não impediu os ministros nacionais e estrangeiros de desenvolverem programas sociais. Apesar das crenças escatológicas em nível teológico, os líderes religiosos em nível prático que ministravam no contexto local de centros urbanos decadentes ou em países estrangeiros situados em regiões geográficas marcadas por fome, doenças e pobreza, desenvolveram programas sociais para satisfazer às necessidades humanas. Desde os primeiros dias do movimento, os líderes da igreja fundaram orfanatos, hospitais psiquiátricos, abrigos e leprosários como expressões da compaixão cristã pelos sem-abrigo, pelos pobres, pelos famintos e pelos marginalizados da sociedade. Mais recentemente, os programas sociais expandiram-se para além dos programas de bem-estar social, passando a envolver concepções voltadas à mudança das condições sociais injustas que perpetuam os males humanos, como a pobreza e como a fome.[5]

Uma segunda ironia está relacionada ao sucesso que o movimento pentecostal tem desfrutado no evangelismo mundial, que tem sido gerado pelo fervor escatológico e pela capacitação do Espírito. Segundo algumas estimativas, o movimento, em um século apenas, já cresceu para cerca de quinhentos milhões de adeptos em todo o mundo.[6] A ironia é que o crescimento surpreendente do movimento, com sua mobilidade global, colocou os líderes da igreja em contato com os males políticos, econômicos e sociais do mundo, bem como com suas injustiças estruturais. Testemunhar o amor de

[5] Veja meu discurso como presidente da Vanguard University, "Christian social concern in Pentecostal perspective", que destaca os vários ministérios de preocupação social em três das maiores denominações pentecostais. A expansão do ministério social, documentada na apresentação, representa a proliferação dos programas sociais entre os pentecostais.

[6] A estimativa de crescimento do movimento pentecostal em escala global é relatada por Barrett em cada edição de janeiro do *International Bulletin of Missionary Research* (IBMR).

Deus por meio de uma proclamação de salvação sem abordar as necessidades humanas tem o tom vazio de um evangelho incompleto. Responder às necessidades humanas em um contexto global que apresenta diversas matrizes culturais tornou-se um componente prático para atrair uma audiência às "boas-novas" da salvação de Deus e gerou uma proliferação impressionante de programas sociais em todos os setores do movimento pentecostal. Esses programas destinados ao serviço social e à mudança social têm sido parte da história não contada que promoveu o crescimento pentecostal em todo o mundo.[7]

Uma terceira ironia é o fato de que, após múltiplas décadas de proliferação de programas sociais dentro do movimento pentecostal, os missionários e outros líderes da igreja ainda recebiam sinais confusos sobre a eficácia bíblica e teológica dos ministérios de serviço social e de transformação social como parte da missão integral da igreja. A igreja pentecostal se manteve dividida.[8] A divisão em relação ao ministério social é claramente ilustrada nos sucessivos editoriais da *Mountain Movers*, a revista missionária das Assembleias de Deus. De um lado da divisão, está a visão de que concentrar esforços em programas sociais desvia o mandato evangelístico da igreja. À luz do caráter dispensacional pré-milenarista da escatologia pentecostal, a tarefa da igreja deveria estar focada no evangelismo dos perdidos antes da segunda vinda de Jesus.[9] Do outro lado, está a opinião de que o envolvimento da igreja em serviço e transformação social é justificado porque o próprio Jesus

[7] Para uma análise desse crescimento da preocupação social dentro do movimento pentecostal, tive o privilégio de ser editor convidado de uma edição temática especial, "Church mission and social concern" em *Transformation*, p. 1-33.

[8] Essa falta de um sentido integrado de evangelismo e preocupação social na missão da igreja pentecostal dentro das Assembleias de Deus levou a um Encontro da Divisão de Missões Estrangeiras das Assembleias de Deus em Bruxelas, Bélgica, de 27 a 31 de maio de 1998. O objetivo era abordar a "lacuna" entre o apoio solidário e o evangelismo, desenvolvendo a compreensão dos fundamentos bíblicos para orientar esses esforços. A função consistia em desenvolver uma postura teológica coerente, integrando conceitos bíblicos e esforços evangelísticos da igreja, de um lado, e os ministérios de interesse social, de outro. O documento de consenso, "Declaração de Bruxelas sobre Evangelização e Preocupação Social", foi produzido pelo Encontro de Bruxelas da Divisão de Missões Estrangeiras da AD. Infelizmente, a Declaração de Bruxelas nunca foi aplicada pela Divisão de Missões Estrangeiras. A "Declaração de Bruxelas" e dois dos documentos e respostas apresentados no encontro foram publicados em uma edição especial, "A Pentecostal approach to evangelization and social concern", em *Transformation*, p. 41-66.

[9] "Sidetracked!", p. 3.

se envolveu no ministério social aos necessitados.[10] Nenhuma das posições procura integrar o evangelismo e a preocupação social em uma abordagem holística da missão da igreja. No entanto, todas as expressões ministeriais da igreja — destinadas a evangelizar, nutrir a vida congregacional ou estender o serviço e a ação programática aos feridos e oprimidos — precisam estar enraizadas e dar expressão à missão da igreja.[11]

A missão é a referência para a definição do ministério. Somente quando os múltiplos e diversos programas ministeriais da igreja estiverem autenticamente relacionados com a missão da igreja, haverá integridade e completude no testemunho da igreja ao mundo em nome de Jesus Cristo.[12] A reflexão teológica sobre ministério e missão deve ser completamente fundamentada nas Escrituras. Para os pentecostais, a narrativa de Pentecostes em Atos é o lugar natural para começar a formular os princípios rudimentares de uma teologia da missão da igreja baseada na Bíblia, visando à integração da preocupação social com o evangelismo e o discipulado.

Rumo a uma visão holística pentecostal da missão: a conexão entre a capacitação do Espírito e o reino escatológico de Deus

Como já observado, a atual igreja pentecostal baseou sua identidade, missão e ministério na própria compreensão da missão e do

[10] Hogan, "Because Jesus did", p. 10-1.

[11] Orlando Costas argumenta, de forma convincente, que "o verdadeiro teste da missão não é se proclamamos, fazemos discípulos ou nos envolvemos em libertação social, econômico e política, mas se somos capazes de integrar todos essas três áreas em um testemunho abrangente, dinâmico e constante" (Costas, *Integrity of mission*, p. 75).

[12] Um evento divisor de águas afirmando uma abordagem holística à missão e ao ministério da igreja e convidando ao desenvolvimento de uma ética social pentecostal dentro do AD ocorreu no 53º Conselho Geral, na Flórida, 2009. O Conselho Geral adotou resoluções para alterar a Declaração Constitucional do Conselho Geral a respeito da razão de ser da AD Fellowship, acrescentando uma prioridade adicional: ser um povo que demonstra o amor e a compaixão de Deus pelo mundo inteiro. A alteração à Constituição sobre a razão de ser das Assembleias de Deus foi posteriormente utilizada na resolução para alterar dois dos 16 artigos da Declaração de Verdades Fundamentais da AD. Essa mudança é motivo de celebração, pelo reconhecimento da preocupação social no ministério dos missionários e líderes da igreja desde o início do movimento e da liderança denominacional na promoção de uma abordagem holística à missão e ao ministério da igreja, integrando evangelismo, adoração, discipulado e assistência social. Agora, o desafio é conceber um currículo voltado à educação teológica que apoie o desenvolvimento da ética social pentecostal na prestação de serviços sociais para o bem-estar humano e a mudança social, a fim de promover justiça social. Veja Comitê de Resoluções de 2009, *Resolutions processed for presentation to the 53rd General Council*, p. 7-11.

ministério da igreja primitiva registrada no livro de Atos. Por consequência, a igreja pentecostal de hoje partilha com a igreja apostólica de Atos a ligação conceitual entre a missão da igreja, a capacitação do Espírito Santo e a esperança escatológica no retorno de Jesus Cristo. Ao desenvolver uma abordagem holística para a missão da igreja, esse padrão conceitual honra a tradição passada, ao mesmo tempo que fornece um ponto de vista teológico a partir do qual é possível desenvolver uma compreensão integrada, baseada na Bíblia, do evangelismo, do discipulado e da preocupação social para a igreja de hoje, estabelecendo os alicerces para a construção de uma ética social pentecostal. Estudos bíblicos recentes sobre Atos e os Evangelhos sinóticos podem nos ajudar a interpretar, de forma precisa, a teologia da missão da igreja de Lucas dentro de uma estrutura pentecostal.

Um dos principais estudos para entender a missão da igreja de Lucas em Atos, é o trabalho inovador do professor Roger S. Stronstad. Com base em sua percepção de que a teologia da missão da igreja de Lucas em Atos está atrelada à percepção de Lucas quanto à missão de Jesus em seu Evangelho, Stronstad afirma que o Evangelho de Lucas e Atos constituem dois volumes de um único tratado teológico.[13] A missão da igreja retratada em Atos está atrelada à missão de Jesus retratada no Evangelho de Lucas. Stronstad caracteriza a teologia de Lucas como "carismática", com o propósito de destacar que Lucas usou o tema do Espírito Santo para unir seu Evangelho e Atos como uma única história em dois volumes. O livro de Lucas centrou-se na atividade do Espírito Santo na história de Jesus; Atos enfocou a atividade do Espírito Santo na igreja primitiva. No início do ministério de Jesus, o Espírito Santo desceu sobre ele e o ungiu para sua missão; no início do ministério da igreja primitiva, o Espírito Santo desceu sobre os discípulos e os capacitou para sua missão. Jesus proclamou sua mensagem, desempenhou seu ministério e cumpriu sua missão como o Cristo "carismático"; os discípulos cumpriram sua missão e realizaram seu ministério como membros da igreja "carismática".

Em face dessa continuidade literária e dessa homogeneidade pneumatológica entre o Evangelho de Lucas e Atos, Stronstad

[13] Stronstad, *Charismatic theology of St. Luke*, p. 2-5.

argumenta que o derramamento do Espírito Santo no Pentecostes tinha uma relação essencial com a descida anterior do Espírito Santo sobre Jesus em seu batismo.[14] Stronstad identifica o seguinte propósito didático para Lucas, em seu retrato da vinda do Espírito Santo no dia de Pentecostes: "A narrativa de Pentecostes é a história da transferência do Espírito carismático de Jesus para os discípulos. Em outras palavras, após se tornar o portador exclusivo do Espírito Santo em seu batismo, Jesus se torna o doador do Espírito no Pentecostes [...] Por meio dessa transferência do Espírito, os discípulos tornam-se herdeiros e sucessores do ministério carismático terreno de Jesus, ou seja, porque Jesus derramou o Espírito carismático sobre eles, os discípulos continuarão a fazer e a ensinar as coisas que Jesus começou a fazer e a ensinar (Atos 1:1)".[15]

O conceito de Stronstad de "transferência do Espírito" precisa ser desvendado por seu potencial em esclarecer o caráter escatológico da teologia da missão da igreja de Lucas. A transferência do Espírito significa que a igreja primitiva foi ungida para prosseguir com a missão, o ministério e a mensagem de Jesus. Na festa de Pentecostes, o mesmo Espírito Santo que anteriormente havia ungido e capacitado Jesus de Nazaré foi derramado para chamar e capacitar os discípulos a formarem a igreja, com o objetivo de perpetuar a missão, o ministério e a mensagem de Jesus. Dessa forma, Lucas deixou claro em seu prólogo em Atos que a igreja continuou a fazer e a ensinar as coisas que Jesus começou a fazer e a ensinar (Atos 1:1). O conceito escatológico do reino de Deus foi o ponto focal de todas as coisas que Jesus começou a fazer e ensinar. Como enfatiza Gordon Fee, "o testemunho universal da tradição sinótica é que o tema absolutamente central da missão e da mensagem de Jesus eram 'as boas-novas do reino de Deus'".[16] Quando o Espírito Santo desceu sobre Jesus, ele foi ungido para proclamar o evangelho do reino e inaugurar o direito de Deus reinar por meio de seu ministério. Quando o Espírito Santo desceu sobre a igreja primitiva, os discípulos foram capacitados a continuar a missão e o ministério

[14] Ibidem, p. 33-62.
[15] Ibidem, p. 49.
[16] Fee, "The Kingdom of God and the church's global mission", p. 8.

de Jesus de proclamar as boas-novas do reino, anunciando o reinado de Deus "em Cristo".[17]

O livro de Atos, quando conectado com o Evangelho de Lucas, deixa claro que a missão e o ministério da igreja consistem em replicar a missão e o ministério de Jesus por intermédio do poder do Espírito Santo. A conexão entre Pentecostes e reino é essencial para compreender a teologia da missão e o ministério da igreja de Lucas. Compreender a missão e o ministério da igreja capacitada pelo Espírito em Atos requer entender o que Jesus quis dizer quando adotou o reino de Deus como o conceito teológico central para retratar sua missão, seu ministério e sua mensagem.

Jesus inaugurou seu ministério na Galileia com o seguinte manifesto sucinto: "'O tempo é chegado', dizia ele. 'O Reino de Deus está próximo. Arrependam-se e creiam nas boas-novas!'" (Marcos 1:14-15 = Mateus 4:13-17; Lucas 4:14-21).[18] Aqui estão três aspectos dos ensinamentos e do ministério do reino de Jesus que são cruciais para entender sua escatologia e a conexão do reino escatológico de Deus aos seus ensinamentos éticos e respostas morais na seção a seguir. Primeiro, quando Jesus anunciou que inauguraria novamente o reinado de Deus na história humana por meio do seu ministério, ele dispôs o reino de Deus dentro de uma estrutura histórica segundo a qual o tempo era dividido entre "esta era" e "a era por vir", com o Dia do Senhor inaugurando a inversão na ordem da vida, um conceito popularizado pela doutrina apocalíptica judaica. O Dia do Senhor porá fim à história humana da forma que a conhecemos, e o fim "desta era" será provocado pela intervenção direta de Deus por meio de um libertador, o Filho do Homem. O Filho do Homem desceria do céu com a intervenção divina sobrenatural, e a história humana terminaria na destruição apocalíptica da ordem

[17] Peter Kuzmič observa que a proclamação apostólica traduziu a linguagem messiânica do reino de Deus em um "equivalente dinâmico" mais adequado ao público amplo da pregação da igreja primitiva, que incluía tanto judeus como gentios. "Kingdom of God", p. 525-6. Pomerville observa que a mudança na linguagem é uma transição fundamental na história da salvação, iniciada pela vinda do Espírito Santo em poder no Pentecostes. Veja *Third force in missions*, p. 148-57.

[18] Estou em dívida com Fee, "Kingdom of God and the church's global mission", p. 7-21, pelo conteúdo desta seção. O que apresento aqui reflete também muitos dos *insights* exegéticos e conclusões de Ladd, *Jesus and the Kingdom*. Para uma exposição pentecostal sobre o reino de Deus na missão e no ministério de Jesus como evento já presente e futuro dentro de uma perspectiva pneumatológica, veja Kuzmič, "Kingdom of God", p. 521-6.

social demoniacamente opressiva. Para os apocalípticos, o Dia do Senhor seria "a era vindoura" além da história, quando Deus estabeleceria seu reino eterno. O reino de Deus na era vindoura, então, seria estabelecido sobre as cinzas desta era e traria uma inversão na ordem da vida. No entanto, Jesus rompeu com os apocalipticistas ao proclamar que a inversão na ordem da vida aconteceria dentro da história, da forma que os profetas do Antigo Testamento disseram.

Em segundo lugar, quando Jesus anunciou que inauguraria novamente o reinado de Deus na história humana por meio de seu ministério, declarou que o reino de Deus era uma realidade escatológica. A escatologia está relacionada ao fim dos tempos. *Eschátòn* é a palavra grega para fim dos tempos. Quando Jesus proclamou que o reino de Deus era uma realidade escatológica, ele estava declarando que esse reino pertencia à categoria do tempo, e não a uma realidade geográfica dentro da categoria do espaço.[19] O reino de Deus era o tempo da bênção. O reino de Deus foi o tempo da inversão na ordem da vida. Jesus identificou claramente o reino de Deus, que ele estava inaugurando por meio do seu ministério, com o tempo do reinado de Deus. Em seu ministério, Deus estava estabelecendo sua autoridade para reinar na história humana.

Terceiro, quando Jesus anunciou que inauguraria novamente o reinado de Deus na história humana por meio do seu ministério, declarou que o reino escatológico estava relacionado tanto ao tempo presente como ao tempo futuro. Há apoio textual suficiente para sugerir que Jesus sustentava ambas as afirmações.[20] Parece claro que o reino de Deus era uma realidade presente para Jesus,[21] e

[19] Ladd, *Jesus and the Kingdom*, p. 118-44, ilustra a diferença entre o reino como um domínio espacial identificado por fronteiras geográficas e o momento em que um rei recebe autoridade para reinar. A passagem de Lucas 19:11-15 estabelece uma distinção semelhante para identificar, de forma explícita, o reino de Deus com o tempo do reinado de Deus.

[20] Quando Jesus proclama "o reino de Deus está próximo", é possível inferir que o tempo do reinado de Deus está prestes a começar com seu ministério. Também é possível concluir que, como o reino está próximo, o tempo do reinado de Deus ainda pertence ao futuro.

[21] Quatro grupos de textos sugerem que o reino era uma realidade presente para Jesus. Um grupo narra a visão de Jesus de que a inversão na ordem da vida já estava acontecendo no presente: Lucas 4:18-19 e Lucas 7:28-35. Um segundo grupo sugere que o reino de Deus já estava presente porque Jesus declarou que a velha era da lei já estava dando lugar à nova era do reino: o Sermão do Monte. Um terceiro grupo mostra que o banquete escatológico já fora celebrado por Jesus: Marcos 2:18, que argumenta que o noivo está presente para celebrar o banquete escatológico. O grupo final, em que Jesus, ao expulsar demônios, revela o direito já inaugurado de Deus de reinar na história: Lucas 11:20.

parece igualmente claro que o reino de Deus era futuro para Jesus.[22] O reino de Deus, segundo Jesus, era tanto uma realidade presente como uma realidade futura. O reino de Deus "já" estava presente nos sinais messiânicos associados ao seu ministério, mas "ainda não" consumado na transformação de um novo céu e de uma nova terra. Para Jesus, o reino de Deus era "já" e "mas ainda não".

Jesus declarou que, quando uma pessoa responde às boas-novas do evangelho, o arrependimento e a fé se tornam sua maior alegria. A mudança radical que acompanha o arrependimento e a fé em resposta ao reinado de Deus foi elaborada por Jesus em Mateus 11:12 e, em seu paralelo lucano, 16:16. Mateus 11:12-13 diz: "Desde os dias de João Batista até agora, o Reino dos céus é tomado à força, e os que usam de força se apoderam dele. Pois todos os Profetas e a Lei profetizaram até João". Lucas 16:16 diz: "A Lei e os Profetas profetizaram até João. Desse tempo em diante estão sendo pregadas as boas-novas do Reino de Deus, e todos tentam forçar sua entrada nele". Ou todo mundo abre caminho para isso, ou todos entram por meio de mudanças radicais.

O significado desse texto está associado à visão apocalíptica da história contada por Jesus para estruturar o ensino do seu reino: esta era, o *eschâton*, e a era por vir. Nossa tendência é pensar a história a partir dessa linha do tempo, com o povo de Deus avançando cronologicamente desta era para a era vindoura. Contudo, o texto não implica tal sequência cronológica; antes, diz que a Lei e os Profetas existiram até João, mas, desde então, o reino de Deus foi avançando e tem sido proclamado como vindouro. A mensagem de Jesus aqui não é que o presente momento histórico estava se movendo em direção ao reinado futuro de Deus. Pelo contrário, é o reinado de Deus, que pertence ao futuro, que está invadindo o presente. A imagem que Jesus usou implica que o futuro reino escatológico está avançando contra a linha do tempo desta era: o

[22] Três grupos de textos sugerem que o reino de Deus era uma realidade futura para Jesus. Um grupo deixa claro que, para Jesus, a inversão na ordem da vida ainda estava no futuro: Mateus 8:11-12 (que sugere que o banquete escatológico ainda estava no futuro) e as declarações de blasfêmia de Mateus 12:32. Os outros dois grupos de textos futuros incluem as "declarações do Filho do Homem", que identificam o reino de Deus como vindouro, e as "declarações de vigilância", nas quais Jesus admoesta seus discípulos a vigiarem e esperarem pelo reino vindouro.

momento *kairos*, uma nova era nascendo, o dia da salvação de Deus que se aproxima. O tempo da velha era estava cumprido; o reino de Deus está irrompendo no momento presente.

Jesus disse que, à medida que o reino fosse avançando nesta era, as pessoas poderiam pressioná-lo e já experimentar o poder transformador da salvação messiânica de Deus. Era como vinho novo colocado em odres velhos; começa a sangrar pelo couro, e apenas uma gota do vinho novo da era por vir é suficientemente poderosa para tirar os tampões de um ouvido surdo, ou para soltar uma língua muda, restaurar a visão, curar um leproso ou alegrar o coração dos pobres. É o dia da salvação de Deus! Nas belas palavras de George Ladd, Jesus declarou o reino de Deus como "a presença do futuro".[23] Quando as pessoas ingressam nos domínios do reino de Deus, o reinado gracioso de Deus é suficientemente poderoso para derrubar o antigo reino egocêntrico. Experimentar o reinado de Deus é estar sob a gestão divina. O governo gracioso de Deus domina e viola o direito do "eu" de governar. Nesse momento transformador de mudança radical, o futuro reinado de Deus torna-se o centro da lealdade humana.

Duas conclusões podem ser extraídas desse paradigma Pentecostes/reino, particularmente pertinentes para a igreja pentecostal de hoje, que necessita de uma validação escatológica baseada na Bíblia da missão e do ministério holísticos. A primeira conclusão demonstra que a estrutura Pentecostes/reino exige que a doutrina do retorno de Jesus Cristo seja interpretada no contexto escatológico mais amplo do ensino do reino de Jesus. Tal movimento hermenêutico tem implicações profundas, pois fornece um impulso escatológico, enraizado no reino "já, mas ainda não" de Deus, na direção de uma ética social pentecostal que pode capacitar e integrar o ministério social com o evangelismo e o discipulado. O trabalho das mãos humanas no cuidado dos necessitados e na construção de uma sociedade mais justa não será ignorado, como se não fosse importante para o impulso escatológico da missão de Deus.[24]

A continuidade histórica e a homogeneidade teológica, que Jesus postulou entre o reino antecipatório de Deus "já" presente em seu

[23] Ladd, *Presence of the future*.

[24] Smith, "Eschatological drive of God's mission."

ministério e o reino consumado de Deus "ainda não" consumado, são cruciais para interpretar a natureza do reino de Deus como "um ato apocalíptico" no final dos tempos, quando Jesus Cristo retornar. A continuidade histórica e a homogeneidade teológica entre o reino já presente no ministério de Jesus e o reino ainda não consumado até o retorno de Jesus implicam que o ato apocalíptico no final desta era não será de aniquilação total do mundo, mas de transformação total do mundo expurgado do mal. Essa transformação, que torna novas todas as coisas em Jesus Cristo e a consumação do reino de Deus, certamente requer o julgamento de Deus, manifestado na recompensa das boas obras e ações morais do povo de Deus, na aniquilação do mal do cosmos, na justiça para os inocentes que sofreram como vítimas de transgressões e na purificação dos malfeitores que resistiram ao reino de Deus. A justiça que não somos capazes de alcançar nesta era será alcançada na era vindoura. Este mundo transformado do reinado futuro de Deus, porém, tem continuidade histórica e homogeneidade teológica com o reino de Deus, que esteve presente na pessoa e no ministério de Jesus, e continua a influenciar nossa história humana até hoje, por meio da pessoa e do poder do Espírito Santo.[25]

Estar sob o reinado de Deus é tornar-se parte de um povo escatológico, um povo de Deus que vive na era presente pelo reino futuro, "ainda não" consumado. O contexto teológico do reino vindouro "já, mas ainda não" é essencial para compreender os ensinamentos éticos de Jesus, bem como as respostas morais de Jesus às questões sociais de sua época. Os ensinamentos éticos e as respostas morais de Jesus identificam as expressões comportamentais que demonstram, na prática, a vida daqueles que respondem ao reino de Deus em situações concretas. Os ensinamentos éticos de Jesus são projetados para criar um povo que forneça um testemunho visível na era presente de como será o futuro. O reino escatológico, com sua ética centrada na missão, no ministério e na mensagem de Jesus, fornece a base sólida para desenvolver uma ética social pentecostal para guiar a igreja em seu trabalho de serviço e transformação social.

[25] Para a transformação do trabalho humano no reinado futuro de Deus, veja Volf, "On loving with hope: eschatology and social responsibility", p. 28-31; Williams, "Partition of love and hope", p. 24-7; cf. Dempster, "Christian social concern in Pentecostal perspective", p. 51-64.

Rumo a uma ética social pentecostal: a conexão do reino escatológico e ético de Deus

Independente dos ensinamentos éticos de Jesus serem encontrados no Sermão do Monte, nas parábolas ou na *logia* individual, eles revelam de que forma a vida é governada por Deus. Consequentemente, os imperativos morais da ética de Jesus precisam ser interpretados no contexto dos indicativos teológicos que definem a natureza do governo divino. Essa estrutura teológica indicativa/imperativa moral dos ensinamentos éticos de Jesus tem raízes profundas na vida judaica e nas tradições morais do Antigo Testamento, em especial nos profetas do século 8.[26] Completamente entrelaçado na estrutura da consciência moral de Israel nos tempos do Antigo Testamento, estava o seguinte princípio organizador central: "O que Deus é em seu caráter e o que Deus deseja em sua revelação definem o que é certo".[27] O bem e o moralmente correto exigem a determinação teológica prévia de quem Deus é em caráter moral e como Deus age em conduta moral. Cada declaração teológica que consiste no caráter e na conduta moral de Deus é, por definição, um imperativo moral que prescreve quem o povo de Deus deve ser em caráter e como deve agir.

Esse axioma ético da *imitatio Dei*, que está embutido na estrutura teológica indicativa/imperativa moral do pensamento ético do Antigo Testamento, está no cerne da ética de Jesus. Ao permanecer firme na tradição profética, Jesus ensinou que Deus é um Deus de caráter ético. O governo real de Deus revela o caráter moral e a vontade de Deus, que define simultaneamente os princípios morais pelos quais a vida humana sob o governo de Deus deve ser governada. Por um lado, as normas morais que Jesus enunciou em seus ensinamentos éticos remetem às características morais da ação redentora do próprio Deus na história humana. Por outro lado, as normas morais definem os tipos de ação humana que estão em

[26] Veja Dempster, "Pentecostal social concern and the biblical mandate of social justice", p. 129-53. Seguindo o Encontro de Bruxelas, organizei este capítulo em torno de três princípios morais na ética do reino de Jesus. Boa parte do conteúdo, no entanto, é abstraída de forma literal dessa apresentação. Para obter uma cópia da Declaração de Bruxelas sobre evangelização e preocupação social, bem como de meu artigo, veja "Social concern in the context of Jesus' kingdom mission and ministry", p. 41-53.

[27] Kaiser, *Toward Old Testament ethics*, p. 3.

conformidade com o governo real de Deus. Por exemplo, a admoestação de Jesus para amar os inimigos é transformada de um ideal perfeccionista em um princípio de vida do reino. Quando Deus reina, ele ama seus inimigos, por isso o povo de Deus que vive sob seu reinado deve amar seus inimigos. Visto dentro dessa estrutura organizacional, se realmente o indicativo teológico de que Deus ama seus inimigos for verdadeiro, o imperativo moral é vinculativo.

Entretanto, essa relação entre indicativo teológico e imperativo moral oferece bem mais do que apenas um meio para estruturar o pensamento ético. As exigências morais incorporadas na ética de Jesus pressupõem que seus ouvintes haviam sido, na verdade, dominados pelo reinado gracioso de Deus. A ética de Jesus só pode ser — e será — praticada com sucesso se as ações forem expressões comportamentais do governo soberano de Deus no crente e na comunidade de fé. A ética do reino pressupõe que os ouvintes de Jesus "entraram" no reino, experimentando a alegria do arrependimento e da fé que liga o povo de Deus às boas-novas do evangelho. Em vez de ser expressão da "lei", a ética de Jesus é expressão do "evangelho". Jeremias defende essa questão de forma bem convincente: "Cada uma das palavras transmite a seguinte mensagem: a velha era está passando. Por meio da proclamação do evangelho e do discipulado, somos transferidos para a nova era de Deus. Esse é o retrato de uma fé vivida na prática. Assim é a vida daqueles que estão no tempo da salvação de Deus, daqueles que são libertos do poder de Satanás e em quem a maravilha do discipulado é consumada".[28]

Vistos a partir dessa estrutura teológica, os ensinamentos éticos de Jesus são retratos de como a vida é transformada quando os humanos respondem às boas-novas. A ética de Jesus nos Evangelhos, como enfatiza Joachim Jeremias, não consiste tanto em "prescrições da lei", mas em "descrições da graça".[29] Portanto, a ética de Jesus não é nem um chamado ao arrependimento à luz de um reino iminente, nem um plano para criar uma sociedade perfeita na terra. Em vez disso, como Ron Farmer enfatiza corretamente, "a ética de Jesus é uma ética de resposta", uma ética que

[28] Jeremias, *Sermon on the Mount*, p. 23, 30-1.

[29] Ibidem, p. 30-1.

apresenta "a resposta adequada das pessoas que experimentaram a atividade salvadora de Deus".[30] Dentro da ética da resposta de Jesus, a reflexão ética é guiada por este princípio ético-teológico fundamental: "Deus está agindo em todas as circunstâncias, então responda a todas as circunstâncias como se respondesse a ele".[31]

Antes de identificar parte do conteúdo da ética do reino de Jesus, é necessário tecer um último comentário sobre a estrutura ética. Jesus não forneceu aos seus seguidores um sistema completo de ética. A maioria de suas afirmações morais foi feita em debates improvisados com seus críticos ou em resposta às perguntas de seus discípulos. Jesus não tentou articular regulamentos para todos os aspectos da vida. Além disso, mesmo quando eram dadas instruções éticas específicas — por exemplo, sobre o Estado, o casamento, a família, o trabalho —, o âmbito do ensino não era abrangente, mas, sim, adaptado às preocupações específicas de seus ouvintes. Falar de uma "ética social" fundamentada nos ensinamentos do reino de Jesus, portanto, é um nome um tanto impróprio, uma vez que o próprio Jesus nunca construiu uma ética dessa natureza. Mesmo assim, Jesus ministrou ensinamentos éticos específicos. E, dada a estrutura teológica indicativa/imperativa moral de acordo com a qual os ensinamentos éticos ganham vida, o *corpus* de ensinos morais e parábolas fornece os princípios rudimentares de uma ética social.

Comentando a "incompletude" do Sermão do Monte de um ponto de vista moral, Joaquim Jeremias afirma que, embora incompletos, os ditos recolhidos no Sermão oferecem base suficiente para determinar a responsabilidade moral, até mesmo em áreas não abordadas especificamente no catecismo moral. Quando outras fontes do ensino ético de Jesus são acrescentadas ao Sermão, o que Jeremias diz torna-se ainda mais comovente:

> [O] que é ensinado aqui são sintomas, sinais, exemplos do que significa quando o reino de Deus irrompe no mundo que ainda está sob o pecado, a morte e o Diabo. Jesus diz, com efeito: Pretendo mostrar-lhe, por meio de alguns exemplos, como é a nova vida, e o que lhe

[30] Farmer, "Kingdom of God in the Gospel of Matthew", p. 127.

[31] Esse axioma é extraído de H. R. Niebuhr, *Responsible self*, p. 126.

> mostro através destes exemplos deve aplicar-se a todos os aspectos da vida. Vocês devem ser sinais do vindouro reino de Deus, sinais de que algo já aconteceu. Em todos os aspectos de suas vidas, incluindo aqueles aspectos além dos quais falo, vocês devem testemunhar ao mundo que o reino de Deus já está nascendo. A vitória do reino de Deus deve ser visível em suas vidas enraizadas e alicerçadas na *basileia*, o reino de Deus.[32]

Em seus ensinamentos éticos, como sugere Jeremias, Jesus revelou os princípios morais segundo os quais as ações morais do povo de Deus poderiam tornar visível, no mundo concreto do cotidiano, a ação redentora de Deus. Três das normas morais básicas da ética de Jesus — amor, justiça e respeito pelas pessoas — são bem pertinentes na formulação de uma ética social destinada a retratar a vida na qual Deus reina.

Onde Deus reina, o amor cria um vínculo moral com irmãos e irmãs, com vizinhos e estranhos, e até mesmo com inimigos

Uma das marcas morais dos discípulos de Jesus, daqueles que responderam à sua proclamação das boas-novas do evangelho, é o compromisso com a lei do amor. Os crescentes laços morais que o amor de Deus cria entre as pessoas podem ser mapeados segundo cada um dos seguintes mandamentos morais: amor aos irmãos e irmãs (João 13:34-35), amor ao próximo (Mateus 22:34-40; Marcos 12:28-34; Lucas 10:25-27) e amor aos inimigos (Mateus 5:43-48; Lucas 6:2-28).

Segundo Jesus, o amor aos irmãos e irmãs dentro da comunidade dos discípulos é "um novo mandamento" (João 13:34). O amor entre aqueles do mesmo grupo certamente não era novidade. No entanto, como salienta o professor Stephen Mott, Jesus estabeleceu uma nova ordem de vida segundo a qual Jesus amou seus discípulos, a fim de tornar possível o amor entre eles. O que Jesus ensinou aqui tem profunda implicação social. Algumas pessoas não podem dar amor porque nunca o receberam. A vida cotidiana está repleta

[32] Jeremias, *Sermon on the Mount*, p. 33.

de casos em que as cadeias de violência doméstica ligam as gerações: as vítimas de abuso tornam-se os novos abusadores: "daí a trágica espiral de pais, abusados quando crianças, recriando a própria miséria em seus filhos".[33] Diante de forças tão inexoráveis de condicionamento social, um mandamento do amor cai por terra. Mas há "um novo mandamento". O que há de novo é o mandamento de amar uns aos outros, que pressupõe uma comunidade de discípulos que atuam juntos, como se fossem uma família substituta. Pertencer a uma comunidade em que o amor é modelado e vivenciado como um verdadeiro vínculo social pode, ao mesmo tempo, ativar a capacidade de amar e quebrar as cadeias de comportamentos e relacionamentos destrutivos incorrigíveis.

Uma vez ativado, porém, o amor cria laços morais não apenas entre os membros da comunidade crente, mas também desses com quem está fora dos muros da igreja, transformando estranhos em vizinhos. Jesus elevou a questão moral do amor ao próximo à questão teológica do amor a Deus. Jesus fez isso em resposta à pergunta de um doutor da lei que indagava qual era o "primeiro" ou o "maior" dos mandamentos. Jesus respondeu com o chamado "duplo mandamento do amor", comunicando claramente sua convicção de que o amor a Deus e o amor ao próximo estão inextricavelmente ligados (Marcos 12:28-31; Mateus 22:34-40; Lucas 10:25-28). Não pode haver amor autêntico a Deus sem amor ao próximo. Por outro lado, o amor ao próximo é a expressão moral tangível do amor a Deus. Jesus tomou o amor de Deus, em Deuteronômio 6:4-5, e o amor ao próximo, em Levítico 19:18, e os reuniu como um mandamento unificado.

O doutor da lei perguntou: "Quem é meu próximo?" para esclarecer quem estava incluído no círculo de sua responsabilidade moral. Ele queria saber onde poderiam ser traçados os limites do amor. A pergunta do doutor da lei levou Jesus a um debate rabínico a respeito do próximo mencionado em Levítico 19:18. A posição que assumiu ascendência no judaísmo posterior foi a de que o termo *próximo*, em Levítico 19:18, referia-se aos membros da comunidade da aliança. A lei do amor ao próximo era limitada, aplicando-se apenas aos israelitas e aos prosélitos plenos. Não obstante, havia outros

[33] Mott, *Biblical ethics and social change*, p. 40-1.

que defendiam a abolição desses limites. Observando que o comentário do caso que se seguiu a Levítico 19:18 alude à responsabilidade pelos estrangeiros que residiam na terra, os rabinos do outro lado da controvérsia argumentavam que o estrangeiro, ou o estrangeiro residente, estava incluído no mandamento.[34] No contexto dessa disputa rabínica, Jesus conta a história do bom samaritano.

Ao contar sua história por meio de parábola, Jesus inverte, de forma irônica, os papéis sociais e as expectativas dos personagens principais: o sacerdote, o levita e o samaritano. Os samaritanos incluíam os israelitas que foram assimilados pela cultura dos gentios assírios depois de terem sido conquistados pelos assírios. Os judeus "samaritanos" não foram reconhecidos como judeus verdadeiros pelos judeus que retornaram do exílio babilônico. Os samaritanos eram considerados judeus bastardos "impuros" e eram tratados com desdém. Em contraste, os sacerdotes e os levitas eram membros altamente respeitados da comunidade judaica. Com o debate rabínico em pleno andamento sobre os estrangeiros deverem ou não ser considerados "o próximo", Jesus colocou intencionalmente o vilão no papel de herói e transformou os heróis em vilões, a fim de acrescentar um toque à sua história. O samaritano "estrangeiro" identificou-se com a vítima que precisava de ajuda; o sacerdote judeu e o levita, que também viram que o homem fora roubado, espancado e deixado meio morto, seguiram adiante, abandonando a vítima à própria sorte. O samaritano, sentindo compaixão pelo homem brutalizado, envolveu-se na vida da pessoa necessitada. Ele prestou a forma de assistência que correspondia às necessidades da vítima e aliviou seu sofrimento. O samaritano agiu em prol do bem maior da pessoa necessitada, demonstrando que o amor começa pela compaixão, mas termina no "envolvimento ativo e concreto em favor daqueles que sofrem".[35]

Depois que Jesus conta a história, devolve a pergunta ao doutor da lei. E ele vira a questão de ponta-cabeça. "Quem é meu próximo?", essa foi a pergunta inicial do doutor da lei a Jesus. "Qual destes três você acha que foi o 'próximo' do homem que caiu nas

[34] Schrage, *Ethics of the New Testament*, p. 73-4.
[35] Ibidem, p. 78.

mãos dos assaltantes?", foi a pergunta final de Jesus ao doutor da lei. O doutor da lei tentou definir o próximo tomando a si mesmo como ponto de referência. Jesus fez da vítima necessitada o ponto de referência para a definição de quem era seu próximo. Ao mudar a pergunta, Jesus conta a história do ponto de vista da pessoa que foi roubada. O doutor da lei, em última análise, era incapaz de definir quem deve ser amado. A pessoa vitimizada na beira da estrada é quem define o que significa agir como "próximo", identificando quem o amava. Na verdade, o "estrangeiro" era um "próximo" da vítima em perigo. Jesus fez o próprio doutor da lei admitir o seguinte: o samaritano "estrangeiro" mostrou misericórdia, ou seja, o estrangeiro provou ser um "próximo". Assim, Jesus leva o doutor da lei à conclusão de que os estrangeiros são o "próximo" a quem o amor de Deus deve ser demonstrado e que estão incluídos no círculo de responsabilidade moral do povo de Deus.[36]

Qualquer dúvida de que Jesus pretendia universalizar o amor ao próximo é dissipada quando ele incluiu os inimigos no mandamento do amor. O imperativo moral "Amem os seus inimigos" (Mateus 5:44; Lucas 6:27) deixa claro que todos os próximos estão incluídos na geografia do amor. Como Larry Rasmussen observou corretamente: "Se até o inimigo foi incluído, ninguém deve excluído, uma vez que o inimigo é aquele que apresenta maior probabilidade de ser uma exceção".[37] Além disso, todos os inimigos — antagonistas pessoais, adversários legais, concorrentes econômicos, inimigos nacionais — são colocados sob a égide da obrigação do amor. Nenhuma categoria de inimigo está excluída. Em face do caráter incondicional e do alcance global do amor, "o mandamento de amar os nossos inimigos repreende o amor que é mera solidariedade social".[38] Os laços familiares, a posição de classe, os interesses nacionais, os valores culturais e a identidade religiosa já não podem mais limitar os limites

[36] O amor do samaritano demonstrou uma misericórdia que teve início na "compaixão", estimulada por sua capacidade de trocar de lugar com a vítima. O sentimento de compaixão também motivou Jesus a praticar atos de amor em prol dos "pobres e desamparados" (Mateus 9:36; 14:14; Marcos 6:34), "doentes" (Mateus 14:14), "famintos" (Mateus 15:32; Marcos 8:2,3), "cegos" (Mateus 20:34), "leprosos" (Marcos 1:40-42) e de um filho rebelde (Lucas 15:11-32).

[37] Rasmussen, "Creation, church, and Christian responsibility", p. 188.

[38] Schrage, *Ethics of the New Testament*, p. 78.

segundo os quais a lei do amor é normativa. O amor aos inimigos destrói essas limitações e, segundo Stephen Mott, "produz um modo de vida", e não apenas uma atitude, ancorado no "reconhecimento da humanidade comum de todas as pessoas".[39]

Porque o amor aos inimigos requer o conteúdo positivo do amor ilimitado ao próximo associado ao amor de Deus, e porque o amor aos inimigos rompe com os poderosos padrões convencionais de reciprocidade que governam a velhice, Allen Verhey afirma — e eu também acredito — que "acolher essa afirmação é acolher o reino vindouro".[40] A afirmação de Verhey atinge o cerne teológico da questão moral. Entrar no reino e estar sob o governo de Deus significa ser incorporado à nova ordem de vida na qual o amor é normativo. Tal amor incondicional, que reflete o caráter moral do próprio Deus, porém, vai contra a natureza humana e, por consequência, a lei do amor é experimentada como um "dever". Portanto, experimentar o "dever" do imperativo moral de amar é tanto o dom do reino demonstrando sua presença como o chamado ao discipulado para viver os valores do futuro reino escatológico. Mas o amor não é o único princípio moral na nova ordem do reinado de Deus. O mesmo acontece com o princípio da justiça, um princípio que Jesus ensinou e pôs em prática, a fim de validar sua missão, seu ministério e a mensagem de que ele estava inaugurando o reino de Deus.

Onde Deus reina, a justiça é estabelecida para os pobres, os doentes, os impotentes e os deserdados

Em seus ensinamentos teológicos e em seu comportamento social, Jesus retratou sistematicamente o reinado de Deus como uma regra de justiça. Três aspectos do ministério de Jesus estão diretamente relacionados à formulação de uma compreensão integrada da missão e do ministério holístico, que coloca a ação social a serviço da vontade de Deus por justiça. Jesus, tanto em palavras como em atos, proclamou a inversão na ordem da vida para reparar injustiças passadas, criou um sentido de solidariedade para com os socialmente

[39] Mott, *Biblical ethics and social change*, p. 44.
[40] Verhey, *Great reversal*, p. 25.

marginalizados e promoveu um espírito de generosidade para com os necessitados. Esses três aspectos da justiça social relacionam-se com a visão do próprio Jesus acerca da vida sobre a qual Deus reina.

A identificação de Jesus com a ética social do Ano do Jubileu faz soar a tônica de sua missão: o reino vindouro de Deus porá em movimento uma inversão na ordem da vida. Lucas coloca esse reino manifestado em seu Evangelho para demonstrar de que forma Jesus anunciou o início de sua missão e de seu ministério, no sentido de inaugurar o reino de Deus. De acordo com Lucas 4:18-19, depois que Jesus entrou na sinagoga, recebeu do atendente o rolo para a leitura do lecionário. Rompendo com a ordem do trecho programado para ser lido, Jesus encontrou a parte dos cânticos do servo de Isaías que falava da promessa messiânica do Jubileu. Com todos os olhos voltados em sua direção, ele leu: "O Espírito do Senhor está sobre mim, porque ele me ungiu para pregar boas-novas aos pobres. Ele me enviou para proclamar liberdade aos presos e recuperação da vista aos cegos, para libertar os oprimidos e proclamar o ano da graça do Senhor" (Lucas 4:18). Então, ele enrolou o pergaminho, entregou-o ao atendente e sentou-se, mas o costume era pregar o sermão. Aquilo que eles ouviram não correspondia ao costume. Ele disse: "Hoje se cumpriu a Escritura que vocês acabaram de ouvir" (Lucas 4:21).

O início do "ano da graça do Senhor" ou do "ano aceitável do Senhor", com o qual Jesus identificou sua missão, foi nada menos que o cumprimento do Jubileu instituído por Moisés. Uma das principais funções do Ano do Jubileu era corrigir as desigualdades acumuladas que haviam surgido na estrutura social de Israel por um período de cinquenta anos, especialmente a distância cada vez maior entre ricos e pobres. O propósito das ordenanças do Jubileu era manter a natureza igualitária da comunidade da aliança de Deus. Enfatizando a ética social do Jubileu, Stephen Mott observa: "As disposições do Ano do Jubileu exemplificam a justiça bíblica. Entre suas estipulações, está a disposição de que, depois de cinquenta anos, todas as terras, sejam elas vendidas ou hipotecadas, serão devolvidas à família que a tem como herança (Levítico 25:25-28). O efeito desse arranjo foi institucionalizar a igualdade relativa de todas as pessoas nos meios de produção fundiários. Foi uma forte medida igualitária e um meio de reparação de longo alcance".[41]

Essa estipulação específica da equalização de terras no Ano do Jubileu continuou a ser reconhecida na tradição profética como uma medida fundamental para corrigir as injustiças pretéritas.[42] Além de prescrever o retorno ao patrimônio, o Jubileu exigia o abandono da terra, a libertação dos escravos e o perdão das dívidas. Todas essas medidas foram concebidas para impedir o acúmulo de riqueza por uma minoria de pessoas de forma perpétua, a fim de lhes dar a oportunidade de recomeçar a vida a cada cinquenta anos em condições de concorrência relativamente equitativas, e para fornecer a cada membro da sociedade os meios fundiários necessários à aquisição de comida, de roupas e de abrigo.[43] Quando combinado com os regulamentos sociais do ano sabático (ciclo de sete anos), a lei do dízimo (ciclo de três anos) e a lei da respiga (ciclo anual), o Jubileu fazia parte de um sistema social e jurídico que criava estruturas e mecanismos sociais institucionais para prestar cuidados aos pobres, aos estrangeiros, às viúvas e aos órfãos, até que as condições sociais, que fomentavam a distribuição desigual da riqueza da nação, pudessem ser equalizadas por medidas implementadas no Ano do Jubileu.[44]

Nesse contexto do Ano do Jubileu, o manifesto do reino de Jesus na sinagoga de Nazaré anunciou que o tempo de Deus para reverter a ordem da vida, corrigindo as injustiças e as desigualdades sociais, já tinha começado. Em sua excelente análise de Jesus e do Jubileu, André Trocmé observa que aqueles que ouvem o anúncio de Jesus foram levados à seguinte conclusão inevitável: "Ao proclamar o Jubileu, Jesus estava transformando o presente pela perspectiva do futuro, segundo o código de justiça que Deus havia promulgado no passado".[45] Assim, a inversão na ordem de vida associada ao Jubileu

[41] Mott, *Biblical ethics and social change*, p. 68.

[42] O profeta Ezequiel propôs um esquema de redistribuição de terras nos moldes do Ano do Jubileu (Ezequiel 45:8-9; 46:18). Veja Mott, *Biblical ethics and social change*, p. 68-9.

[43] Trocmé, *Jesus and the nonviolent revolution*, p. 19-76.

[44] Um exame dessas quatro ordenanças demonstrou que eram estruturas institucionais na vida de Israel, concebidas para cuidar dos pobres. Veja Sider, *Rich Christians in an age of hunger*, p. 79-99. Cf. Dempster, "Pentecostal social concern and the biblical mandate of social justice", p. 143-6.

[45] Trocmé, *Jesus and the nonviolent revolution*, p. 30. A análise do Jubileu está nas páginas 19-76.

significava boas-novas para os pobres, libertação para os cativos, visão para os cegos e libertação para os oprimidos.

Esses traços característicos de seu próprio ministério foram representados por Jesus como os "sinais" que autenticavam suas credenciais messiânicas como aquele que foi ungido para anunciar o reino de Deus. Onde Deus estabelece seu direito de reinar, Jesus declara que, no espírito do Jubileu e da tradição profética, os primeiros súditos com quem Deus se preocupa são os pobres, os escravizados, os enfermos e os oprimidos. A justiça de Deus é do tipo que corrige a injustiça e o mal, e reverte os infortúnios como a primeira estrutura para a construção de uma ordem social justa.

Mais uma vez, na narrativa do aprisionamento de João, proclamar boas-novas aos pobres e curar os enfermos eram "sinais" que validavam a presença do reino de Deus. Quando João aguardava a execução, sem nunca ter testemunhado nenhum dos milagres e curas associados ao ministério de Jesus, ele enviou seus discípulos para perguntar a Jesus se ele era ou não o messias. À medida que os mensageiros de João iam se aproximando, Lucas relata que Jesus curava "muitos que tinham males, doenças graves e espíritos malignos, e concedeu visão a muitos que eram cegos" (7:21). Jesus, então, instruiu os emissários de João: "Voltem e anunciem a João o que vocês viram e ouviram: os cegos veem, os aleijados andam, os leprosos são purificados, os surdos ouvem, os mortos são ressuscitados e as boas-novas são pregadas aos pobres; e feliz é aquele que não se escandaliza por minha causa" (7:22-23). Ecoando a resposta de Jesus a João, podemos ouvir os "sinais" messiânicos de Isaías, que Jesus citou anteriormente em Nazaré. Mais uma vez, Jesus autenticou suas credenciais messiânicas por meio de "sinais" proclamando boas-novas aos pobres, visão aos cegos e a cura dos coxos, surdos e leprosos.

Além de sofrerem de uma enfermidade física, a única coisa que os cegos, os coxos, os surdos e os leprosos tinham em comum era o fato de sua doença normalmente os levar a ser socialmente marginalizados e economicamente privados dos direitos da sociedade dominante. Muitas vezes, eles eram restritos a mendigar para ganhar a vida; os leprosos carregavam o estigma adicional de ser tratados como "párias sociais". Nesse contexto, o ministério de cura de Jesus autenticou de forma tangível, em atos concretos, as boas-novas que ele pregou aos pobres em palavras. Seus milagres, curas e exorcismos não foram fogos de artifício sobrenaturais para provar que ele era o messias. Pelo contrário, eram "sinais" de que o dia da salvação de Deus havia amanhecido e que a inversão na ordem da vida já havia começado. Os pobres, os cegos, os coxos, os surdos, os leprosos, bem como os gentios e as mulheres daquela época, já experimentaram a justiça social da futura ordem de Deus por meio do poder de cura do ministério de Jesus.[46] "Essa atividade demonstra que a graça salvífica de Deus se estende não apenas à culpa pessoal e aos relacionamentos rompidos, mas também aos corpos humanos, às estruturas sociais, às forças misteriosas que mantêm a criação sob controle."[47] Além disso, o ministério de cura de Jesus demonstra que a reparação das condições dos pobres exigiam mais do que a dádiva do pão de cada dia: a pobreza criava cicatrizes profundas na psique humana, e a cura integral da pessoa era necessária para que a injustiça fosse genuinamente revertida.

Ao enfatizar a proclamação e a cura de Jesus aos pobres, é importante ter em mente o espírito inclusivo do ministério de Jesus. Na verdade, os Evangelhos registram ocasiões em que Jesus curou uma pessoa rica ou poderosa, demonstrando claramente sua própria convicção do amor de Deus por todas as pessoas, independentemente de sua posição econômica ou social. Contudo, nem essas curas nem o fato de Jesus ter aceitado a hospitalidade dos ricos ou do *establishment* religioso devem ser interpretados como se Jesus concordasse com o *status quo*.[48] O foco predominante dele, delineado no manifesto do reino e repetido ao longo de seu ministério, tornou-se incontestavelmente claro nos Evangelhos. Jesus, que curava dos doentes e fracos, foi amigo dos pecadores, libertador dos oprimidos e defensor dos oprimidos e deserdados. Verhey afirma que a bênção de bem-aventurança de Deus estava sobre os pobres e deserdados. Eles eram os destinatários da bênção escatológica inerente à "grande reviravolta" do reino inaugurado por Jesus.[49]

[46] Cassidy, *Jesus, politics and society*, p. 20-4.
[47] Senior; Stuhlmueller, *Biblical foundations for mission*, p. 151.
[48] Cassidy, *Jesus, politics and society*, p. 24.
[49] Verhey, *Great reversal*, p. 16-21.

As implicações sociais para a missão da igreja e para a construção de uma ética social dentro dessa perspectiva são duplas. Por um lado, está claro que, antes que a justiça possa ser uma conquista positiva que reforce a igualdade e a justiça humanas, a injustiça deve ser corrigida. Os erros devem ser corrigidos antes que o bem possa ser alcançado. Por outro lado, está claro que o estabelecimento da justiça perfeita não é necessário para reparar as injustiças existentes. O próprio Jesus viveu consciente de que a transformação da ordem social e ecológica era um acontecimento futuro. No entanto, Jesus adotou todos os recursos sobrenaturais e humanos do seu ministério para reparar as injustiças que encontrou, revertendo a ordem de vida quando estava em seu poder fazê-lo. Ao agir assim, o ministério de Jesus retratou, em uma espécie de microcosmos, como seria o futuro.

Jesus não só representou o reinado de Deus como uma inversão na ordem de vida que corrigia as injustiças humanas, mas também acolheu pessoalmente os fracos, os desprezados e os empobrecidos na comunhão de sua comunidade messiânica. Ele convidou os pecadores materialmente pobres e arrependidos, juntamente com outros, para seu séquito de seguidores, e exaltou os humildes, retratando-os como a vanguarda do reino de Deus. Um grupo tão impotente pode parecer tão insignificante quanto "um grão de mostarda", mas, na visão de Jesus, eles eram uma "grande árvore" do reino de Deus, já fazendo sua aparição embrionária (Marcos 4:3-20; Mateus 13:3-23; Lucas 8:4-15). Com os humildes e excluídos, Jesus desfrutava a comunhão à mesa pública, que ele promulgou como o banquete escatológico do reino (Marcos 2:15-28; Lucas 5:27—6:11). Foram os pobres, os aleijados, os coxos e os cegos que responderam ao seu convite para o banquete na hora escatológica, enquanto os justos apresentavam alguma desculpa (Lucas 14:16-24). Jesus dignificou os pobres, os desprezados e os pecadores ao se recusar a eliminá-los de seu grupo de seguidores (Mateus 13:24-30).[50] A justiça de Jesus significava envolvimento pessoal na causa dos pobres, dos enfermos e dos desamparados.

Talvez em nenhum outro lugar Jesus tenha declarado sua profunda identificação com os impotentes e necessitados de forma tão

[50] Jeremias, *Rediscovering the parables*, p. 179-89. Veja também Jeremias, *New Testament theology*, p. 113-6.

significativa quanto em seu discurso sobre o Juízo Final (Mateus 25:31-46) e na "*paidion* das crianças" (Marcos 9:33-37; Mateus 18:1-5; Lucas 9:46-48). O discurso sobre o juízo final fazia parte da parábola do Juízo Final. À primeira vista parece que a separação entre as ovelhas e os bodes se baseia nos critérios dos seis trabalhos corporais: dar comida aos famintos, água aos sedentos, hospitalidade ao estrangeiro, vestir os nus, cuidar dos doentes e fazer companhia aos prisioneiros. Mas essa não é a mensagem do texto. O texto mostra Jesus convidando os justos para o reino, dizendo: "Pois eu tive fome, e vocês me deram de comer; tive sede, e vocês me deram de beber; fui estrangeiro, e vocês me acolheram;[36] necessitei de roupas, e vocês me vestiram; estive enfermo, e vocês cuidaram de mim; estive preso, e vocês me visitaram" (Mateus 25:35-36). A mesma linguagem foi usada para banir os amaldiçoados do reino. Tanto os justos como os amaldiçoados perguntaram quando tinham visto Jesus com fome, sede, sem teto, sem roupa, doente ou na prisão. Aos justos, Jesus respondeu: "Digo-lhes a verdade: o que vocês fizeram a algum dos meus menores irmãos, a mim o fizeram" (v. 40). Aos condenados, Jesus respondeu: "Digo-lhes a verdade: o que vocês deixaram de fazer a alguns destes mais pequeninos, também a mim deixaram de fazê-lo'" (v. 45). A separação entre ovelhas e bodes não se baseia nas seis obras corporais, mas no encontro com Jesus Cristo. O próprio Jesus fez a surpreendente afirmativa de que fora encontrado *incognito* entre os desamparados, os desesperados, os deficientes e os desprovidos de direitos. Tão grande era o sentido de solidariedade de Jesus para com "os desprezados" que ele realmente partilhava a identidade com eles — ministrar a estes, dizia Jesus, era ministrar a ele.[51]

A identificação de Jesus com os desprezados como característica definidora da justiça no reino de Deus também foi retratada nas diversas narrativas sobre as crianças. Em Marcos 10:13-15, a narrativa da "bênção dos pequeninos" — os discípulos repreenderam os pais que traziam seus filhos a Jesus em busca de uma bênção. Marcos registra que Jesus ficou "indignado" ou, em uma

[51] Gray, *Least of my brothers Matthew 25:31-46*, traz um tratamento abrangente da história da interpretação de Mateus 25:31-46. A expressão "o menor dos meus irmãos" foi entendida em diferentes épocas como referindo-se ao povo judeu (como um todo ou um grupo particular), à humanidade em geral ou em um sentido universal, p. 347.

tradução literal, estava fervendo por dentro. Portanto, o que Jesus disse aos seus discípulos não deve ser entendido como uma reprimenda educada, mas como expressão de seu profundo sentimento de raiva: "Deixem vir a mim as crianças, não as impeçam; pois o Reino de Deus pertence aos que são semelhantes a elas" (v. 14). Nesse contexto, tornar-se criança, segundo Allan Boesak, tem pouca relação com as noções românticas de simplicidade, pureza ou inocência da criança. "Em vez disso, a criança estava mais ou menos no mesmo nível dos inúteis, daqueles que estavam à margem do mundo real, da verdadeira vida. As crianças eram as "pessoas pequeninas", aquelas que não tinham status algum." O ponto que Jesus destacou foi que, onde Deus reina, aqueles que não têm importância e os impotentes que não ostentam status algum também são destinatários da bênção escatológica do reino.[52]

A fúria de Jesus com seus discípulos e a incapacidade deles de compreender esse princípio do reino são explicadas pelo fato de Jesus, anteriormente, haver enfatizado esse ensinamento para eles no contexto de sua discussão sobre quem era o maior no reino. Jesus, em resposta a esse diálogo, pegou uma criança nos braços e disse: "Quem recebe uma destas crianças em meu nome está me recebendo" (Marcos 9:37). Por meio de uma lição tão visível, Jesus deixou bem claro que o maior no reino era aquele que recebia e servia aos mais desprezados. Bruce Chilton e J. McDonald sugerem que o ponto principal enfatizado por Jesus nesse incidente é sua própria identificação com os desprezados: "É preciso 'receber' tal *paidion* como se fosse o próprio Jesus [...] Jesus identifica-se com aqueles de status mais baixo: servir a eles é servir ao próprio Cristo".[53]

Uma implicação inevitável para a missão da igreja e para a ética social surge do ensino do reino e dos atos de Jesus que incorporam a justiça em relação aos pobres e aos "desprezados". A preocupação ativa com os pobres não faz parte de um mero currículo opcional da igreja. Pelo contrário, na tradição de Jesus, o serviço aos pobres e aos menos favorecidos está no cerne da missão da igreja. Negligenciar os pobres, os necessitados e aqueles que têm nenhum

[52] Boesak, "Eye of the needle", p. 8.

[53] Chilton; McDonald, *Jesus and the ethics of the kingdom*, p. 82.

ou pouco status é muito mais do que um fracasso moral; também simboliza cegueira teológica em relação à verdadeira identidade de Jesus e ao próprio caráter ético de Deus. Negligenciar o serviço aos pobres e àqueles considerados "inúteis" é negligenciar o serviço a Jesus, que opta por representá-los porque fazem parte do cuidado de Deus. Ministrar às necessidades dos pobres e desprezados é ministrar a Jesus, que lhes conferiu sua própria identidade.

Além de enfatizar a reparação da injustiça e o cultivo da solidariedade para com os pobres, Jesus enunciou uma terceira característica do tipo de justiça que refletia o reinado de Deus. Na parábola do bom trabalhador (Mateus 20:1-15), Jesus identificou tanto a base teológica como a regra para calcular o que é devido a cada um de forma justa. A trama está centrada nos salários idênticos que um proprietário pagou aos trabalhadores contratados em horários diferentes do dia. Quando os primeiros trabalhadores foram contratados, logo ao amanhecer, concordaram com o salário de um denário por dia. Aparentemente, para realizar o trabalho, o proprietário contratou trabalhadores na terceira, sexta, nona e última hora antes do anoitecer. Em cada uma dessas ocasiões, ele dizia: "Eu lhes pagarei o que for justo". No final do dia, o capataz pagou aos trabalhadores que trabalharam na última hora o mesmo denário pago aos que haviam trabalhado desde o amanhecer. Então, aqueles que trabalharam durante muito tempo, expostos ao calor do dia, sentiram-se injustiçados porque todos os trabalhadores eram pagos igualmente, independentemente de quem merecia mais ou menos. Ao ouvir suas reclamações, o empregador pergunta: "Amigo, não estou sendo injusto com você. Você não concordou em trabalhar por um denário? Receba o que é seu e vá. Eu quero dar ao que foi contratado por último o mesmo que lhe dei. Não tenho o direito de fazer o que quero com o meu dinheiro? Ou você está com inveja porque sou generoso?" (v. 13-15).

Joaquim Jeremias salienta que, nessa parábola, Jesus forneceu a seguinte defesa contra seus críticos: "'Você inveja a minha generosidade?' Deus age como aquele chefe de família que simpatiza com os desempregados e suas famílias. É assim que ele age agora. Ele dá aos cobradores de impostos e pecadores uma salvação completamente imerecida. Ele agirá da mesma forma no último dia. Isso, diz Jesus, é o que ele é; e, porque ele é assim, eu também sou, pois estou agindo sob suas ordens e em seu lugar. Você vai reclamar da bondade de Deus? Esta é a essência da vindicação do evangelho por Jesus: Veja como Deus é: bondade total".[54] Dois mundos foram colocados em nítido contraste. Na antiga ordem, a justiça humana é alcançada pelo mérito, garantindo que as pessoas recebam o que lhes é devido. Sob tal perspectiva, os diaristas tinham uma reclamação legítima. Na nova ordem escatológica, porém, a justiça baseada na discriminação do mérito é colocada sob a generosidade de Deus. Nessa perspectiva, todos receberam "o que era justo" da abundante generosidade de Deus, quer fosse merecido ou não. O ponto de referência para a atividade generosa de Deus é a verdadeira necessidade humana, e não a diferença quanto ao mérito humano. A privação não era mais adequada para os trabalhadores de última hora do que para os trabalhadores de primeira hora. Deus é tão bom, diz Jesus, que compensa generosamente para que ninguém seja privado e, por consequência, reine a verdadeira justiça.

Moldada por essa perspectiva expansiva do reino sobre a justiça, a missão da igreja em ministrar às necessidades das pessoas assume um caráter distinto. Somente um espírito de generosidade ao ministrar aos necessitados pode testemunhar adequadamente o tipo de justiça que é inerente ao reino de Deus. A generosidade de Deus ao estabelecer seu reinado pela graça, ou favor imerecido, substitui para sempre o mérito humano como regra criteriosa de justiça social na missão da igreja. Em contraste, a regra básica de justiça, que alinha a igreja e sua missão com o reinado de equidade e justiça do próprio Deus, é a seguinte: dar generosamente a cada pessoa o que é necessário para funcionar de forma plena como ser humano em relação aos outros e à criação. Uma vez que essa regra pressupõe que as pessoas — independentemente de quaisquer outras considerações — devem ser tratadas de forma igualitária e justa em virtude de sua humanidade comum, conduz naturalmente ao terceiro princípio de uma ética social que reflete o reino escatológico de Deus: o valor dos seres humanos como portadores da imagem de Deus.

[54] Jeremias, *Rediscovering the parables*, p. 111.

Onde Deus reina, o respeito pelas pessoas é promovido pelos homens e mulheres criados à imagem de Deus dentro das instituições da sociedade

Temos dois exemplos proeminentes na história de Jesus que demonstram como Cristo baseou o valor das pessoas no pressuposto teológico de que os seres humanos são portadores da imagem de Deus. Um exemplo é revelado na pergunta dos fariseus sobre impostos (Marcos 12:13-17), que Jesus conclui com o seguinte pronunciamento: "Deem a César o que é de César e a Deus o que é de Deus" (v. 17). O outro exemplo é encontrado nos ensinamentos de Jesus sobre divórcio e novo casamento (Mateus 19:3-9; Marcos 10:2-12), em que Jesus se refere à narrativa da criação (Mateus 19:4; Marcos 10:6).

No primeiro incidente, os fariseus e herodianos pediram a Jesus que tomasse partido em uma questão controvertida na ética política do judaísmo. A questão era se o imposto estabelecido pelo império e seu respectivo pagamento eram moralmente corretos ou não. Essa era uma questão complexa, por causa do sentimento generalizado de que os impostos eram abusivos. Medidas violentas frequentemente empregadas para cobrar os impostos também faziam com que tal sentimento se espalhasse. Em particular, o imposto suscitava um sentimento de opressão, pois simbolizava, de forma tangível, a dominação de Roma. Nesse contexto, Jesus declarou abertamente que sabia que a pergunta do *establishment* religioso era uma armadilha e, então, pediu uma moeda. Quando recebeu o denário, pediu aos seus detratores que olhassem e lhe dissessem de quem era a "imagem" grafada na moeda. "De César", responderam. "Deem a César o que é de César e a Deus o que é de Deus", retrucou Jesus. Wolfgang Schrage afirma corretamente que a interpretação adequada desse ditado depende, em grande parte, do conhecimento sobre "a imagem e a inscrição" na moeda. Observando que um denário era uma moeda de Roma que representava visivelmente o poder e a supremacia romana, Schrage fornece a seguinte descrição do caráter sagrado da "imagem": "No anverso, o imperador aparece com uma coroa de louros que simbolizava sua divindade; no anverso, sua mãe é retratada sentada em um trono divino, como a encarnação terrena da paz celeste. A referência à apoteose do imperador na inscrição não a tornava menos ofensiva do que o retrato: o anverso dizia 'Imperador Tibério, filho venerado do venerado Deus', e o reverso, 'Sumo Sacerdote'".[55] O conhecimento das "imagem e inscrição" gravadas na moeda deixa claro o erro dessa visão dualista, visto que afirma que Jesus ensinava que Deus e o imperador tinham autonomia e autoridade absoluta em seus respectivos reinos. Jesus analisa criticamente a visão de que César governava o mundo secular e Deus, o mundo espiritual, como se fossem dois reinos.

Contra o pano de fundo da representação do imperador sagrado, Schrage enfatiza corretamente que "as palavras de Jesus efetivamente secularizam a autoridade civil e a removem do reino da ideologia".[56] As palavras de Jesus não só dessacralizaram o Estado romano, mas também estabeleceram limites específicos em torno de sua legítima esfera de autoridade. Os impostos pertenciam à esfera da autoridade legítima de Roma. Por quê? Como César fez a moeda, ela trazia sua imagem e, portanto, "pertencia" a ele. Porém, a propriedade de César não ficava sem a devida delimitação, segundo Jesus, pois algumas coisas "pertenciam" a Deus. O paralelismo incontestável do versículo 17 transforma a premissa não declarada do que realmente pertencia a Deus na afirmação mais provocativa do pronunciamento. Se o imposto pertencia legitimamente a César porque a moeda fora feita à sua imagem, então o que pertencia a Deus era aquilo que foi feito à imagem de Deus. Apenas uma coisa foi feita à imagem de Deus: a humanidade. Os impostos pertenciam a César, disse Jesus; os seres humanos pertenciam a Deus. As implicações são retratadas na moeda e estruturadas no argumento. Ao dessacralizar e delimitar o poder de César, Jesus recusa-se a conceder a César uma esfera autônoma, até mesmo no que diz respeito aos impostos. Se os impostos desumanizavam, exploravam e oprimiam as pessoas, então César estava usurpando sua autoridade ao roubar o que, por direito, pertencia a Deus. Deus criou homens e mulheres à sua própria imagem (Gênesis 1:27). A humanidade não tem valor intrínseco baseado apenas no ser humano; antes, homens e mulheres têm valor por causa de

[55] Schrage, *Ethics of the New Testament*, p. 113. Cf. Stauffer, *Christ and the Caesars*, p. 133-4, 135-6.
[56] Idem, Ibidem.

sua relação com o Criador. Eles pertencem a Deus, que não criou homens e mulheres para que fossem explorados por um sistema fiscal injusto. Portanto, os seres humanos merecem um sistema fiscal que os trate com respeito, pois eles são portadores da imagem de Deus, que, por sua vez, deseja que seus filhos sejam tratados com dignidade.

Jesus enunciou esse mesmo princípio moral do valor das pessoas criadas à imagem de Deus em sua resposta ética às leis do divórcio e do novo casamento encontradas em Mateus 19:3-19 e em seu paralelo, Marcos 10:2-12. Embora a questão tenha passado do sistema político e econômico para o sistema judicial, era também uma questão polêmica, cheia de emoções pessoais, divisão social e aspereza religiosa, colocando uma escola rabínica contra outra. O debate rabínico dizia respeito às razões legais permitidas pela lei mosaica de divórcio (Deuteronômio 24:1-4), segundo a qual um homem poderia divorciar-se de sua esposa. A escola rabínica de Shammai sustentava que apenas o pecado da falta de castidade sexual fornecia base suficiente para o divórcio, enquanto a escola rabínica de Hillel sustentava que qualquer comportamento desagradável ou indecente por parte da esposa justificava o divórcio do marido.[57] Quando a pergunta foi feita a Jesus, ele respondeu, de acordo com o Evangelho de Marcos: “O que Moisés lhe ordenou”? (v. 3). Os fariseus citaram o código legal mosaico, que exigia uma certidão de divórcio. Essa ordenança, segundo Jesus, não era uma expressão da vontade de Deus, mas foi permitida como uma concessão histórica à pecaminosidade humana (v. 5). Em vez disso, Jesus enfatizou a história da criação como base para sua afirmação de que Deus pretendia que o casamento fosse um vínculo permanente e monogâmico entre marido e mulher (v. 6-9).

Ao se afastar do argumento de quão rigorosa ou flexível deveria ser a lei do divórcio e concentrar-se, em vez disso, na intenção divina para o casamento, retratada na história da criação, Jesus deu seu toque único à disputa rabínica. O divórcio, na opinião de Jesus, questionava o vínculo permanente do casamento. Portanto,

[57] Para uma discussão da disputa rabínica entre Hillel e Shammai sobre os motivos do divórcio, veja Lillie, *Studies in New Testament ethics*, p. 118-25.

a "transgressão" envolvida na prática do divórcio não deveria ser determinada apenas com suporte em fundamentos legais, como sugeria a disputa rabínica, mas com base na fidelidade devida ao cônjuge. A questão era moral, não legal. Baseado na crença de que a fidelidade entre marido e mulher era um elemento constituinte do casamento, Jesus levou essa lógica à conclusão: divórcio equivale a adultério (Marcos 10:10-11).

O argumento de que o divórcio é equivalente ao adultério provavelmente chocou o público judeu de Jesus e, como observa Schrage, quando Jesus acrescentou que o adultério era "contra ela" [a mulher], seus contemporâneos do sexo masculino, em particular, teriam ficado estupefatos. Schrage explica:

> Essa declaração seria bastante provocativa para um público judeu, porque a noção judaica de casamento, definida unicamente pela perspectiva do marido, trata a esposa como propriedade e inclui o casamento sob a lei de propriedade. A esposa é propriedade do homem, adquirida por meio do pagamento do preço da noiva. A proibição do divórcio por parte de Jesus concede proteção à esposa, que praticamente não tinha direitos legais. Essa proteção vai muito além da instituição legal do divórcio, que pelo menos dá à mulher o direito de voltar a se casar. Se a proibição original do divórcio se dirigia apenas ao marido, Jesus estava do lado da esposa, que não contava com proteção legal. A "interpretação estrita do casamento" de Jesus é, portanto, a expressão contemporânea apropriada da proteção e do respeito devido a uma mulher, que não tinha lugar na lei conjugal judaica.[58]

Jesus deixou seu ponto de vista absolutamente claro. Como os homens e as mulheres foram criados à imagem de Deus, Jesus teve de romper com ambas as tradições rabínicas e tomar o lado da justiça e do respeito das pessoas contra a exploração das mulheres. As mulheres não devem ser desumanizadas por uma lei de divórcio opressiva, mesmo quando citações de Moisés são evocadas para legitimar a instituição e as práticas sociais correspondentes.

[58] Schrage, *Ethics of the New Testament*, p. 95, 97. A citação de Schrage provém de Braun, *Jesus*, p. 103.

A instituição social — embora existindo sob a égide da lei — que permitia que as mulheres fossem humilhadas e banalizadas como objetos subservientes da dominação masculina foi desmascarada por Jesus. Como portadores da imagem de Deus, Jesus declarou, sem hesitar, que as mulheres deveriam ser tratadas com respeito e dignidade humana, e não ser transformadas em objeto de propriedade masculina. Além disso, o divórcio causava um grande estrago na vida da mulher, pois ela perderia a fonte de seus direitos legais, que era a base de seu bem-estar dentro daquele sistema socioeconômico. Portanto, Jesus se recusava a tornar moralmente normativa qualquer uma das tradições rabínicas. Ambas as tradições rabínicas viam a lei do divórcio como uma concessão à pecaminosidade humana e ao fracasso moral. Para Jesus, porém, a ética não deveria ser determinada pela queda humana, mas pelo objetivo de retratar o tipo de vida que emerge a partir do reino de Deus. Dadas essas práticas institucionais codificadas em lei, Jesus se manteve solidário com as mulheres, que muitas vezes eram humilhadas como bens móveis; ao mesmo tempo, procurou enfraquecer os homens na adoção das práticas de divórcio, que tratavam as mulheres como bens móveis, apoiando a visão de que os votos de compromisso conjugal são válidos por toda a vida.

Desmascarar a injustiça sistêmica nas leis que regem a vida institucional — por exemplo, a instituição do casamento e a lei do divórcio — e dessacralizar as práticas políticas dos governos — como as leis fiscais — fazem parte do aspecto profético da missão da igreja, no sentido de promover valor, dignidade e respeito a todos. Além disso, a igreja também deve ser a defensora dos fracos e oprimidos contra o poder político e as instituições sociais opressoras. A regra escatológica divina — à qual a igreja deve lealdade — visa transformar a ordem política e suas instituições sociais em agentes que criam um ambiente em que a sacralidade da vida humana é promovida como um valor moral básico. Dar testemunho do reino de Deus implica que a igreja deve resistir à noção de que governos humanos e instituições sociais são sempre legítimos. Onde Deus reina — e o próprio Jesus declarou esse princípio nas narrativas do imposto e do divórcio —, os sistemas políticos e as estruturas sociais demonstram sua legitimidade moral pela prática concreta de respeitar os seres humanos como portadores da imagem de Deus. As práticas discriminatórias baseadas em classe, raça ou gênero, que oprimem ou marginalizam sistematicamente os fracos e oprimidos, pertencem de maneira categórica à antiga ordem social, que já está desaparecendo.

Em suma, o amor, a justiça e o respeito são os princípios morais normativos em uma ética social pentecostal que reflete o governo real de Deus. Práticas e ações que incorporam amor, justiça e respeito pelas pessoas dão um testemunho tangível de como é a vida quando o povo de Deus responde ao reino de Deus. Essa ética social não só orienta a igreja em seu serviço e ação social no mundo, mas também a orienta na organização de sua própria vida, tornando-se uma comunidade de caráter e conduta, que modela como é a vida quando o povo de Deus responde ao reino escatológico divino. O paradigma Pentecostes/reino de Lucas centra a reflexão teológica na igreja e em sua missão nascida no dia de Pentecostes, voltando a atenção para a missão, o ministério e a mensagem de Jesus inaugurando o reino de Deus. Tomando esse pano de fundo do reino e da transferência do Espírito de Jesus para os discípulos, Lucas também mostra em Atos que a igreja foi ungida pelo Espírito para dar continuidade à missão e ao ministério de Jesus como uma comunidade escatológica. A vinda do Espírito no Pentecostes, criando a igreja como uma comunidade escatológica, estava diretamente conectada à vinda do Espírito sobre Jesus em seu batismo, capacitando-o a anunciar sua unção para inaugurar o reino "já, mas ainda não" de Deus.

Conclusão: sobre o batismo no Espírito Santo e a inclusão

Para concluir, ao observarmos o modo que Lucas usou a glossolalia para organizar suas narrativas sobre o Espírito, podemos identificar o principal impulso de sua apologética em Atos.[59] Para Lucas, o Espírito Santo foi aquele que capacitou a igreja primitiva a fornecer um testemunho espiritual e moral ao mundo. Espiritualmente, o Espírito fortaleceu o testemunho de proclamação da igreja:

[59] Dempster, "Church's moral witness", p. 1-7.

o anúncio da verdade de que Jesus Cristo nos oferece um modo de vida redimido. A missão espiritual da igreja era proclamar um evangelho capacitado pelo Espírito que iniciou novos crentes por meio do arrependimento e da fé na ordem de vida redentora de Jesus Cristo. Moralmente, o Espírito criou a *koinonia* da igreja como um testemunho social tangível para um mundo dividido. A missão moral da igreja era demonstrar, de forma visível, que essa futura ordem social redentora já estava começando a estruturar sua própria vida comunitária inclusiva. O batismo no Espírito capacitou a comunidade cristã a vivenciar na prática aquilo que era pregado com palavras, a transformar o credo em conduta e a confirmar a proclamação com a prática. Para Lucas, o batismo no Espírito não apenas capacitou os discípulos individualmente a testemunhar na proclamação verbal. O batismo no Espírito, na verdade, capacitou a igreja coletivamente a dar testemunho da dinâmica moral do evangelho, com o propósito de transformar pessoas, mudar preconceitos profundos e reestruturar relacionamentos, de modo que os participantes incorporados na comunidade de crentes pudessem refletir dignidade e valores iguais em Cristo.

Para a igreja pentecostal de hoje, a teologia lucana do batismo no Espírito Santo oferece um desafio formidável. No centro desse desafio, está o retrato que Lucas faz da igreja como a comunidade escatológica, que, em sua *koinonia*, já dá testemunho visível da futura ordem cósmica redimida. O desafio pode ser enfrentado pela vinda e a renovação do Espírito. Somente o Espírito pode capacitar a igreja pentecostal a experimentar a verdadeira *koinonia* e criar a possibilidade de viver de acordo com os valores da futura ordem de vida no contexto do mundo atual, um mundo socialmente fragmentado e moralmente dividido. Só o Espírito pode capacitar os crentes pentecostais de diferentes identidades de gênero e condições econômicas, bem como de diferentes origens étnicas e religiosas, a se considerarem uns aos outros com igual valor e a experimentarem como a diversidade enriquece uma comunidade de fé inclusiva.

A partir do paradigma Pentecostes/reino, construído a partir dos dois volumes de Lucas, desenvolvemos uma ética social pentecostal que fornece uma justificativa teológica para o envolvimento da igreja no serviço e na ação social para trabalhar em prol do bem-estar dos indivíduos e da transformação das instituições sociais. Ao mesmo tempo, essa ética social pentecostal fornece base teológica para a igreja transformar sua própria vivência, ao fornecer um testemunho moral que incorpora o amor, a justiça e o respeito pelas pessoas. Essas duas áreas do ministério social da igreja precisam ser integradas ao chamado da igreja para proclamar o evangelho, com a intenção evangelística de convidar as pessoas que ainda não experimentaram as alegrias do arrependimento e da nova vida em Cristo a colocarem a vida sob a nova gestão do reino de Deus.

8

Escatologia como soteriologia:

o evangelho pleno cósmico

MATTHEW K. THOMPSON ■

Introdução

O PENTECOSTALISMO É UM MOVIMENTO estimulado pela imaginação escatológica, um reavivamento apocalíptico que tem em vista o breve retorno do Senhor. Os primeiros pentecostais pregavam o "evangelho pleno" de Jesus Cristo apresentando-o como salvador, santificador, batizador do Espírito, restaurador e rei que, em breve, viria, acentuando uma ênfase cristológica distinta, ancorada em uma robusta pneumatologia. O avivamento pentecostal pregava a restauração dos dons carismáticos pela "chuva serôdia", que anunciaria o fim dos tempos e o retorno de Cristo. No entanto, a segunda geração de pentecostais trouxe uma mudança: a ênfase na iminência do retorno do Senhor deu lugar a uma nova doutrina dispensacionalista-fundamentalista do arrebatamento pré-tribulacional da igreja como definição central de sua escatologia. Os pentecostais repudiaram a maior parte do restante do sistema dispensacional, mas acabaram abraçando o próprio sistema, visto que construíram alianças com o evangelicalismo popular em meados do século 20.[1]

O sistema dispensacionalista, com seu modelo de história rigidamente compartimentado e predeterminado (que assume uma

[1] Veja Sheppard, "Pentecostals and the hermeneutics of dispensationalism", p. 5-33.

hermenêutica cessacionista), e sua abordagem ao estilo de quebra-cabeças à profecia bíblica, é inimigo da espiritualidade vibrante e da abordagem bíblica participativa do pentecostalismo. Hoje, existem muitos apelos de diferentes setores para que os pentecostais repensem sua "complicada relação" com o dispensacionalismo de Scofield. As dificuldades resultantes da adoção de tal escatologia estão se tornando cada vez mais aparentes. Uma vez que os estudos teológicos pentecostais estão ganhando terreno, chegou o momento de formular uma escatologia pentecostal que faça jus à sensibilidade dos primeiros pentecostais antes de o movimento se aliar ao fundamentalismo e à teologia evangélica conservadora.

A articulação de uma nova escatologia condizente com a espiritualidade e a identidade pentecostal como um movimento de renovação seria bastante benéfica para os pentecostais contemporâneos. Duas convicções-chave, que têm uma longa e venerável história em vertentes da tradição cristã receptiva ao pentecostalismo, são particularmente úteis na construção dessa escatologia:[2] (1) a doutrina antropológica de que a pessoa humana como administradora da criação (Gênesis 1:26-30) é um microcosmo do universo; e (2) a convicção soteriológica de que a salvação é um processo que começa nesta vida e atinge sua consumação na era por vir. Com essas duas convicções em vigor, estaremos, então, em posição de construir uma escatologia cósmica do evangelho pleno para toda a criação.[3] Um empreendimento desse tipo proporcionará ao pentecostalismo uma escatologia distinta e autoconsistente, que reflete suas principais preocupações teológicas orientadoras. A seguir, discutirei os elementos escatológicos da salvação disponíveis nesta vida, baseando-me principalmente na tradição wesleyana, mas com um olhar voltado à tradição patrística oriental. Depois disso, buscarei explorar as implicações cósmicas dessas facetas da salvação.

[2] Tenho em mente as correntes ortodoxas, anglo-católicas e wesleyanas. Veja Bundy, "Visions of sanctification", p. 104-36, e Rybarczyk, "Spiritualities old and new", p. 7-25; idem, *Beyond salvation*.

[3] Este capítulo é, até certo ponto, um resumo seletivo da parte construtiva da minha monografia de 2010, *Kingdom come*. A obra maior contém uma articulação muito mais completa de cada um dos cinco temas do "evangelho pleno" apresentados na escatologia soteriológica do que aquela que ofereço aqui, bem como uma discussão de muitos temas e questões bíblicas e teológicas relacionadas que vêm à tona em qualquer discussão das "últimas coisas".

Soteriologia é escatologia

Embora o pentecostalismo contemporâneo seja — e sempre tenha sido — uma espécie de caldeirão de ideias teológicas, mesmo aqueles que defendem as influências reformadas no movimento não negarão sua herança wesleyana. John Wesley, profundamente influenciado pela tradição anglicana da Igreja Alta e por sua leitura da teologia patrística oriental, interpretou a salvação como um processo marcado por momentos de crise (justificação, novo nascimento, santificação etc.). Esse processo soteriológico demonstra muito mais continuidade com as tradições ortodoxas, católicas romanas e anglicanas do que com as tradições da Reforma continental, que muitas vezes pregaram, implícita ou explicitamente, a justificação como a soma total da soteriologia. Para Wesley, a justificação "inicial" é apenas o começo do processo de salvação, que tem como peça central a comunhão crescente com o Deus trino por meio do Espírito Santo, culminando na inteira santificação. A teologia ortodoxa da *theosis*, ou deificação, correlaciona-se com a doutrina wesleyana da inteira santificação, segundo a qual ocorre uma mudança ontológica (não apenas relacional) no crente. O crente é feito uma nova criação pela participação na vida trinitária e no amor de Deus. A perseverança do crente santificado resultará na justificação "final", no *eschaton*.[4]

A escatologia de Wesley está inextricavelmente ligada à sua soteriologia: para ele, trata-se de "duas partes de um único sistema de entendimento".[5] Por isso, muitos têm suposto que Wesley sustentava uma escatologia "realizada", segundo a qual o reino está agora inteiramente presente no processo de santificação individual de cada cristão. Talvez essa compreensão tivesse algum mérito se não fosse por dois fatores significativos. Primeiro, Wesley entende a salvação como um processo que começa agora e tem sua conclusão no *eschaton*, quer a santificação plena seja ou não concedida nesta vida. Wesley apresenta uma compreensão, influenciada pelos pais capadócios,[6] da perfeição como dinâmica, e não estática, o que permite a progressão contínua na perfeição ao longo da eternidade, e

[4] Veja Maddox, *Responsible grace*, p. 157-91.

[5] Greathouse, "John Wesley's view of the last things", p. 142.

[6] Cf. Gregório de Nissa, *Life of Moses*, p. 30; e Maddox, *Responsible grace*, p. 253.

associa nossa experiência presente de salvação à nossa vida futura. Encarnação, vida, morte, ressurreição e ascensão de Cristo, tudo isso inaugurou os últimos dias, a ser completado no *eschóton*.[7] Essa visão mantém a tensão escatológica paulina "já, mas ainda não".

Em segundo lugar, a soteriologia escatológica de Wesley não é tão individualista quanto as noções contemporâneas de escatologia pessoal. Coerente com a orientação patrística oriental típica de seu pensamento, Wesley vê a salvação do indivíduo como um microcosmos de toda a criação. "Para [Wesley], como para Jesus e Paulo, a salvação do indivíduo envolve e reflete diretamente o plano divino maior de redenção para a história e a ordem criada. Os efeitos devastadores do pecado serão remediados pelo poder redentor de Cristo. A salvação significa 'a restituição de todas as coisas'".[8] Vários sermões de Wesley, particularmente "A nova criação" e "A libertação geral", expressam sua visão holística de uma soteriologia cósmica.

O protegido de John Wesley, John Fletcher, seguiu Wesley na estreita associação entre soteriologia e escatologia. Com Fletcher, porém, a ligação torna-se mais estruturada em sua noção de um padrão dispensacional trino, discernível tanto no progresso do desenvolvimento espiritual do crente individual como no movimento mais amplo da história da salvação.

Fletcher apresenta notável semelhança com a abordagem do pai oriental Gregório de Nazianzo, que interpreta a história como composta de três dispensações, correspondendo às pessoas trinitárias nas quais Deus é revelado progressivamente ao dispensar conhecimento salvífico por meio de interações graciosas com a criação.[9] A primeira era — a dispensação do Pai — estende-se desde a Criação até João Batista e revela Deus como criador e sustentador; a dispensação do Filho, que vai de João Batista (o precursor de Cristo) a Pentecostes, revela Deus como o redentor; e a dispensação do Espírito Santo, que se estende desde o Pentecostes até o *eschóton*, revela Deus, o Espírito,

[7] Greathouse, "John Wesley's view of the last things", p. 149.

[8] Ibidem, p. 154. Cf. Maddox, *Responsible grace*, p. 253.

[9] Strieff, *Reluctant saint?*, p. 201-2. Veja também Wood, *The meaning of Pentecost in early methodism*, p. 113-44. Embora ele seja apresentado, quase unanimemente, como seguindo o esquema de Joaquim, as designações dispensacionais de Fletcher correspondem muito mais de perto às transições históricas específicas delineadas por Gregório, o teólogo.

como santificador, aquele que aperfeiçoa a obra iniciada na Criação e na redenção.[10] Essas eras ou dispensações culminarão na plenitude do tempo para inaugurar o reino escatológico. Elas são sequenciais, mas também pericoréticas (mutuamente interpenetrantes ou inter-relacionadas), de modo que cada estágio sucessivo aprofunda e informa os outros, cada qual contendo a antecipação e, portanto, a promessa do próximo.[11] A era do Pai antecipa e promete o Filho; a era do Filho promete a plena revelação e a presença real do Espírito (veja João 14:26); e a era do Espírito promete a nova criação e nos dá acesso a seus poderes no aqui e agora (Hebreus 6:5).[12]

Resumindo tanto Gregório de Nazianzo como John Fletcher, a salvação vem por meio da autorrevelação divina, segundo a qual a história da salvação encontra seu *telos* na vida interior do Deus trino. Toda a história da salvação é escatológica, com Deus penetrando progressivamente na história a fim de redimi-la da corrupção do egocentrismo pecaminoso humano. A salvação, compreendida como participação na vida trinitária de Deus, torna-se possível na glorificação de Cristo e no envio do Espírito. "Fletcher referiu-se a esse desenvolvimento da graça na história da salvação como um brilho progressivo do ser de Deus com diferentes raios de luz até que a plenitude de sua graça trina fosse revelada. Quando a plenitude dos raios divinos for revelada, então haverá plenitude da salvação. E isso só aconteceu com a glorificação de Jesus e a dádiva do Espírito à igreja."[13] A compreensão da era do Espírito como a conclusão da autorrevelação salvífica de Deus na história ilustra a importância da pneumatologia para a soteriologia pessoal e cósmica.

A ênfase pneumatológica de Fletcher é claramente perceptível em sua compreensão do padrão dispensacional da história da salvação, que se correlaciona com os estágios do desenvolvimento espiritual na vida do crente. Fletcher se refere à correspondência entre as obras progressivas da graça na salvação do crente individual e as dispensações do Filho e do Espírito. A justificação é encontrada na apropriação da obra realizada por Cristo na dispensação do Filho,

[10] Strieff, *Reluctant saint?*, p. 202; cf. Dayton, *Theological roots of Pentecostalism*, p. 51.
[11] Dayton, *Theological roots of Pentecostalism*, p. 51.
[12] Ibidem, p. 150.
[13] Wood, *Meaning of Pentecost in early methodism*, p. 126.

enquanto a inteira santificação é atualizada na recepção plena do Espírito Santo,[14] um evento pessoal de Pentecostes que completa a realidade experimentada do novo nascimento (simbolizado pela Páscoa) e a entrada na "terra prometida" da vida em Cristo, que liberta da escravidão do pecado e da morte.[15] A perfeição cristã, então, pertence à esfera da era do Espírito. "A dispensação do Espírito traz a irrupção da perfeição cristã já nesta vida."[16] Os estágios de desenvolvimento de crescimento na graça para o indivíduo também são verdadeiros para os níveis eclesiástico (comunitário) e cósmico. Tanto para a antropologia ortodoxa como para a teologia de Fletcher, o humano é um microcosmo do universo. De acordo com Fletcher, as experiências de justificação e inteira santificação (o que, para ele, é sinônimo de batismo no Espírito) refletem o escopo mais amplo da salvação de toda a Criação.

Por consequência, a sugestão de que a escatologia de Fletcher é uma escatologia pessoal "realizada" é exagerada. Fletcher afirma que ninguém é salvo sozinho. A salvação individual é consumada na salvação de toda a criação, mantendo, assim, intacta a tensão escatológica paulina "já, mas ainda não". O que aconteceu à comunidade da igreja no Pentecostes, na qual o Espírito se tornou disponível para cada crente individual em um plano experiencial pessoal, é uma antecipação da glória divina, que aguarda o cumprimento final e cósmico no *eschàton*. "Fletcher falava muitas vezes da vinda do reino de Deus, do seu cumprimento inicial no dia de Pentecostes, da sua apropriação pessoal pela fé na vida individual dos crentes e da chegada final do reino, quando um Pentecostes global engoliria o mundo inteiro [...] A essência do milênio, quando o mundo inteiro será batizado no Espírito Santo, é amar a Deus com todo o coração, mente e alma."[17]

A compreensão do indivíduo *via salutis*, ampliada para abranger toda a criação, está em consonância com a convicção antropológica

[14] Dayton, *Theological roots of Pentecostalism*, p. 150.

[15] Veja Wood, *Meaning of Pentecost in early methodism*, p. 117: "A Páscoa seria incompleta sem o Pentecostes, assim como o êxodo do Egito seria incompleto sem a entrada em Canaã. Por isso a igreja não pôde ser formada até o dia de Pentecostes. Fletcher interpretou o 'batismo com água' (Páscoa) e o 'batismo com o Espírito' (Pentecostes) como os dois momentos litúrgicos da iniciação cristã".

[16] Strieff, *Reluctant saint?*, p. 208.

[17] Wood, *Meaning of Pentecost in early methodism*, p. 147.

do ser humano como administrador da criação, e deveria encontrar ressonância também entre os pentecostais, uma vez que muitos dos primeiros pentecostais foram influenciados por Fletcher.[18] Essa leitura da escatologia oferece uma alternativa válida ao dispensacionalismo fundamentalista, promovido por Darby e popularizado pela *Bíblia Scofield*. O padrão dispensacional triádico de Fletcher não apresentava distinção nítida entre as dispensações. As eras dispensacionais do reino interpenetram-se porque refletem os relacionamentos pericoréticos do Deus trino. O Pai criou tudo por intermédio do Filho (João 1), pelo poder do Espírito. O Filho encarnou em Cristo pelo poder e a unção do Espírito para tornar o Pai conhecido, pois ele é "o resplendor da glória de Deus e a expressão exata do seu ser, sustentando todas as coisas por sua palavra poderosa" (Hebreus 1:3). O Espírito procede do Pai e é enviado pelo Pai em nome do Filho (João 14:26) para tornar a presença escatológica do Cristo ressuscitado conhecida por intermédio da igreja no mundo como uma antecipação do vindouro reino de glória.

A distinção dispensacional é apropriada por causa da natureza progressiva da autorrevelação de Deus e do correspondente grau de receptividade alcançado pela criação em resposta à atividade contínua das hipóstases divinas em suas respectivas missões particulares.[19] O padrão triplo também liga a pneumatologia mais explicitamente à soteriologia e à escatologia, ao conceber o primeiro Pentecostes como um penúltimo evento escatológico na economia de Deus,[20] que testemunha o conteúdo do reino vindouro ao conceder atualmente acesso aos seus poderes (Hebreus 6:5). Além disso, os primeiros pentecostais, que foram profundamente influenciados por Fletcher, assumiram uma visão progressiva da autorrevelação de Deus.[21]

A história da salvação não diz respeito apenas aos seres humanos, e não se limita, ou tem como foco principal, aos indivíduos.

[18] Land, *Pentecostal spirituality*, p. 193. Cf. Wood, *Meaning of Pentecost in early methodism*, p. xvi.

[19] Cantalamessa, *Come, Creator Spirit*, p. 44-5.

[20] Althouse, *Spirit of the last days*, p. 25.

[21] Veja, por exemplo, a discussão do pensamento de J. H. King sobre esse assunto em Jacobsen, *Thinking in the Spirit*, p. 170-1. O esquema dispensacional de Fletcher tornou-se particularmente popular no final do século 19, nos círculos wesleyanos e de santidade, que são os mesmos círculos que muitos dos pentecostais originais promoveram. Veja Dayton, *Theological roots of pentecostalism*, p. 152.

O Espírito, como *Creator Spiritus*, aperfeiçoa tudo o que o Espírito criou.[22] A salvação humana é o caminho necessário e facilitador para a salvação do cosmos. A criação material é salva de forma precisa e necessária por meio da salvação da humanidade. Assim é porque os humanos habitam exclusivamente os reinos espiritual e material,[23] o que os tornou inicialmente aptos, antes de sua queda, a serem os vice-regentes de Deus na criação, os administradores da terra, por ordem de Deus (Gênesis 1:28).

Contudo, nossos pais primordiais optaram por se desligar da fonte de sua vida espiritual. O resultado foi a deterioração da *imago Dei*, a escravização de nossa natureza espiritual às perversões de nossa natureza física e a usurpação da morte sobre a criação originalmente boa de Deus. Toda a história da salvação é o Deus trino nos chamando de volta à vida verdadeira e atraindo toda a criação de volta à participação em Deus.[24] Toda a história trina das interações de Deus com nosso cosmos caído consiste em um movimento de duas partes (de descida e ascensão): a descida de Deus ao mundo e a ascensão responsiva da criação, que, por sua vez, é provocada e capacitada por Deus.[25] A resposta do mundo passa pelo administrador da humanidade. "O mistério redentor da nossa salvação deve centrar-se no tema da identificação de Deus e do ser humano, entre os quais existe um duplo movimento de doar e receber amor. Santo Atanásio, inspirado por Santo Ireneu de Lyon, disse: 'Deus tornou-se homem para que o homem se tornasse Deus'. Essa declaração curta e incisiva resume o mistério da salvação."[26] Esse movimento duplo tem início com Noé, quando Deus salva um remanescente do caos do dilúvio. O remanescente sobrevive e repovoa o mundo, mas o pecado e a morte permanecem e se tornam evidentes na embriaguez de Noé e na imprudência de Cam (Gênesis 9:20-27).

A dispensação do Pai começa com a história ancestral e o chamado de Abr(a)ão (Gênesis 12). Abraão recebe a revelação de Deus

[22] Bergmann, *Creation set free*, p. 53.

[23] Ibidem, p. 97.

[24] Bergmann, *Creation set free*, p. 96: "Para Gregório, o processo dinâmico da redenção consiste no fato de o Criador atrair para si o mundo inteiro. Tudo o que agora está embaixo deve, em última análise, mover-se para cima".

[25] Bergmann, *Creation set free*, p. 95.

[26] Bobrinskoy, *Compassion of the Father*, p. 55.

como o único Deus verdadeiro, em contraste com as culturas religiosas politeístas e idólatras da época. Essas são as aberturas iniciais de Deus para a reconciliação. Embora YHWH possa, de uma perspectiva cristã, ser visto como conotando a Trindade, teria sido muito cedo para revelar a verdadeira identidade de Deus como Trindade nessa época e nesse clima religioso, quando a verdade de apenas um único Deus verdadeiro ainda não havia sido totalmente estabelecida.[27] A revelação do único Deus se torna mais clara quando Deus revela seu nome a Moisés (Êxodo 3:14-15) e chama o povo escolhido de YHWH, Israel, para fora da escravidão egípcia, pois eles são poupados do julgamento de morte de Deus sobre a terra pela aplicação do sangue de cordeiro nas ombreiras e vergas de suas casas, gesto tipológico cruciforme que constitui um anúncio "não tão definido" do Filho.[28] Ao longo dos anos da confederação tribal, da monarquia (primeiro unida, depois dividida) e do exílio e do retorno à "terra prometida", o nome divino permanece com o povo escolhido de Deus, mantendo-o responsável perante a lei mosaica divinamente emitida, cuja obediência constitui um movimento em direção a Deus para a criação por meio de Israel, na era do Pai, enquanto YHWH ensina a criação infantil e doente de pecado a dar seus primeiros passos de redenção (Oseias 11:3), e promete um servo sofredor, um messias, cuja obra não terminará na mera restauração de Jacó, estendendo-se a todas as nações (Isaías 49:6).

A dispensação do Filho tem início com o anúncio de seu nascimento à virgem Maria e depois com a eclosão de seu ministério adulto por João Batista. Na encarnação, Deus é verdadeiramente Emanuel, Deus conosco, um de nós, assim como o Filho permanece como Deus. A Igreja Oriental sempre insistiu que a encarnação é, em si mesma, salvífica, pois é a união do divino e do humano em uma pessoa, a reunião da humanidade com a divindade, em estreita comunhão íntima. O protestantismo continental mutila, imprudentemente, a cristologia e a soteriologia em sua tendência de retratar a crucificação/expiação como o principal evento salvífico na vida e no ministério de Jesus. A encarnação, os milagres e a pregação de Jesus

[27] Gregório de Nazianzo, *Or.* 31.26, *On God and Christ*, p. 137.
[28] Ibidem.

declaram a vontade e o plano de Deus de redimir a boa criação dele, seja qual for o custo, até mesmo o custo da morte de seu Filho. De acordo com a vontade de Deus, Jesus, que não tinha pecado, *foi feito pecado* (2Coríntios 5:21) para absorver a decadência e a enfermidade da criação dentro do próprio Deus e para condenar a corrupção à morte dentro da comunhão trina de amor. A ressurreição de Jesus pelo Pai, por intermédio do Espírito, é tanto a declaração da divindade de Cristo como Deus, o Filho encarnado, como a inauguração da nova criação, pois Jesus ressuscitou corporalmente, o primeiro entre muitas irmãs e irmãos (Romanos 8:29). A ressurreição de Cristo culmina em sua ascensão ao Pai, que também leva a ordem criada, por meio de sua humanidade, de volta ao Pai.[29] Jesus Cristo, como representante da humanidade em particular e da criação material em geral, realizou, em princípio, em sua própria pessoa, a salvação do cosmos. Agora resta ao Espírito, enviado pelo Pai em nome de Jesus, preparar o mundo para a plena presença de Deus no *eschâton*.

Depois que o Filho ascende, o Espírito desce no Pentecostes, que marca o início da era do Espírito, "um novo período na história de Deus com o seu mundo [...] O Pai e o Filho já foram revelados; agora é hora de o Espírito de Deus também se tornar visível".[30] A dispensação do Espírito estende os poderes redentores da encarnação por todo o mundo[31] em preparação para o fim, aprontando a criação para a plena união entre Deus e o mundo. O Espírito nos conduz a toda a verdade, começando pela verdade da própria identidade do Espírito como a terceira pessoa da Trindade, que completa a autorrevelação salvífica de Deus ao mundo.[32] Esse processo trinitário e revelatório, culminando no primeiro Pentecostes, completa o movimento descendente inicial de Deus em direção ao mundo na provisão e na oferta de salvação.

O Espírito aplica a salvação proporcionada por Cristo ao mundo, o que conduz à nova criação.[33] Isso inverte o fluxo da economia da salvação, o "processo escatológico trinitário [*sic*]",[34] que constitui as

[29] Bergmann, *Creation set free*, p. 95.
[30] Ibidem, p. 169.
[31] Ibidem.
[32] Gregório de Nazianzo, *Or.* 31.27, *On God and Christ*, p. 138.
[33] Bergmann, *Creation set free*, p. 139.
[34] Land, *Pentecostal spirituality*, p. 198.

relações salvadoras de Deus com o mundo de Deus. "Assim, a história da salvação é uma progressão do Pai, por intermédio do Filho, no Espírito, depois no Espírito, através do Filho, até o Pai."[35] Mesmo agora, o Espírito está enervando a criação com os poderes escatológicos do reino e trazendo à vida aquilo que sempre foi destinado a viver para sempre. Essa penúltima era culminará com a parúsia na presença do glorificado Deus trino preenchendo a nova criação. Mas, antes de examinarmos as facetas do reino vindouro ilustradas pela expressão do "evangelho pleno", devemos examinar os corolários dessa salvação cósmica em nível microcósmico: a salvação da pessoa humana.

Como vimos, John Fletcher via as dispensações não apenas na escala cósmica da redenção de toda a criação, mas também como refletidas no processo de salvação dentro do crente individual.[36] A revelação do Pai nos leva da condição de "gentilismo" [ou paganismo], um estado em que a pessoa tem o simples reconhecimento de uma divindade, ou panteão de deuses, ou realidades sobrenaturais, para o "judaísmo", o reconhecimento confessional específico do único verdadeiro Deus revelado como o Pai criador. A revelação do Filho nos move do judaísmo para o evangelho, que é a boa notícia do cumprimento (em oposição à abolição) da lei em Jesus Cristo. A revelação do Espírito aplica-nos os poderes da ressurreição e nos ensina o mistério da salvação nesta era pós-Pentecostes.[37] Para o crente, isso reflete o processo de salvação, em que se passa da consciência da divindade ao reconhecimento de Deus como Deus, com todas as demandas concomitantes que tal revelação acarreta para criaturas caídas. Encontramos alívio dessas exigências quando aceitamos os méritos da obra de Cristo em nosso favor e quando nos apropriamos da justificação realizada e fornecida pelo Filho, com a *imputação* de sua justiça cobrindo nossa pecaminosidade, possibilitando, assim, um relacionamento preliminarmente restaurado com Deus. Experimentamos, então, a obra santificadora e capacitadora do Espírito Santo, que nos transmite a graça verdadeiramente transformadora de Deus na santificação e no batismo do Espírito,[38] que,

[35] Ibidem, p. 200.

[36] Dayton, *Theological roots of Pentecostalism*, p. 150

[37] Wood, *Meaning of Pentecost*, p. 6.

[38] Esses termos são sinônimos em Fletcher e no movimento posterior de santidade.

para os pentecostais, não são sinônimos, mas estão intrinsecamente relacionados.[39] Tudo isso é provisório, como o aspecto "já" da salvação, que aguarda seu cumprimento final no "ainda não" do *eschâton*. O "já" do reino inclui as obras iniciais da graça, que, então, serão consumadas no segundo movimento, no qual a criação será inserida em Deus por Deus, em conjunto com a crescente receptividade da criação quanto à graça divina, o que ainda não é a realidade.[40] A lógica da perspectiva pentecostal do pensamento de Fletcher[41] pode ser construída no seguinte padrão quiástico de paralelismo concêntrico, movendo-se para dentro de (a) justificação inicial, (b) santificação inicial, (c) batismo inicial do Espírito e, por fim, (d) inteira santificação para parúsia. No oposto quiástico, teriamos um movimento para fora de (d) parúsia para inteira santificação, (c) batismo final do Espírito, (b) *theosis* e (a) justificação final.[42] Tudo o que acontece nesta era atual resulta do movimento descendente de Deus em direção à criação, o que possibilita e evoca o movimento da criação ascendente em direção a Deus, encontrando sua conclusão[43] na reunião relacional da *theosis*. Todos os momentos de crise que marcam o processo da *via salutis* pentecostal antecipam e, principalmente, pré-realizam microcosmicamente o que ocorrerá na escala macrocósmica no *eschâton*.[44] "A transformação do crente é o primeiro passo na transformação do mundo."[45] A interconectividade da humanidade com o cosmos material e a salvação é realizada

[39] Veja Thompson, *Kingdom come*, cap. 8.

[40] Veja Bulgakov, *Bride of the lamb*, p. 418. Bulgakov fala aqui da necessidade de o mundo ser conformado ao seu propósito original, uma morada adequada para Deus e a humanidade em comunhão. O Espírito é o agente divino, em sinergia com a criação, que realiza esse ato. Bulgakov, *The comforter*, p. 350.

[41] A contribuição de Fletcher aqui é uma *via salutis* facilitada pelo Espírito, um processo de salvação pneumatologicamente inspirado. Ele não estabeleceu distinção entre a inteira santificação e o batismo no Espírito, referindo-se a todo o processo como o novo nascimento. Veja Streiff, *Reluctant saint?*, p. 53-4.

[42] O teólogo pentecostal Amos Yong, seguindo explicitamente Wesley, defende um processo teleológico de salvação plena povoado por uma variedade de momentos de crise interpenetrantes. Yong escolhe a denominação de batismo no Espírito como a categoria primária para esse processo, sem negar a realidade da experiência de crise específica que os pentecostais clássicos chamam por esse nome. O uso dos termos por Yong pode ser debatido (minha preferência é *theosis*), mas o complexo escatológico-soteriológico fluido está em consonância com o que proponho aqui. Veja Yong, *Spirit poured out on all flesh*, p. 81-120.

[43] A plena santificação não nos é negada nesta vida, mas a plena santificação deste lado do *eschâton* não nos liberta do "pecado impropriamente chamado", a decadência da nossa finitude; liberta-nos, contudo, do pecado intencional, que resulta de afeições desordenadas (Wesley).

[44] Land, *Pentecostal spirituality*, p. 78-9.

[45] Althouse, *Spirit of the last days*, p. 183.

pelo Espírito Santo.[46] O Espírito facilita a salvação final da totalidade da criação em todas as suas inúmeras inter-relações e dimensões.[47]

Escatologia é soteriologia: o evangelho pleno do *escháton*

Como já observado, o evangelho pleno wesleyano-pentecostal quíntuplo foi cristologicamente articulado tendo Jesus como salvador (justificação), santificador, batizador no Espírito, curador e rei vindouro, mas a ênfase estava na obra do Espírito no crente e no mundo. A ênfase cristocêntrica deve ser mantida, mas com o reconhecimento de seus acentos patrocêntricos e pneumatocêntricos, portanto plenamente trinitária. Especificamente, o Verbo (Filho) e o Espírito, o Logos e o Pneuma, são as duas mãos do Pai (Ireneu): o primeiro, eternamente gerado; o segundo, eternamente soprado. Assim, o Espírito está inerentemente presente de forma pericorética na obra de Cristo, e Cristo é pericoreticamente inerente à obra do Espírito. A pouca atenção que o Espírito recebeu na maior parte da escatologia no Ocidente pode ser corrigida através de uma escatologia pneumatológica pentecostal de soteriologia cósmica. O padrão quíntuplo servirá como princípio organizador no que se segue.

A segunda vinda

De acordo com a antiga doutrina trinitária de Ireneu, as "duas mãos" do Pai na Palavra e no Espírito, e o antigo princípio da pericorese, a parúsia de Cristo também precipita a parúsia do Espírito Santo.[48] O Espírito é o agente trinitário ativo no ato kenótico da encarnação, por meio da concepção de Cristo na virgem Maria, e é o Espírito que unge Jesus para o ministério em seu batismo. Pelo Espírito, Jesus realiza curas e exorcismos como ilustração da chegada do reino. O Espírito ressuscita Cristo dentre os mortos por ordem do Pai. Depois de ascender ao Pai, Cristo envia o Espírito como Consolador no Pentecostes.

[46] Yong, *Spirit poured out on all flesh*, p. 95.

[47] Ibidem, p. 97.

[48] Veja Bulgakov, *Bride of the lamb*, p. 404-5. Bulgakov categoriza o primeiro advento do Espírito no Pentecostes como uma *kenosis* do Espírito, da mesma forma que a *kenosis* do Filho na encarnação.

Agora, o Espírito está kenoticamente presente, capacitando-nos, e não dominando-nos, e o Espírito agora nos revela a natureza do reino vindouro por meio de sua própria presença santificadora e capacitadora. Por intermédio de Jesus, o Espírito está de modo concreto presente no mundo. O Espírito, por sua vez, torna agora Jesus espiritualmente presente no mundo, particular e mais plenamente na igreja. "Na sua vida terrena, Jesus foi o lugar do Espírito de Deus, o seu lugar preferido, total e único. Hoje, no tempo da igreja, o Espírito é o lugar da presença de Jesus."[49] Quando o Pai envia o Filho em glória plena para herdar seu reino legítimo, o Espírito também se manifestará em glória e esplendor plenos, pois o mundo terá sido preparado na medida necessária para a presença irrestrita do Espírito.

O pentecostalismo tem orientação restauracionista. Qualquer que seja o mérito dessa afirmação, o pentecostalismo constitui certamente um momento significativo no processo de restauração da espiritualidade cristã holística. "Mas esse processo de restauração faz parte da restauração mais ampla de todas as coisas, que finalmente resultará naquilo que é maior do que a criação inicial. É algo além de uma 'restauração', pois Deus será 'tudo em todos'."[50]

Cura

A cura sempre foi vista como um sinal soteriológico e escatológico dentro do pentecostalismo. As curas realizadas por Jesus em seu ministério terrestre sublinham sua afirmação de que o reino já havia chegado entre o povo.[51] "A cura era uma antecipação da cura final de todas as coisas. O material destinava-se ao espiritual e vice-versa. A cura antecipava a restauração milenar de todas as coisas: o céu presente na terra e, portanto, não mais havendo doenças ou tristezas."[52] Quando Jesus ressuscitou dos mortos, isso ilustrou o fato de que "a morte não é a consequência natural da vida".[53] A cura corporal dos santos significa a cura de toda a matéria criada.

[49] Bobrinskoy, *Compassion of the Father*, p. 63.
[50] Land, *Pentecostal spirituality*, p. 200-1.
[51] Ervin, *Healing*, p. 2.
[52] Land, *Pentecostal spirituality*, p. 54.
[53] Ervin, *Healing*, p. 43.

A destrutividade pecaminosa da tecnologia e a guerra contra a boa criação de Deus serão curadas, assim como os processos finitos da natureza que causam violência no curso de seu funcionamento (terremotos, erupções vulcânicas, tempestades sazonais etc.), pois na nova terra não haverá mar ("caos", Apocalipse 21:1). A ênfase na cura, tanto agora como no *eschâton*, aponta para a natureza sacramental da criação, que será plenamente realizada nos novos céus e na nova terra. Na verdade, o dogma cristão da ressurreição do corpo requer, lógica e teologicamente, um cosmos físico refeito. "Teologicamente, faz pouco sentido postular uma existência escatológica não terrena enquanto se crê na ressurreição do corpo [...] O corpo ressurreto exige um ambiente correspondente glorificado, mas, ainda assim, material. A existência *material* futura pertence, portanto, inalienavelmente à expectativa escatológica cristã."[54] Este mundo será renovado e tornado adequado à habitação do Deus trino e das criaturas aperfeiçoadas de Deus. Todos serão curados e restaurados, colocados em conformidade com a Palavra de Deus, quando os santos forem nutridos até à plena saúde pela ceia das Bodas do Cordeiro.[55]

Batismo espiritual

A segunda vinda do rei e do Espírito constitui um Pentecostes cósmico, pois todo o cosmos é batizado no Espírito pela presença plena de Jesus, o Espírito batizador, e assim energizado pela presença capacitadora de Deus por intermédio do Filho e do Espírito Santo. Os santos são capacitados a reinar perfeitamente com Cristo na nova criação. "Línguas de fogo" manifestaram-se na primeira vinda kenótica do Espírito (Atos 2) e agora estão surgindo por meio da criação, visto que a escória dos elementos ímpios que afligem a ordem criada é queimada. Os velhos céus e a velha terra, que são os padrões desta atual era decaída, serão destruídos pelo fogo santo e poderoso do Espírito de Deus (2Pedro 3:7,10).[56]

As línguas cessarão (1Coríntios 13:8), pois agora não haverá mais necessidade delas. Nós, e o Espírito conosco e por nós, não

[54] Volf, *Work in the Spirit*, p. 95, grifo do autor.

[55] Isso também implica a necessidade de uma revisão significativa nas atitudes pentecostais populares em relação ao cuidado da criação. Se este mundo quiser ser curado, e não destruído, nossos esforços, ou a falta deles, no presente para cumprir nosso mandato original como administradores da criação terão significado eterno.

[56] Bulgakov, *Bride of the lamb*, p. 400.

gemeremos mais pela revelação dos filhos de Deus (Romanos 8:19-27), pois seremos revelados, transfigurados com todo o cosmos *pelo* Espírito e transformados nos seres que sempre fomos destinados a ser. O poder e a intimidade com o Deus trino, marca registrada da experiência pentecostal neste mundo, são apenas uma antecipação da intimidade que teremos com esse Deus no mundo por vir, quando não mais nos faltarão os meios expressivos, evidenciados agora pelas línguas, para expressar com precisão a intimidade com o Pai, o Filho e o Espírito. Veremos Deus como Deus é, uma comunidade trina perfeita de amor, e os limites da mediação linguística finita desaparecerão. Louvaremos perfeitamente a Deus por toda a eternidade.

Santificação integral

A plenitude da presença do Espírito no batismo do Espírito cósmico santifica integralmente a criação. O fogo crescente do Pentecostes cósmico consiste nos poderes purificadores, derretendo as impurezas e tornando a criação adequada à presença imediata do seu Criador. Assim como o batismo no Espírito no crente individual é uma realidade experiencial santificadora, o batismo no Espírito cósmico resulta em santificação cósmica, pois nada que não esteja em conformidade com o Espírito pode permanecer na presença do Espírito. Assim, o cosmos atingirá sua verdadeira natureza como o santuário do Deus vivo. A presença crescente de Deus na criação, que teve início em um pequeno compartimento no tabernáculo dos hebreus, mais tarde se instalaria no templo de Israel; e, mais tarde ainda, se expandiria pelo mundo, à medida que a igreja vai se abrindo a todo o cosmos, de modo que a nova criação se torne o Santo dos Santos cósmico. A luz inacessível (1Timóteo 6:16) envolverá e iluminará toda a realidade. A humanidade e o restante da criação serão aperfeiçoados juntos pela presença plena da Trindade na cidade santa de Deus, a Nova Jerusalém, que será o estado de nossa existência final e inteiramente aperfeiçoada.

Justificação

Quando nossos pais caíram em pecado, toda a criação, sobre a qual haviam sido estabelecidos como administradores, caiu com eles (Romanos 8:20). Assim como a criação perdeu a posição correta diante de Deus em consequência da queda da humanidade, a ascensão da humanidade na salvação implica a ascensão da criação. Quando a presença plena de Deus se manifestar na parúsia, nós, por meio de nossa fé e das obras realizadas com base nela (Tiago 2:24), seremos finalmente justificados. Como administradores da criação, nossa justificação final significa a justificação de toda a ordem criada. Essa condição justificada, o resultado da deificação do cosmos por intermédio da presença santificadora do Deus trino, é um complemento à cura, ao batismo no Espírito e à santificação: estarmos final, plena e corretamente relacionados com Deus significa estarmos final, plena e corretamente relacionados uns com os outros. Desse modo, todas as relações de oposição, incluindo as estruturas sociais injustas e dinâmicas antagônicas entre a humanidade e a natureza, serão eliminadas.

Conclusão

À medida que os pentecostais vão evoluindo em suas contribuições para a teologia mais ampla da igreja, devem encontrar uma forma de situar suas características distintivas dentro dos padrões mais amplos das tradições cristãs históricas receptivas ao pentecostalismo, e lutar por coerência teológica. Este capítulo foi uma tentativa séria de integrar a escatologia pentecostal com a soteriologia. Meu objetivo foi explicar e celebrar a espiritualidade vibrante e a formulação teológica do pentecostalismo clássico, identificando também sua continuidade com o pensamento cristão anterior sobre essas questões. Da perspectiva da teologia sistemática, essa construção traz o benefício de enquadrar a soteriologia antropológica no nexo mais amplo entre criação e consumação, de uma forma muito mais coerente do que o dispensacionalismo scofieldiano, com seu dualismo pactual e sua visão fragmentada da revelação bíblica. Quer essa proposta em particular encontre aceitação, quer não, os pentecostais precisam deixar para trás a hermenêutica amplamente desacreditada do dispensacionalismo.

9

Escatologia pentecostal em perspectiva:

a orientação escatológica do evangelho pleno

PETER ALTHOUSE ■

Introdução

JÜRGEN MOLTMANN TALVEZ SEJA O PRINCIPAL teólogo protestante da segunda metade do século 20 que pressionava a recuperação da esperança escatológica. Ele insistia que toda teologia tem orientação escatológica.[1] Se a afirmação de Moltmann for verdadeira — e eu acredito que seja —, então o que isso significa para a construção contínua da teologia pentecostal? Em outras palavras, como seria a teologia dos pentecostais se suas reivindicações de verdade fossem fundamentadas em uma orientação escatológica?

Entretanto, somos imediatamente confrontados com um problema: o que é a teologia pentecostal? O pentecostalismo como movimento é uma constelação fluida e diversificada de reivindicações, experiências, *ethos* e normas. Os pentecostais não têm confissões de fé, nem doutrinas coerentemente articuladas, embora alguns tenham produzido declarações de fé de uma forma incoerente e confusa. Os pentecostais e os não pentecostais tendem a definir o movimento a partir de sua prática de glossolalia, o que

[1] Moltmann, *Theology of hope*, p. 16 [ed. em português: *Teologia da esperança*: Estudos sobre os fundamentos e as consequências de uma escatologia cristã (São Paulo: Edições Loyola, 2023].

os pentecostais chamam de "falar em línguas". Donald Dayton, porém, argumenta que o foco na glossolalia resulta em seu empobrecimento teológico, submetendo a análise teológica a pressupostos a-históricos e a categorias sociológicas e psicológicas.[2] Dayton sustenta que, em vez disso, a análise do pentecostalismo deve olhar para a *gestalt* [forma; figura] teológica mais ampla do "evangelho pleno", definido a partir de quatro temas cristológicos: salvação, cura, batismo no Espírito e a segunda vinda.[3]

A proposta de Dayton é um ponto de partida importante para qualquer discussão da teologia pentecostal, pois explora e reúne os principais componentes do pentecostalismo, apesar de sua diversidade teológica e experiencial. Contudo, dentro da matriz do evangelho pleno, apenas a "segunda vinda de Cristo" é definida no sentido da escatologia. Se a afirmação de Moltmann, de que toda a teologia é escatológica, for verdadeira, então o evangelho quádruplo permanece subdesenvolvido. Minha proposta é que a teologia pentecostal seja rearticulada no contexto da esperança escatológica, de modo que a esperança futura de todo o cosmos seja acessível no presente. Em outras palavras, o mundo e a criação, juntos, são o contexto para a escatologia, razão pela qual toda construção escatológica holística deve ser fundada em uma escatologia criacional. Argumentarei que a teologia pentecostal deve ser fundamentada por uma esperança escatológica holística e proponho a construção de uma escatologia pentecostal holística baseada nas facetas do evangelho quádruplo.

As dimensões escatológicas do rei vindouro

A doutrina do "rei vindouro", da "segunda vinda" ou do "retorno iminente" de Cristo ocupou lugar de destaque na orientação teológica dos primeiros pentecostais. Há evidências de que a visão

[2] Dayton, *Theological roots of Pentecostalism*, p. 15-6.

[3] Ibidem, p. 19-23, 173-4. Dayton reconhece a tensão entre os padrões quádruplos e quíntuplos, este último centrando-se na doutrina da santificação da forma definida pelas preocupações de santidade wesleyana, mas afirma que "o padrão quádruplo expressa de forma mais clara a lógica da teologia pentecostal". Contudo, o evangelho quádruplo ou mesmo quíntuplo tem suas limitações. A dimensão cristológica é pressuposta, mas precisa ser mais explícita. Além disso, a missão é um foco teológico importante que deve ser avaliado, e a eclesiologia, que os pentecostais tendem a abordar de forma pragmática, necessita de uma fundamentação teológica bem clara. Caso contrário, ficará suscetível aos caprichos da cultura contemporânea.

escatológica já estava integrada, até certo ponto, nas outras facetas do evangelho pleno. Por exemplo, o desenvolvimento da doutrina do batismo no Espírito, em que falar em línguas era a "evidência bíblica" de que alguém realmente havia sido batizado, foi orientado para um grande avivamento no fim dos tempos, precedendo a vinda do Senhor. Para Parham, falar em línguas era um dom sobrenatural de falar línguas terrenas para que o evangelho fosse pregado a todas as nações como o último sinal de anúncio do retorno de Cristo. Em outras palavras, tanto a urgência em pregar o evangelho ao mundo inteiro como o dom sobrenatural de falar em línguas eram escatológicos. Como proclamou um dos primeiros escritores pentecostais: "*A segunda vinda do Senhor Jesus Cristo não é uma parte do programa, mas é O programa.* A pregação da regeneração, a restauração do homem de volta a Deus, o derramamento e o batismo do Espírito Santo sobre os crentes, a operação de sinais, maravilhas e milagres na terra são características desse programa, que conduzem ao seu grandioso e glorioso cumprimento".[4]

A virada para uma compreensão escatológica do surgimento do pentecostalismo teve início com a publicação de *Vision of the disinherited* [Visão dos deserdados], de Robert Mapes Anderson. Adotando um modelo de privação social, Anderson argumenta que a ascensão do pentecostalismo deve ser compreendida como mais um movimento fundamentalista que enfatiza a experiência extática de falar em línguas como um sinal do retorno iminente de Cristo.[5] O impulso escatológico do movimento foi definido a partir do milenarismo dispensacionalista, que incorporava o potencial revolucionário para mudança social, mas, por fim, foi frustrado pelas forças políticas conservadoras.[6]

Conforme mencionado, Dayton identificou o "rei vindouro" como uma categoria cristológica importante no evangelho pleno. Discordando de Anderson, Dayton insistia que, na conexão entre pneumatologia e escatologia, a "infusão pessoal do Espírito parece gerar um anseio ardente pelo retorno de Cristo e por uma

[4] McDowell, "Purpose of the coming of the Lord", p. 2 (grifo meu).
[5] Anderson, *Vision of the disinherited*, p. 4.
[6] Ibidem, p. 195-6, 221-4.

correspondente transformação cósmica dessa ordem mundial".[7] O pentecostalismo surgiu em um período da história em que o evangelicalismo americano estava mudando de uma escatologia pós-milenarista para uma escatologia pré-milenarista. Embora o pentecostalismo possa ter tido alguma afinidade com o dispensacionalismo pré-milenarista, seus pressupostos cessacionistas minaram, de forma severa, a pneumatologia e a eclesiologia pentecostais. Dayton argumenta:

> Não está claro se a escatologia pentecostal, com sua ênfase na inauguração da "nova ordem da chuva serôdia" e na "restauração dos dons espirituais" como um prelúdio para o retorno de Cristo, se encaixa tão facilmente nas categorias dispensacionalistas, como às vezes se supõe. O pentecostalismo era, no geral, pré-milenarista, em sua espera pela inauguração de um reino milenar gerada pelo retorno iminente de Cristo. Entretanto, contradizia os distintivos dispensacionalistas ao adotar diferentes periodizações (geralmente tripartidas) da história humana, ao aplicar muitas promessas do Antigo Testamento à igreja, ao se apropriar de textos (a oração do Pai-Nosso, o Sermão do Monte e assim por diante) que os dispensacionalistas relegam ao reino milenar, e assim por diante.[8]

Em outras palavras, o dispensacionalismo consistia em uma séria ameaça à insistência pentecostal de que os dons apostólicos continuam na igreja de hoje.

D. William Faupel também argumenta que a escatologia foi o impulso primário do pentecostalismo inicial e emergiu como uma mudança de paradigma específico da espécie no milenarismo perfeccionista do século 19.[9] Além disso, Faupel propõe cinco modelos por meio dos quais os primeiros pentecostais se autoidentificavam. Primeiro, o "evangelho pleno", que argumenta que os temas teológicos de justificação, santificação, cura, batismo no Espírito Santo e segunda vinda de Cristo eram a miríade de crenças

[7] Dayton, *Theological roots of Pentecostalism*, p. 144

[8] Ibidem, p. 145.

[9] Faupel, *Everlasting gospel*, p. 17.

centrais. Segundo, a "chuva serôdia", que usa os padrões climáticos da Palestina para explicar o derramamento carismático do Espírito como o da igreja primitiva, precipitando o *eschăton*. Terceiro, a "fé apostólica", que defende a restauração dos dons carismáticos. Quarto, o "movimento pentecostal", que considera o evento de Pentecostes narrado em Atos a nova era inaugurada e a experiência da obra de Deus na igreja. E, por fim, o "evangelho eterno", que considera o retorno iminente e pré-milenarista de Cristo como base para o trabalho missionário e evangelístico.[10] Faupel prefere o "evangelho eterno" como o modelo que melhor expressa o impulso escatológico no pentecostalismo inicial. No entanto, eu sugeriria que o impulso escatológico está integrado a todos os cinco modelos. Os modelos do evangelho eterno, a chuva serôdia e o evangelho pleno já têm um foco escatológico implícito. O modelo pentecostal, com sua orientação para Atos 2, absorve potencialmente as nuances escatológicas da narrativa, e o modelo apostólico, embora olhando para trás, para a igreja primitiva, também absorveria a antecipação escatológica do iminente dia do Senhor, em oposição, por exemplo, a uma escatologia secular, na qual o progresso e o desenvolvimento evolutivo são as categorias escatológicas.[11]

Embora a evidência histórica do papel da escatologia na emergência do pentecostalismo esteja em curso, reavaliações teológicas também estão acontecendo. Steven Land inaugurou um interesse teológico renovado na escatologia pentecostal com a publicação de *Pentecostal spirituality* [Espiritualidade pentecostal]. Land reconstrói a escatologia pentecostal de uma forma que faz sentido para a mente contemporânea. Para Land, a escatologia pentecostal se alinha mais à escatologia inaugurada ou proléptica: "Essa lógica 'promessa-cumprimento, já-ainda não' é uma dinâmica tensa que caracteriza a paixão escatológica do cristianismo. De vez em quando, quando a tensão é resolvida prematuramente, seja na direção de um escapismo sobrenatural ('ainda não'), seja na direção de uma acomodação mundana ('já'), surgem movimentos de restauração, reavivamento, despertar e renovação para lembrar à igreja que ela é

[10] Faupel, "Function of 'models'", p. 53-63.
[11] Schwartz, *Eschatology*, cap. 4.

a 'mãe escatológica' cujos filhos e filhas devem profetizar".[12] A tensão proléptica situa o pentecostalismo dentro da estrutura sócio-histórica, que inspira os crentes à prática de atos de benevolência social e justiça. Questões do mundo como racismo, pobreza, chauvinismo ou perdição espiritual foram abordadas no contexto de seu impulso escatológico, de modo que uma igreja reconciliada pudesse realizar a igualdade racial e a justiça social, e promover a presença de mulheres no ministério e na missão. Estamos "envolvidos na luta cósmica com poderes e principados. Em todos esses aspectos, o pentecostalismo viveu e vive numa existência apocalíptica tornada existencialmente palpável pela presença, pelas manifestações e pelo poder do Espírito Santo".[13] A partir da tensão "já-ainda não", Land propõe uma compreensão holística da escatologia, que inclui não apenas o pessoal, mas também o social e o cósmico. "A esperança não vem da — e não é destinada à — ordem atual que está passando. Isso não significa que o mundo atual não seja importante. A esperança tem continuidade: um novo corpo, uma nova terra, um novo céu. Mas essa esperança é, ao mesmo tempo, descontínua, pois fala sobre uma nova criação."[14] Embora o trabalho de Land talvez seja idealista em sua leitura do movimento, ignorando algumas tensões e disputas inerentes, seu valor reside na construção de uma escatologia em consonância com o coração e a visão da espiritualidade pentecostal, que incorpora a esperança e a motivação espiritual para enfrentar as ameaças desumanizantes no mundo.

Frank Macchia também discute a escatologia pentecostal em *Spirituality and social liberation* [Espiritualidade e libertação social], por meio de interpretação pentecostal do pietismo de Wüerttemburg. Macchia recorre à teologia pietista de Johann e Christoph Blumhardt, segundo a qual o "reino de Deus" era a principal metáfora para a antecipação escatológica. Em resumo, o pietismo experimentou tensões variáveis entre a crença na apocalíptica e futura irrupção do reino, com a realização de sua presença na história, a crença de que o reino trará a transformação

[12] Land, *Pentecostal spirituality*, p. 15.
[13] Ibidem, p. 66.
[14] Ibidem, p. 65.

cósmica da criação, com sua presença concreta na libertação dos pobres e oprimidos, e a crença no derramamento apocalíptico do Espírito no futuro, com seu derramamento universal na era presente. Essas tensões foram captadas na crença de Johann e Christoph Blumhardt, de que o reino era uma questão de "espera" em oração pela chegada do reino e da "pressa" cristã em trabalhar para o reino.[15] Meu propósito aqui não é empreender uma discussão detalhada de sua escatologia (veja o capítulo de Macchia neste volume), mas, sim, observar as implicações do trabalho de Macchia sobre os Blumhardt para a escatologia pentecostal. O reino de Deus não pode ser totalmente futurista (apocalíptico), com os cristãos permitindo, passivamente, que os poderes e principados deste mundo vençam o bem com a justificativa de uma esperança de fuga espiritual por meio de uma experiência mística ou de um arrebatamento; nem pode ser totalmente presente (realizado), de modo que as realidades sociais e políticas atuais sejam sancionadas pela igreja como a "nova cristandade". Essas realidades devem ser vistas na tensão entre a irrupção soberana de Deus e a participação humana na obra do reino. A escatologia precisa ser profética em seu testemunho do reino, visto que fala aos nossos contextos sociais e cósmicos concretos.[16] A história e a criação estão incluídas na dobra escatológica, não como algo que deve ser finalmente combatido e superado, mas como algo que é incorporado na glória escatológica.

Meu próprio trabalho em *Spirit of the last days* [Espírito dos últimos dias] é uma tentativa de demonstrar a diversidade da escatologia pentecostal, apresentando três posições escatológicas distintas na história do movimento: a primeira foi uma escatologia da chuva serôdia, que antecipou um maravilhoso derramamento do Espírito, invisível desde os dias apostólicos. A crença era que, à medida que a nova era fosse surgindo, o Espírito derramaria dons espirituais para capacitar os cristãos a se prepararem para o reino. A segunda foi a ascensão do milenarismo dispensacionalista (o que chamo de dispensacionalismo fundamentalista) em meados do século 20 — em parte, uma reação ao Movimento da Chuva Serôdia dos anos

[15] Macchia, *Spirituality and social liberation*, p. 42.
[16] Ibidem, p. 159.

1940, um movimento desagregador que usou a teologia da chuva serôdia para condenar as denominações pentecostais estabelecidas; e, em parte, por causa da evangelização do pentecostalismo, na qual o milenarismo dispensacionalista desempenhou papel relevante na remodelação da teologia pentecostal.[17] A terceira fase está em andamento e, nela, os pentecostais, insatisfeitos com o dispensacionalismo, estão articulando uma escatologia proléptica, que se concentra no "já, mas ainda não", ou a inauguração e o cumprimento do *eschâton*.[18]

O que quero dizer é que a escatologia pentecostal é diversa, tanto no movimento inicial como em suas manifestações atuais. A chuva serôdia, o triplo dispensacionalismo, o milenarismo histórico, as escatologias pactual e inaugural são apenas algumas das opções que os pentecostais empregaram para compreender seu papel no plano de Deus para o mundo e o reino vindouro.

A orientação escatológica da cura

A cura corporal foi — e é — parte do evangelho pleno do pentecostalismo. Os pentecostais acreditam que a cura traz plenitude física, emocional, psicológica ou espiritual. Herdando sua posição teológica do movimento de cura do século 19,[19] contextualizado de diversas formas ao longo do século 20,[20] os primeiros pentecostais acreditavam que a cura é disponibilizada universalmente na expiação como um benefício soteriológico da obra de Cristo[21] ou que a cura está disponível, mas talvez não seja efetivada até depois da morte.[22] Kim Alexander sugere a posição de que a cura é uma realização parcial do reino de Deus, que se inicia como uma antecipação

[17] Althouse, *Spirit of the last days*, espec. cap. 1.

[18] Ibidem, espec. cap. 2.

[19] Veja Chappell, "Divine healing movement in America". Van de Walle, *Heart of the Gospel*, cap. 4; Dayton, *Theological roots of Pentecostalism*, cap. 5; Alexander, *Pentecostal healing*, cap. 1.

[20] Warrington, *Pentecostal theology*, p. 267-8. Os primeiros pentecostais seguiram os passos do movimento de cura e estabeleceram casas de cura nas quais as pessoas podiam descansar e orar, seguir uma dieta nutricional e receber cura. Os meados e o final do século 20 testemunharam o surgimento de evangelistas de cura que realizavam campanhas do tipo reavivamento com o principal propósito de cura corporal.

[21] Kydd, *Healing through the centuries*, especialmente a parte 6, que destaca o modelo soteriológico dos pentecostais.

[22] Warrington, *Pentecostal theology*, p. 271.

da ressurreição.[23] Essa última visão é a posição que explorarei, mas levando em consideração uma integração soteriológica.

O trabalho de Frank Macchia sobre a teologia da cura dos Blumhardt destaca sua estrutura escatológica. Sem entrar em detalhes, a cura de Gottlieben Dittus[24] estimulou Johann Blumhardt a desenvolver uma teologia holística da cura que enxergava a cura libertadora do sofrimento de toda a criação na irrupção do reino de Deus.[25] A obra cristológica da cruz trouxe vitória na superação das forças das trevas,[26] e Jesus chega a tempo para a cura do corpo e da alma.[27] Christoph Blumhardt desenvolveu a teologia de seu pai com um encaminhamento social. Para ele, o Espírito foi derramado para remover a ganância e eliminar a luta de classes.[28] A cura era vista como o alívio dos males sociais, da pobreza e da opressão.[29] Ele também via o derramamento do Espírito de Pentecostes do ponto de vista ambiental como a transformação da criação, contextualizada na luta para se opor ao "envenenamento das árvores".[30] Tanto pai como filho passaram a compreender a cura como uma categoria escatológica do reino que irrompe neste mundo ansiando pela transformação da criação.[31]

Miroslav Volf observa a materialidade da doutrina e sua correlação com as teologias da libertação. "Tanto a teologia da libertação como a teologia pentecostal enfatizam o que chamarei", afirma Volf, "[...] de *materialidade da salvação*. A salvação não é meramente uma realidade espiritual que toca apenas o ser interior de uma pessoa individual, mas também tem relação com a existência *corporal* humana".[32] Ao contrário do protestantismo conciliar, que interpretava a salvação como uma mudança espiritual interior, o pentecostalismo (e a teologia da libertação) afirma que existem

[23] Alexander, *Pentecostal healing*, p. 241.
[24] Macchia, *Spirituality and social liberation*, p. 64-5.
[25] Ibidem, p. 67.
[26] Ibidem, p. 70-1.
[27] Ibidem, p. 74
[28] Ibidem, p. 126-7.
[29] Ibidem, p. 128.
[30] Ibidem, p. 116.
[31] Veja o capítulo de Macchia neste volume.
[32] Volf, "Materiality of salvation", p. 448.

implicações materiais concretas para a cura divina. Volf também articula a doutrina pentecostal da cura sob uma ótica escatológica como uma realização parcial do reino no mundo. "A cura é '*um aspecto do evangelho*' sem o qual o evangelho não é completo, porque a cura do corpo é concebida como um cumprimento parcial da promessa de ressurreição dos corpos cristãos. A cura é a futura redenção do corpo no presente, pelo poder do Espírito, com base na obra expiatória de Cristo."[33] O "já, mas ainda não" da nova criação escatológica significa que a cura é uma realização parcial da ressurreição.[34] Porque a ressurreição de Cristo e o derramamento do Espírito já foram "inaugurados", o reino de Deus já está aqui e chama os cristãos à expectativa e à participação no reino, embora com a ressalva de que a chegada do reino não é, em última instância, uma conquista humana.[35] A consequência, claro, é que a cura apresentada à luz do *eschâton* como sua realização parcial também tem implicações político-sociais, visto que os cristãos trabalham a serviço da justiça de Deus para mudar as condições materiais do mundo e, assim, "garantir o bem-estar corporal".[36]

Gostaria de recorrer a Macchia e Volf para propor uma visão escatológica reforçada da cura segundo a qual a cura se correlaciona com a ressurreição como sua plenitude escatológica, mas também com a redenção cósmica da nova criação, em que a própria criação geme por sua redenção. Essa posição não nega a posição soteriológica de que a cura é uma provisão da expiação, mas a expande dentro da totalidade da obra salvífica de Cristo. Se olharmos para a cura de uma perspectiva escatológica, então o enigma pentecostal da aplicação universal da cura como uma provisão da expiação (e a razão pela qual alguns não são curados) é superado. Por que alguns são curados e outros não? Simplesmente porque ainda não experimentamos a ressurreição escatológica. A cura é uma realização parcial da nova criação, consistindo em sinais antecipatórios do reinado cósmico de Cristo. As implicações corporais da ressurreição e da cura como sinal da esperança da ressurreição

[33] Ibidem, p. 458.
[34] Ibidem, p. 459.
[35] Volf utiliza boa parte do trabalho de seu cunhado, Peter Kuzmič, para apresentar esse argumento. Ibidem, p. 462.
[36] Ibidem, p. 463-4.

são imediatamente óbvias, visto que a redenção não é interpretada apenas como uma redenção espiritual em que a alma sobe ao céu e o corpo é deixado para trás como corruptível, mas uma ressurreição corporal. Como afirma o apóstolo Paulo, se não há ressurreição, então a nossa fé é vã (1Coríntios 15:12-19). Desse modo, a ressurreição de Cristo e a cura como sinal da ressurreição escatológica são soteriológicas, visto que são objetivamente realizadas na obra expiatória de Cristo na cruz. De acordo com Moltmann, a ressurreição corporal pressupõe a transformação da criação, pois a pessoa humana, corpo e alma, é um todo integrado que deve ser transformado pela ressurreição para completar a salvação.[37]

Como corolário, a cura como sinal da transformação escatológica da criação no contexto da escatologia proléptica que eu proponho tem implicações para a ação social e a justiça, especialmente para a responsabilidade ecológica. A criação é o contexto no qual emergirá a transformação escatológica de Deus, chamando-nos, assim, a participar "já" do cuidado com a boa criação de Deus, enquanto aguardamos sua transformação apocalíptica. Por "apocalíptico", não quero dizer cataclísmico, mas, sim, a eliminação do pecado e da morte, que são contrários ao reino de Deus. Em outras palavras, uma vez que a doutrina da cura é inserida na visão escatológica da nova criação, a cura presente (corporal ou não) pode ser vista, em última análise, como uma característica da ressurreição e dos penúltimos sinais da esperança pela qual aguardamos. Por isso, a cura também tem implicações para nossa participação na transformação da criação: não que possamos, de alguma forma, realizar a nova criação, mas nós somos chamados a participar com Deus da ação divina soberana para transformar toda a criação.

A orientação escatológica do batismo no Espírito

A doutrina pentecostal do batismo no Espírito Santo e seu concomitante fenômeno de glossolalia — ou o que os pentecostais preferem chamar de "falar em línguas" — emergiram no contexto histórico específico do movimento de santidade wesleyano, do revivalismo e

[37] Moltmann, *God in creation*, p. 256-9.

do evangelicalismo de Keswick. Biblicamente, o elemento distintivo depende de uma leitura pneumatológica de Lucas—Atos, com o emprego de uma hermenêutica de subjetivização que permita aos pentecostais se colocarem na narrativa e, então, lerem sua própria narrativa por intermédio da narrativa lucana.[38] As passagens em Atos 2:1-39, 8:14-17, 10:44-46 e 19:1-17 são vistas como apresentando o batismo no Espírito e o falar em línguas como uma prática normal na igreja apostólica da qual os pentecostais derivam sua doutrina. Historicamente, o batismo no Espírito distingue-se da recepção do Espírito no batismo nas águas, que é ordenado como a confissão da iniciação da fé. O batismo no Espírito é entendido como uma etapa "posterior" da vida de fé, constituída pelo fenômeno físico da glossolalia, vínculo denominado "evidência inicial" ou "sinal físico inicial".[39] As Assembleias de Deus, uma das denominações que emergiram do avivamento pentecostal, articularam sua doutrina como "a consumação plena do batismo no Espírito".[40] Imediatamente óbvia é a conotação escatológica do termo "consumação", o que sugere uma escatologia inaugural segundo a qual o batismo no Espírito e seu indicador fenomenológico da glossolalia são a conclusão ou o cumprimento da atividade do Espírito já iniciada na recepção do Espírito no batismo da fé. No entanto, essas distinções não estão isentas de controvérsia e criaram tensão dentro do movimento pentecostal. Os pentecostais também distinguem a prática da glossolalia no batismo do Espírito, conforme apresentado em Atos como o ponto de entrada para a vida cristã superior, dos dons carismáticos de línguas e interpretação em 1Coríntios 12—14 para a edificação da comunidade de fé. O primeiro está potencialmente disponível a todos os crentes; o último, em consonância com o dom espiritual de cada um.

Keith Warrington é rápido em notar as tensões no pentecostalismo, visto que, enquanto alguns pentecostais afirmam o batismo no Espírito como uma proposição doutrinária e defendem, com

[38] Dayton, *Theological roots of Pentecostalism*, p. 23-4.

[39] Atualmente, há uma ironia nas Assembleias de Deus por parte de um grupo específico que deseja reformular a expressão "sinal físico inicial" para "evidência inicial". Ainda não sabemos qual será o resultado dessa tensão.

[40] "Minutes of the general council of the Assemblies of God in the United States, Canada and Foreign Lands, 1916", p. 11, Flower Pentecostal Heritage Center.

todas as suas forças, a doutrina por meio de sua leitura particular da Bíblia, outros desejam explorar a validade da experiência da glossolalia, mas se dão conta de que é difícil afirmar seu fundamento bíblico.[41] O problema do ponto de vista bíblico é a terminologia diferente que remete à recepção do Espírito ("encher", "habitação", "derramamento" são igualmente usados),[42] o que amplifica a tensão entre os pentecostais e seus irmãos carismáticos. Assim, nem uma leitura bíblica superficial nem uma análise histórica são adequadas para uma explicação completa do significado do batismo no Espírito. É preciso recorrer a uma avaliação teológica da doutrina, e a minha posição é que o batismo no Espírito deve ser integrado no horizonte de uma escatologia proléptica.

Vários teólogos pentecostais têm refletido sobre a teologia do falar em línguas e do batismo no Espírito. Richard Baer argumenta que a glossolalia "funciona" de maneira semelhante ao silêncio da oração Quaker e à estética do culto litúrgico, os quais permitem que a mente analítica "descanse" para que o coração e o espírito humano possam concentrar-se em Deus. Embora a glossolalia possa intensificar as emoções, não é um fenômeno, em si mesmo, emocional, empregando elementos não cognitivos da mente e do corpo humano. Como forma de oração, a glossolalia expressa louvor, tristeza ou lamento, intercessão e petição.[43] A análise de Baer destaca os elementos contemplativos e sacramentais na glossolalia, mas carece de contexto escatológico.

O pentecostal asiático Simon Chan aborda o lado contemplativo do argumento e tenta dar corpo à doutrina da "evidência inicial", integrando a conexão entre a glossolalia e o batismo no Espírito ao contexto da tradição mística cristã. Ele rejeita a noção de que o batismo no Espírito tem por objetivo revestir de poder e busca; em vez disso, compreende a doutrina como uma forma de oração contemplativa. Com base na teologia mística de Teresa de Ávila, Chan argumenta: "Esse aspecto da experiência pentecostal é, na verdade, bem semelhante às fases 'passivas' da oração contemplativa na

[41] Warrington, *Pentecostal theology*, p. 96.
[42] Williams, "Baptism in the Holy Spirit", p. 355-6.
[43] Baer, "Quaker silence, catholic liturgy, and Pentecostal glossolalia: some functional similarities", p. 150-64.

tradição mística cristã".[44] À medida que a oração vai progredindo em seus vários estágios, desde a contemplação adquirida até a contemplação infundida, ela nos aproxima de Deus. A glossolalia ocorre nos níveis mais baixos da oração passiva e na transição da oração ativa, visto que aquele que ora passa do esforço à recepção. "A principal diferença entre o pentecostal e o místico é que a receptividade do primeiro é sinalizada pela glossolalia, enquanto a do último é sinalizada pelo silêncio", recorrendo, assim, ao *insight* funcional de Baer.[45] A implicação, porém, é que a glossolalia é uma forma inferior de oração em comparação com os níveis mais elevados de contemplação — embora talvez essa não seja uma abordagem apropriada, uma vez que o batismo no Espírito inicia o destinatário na vida cristã mais elevada.

Chan desenvolve sua escatologia principalmente no contexto da igreja. Ao contrastar o apocalíptico, interpretado como o abandono da história às falsas utopias milenares, e a escatologia bíblica definida na prolepse do "já, mas ainda não", Chan argumenta que a "oração glossolálica" deve ser entendida no "gemido inexprimível" do Espírito, que geme por um mundo caído, um mundo que aguarda a libertação em Deus, em solidariedade com a criação (humana e não humana). Caso contrário, a oração glossolálica é reduzida a mero anseio privatizado e abdicação piedosa.[46] No entanto, Chan critica a tentativa de Moltmann e dos teólogos da libertação de estender o envolvimento do Espírito para além da igreja. O uso do Espírito cósmico por Moltmann como um símbolo para a transformação escatológica da criação, argumenta Chan, acaba validando o igualitarismo liberal ocidental sobre outras ideologias e desconecta a nova criação do evangelho.[47] Discordo de Chan a respeito desse último ponto. Ao reduzir a realidade cósmica do Espírito à igreja, Chan transforma a igreja no local da totalidade da presença e da obra do Espírito, e não em um sinal da presença de Deus antecipando o reino da nova criação. Um sentimento triunfalista poderia

[44] Chan, "Evidential tongues", p. 198-9; idem, "Language game of glossolalia, or making sense of the 'initial evidence'", p. 87-8.
[45] Chan, "Evidential tongues", p. 200.
[46] Chan, *Pentecostal theology and the Christian spiritual tradition*, p. 109-10.
[47] Ibidem, p. 112-3.

facilmente infiltrar-se na igreja quando se considera que ela tem a plenitude do Espírito.

Amos Yong investiga a teologia do falar em línguas a partir de uma perspectiva filosófica usando a filosofia de Robert C. Neville, e de forma semelhante aos estágios místicos sugeridos por Chan. De acordo com a teoria de Neville, a verdade é semioticamente definida nos símbolos que fazem referência àquilo que ela significa de maneira literal (não metafórica) ou metafórica (não literal). No que diz respeito ao religioso, a imaginação desempenha papel importante como base para a experiência humana, e é a base para a criação do mundo em sua percepção dos limites da finitude humana e de sua contingência ontológica e existencial. O engajamento da imaginação teológica, que envolve uma dialética entre a imaginação da divisão finito/infinito e também o trabalho contínuo de símbolos para moldar a imaginação, é um processo interpretativo, teórico e prático que acarreta transformação. Essa transformação é o resultado do processo contínuo de amadurecimento espiritual individual e comunitário.[48]

Yong insiste que a glossolalia é um sinal da presença do Espírito, trazendo transformação e progresso por sucessivos estágios de inocência, crescimento e adaptação. O estágio da inocência inclui a antecipação do falar em línguas, concentrando-se nos aspectos humanos da glossolalia, com a ressalva de que o fenômeno é divinamente inspirado. Depois, é confrontada pela majestade e a glória do infinito, arrebatada em êxtase para a presença do Espírito como uma resposta holística à autorrevelação de Deus pelo Espírito. Glossolalia é "uma liberdade de expressão não classificada para um Deus livre e não classificado", um sinal que denota a presença libertadora do Espírito.[49] O crescimento muda para a noção de "unção" ou "capacitação", em que a experiência das línguas traz uma reflexão mais profunda. Nessa fase, o glossolálico é capacitado para a ação social — testemunho, profecia, evangelismo, missão etc. Nessa fase,

[48] Yong, "Tongues of fire", p. 44-6. Macchia critica Neville e, portanto, Yong neste ponto, no sentido de que o paradigma infinito/finito é uma preocupação persistente do protestantismo liberal e precisa ser substituído por uma estrutura escatológica que contraste esta era de pecado com o reino que está por vir. Macchia, "Discerning the truth of tongues speech", p. 70-1.

[49] Hollenweger apud Yong, "Tongues of fire", p. 52.

a glossolalia é um símbolo da proclamação e do poder divino, servindo para libertar o Espírito, com o fim de proclamar o reino vindouro de Deus.[50] O adepto é o falante de línguas maduro que não vê mais a glossolalia como um sinal da presença do Espírito ou como um meio de proclamação, mas que, agora, participa da vida divina pela adoração, por meio da linguagem divina. A glossolalia se transforma em "louvor divino", "gemidos inexpremíveis", "linguagem dos anjos" e "oração sem cessar". O glossolálico é arrebatado pela vida divina na união "mística" pessoal e na união "lúdica" comunitária, com o único propósito de estar na presença de Deus.[51]

Yong aborda primeiro a escatologia da glossolalia, sugerindo que o dispensacionalismo pré-milenarista foi historicamente influente na ênfase missiológica das línguas, que interpretava o batismo no Espírito voltado ao propósito do envolvimento missiológico proeminente no estágio de crescimento. Contudo, mais interessante é a apropriação que Yong faz da teologia patrística da *theosis* para argumentar que, no estágio de adepto, há um movimento escatológico ascendente segundo o qual os pentecostais se conformam à vontade do divino e a alma é trazida à união com a vida divina. "A glossolalia é interpretada em relação ao infinito como um símbolo da unidade da vida divina; mas, em relação ao finito, é interpretada tanto horizontal como verticalmente. Esse duplo movimento escatológico é o que se observa na *doxa* e na *práxis* da comunidade cultual."[52] O aspecto vertical é a ascensão mística à vida divina e a participação lúdica da comunidade de fé na ação da Palavra e do Espírito (Suurmond). O aspecto horizontal é a busca ecumênica para concretizar a unidade e a diversidade da igreja católica, e toma como símbolo paradigmático o evento de Pentecostes de Atos 2, em que a diversidade do corpo de Cristo é unida sob a unidade do Espírito na dissonância que a diversidade traz, embora ainda sejamos espiritualmente um. "Esse movimento escatológico pode ser visto como representando no nível histórico o que está acontecendo espiritualmente na igreja visível. Com a igreja sendo continuamente atraída para a vida divina pelo poder do Espírito, ela também se estende

[50] Yong, "Tongues of fire", p. 53-6.
[51] Ibidem, p. 57-62.
[52] Yong, "Tongues of fire", p. 58.

como um *oecumene* universal."[53] Em *The Spirit poured out on all flesh*, Yong desloca a discussão da glossolalia para o batismo no Espírito, embora, teologicamente, essas duas ideias estejam conectadas, vis-à-vis o conceito de "evidência inicial". Ele atribui ao pentecostal um peso teológico e escatológico distinto. Yong propõe uma visão diferenciada, segundo a qual o batismo do Espírito é oferecido por Cristo a todos, a fim de atrair todos para Cristo. Desse modo, o batismo no Espírito é visto como o ápice da iniciação cristã e, portanto, ligado ao arrependimento, ao perdão dos pecados e à adoção no corpo de Cristo. Yong também vê o batismo no Espírito em sentido metafórico, visto que a ressurreição de Jesus para nossa justificação é a atividade do Espírito, o que implica que a justificação não está limitada a um sentido forense, mas está intrinsecamente atrelada à santificação, pois Cristo "torna" os pecadores justos por meio do fogo purificador do Espírito, restaurando-os à imagem de Deus. Além disso, o batismo do Espírito une os crentes à ressurreição de Cristo, capacitando-os a ministrar ao corpo da igreja e por meio da igreja ao mundo. Por fim, o batismo do Espírito Santo é um adiantamento escatológico, compreendido no contexto da *theosis*, visto que faz dos crentes participantes da natureza divina.[54] De forma significativa, ao vincular a iniciação e o significado de vida superior do batismo no Espírito, Yong pode argumentar que o batismo aponta para a vida ressuscitada garantida pela ressurreição de Cristo e a natureza participativa do batismo no Espírito como o propósito escatológico da *imago Dei*.[55]

Macchia é o principal teólogo quando o assunto é a doutrina pentecostal do batismo no Espírito e sua conexão com o falar em línguas, tendo explorado o tema por quase vinte anos. Macchia interpreta as línguas no contexto da escatologia como teofânicas, sacramentais e ecumênicas. A narrativa de Pentecostes em Atos 2 é um evento escatológico, no qual a vinda do Espírito da ressurreição renova a comunidade pactual em antecipação à parúsia, e as

[53] Ibidem, p. 61.

[54] Yong, "The Spirit poured out on all flesh", p. 102 [ed. em português: *O Espírito derramado sobre a carne* (Campinas: Aldersgate, 2022)]. Yong olha para a visão ortodoxa da *theosis*, mas essa visão é perceptível na discussão de Wesley sobre a participação na natureza divina.

[55] Ibidem, p. 102.

línguas são um sinal teofânico de autorrevelação divina, como o da sarça ardente no chamado de Moisés e a entrega da lei.[56] Como uma antecipação escatológica, o falar em línguas é um grito de libertação, um "grito de abandono", simbolizando a força libertadora do Espírito na destruição das barreiras raciais, de gênero e de classe. A glossolalia incorpora um impulso igualitário ao equiparar todas as línguas e esforços humanos, apontando para a inauguração da justiça e da misericórdia divina em seu "gemido" pelo sofrimento da criação que anseia por libertação.[57]

Macchia argumenta que falar em línguas é sacramental, não no sentido de uma antiga visão escolástica católica romana do sacramento operando como um meio de graça em si; mas no sentido de uma nova compreensão, que vê o sacramento como um sinal de valor que aponta para uma realidade escatológica. Com base na teologia de Karl Rahner e Paul Tillich, Macchia afirma que, para Rahner, o "valor de sinal" do sacramento insiste que a realidade para a qual ele aponta já está, de alguma forma, presente no próprio signo. Quando alguém encontra o Deus livre e espontâneo no sacramento, a presença escatológica de Deus se realiza por meio da significação.[58] Para Tillich, a autorrevelação livre de Deus é encontrada na realidade física/audível do sacramento, e a resposta humana física/audível é elevada a Deus para se tornar o evento *kairós, por meio* do qual Deus é encontrado.[59] Macchia, então, argumenta que a glossolalia é uma resposta física/audível à presença do Espírito, que "significa a presença divina, no sentido de realmente participar ao torná-la presente. As línguas são sinais dados no contexto da liberdade divina, mas também um contexto visível no qual a experiência de Deus é recebida e manifestada. É algo gratuito e sacramental".[60] Macchia resume bem sua posição:

> O Espírito escatológico é livre e irrestrito, representando os "poderes da era que há de vir" (Hebreus 6:5). No entanto, o Espírito

[56] Macchia, "Tongues too deep", p. 57.
[57] Ibidem, p. 59-66. Observe a conexão com a leitura escatológica da cura, discutida na seção anterior.
[58] Ibidem, p. 63.
[59] Ibidem.
[60] Ibidem, p. 70.

> escatológico não está distante nem oculto. O Espírito se manifesta por meio de sinais tangíveis do que está por vir. As línguas são um sinal da linguagem renovada e das relações humanas renovadas, suscitadas pelo alvorecer do reino de Deus em nosso meio. O fato de a linguagem ser transcendente aponta para o mistério não cumprido do reino de Deus. O fato de participarmos juntos de declarações glossolálicas significa que o Espírito convida, e até mesmo exige, nossa participação na irrupção do reino em nosso mundo.[61]

Macchia também argumenta que o significado das línguas é de âmbito ecumênico. O evento de Pentecostes, em Atos 2, significa a presença do Espírito na igreja primitiva e simboliza uma unidade na diversidade que é realizada no desenvolvimento da igreja apostólica. As línguas são uma linguagem humana e fragmentada, apontando para a esperança da plenitude da autorrevelação final de Deus na parúsia, que incorpora a unidade na diversidade do povo de Deus. "As línguas são um sinal de nossa fragmentação e uma promessa de reconciliação. As línguas refletem a luta e a esperança, as lágrimas e a alegria. Implícita a isso, está uma catolicidade que é, em última análise, escatológica, representando um desafio contínuo para realizar a unidade e a vida de Deus que jamais teremos deste lado da eternidade."[62] A distinção controversa entre o trabalho do Espírito na iniciação e o serviço capacitado pode ser melhorada por uma abordagem escatológica. A capacitação do Espírito não é a atualização de capacidades humanas já possuídas (via uma doutrina da criação), mas é infundida por "possibilidades radicalmente novas, suscitadas pelo Espírito escatológico de Deus".[63]

O batismo no Espírito na relação entre a iniciação e a posterior capacitação é uma questão que Macchia abordou recentemente em seu livro *Baptized in the Spirit*, uma obra de escopo trinitário, eclesiológico, ecumênico e escatológico. Embora Macchia se afaste da visão de que o pentecostalismo é um movimento escatológico por excelência, a fim de reafirmar o batismo no Espírito

[61] Macchia, "Question of tongues as initial evidence", p. 125.
[62] Macchia, "Tongues of Pentecost", p. 7.
[63] Ibidem, p. 11-2.

como seu distintivo principal, ele tem o cuidado de defini-lo em um contexto escatológico. Ele reintegra a santificação e a escatologia, definindo a santificação como a habitação escatológica do amor divino na criação. Além disso, ele reintegra a santificação e o batismo do Espírito, definindo o batismo do Espírito dentro do horizonte escatológico, desde a iniciação até o dom e a habitação do Espírito no final desta era. Desse modo, Macchia supera potencialmente as tensões associadas a segunda e terceira obras da graça entre o movimento de santidade e os pentecostais reformados, bem como as tensões sectárias no pentecostalismo contra as tradições histórico-litúrgicas, pois argumenta que o batismo no Espírito abrange toda a gama da vida cristã, visto que "somos participantes na presença transformadora de Deus".[64] O batismo no Espírito permite à igreja participar da santificação da criação e da experiência de uma nova vida, enquanto os sacramentos e "a consagração profética (com sinais carismáticos) permitem que a pessoa participe, no presente, de um batismo no Espírito que ainda está por vir. Essa é uma realidade que é sempre presente e ainda por vir, emergente e de encontro".[65] Em outras palavras, o batismo no Espírito que aponta para a presença de Deus já está aqui, mas ainda não em sua plenitude. Essa plenitude só virá na parúsia de Deus.

As distinções proféticas e apocalípticas de Macchia fazem sentido no contexto de um pentecostalismo influenciado pelo dispensacionalismo popular, mas são, na minha opinião, exageradas. "O impulso profético de cumprimento e responsabilidade histórica foi confrontado com a esperança apocalíptica de uma libertação que trará justiça e restauração definitivas."[66] O significado é que o batismo no Espírito traz consigo uma crítica profética das práticas sociais, políticas e ambientais, não para condená-las como irredimíveis, mas para julgar e, portanto, libertar aquilo que é contrário a Deus, para redimir o que é bom. As línguas são um sinal do profético. No entanto, o apocalíptico — que tem diversos

[64] Macchia, *Baptized in the Spirit*, p. 42 [ed. em português: *Batizados no espírito* (Rio de Janeiro Thomas Nelson Brasil, 2024)].

[65] Ibidem, p. 86-7.

[66] Ibidem, p. 92.

significados literários, sociais, políticos e teológicos antigos — não exige nossa resignação passiva aos poderes atuais. Também não nos deve incentivar a entregar a criação ao desastre cataclísmico, na esperança de um ato soberano de Deus no final da história. Antes, o apocalíptico precisa ser visto como uma condenação divina do pecado, da morte e das formas de opressão como o ato soberano de um Deus gracioso para transformar o cosmos. Macchia afirma: "O fato de que o novo não aniquila a criação, mas antes a transforma, implica a continuidade da identidade em Deus ao longo da jornada espiritual. Deus tanto habita como continua a vir em novidade".[67] O apocalíptico não precisa ser visto como um desastre que traz a destruição total do mundo. De acordo com Jürgen Moltmann, esse não é o apocalíptico divino, mas um apocalipse secular que carece de um reino por vir.[68] O apocalíptico divino pode ser integrado ao batismo no Espírito desde que enxerguemos tal ato como a soberania e a liberdade de Deus de se fazer presente, tanto agora como no mundo vindouro.[69] Para Macchia, o batismo no Espírito "inaugura o reino, já concedido pelo Espírito, visto que nos leva ao desenrolar do fim dos tempos, mas também a uma antecipação da 'transformação final de todas as coisas'".[70] O batismo no Espírito é as "primícias da renovação da criação em meio à convulsão cósmica",[71] e "clama por essa vida no aqui e agora, em antecipação à vitória final da vida sobre a morte, da justiça sobre a injustiça".[72] Assim como o reino busca libertação e transformação em todas as esferas da vida — pessoal, relacional, política, criacional —, também o batismo no Espírito, em uma antecipação escatológica da transformação final, que nos impele a atos de libertação aqui e agora.[73] Nesse

[67] Ibidem, p. 96.

[68] Moltmann, *Coming of God*, p. 227.

[69] Cf. Macchia, *Baptized in the Spirit*, p. 95. Macchia deseja mudar o termo "advento" vindouro de Moltmann para "presença", o que se enquadra bem no que acabei de argumentar, mas arrisca uma escatologia realizada da presença carismática "já" e sempre aqui no presente sem o "ainda não". Moltmann define isso como o presente epifânico ou eterno, em que o escatológico é uma relação vertical entre o infinito/finito, e não uma promessa esperançosa do *novum* escatológico. Em minha opinião, Macchia não comete esse erro, mas uma leitura descuidada poderia assumir essa posição.

[70] Macchia, *Baptized in the Spirit*, p. 98.

[71] Ibidem, p. 101.

[72] Ibidem, p. 106.

[73] Ibidem.

sentido, o batismo no Espírito capacita o povo de Deus a confrontar os poderes de destruição com as boas-novas de Jesus Cristo, tanto em palavras como em ações, pois eles receberam o Espírito carismático de Cristo. Apocalíptico, a meu ver, é a irrupção da presença de Deus em graça soberana e (com Moltmann) o julgamento final do pecado e da morte. Portanto, o apocalíptico e o profético permanecem juntos em vez de serem interpretados como polos opostos.

A orientação escatológica da salvação

Finalmente, a dimensão salvífica da vida cristã não pode ser definida apenas em categorias teo-ontológicas, ou no sentido de salvação individual *versus* salvação coletiva, mas deve também ser escatologicamente compreendida. Dentro da doutrina da salvação, em geral, existem subcategorias — arrependimento, conversão, justificação, regeneração, santificação, união etc. O espaço não permite um exame completo de cada uma dessas doutrinas de uma perspectiva escatológica. Portanto, vou me limitar a uma breve discussão sobre a justificação como orientação escatológica. Meus dois parceiros de diálogo sobre o assunto serão Karl Barth e N. T. Wright.

Houve uma mudança na teologia da justificação por meio do que ficou chamado de "nova perspectiva". A nova perspectiva começou na teologia reformada de Karl Barth e foi adotada por estudiosos paulinos como Krister Stendall, E. P. Sanders, James D. G. Dunn, Terrance Donaldson e N. T. Wright, bem como por teólogos da escola de New Yale, de Hans Frei e George Lindbeck, por um lado, e pelos protestantes radicais John Yoder e Stanley Hauerwas, por outro. A nova perspectiva sustenta que, desde a Reforma Protestante, a justificação tem sido interpretada a partir de uma base antropológica, concentrando-se na fé como um trabalho existencial ou experiencial humano — uma leitura que foi intensificada pela ênfase moderna na subjetividade antropocêntrica. Decorrente do "não fundacionalismo pós-liberal" de Karl Barth, a nova perspectiva insiste que a fé deve ter orientação cristológica. A expressão *pistis Christou Iēsou* (em Gálatas 2:18 e outras passagens) tem sido lida como "fé *em*" Jesus Cristo, mas deveria ser lida como "a fé *de*

Jesus Cristo".[74] Essa alteração altera o foco da fé humana — que é subjetivamente apropriada pelo receptor, consistindo, portanto, apenas em outra forma de experiência antropológica — para a fidelidade de Deus em Cristo Jesus, e a lealdade e a obediência de Cristo à vontade do Pai. "*Pistis Christou* se refere à *história da fidelidade de Deus em relação à fidelidade de Jesus*. É, em primeiro lugar, uma história sobre a fidelidade ou a lealdade de Jesus a Deus ao fazer o que Deus o enviou para fazer pela humanidade."[75] A limitação de espaço me permite apenas fazer um breve resumo dos debates atuais nos estudos paulinos e uma modesta avaliação desses debates de uma perspectiva teológica. No entanto, meu interesse nesses debates é extrapolar como a fidelidade de Cristo pode ser interpretada escatologicamente.

Meu ponto de partida é a mudança paradigmática de Karl Barth do liberalismo alemão, influenciado pela racionalidade modernista e pelo experiencialismo, para uma posição pós-liberal centrada na revelação da Palavra em Cristo Jesus como o início e o fim da reflexão teológica orante. Para Barth, nem o racionalismo nem o experiencialismo poderiam ser usados como critérios independentes para julgar as reivindicações de verdade do evangelho. A autorrevelação de Deus é o único critério aceitável. Interpretando apocalipse como a irrupção da revelação divina, Barth enfatiza que "a revelação de Deus em Jesus Cristo é o *triunfo apocalíptico de Deus* sobre todos os poderes e deuses mundanos escravizadores, um triunfo que, por sua vez, liberta os idólatras (para Barth, isso significa toda a humanidade) de sua prisão a esses outros poderes e deuses meramente imanentes e impotentes".[76] A fidelidade de Deus deve ser encontrada em Cristo Jesus, não em alguma experiência individual e independente de fé. Barth traduz *Dia pistēs Iēsou Christou* por "através de sua fidelidade [de Deus] em Jesus Cristo" (Romanos 3:22).[77] Barth afirma: "A fidelidade de Deus e a de Jesus Cristo confirmam-se mutuamente. A fidelidade de Deus é estabelecida quando encontramos o Cristo em Jesus [...] Nossa descoberta

[74] Harink, *Paul among the postliberals*, p. 15-8.
[75] Ibidem, p. 41.
[76] Harink, *Paul among the postliberals*, p. 47-8.
[77] Barth, *Epistle to the Romans*, p. 96 [ed. em português: *A Carta aos Romanos* (São Leopoldo: Templus, 2015)].

de Cristo em Jesus de Nazaré é autorizada pelo fato de que toda manifestação da fidelidade de Deus aponta e dá testemunho daquilo que realmente encontramos em Jesus".[78] Na seção "Justificação pela fé somente" em CD 4/1, Barth mantém esse entendimento da fidelidade de Cristo e das reivindicações relativas à justificação: "Ele [o cristão] não deve de forma alguma considerá-la [a fé] sua posse [...] Qual é o significado da fé como a ação humana que dá uma resposta fiel, autêntica e adequada à fidelidade de Deus, que faz justiça à realidade e à existência do homem justificado criado pelo perdão de Deus, que encontra aprovação divina em sua adequação a esse objeto, que é reconhecido, julgado e aceito por ele como justo, e que, portanto, o conhecimento da justificação é um evento genuíno e concretamente humano?".[79] Mais tarde, Barth acrescenta que se deve rejeitar a ideia de que, "em virtude de uma qualidade interior daquilo que o homem crente faz, a fé é o meio real que ele pode usar para justificar a si mesmo e declarar o perdão divino".[80] Portanto, a fé não é uma qualidade interior ou uma experiência de justificação, mas, sim, um ato exclusivo da fidelidade de Deus em Cristo e de sua fidelidade a Deus, e nós somos enxertados na família de Deus pela fiel obediência de Cristo.

Não preciso insistir nesse ponto aqui, mas desejo destacar o caráter escatológico da justificação. Para Barth, o caráter escatológico do evangelho é encontrado na eterna irrupção do tempo, tanto no passado como no presente e no futuro. Em *The Epistle to the Romans*, ele escreve:

> Se conhecêssemos mais de Deus do que os gemidos da criação e nosso próprio gemido; se conhecêssemos Jesus Cristo de outra forma além de o crucificado; se conhecêssemos o Espírito Santo de outra forma que não o Espírito daquele que ressuscitou Jesus dentre os mortos; se conhecêssemos o mistério em que a *salvação veio, vem e virá até nós, rompendo — então, não haveria salvação* [...] *Se o cristianismo não fosse totalmente escatológico, não restaria nele nenhum*

[78] Ibidem.
[79] Barth, *CD* 4/1: 617-18.
[80] Ibidem.

> *relacionamento com Cristo. O Espírito que não aponta a cada momento da morte para a nova vida não é o Espírito Santo.*[81]

Em referência a Romanos 3:21, Barth declara: "Mas agora o apóstolo direciona nossa atenção para um tempo que está além do tempo, para um espaço que não tem localidade, para uma possibilidade impossível, para o evangelho da transformação, para a vinda iminente do reino, para a afirmação na negação, para a salvação no mundo, para a absolvição na condenação, para a eternidade no tempo, para a vida na morte: *vi um novo céu e uma nova terra: pois o primeiro céu e a primeira terra já passaram*".[82] No entanto, para Barth, o escatológico é uma crise na qual o eterno irrompe na história em determinado momento, desmoronando o *continuum* passado-futuro em um aspecto atemporal. O escatológico é principalmente uma relação vertical de descendência divina em crise apocalíptica (Moltmann), embora a discussão de Barth sobre o "reino de Deus" como uma realidade presente e futura na segunda metade do *CD* sugira que a crítica de Moltmann é exagerada.[83]

A posição do estudioso paulino N. T. Wright se assemelha, em muitos aspectos, à de Barth. Wright também está no "campo da nova perspectiva", argumentando que, em Cristo, nós vemos "*a fidelidade do Messias aos propósitos de Deus*, e não fé segundo a qual judeus e gentios creem".[84] Wright também insiste que o apocalíptico não pode ser definido em oposição ao profético ou como uma irrupção divina que corrige um processo histórico corrupto em que a nova criação é uma nova *creatio ex nihilo*, tampouco como uma divisão dualística entre o céu e a terra. Evocando Barth, Wright argumenta que "Paulo acredita que o apocalipse dramático final, a grande revelação de todos os mistérios de Deus, a revelação completa do plano secreto de Deus, já aconteceu em e através dos eventos relativos ao Messias, Jesus, em especial por meio de

[81] Barth, *Epistles to the Romans*, p. 314, grifo meu.
[82] Ibidem, p. 92.
[83] Busch, *Great passion*, p. 279-88.
[84] Wright, *Paul: in fresh perspective*, p. 47 [ed. em português: *Paulo:* Novas perspectivas (São Paulo: Ed. Loyola, 2009)].

sua morte e ressurreição".[85] Dessa forma, o apocalíptico e a aliança convergem para a revelação do plano da aliança de Deus. Também como Barth, Wright argumenta que o apocalipse (parúsia) não deve ser uma "vinda", mas uma "presença", a "aparição" dele.[86] No contexto da fidelidade de Deus à aliança, Wright defende corretamente uma escatologia inaugural. "A era já chegou com Jesus; mas será consumada no futuro."[87]

> A reformulação da escatologia por Paulo: que o evento complexo pelo qual Israel esperava já havia acontecido nos eventos de Jesus de Nazaré. A ressurreição de Jesus sugeria não apenas que algo extraordinário tinha acontecido, mas também *o que era essa coisa extraordinária*: a antecipação, a entrada no cenário da história contínua, do fim último. Além disso, com esse quadro inaugural em que Paulo reelabora as expectativas judaicas, "a tensão criativa entre os dois, entre o que já aconteceu no Messias e o que ainda está para acontecer no fim último, é onde devemos situar alguns dos seus temas mais característicos (justificação, o corpo e assim por diante).[88]

Essa reformulação da justificação, compreendida dentro do contexto escatológico, pactual e apocalíptico, é o que desejo investigar aqui. "A questão toda sobre a 'justificação pela fé' é que é algo que acontece no tempo presente (Romanos 3:26), como uma antecipação adequada do julgamento final que será anunciado, com base em toda a vida vivida, no futuro (Romanos 2:1-6)."[89] Nesse sentido, há uma ligação estreita entre a justificação e a ressurreição, uma vez que a ressurreição é a esperança corporativa de Israel, sua vindicação da aliança e o resgate da morte e do exílio. "A doutrina da justificação não pertence propriamente a uma soteriologia individualista, mas ao contexto da afirmação de Deus de que essa ou aquela pessoa é membro da família da aliança. Portanto, a ressurreição é, como em grande parte do pensamento judaico

[85] Ibidem, p. 50-2.
[86] Ibidem, p. 54-5.
[87] Ibidem, p. 57.
[88] Ibidem, p. 136.
[89] Ibidem, p. 57.

contemporâneo, a justificação última."[90] No entanto, a inauguração da renovação da aliança não se tratava apenas das expectativas de um futuro para o povo de Deus, mas também do futuro de Deus, que irrompeu no presente no messias, e de um evento futuro, no qual o messias receberá "homenagem de toda a criação" e entregará o reino ao Pai, "para que o 'futuro de Deus' seja cumprido de forma máxima: Deus será tudo em todos".[91] Wright está próximo da compreensão de Moltmann acerca da escatologia divina, em que a dinâmica trinitária de Deus está em movimento para a glorificação final de Deus na entrega messiânica da nova criação ao Pai, quando Deus será tudo em todos.[92]

Em sua obra recente *Justification,* Wright aborda as críticas do teólogo reformado conservador John Piper para argumentar que a justificação não tem relação com uma alma desencarnada que ascende ao céu (ou ao inferno) após a morte, mas com a ressurreição corporal; nem com a imputação da justiça perfeita de Cristo em troca da pecaminosidade humana, mas, sim, com o *status* legal que o Juiz divino decide em favor de seu povo da aliança, declarando-o "justo"; tampouco se trata da antiga aliança da lei que agora é superada pela nova aliança da graça, mas, sim, de um Deus gracioso, que opera fielmente em Cristo como o Messias de Israel e a fidelidade de Jesus a Deus e à aliança, iniciada em Abraão e continuando como o plano único de Deus para estabelecer a nova criação através de Israel no mundo, a fim de eliminar o pecado e a morte. A justificação tem um sentido escatológico como uma "justificação *final, em que* Deus endireita o mundo inteiro e ressuscita seu povo dentre os mortos, e a justificação *presente* na qual esse momento é antecipado".[93] Reiterar a justificação presente é antecipar a justificação escatológica. Para Wright, a escatologia inclui os propósitos salvíficos de Deus para redimir seu povo e resgatar toda a criação, mas também é messiânica, no sentido de que o objetivo de Deus já está estabelecido no messias, e inaugural, no sentido de

[90] Wright, *Climax of the covenant*, p. 204.
[91] Wright, *Paul: in fresh perspective*, p. 135-6.
[92] Moltmann, *In the end: the beginning*, p. 150, 155, 158.
[93] Wright, *Justification*, p. 10-2 [ed. em português: *Justificação* (Maceió: Sal Cultural, 2019)].

que a nova era já foi introduzida, mas ainda não completamente. Wright adverte, porém, que essa inauguração não pode ser considerada progressiva, mas é apocalíptica, no sentido de que a salvação irrompeu nesta era, e antecipa o momento final, em que Deus será tudo em todos (1Coríntios 15:28).[94]

A ressurreição messiânica é a chave para o alvorecer da nova criação e o *locus* para a compreensão do significado da justificação. A ressurreição funciona tanto como metáfora quanto como metonímia para o retorno exílico que é interpretado por Paulo como a renovação escatológica de Israel e dos seres humanos no contexto da ocupação romana.[95] A missão messiânica de Jesus é justificada na ressurreição e, nesse sentido, ele é justificado depois de ter sido condenado em um tribunal pelos poderes ímpios desta era. A ressurreição inaugurou a nova era prometida por Deus, agora aguardando por seu cumprimento final, quando a corrupção, a decadência e a morte serão superadas e a criação for renovada.[96] No entanto, essa escatologia colabora para envolver o povo de Deus na obra messiânica. Aqueles que estão em Cristo "foram capacitados pelo seu Espírito e encarregados de transformar o presente, tanto quanto possível, à luz do futuro".[97]

Um comentário final é que a estrutura escatológica de Wright para a justificação não faz sentido sem uma teologia do Espírito. O derramamento do Espírito é o meio pelo qual ocorre a renovação da aliança. As referências de Paulo a Joel, Ezequiel 36 e Jeremias 31 demonstram que a renovação é efetuada pelo Espírito como a inauguração do escatológico, no qual os gentios são trazidos à aliança e os judeus são renovados por meio do batismo no corpo messiânico. Entretanto, discordo do argumento de Wright, no sentido de que o derramamento do Espírito foi uma "confusão", e que o falar em línguas não deveria ser visto como um sinal de Deus em ação. Se passarmos da literatura paulina para Lucas—Atos, a atividade da glossolalia é um sinal profético da presença do Espírito operando na renovação de Israel como povo de Deus, no qual os

[94] Ibidem, p. 101.
[95] Wright, *Surprised by hope*, p. 46-7.
[96] Wright, *Justification*, p. 106.
[97] Wright, *Surprised by hope*, p. 46.

gentios agora têm uma parte.[98] No entanto, o Espírito é entendido por Paulo como o sinal do que está por vir, o anúncio messiânico da nova era, como dom do futuro de Deus e garantia do futuro em Cristo. O Espírito anuncia a era escatológica inaugurada na morte e na ressurreição de Cristo, e trabalha para levar esta era à conclusão. Andar no Espírito é caminhar na nova era de Deus como um povo renovado, fazer parte da família da inauguração escatológica de Deus em Cristo e libertar-se do mal da era atual. Juntos, a ressurreição e a ascensão de Cristo, e o dom de seu Espírito no Pentecostes, são o agente transformador da criação e, na jornada escatológica, esse agente faz de todos nós agentes transformadores, na qualidade de colaboradores de Deus.[99]

Tanto Barth como Wright reformularam a teologia para articular um foco escatológico de salvação, a partir de uma nova leitura da fé que é completamente cristológica em sua orientação. Essa nova perspectiva desafia categorias teo-ontológicas que veem a fé como fundada na experiência antropológica e que leem especialmente as doutrinas da Reforma através de lentes modernistas, ou como uma troca moral entre a obra expiatória de Cristo e a humanidade pecadora, uma leitura liberal protestante com um toque conservador da cristandade. No entanto, a salvação, em todas as suas dimensões, é escatológica e tem por objetivo não apenas a salvação da humanidade (embora essa seja uma parte importante da história), mas também a renovação plena da criação, levando-a ao seu propósito último: a nova criação.

Conclusão

Meu argumento neste capítulo é que a teologia propriamente dita precisa ser reformulada dentro do contexto escatológico, a fim de ser fiel às suas origens judaico-cristãs. A nova perspectiva de Barth e Wright articula a teologia da justificação pela fé no contexto de um axioma escatológico no qual Cristo, como o fiel messias de

[98] O debate em curso foi retomado por James D. G. Dunn e Max Turner, de um lado, e Roger Stronstad, Robert Menzies, Mathias Wenk e Martin Mittelstadt, do outro.

[99] Wright, *Surprised by hope*, p. 202.

Deus, inaugura a nova era, a era que antecipa sua realidade final. Como cristãos, somos enxertados na aliança pelo Espírito, na qual a ressurreição de Cristo fornece as primícias da nova era, e por meio do Espírito somos feitos portadores de Cristo e de sua missão.

Argumentei que essa reformulação escatológica da teologia pentecostal proporcionaria aos pentecostais uma teologia mais madura do que simplesmente assumir a teologia como uma doutrina das últimas coisas, como uma retirada passiva em uma doutrina questionável do arrebatamento, e traria o pentecostalismo para mais perto de seu impulso original. Cristo como salvador, curador, batizador no Espírito e rei vindouro faz mais sentido como uma prolepse do já e do ainda não da nova criação, na qual Cristo é o arauto messiânico que inaugura o novo reinado, mas também aquele que trará esse reinado no futuro de Deus. Faz mais sentido imaginar a cura e o batismo no Espírito olhando para trás, para a obra de vida, morte e ressurreição de Cristo; e para frente, para o fim dos dias, quando a cura e o batismo no Espírito encontrarão seu cumprimento final. A salvação, a cura, o batismo no Espírito e a vinda do Senhor são todos interpretados ao longo do *continuum* do "já" e do "ainda não" da parúsia escatológica de Deus.

10

Paciência como uma virtude teológica:

um desafio à escatologia pentecostal

DANIEL CASTELO ■

PACIÊNCIA NÃO É UM ATRIBUTO normalmente associado aos pentecostais. Algumas vezes, os pentecostais são caracterizados como refletindo, de forma acrítica, uma cultura modernista, tecnologicamente inovadora, pragmática, apaixonada e até mesmo barulhenta.[1] As caracterizações pejorativas incluem acusações de "fanatismo", "instabilidade mental", "delírio" e "ilusão".[2] Os pentecostais são mais conhecidos por seu fervor, classificado positivamente como "urgência santificada" ou, negativamente, como

[1] Os pentecostais mostram certa tendência e dependência do modernismo cultural e do pragmatismo, apesar de sua herança restauracionista. A representação de A. J. Tomlinson por R. G. Robins como um "modernista do povo comum" é uma representação útil do movimento como um todo. Veja Robins, *A. J. Tomlinson*. Grant Wacker observa, por exemplo, que o primitivismo pentecostal deve ser colocado ao lado de seus métodos pragmáticos modernistas. Wacker, *Heaven below*, p. 12-4. O pragmatismo pentecostal pode ser visto nos recursos de comunicação de massa e tecnologia de viagem. Além disso, quando se situa o movimento histórica e teologicamente, é difícil não escapar à análise de Fry, no sentido de que a ênfase mútua na experiência humana torna o liberalismo teológico e o pentecostalismo gêmeos fraternos. Fry, "Pentecostalism in historical perspective", p. 182, 192, conforme citado em Faupel, "Whither Pentecostalism?", p. 21-2.

[2] A diatribe mais famosa, claro, pode ser atribuída à avaliação de G. Campbell Morgan do pentecostalismo como "o último vômito de Satanás". Veja também Anderson, *Vision of the disinherited*, no qual ele argumenta que o surgimento do pentecostalismo foi outro movimento fundamentalista conservador composto pelos deserdados.

"impulsividade imprudente". De todas essas caracterizações, a paciência não é aquela que vem de imediato à mente.[3]

Os primeiros pentecostais exibiam uma urgência missionária que contrariava um senso de paciência como *habitus*. Sobre o impulso missionário da missão da rua Azusa, Cecil M. Robeck comenta:

> Em essência, quando alguém falava em línguas, a missão seguia um programa simples de quatro passos. Primeiro, tentavam identificar o idioma. Segundo, se sentissem que o tinham identificado, procuravam saber se o orador acreditava ter recebido um "chamado" missionário. Terceiro, se o falante de línguas afirmasse ter recebido tal chamado, os missionários tentavam identificar se o chamado era genuíno e se a pessoa estava pronta e disposta a ir. Por fim, se a pessoa testemunhasse que estava disposta a ir e a missão identificasse os dons e o chamado necessários, então dava ao candidato dinheiro para ir ao campo missionário.[4]

Esse processo era deliberado e regado por oração. Entretanto, com o tempo, o devido processo dava lugar à conveniência, pois os candidatos passavam rapidamente, "em poucos dias, senão em horas, a deixar a cidade" para cumprir o chamado.[5] O apoio financeiro missionário proporcionava "passagem só de ida" para o país de destino,[6] no sentido de que esses missionários recebessem dinheiro suficiente para chegar aos seus destinos, mas não o suficiente para regressar. O raciocínio teológico era que o retorno imediato do Senhor dispensava a necessidade de recursos para voltar para casa.

[3] Observei em outro artigo que uma metáfora pentecostal para a compreensão da ética teológica poderia ser a noção de "permanência". Veja Castelo, "Tarrying on the Lord", p. 31-56. Contudo, observe que, em geral, a "permanência" é empreendida pelos pentecostais com a expectativa de que Deus responderá a tempo. Em outras palavras, se você permanecer por tempo suficiente, Deus agirá em seu favor. Portanto, superficialmente, a permanência parece demonstrar paciência, mas, na prática, pode situar-se na rubrica da impaciência pentecostal. O presente capítulo tenta expandir a noção de "permanecer", a fim de dar sentido a situações em que Deus parece não responder aos apelos feitos no altar, uma situação que põe em questão a escatologia super-realizada que os pentecostais consideram tão tentadora.

[4] Robeck, *Azusa street mission and revival*, p. 239.

[5] Particularmente em referência a Garras; Robeck, *Azusa street mission and revival*, p. 239.

[6] Robeck, *Azusa street mission and revival*, p. 240.

Se o *eschaton* fosse adiado, então Deus proveria as necessidades do missionário.

Essa prática revela uma justificativa teológica para uma espécie de "impaciência santificada" na autocompreensão escatológica do pentecostalismo. D. William Faupel argumenta que a escatologia era o batimento cardíaco, a chave hermenêutica para a compreensão do pentecostalismo inicial,[7] sendo possível detectar nos testemunhos e na literatura pentecostal que os pentecostais operavam a partir de uma escatologia "super-realizada" ou "hiper-realizada", segundo a qual o "já" era enfatizado em detrimento do "ainda não", porque a volta de Jesus era considerada iminente. Para a primeira geração de pentecostais, os sinais e milagres eram indícios de que eles estavam vivendo e participando da "chuva serôdia", um "tempo antes do tempo", no qual Jesus retornaria.[8] O Espírito estava preparando o mundo para a segunda vinda de Cristo, e aqueles que conheciam e experimentavam essa realidade espiritual foram chamados a compartilhar sua fé na preparação da "ceia das bodas do Cordeiro".[9] A crença no retorno imediato de Cristo foi um catalisador para esforços de sacrifício, incluindo o desenraizamento de famílias e a experiência de passar por dificuldades em prol do evangelho. O impulso teológico e orientado à práxis para a proclamação do "evangelho pleno" era a expectativa de que o reino de Deus irromperia.

Contudo, agora, os pentecostais contemporâneos vivem em uma época na qual o fervor escatológico diminuiu. Raramente se faz referência à segunda vinda de Jesus no contexto pentecostal de hoje. Houve uma mudança na teologia, de modo que a autocompreensão pentecostal agora gira em torno do papel da glossolalia no batismo do Espírito, ou da atividade do Espírito na expressão carismática, e não na expectativa do fim dos tempos do reino, quando

[7] Faupel, *Everlasting gospel*, p. 20. Faupel segue o exemplo de Anderson em *Vision of the disinherited*, embora Faupel desenvolva essa tese de forma considerável e útil na direção da reconstrução histórica e teológica, mas sem a análise de privação de Anderson.

[8] Peter Althouse tece longas considerações acerca da metáfora da "chuva serôdia" dentro do pentecostalismo em Althouse, *Spirit of the last days*, espec. cap. 1.

[9] Althouse observa que metáforas como a "noiva de Cristo" serviram para explicar aos pentecostais que o que eles estavam testemunhando era o clímax da história; tais acessórios históricos ajudaram a explicar a razão de tais sinais no presente, bem como a razão pela qual se acreditava que eles estavam em grande parte ausentes no período pós-apostólico. Althouse, *Spirit of the last days*, p. 19.

a manifestação de línguas desempenhará seu papel.[10] Em outras palavras, a expectativa escatológica pentecostal está em frangalhos, especialmente naqueles contextos em que o pentecostalismo se estabeleceu por um longo tempo. Consequentemente, um editorial do teólogo assembleiano Frank Macchia reflete sobre o papel da escatologia: "Acaso os pentecostais estariam enganados na virada do século, quando compartilharam a convicção do apóstolo [de Romanos 13:11-12] também em sua época?".[11] A pergunta levanta questões mais amplas relacionadas à identidade e à autocompreensão pentecostal: De que modo os pentecostais entendem sua história e seu futuro à luz da própria demora escatológica de Cristo? Cristo ainda não retornou, apesar das expectativas, então como os pentecostais de hoje podem lidar com sua herança de "impaciência" à luz da paciência do próprio Senhor em retardar a parúsia?

Hoje, a tarefa dos pentecostais consiste em reformular suas expectativas teológicas. Minha opinião é que tal expectativa escatológica não é algo que os pentecostais inventaram, porque aponta para a realidade do reino de Deus irrompendo no mundo; mas o reino é de Deus, e sua presença e manifestação são divinamente iniciadas, resultando em momentos de ambiguidade, tensão, confusão e frustração quando os crentes não conseguem ver a atividade manifesta de Deus. A tarefa em questão é determinar quais características da expectativa escatológica refletem a obra do próprio Deus por meio do Espírito, e o que tem sido mal interpretado pelos pentecostais excessivamente zelosos. O zelo pentecostal tem o potencial de diminuir, mudar e talvez até mesmo corromper a expectativa da escatologia pentecostal inicial, alterando o sentimento de expectativa para mero entusiasmo. Essas circunstâncias levantam a seguinte questão: Como os pentecostais deveriam viver na tensão do "já, mas ainda não" agora, visto que o sentido do imediatismo escatológico se dissipou com o tempo?

[10] Esse argumento é apresentado pela primeira vez por Anderson, *Vision of the disinherited*, p. 96-7. Além disso, é amplamente assumido por Dayton, *Theological roots of pentecostalismo*; e Faupel, *Everlasting gospel*. Estou ciente de que um grupo de estudiosos manteve o distintivo da identidade pentecostal como batismo no Espírito com a evidência inicial do falar em línguas, mas continuo convencido, pelo trabalho histórico de Anderson, Dayton e Faupel, de que questões históricas e contextuais são fundamentais para a compreensão teológica do movimento, tanto em suas iterações passadas como em suas possibilidades futuras.

[11] "The time is near!", p. 161.

Quero sugerir que os pentecostais deveriam olhar para a virtude da "paciência" como uma forma de reconceber seu *ethos* escatológico. Apesar das diversas tendências que os pentecostais atuais herdaram de seus antepassados, acredito que uma compreensão salutar do aspecto "ainda não" da díade escatológica fortaleceria o pentecostalismo, de modo que a escatologia não fosse moldada de uma forma que exigisse cumprimento imediato. Apesar de suas reivindicações, o pentecostalismo se institucionalizou. É necessário haver espaço teológico para apoiar a tradição em desenvolvimento do movimento. Para iniciar a conversa, examinarei a virtude da paciência na tradição cristã, com o objetivo de recuperar recursos que possam auxiliar no enfrentamento dos desafios atuais da escatologia pentecostal. Por meio dessa reflexão, espero oferecer possibilidades de reformulação da escatologia pentecostal, para que os pentecostais possam afastar-se de sua herança escatológica "hiper-realizada" e caminhar na direção de uma esperança paciente.

A tradição da paciência

A paciência é um tema teológico na antiguidade cristã. Como virtude, tem desempenhado importante papel na reflexão cristã como um controle vital da expectativa escatológica em uma miríade de contextos desafiantes e difíceis.

Curiosamente, a reflexão cristã primitiva sobre a paciência culminou com o trabalho de Tertuliano, uma figura que os pentecostais exaltam por sua exuberância carismática. De forma irônica, Tertuliano não tinha paciência para filosofar sobre teologia cristã e era bastante exagerado ao criticar aqueles a quem considerava equivocados. No entanto, ele exaltou o valor da paciência cristã. A ironia não passou despercebida ao próprio Tertuliano, que observou: "Então eu, muito miserável, sempre doente com o calor da impaciência, devo necessariamente suspirar, invocar e implorar com insistência por aquela paciência saudável que não tenho".[12] Tertuliano estava bem consciente de sua impaciência e de que sua

[12] Tertuliano, *Of patience I* [ed. em português: *Sobre a paciência* (Campinas: Concreta, 2019)]. As traduções das fontes patrísticas são retiradas das edições ANF e NPF (Primeira Série), publicadas por Hendrickson.

vida não correspondia plenamente à personificação da virtude da paciência, mas reconhecia que a reflexão sobre a paciência divina lhe servia de consolo. Em *Of patience*, Tertuliano procede de maneira semelhante às suas outras discussões teológicas: ele começa com uma reflexão sobre Deus e, em seguida, passa para a situação humana, de modo que Deus é destacado como o exemplo máximo de paciência a ser imitado pelas criaturas. Deus suporta a rejeição de muitos, a desobediência de outros e, nesse processo, rebaixa a si mesmo. Na verdade, Deus se mantém em sua paciência piedosa, apesar dos momentos de descrença entre aqueles que não conseguem compreender por que Deus não é mais ativo ou "impaciente" com os problemas e sofrimentos do mundo. O que mais demonstra a paciência de Deus é a vida e a obra de Cristo. Enquanto muitos de seus contemporâneos enfatizavam os feitos de Cristo na terra, Tertuliano registra os acontecimentos e circunstâncias da vida de Cristo que o mostram suportando, com grande paciência, aqueles que o conheceram, seguiram, torturaram e até mesmo mataram.

Quanto ao papel que a paciência piedosa desempenha na vida do crente, Tertuliano defende, com veemência, que todo pecado é atribuível à impaciência e que a falta de paciência na vida cristã é prejudicial ao discipulado.[13] A paciência gera e vivifica a humildade, a obediência, a fé, a caridade e a misericórdia, enquanto a impaciência promove vícios e comportamentos opostos. Por exemplo, Abraão foi paciente, o que levou Deus a considerá-lo justo mesmo em meio à grande provação de Gênesis 22. A impaciência promove a possessividade e confunde luto ou perda com cobiça. Dito de forma sucinta, a impaciência corrompe a vida cristã em seu âmago, ao passo que os atributos necessários a uma vida fiel e que honra a Deus brotam da paciência divina. Tertuliano afirma: "Pois, onde Deus está, aí também está o seu filho adotivo, a saber, a paciência. De onde desce o Espírito de Deus, a paciência o acompanha indivisivelmente".[14]

Cipriano foi um pai da igreja ocidental que desenvolveu ainda mais a teologia da paciência de Tertuliano. Em uma passagem que lembra seu colega cartaginês, Cipriano pergunta, em contraste

[13] Ibidem, v.
[14] Ibidem, xv.

com a noção filosófica da paciência: "Pois como pode ser sábio ou paciente aquele que não conheceu a sabedoria nem a paciência de Deus?".[15] Em outras palavras, a paciência é parte do processo de conhecer Deus, que é a única e verdadeira fonte de paciência. Como observa Cipriano: "Nele começa a paciência; nele surgem sua glória e sua dignidade. A origem e a grandeza da paciência procedem de Deus como seu autor".[16] Viver com paciência reflete o Sermão do Monte e implica obediência aos mandamentos do amor de ser aperfeiçoado na imitação de Cristo: "Até aquele que é vivificado pelo sangue de Cristo", escreve Cipriano, "aquele que derramou o sangue de Cristo. Tal e tão grande é a paciência de Cristo".[17]

Cipriano argumenta que a paciência não é simplesmente uma questão de obediência, mas de sobrevivência para o cristão: "Nem pode ser fornecido qualquer consolo àqueles que suam e trabalham além da paciência; consolos que, enquanto neste mundo são adequados e necessários a todos os homens, o são especialmente para nós, que estamos mais abalados pelo cerco do diabo; que, lutando diariamente no campo de batalha, estamos cansados das batalhas de um inimigo inveterado e hábil".[18] Cipriano reconhece que a vida cristã é plena de aflições e tristezas, e promover a paciência é um meio de resistir às dificuldades e suportar os antagonismos que acompanham a vida no "tempo entre os tempos".

Agostinho também contribui para o assunto em seu tratado *On patience* [Sobre a paciência], afirmando que a paciência é um grande dom de Deus concedido aos crentes. Agostinho afirma que Deus é impassível, ou seja, Deus não sofre. Ainda assim, Agostinho reconhece, de todo o coração, que o Deus "longânimo" é inefável e misteriosamente paciente, assim como é inefável e maravilhosamente "ciumento sem nenhum obscurecimento de espírito, irado sem nenhuma perturbação, sofredor sem nenhuma dor" e arrependido sem ter de ser corrigido.[19] Agostinho destaca a paciência como um recurso para a igreja perseguida e sofredora, que tenta

[15] Cipriano, *On the advantage of patience* II.
[16] Ibidem, iii..
[17] Ibidem, viii.
[18] Cipriano, *On the advantage of patience*, xii.
[19] Agostinho, *On patience*, i.

suportar as provações e tribulações que acompanham os seguidores de Cristo.

Tomás de Aquino amplia os argumentos de Agostinho em um artigo sobre paciência na *Summa theologiae*. Passando da referência passageira de Agostinho à paciência como uma "virtude da mente", Tomás observa que a paciência é necessária para que a razão não seja obscurecida pela tristeza do mundo.[20] Mas Tomás de Aquino prossegue classificando a paciência como uma função da caridade, a principal das virtudes teológicas.[21] Dessa forma, a paciência é uma função da graça, ao mesmo tempo que retém algumas de suas qualidades como virtude. Tomás conclui a discussão sobre a paciência comparando-a à longanimidade. Aquino observa que a paciência suporta alguns males por causa do bem, mas, com o tempo, a resistência se torna mais difícil; o adiamento da esperança causa tristeza, mas a paciência ajuda a suportar as tristezas.[22] A respeito de Túlio, Aquino afirma: "Por esta razão, Túlio, ao definir paciência, diz que *é a resistência voluntária e prolongada de coisas árduas e difíceis por causa da virtude ou do lucro*. Ao dizer '*árduo*', refere-se à constância no bem; quando ele diz '*difícil*', refere-se à gravidade do mal, que é o objeto próprio da paciência; e, ao adicionar *prolongada* ou *duradoura*, refere-se à longanimidade, uma vez que tem algo em comum com a paciência".[23]

Para nossos propósitos, a última figura que vale a pena considerar é John Wesley. Como clérigo e educador na Igreja da Inglaterra, Wesley estava imerso nas tradições dos pais da igreja, apropriando-se de suas visões teológicas no desenvolvimento de sua própria teologia da perfeição cristã. Tomando Tiago 1:4 como texto orientador, Wesley considera a paciência à luz do ataque de provações e tentações nesta vida. Ele define a paciência não como uma virtude pagã, mas como "uma índole graciosa forjada no coração do crente pelo poder do Espírito Santo" e "uma disposição para sofrer tudo o que agrada a Deus, da maneira e no tempo que lhe agrada".[24]

[20] *IIa IIae*, q. 136, art. 1 [ed. em português: *Suma teológica* (São Paulo: Edições Loyola, 2003)].

[21] Tomás de Aquino considera as virtudes teológicas geralmente em *Ia IIae*, q. 62; e caridade, especificamente em *IIa IIae*, q. 23.

[22] *IIa IIae*, q. 136, art. 5.

[23] Ibidem.

[24] Wesley, Sermão 83, "On patience", *The works of John Wesley*, v. III, p. 171.

Com o uso do termo "índole", Wesley está reiterando o tema perene de que a paciência é uma obra de Deus que ocorre no coração, mas que, não obstante, requer ação. A paciência produz frutos de paz e de alegria em meio ao sofrimento, e essa dificuldade contribui para moldar nosso caráter cristão, ajudando-nos a crescer na santidade.

As vozes desses pensadores cristãos são sugestivas para a tarefa de considerar o valor da expectativa escatológica: primeiro, a paciência é um dom de Deus que só pode vir de Deus — o exemplo máximo de paciência. A verdadeira paciência não é alcançada humanamente, nem fabricada de forma enganosa. Só Deus é a fonte e o fim da verdadeira paciência, aquilo que é necessário para sustentar a comunidade de fé nas provações desta vida. Em segundo lugar, esse dom de Deus requer ação; a paciência de Deus torna-se a paciência do cristão quando é incorporada, apropriada e exercida como uma afeição ou um temperamento que dá frutos. Nesse sentido, a consideração da paciência como uma virtude, especificamente dentro da lógica das virtudes teológicas, é útil, uma vez que essa linguagem sugere "habituação" e "desempenho" na vida cristã. Por fim, a paciência é um dom indispensável quando uma comunidade enfrenta perseguição e tristeza, e pode servir como um recurso para o enfrentamento contínuo e a resistência ao mal no mundo. A paciência é crucial quando o aspecto "ainda não" da vida no reino é definitivo e oneroso para a vida comunitária.

Pentecostalismo e a virtude da paciência

Os pentecostais fariam bem em aprender com as expressões passadas da paciência cristã, pois as complicações resultantes de sua "impaciência santificada" começaram a afetar a coerência teológica do movimento, sua identidade e a prática atual. Como Agostinho observa em *De patientia* [Sobre a paciência]: "A paciência do ser humano [...] é entendida como aquilo pelo qual toleramos as coisas más com a mente serena, para que não possamos, com uma mente desajustada, abandonar as coisas boas, por meio das quais podemos chegar a melhores".[25] Agostinho sugere que a paciência

[25] Agostinho, *On patience*, v. II.

é inerente à prática de resistir ao mal e apreciar o bem, consistindo em uma virtude que molda a estabilidade em longo prazo de qualquer pessoa ou grupo. O pentecostalismo se encontra em um período de sua história em que precisa recorrer às fontes antigas da fé cristã, a fim de que os teólogos de paciência piedosa possam lançar luz sobre as particularidades da autocompreensão escatológica do pentecostalismo e atenuar os efeitos negativos da urgência impaciente na identidade e na prática pentecostal.

A impaciência pentecostal inspirou a impaciência escatológica ao conceber a atividade divina e humana no mundo de uma forma que trava a compreensão teológica da economia da salvação. Faupel, por exemplo, observa que muitos dos primeiros pentecostais acreditavam não apenas que o regresso de Jesus era iminente, mas também que suas práticas evangelísticas poderiam realmente acelerar o retorno de Cristo. Embora talvez fossem ingênuos, os pentecostais acreditavam que o retorno de Cristo seria precedido pela pregação do evangelho até os confins da terra.[26] Apesar de todas as tendências "escapistas" dentro do pentecostalismo sobre essa questão, eles tendiam a se mostrar bastante otimistas sobre como os esforços humanos poderiam influenciar a história da salvação a alcançar seu desfecho. D. J. Wilson sugere a mesma ideia quando observa que alguns dos primeiros pentecostais acreditavam que poderiam "facilitar o retorno [de Jesus] espalhando as boas-novas".[27]

A noção de que é possível acelerar a segunda vinda é repleta de dificuldades teológicas, não apenas pelo que sugere sobre a interação divino-humana na economia da história da salvação, mas também em relação ao tipo de expectativa vislumbrada, o que, ao longo do tempo, pode resultar em frustração. Os pentecostais tenderam ao lado arminiano no debate sobre a graça e o livre arbítrio em consonância com Wesley, e grande parte do *ethos* revivalista das

[26] *Everlasting Gospel*, p. 21-2. A lógica funcionou bem para pensar nas línguas como *xenolalia*, o que, aparentemente, Charles Parham fez. Como observa Althouse: "Parham acreditava que, uma vez que a vinda de Cristo ocorreria durante sua vida, havia a necessidade urgente de evangelizar o mundo. A intensidade do pensamento missionário, uma intensidade forjada na crença de que pregar o evangelho ao mundo inteiro era o último requisito a ser cumprido antes do retorno de Cristo, proporcionou uma função utilitária para o falar em línguas como uma capacitação para o serviço cristão". Althouse, *Spirit of the last days*, p. 26-7.

[27] Wilson, "Pentecostal perspectives on eschatology", p. 604-5 (grifo meu).

reuniões campais enfatizava o valor da liberdade, da escolha, da ação e da incorporação humana, mesmo correndo o risco de confundir as distinções divino-humanas. Por meio de práticas como realização de milagres, cura e profecia, os pentecostais têm operado com a forte convicção de que, através da obra capacitadora de Deus em suas vidas e comunidades, eles têm um importante papel a desempenhar no palco da história cósmica. No entanto, esse sentimento de capacitação traz consigo a tentação latente de assumir que o que ocorre neste mundo influencia diretamente as características do reino celestial. Essa tendência tem o potencial de substituir a soberania e a liberdade divinas por uma vontade própria antropocêntrica e, assim, reduzir a complexidade da relação entre a humanidade e Deus. Em outras palavras, a elevação do papel humano à custa da liberdade e da majestade divina ignora tragicamente a finitude e o pecado humanos. O risco para os pentecostais é um sentimento de triunfalismo religioso.

Talvez algo bem ilustrativo desse risco teológico seja a suposição de que é possível esperarmos por uma intervenção milagrosa de cura ou de bênção se cumprirmos os requisitos. No entanto, quando o milagre esperado não ocorre, surge a decepção. O que está sendo negligenciado nesse cenário é a soberania de Deus. O risco teológico de ritualizar a atividade de Deus de acordo com as "exigências de fé" humanas é que isso representa uma tentativa de controlar Deus e de elevar o papel da atividade humana.[28] Talvez mais angustiantes ainda sejam os casos em que o sofrimento humano é atribuído aos que sofrem, pois parte-se do pressuposto de que eles não têm fé suficiente ou até mesmo escondem pecados não confessados. Certamente, meu objetivo não é subestimar a possibilidade de milagres, que pode ser uma ocasião para revelar o caráter gracioso de Deus e suscitar alegria e segurança. Contudo, como os

[28] É claro que nem todas as teologias pentecostais de cura tendem a tornar a cura um evento "automático", mas um número suficiente delas o faz e pode situar-se entre os extremos da "fidelidade divina" e da "liberdade divina". Veja Knight, "God's faithfulness and God's freedom", p. 65-89. No primeiro lado do *continuum*, as pessoas acreditam que Deus prometeu bênçãos ou pronunciou leis que só entram em vigor quando os crentes acreditam de forma adequada e suficiente. Nessa linha de compreensão, a cura ocorre com base na fé mais do que no tempo ou na vontade soberana de Deus, definindo, assim, a fé como "confiar nas promessas de Deus feitas nas Escrituras em vez de confiar em Deus" (Knight, p. 69). Esse cenário reduz a relacionalidade, um componente-chave da espiritualidade, à técnica.

pentecostais explicam teologicamente a ausência de milagres ou bênçãos divinas? Em muitas ocasiões, a culpa é atribuída a quem busca, e explicações alternativas são ignoradas, especialmente a possibilidade de que os caminhos de Deus sejam misteriosos e, muitas vezes, diferentes dos da humanidade.[29]

A expectativa não realizada do milagre é uma analogia microcósmica do problema maior da expectativa escatológica pentecostal hoje. Quando assumem que as criaturas humanas podem forçar a mão de Deus, as expectativas passadas quanto ao imediatismo da segunda vinda de Jesus e o fervor resultante demonstram sua precariedade do ponto de vista lógico. Muitos dos primeiros pentecostais acreditaram erradamente que a sua obra poderia acelerar o regresso de Jesus se todos os sinais dos últimos dias, especialmente a pregação do evangelho a todas as nações, se cumprissem. Contudo, a escatologia pentecostal precisa ser pensada à luz da virtude da paciência. Na sua impaciência, os pentecostais permitiram negativamente que a sua esperança mudasse do fervor para o cinismo, contribuindo para o enfraquecimento do tema da escatologia nos círculos pentecostais de hoje.

No entanto, a questão é mais complexa do que dizer simplesmente que os primeiros pentecostais estavam enganados em relação àquilo em que acreditavam. É certo que alguns detalhes sobre o desenrolar da história cósmica estavam errados, como o tempo mostrou, mas sua expectativa da vinda escatológica de Deus era teologicamente viável. Os primeiros pentecostais estavam enganados ao pensar que veriam o regresso de Cristo, mas sua convicção de que poderiam esperar ver seu rei, que viria em breve, ainda se aplica. Sim, muitas de suas ilustrações e metáforas para interpretar a história são menos persuasivas agora com o passar do tempo, mas a leitura cristã da história continua a ter um fim, um objetivo e uma consumação em Deus. É certo que os primeiros pentecostais podem ter engrandecido seu papel e lugar na economia divina, acreditando que sua atividade representava o

[29] Ao examinar as crenças da carismática Agnes Sanford, Knight observa: "Para Sanford, quando uma pessoa por quem oramos não é curada, geralmente é porque somos um canal inadequado da energia curativa de Deus [...] Isso, contudo, não significa que não possamos ser curados por nossas próprias orações. Mas, se isso não acontecer, novamente o problema está conosco". Knight, "God's faithfulness and God's freedom", p. 71. Essa lógica também permeia os ambientes pentecostais.

culminar da história, mas suas reivindicações derivavam da profunda convicção de que Deus estava trabalhando ativamente em suas vidas e comunidades de forma poderosa e maravilhosa.

Dito de forma concisa, os primeiros pentecostais estavam errados sobre alguns detalhes, mas estavam certos em esperar e viver à luz do reino escatológico. A tarefa dos pentecostais contemporâneos, especialmente dos estudiosos pentecostais, é preservar essas características positivas da antiga expectativa pentecostal, sem sucumbir a um cenário de fim dos tempos com base em suposições hipotéticas. Se os pentecostais contemporâneos quiserem viver à luz dessa visão, então, assim como Tertuliano, seu chamado é nada menos do que esperar pacientemente por um Deus paciente, apesar da impaciência humana. Como sugere Cipriano, a paciência que os pentecostais devem cultivar só pode vir de Deus, e esse cultivo deve ser empreendido com paixão, compromisso e, sim, uma dose de inquietação e equanimidade. Isso significa que o tardar de Deus, ou seja, sua paciência, não é um infortúnio ou uma tragédia escatológica, pelo menos do ponto de vista humano, mas a perseverança divina decorrente da soberania do Deus em quem confiamos. Esses pontos podem ser sustentados em conjunto com a convicção de que "o que nossos olhos viram" e "nossas mãos tocaram" realmente constituem o reino de Deus que se inicia. Resumindo a dialética, os pentecostais, como todos os cristãos, precisam de Deus para esperar em Deus com expectativa esperançosa e paciente.

Com esse propósito em mente, os pentecostais podem avançar na reformulação da sua espécie particular de expectativa, por meio de um processo de vários níveis, segundo o qual a paciência é praticada e cultivada em atividades específicas. Primeiro, talvez seja útil cultivar a prática do lamento na vida comunitária pentecostal.[30] Ao reconhecer que sua expectativa não foi cumprida, que Cristo não retornou como esperado ou que alguém não foi curado ou, aparentemente, não recebeu bênção, os pentecostais podem reconhecer em circunstâncias concretas a promessa de esperança. É certo que

[30] Os pentecostais começaram a trabalhar com o tópico de lamento, incluindo Ellington em sua obra *Risking truth*. No entanto, sua obra não articula as conexões entre lamento e *ethos* pentecostal, um desafio que tem pressionado a teologia pentecostal contemporânea.

a demora de Cristo significa que o sofrimento ainda é uma realidade presente, mas eu acredito que os pentecostais têm evitado falar de lamento em seus pronunciamentos públicos, com receio de que isso seja percebido como um sinal de "falta de fé".[31] Os pentecostais devem perceber que ser uma comunidade de esperança implica ser um povo paciente que participa da *koinonia* dos sofrimentos uns dos outros, esperando pelo retorno breve do Senhor no meio (e não apesar) de sua situação.[32] A prática do lamento pode ajudar os pentecostais a ser uma comunidade mais verdadeira, que vive com transparência e vulnerabilidade diante de Deus e uns dos outros.[33]

Se os pentecostais precisam de Deus para esperar em Deus, então atividades que promovam a "prática da presença de Deus" deveriam ser cultivadas. Uma forma de considerar essas práticas é o meio de graça wesleyano. Para Wesley, "os meios de graça são aqueles pelos quais experimentamos e respondemos à presença amorosa de Deus".[34] Para citar Wesley, são "sinais exteriores, palavras ou ações ordenadas por Deus, designadas para este fim: ser um canal comum pelo qual Deus transmite aos seres humanos a graça preventiva, justificadora ou santificadora".[35] Naturalmente, o uso do termo "meios" pode ser enganoso: essas atividades não são um fim em si mesmas, nem devem ser compreendidas como formas de garantir automaticamente a presença de Deus. Em ambos os casos, o foco está na

[31] Kimberly Alexander observa quão controverso foi o fato de as primeiras publicações pentecostais incluírem obituários. Algumas vertentes do pentecostalismo, como o campo da Obra Consumada, evitaram completamente os obituários, e os grupos que os incluíam, como os pentecostais wesleyanos, o faziam enfatizando que, na morte, os crentes eram vitoriosos e estavam "voltando para casa", razão pela qual tais ocasiões deveriam inspirar alegria e adoração. Veja Alexander, *Pentecostal healing*, p. 208-9. Dada a ausência de temas de lamento entre os pentecostais, podemos questionar se as práticas de lamento, por mais bíblicas que sejam, foram evitadas por traírem características vitais associadas ao movimento.

[32] Como observa Keith Warrington: "O reconhecimento do lugar do sofrimento na teologia pentecostal precisa ser resgatado como um aspecto integrante de uma espiritualidade autêntica que reconheça o valor do sofrimento na vida do crente, e não tente simplesmente excluí-lo, ou assuma que sua presença é intrinsecamente ilegítima" (Warrington, *Pentecostal theology*, p. 303).

[33] Walter Brueggemann fez muito para recuperar o tema do lamento para a vida contemporânea da igreja com base em sua leitura dos Salmos. Segundo a opinião dele, evitar o lamento implica a "perda da *interação pactual genuína*", bem como "*o sufocamento da questão da teodiceia*" (Brueggemann, *Psalms and the life of faith*, p. 102, 104, grifo no original). Quando o lamento é visto como impossível ou uma demonstração de infidelidade, a dureza da realidade é minimizada ou reduzida a meras proposições. Como provam os Salmos, o lamento é uma parte importante de uma fé vital, engajada, frutífera e honesta.

[34] Knight, *Presence of God in the Christian life*, p. 2.

[35] Wesley, "The means of grace", v. I, p. 381.

atividade, e não no objeto ou no propósito da atividade. Portanto, a defesa dos "meios da graça" exige um enquadramento cuidadoso por parte de Wesley, e sua particularização do tema é útil. Wesley considerou os meios da graça "formas ativas de *espera*" na presença de Deus. Wesley não atribuiu valor último à atividade humana, mas confrontou uma forma de quietismo que persistia entre seus conhecidos morávios. A proposta de Wesley consistia em sugerir que a fé tem um componente ativo e licencioso, uma vez que é dirigida a Deus, mas vivida pelos crentes. Como Wesley observa: "Todos os que desejam a graça de Deus devem esperar por ela nos meios que ele ordenou, buscando-os, e não os negligenciando".[36]

Ao compreender os meios da graça como "formas ativas de espera" na presença de Deus, Wesley defende o cultivo da paciência na vida espiritual. Wesley evita meios de espiritualidade que buscam "forçar a mão de Deus", algo que se tornou típico de algumas formas de espiritualidade pentecostal, ao mesmo tempo que reconhece a importância da atividade humana. A prática da paciência no contexto pentecostal significaria "permanecer" e focar naquilo que podemos fazer, embora reconhecendo que, algumas vezes, Deus se revela poderosamente; outras vezes, talvez na maioria dos casos, permanece oculto. De qualquer forma, a constância na espera deve se tornar uma característica vital da espiritualidade pentecostal, para que as circunstâncias não se tornem prejudicialmente determinantes da qualidade da piedade pentecostal.[37] Extrapolando Wesley, os pentecostais devem atender aos meios da graça com paciência e constância, independentemente de ver Deus atuando.

Por fim, os pentecostais fariam bem em operar de forma reverente em relação aos mistérios de Deus, de modo que a paciência assumisse a forma da prática do silêncio. Especificamente, a tendência (e, muitas vezes, a necessidade) de explicar deve ser silenciada quando respostas claras e definitivas sobre como Deus trabalha no mundo não estão disponíveis.[38] A espada de dois gumes

[36] Ibidem, p. 384.

[37] Para uma contribuição dentro da linha da espiritualidade wesleyana-pentecostal, veja Knight, "From Aldersgate to Azusa", p. 82-98. *Pentecostal spirituality* de Steven Land apresenta um argumento semelhante com ênfase no afeto como centro integrador dessa espiritualidade.

[38] Outra forma de analisar a questão é sugerindo que os pentecostais devem buscar se tornar um povo pós-teódico que aborda o mal e o sofrimento não por meio de um racionalismo frio, silogístico e rígido, mas

da crença pentecostal na iminência da presença de Deus carrega consigo a pressão de explicar a aparente ausência de Deus. Esse enquadramento sugere que a expectativa tem uma forma semelhante à fé, que opera precisamente na paciência para sua eventual resolução. Alguns mistérios permanecem, e somente Deus os tornará conhecidos no cenário escatológico. Entretanto, o papel dos crentes é suportar a "dissonância cognitiva" e os testes de fé que resultam tanto da visibilidade como da ocultação de Deus, da obra imediata de Deus e da permanência de Deus. Em vez de diminuir ou dissipar o sofrimento, os pentecostais precisam reconhecer que parte da obra do Espírito inclui ajudar-nos a superar e a suportar tanto o sofrimento como o mal, enquanto esperamos pacientemente no mistério do reino escatológico de Deus.

Conclusão

Os pentecostais se encontram em um momento importante de sua história, um momento no qual, por causa da paciência de Deus, devem esperar de maneiras inesperadas. Sua espera está centrada na espera de Deus, assim como sua expectativa resulta da atividade gratuita e graciosa de Deus em seu meio. Em ambos os casos, o papel de Deus é fundamental. Mas, no primeiro caso, os pentecostais dispõem de poucos recursos para narrar de modo teológico o ocultamento de Deus em meio à sua revelação, a aparente ausência de Deus além da presença manifesta de Deus. Teologicamente, essa crescente consciência da necessidade de ser um povo paciente pode soar estranha e inesperada para os pentecostais, mas certamente não é imprópria, e pode até mesmo ser oportuna no ponto em que o movimento se encontra atualmente. Tanto a expectativa como a espera devem basear-se na mesma realidade: como povo de Deus, os pentecostais e todos os cristãos recebem sua esperança e vitalidade do Deus de Abraão, Isaque e Jacó, o Deus revelado na vida de Jesus Cristo, o Deus que continua esperando pacientemente como sinal de graça para todos nós.

por intermédio de práticas de resistência, perseverança e disposições de compaixão e empatia. John Swinton defende uma "teodiceia prática" (Swinton, *Raging with compassion*).

Terceira parte

REFLEXÕES TEOLÓGICAS E QUESTÕES CARISMÁTICAS

11

Esperança para a vida eterna:
perspectivas para pentecostais e católicos

JEFFREY GROS, FSC ■

Deus, nosso criador, que conhece o barro de que somos feitos;
Deus, nosso pai, que nunca esquece seu filho;
Deus, nosso redentor, que morreu para nos salvar, tem uma
providência especial para a morte.
Ele conhece nossa necessidade absoluta,
Ele se faz ainda mais presente quando nossa necessidade
é maior
Portanto, ele providenciou estas três coisas:
os últimos sacramentos,
a graça da contrição e
a santa esperança.

Gerard Manley Hopkins, SJ, (1885)[1]

PARA TODOS OS CRISTÃOS, o horizonte desta vida terrena é o dom da vida ressuscitada prometida na ressurreição de Jesus Cristo. Como nos lembrou o Papa Bento XVI em seu discurso de 18 de abril de 2008, na cidade de Nova York:

> Somente "apegando-nos" ao ensino verdadeiro (2Tessalonicenses 2:15; cf. Apocalipse 2:12-29) seremos capazes de responder aos

[1] Devlin, org., *Sermons and devotional writings of Gerard Manley Hopkins*, p. 248.

> desafios que nos confrontam num mundo em evolução [...] Tal como os primeiros cristãos, temos a responsabilidade de dar testemunho transparente das "razões de nossa esperança", para que os olhos de todos os homens e mulheres de boa vontade se abram para ver que Deus nos revelou seu rosto (cf. 2Coríntios 3:12-18) e nos concedeu acesso à sua vida divina por meio de Jesus Cristo. Só ele é a nossa esperança! Deus revelou o seu amor por todos os povos por meio do mistério da paixão e morte do seu Filho, e chamou-nos a proclamar que ele realmente ressuscitou, assumiu o seu lugar à direita do Pai e "voltará na glória para julgar os vivos e os mortos (Credo Niceno)".[2]

Católicos e pentecostais partilham esse chamado em comum.

O movimento carismático católico tem sido uma importante fonte de renovação para a igreja.[3] Católicos e pentecostais partilham a confissão da revelação da segunda vinda de Cristo e o julgamento (embora hoje com ênfases distintas), vida eterna, no céu ou no inferno, e a morte como passagem desta vida para a eternidade, com sua promessa de ressurreição. "Pode-se dizer que a escatologia, mais do que qualquer outro ramo da teologia, passou por mudanças paradigmáticas tanto em conteúdo como em metodologia. Em suma, passou das margens para o centro da teologia."[4]

O mundo contemporâneo está fascinado tanto pelo desafio da morte quanto pelas visões da história, da filosofia e da política, bem como da religião.[5] Literatura, poesia e drama transbordam o desafio do destino humano e de seu significado. Entre os temas

[2] Disponível em: http://www.vatican.va/holy_father/benedict_xvi/speeches/2008/april/documents/hf_ben-xvi_spe_20080418_incontro-ecumenico_en.html. Nota: Na leitura das obras de Joseph Ratzinger, existem três papéis desempenhados em sua carreira, e todos são utilizados neste ensaio: (1) textos como este, em seu papel como bispo de Roma, Bento XVI, como centro e líder do Colégio dos Bispos Católicos, em diferentes níveis de autoridade, de acordo com os documentos. (2) Cardeal Joseph Ratzinger, presidente da Congregação para a Doutrina da Fé há vinte e cinco anos, responsável pela ortodoxia e a disciplina do ensino católico. Nessa qualidade, os textos que ele subscreveu são relatórios de uma congregação, de cuja elaboração ele pode ou não ter participado. Da mesma forma, esses documentos têm uma variedade de graus de autoridade para os católicos. E, finalmente, (3) existem seus escritos privados como estudioso individual, que podem ter o nível de influência nos diálogos teológicos como qualquer outro teólogo. Ele continuou a escrever como estudioso individual nos períodos das outras duas responsabilidades, embora nem sempre as distinções tenham ficado claramente estabelecidas.

[3] *On becoming a Christian.*

[4] Phan, *Responses to 101 questions on death and eternal life*, p. 4.

[5] Veja, por exemplo, Fiddes, *Promised end*; Schonborn, *From death to life.*

escatológicos sobre os quais os cristãos refletem, estão o papel de Deus e o de Cristo, bem como o de seus discípulos no desenrolar da história do mundo. As modernas teologias e políticas da libertação são também expressões da fé escatológica cristã.

Entre os muitos temas que podem ser abordados por pensadores pentecostais e católicos, vou me concentrar em dois: (1) o recente relatório do diálogo católico pentecostal internacional: "*Sobre tornar-se cristão: percepções das Escrituras e dos escritos patrísticos com algumas reflexões contemporâneas*"; e (2) os elementos da piedade popular pentecostal e católica, que, com frequência, são mal interpretados.

Minha posição é que o cerne da fé na esperança cristã nas últimas coisas é mantido em comum por católicos e pentecostais, com ênfases diferentes. Contudo, como qualquer estudante atento de religião reconhecerá, a piedade pessoal, mesmo quando não está no centro da fé na morte e na ressurreição de Jesus Cristo, muitas vezes tem mais poder na imaginação popular da maioria do povo cristão do que as formulações mais claras dos teólogos, ou o ensino objetivo da Palavra de Deus. Portanto, compreender as crenças populares e as visões de mundo imaginativas de cada grupo, moldadas pela fé, é um passo necessário no processo de reconciliação e união na peregrinação escatológica comum como povo de Deus rumo ao futuro prometido por Jesus Cristo no poder do Espírito Santo.

Só assim "seremos capazes de responder aos desafios que nos confrontam em um mundo em evolução" e "dar testemunho transparente das razões de nossa esperança [...] [a] todos os povos, por meio do mistério da paixão e da morte de seu Filho".[6]

Cristãos pentecostais e católicos em diálogo

Nos mais de trinta e cinco anos de diálogo formal entre cristãos pentecostais e católicos, o fim dos tempos de Cristo e nossa entrada com ele na glória ainda não foram abordados de forma direta. Isso provavelmente pode ser atribuído ao fato de existirem questões mais urgentes que dividem nossas comunidades, nas quais existem

[6] Benedict XVI, Culto ecumênico de oração, paróquia de St. Joseph, Nova York, sexta, 18 de abril de 2008, nota 2 acima.

mal-entendidos mais profundos que reduzem nossa capacidade de envolvimento em um testemunho comum do evangelho. Da mesma forma, os debates acadêmicos sobre a compreensão bíblica da visão do próprio Jesus, suscitados pelos estudos de Johannes Weiss e Albert Schweitzer, por reducionismos racionalistas iluministas e pelos utopismos escatológicos de origem europeia do capitalismo neoliberal ou do marxismo ateu, para não mencionar o milenarismo niilista do nazismo, não têm sido as preocupações dos pentecostais ou de muitos católicos.[7]

Contudo, no diálogo mais recente, finalizado em 2006, o texto *On becoming a Christian* [Sobre tornar-se cristão][8] fornece uma seção extensa sobre a experiência cristã. O documento apresenta as ênfases pentecostais e católicas, incluindo uma comparação da fé escatológica. Embora não seja o tema central do texto, os autores estabelecem as bases para um diálogo e um trabalho reflexivo mais amplo.

No que diz respeito à história pentecostal do século passado, há uma especificidade no papel do fim dos tempos no desenvolvimento e impulso missionário do movimento, bem como na teologia da história e da eclesiologia implícita em sua visão do evangelho e do mundo:

> Número 169. Dada a sua visão restauracionista da história, a escatologia tem desempenhado papel significativo dentro do pentecostalismo. A crença deles de que estão participando da "chuva serôdia", profetizada em Joel 2:23, e de que estão vivendo nos "últimos dias" (Atos 2:17), os levou a pôr a missão e o evangelismo no centro de sua existência. Sua visão do reino de Deus como presente e ainda vindouro os levou a ver o Espírito Santo não apenas como o Consolador enviado do alto (João 14:16-17,25-26; 15:26; 16:7-14), aquele que os santifica (Romanos 15:16), ou mesmo aquele que os capacita por meio da distribuição de vários dons (1Coríntios 12:11), mas também como "adiantamento" ou "garantia" (2Coríntios 1:22) de bênçãos futuras, ao mesmo tempo que fornece o poder necessário para que

[7] Para o estado da questão do ponto de vista católico europeu, veja Ratzinger, *Eschatology*, p. 1-18 [ed. em português: *Escatologia:* morte e vida eterna (São Paulo: Molokai Editora e Comércio, 2022)]. Para visões gerais católicas mais acessíveis, veja Phan, *Responses* ou Kelly, *Eschatology and hope*.

[8] *On becoming a Christian*. Tem havido diálogos significativos entre católicos e evangélicos, diálogos que também têm implicações para os pentecostais.

> cumpram seu chamado no período entre tempos (Atos 1:8). Eles aguardam com esperança a consumação, quando "todo joelho se dobrará" e "toda língua confessará que Jesus Cristo é Senhor para a glória de Deus Pai" (Filipenses 2:10-11).

Embora os católicos compartilhem essa mesma esperança e impulso missionário, pelo menos de forma implícita na fé de sua igreja, a urgência dos últimos dias e o envolvimento de cada crente no zelo missionário pelo poder do Espírito são muitas vezes menos centrais em sua piedade e prática religiosa. Na verdade, nesse aspecto, os católicos têm muito a aprender com os irmãos cristãos pentecostais, o que, na verdade, aconteceu em muitas partes da América Latina.[9] Como observaremos a seguir, até mesmo a visão histórica restauracionista não é totalmente estranha aos movimentos de renovação anteriores à Reforma Protestante, e é o impulso por trás de uma variedade de movimentos de renovação no catolicismo contemporâneo.[10]

As perspectivas católicas sobre o fim dos tempos não excluem a crença no juízo final, o papel de Cristo na história e o impulso missionário do povo peregrino de Deus, mas a experiência está muito mais centrada na mediação sacramental do fim dos tempos na comunidade viva, como já observado poeticamente:

> Número 183. A escatologia, ou as "últimas coisas", também molda fundamentalmente a experiência católica. Todos os sacramentos e nossas liturgias terrenas são celebrados até a vinda do Senhor. Os cristãos existem entre os tempos com o dom do Espírito Santo como um "pagamento inicial" do que está por vir (2Coríntios 1:22, Efésios 1:13-14). Esperamos o que não vemos e esperamos com

[9] Veja Gill, *Rendering unto Caesar*. Também os católicos foram desafiados a fazer parceria com os pentecostais na evangelização. Smith, *Religious politics in Latin America*; Berryman, *Religion in the megacity*.

[10] A autocompreensão católica do movimento ecumênico como renovação escatológica é claramente resumida pelo cardeal Walter Kasper: "O Concílio Vaticano II se refere à igreja como um povo peregrino, como uma igreja que está a caminho de sua realização escatológica. Ou seja, como uma igreja que tem de crescer e amadurecer até a plenitude do que foi desde o início e do que será para sempre. Estar em diálogo, ouvir uns aos outros e aprender uns com os outros, nada disso significa tornar-se uma nova igreja, mas, sim, tornar-se uma igreja espiritualmente renovada." "Prefácio", em Murray, org., *Receptive ecumenism and the call to Catholic learning exploring a way for contemporary ecumenism*, p. viii.

> paciência (Romanos 8:24-25). Isso se estende à nossa mortalidade pessoal, que, para os católicos, torna-se objeto de desejo espiritual, conforme tradicionalmente expresso na oração da "Ave-Maria": "rogai por nós agora e na hora da nossa morte". Além disso, o sofrimento na doença está unido à paixão e à morte de Cristo por meio da oração e do sacramento da unção dos enfermos (CCC 1521-1522),[11] incluindo os sofrimentos finais na morte, quando a recepção do corpo e do sangue de Cristo na sagrada comunhão final, conhecida como "viático", tem "significado e importância particular", visto que se "passa" para o Pai (CCC 1524). Todas essas são dimensões importantes da vida espiritual. Também nos faz compreender que ainda aguardamos um "novo céu e uma nova terra, onde habita a justiça de Deus" (2Pedro 3:13), onde o pecado e a morte serão vencidos, e "toda lágrima será enxugada" (Apocalipse 21:4). Vivendo no tempo entre o Pentecostes e a parousia, experimentamos as realidades agraciadas da vida cristã de forma imperfeita, mesmo quando os católicos reconhecem que "[Todos] os cristãos em qualquer estado ou posição de vida são chamados à plenitude da vida cristã e à perfeição da caridade" (*Lumen gentium* 40, CCC 2013) até que a consumação da salvação seja completada.

De todas as reformas do Concílio Vaticano II (1962-1965), dentre as mais bem-sucedidas está a renovação dos ritos relacionados à escatologia: a liturgia fúnebre, do "dia da ira, dia da angústia", aos temas da "Ressurreição, Aleluia", e a unção dos enfermos dos "últimos ritos" para a "celebração da cura".[12]

O redirecionamento para o mundo está articulado na *Pastoral Constitution on the church and the modern world* [Constituição pastoral sobre a igreja e o mundo atual]: "Longe de diminuir a nossa preocupação de desenvolver esta terra, a expectativa de uma nova terra deve nos estimular, pois é aqui que o corpo de uma nova família humana cresce, prenunciando de alguma forma a era que está por vir".[13] Essa reintegração da escatologia católica gerou toda uma série de

[11] *Catechism of the Catholic Church* (doravante CCC).

[12] Para as mudanças católicas da piedade devocional voltadas à piedade litúrgica, consulte Dolan, *American Catholic experience*, p. 384-90.

[13] Número 39. Para um pouco da história dessa mudança, veja Phan, *Responses*, p. 9ss.

desenvolvimentos teológicos nas áreas políticas, de libertação e inculturação. Como diz o papa Bento XVI em sua Segunda Encíclica: "Embora esta visão comunitária da 'vida abençoada' seja certamente dirigida para além do mundo atual, também tem relação com a construção deste mundo, de maneiras muito diferentes, de acordo com o contexto histórico e as possibilidades oferecidas".[14]

Mesmo que os pentecostais não estejam tão focados na realidade presente da presença escatológica de Cristo na liturgia ou nas ordenanças, sua adoração vibrante também pode ser vista como um sinal e uma antecipação do reino pelo qual esperamos e no qual começamos a viver pelo poder do Espírito. O chamado à perfeição e à caridade está presente na espiritualidade pentecostal a serviço do chamado escatológico de Deus nesta vida. Na verdade, a ênfase pentecostal na cura não é diferente da firme convicção que os católicos têm de que a unção dos enfermos é um sinal da presença escatológica curativa de Cristo na comunidade, encarnando uma antecipação de nossa união final com ele, mesmo em meio ao sofrimento.

O encontro ecumênico concretizado em *On becoming a Christian*, centrado na iniciação da vida cristã nas comunidades pentecostais e católicas, é um prenúncio de trabalhos futuros sobre o fim e o objetivo da vida cristã, bem como sua esperança de união eterna com o Pai em Cristo pelo poder do Espírito. Sem dúvida, isso levará a diálogos importantes sobre a igreja e sua compreensão da história, dois temas que apresentam dimensões escatológicas.

Piedade popular pentecostal e católica

Mesmo com essa fé comum no centro de nossa afirmação de Cristo e de sua obra do Espírito, há uma variedade de práticas de piedade e crenças populares secundárias que não só são diferentes, entre cristãos pentecostais e católicos, mas muitas vezes parecem injustificadas pelo outro. Após apresentados os pontos em comum, vamos explorar as ênfases religiosas populares à luz das principais afirmações comuns. A oração diária, as visões de mundo, sociedade e história, e as avaliações populares, até mesmo os estereótipos, uns

[14] *Spe Salvi*, n. 15.

dos outros podem ter mais impacto na imaginação e no comportamento de nosso povo em relação uns aos outros do que nossas cuidadosas formulações teológicas ou relações uns com os outros em níveis formal e institucional.[15]

Nesta seção delinearei diversas áreas da piedade evangélica popular, partilhadas por muitos na comunidade pentecostal, que são mal compreendidas pelos católicos, ou que levam os pentecostais a nutrir preconceitos sobre os católicos e sua igreja. Tanto católicos como pentecostais podem ver a continuidade com a igreja medieval na piedade apocalíptica contemporânea. Depois observarei algumas expressões da piedade escatológica católica popular que parecem estranhas ou biblicamente injustificadas para os pentecostais.

A piedade popular é muitas vezes confusa e nem sempre está em conformidade com as formulações centrais da tradição. O papel da teologia é articular o conteúdo bíblico, ajudar a discernir o núcleo positivo da fé no desenvolvimento dessas práticas e purificar a devoção no serviço ao testemunho autêntico do evangelho. Muitas vezes o entusiasmo religioso ultrapassa os limites da razão ou do suporte bíblico. Para apreciar a piedade cristocêntrica dos irmãos cristãos de diferentes tradições, é preciso compreendê-la, ainda que não gostemos da piedade popular ou até mesmo sintamos que ela não é biblicamente justificada.

A piedade escatológica evangélica e seus antecedentes católicos

A história e a teologia da espiritualidade geralmente não são uma prioridade para o crente comum. Na verdade, a piedade tem uma influência muito mais forte na imaginação religiosa e no estilo de discipulado do seguidor comum de Cristo do que uma teologia extremamente precisa ou uma exegese bíblica aguçada. Nesta seção, vamos examinar a piedade apocalíptica católica pré-Reforma e suas perspectivas sobre (1) o milênio, (2) as dispensações na história cristã e (3) a figura do Anticristo.

[15] Gros, "Towards a hermeneutics of piety for the ecumenical movement", p. 1-12. Veja Comissão de Fé e Ordem, *Treasure in earthen vessels*, artigo n. 182. Bouteneff; Heller, *Interpreting together*.

Ao longo da história, é possível notar a recorrência de leituras apocalípticas do registro bíblico, especialmente Daniel, Apocalipse, Tessalonicenses e alguns segmentos dos Evangelhos Sinóticos. Abordagens apocalípticas da história também estão presentes nas escrituras hebraicas e na literatura extracanônica e intertestamentária. As visões apocalípticas evangélicas contemporâneas do futuro e suas interpretações da história demonstram mais continuidade com a piedade da igreja ao longo dos tempos do que é reconhecido tanto por seus críticos como por seus praticantes.

Muitos católicos não sabem que todo o interesse profético, todo o dispensacionalismo apocalíptico, a interpretação detalhada de eventos históricos em presságio ao fim imediato dos tempos e a caracterização de figuras específicas, incluindo o papa, como o Anticristo, todos têm precedentes católicos. Muitos evangélicos[16] não percebem que suas leituras da apocalíptica bíblica e sua aplicação a épocas, eventos e pessoas específicas têm precedentes na especulação e na devoção religiosa católica pré-Reforma.

O início do século 16 (e pode-se acrescentar o 20) não marca uma mudança importante na forma ou no conteúdo da própria tradição apocalíptica: a maioria dos temas usados pelos reformadores e por seus oponentes católicos, incluindo a identificação do papado e a igreja de Roma com a figura do Anticristo, tudo isso tem suas origens no final da Idade Média.[17]

Os próprios estudiosos pentecostais são desafiados a estudar a literatura apocalíptica patrística e medieval, e traçar os paralelos e as fontes.[18] Esse desafio inclui ajudar seu próprio povo pentecostal a ver sua continuidade com a piedade visionária cristã ao longo dos tempos.

[16] Weber, *Living in the shadow of the second coming*.

[17] McGinn, *Visions of the end*, p. xiv. McGinn, em trabalhos posteriores sobre o tema, leva em consideração algumas contribuições protestantes americanas para a escatologia cristã. Veja McGinn, *AntiChrist*. No entanto, pode-se perguntar se o estudioso da Idade Média clássica dispõe dos recursos disponíveis para fazer as explorações necessárias nesse campo. Veja, por exemplo, Faupel, *Everlasting gospel*; Althouse, *Spirit of the last days*.

[18] O que o diálogo diz sobre a patrística pode muito bem ser verdadeiro também para as fontes medievais: "Encontramos textos patrísticos que podem lançar luz sobre cada uma das questões que consideramos (conversão, fé, experiência cristã em comunidade, discipulado, formação e batismo no Espírito Santo). Esses textos surgem das reflexões dos pais da igreja sobre as Escrituras e, com frequência, fornecem visão e sabedoria para questões e situações contemporâneas. Além disso, permanecem relevantes para a experiência de hoje. Os escritos dos pais da igreja não são meros artefatos antigos de biblioteca. As palavras deles são testemunhos vibrantes para os cristãos de hoje e de todos os tempos". *On becoming a Christian*, n. 269.

"O cristianismo nasceu apocalíptico e assim permaneceu, não no sentido de que as esperanças apocalípticas esgotam o significado da crença cristã, mas de que nunca estiveram ausentes dela."[19]

Na história, existem duas tendências na interpretação das profecias bíblicas, especialmente após a cristianização do Império Romano, dado o direcionamento do Apocalipse para os pagãos, perseguidores de Roma. A primeira confere especificidade à luta final, imediatismo à vinda final de Cristo, e identifica pessoas, eventos e épocas concretas com os símbolos bíblicos. A outra tendência tenta aceitar o atraso do fim dos tempos e fornecer uma interpretação que espiritualiza o milênio e os símbolos bíblicos. A última ênfase foi apoiada por Agostinho e dominou até a alta Idade Média, embora a primeira nunca tenha estado ausente do pensamento cristão.[20]

Desde que Agostinho deu o tom à filosofia e à teologia da história no cristianismo ocidental, boa parte da especulação e da piedade apocalípticas foi, e continua a ser, marginalizada. Por exemplo, o teólogo Joseph Ratzinger fornece uma avaliação precisa da maioria das atitudes católicas hoje: "A vinda de Cristo é bastante incomensurável com o tempo histórico e com suas leis imanentes de desenvolvimento; por isso, não pode de forma alguma ser calculada a partir da evidência da história. Esse tipo de cálculo trabalha com a lógica interna da história e, portanto, perde-se Cristo, que não é o produto da evolução ou um estágio dialético na autoexpressão possessiva da razão, mas o Outro, aquele que abre os portais do tempo e da morte a partir de um ponto externo".[21] Isso não significa, é claro, que no catolicismo popular seja impossível encontrar movimentos milenares, teorias dispensacionalistas e pessoas ou instituições designadas como o Anticristo, mesmo na igreja de hoje. Com o Quinto Concílio de Latrão (1512-1515), às vésperas da Reforma, os debates escatológicos católicos diminuíram, embora parte da urgência do fim dos tempos continuasse no contexto

[19] McGinn, *Visions*, p. 11.

[20] Ibidem, p. 17, 26.

[21] Ratzinger, *Eschatology*, p. 194. Ele prossegue, observando: "Em segundo lugar, até mesmo uma rápida olhada na realidade concreta de cada século sugere que esses 'sinais' remetem a uma condição permanente do mundo. O mundo sempre foi dilacerado por guerras e catástrofes, e nada permite esperar que, por exemplo, a 'investigação para a paz' consiga apagar essa marca de toda a humanidade" (p. 198).

missionário latino-americano.[22] Boa parte do pensamento apocalíptico sobre a história, o fim próximo e o Anticristo foi levada adiante na retórica da Reforma Protestante.

Contextos do milênio

A atmosfera de crise que gera a piedade apocalíptica em todas as gerações permaneceu após o fim das perseguições romanas, que foi o contexto para o livro do Apocalipse. As invasões bárbaras e a queda da velha Roma no Ocidente, a ascensão do Islão, as guerras das Cruzadas, as rixas entre imperadores e papas dentro da cristandade, o papado de Avinhão e o posterior Grande Cisma, com seus dois papas rivais, a corrupção na igreja e no Império, e as pragas e cataclismos típicos da história da Europa Ocidental abriram espaço amplo para análises apocalípticas da história, sinais do fim imediato e da vinda de Cristo, e personagens identificados com o Anticristo.

Podemos reconhecer o significado religioso definitivo e positivo, bem como o conteúdo de fé das extravagantes profecias, previsões, expectativas e retórica de conflito na piedade apocalíptica[23] medieval ou pentecostal contemporânea, se olharmos para seu núcleo cristocêntrico. "O apelo mais fundamental do apocalipticismo é sua convicção de que o tempo está relacionado à eternidade, que a história do ser humano tem uma estrutura e um significado discerníveis em relação ao seu fim, e que esse fim resulta não do acaso, mas do plano divino."[24]

Dispensacionalismo medieval

Ao longo da Idade Média, a literatura apocalíptica foi fonte contínua de reforma evangélica e de crítica interna das realidades políticas e eclesiásticas da cristandade. O dispensacionalista mais influente foi o abade cisterciense Joaquim de Fiore (1135-1202). As visões dele da

[22] Veja "Joaquinismos, utopías, milenarismos y mesianismos en la América Colonial", em *Closa*, p. 613-88. Quando um diálogo católico pentecostal começar, a sério, na América Latina, a teologia da história e a escatologia estarão entre os tópicos centrais.

[23] Ratzinger caracteriza os desenvolvimentos medievais como histeria, enquanto McGinn é mais moderado em sua avaliação. *Visions*, p. 8.

[24] McGinn, *Visions*, p. 36. Esse autor questiona se tais apreensões da fé sobre o mistério do tempo e da eternidade são menos dignas de consideração do que as brandas ilusões científicas reducionistas.

história, seus estágios e dinâmicas, além de algumas obras posteriores a ele atribuídas, influenciaram a piedade e a teologia por muitos séculos.[25] Sua visão energizou muitos movimentos de reforma e uma variedade de críticos de imperadores e papas.[26] Muita atenção é dada às implicações sociais e históricas do pensamento de Joaquim. Contudo, também é possível ver sua contribuição como uma expressão da corrente contemplativa e centrada em Cristo do misticismo ocidental,[27] tal como é preciso ver por trás das expressões mais demonstrativas da piedade pentecostal a fé trinitária que a informa.

Será que o que foi dito sobre a especulação escatológica do século 13 também não é verdadeiro em relação ao século 20, do ponto de vista de alguns pentecostais? "A ênfase de Joaquim no domínio do espiritual e carismático sobre o institucional e racional na futura igreja era diametralmente oposta às forças que triunfaram no século 13 [...] Nesse sentido, o conceito de terceira era nos escritos de Joaquim de Fiore era uma crítica radical à igreja do século 13."[28]

Mais tarde, são Francisco foi interpretado como um arauto escatológico do fim dos tempos, e um grupo dissidente de franciscanos espirituais usou as profecias de Joaquim e uma visão restauracionista de seu movimento para trazer de volta a pobreza evangelística à igreja, promovendo, assim, sua visão de reforma e restauração.[29] Na verdade, para conciliar o zelo carismático e restauracionista franciscano e o entusiasmo milenar que divide a ordem, Boaventura (1221-1274) teve de se retirar do convívio com os acadêmicos da Universidade de Paris e assumir a liderança franciscana. Ele integrou a apocalíptica joaquimista na teologia ortodoxa da história, compatível com a eclesiologia da igreja.[30]

As mais arrepiantes pretensões milenaristas secularizadas surgiram no século 20 com o Terceiro Reich do niilismo nazista de Hitler. O reinado final previsto do Último Imperador, do Anticristo, do Papa

[25] McGinn, *Calabrian Abbott.*

[26] Veja McGinn, *Apocalyptic spirituality.*

[27] Tavard, *Contemplative church.*

[28] McGinn, *Visions*, p. 129

[29] Ibidem, p. 203-21. O diálogo católico pentecostal em *On becoming a Christian* propôs olhar em conjunto para o impulso restauracionista na história cristã. Veja *On becoming a Christian*, n. 238; veja também o n. 246, sobre a relação entre escatologia e restauracionismo na visão pentecostal.

[30] Ratzinger, *Theology of history in St. Bonaventure*, p. xvi.

Angélico ou do próprio Cristo era frequentemente acompanhado por um elemento político.[31] No entanto, ao contrário de muitas das caricaturas retrojetadas do trágico século 20, o pensamento milenar anterior às revoltas hussitas do século 15 permaneceu pacífico, até mesmo contemplativo.[32] O milenarismo evangélico contemporâneo tem sua própria dimensão política no mundo contemporâneo.[33]

O tema recorrente da figura do Anticristo

O fim intrínseco, o julgamento final iminente e a figura do Anticristo estavam profundamente enraizados, não apenas na piedade popular medieval, mas também nas filosofias da história e na retórica política. Durante as reformas do século 11, o partido papal utilizou a retórica do Anticristo para caracterizar os imperadores Hohenstaufen em sua luta dentro da cristandade da época.

Os imperadores e os movimentos populares de reforma caracterizaram os papas de cujas políticas discordavam como o Anticristo ou seu antecessor. A primeira caracterização desse tipo é registrada em 1260: "Portanto, é necessário que o Anticristo apareça no lugar do Sumo Pontífice [Inocêncio IV, 1243-1254], estado em que sua avareza e outros vícios serão mais diretamente opostos a Cristo e no qual a igreja ficará mais escandalizada e corrompida".[34] Esse uso da retórica do Anticristo para designar alguns elementos da cristandade católica da época não era de forma alguma uma rejeição do papado, muito menos da igreja universal, que era a Igreja Católica Romana da época. Pelo contrário, era uma retórica reformadora, que esperava por um papa angélico profetizado, ou, posteriormente, por uma série de papas que corrigiriam os problemas da igreja e do império.[35]

Tal como na visão de Lutero, a Igreja Católica Romana tinha de ser a verdadeira igreja, para que o Anticristo fosse a "abominação da dominação no lugar santo" (Daniel 12). O uso evangélico americano do símbolo bíblico para a Igreja Católica Romana é uma

[31] Cohn, *Pursuit of the millennium*.

[32] McGinn, *Visions*, p. 226, 246-52, 263-69.

[33] Weber, *On the road to Armageddon*.

[34] Frei Arnold, em McGinn, *Visions*, p. 175. O frei cita 2Tessalonicenses 2:4 e Apocalipse 13:18 em apoio às suas afirmações.

[35] Veja Friar Arnold, em McGinn, *Visions*, p. 186-95.

criatividade irônica na tradição cristã, visto que é uma continuação da autocrítica do catolicismo romano.

As visões católicas sobre o tema do Anticristo hoje também tendem a ser espiritualizadas, em vez de personalizadas, na história:

> O fato de o futuro Anticristo ser assim descrito [em Daniel 11:36, Ezequiel 28:2] [...] naturalmente o priva de qualquer singularidade muito bem definida [...] Hereges cristológicos contemporâneos do escritor são chamados de "Anticristos", levando à conclusão de que a "hora final" é agora. Na verdade, porém, essa "hora" perde seu conteúdo cronológico, tornando-se a expressão de uma condição espiritual central, de certa proximidade interior do fim [...] O Jesus pascal é a nossa certeza de que a história pode ser vivida de forma positiva, e que a nossa atividade racional finita e débil tem um significado. Nesta perspectiva, o "Anticristo" é o encerramento incondicional da história na sua própria lógica — a antítese suprema do Homem com o lado ferido [...].[36]

Piedade católica escatológica em perspectiva pentecostal

O núcleo da fé católica no futuro baseia-se na morte de Cristo, na ressurreição e no retorno prometido no julgamento, bem como na unidade dos cristãos com ele na comunhão dos santos. Nesta seção falaremos brevemente sobre as práticas de (1) orar pelos mortos, (2) orar aos santos, (3) purgatório e (4) indulgências.

A fé nessas práticas escatológicas está enraizada na compreensão da comunhão dos santos, vivos e mortos, *a quem* e *por quem* oramos em Cristo. Associadas a essas práticas antigas, para as quais os católicos sentem que existem garantias bíblicas e históricas, existem também as crenças na possibilidade de purgação para aqueles que foram justificados em Cristo, quando alguém se une a ele após a morte. Essas práticas de oração aos santos, pelos mortos e indulgências, e a crença no purgatório, embora não sejam centrais para a fé católica na obra salvadora de Deus em Jesus Cristo, estão, no entanto,

[36] Ratzinger, *Eschatology*, p. 196-7, 214.

vivas na piedade católica. Estão, na verdade, entre os elementos mais incompreendidos e no centro das trágicas divisões do século 16.

Orar pelos mortos

Para os cristãos católicos e ortodoxos, as orações pelos mortos estão enraizadas na prática mais antiga da igreja. Os cristãos reconhecem que existe uma diferença entre nossos relacionamentos nesta vida e na próxima, mas nossa comunhão com os que partiram em Cristo não foi interrompida, apenas alterada. É tão normal orar pelos mortos quanto orar pelos familiares vivos ou amigos que estão fisicamente distantes.

> A possibilidade de ajudar e de doar não deixa de existir com a morte do cristão. Pelo contrário, estende-se para abranger toda a comunhão dos santos, em ambos os lados dos portais da morte. A capacidade e o dever de amar além-túmulo podem até ser considerados o verdadeiro dado primordial de toda essa área da tradição.[37]

> A crença de que o amor pode chegar à vida após a morte, de que dar e receber reciprocamente é algo possível, de modo que nossa afeição mútua continua além dos limites da morte, essa tem sido uma convicção fundamental do cristianismo ao longo dos tempos e continua a ser uma fonte de conforto hoje.[38]

Os diálogos entre protestantes e católicos esclareceram que não há tanta diferença, especialmente para alguns dos reformadores, em nosso entendimento, como se acreditava antes, e como muitos do nosso povo ainda acreditam.[39]

Purgação

Na igreja antiga, a reflexão sobre essa prática venerável de oração pelos mortos levou os teólogos a recorrerem a imagens de Paulo sobre

[37] Ratzinger, *Eschatology*, p. 233.
[38] *Spe Salvi*, n. 48.
[39] Bilateral working group of the German national bishops' Conference and the Church leadership of the United Evangelical Lutheran Church of Germany, *Communio Sanctorum*.

fogos de purgação para ilustrar como tais orações, para aqueles já justificados em Cristo, poderiam ser eficazes (1Coríntios 3:10-15). Naturalmente, nos estados intermediários entre a morte e o julgamento final, o tempo, o espaço e processos como o fogo são apenas metafóricos e não podem abranger um lugar ou um período da forma que poderíamos entendê-lo com o tempo humano. Contudo, a imaginação piedosa criou uma rica iconografia em torno das imagens da purgação propostas por Agostinho e outros pais da igreja, ao dar expressão concreta a essa prática sagrada.[40]

A teologia contemporânea, ao tentar ser clara sobre as limitações das imagens de tempo, de espaço e de fogo, forneceu explicações mais recentes, mais fiéis aos entendimentos atuais da escatologia bíblica, da antropologia moderna e da dinâmica do desenvolvimento humano em Cristo pelo poder do Espírito Santo:

> A compreensão cristã essencial do purgatório tornou-se agora clara. O purgatório não é, como pensava Tertuliano, uma espécie de campo de concentração supramundano no qual o homem é forçado a sofrer castigos de uma forma mais ou menos arbitrária. [Poderíamos acrescentar, muitas vezes um tema favorito dos muralistas medievais, com todos os seus inimigos, papas e imperadores colocados em igualdade com os camponeses cristãos comuns, nas chamas da purgação!] Em vez disso, é o processo interiormente necessário de transformação segundo o qual a pessoa se torna capaz de Cristo, capaz de Deus e, portanto, capaz de unidade com toda a comunhão dos santos [...] Não substitui a graça pelas obras, mas lhe permite alcançar plena vitória precisamente como graça [...] O encontro com o Senhor *é* esta transformação.. É o fogo que queima nossas impurezas e nos reforma para sermos vasos de alegria eterna.[41]

"Alguns teólogos recentes são de opinião que o fogo que queima e salva é o próprio Cristo, Juiz e Salvador. O encontro com ele é o

[40] Goff, *Birth of purgatory*. Ratzinger, *Eschatology*, p. 228-9. Para a atual formulação oficial da doutrina, consulte os números 1030-31 do CCC.

[41] Ratzinger, *Eschatology*, p. 230-1. Ele prossegue elaborando as raízes históricas da doutrina: "A identificação do purgatório com a penitência da igreja em Cipriano e Clemente é importante para chamar nossa atenção para o fato de que a raiz da doutrina cristã do purgatório é a graça cristológica da penitência. O purgatório decorre, por uma necessidade interior, da ideia de penitência, da ideia da constante disponibilidade para a reforma que caracteriza o pecador perdoado" (p. 231).

ato decisivo do julgamento. Diante de seu olhar, toda falsidade se dissipa. Esse encontro com ele, ao mesmo tempo que nos queima, transforma-nos e liberta-nos, permitindo-nos tornar-nos verdadeiramente nós mesmos."[42] A explicação de Ratzinger tenta purificar o imaginário católico das confusões que abriram as portas aos abusos que tanto os reformadores quanto o Concílio de Trento (1545-1563) buscaram corrigir.[43] Ele deixa claro, no contexto ecumênico, qual é o cerne da fé da igreja.[44]

Orar aos santos

A prática de orar aos membros da comunhão dos santos que já existiram, e que se presume estarem vivos em Cristo, remonta às catacumbas e orações daqueles que foram mártires em razão de sua fé.[45] Invocar companheiros cristãos, já falecidos, e pedir sua intercessão é parte integrante da piedade popular católica. Para os católicos, as orações à mãe de Deus e aos santos são uma confissão do papel mediador único de Cristo e de sua associação com aqueles a quem ele justificou e mantém consigo na vida eterna.[46]

Além disso, a compreensão do papel da mãe de Cristo no plano da salvação está intimamente relacionada ao papel salvífico de Cristo pelo poder do Espírito, conforme compreendido nas Escrituras[47] e no Concílio de Éfeso (431). Para os católicos, a afirmação de união de Maria com Cristo, na doutrina da assunção, confessa a esperança escatológica da união final com Cristo na comunhão dos santos.[48]

Contudo, desde os primórdios da Reforma Protestante no século 16, os protestantes têm apresentado reservas quanto a essa prática tradicional de invocar a intercessão dos santos no céu. Luteranos e católicos, em seu diálogo mútuo no último meio século, começaram a resolver essas discrepâncias históricas na herança

[42] *Spe Salvi*, n. 45-7.

[43] O próprio século 16 demonstrou rica diversidade de piedade escatológica católica. Veja, por exemplo, Swanson, *Promissory notes on the treasury of merits*; Eire, *From Madrid to purgatory*; Duffy, *Stripping of the altars*.

[44] Duffy, *Stripping of the altars*, p. 273.

[45] Brown, *Cult of the saints*.

[46] H. G. Anderson et al., orgs. *The one mediator, Mary and the saints*.

[47] Brown, et al., *Mary in the New Testament*.

[48] Veja Comissão Internacional Anglicana Católica Romana, "Mary: grace and hope in Christ".

cristã. Tais convergências prestam-se aos pentecostais para sua própria avaliação e possível aprofundamento, à luz dos acordos comuns com os católicos: "A discrepância entre o ensinamento católico e luterano sobre a intercessão dos santos não é decisiva. Os luteranos não negam a doutrina católica, mas questionam sua base bíblica e sua certeza. Eles afirmam que Cristo ora por nós, assim como os santos na terra e talvez no céu. A doutrina católica afirma a intercessão dos santos no céu".

> [O Concílio Católico de Trento] afirmou que é bom e útil invocar os santos e recorrer às suas orações, e que isso ajuda a obter os benefícios de Deus por meio de Jesus Cristo, "o único que é nosso Salvador e Redentor". Mas nem Trento, nem qualquer outro concílio ou papa, impôs ao indivíduo católico a obrigação de venerar os santos ou de invocá-los. O Vaticano II [...] classificou como "extremamente apropriado" [...] invocar os santos e recorrer às suas orações.
>
> Os católicos negam que a prática em si seja idólatra ou prejudicial à honra de Cristo, o único Mediador, embora a prática deva ser protegida de possíveis abusos. Os católicos desse diálogo reconhecem que houve abusos e que a doutrina da mediação exclusiva de Cristo fornece um princípio crítico para identificá-los [...] Os luteranos desse diálogo defendem que a prática não deve dividir a igreja, desde que a mediação exclusiva de Cristo esteja claramente salvaguardada.[49]

Indulgências

Um dos elementos mais desafiadores da piedade católica para outros cristãos compreenderem é a prática de ganhar indulgências. Na verdade, nem sempre é uma prática clara para os próprios católicos, e certamente não é central para a vida devocional da maioria neste momento de renovação bíblica e litúrgica.

No entanto, continua a ser um componente do sistema católico de penitência e reconciliação. Na verdade, para compreender plenamente as indulgências, seria necessário compreender a história e a teologia

[49] H. G. Anderson et al., orgs., *The one mediator*, p. 56-8.

da disciplina penitencial católica, a reconciliação e a reintegração dos pecadores na comunidade cristã.[50] Na Reforma, os luteranos[51] e os anglicanos reformaram-se, mas não rejeitaram totalmente a confissão e a prática penitencial da igreja. Todas as comunidades cristãs têm formas de reconciliar aqueles que se afastaram da fé e de proporcionar uma disciplina apta a conduzir ao crescimento no discipulado cristão.

Dentro do sistema católico, o pecador reconciliado é obrigado a restituir aqueles de quem os bens foram roubados, caso ele tenha sido um ladrão. Após a contrição e a reconciliação, o pecador também recebe um castigo ou uma penitência para ajudar a restaurar o relacionamento com Deus e com a comunidade. Essas penitências não justificam o pecador, que foi reconciliado pela graça de Cristo. Pelo contrário, fazem parte do processo de santificação gerado pela união com Cristo.

Em tempos antigos, essas poderiam ser penitências públicas e prolongadas por falhas graves contra Deus e a comunidade. Contudo, à medida que a igreja foi se afastando dos rigores da comunidade perseguida para uma existência estabelecida e comum, muitas dessas penalidades estritas foram comutadas ou "saciadas", por meio da concessão de uma "indulgência", uma prática devocional ou oração para substituir a penitência longa e pública.[52]

Na Idade Média, essas indulgências — ou "perdões", como eram frequentemente chamados na Inglaterra — tornaram-se muito desejadas pelos fiéis piedosos, como uma bênção especial. A historiografia moderna começou a ir além das polêmicas polarizadoras da era pós-Reforma, corrigindo o preconceito "de que aqueles que adquiriram e acumularam indulgências nos cerca de 250 anos antes de a Inglaterra experimentar a Reforma [devem] ser descartados como ingênuos, pois fizeram das indulgências parte de sua vida espiritual e as usaram como parte de seu tecido social".[53]

[50] Dallen, *Reconciling community*. Para algumas das implicações ecumênicas e dificuldades interpretativas, veja Osborne, *Reconciliation and justification*, espec. p. 120ss. Cf. Marty, "In defense of indulgences", p. 735.

[51] Veja McDonnell, "Luther and Trent on penance", p. 26-76. Bagchi, "Luther's Ninety five theses and the contemporary criticism of indulgences", p. 331-56.

[52] Shaffern, *Penitents' treasury*. Veja também Swanson, *Promissory notes*: "Qualquer que seja sua centralidade na prática religiosa medieval, as indulgências não eram centrais na doutrina religiosa medieval, ou entre os tipos de atividades que constassem regularmente nos registros administrativos da igreja medieval" (p. 4).

[53] Swanson, *Indulgences in Late Medieval England*: "As ansiedades, os preconceitos e as presunções atuais fornecem bases para criticar e condenar as indulgências medievais, mas não constituem bases sólidas para

Quando as indulgências surgiram, no início da Idade Média, estavam sob a supervisão dos bispos locais, e a supervisão papal entrou em jogo para regular os abusos, promover as Cruzadas e coordenar essa prática piedosa. A imagem do "tesouro" foi desenvolvida para explicar como a bondade de Cristo e a dos membros do seu corpo místico eram disponibilizadas. Grande parte da polêmica da Reforma, embora justificada por abusos específicos, foi excessivamente generalizada, pois não levava em conta a história nem uma compreensão adequada, que não tinha sido totalmente perdida entre os fiéis e seus pastores.[54]

A prática original de obter indulgências em nada se relacionava com a vida após a morte ou com os falecidos.[55] Da mesma forma, a concessão de indulgências por uma boa obra, como dar esmolas, também foi um desenvolvimento posterior. No entanto, as indulgências, quando corretamente entendidas, sempre foram vistas como uma prática devocional privada para o cristão já justificado e reconciliado, e nunca como um meio de obter a salvação, sempre uma graça dada gratuitamente por Deus em Jesus Cristo. Essa compreensão ortodoxa da fé não excluía, no entanto, todos os abusos, como demonstram o indulgente de Chaucer, ou a pregação de John Tetzel (1465-1519), mas era central para a prática e sua aplicação ao falecido, um exercício de caridade cristã e um desejo de união com Cristo, para si mesmo ou para os entes queridos.[56]

O Concílio de Trento tratou das indulgências de forma sucinta, no final da reunião final, com pouco diálogo.[57] O Concílio estava mais preocupado com sua reforma contra a superstição e sua

uma avaliação histórica. Quaisquer que sejam as dificuldades que as indulgências levantam quando examinadas de fora, consideradas de dentro do mundo católico medieval, elas fazem muito sentido" (p. 518).

[54] Swanson, *Indulgences*, p. 18-9.

[55] Essa aplicação de indulgências aos falecidos provavelmente começou na piedade popular antes de ser sancionada pela liderança da igreja. Um autor sugere que foi apenas em 1497, às vésperas da Reforma, que a aplicação papal de indulgências aos mortos foi sancionada, Swanson, *Indulgences*, p. 21, 519; Shaffern, "The medieval theology of indulgences", p. 36. Outros atribuem a primeira aplicação papal de indulgências aos mortos no Jubileu de 1300, Goff, *Purgatory*, p. 330. "Uma exceção flagrante [ao consenso] permanece. Existiam claras divergências na tradição intelectual cristã latina sobre a interpretação das indulgências para os mortos. As origens das indulgências para os mortos são um tanto misteriosas". Shaffern, "Learned discussions of indulgences for the dead in the Middle Ages", p. 368.

[56] Shaffem, p. 522

[57] 4 de dezembro de 1563, em Tanner, org., *Decrees of the ecumenical councils*. Veja Peter, "Communion of saints in the final days of the Council of Trent", in: H. G. Anderson et al., orgs., *The one mediator*, p. 219-33.

defesa contra os reformadores do que com o fornecimento de uma explicação positiva, sobre a qual não havia consenso no século 16.[58] Foi somente no século 20 que uma explicação eclesial mais matizada foi dada pelo papa Paulo VI, em 1967.[59] Teólogos da estatura de Karl Rahner (1904-1984) colaboraram para explicar a devoção pelo contexto moderno.[60] O Catecismo da Igreja Católica fornece uma declaração precisa, embora sucinta, do ensino oficial atual sobre o assunto.[61]

Contudo, penso que a explicação oficial mais útil veio com a proclamação do Ano Jubilar de 2000, uma declaração que deixa perfeitamente claro que uma indulgência não deve ser vista como boas obras que, de alguma forma, mereceriam a salvação de Deus:

> 9. A indulgência revela a plenitude da misericórdia do Pai, que oferece a todos o seu amor, expresso principalmente no perdão dos pecados. Normalmente, Deus Pai concede seu perdão por meio do sacramento da penitência e da reconciliação. Na verdade, a entrega livre e consciente ao pecado grave separa o crente da vida de graça com Deus, excluindo-o, portanto, da santidade à qual é chamado [...] É precisamente por meio do ministério da igreja que Deus difunde sua misericórdia no mundo, por meio daquele dom precioso que, desde tempos muito antigos, se chama "indulgência".
>
> O sacramento da penitência oferece ao pecador "uma nova possibilidade de conversão e de recuperação da graça da justificação", conquistada pelo sacrifício de Cristo [...] Desde os primeiros séculos, porém, a igreja sempre esteve profundamente convencida de que o perdão, concedido gratuitamente por Deus, implica consequentemente uma mudança real de vida, a eliminação gradual do mal interior, uma renovação em nosso modo de viver [...] A reconciliação com Deus não significa que não haja consequências duradouras do pecado das quais devamos ser purificados. Com a indulgência, o

[58] Ratzinger, *Eschatology*, p. 220.

[59] *Apostolic Constitution on the doctrine and practice of indulgences*. Veja Palmer; Tavard, "Indulgences", v. VII, p. 436-41.

[60] "Remarks on the theology of indulgences", *Theological investigations*, v. 2. Veja também Phan, *Eternity in time*.

[61] Números CCC 1471-78, 1498.

pecador arrependido recebe a remissão da pena temporal[62] devida pelos pecados já perdoados e relacionados à culpa.

10. Porque ofende a santidade e a justiça de Deus e despreza a amizade pessoal de Deus com o ser humano, o pecado tem dupla consequência. Em primeiro lugar, se for grave, envolve a privação da comunhão com Deus e, em consequência, a exclusão da participação na vida eterna. Ao pecador arrependido, porém, Deus, em sua misericórdia, concede o perdão do pecado grave e a remissão do "castigo eterno" que isso traria.

Em segundo lugar, todo pecado, mesmo venial, implica um apego doentio às criaturas que deve ser purificado [...] Essa purificação liberta daquilo que é chamado de "castigo temporal" do pecado.

O Apocalipse também ensina que o cristão não está sozinho no caminho da conversão. Em Cristo e por meio de Cristo, sua vida está ligada por um vínculo misterioso à vida de todos os outros cristãos na união sobrenatural do corpo místico [...] Seu amor superabundante nos salva a todos. No entanto, faz parte da grandeza do amor de Cristo não nos deixar na condição de destinatários passivos, mas, sim, nos atrair para sua obra salvífica e, em particular, para sua Paixão.

Tudo vem de Cristo, mas, como lhe pertencemos, tudo o que é nosso torna-se também dele e adquire um poder curativo. Isso é o que se entende por "tesouros da igreja", que são as boas obras dos santos. Rezar para obter a indulgência significa entrar nessa comunhão espiritual e, assim, abrir-se totalmente aos outros. Também no âmbito espiritual, ninguém vive só para si [...] Essa é a realidade da comunhão dos santos.

Além disso, a verdade sobre a comunhão dos santos, que une os crentes a Cristo e uns aos outros, revela em que medida cada um de

[62] A expressão "castigo temporal" muitas vezes confunde os católicos e seus críticos, porque às vezes é erroneamente interpretada no sentido de "tempo"; outras vezes de tempo no purgatório. Na verdade, "temporal" significa contraste com "castigo eterno". Ou seja, esse "castigo" é uma disciplina que aumenta a união com Cristo em oposição ao inferno, que é a separação eterna de Deus. A imagem quantitativa do período pode ser infeliz, mas foi provavelmente inevitável, dado o aumento das competências de contagem e da alfabetização entre os cristãos nos séculos 12 e 13. Veja Swanson, *Indulgences*, p. 11, 19; Shaffern, "Medieval theology", p. 21-26; Goff, *Purgatory*, p. 209, 227, 290.

> nós pode ajudar os outros, vivos ou mortos, a se tornarem cada vez mais intimamente unidos ao Pai celeste.[63]

Essa explicação, contudo, não satisfez a todos os críticos da prática devocional católica em 2000.[64] No entanto, permitiu aos representantes das igrejas, metodistas e luteranas, que partilham com a igreja católica a *Declaração conjunta sobre a doutrina da justificação*, reconhecerem que essa prática opcional da piedade pessoal não deve ser vista como uma questão que divida a igreja.[65]

Os pentecostais, com sua ampla variedade de práticas piedosas, terão de fazer seus próprios julgamentos sobre tais devoções pessoais poderem ou não ser vistas como compatíveis com o núcleo comum de sua fé escatológica que é partilhado com os católicos. Certamente a sede entusiástica de bênçãos entre os fiéis piedosos, sem preocupação com uma reflexão teológica ou com uma leitura crítica da Bíblia, não é desconhecida na piedade pentecostal.

Conclusão

Vimos o que o diálogo católico-pentecostal mais recente tem a dizer sobre as últimas coisas como parte da experiência cristã, e sobre elementos da piedade cristã significativos na história das duas tradições. Uma abordagem sistemática comum à escatologia cristã poderia ser apresentada em conjunto com elementos como os sugeridos por Peter Phan. No intervalo entretempos, desde a ascensão de Cristo até o seu retorno glorioso, a igreja é um povo peregrino que vive na esperança, respondendo ao dom de Deus, no poder e sob a orientação do Espírito Santo, para que o reino de Deus possa ser realizado no mundo. Em outras palavras, a escatologia deve ser centrada em Cristo (cristológica), na igreja (eclesial) e no cosmos (cósmica). Essas são as dimensões que devem ser recuperadas em nossa reconstrução da escatologia.[66] Não seria

[63] Proclamação do Ano Jubilar de 2000.

[64] Por exemplo, veja Stanley, "Urging millennial penitence, pope is offering indulgences", A1; e a resposta "Indulge us", p. 6.

[65] Root, "Jubilee indulgence and the *Joint declaration on the doctrine of justification*", p. 460-75.

[66] Phan, *Responses*, p. 18.

extremamente benéfico se, juntos, pentecostais e católicos fornecessem um relato comum do pensamento da igreja sobre o fim dos tempos ao longo da história,[67] desenvolvessem uma formulação comum — tanto quanto possível — da compreensão bíblica da escatologia e buscassem fornecer um testemunho comum na sociedade daquele futuro para o qual somos chamados, como povo peregrino, em Cristo? Acaso não existe um núcleo autêntico e positivo para ambas as piedades, um núcleo que continua demandando explicação para o nosso tempo? Acaso não temos a grandiosa tarefa educacional de ajudar nosso povo a se apreciar reciprocamente, tanto em sua fé bíblica formal como nas expressões mais extravagantes de sua piedade popular?

> Como afirma o diálogo mais recente: descobrimos que ao ouvirmos uns aos outros e ao testemunharmos a fé, a esperança e o amor uns dos outros, somos atraídos mais profundamente a Cristo. Esperamos que, por meio do poder do Espírito, nossos reconhecimentos mútuos melhorem nossa comunhão recíproca e fortaleçam nosso testemunho comum ao mundo. Cada um tem alguma experiência daquilo que tradicionalmente foi valorizado pelo outro. Isso nos proporciona outro caminho a seguir em nosso diálogo, visto que o "ecumenismo espiritual" vai se tornando cada vez mais a base para as conversas teológicas. Acima de tudo, o discernimento espiritual nos alerta para as possibilidades providenciais que Deus oferece em sua liberdade e graça para conosco.[68]

As piedades católicas e pentecostais têm sido abençoadas por abordagens ricas e imaginativas daquilo que o Espírito está fazendo em sua história, enquanto nos conduz como povo peregrino rumo a esse horizonte misterioso que aponta para a unidade última em Cristo, à qual todos são chamados.[69] A piedade de ambas as

[67] Como sugere o diálogo, "Future dialogue should take up this crucial question of how we read history in different ways and explore why we do so", *On becoming a Christian*, n. 280.

[68] *On becoming a Christian*, n. 191, 278.

[69] O próprio encontro ecumênico pode ser visto como um sinal e uma antecipação da vocação escatológica, como observa Ratzinger: "[O] diálogo dos seres humanos entre si torna-se agora um veículo para a vida eterna, uma vez que, na comunhão dos santos, é inserido no diálogo da própria Trindade. Por isso a comunhão

comunidades as ajuda a evitar cair no determinismo tecnológico ou no utopismo ideológico, visto que somos direcionados à história e ao futuro de Deus.[70] Para muitos na sociedade, o planejamento superou a providência na aproximação do tempo e no desenvolvimento humano, enquanto a fé no progresso substituiu a esperança no futuro de Deus.[71]

Embora muito provavelmente nenhuma das comunidades esteja disposta a assumir a piedade da outra, todos devem sentir-se chamados a uma compreensão mais profunda em Cristo e a uma esperança comum no futuro, que só pode ser alcançada pelo poder do Espírito Santo. "O cristão é precisamente aquele capaz de olhar para os poderes do mal de forma realista e sem medo, e permanecer firme contra eles, porque está consciente do poder maior da redenção, que é a única coisa que ainda pode garantir a esperança diante da necessidade universal de salvação."[72]

As palavras de Hans Urs von Balthasar (1905-1988) captam bem o que todos os cristãos, incluindo pentecostais e católicos, podem compartilhar em sua fé escatológica: "Deus é a 'realidade última para a criatura. Alcançado, Deus é o céu; perdido, inferno; teste, julgamento; purificador, purgatório. O próprio Deus é aquele em que o finito morre e por meio de quem ele ressuscita em Deus e para Deus. Deus é tal que se volta para o mundo em seu Filho Jesus Cristo, que é a manifestação de Deus e, portanto, também a soma das últimas coisas".[73] "Católicos e pentecostais reconhecem que a sede de salvação é, ao mesmo tempo, uma obra do Espírito e uma resposta humana."[74]

dos santos é o lugar no qual a eternidade se torna acessível para nós. A vida eterna não isola uma pessoa, mas a tira do isolamento para a verdadeira unidade com seus irmãos e irmãs e com toda a criação de Deus". Ratzinger, *Eschatology*, p. 159-60.

[70] Ratzinger, *Eschatology*, p. 210, 273.

[71] Ratzinger, *Eschatology*, p. 209, *Spe Salvi*, n. 17-22.

[72] Kasper, *Faith and the future*, p. vii.

[73] Apud Phan, *Responses*, p. 29.

[74] *On becoming a Christian*, n. 190.

12

Discernindo os tempos:

a escatologia vitoriosa do movimento de apascentamento

DAVID MOORE ■

Olhando para trás

NO VERÃO DE 1977, mais de 45 mil cristãos carismáticos praticamente lotaram o Arrowhead Stadium de Kansas City todas as noites durante quatro noites consecutivas, adorando a Deus, orando juntos e ouvindo os oradores, em um espetáculo de ecumenismo notável. A Conferência sobre Renovação Carismática nas Igrejas Cristãs (CRCIC) reuniu católicos romanos, protestantes tradicionais, carismáticos independentes e alguns pentecostais clássicos, todos celebrando juntos o senhorio de Jesus Cristo centrado em sua experiência partilhada de renovação no Espírito Santo. Nas reuniões diurnas, as várias expressões denominacionais da florescente renovação carismática reuniam-se separadamente, em suas próprias assembleias confessionais, e à noite todos se reuniam no estádio.[1] Os participantes da conferência faziam parte de um movimento que varreu as igrejas históricas nas décadas de 1960 e 1970, enfatizando o "batismo no Espírito Santo" e um novo enfoque nos

[1] A conferência ocorreu de 20 a 24 de julho de 1977, com reuniões noturnas de quarta a sábado e reuniões denominacionais em vários locais no domingo de manhã para concluir os eventos. Moore, "Kansas City hears 'Jesus is Lord'", p. 50-3; Kauffman, "Separate, but united in Spirit"; Hawn, "Kansas City: Conference Heard 'Round the World'", p. 24.

dons espirituais, especialmente no falar em línguas. A conferência de uma semana foi o "ponto alto" da renovação carismática.[2]

Na reunião de sexta-feira à noite, Bob Mumford, um popular líder neopentecostal, foi o orador plenário. No meio de sua mensagem "Incentivos e obstáculos à santidade", Mumford fez uma pausa, "abriu sua Bíblia no livro do Apocalipse e disse: 'Se você der uma olhada no final do livro, Jesus vence!'". Imediatamente, a multidão no estádio irrompeu em louvor e adoração espontâneos, por cerca de dez minutos. Mumford permaneceu perplexo na plataforma e simplesmente se juntou aos fiéis, até finalmente retomar sua mensagem, depois que o "colapso do Espírito Santo" finalmente acabou.[3]

As palavras de Mumford naquela noite de julho de 1977 refletiam sua escatologia vitoriosa, uma convicção que ele partilhou com seus associados mais próximos no movimento de apascentamento ou discipulado, um movimento que ameaçava o próprio caráter ecumênico da conferência de Kansas City e a renovação carismática mais ampla.[4] Por quase dois anos, houve controvérsia sobre os ensinamentos de cinco autores e professores da Bíblia amplamente conhecidos e requisitados: Bob Mumford, Don Basham, Ern Baxter, Derek Prince e Charles Simpson. A turbulência em torno de seus ensinamentos rasgou a estrutura do idealismo ecumênico, que tinha sido tão central para a renovação carismática ao longo de quase uma década. A controvérsia, embora dificilmente visível para os participantes do CRCIC, forçou os organizadores da conferência de Kansas City a criar dois caminhos separados para os carismáticos independentes que não estavam dispostos a se reunir

[2] A origem popular da renovação carismática, ou neopentecostalismo, como também era chamada, costuma ser associada ao padre episcopal Dennis Bennett. Enquanto pastoreava a paróquia episcopal de São Marcos em Van Nuys, Califórnia, uma congregação grande e rica, Bennett foi cheio do Espírito Santo, falando em línguas, e depois de anunciar isso à sua congregação na primavera de 1960, recebeu cobertura da imprensa nacional, que ajudou a popularizar a renovação nas principais igrejas protestantes. Uma das marcas distintivas da renovação carismática foi a renovação das igrejas existentes. Esse foi o caso particular do nascimento da renovação carismática católica romana em 1967. Ao contrário dos primeiros pentecostais, que muitas vezes deixaram suas igrejas para formar novas igrejas ou denominações, os neopentecostais foram encorajados a permanecer em suas igrejas e a trabalhar pela renovação. Além disso, o movimento contava com um grande setor independente de grupos de oração e igrejas carismáticas.

[3] Blattner, "Living prophecy", p. 4-9. Veja tb. Manuel, *Like a mighty wind*.

[4] Para uma história completa e a compreensão do movimento, veja Moore, *Shepherding movement*.

em conjunto nas sessões da manhã e da tarde, dadas as divergências sobre os ensinamentos do movimento de apascentamento.[5]

O debate centrou-se na ênfase do movimento de apascentamento no cuidado pastoral e no discipulado. Os cinco líderes do movimento afirmavam categoricamente que todos precisavam de um pastor pessoal em uma relação de cuidado pastoral, discipulado e ensino. Eles também defendiam os termos ministros para pastores, e "ovelhas" para as pessoas cuidadas pelos "pastores". O que foi especialmente irritante para alguns líderes foi o fato de Mumford e os outros quatro terem insistido que todos os líderes precisavam estar "sob autoridade", tendo seu próprio ministro/pastor. Muitos sentiram que os cinco mestres estavam tentando fazer com que outros líderes se submetessem à sua autoridade, criando, assim, uma nova denominação carismática, uma acusação que os cinco negaram veementemente. Além disso, muitos líderes carismáticos acreditavam que os ensinamentos do movimento de apascentamento sobre submissão e autoridade espiritual criavam um domínio prejudicial por parte dos "pastores" sobre suas "ovelhas".[6]

No verão de 1977, formou-se um movimento crescente em torno dos cinco mestres, em grande parte formado por líderes e participantes carismáticos independentes mais jovens, um número significativo proveniente do *Jesus Movement* [Movimento Jesus], que floresceu no final dos anos 1960 e início dos anos 1970. Essas pessoas entraram no movimento de apascentamento em busca de serem pastoreadas e discipuladas por um dos cinco homens ou por alguém designado. Essa organização fez com que alguns acreditassem que o movimento tinha criado uma espécie de sistema piramidal, com os cinco professores no topo, acusação também negada por Mumford e pelos outros líderes. O que é certo é que o movimento de apascentamento foi impulsionado por uma eclesiologia renovada, apelando para uma revitalização da vida da igreja bíblica e enfatizando a necessidade de restaurar o ministério quíntuplo do Novo Testamento de apóstolos, profetas, evangelistas, pastores e

[5] Os dois grupos não denominacionais reuniram-se numa sessão final em que foram empreendidos alguns esforços para sanar a divisão. Nada duradouro foi alcançado, Moore, *Logos Journal*, p. 51.

[6] Muitos líderes opositores relataram histórias de abuso espiritual. Algumas acusações pareciam ter mérito, enquanto outras eram boatos infundados e sensacionalistas.

mestres.[7] O cargo que consideravam mais crítico para a maturidade cristã era o de pastor, uma função que acreditavam ter sido reduzida a nada mais do que uma espécie de papel de capelania, privativo de qualquer autoridade real pela acomodação à cultura.[8]

Talvez igualmente importante para os cinco líderes do movimento era o apelo a um relacionamento de aliança entre os crentes. Em sua opinião, os cristãos entraram em uma relação de aliança com Deus na conversão por meio da fé em Cristo. Ao lado desse relacionamento de compromisso com Deus, os cristãos também iniciaram um relacionamento de compromisso com seus irmãos crentes. As relações interpessoais precisavam ser formalizadas por compromissos declarados entre pastores e ovelhas. Eles acreditavam que tudo isso levaria a uma experiência mais profunda da comunidade cristã, confrontando a natureza transitória das relações típicas da igreja, em que as pessoas mudavam regularmente de grupo de oração em grupo de oração ou de uma igreja para outra, tratando o compromisso com a igreja como qualquer outra escolha de consumo.

Essas perspectivas emergiram das relações de compromisso entre os cinco líderes do movimento. Basham, Mumford, Prince e Simpson iniciaram seu próprio relacionamento de aliança em 1970, depois de testemunharem a queda de um colega líder na imoralidade. Eles sentiram que seus compromissos mútuos proporcionariam o conselho e a responsabilidade necessários, protegendo-os de um fracasso semelhante àquele que seu companheiro havia experimentado. Acompanhados, em 1974, por Baxter, os cinco mestres testemunharam recorrentemente em suas viagens extrema independência e individualismo, o que, em sua opinião, ameaçava a viabilidade futura da renovação carismática. Essa associação empenhada dos cinco mestres carismáticos independentes promoveu novas perspectivas sobre a importância da responsabilidade, da submissão mútua, da relação de aliança e da vida da igreja que haviam começado a moldar seus ministérios de ensino individuais e coletivos.

Embora nunca tenham tido a intenção de iniciar um movimento, seus ensinamentos tornaram isso inevitável. Ao ensinarem

[7] Moore, "Shepherding Movement", p. 249-70.

[8] Prince, "Vision of the completed body", transcrição 4.

sobre submissão e autoridade, cuidado pastoral pessoal, relacionamento de aliança e renovação da igreja em várias conferências e eventos carismáticos, especialmente por meio da distribuição de fitas de áudio e vídeo de seus escritos — particularmente na *New Wine Magazine* —, eles exploraram um vazio de liderança entre os líderes carismáticos independentes.[9] Em pouco tempo, à medida que iam realizando suas viagens ministeriais, as pessoas começaram a se submeter à sua liderança, algumas vezes trazendo consigo igrejas inteiras ou grupos de oração carismáticos. A princípio relutantes em iniciar qualquer coisa que pudesse ser percebida como uma espécie de denominação, os líderes, por fim, cederam ao impulso que estavam experimentando, e um movimento religioso nasceu no final da primavera de 1974. No furor dos ensinamentos do movimento sobre submissão e autoridade, poucos perceberam que o movimento de apascentamento se entendia por meio de um restauracionismo escatológico distinto, refletindo as perspectivas que os cinco homens compartilhavam.[10]

Os cinco mestres

Informando e moldando o desenvolvimento de suas perspectivas escatológicas coletivas, as origens variadas dos cinco principais professores do movimento de apascentamento criaram uma mistura curiosa, criando tensão, em pontos divergentes entre eles. Nenhum dos cinco tinha uma linhagem teológica em comum, o que tornava sua identidade corporativa ainda mais singular. Eles foram unidos pela primeira vez por seu envolvimento mútuo com a Holy Spirit Teaching Mission (HSTM), em Fort Lauderdale, Flórida, com suas carismáticas conferências de ensino e a popular revista de ensino *New Wine*. Mumford e os outros sempre consideraram sua

[9] A *New Wine Magazine* foi, junto com o *Logos Journal*, o periódico carismático mais amplamente distribuído, com uma tiragem de mais de cem mil exemplares. Basham, "Forum: CGM and New Wine", p. 31.

[10] O restauracionismo, ou primitivismo, conforme citado neste capítulo, diz respeito à busca para restaurar a igreja contemporânea à sua forma original, conforme encontrada no Novo Testamento, particularmente nas experiências cristãs relatadas no livro de Atos. Prefiro o termo "restauracionismo", para evitar as conotações reducionistas que podem estar associadas ao termo "primitivismo". Veja Hughs, *American quest for the primitive church*; idem, *Primitive church in the modern world*; Snyder, *Signs of the Spirit*.

associação mais relacional do que ideológica, como fica evidente quando se olha para seus antecedentes.[11]

Don Basham, um talentoso artista e jornalista, formou-se na Phillips University, uma escola dos Discípulos de Cristo, obtendo diplomas de bacharelado e graduação em teologia. Por meio da influência do protocarismático Harald Bredeson, Basham experimentou o batismo no Espírito em 1953 e, na década de 1960, viajou muito, enfatizando o ministério de libertação de espíritos demoníacos e a necessidade do batismo no Espírito.[12] Basham mudou-se para Fort Lauderdale em 1968. Ao longo de seu envolvimento no movimento, Basham foi o perfil mais modesto dos cinco líderes e não foi um inovador teológico. O principal impulso ministerial dele baseou-se em seus dons jornalísticos como editor e líder da *New Wine Magazine*, a face midiática mais reconhecida do movimento do apascentamento.

Bob Mumford, que, junto com Derek Prince, estava indiscutivelmente entre os professores carismáticos da Bíblia mais populares na renovação carismática, fez seu treinamento ministerial de graduação em uma faculdade bíblica das Assembleias de Deus e, mais tarde, completou um Mestrado em Divindade (MDiv) no Seminário Reformado Episcopal na Filadélfia. Entre sua graduação e a pós-graduação, Mumford lecionou por três anos no Elim Bible Institute em Nova York, servindo também como reitor acadêmico. No final da década de 1960, Mumford viajava muito como pregador carismático, ensinando por um período na Escola Bíblica Melodyland em Anaheim, Califórnia, antes de se mudar para Fort Lauderdale, na Flórida, em 1970. A popularidade e o temperamento profético de Mumford proporcionaram-lhe grande influência na formação da teologia e da prática do movimento do apascentamento. Embora a ligação inicial de Mumford com as Assembleias de Deus o tenha orientado para um dispensacionalismo modificado, seu período de ensino em Elim inaugurou uma mudança em direção a uma escatologia restauracionista. Seu envolvimento com a renovação carismática mais diversificada, ao lado de sua formação no seminário,

[11] Mumford e outros sempre argumentaram que Deus os uniu soberanamente. Veja Moore, *Shepherding Movement*, p. 28-32.

[12] Moore, "Basham, Don Wilson", p. 367.

e mais do que tudo, de sua descoberta da "mensagem do reino", no início da década de 1960, o levou a, por fim, "jogar fora seus mapas proféticos" e rejeitar o dispensacionalismo.[13]

Derek Prince, formado em filosofia na Universidade de Cambridge, converteu-se ao cristianismo e foi batizado pelo Espírito por influência de uma igreja das Assembleias de Deus enquanto servia no exército britânico, em 1941. Vivendo em Israel em 1944, Prince conheceu sua primeira esposa, Lydia, e teve seu interesse despertado para a Terra Santa, interesse que durou pelo resto de sua vida. Depois que Prince deixou o exército britânico, passou a exercer o pastorado em Londres, serviu como missionário no Quênia e, por fim, veio para os Estados Unidos, onde pastoreou em Seattle por vários anos. Prince começou seu ministério carismático itinerante na década de 1960 e mudou-se para Fort Lauderdale em 1968, com o objetivo de aproveitar o clima quente e ficar mais perto do HSTM, ali sediado. O estilo britânico de Prince, aliado ao seu ensino bíblico preciso e desprovido de emoção, o tornou único entre os líderes carismáticos.[14] Embora, mais tarde, Prince tenha procurado minimizar seu papel no desenvolvimento da teologia para o movimento do apascentamento, ele foi fundamental na formação da eclesiologia inicial do movimento. Seu pré-milenarismo dispensacionalista, no entanto, criaria diferenças significativas com seus colegas líderes, particularmente com Baxter.[15]

Charles Simpson, que se tornaria o arquiteto eclesial estrutural do movimento do apascentamento, era filho de um pastor batista do Sul. Simpson iniciou seu próprio ministério pastoral aos vinte anos de idade, quando assumiu o pastorado da Igreja Batista Bayview Heights, em Mobile, Alabama. Enquanto pastoreava, frequentou o William Carey College e, depois de se formar, foi para o Seminário Batista de Nova Orleans por dois anos, embora não tenha se formado nesse último. Simpson foi batizado pelo Espírito em 1964, e a controvérsia sobre sua experiência trouxe um escrutínio considerável

[13] Mumford, *Forty years in ministry 1954-1994*; Moore, "Mumford, Bernard C., Jr. ('Bob')", p. 911.

[14] Moore, "Prince, Peter Derek V.", p. 999.

[15] Como muitos outros pentecostais, Prince abraçou acriticamente o dispensacionalismo e ajustou-o para se adequar às suas crenças pentecostais. Para uma discussão sobre a relação do pentecostalismo primitivo com o dispensacionalismo, veja Shepherd, "Pentecostals and the hermeneutics of dispensationalism", p. 5-33.

por parte da Convenção Batista do Sul, enquanto ele procurava manter a igreja na denominação. De sua base como pastor da igreja em Mobile, Simpson começou a viajar muito, palestrando em vários eventos carismáticos. Ele renunciou à congregação Mobile e mudou-se para Fort Lauderdale em 1971. Até Simpson se tornar um carismático, quando foi batizado pelo Espírito em 1964, se autodenominava um pregador fundamentalista "pré-tribulacionista-pré-milenarista", que só via a igreja indo "de mal a pior".[16] Nos anos após sua apresentação à experiência carismática, Simpson faria ajustes dramáticos em suas visões escatológicas.[17]

Mumford, Simpson, Basham e Prince frequentemente se cruzavam e se conheciam bem, em suas viagens para eventos internacionais da *Full Gospel Business Men's Fellowship International* e outras conferências de palestras carismáticas. Entretanto, nada influenciou mais para sua associação do que o HSTM em Fort Lauderdale, onde os quatro se tornaram a equipe principal de ensino. Dentre muitos centros carismáticos que surgiram na década de 1960, o HSTM organizava regularmente conferências de ensino em Fort Lauderdale e em vários locais em todo o país. Em 1969, o HSTM começou a publicar a *New Wine Magazine* e procurou ser um centro midiático para a crescente renovação. Quando o principal líder do HSTM foi forçado a renunciar, em 1970, os quatro foram colocados em cargos de liderança no HSTM e na *New Wine Magazine*, consequentemente. Como contariam mais tarde, a crise na missão gerou a sensação peculiar de que Deus os havia unido soberanamente e que eles deveriam caminhar juntos, na qualidade de uma equipe ministerial. Em 1972, eles mudaram o nome da HSTM para *Christian Growth Ministries*, que continuou a publicar *New Wine* até o encerramento das operações do periódico, em 1986.[18]

O canadense Ern Baxter chegou mais tarde ao grupo. Ele se juntou aos outros quatro homens na Conferência de Pastoreio de 1974 em Montreat, Carolina do Norte. A conferência foi um evento ecumênico patrocinado por líderes carismáticos católicos romanos

[16] Simpson, "Destiny of the people of God", p. 26; idem, "Heavenly perspective", p. 9

[17] Moore, "Simpson, Charles Vernon", p. 1070.

[18] Em 1981, o *Christian Growth Ministries* mudou o nome para *Integrity Communications*.

e protestantes tradicionais, além de Basham, Mumford, Prince e Simpson. Os quatro líderes organizaram uma reunião privada para os homens que agora lideravam, e Ern Baxter foi convidado na qualidade de observador. Baxter, profundamente impressionado com a unidade e a profundidade do relacionamento que viu entre os quatro homens e seus seguidores, comprometeu-se formalmente com o novo movimento, declarando publicamente que o tipo de compromisso relacional que compartilhavam era algo que ele "estava procurando durante todos os [seus] anos de ministério".

Baxter começou seu ministério como pentecostal clássico. Grande orador de púlpito, pastoreou o Templo Evangelístico, que se tornou uma das maiores igrejas de Vancouver, na Colúmbia Britânica. No final da década de 1940, foi influenciado pela chuva serôdia e pelos movimentos de cura.[19] Em 1949, Baxter aceitou o convite do evangelista de cura William Branham para ser o gerente de campanha e professor bíblico das cruzadas de cura de Branham, viajando extensivamente enquanto ainda pastoreava sua igreja. O cronograma exigente, contudo, forçou Baxter a renunciar tanto à igreja quanto ao seu papel com Branham. Após várias atribuições ministeriais posteriores, Baxter encontrou seu lugar como orador popular na renovação carismática, pregando em todo o mundo, em igrejas e conferências pentecostais e carismáticas.[20]

Embora Baxter não tivesse nenhum treinamento teológico formal, era um professor de Bíblia e teólogo autodidata extremamente competente, valendo-se de sua enorme biblioteca teológica pessoal. Ao longo dos anos, Baxter tornou-se cada vez mais fortemente reformado em sua orientação doutrinária, mantendo, ao mesmo tempo, seus compromissos com uma orientação carismática dinâmica. Baxter gostava de dizer que viu e participou de toda a renovação do século 20, por meio de sua experiência com o pentecostalismo clássico, o movimento da chuva serôdia, o movimento de cura e a

[19] Veja Harrell, *All things are possible*. O livro de Harrell é datado, mas ainda é o melhor trabalho sobre os movimentos de cura no final dos anos 1940 e 1950; Riss, *Latter rain*; idem, *Survey of 20th century revival movements*. Desde que escrevi minha monografia sobre o Movimento de Apascentamento, fiquei convencido de que a ênfase do Movimento da Chuva Serôdia na restauração dos ministérios quíntuplos de Efésios 4 influenciou, de forma significativa, o pensamento de Baxter e Mumford e, consequentemente, os conceitos que mais tarde desenvolveram.

[20] Moore, "Baxter, W. J. E. ('Ern')", p. 367-8.

renovação carismática. A escatologia de Baxter foi profundamente influenciada por suas leituras de autores pós-milenaristas, e ele passou a acreditar que a igreja substituiu Israel no plano de Deus. Isso, no entanto, criou tensões significativas ao longo dos anos com a postura firmemente pró-Israel de Derek Prince.

Restauracionismo escatológico

A confluência das origens e personalidades dos cinco líderes, as realidades contextuais do início da década de 1970 e suas experiências práticas como professores na renovação carismática, juntaram-se para criar um movimento distinto. Os cinco líderes do movimento do apascentamento estavam especialmente focados em "discernir os tempos" em que viviam. Ecoando as tendências de outros evangélicos radicais, particularmente os pentecostais do início do século 20, os líderes do movimento de pastoreio viam-se como um movimento escatológico, um movimento que Deus estava estabelecendo para restaurar o cristianismo do Novo Testamento.[21] O impulso primário e único da restauração do movimento do apascentamento era eclesiocêntrico, com a missão de estabelecer o governo da igreja bíblica, especialmente ministros pastores, o que ajudaria a preparar uma igreja madura e vibrante como comunidade escatológica de Deus. De 1974 em diante, o propósito central do movimento do apascentamento foi a renovação das estruturas da igreja. Nesse ponto, os cinco concordavam. Outras questões de escatologia, porém, eram dinâmicas e complicadas, refletindo a variedade escatológica das perspectivas teológicas dos cinco mestres, e sua associação resultou em uma mistura de aspectos de diferentes tradições.

Sobre um ponto escatológico, Mumford e os outros líderes estavam bem certos: eles estavam vivendo nos últimos dias. Mas sua interpretação dos últimos dias veio com uma compreensão diferente da dos pentecostais do início do século 20. Enquanto os primeiros pentecostais enfatizavam a proximidade da segunda vinda de Cristo, os líderes do movimento do apascentamento enfatizavam a preparação de Deus de uma igreja gloriosa, reluzindo com um brilho

[21] Mumford, *Focusing on present issues*, p. 1-24.

crescente "no meio de um dia escuro e nublado".[22] Eles tendiam a minimizar a ideia de uma parúsia imediata. No final da década de 1970, o movimento foi ainda mais longe, com Baxter defendendo uma espécie de pós-milenarismo, e Mumford e Simpson não muito atrás, enfatizando uma igreja vitoriosa. Eles acreditavam que Jesus voltaria, mas ninguém sabia quando isso aconteceria. Mumford chamou o arrebatamento pré-tribulacionista dispensacionalista de "escapismo" e acreditava que havia criado uma igreja descomprometida que estava simplesmente "aguentando" até que Cristo retornasse.[23] Charles Simpson ficou perturbado com aqueles que pareciam "empenhados em partir assim que Jesus permitisse, estivesse o trabalho aqui na terra completado ou não".[24] Prince também reconheceu essa preocupação, embora não tão fortemente quanto os outros quatro.

Embora houvesse alguns aspectos pessimistas em sua escatologia, o movimento como um todo enxergava o futuro com otimismo, com uma igreja triunfante preparada para o regresso de Cristo. Essa perspectiva foi uma extensão das perspectivas escatológicas de muitos na renovação carismática. À medida que a renovação foi irrompendo, os Estados Unidos se encontravam no auge das tensões da Guerra Fria, envolvendo-se, até mesmo, em uma guerra no Vietnã que dividiu a nação. Enquanto muitos cristãos lamentavam o período da década de 1960, que trouxe uma agitação social tão ampla e afirmações de que Deus estava morto, muitos carismáticos estavam entusiasmados com o fato de o Espírito Santo estar "solto na terra", vislumbrando um futuro esperançoso, apesar dos problemas sociais. Um editorial de 1969, na edição inaugural da *New Wine Magazine,* ilustra bem o otimismo inabalável, apesar dos tempos difíceis.

> O homem acumulou tamanho conhecimento e alcançou tamanha sofisticação que, exteriormente, finge ignorar a verdade e a

[22] Mumford, *Shepherd of a dark and cloudy day*, 5, audiocassetes.

[23] Mumford, "Hit by a greyhound bus", p. 1-4. Esse artigo oferece uma perspectiva única sobre a escatologia do movimento, ao desafiar abertamente "a mentalidade da "'geração terminal' [...] que enterra a cabeça nas areias escatológicas da profecia bíblica e acredita que os cristãos não precisam realmente se preocupar com o futuro, uma vez que o Senhor vai retornar e deixar de lado o sistema mundial em nossa geração".

[24] Simpson, "Destiny of the people of God", p. 32.

> realidade espirituais. E, dada a negligência espiritual, o mundo está à beira do desastre [...] Aumentamos enormemente o poder de trazer destruição sobre nós mesmos [...] de reduzir a Terra a cinzas fumegantes. Estamos hoje onde os filhos de Israel estavam quando as águas do mar Vermelho se estendiam diante deles, e o horizonte atrás deles estava nublado com a poeira dos carros dos exércitos do Egito, empenhados em sua destruição. Assim como aos olhos do homem não havia saída, também hoje. Mas os cristãos devem adorar e servir a um Deus operador de milagres que fez as águas do mar Vermelho recuarem e permitiu que os israelitas atravessassem a pé, a seco. A Bíblia promete claramente que sinais e maravilhas são as marcas da vida guiada pelo Espírito, e os dons sobrenaturais de Deus são a herança de todo cristão. É esse tipo sobrenatural de cristianismo que o Senhor está restaurando no mundo de hoje.[25]

No início da década de 1970, com o crescimento contínuo do movimento carismático, Mumford e os outros líderes do movimento do apascentamento tiveram certeza de que Deus estava fazendo algo novo dentro da própria renovação. As dimensões anteriores da obra do Espírito, na década de 1960, segundo eles acreditavam, haviam sido sobre a restauração da experiência do batismo do Espírito e dos dons espirituais entre os principais protestantes, católicos romanos, o povo de Jesus e outros não afiliados às denominações pentecostais clássicas. Agora Deus estava dando o próximo passo para restaurar o governo bíblico, a fim de trazer disciplina a um movimento e corrigir sua tendência de independência e individualismo. No início de 1976, Derek Prince defendeu a ênfase no discipulado e na autoridade, observando que a "característica notável do mundo no final da era seria a 'iniquidade' ou a 'ilegalidade'".[26] Ele via seus ensinamentos como um claro antídoto que traz formação de caráter e maturidade espiritual.[27]

As experiências dos cinco líderes no circuito de ensino carismático também os convenceram de que seria necessário fazer algo mais.

[25] "Editorial", *New Wine Magazine*, p. 2.

[26] "Discipleship: Forum in Ft. Lauderdale", *New Wine Magazine*, n. 1. O encarte foi publicado em conjunto nas edições de março da *New Wine* e da *Logos Journal*.

[27] "Discipleship", n. 1.

A falta de integridade que observaram entre alguns líderes e mestres carismáticos foi angustiante — e não menos importante foi o fracasso moral de seu colaborador próximo, unindo Basham, Mumford, Prince e Simpson em sua própria submissão mútua. Mumford e os outros estavam cansados da "carismania", com muitos carismáticos focados em experiências espirituais e nos "novos" ensinamentos mais recentes, frequentemente "pulando" de reunião em reunião, sem nenhuma mudança real de comportamento. A situação teve seu estopim em uma conferência na qual Prince estava ensinando quando duas mulheres brigaram, batendo uma na outra com bolsas, por causa do último lugar disponível na primeira fileira do local.

Estava claro que algo tinha de mudar e que eles precisavam promover a vida da igreja, o que facilitava formação espiritual e relacionamentos responsáveis. Sem isso, a renovação apenas definharia na imaturidade e no emocionalismo. Em 1975, Ern Baxter afirmou que a "visitação do Espírito Santo no movimento carismático não era apenas para nos dar arrepios e nos ensinar a tocar pandeiros e cantar coros".[28] Ao mesmo tempo, Prince, um defensor da experiência carismática, parecia concordar quando ele disse: "O carisma é secundário; o caráter é primário. Isso é uma inversão total da atitude atual da maioria dos carismáticos".[29]

Embora as questões sociais e religiosas contemporâneas tenham moldado, de modo vital, suas perspectivas eclesiológicas, é insuficiente dizer que as forças motrizes no desenvolvimento da escatologia restauracionista do movimento do apascentamento eram principalmente contextuais. O impulso mais fundamental era a sensação de que Deus estava falando à igreja com uma "palavra do agora" ou o que Mumford também chamou de "verdade presente".[30] Essa "verdade presente", para Mumford, era "uma porção da verdade bíblica que o Senhor [estava] restaurando ou enfatizando na vida e na prática da igreja em determinado período da história".[31] A visão de que Deus estava oferecendo uma visão renovada era central para a

[28] Baxter, "Thy kingdom come", transcrição, p. 15. Essa mensagem foi adaptada e publicada como um livro: Baxter, *Thy kingdom come*.

[29] Prince, "Vision of the completed body", transcrição, p. 4.

[30] Ibidem.

[31] Mumford, *Focusing on present issues*, p. 2.

autocompreensão do movimento do apascentamento. Prince entendeu essa visão "como uma revelação contínua e bíblica do propósito de Deus para seu povo em qualquer momento [e] que Deus sempre tem uma palavra para seu povo".[32] Por consequência, os líderes buscaram apaixonadamente a renovação eclesiológica, acreditando que a igreja não tinha tempo para continuar funcionando da mesma forma.[33]

Em 1981, Mumford refletiu sobre a transição que ele e os líderes do movimento testemunharam na renovação carismática dos anos 1960, já que os carismáticos inicialmente esperavam "que Deus trouxesse unidade à sua igreja fragmentada e restaurasse sua pureza do Novo Testamento pelo derramamento de seu Espírito e pela administração de seus dons".[34] Ele resumiu a leitura que era feita dos tempos e da "verdade presente" de Deus da seguinte forma:

> Quando a renovação carismática chegou ao final dos anos 1960, tinha, infelizmente, trazido, com sua bênção e libertação, uma ênfase e um ensino que não eram inteiramente bíblicos. Uma apresentação desequilibrada da bênção de Deus e do amor de Deus evoluiu, vez ou outra, para o humanismo carismático e o "ágape desleixado". A liberdade do Espírito muitas vezes tornava-se anarquia espiritual, com cada um "fazendo o que era certo aos seus próprios olhos" e dizendo: "O Senhor me disse". Para trazer equilíbrio ao movimento do Espírito e evitar que a igreja errasse o alvo, o Senhor começou na década de 1970 a enfatizar a ordem, o governo, a liderança, o discipulado e os relacionamentos [...][35]

O reino de Deus

A matriz teológica controladora do movimento do apascentamento era o reino de Deus, e os conceitos ensinados a esse respeito abriram caminho para a formação de sua eclesiologia em desenvolvimento. Mumford e os outros viam o reino de Deus como o tema

[32] Prince, "Vision of a completed body", transcrição, p. 3.
[33] Mumford, "God's purpose for his people today", transcrição, p. 3.
[34] Mumford, "Change in the wind", p. 2.
[35] Ibidem.

abrangente da Bíblia e a mensagem central de Jesus. Em sua opinião, Jesus inaugurou o reino ou a "nova era", com sua vida e seu ministério, que serviu como o início radical do reinado dinâmico de Deus. Ele acreditava que os últimos dias tiveram início com o ministério de Jesus. Com a ressurreição de Cristo, ele comissionou sua igreja a estabelecer e representar o governo contínuo de Deus nos últimos dias.[36]

Ern Baxter foi o porta-voz proeminente da escatologia do movimento, com artigos publicados regularmente na *New Wine* apresentando o tema do reino de Deus. Ele deixou suas convicções escatológicas mais claras. "A escatologia não é, como alguns diriam, uma teoria particular relativa ao resultado da história; antes, é o estudo de cada fase do fim do mundo da forma que é revelado na vida de Jesus Cristo. Começa com a inauguração do reino de Deus no nascimento de Jesus e termina com a consumação do reino em sua segunda vinda."[37] Assim, as implicações para a igreja durante os "últimos dias" foram significativas.

Na National Men's Shepherds Conference [Conferência Nacional de Homens de Pastoreio] de 1975, no que muitos consideraram uma das mensagens mais memoráveis da renovação carismática, Ern Baxter falou da restauração da igreja por Deus e proclamou triunfantemente "que, no final desta era, [Deus] vai manifestar sua glória na comunidade redimida, e esse derramamento do Espírito Santo não é apenas um derramamento de bênção, mas também um derramamento de autoridade [...] na terra, para que ele possa, nessa hora, trazer à existência seu reino no poder, em resposta às orações de milhares de pessoas ao longo dos séculos que intercederam dizendo: 'Venha o teu reino'".[38] Com influências reformadas evidentes, Baxter convocou a igreja a se render à totalidade do senhorio de Cristo como uma chave para o evangelismo. Ele estava convencido de que essa era a "forma definitiva de evangelismo" nos últimos dias.

As inclinações pós-milenaristas de Baxter eram muito claras nessa mesma mensagem, uma convicção que ele extraiu de Salmos 110.

[36] Para uma amostra da teologia do reino de Deus do movimento pastoral, veja Baxter, *Thy kingdom come*; idem, "King of glory", p. 28-32; Mumford, *LifeChangers Newsletter*, nov. 1975, p. 1-8; Simpson, *New way to live*.

[37] Baxter, "Earth is the Lord's", p. 25.

[38] Baxter, "Thy kingdom come", transcrição, p. 15.

Embora dissesse que não desejava provocar um "debate teológico", declarou que o reinado de Deus seria estendido por intermédio da igreja para inaugurar a segunda vinda. "Mas acredito que, quando ele se sentou à direita de Deus, o Pai quis dizer o que disse: sente-se à minha direita até que seus inimigos sejam colocados por escabelo de seus pés."[39] Esse triunfo seria realizado no espaço e no tempo. Para Baxter, "a comunidade redimida" seria o veículo por meio do qual Jesus "estabeleceria o direito soberano de Deus de reinar em sua própria terra redimida".[40] Apesar de sua pretensão de não provocar controvérsia, ele, ainda assim, deu um golpe lateral no dispensacionalismo clássico. "Não conheço nada que tenha paralisado os propósitos de Deus na Terra mais do que o atraso em realizar seu reino em um mundo temporal e espacial."[41] Buscando desafiar conceitos que "foram distorcidos por muitos e muitos anos", afirmou Baxter, não é o propósito de Deus "redimir um grupo de pessoas para se sentar em um ponto de ônibus e esperar [...] até que um ônibus chegue e as tire dali; antes, Deus os redimiu, os reivindicou e se colocou neles para que possa mandá-los de volta para limpar a bagunça e ser o sal da terra e a luz do mundo, vindicando a morte do próprio Filho de Deus com [o] poder do evangelho [...] Jesus Cristo tem todo o poder na terra [...] e ele está usando esse poder não apenas individualmente, mas também para transformar uma comunidade redimida".[42]

O reino de Deus avançaria por intermédio da igreja "até que toda a terra se tornasse o cenário do governo de Deus, e a nossa oração, com tanta frequência repetida, 'Venha o teu reino', fosse plenamente respondida".[43] Baxter escreveu em 1985: "O reinado vitorioso de Jesus significa que toda autoridade que se opõe a ele deve ser subjugada *antes* que chegue o fim".[44] Não poderia ter sido mais claro quando Baxter reconheceu que estava "declarando que o evangelho está destinado a ser vitorioso no tempo, no espaço e na história; e que Jesus Cristo permanecerá no céu até que todas as coisas faladas pelos profetas aconteçam. Isso significa que a comunidade

[39] Ibidem, p. 12.
[40] Ibidem, p. 15.
[41] Ibidem, p. 12.
[42] Ibidem, p. 14.
[43] Baxter, "Earth is the Lord's", p. 28.
[44] Ibidem, p. 29, grifo meu.

redimida está destinada na história a se tornar o representante visível da autoridade de Jesus Cristo na terra, e que todas as nações um dia caminharão na luz dessa autoridade".[45]

Diante essa perspectiva, o movimento levou a sério a atribuição da Grande Comissão para discipular as nações e, mais uma vez, Baxter liderou o caminho na articulação de sua escatologia eclesiocêntrica vitoriosa. "Antes que a história acabe, Deus terá um povo que, como a comunidade profética final, vai obedecer a ele e responder à autoridade de sua Palavra, com o fim de levar as nações à obediência a Jesus Cristo."[46] Ele argumentou que "era chegado o tempo" de a igreja perceber que seu chamado era "ser mais do que uma força salvadora de almas". Agora era hora de a igreja de Jesus "ser uma força salvadora de nações — uma força salvadora mundial! Devemos nos tornar a comunidade profética, representando o Deus dos profetas, declarando e promulgando sua Palavra eterna e discipulando as nações. A Palavra de Deus declara que todas as nações virão até ele e que nós somos o instrumento profético para fazer isso acontecer".[47] O senhorio de Cristo é sobre toda a criação, e o movimento de apascentamento desafiou abertamente a dicotomia secular/sagrado. A totalidade do senhorio de Cristo significava que a igreja deveria "falar nas áreas de economia, educação, cultura e política". Baxter chamou a igreja para "proclamar a verdade sobre todas as áreas da vida".[48]

Com toda a força das declarações de Baxter a respeito do triunfo final de Cristo por meio da igreja, ele não foi específico sobre como isso seria realizado, mas apenas que seria realizado. Ele prontamente reconheceu a dificuldade de acreditar em uma igreja triunfante e conquistadora de cultura, em face dos tempos difíceis que o mundo enfrentava naquela época. "Quando Deus diz que vai colocar as nações sob seu governo, minha primeira resposta talvez seja: 'Mas não sei como você vai fazer isso'." Mesmo assim, ele afirmou: "Não sei como vai acontecer, mas eu acredito nisso".[49] Era uma questão de fé nas promessas seguras de Deus.

[45] Baxter, "Earth is the Lord's", p. 30.
[46] Idem, "Every knee shall bow", p. 19.
[47] Idem, "Perspective for a decade", p. 8.
[48] Ibidem.
[49] Baxter, "Every knee shall bow", p. 22.

Bob Mumford e Charles Simpson nunca foram tão longe quanto Baxter em seus ensinamentos sobre uma igreja vitoriosa e nunca endossaram explicitamente suas perspectivas pós-milenaristas mais radicais. Mumford, no início de sua associação, baseou-se no quadro apresentado por Isaías 60:1-3, parecendo desafiar o pós-milenarismo estrito. Como afirmou no início de 1975: "A luz está chegando à igreja, as trevas estão caindo sobre o mundo. Acredito que essas duas coisas estão acontecendo de forma proporcional, e acho que o que podemos ver aqui não significa que acreditamos que as coisas vão melhorar cada vez mais e que, de repente, o reino de Deus estará na terra. Antes, significa que as trevas estão caindo sobre as pessoas e a luz está vindo sobre o povo de Deus. Isso é o que chamamos de comunidade redimida".[50]

Não obstante, a influência de Baxter foi significativa na inclinação de Mumford e Simpson em direção ao pós-milenarismo de 1976 a 1984, embora não haja nenhuma evidência de que eles tenham se tornado totalmente pós-milenaristas ou evidências consideráveis em contrário.[51] Apesar de às vezes parecerem pós-milenaristas, Mumford e Simpson se encontraram em algum ponto intermediário enquanto lutavam para compreender o que a Bíblia ensinava. Parte de sua retórica pós-milenarista refletia sua frustração com a doutrina do arrebatamento, de modo que pensavam ter criado uma rendição da terra a Satanás, enquanto os cristãos aguardavam passivamente o regresso imediato de Cristo. Com o objetivo de contrariar essa tendência, tanto Mumford como Simpson, de acordo com Baxter, defenderam um envolvimento cultural pleno para os cristãos e para a proeminência vitoriosa da igreja no fim dos tempos, uma igreja que estava "cuidando dos negócios" em vez de simplesmente esperar pela segunda vinda.[52]

[50] Baxter e Mumford, transcrição de reunião de presbíteros.

[51] Por exemplo, mesmo em 1981, Mumford continua a lidar com a presença simultânea da luz e das trevas escatológicas. Bob Mumford, "Change in the wind", p. 4. Tanto Mumford como Simpson, embora tenham grande simpatia pela posição pós-milenarista de Baxter, parecem abster-se de abraçar plenamente as implicações do pós-milenarismo. Algumas vezes, parece que eles estão mais próximos de uma postura histórica pré-milenarista. O fato de nenhum dos dois ter assumido uma posição claramente articulada apenas reforçou as declarações de Baxter como plenamente representativo do movimento. Para uma pesquisa útil sobre o pré-milenarismo, consulte Weber, "Dispensational and historic premillennialism as popular millennialist movements".

[52] Mumford, "Hit by a greyhound bus", p. 2.

Isso estava atrelado à forte ênfase do movimento nas dimensões atuais do reino de Deus, em oposição à ênfase na consumação final. Essa orientação também foi proeminente nos ensinamentos do reconstrucionista cristão R. J. Rushdoony, regularmente apresentado como colaborador da *New Wine Magazine*.[53] Os artigos de Rushdoony apelavam para a aplicação cultural da lei de Deus, com um artigo expressando um tema escatológico que lamentava o lapso do "pensamento de domínio" pós-milenarista, sugerindo que haveria a renovação de uma escatologia mais positiva.[54] Em 1979, Bob Mumford distribuiu o livro de Rushdoony, *God's plan for victory* [Plano de Deus para a vitória], a centenas de líderes que ele supervisionava.[55] Tudo isso deu a percepção de que o movimento inteiro era pós-milenarista.

Derek Prince, com sua forte defesa de Israel e seu firme pré-milenarismo, era aquele que destoava e, aos poucos, foi se tornando teologicamente isolado dos outros mestres. Embora outros fatores possam ter sido mais significativos — como o conflito com os demais sobre seu novo casamento em 1978[56] e o crescente desacordo com a ideia de cuidado pastoral pessoal —, há pouca dúvida de que a tendência do movimento ao pós-milenarismo exacerbou seu sentimento de alienação.[57] Prince e Baxter entraram em disputas acaloradas sobre o lugar de Israel na história redentora de Deus.[58] Prince manteve, de forma sistemática, uma distinção hermeneuticamente clara e literal entre o Israel natural e a igreja.[59] Por outro lado, Baxter afirmava, de forma categórica, que não via diferença "entre Jerusalém e Filadélfia", e que a salvação para Israel viria por meio da conversão dos judeus a Cristo e de sua incorporação

[53] Rushdoony, "Modern morality", p. 22-5; idem, "Wise men still adore him", p. 10-1; idem, "Prayer", p. 11-2; idem, "Marching orders", p. 18-9.

[54] Idem, "Back to the future", p. 24-5.

[55] Rushdoony, *God plan for victory*.

[56] Lydia Prince, sua primeira esposa, morreu em 1975.

[57] O pré-milenarismo dispensacionalista de Derek Prince é claramente expresso em Prince, *Resurrection of the dead*.

[58] Essa informação é extraída de uma conversa por telefone pessoal do autor com Simpson.

[59] Tal como aconteceu com os outros quatro estudiosos, ele fez ajustes em sua escatologia ao longo do tempo, mas nunca desistiu de suas orientações pré-milenaristas sionistas. Em um livreto de ensino que Prince distribuiu em 1984, intitulado "Use of 'Israel' and 'Israelite in the New Testament", Bob Mumford escreveu na margem "scofieldismo descarado". Na recente biografia sobre Prince, Stephen Mansfield diz que Prince "compreendeu toda a sua vida da perspectiva de Israel". Mansfield, *Derek Prince*, p. 271. O livro de Mansfield, infeliz e incorretamente, minimiza o papel de Prince no Movimento de Apascentamento. Veja Prince, "Our debt to Israel", p. 26-30.

na igreja. A posição de Baxter era a de que "Deus havia formado uma nova nação tanto de judeus como de gentios [...] que se tornou a nação com a qual Deus está lidando redentora e profeticamente, e é para essa nação que o Israel étnico, na hora de seu destino, virá para a salvação".[60] Baxter simplesmente não tinha interesse no Israel natural. Para Prince, as perspectivas de Baxter sobre Israel eram inaceitáveis. Em retrospecto, Simpson acredita que as diferenças escatológicas foram um fator importante na saída silenciosa de Prince do movimento de apascentamento em 1983.[61]

Depois que Prince deixou o movimento, os outros quatro líderes procuraram manter a associação unida, mas, no final de 1986, decidiram que já não era mais possível trabalhar juntos. A controvérsia sobre seus ensinamentos tinha sido dispendiosa, e os líderes, em especial Mumford e Simpson, lidavam regularmente com situações por todo o país em que os líderes pastorais do movimento tinham abusado de sua autoridade ou eram acusados de tais práticas. Além disso, a *New Wine Magazine* começou a enfrentar dificuldades financeiras que duraram anos. Por fim, surgiram tensões e divergências na tentativa de manter esses líderes bem-sucedidos e obstinados em uma relação estreita, o que simplesmente se revelou bastante difícil. Por fim, fecharam a *New Wine Magazine* e dissolveram a associação. Apesar de todo o otimismo de sua esperança escatológica, sua visão partilhada não conseguiu superar as lutas e pressões externas e internas do próprio movimento.

Reflexões

Como o objetivo deste capítulo é explorar a escatologia do movimento de apascentamento, algumas questões vêm à tona na avaliação do movimento, em retrospectiva. Conforme observado, os cinco mestres viam a igreja como o centro da atividade de Deus nos últimos dias e, consequentemente, eram apaixonados pela

[60] Baxter, "Perspective for a final decade", p. 6.

[61] Simpson, entrevista. Em uma carta de 1983 enviada a Charles Simpson, na qual Prince detalha muitas das razões para não dar continuidade ao seu envolvimento, ele deixou claro seu forte compromisso com "Israel e o povo judeu". Ele reconhece que "é bem sabido que nem todos os meus colegas professores compartilham plenamente essas minhas convicções, ou o sentido de urgência que elas criam em mim". Prince, "Letter to Charles Simpson, summer 1983", p. 1-2.

restauração eclesiológica. De uma forma curiosa, embora estivessem tão concentrados na renovação estrutural da igreja e na importância da restauração da liderança governamental quíntupla, nunca desenvolveram qualquer sistema político formal para garantir o futuro do movimento. Com sua organização altamente relacional e informal, o movimento fragmentou-se rapidamente quando os cinco encerraram sua associação. Não havia estrutura para proporcionar coesão institucional.

Um fator que contribuiu ainda mais para essa dissolução foi a falta de uma declaração de credo abrangente em todo o movimento. Como muitos pentecostais, a imprecisão teológica levou a uma confusão escatológica que às vezes era confusa. Apenas Charles Simpson e sua ala do movimento desenvolveram uma declaração de fé clara e unificadora — e apenas seu setor do movimento sobreviveu relativamente intacto depois de os mestres terem encerrado sua associação, em 1986. A falta de unidade doutrinária significou que crenças e práticas díspares contribuíram para a incapacidade do movimento de se manter unido, como exemplificado pelas diferenças escatológicas de Baxter e Prince e pela consequente saída de Prince. Os líderes pensavam que seus laços de aliança e ênfases eclesiológicas seriam adequados para manter o movimento unido. A minimização de suas diferenças revelou-se ingênua.

Após a dissolução, os quatro líderes remanescentes acreditavam que a fragmentação dolorosa e angustiante do movimento era uma evidência que apoiava suas afirmações ao longo dos anos de que nunca haviam pretendido ser uma denominação. Isso pode ser verdade, mas muitas pessoas que fizeram investimentos significativos e se comprometeram com o futuro do movimento ficaram desiludidas quando ele terminou. Muitos haviam presumido que o movimento perduraria, dado o seu caráter institucional *de facto*, que era visível por uma liderança identificável, um braço editorial, conferências regionais e nacionais, além de uma visão triunfal de seu lugar como resposta à desintegração do mundo. Isso, contudo, não aconteceu. O remanescente do movimento passou a afirmar uma visão escatológica mais disciplinada e equilibrada.[62]

[62] Simpson, *The covenant & the kingdom*, p. 394-406.

O movimento do apascentamento ilustra que a escatologia pentecostal e carismática está longe de ser monolítica. A própria diversidade que alimentou o "século do Espírito Santo" desde o início de 1900 criou uma rica variedade de perspectivas teológicas. A ideia de que todos os pentecostais são pré-milenaristas, dispensacionalistas e centrados na iminência da segunda vinda de Cristo certamente não se aplica ao movimento do apascentamento. Eles eram altamente restauracionistas e escatologicamente focados, mas com uma orientação diferente, conforme já apresentado. Além disso, enquanto a maioria dos primeiros pentecostais nos Estados Unidos demonstrava intensa motivação para o evangelismo, dada a sua expectativa do breve regresso de Cristo, o movimento do apascentamento experimentou uma perda gradual de paixão pelo evangelismo, devido, em parte, à sua forte ênfase na formação do caráter e a um regresso tardio de Cristo. Na verdade, a ênfase em uma igreja preparada e triunfante desviou o movimento para seu interior e para longe de um evangelismo determinado. Eles reconheceram esse problema e tentaram remediá-lo, mas a falta de zelo evangelístico resultava de sua escatologia.[63]

Em última análise, sejam quais forem as deficiências do movimento de apascentamento, ele deve ser elogiado por sua vontade de tentar uma renovação estrutural da igreja, uma renovação motivada pela escatologia. Foi um esforço valente, embora, em última análise, ingênuo, mas que serve aos nossos dias, pelo desafio que proporciona. Com a acomodação cultural de grande parte do pentecostalismo americano, tanto o preço como o subproduto de seus sucessos, há necessidade de revisitar o apelo ao cristianismo capacitado pelo Espírito e à renovação da igreja. Em um momento no qual a igreja no Ocidente se tornou mais uma vendedora de serviços e bens religiosos do que uma comunidade escatológica e missional, é necessário haver uma mudança.[64] O movimento do apascentamento apelou à igreja nos últimos dias para se posicionar

[63] Alguns anos após o fim do movimento, Charles Simpson lançou uma revista intitulada *One on One*, que enfatizava o evangelismo pessoal.

[64] Tomei emprestada a expressão "vendedor de serviços e bens religiosos", de Hunsberger. Veja Hunsberger e Van Gelder, *Church between gospel and culture*.

como o próprio povo contracultural e redimido de Deus, brilhando com uma clareza estelar contra a escuridão do ambiente à sua volta. Que outros aceitem esse desafio e levem a igreja a voltar a se envolver mais plenamente na Grande Comissão de Jesus, clamando: "Vem, Senhor Jesus".

13

Prosperidade "já e ainda não":

uma interpretação escatológica da ênfase em saúde e riqueza no movimento pentecostal-carismático americano

MICHAEL J. MCCLYMOND ■

Introdução

UM DOS ASPECTOS DISTINTIVOS do cristianismo pentecostal e carismático desde a década de 1970 tem sido a chamada *mensagem de prosperidade* ou *evangelho de saúde e riqueza*. Originário da América do Norte, mais especificamente de uma região central de Oklahoma e Texas — tendo Tulsa como capital —, esse ensinamento nas décadas de 1980 e 1990 teve influência crescente na Nigéria, Coreia do Sul, Brasil, Suécia e em outras nações. Ao mesmo tempo, a mensagem de prosperidade foi submetida a críticas incessantes entre os crentes carismáticos pentecostais, bem como entre os críticos de fora. Em geral, as avaliações do ensino se enquadram em três categorias.

Em primeiro lugar, temos as análises bíblico-teológicas, que pretendem mostrar as deficiências do ensino da prosperidade à luz das instruções bíblicas relativas às bênçãos de Deus e ao uso adequado da riqueza. Entre as obras nessa categoria, estão *From the pinnacle of the temple* [Do pináculo do templo] (1979), de Charles Farah, *The disease of the health and wealth gospel* [O mal do evangelho da saúde e da riqueza] (1979), de Gordon Fee, *The seduction of Christianity* [A sedução do cristianismo] (1985), de Dave Hunt e T. A. McMahon, e o recente e extenso livro da Aliança Evangélica

(Reino Unido) sobre *Faith, health, and prosperity* [Fé, saúde e prosperidade] (2003).[1]

Em segundo lugar, existem análises genealógicas que explicam as origens intelectuais dos ensinamentos da prosperidade em sentido desfavorável, como surgindo a partir da influência do "Novo pensamento" ou das chamadas influências "cultuais". Entre as obras dessa segunda categoria, estão *A different gospel* [Um evangelho diferente] (1988), de D. R. McConnell, e o ensaio de H. Terris Neumann de 1990 em *Pneuma*. O impacto dos escritos de E. W. Kenyon sobre Kenneth Hagin Sr. tem sido um assunto de interesse especial. No entanto, duas monografias substanciais sobre Kenyon, escritas por Dale Simmons e pelo estudioso norueguês Geir Lie, refutaram amplamente as afirmações de McConnell. Ao questionar a adequação de rotular Kenyon como um professor do "Novo Pensamento", eles também lançam dúvidas sobre interpretações comparáveis de Kenneth Hagin.[2]

Um terceiro gênero de escrita consiste na história cultural ou na análise cultural. A maior parte dessas obras não procura avaliar o ensino da prosperidade como verdadeiro ou falso, bíblico ou antibíblico, benéfico ou prejudicial, mas simplesmente como um aspecto da cultura religiosa contemporânea nos Estados Unidos e no Canadá e/ou em outras regiões globais. Entre os trabalhos dessa terceira categoria, estão o estudo de David Edwin Harrell sobre o movimento de cura do pós-guerra, *All things are possible* [Todas as coisas são possíveis] (1975), e a biografia *Oral Roberts* (1985), a monografia de Simon Coleman sobre a Igreja Palavra de Vida na Suécia, *The globalisation of charismatic Christianity* [A globalização do cristianismo carismático] (2000) e *African pentecostalism* [Pentocostalismo africano], de Ogbu Kalu (2008).[3] No terceiro título, é possível criar um subtítulo para trabalhos de análise cultural que exibam uma

[1] Charles Farah Jr. foi um dos primeiros grandes críticos do movimento dos anos 1970 a publicar suas críticas, tendo escrito *From the pinnacle of the temple* e "Critical analysis", p. 3-21. Veja também Fee, *Disease of the health and wealth Gospel*; Hunt e McMahon, *Seduction of Christianity*; Comissão da Aliança Evangélica (Reino Unido) sobre Unidade e Verdade entre Evangélicos, Perriman, *Faith, health, and prosperity*.

[2] McConnell, *Different gospel*; Neumann, "Cultic origins of word-faith theology within the charismatic movement"; Simmons, *E. W. Kenyon and the postbellum pursuit of peace, power, and plenty*; Lie, *E. W. Kenyon*.

[3] Harrell, *All things are possible*; idem, *Oral Roberts*; Coleman, *Globalization of charismatic Christianity*; idem, "Conservative Protestantism and the word order", p. 353-73; Kalu, *African Pentecostalism*.

postura adversária e rejeitem o ensinamento da prosperidade como uma versão culturalmente comprometida do cristianismo americano, ou como uma expressão ideológica do neocolonialismo dos Estados Unidos nas nações em desenvolvimento. O primeiro livro de Paul Gifford, *The new crusaders* [Os novos cruzados] (1991), e o trabalho que Gifford coescreveu com Steve Brouwer e Susan Rose, *Exporting the American gospel* [Exportando o evangelho americano] (1996), em conjunto com uma série de ensaios sobre teologia da prosperidade em *The Christian century* [O século cristão], caem nessa subposição.[4]

A título de resposta, existem ensaios recentes que traçam as origens dos atuais ensinamentos sobre prosperidade na África, na Ásia e na América Latina até fontes indígenas, e não estrangeiras. O ensaio de Allan Anderson sobre David Yonggi Cho sublinha o impacto da ocupação japonesa e da privação pós-guerra na Coreia do Sul na formação da convicção de Cho de que "a pobreza é uma maldição".[5] David Maxwell argumenta que os "ensinamentos de prosperidade" do Zimbábue, embora não sejam independentes dos desenvolvimentos na América do Norte "surgiram predominantemente de fontes da África Austral e são moldados pelas preocupações do Zimbábue".[6] Até mesmo Paul Gifford, embora não tenha uma inclinação favorável em relação aos pregadores da prosperidade africanos, sugeriu mais recentemente que a ênfase na saúde e na riqueza se deve tanto às preocupações indígenas africanas como a quaisquer influências não africanas.[7] A revista *Christianity Today*, embora, em geral, ambivalente em relação aos televangelistas americanos, apresentou uma reportagem de capa de 2007 com uma atitude moderadamente favorável em relação ao ensino da prosperidade na África. Embora o ensino da prosperidade americano possa inclinar-se à opulência, a mensagem de prosperidade africana tinha, em geral, aspirações mais modestas. Naquele contexto, prosperidade

[4] Veja os seguintes trabalhos de Gifford, "Africa shall be saved", p. 63-92; idem, *New Crusaders*; idem, "Prosperity gospel in Africa", p. 20-4; e Brouwer, et al., *Exporting the American gospel*. Veja também o ensaio sobre o pregador da prosperidade de Houston, Joel Osteen, de Byassee, "Health and wealth gospel", p. 20-3.

[5] Anderson, "Contribution of David Yonggi Cho to a contextual theology in Korea", p. 85-105.

[6] Maxwell, "Delivered from the spirit of poverty?", p. 350-73.

[7] Veja o ensaio de Gifford em Corten; Marshall-Fratani, orgs., *Between Babel and Pentecost*.

significava que a pessoa que costumava ir para os lugares andando agora poderia ir de bicicleta.[8]

Antes de proceder a qualquer análise do ensino da prosperidade, é importante notar, de pronto, que não existe um conjunto único de ideias que possa ser isolado e identificado sob esse rótulo. Em vez disso, existem famílias ou grupos de doutrinas e ensinamentos relacionados, incluindo elementos como o princípio de receber de acordo com a fé, semear e colher, a ideia da "semente de fé", o retorno cêntuplo, a confissão positiva, a capacidade criativa inerente da fala, o alinhamento da linguagem com a Palavra escrita de Deus, o louvor a Deus pela bênção antes de recebê-la, o poder libertador de adorar a Deus em meio à adversidade, o poderoso e incomparável nome de Jesus, o aprisionamento de Satanás e dos maus espíritos, a oração de guerra, a superação de maldições geracionais e a transferência de riqueza no fim dos tempos de pessoas iníquas para pessoas justas. O que é chamado de teologia da prosperidade em qualquer lugar ou época é uma mistura complexa de muitos elementos. Assim, qualquer avaliação da teologia da prosperidade diz respeito, necessariamente, ao contexto. Para dar um exemplo, George Folarin observa que o ensino americano da prosperidade está muitas vezes enraizado na compreensão das promessas de riqueza incluídas na aliança de Deus com Abraão, enquanto na Nigéria a mensagem da prosperidade parte do pressuposto de que a pobreza é efeito do pecado.[9] Além disso, a abordagem africana para superar a pobreza envolve muitas vezes a libertação de espíritos malignos — o que normalmente não faz parte das receitas americanas para sair da pobreza.

Este capítulo faz parte de um projeto maior sobre o renascimento da Chuva Serôdia na década de 1940, uma série de movimentos sucessores e seu impacto no desenvolvimento do cristianismo

[8] Phiri and Maxwell, "Gospel riches", p. 23-9.

[9] Folarin, "Contemporary state of the prosperity gospel in Nigeria", p. 69-95. Quanto à ligação entre a teologia da prosperidade e o ministério de libertação, Jacob Olupona escreve sobre o pentecostalismo africano: "Há uma suposição geral de que o mundo é habitado por um poder satânico que causa infortúnios aos crentes. Os espíritos malignos são vistos como a principal causa dos problemas e crises da vida". Olupona, "Survey of West Africa", p. 15. A cientista social Birgit Meyer oferece uma análise da Gana cristã em que histórias populares associam os temas da tentação por dinheiro, bruxaria e dificuldades familiares, em "Delivered from the powers of darkness", p. 236-55.

carismático global durante a segunda metade do século 20. Em alguns aspectos, este capítulo se enquadra no segundo gênero de literatura — ou seja, a análise genealógica. Minha tese geral, simplesmente, é que a teologia da prosperidade precisa ser vista contra o pano de fundo do movimento da Chuva Serôdia e como uma das correntes de ensino e prática carismática que emanou daquele renascimento da década de 1940. Também fluiu do avivamento da década de 1940 a ênfase na restauração de profetas e apóstolos na igreja, um novo apelo à unidade espiritual e funcional entre os cristãos, e uma compreensão otimista da escatologia e do fim dos tempos. Desde a década de 1970, a teologia da prosperidade, como espero mostrar, nunca se tratou simplesmente de riqueza ou mesmo de bem-estar humano em sentido mais estrito. Subjacente ao ensinamento sobre a riqueza, existe uma preocupação com o domínio ou o reinado de Deus. O exercício do domínio, de acordo com a teologia da Chuva Serôdia e com os líderes da prosperidade posteriores, é mediado por indivíduos crentes e pela igreja em geral. Aqueles que veem o ensino da prosperidade tão somente como uma expressão da magia mundial primitiva, ou como uma busca egocêntrica pela realização materialista, talvez estejam ignorando alguns dos elementos mais profundos. As noções de prosperidade estão ligadas à escatologia — mais especificamente, a uma escatologia realizada segundo a qual o reino de Deus atinge seu efeito no tempo presente, e não em alguma consumação futurista ou celestial.

Paralelamente a esse impulso escatológico, está uma interpretação distinta da história da redenção — incluindo a perda de domínio de Adão para Satanás, a derrota de Satanás por Cristo e o papel dos santos na recuperação do domínio outrora detido por Adão. De acordo com os líderes do evangelho da prosperidade, o relacionamento entre Cristo e a igreja como corpo de Cristo é tão íntimo que um crente pode afirmar, em sentido qualificado, "eu sou Cristo" ou, com outros crentes, "nós somos Cristo". Esse ensinamento teantrópico, ou seja, com ênfase na humanidade divina, está subjacente a boa parte do que os professores da prosperidade afirmam, e o ensinamento deriva do reavivamento da Chuva Serôdia e de alguns de seus ensinamentos mais radicais sobre os "filhos manifestos de Deus". Muitos princípios fundamentais do ensino da prosperidade só fazem sentido quando se leva em consideração o contexto da Chuva Serôdia.

Na conclusão do capítulo, articularei as implicações historiográficas desse argumento. Não apenas o ensino da prosperidade, mas também uma série de outros desenvolvimentos importantes nas igrejas carismáticas desde a década de 1960 — como o ministério profético, o movimento apostólico, a ênfase na "vida corporal", novos estilos de adoração, oração de guerra e uma postura agressiva na recuperação da cultura secular para Cristo —, todos encontram sua fonte e raiz principal na década de 1940, e não no período pentecostal anterior, de 1900 a cerca de 1945. Além disso, o não denominacionalismo da Chuva Serôdia lançou as bases para o ecumenismo da renovação carismática durante as décadas de 1960 e 1970. Permita-me voltar primeiro para a Chuva Serôdia em si. Em seguida, oferecerei uma análise do ensino da prosperidade à luz da Chuva Serôdia e, por fim, encerrarei com algumas reflexões genéricas.

O Movimento da Chuva Serôdia

A terminologia "Chuva Serôdia" — ou "Nova Ordem da Chuva Serôdia" —, conforme geralmente empregada, denota um conjunto de ensinamentos e práticas que emergiram de um avivamento iniciado em fevereiro de 1948, em uma pequena faculdade bíblica e em um orfanato de North Battleford, Saskatchewan, Canadá. Entre os primeiros líderes, estavam George e Ernest Hawtin. Talvez o livro mais influente dos primeiros anos do avivamento tenha sido *The feast of tabernacles* [A festa dos tabernáculos] (1951), de George Warnock. As edições mensais do *Sharon Star* relatam os acontecimentos em North Battleford de dezembro de 1948 a 1952, quando o movimento local se tornou mais difuso e moderado. A monografia de Richard Riss, *Latter rain* [Chuva serôdia] (1987) — ainda o principal estudo sobre o tema —, baseou-se em correspondência não publicada para os primeiros líderes do avivamento e entre pastores e líderes denominacionais no Canadá e nos Estados Unidos que responderam positiva ou negativamente ao avivamento.[10] Outro estudo importante

[10] Riss, *Latter rain*. Uma grande coleção de correspondências não publicadas e outros documentos relacionados à Chuva Serôdia são encontrados em *Flower Pentecostal Heritage Center* e *Assemblies of God Archives*,

sobre a Chuva Serôdia é uma parte não publicada da dissertação de D. William Faupel de 1989, na Universidade de Birmingham.[11]

À medida que o Movimento Chuva Serôdia ia se desenvolvendo e se espalhando, havia rumores de que alguns adeptos se apegavam a um ensinamento sobre os "filhos manifestos de Deus" que tinham avançado espiritualmente até o ponto em que a sua vida se estendia em direção à imortalidade. De acordo com essa visão, a libertação da morte não era um dom subitamente concedido aos santos no regresso de Cristo, mas, antes, o resultado de um processo de crescimento espiritual. O "arrebatamento" da igreja, se é que o termo era aplicado, não seria uma operação de resgate, mas uma espécie de cerimônia de formatura. A igreja amadureceria até o ponto em que, como Enoque, seria arrebatada para Deus sem antes sofrer a morte. Portanto, o Movimento Chuva Serôdia produziu um notável grau de otimismo escatológico. O fim dos tempos testemunharia não a grande apostasia da igreja, mas, sim, um grande avivamento — o maior, na verdade, de toda a sua história. Os milagres realizados pelos santos do fim dos tempos rivalizariam e superariam os dos apóstolos do primeiro século. Para alguns proponentes do avivamento da Chuva Serôdia, a glorificação dos corpos dos santos já havia começado. O livro de Franklin Hall, *Atomic power through prayer and fasting* (1946), lançou as bases para o avivamento de 1948, incentivando o corpo docente e os alunos em North Battleford a se envolverem em jejuns prolongados por dias e até semanas consecutivas. O trabalho posterior de Hall, *The return of immortality* [O retorno da imortalidade] (1976), exibiu os aspectos mais radicais do ensino dos "filhos manifestos de Deus". Aqueles verdadeiramente devotados a Deus, segundo Hall, poderiam superar o processo

Springfield, Missouri, nos seguintes arquivos: Assemblies of God, Secretariat, "New order of the latter rain"; Correspondência de Joseph D. Mattsson-Boze para J. R. Flower, 2 nov. 1950, sobre: denominacionalismo das Assembleias de Deus; defesa de Winston Nunes; "New order of the latter rain". Correspondência de Winston I. Nunes para Westly R. Steelberg, 25 out. 1950, sobre a imposição de mãos, o envolvimento de Nunes no Movimento da Chuva Serôdia; "New order of the latter rain". Anúncios, propagandas, declarações de posição. Cópias da correspondência pessoal de Richard Riss, além de outros documentos relacionados, são encontradas em Latter Rain Files, American Religions Collections, Special Collections, Biblioteca da Universidade da Califórnia, Santa Bárbara, Califórnia.

[11] Faupel, "Everlasting gospel". A maior parte da dissertação de Faupel foi publicada com o mesmo título da dissertação, *Everlasting gospel*. No entanto, o livro publicado não incluía uma seção extensa sobre o reavivamento da Chuva Serôdia.

de envelhecimento, controlar os elementos físicos que produzem o clima e até mesmo escapar da lei da gravidade.[12]

No entanto, a maioria associada à Chuva Serôdia no Canadá ou em outros lugares nunca abraçou doutrinas muito bizarras. Na verdade, a raiz da heresia da Chuva Serôdia aos olhos das Assembleias Pentecostais do Canadá (APDC) e das Assembleias de Deus (AD) nos Estados Unidos foi seu franco desafio à autoridade denominacional. Os líderes do Movimento Chuva Serôdia sustentavam que o denominacionalismo era contrário à vontade de Deus e que o movimento pentecostal anterior tinha falhado em seu mandato entregue por Deus de renovar toda a cristandade quando decidiu organizar-se em denominações. A eclesiologia da Chuva Serôdia prenunciou a do movimento carismático posterior, com ênfase na superação de divisões e na complementaridade de dons dentro da igreja. Outro desafio à autoridade do APDC e do AD foi a prática de conceder dons espirituais aos fiéis por meio da imposição de mãos. Essa atividade pressupunha que os pentecostais comuns ainda eram espiritualmente deficientes e precisavam melhorar sua vida espiritual por meio de novas experiências de transmissão espiritual. Por contestar a autoridade denominacional e por causa dos relatórios sobre os ensinamentos radicais sobre os "filhos manifestos de Deus", o movimento foi rapidamente posto à margem.

O Movimento da Chuva Serôdia logo saiu da tela do radar e recebeu pouca atenção entre os líderes pentecostais e carismáticos ou entre os estudiosos especializados em estudos pentecostais-carismáticos. Entre aqueles que levaram adiante vários ensinamentos e ênfases da Chuva Serôdia, estavam George e Ernst Hawtin,[13] ao lado de George

[12] Veja as seguintes obras de Franklin Hall, *Atlantic Ocean storms destroying many cities*; *Atomic power with God with fasting and prayer* [ed. em português: *Poder atômico com Deus através do jejum e da oração* (Publicação independente, 2024)]; *Bodyfelt salvation*; *Formula for raising the dead and the baptism of fire*; *Our divine healing obligation*; *Return of immortality*; *Subduing the earth controlling the elements and ruling the nations with Jesus Christ*.

[13] Veja as seguintes obras de Hawtin: *According to the purpose*; *Treasures of truth*, v. 15; "Account of the 1948 Latter rain outpouring"; *Beholding the more excellent glory*; *Body of Christ, the house not made with hands*; *Church government*; *Creation, redemption, and the restitution of all things*, v. 28; *Evil day*; *Eschatology, the doctrine of last things*; *Fragments that remain*; *From glory to glory*; *Glory, honor, and immortality, eternal life*; *Glory soon to be revealed*; *God's great gamily of sons*; *Here is the mind that hath wisdom*; *Holy Spirit*; *Learning from illustrious men*; *Mystery Babylon*; *Mystery of Christ and our union with him*; *Nine gifts of the Spirit*; *Our so*

Warnock,[14] no Canadá das décadas de 1940 a 1980; Bill Britton,[15] de Springfield, Missouri; e John Robert Stevens[16] do sul da Califórnia durante as décadas de 1960 e 1970, Dick Iverson,[17] de Portland, Oregon, de 1960 a 2000; Reg Layzell,[18] de Vancouver, das décadas de 1960 a 1980; Earl Paulk,[19] de Atlanta nas décadas de 1980 e 1990; Rick Joyner,[20] da Carolina do Norte, no final da década de 1980 até o presente; Paul Cain[21] e Bob Jones, dos Profetas de Kansas City, na década de 1980 até o início dos anos 2000; Bill Hamon,[22] da Flórida, da década de 1980 até os dias atuais; e Kelley Varner,[23] da Virgínia Ocidental, da década de 1990 até hoje. Tomados coletivamente, esses autores publicaram centenas de livros e folhetos. O catálogo de publicações do Movimento da Chuva Serôdia, embora não seja muito estudado, impressiona. Digno de nota é o fato de que o movimento exerceu sua influência em Oklahoma desde muito cedo. Um dos periódicos mais importantes da Chuva Serôdia fora do Canadá foi o *Latter Rain Messenger*, publicado em Oklahoma City a partir de 1950. Esse periódico oferecia ensaios coerentes e anúncios de

great salvation; *Pearls of great price*; *Portrait of things to come*; *Thy kingdom come*; *Watchman, what of the night*; *When saints become the will of God*.

[14] Warnock, *Beauty for ashes, part I: the family of God*; *Beauty for ashes, part II*; *Crowned with oil*; *Evening and morning*; *Feast of tabernacles*; "Feed my sheep"; *From tent to temple*; *Seven lamps of fire*.

[15] Britton, *Apprehended of God*; *Benjamin*; *Beyond Jordan*; *Changed by the son*; *Cleansing of the temple*; *Climb the highest hill*; *Closer look at the rapture*; *Divine breakthrough into the unlimited*; *Double portion of the Holy Ghost and power*; *Eagle Saints arise! From the known to the unknown*; *God's Sabbath*; *God's two armies*; *Hebrews*; *His unlimited glory*; *Jesus: the pattern son*; *Light out of shadows*; *Noah's ark*; *Not as a servant*; *Oil on the beard*; *One new man*; *One shall be taken*; *Only in his likeness*; *Peter's shadow*; *Points to consider*; *Prophet on wheels* [biografia]; *Purple hearts and silver stars*; *Reach for the stars*; *Sectarianism in the "Move of God"*; "Shepherds, submission, and trans-local authority"; *Songs for eagle saints*.

[16] Stevens, *Baptized in fire*; *Elijah and Elisha*; *Kingdom fast*; *Living prophecies*; *Living word on the coming glory*; *Prophecies of december 1968*; *School of prophets*; *Twelve keys to heaven's best*.

[17] Iverson, *Journey*; Iverson e Scheidler, *Present day truths*; Iverson e Straza, *Restoration: God's plan*.

[18] Layzell, *Pastor's pen: unto perfection*.

[19] Paulk, *Held in the heavens until*; *Ultimate kingdom*; *Wounded body of Christ*.

[20] Joyner, *Apostolic ministry*; *The call*; *Epic battles of the last days*; *Final quest*; *The harvest*; *Prophetic ministry*; *Shadows of things to come*; *Visions of the harvest*.

[21] Cain e Bickle, *Interview with Paul Cain*; *Prophetic history of metro vineyard fellowship*; Cain e Kendall, *Word and the spirit*.

[22] Hamon, *Day of the saints*; *Eternal church*; *Prophets and personal prophecy*; *Prophets, apostles, and the coming moves of God*; *Prophets, pitfalls and principles*.

[23] Varner, *Chosen for greatness*; *Corporate anointing*; *Issues of life*; *Moses, the master, and the manchild*; *Prevail*; *Priesthood is changing*; *Secrets of the ascended life*; *Sound the alarm*; *Time of the Messiah*; *Understanding types, shadows, and name*; *Life and times of Haggai the prophet*; *Whose right it is*.

conferências regionais em Oklahoma e Texas, a provável razão para a influência das ideias da Chuva Serôdia naquela região durante as décadas de 1960 e 1970.

Um elemento fundamental para muitos aspectos do ensino do Movimento da Chuva Serôdia era a compreensão otimista da escatologia. Rejeitando a noção de que a igreja diminuiria em sua santidade, poder e influência antes do retorno de Jesus, a nova teologia do reino insistia que Deus estabeleceria o domínio sobre o mundo por meio da igreja, e não apesar dela e de seu afastamento da fé. Alguns adeptos continuaram a sustentar que haveria uma "apostasia" da fé e uma "igreja apóstata" nos últimos dias. No entanto, isso se aplicava apenas a um grupo de cristãos professos. Houve um ensino adicional a respeito de um grupo chamado de "Vencedores", "Santos Águias", a "Noiva de Cristo" ou a "o filho de muitos membros". Esses santos eleitos e de elite exibiriam fidelidade exemplar a Deus em meio à perseguição e realizariam milagres extraordinários — milagres que superariam os da igreja primitiva.[24] Jesus não voltaria até que essa "igreja madura" estivesse pronta para recebê-lo, para exercer domínio conjunto com Cristo sobre o mundo.

Outro ponto fundamental para o ensino da Chuva Serôdia era uma ideia distinta de humanidade divina. Antes de Cristo retornar em poder e glória nas nuvens do céu, Deus primeiro retornaria, por assim dizer, *dentro dos santos, por* uma manifestação mais profunda de sua presença e de seu poder entre eles. Diversas analogias foram usadas para expressar esse ensinamento, e as imagens eram, em geral, de natureza biológica, como, por exemplo, referências a "semente", "plantio", "nascimento", "geração" e "reprodução". Alguns defensores da doutrina chegavam a afirmar que os crentes em Cristo são "pequenos deuses", ou que cada cristão é, de alguma forma, "um Cristo". A escatologia otimista e a ideia do "pequeno deus" caminhavam de mãos dadas. De acordo com o ensino da Chuva Serôdia, o propósito final de Deus na criação é exercer seu domínio. Com a

[24] A teologia dos "vencedores" remonta à teologia especulativa de Charles F. Parham, que insistia que "o povo da redenção caminhará como Jesus andou" e que isso incluirá "aparecer e desaparecer à vontade" e a capacidade de "atravessar a terra livremente [...] levar o evangelho a muitos pontos tropicais e gélidos" (Parham, *Voice crying in the wilderness*, p. 74). No entanto, essa visão teve pouca influência no movimento pentecostal clássico.

queda de Adão e Eva — os vice-regentes ou representantes nomeados por Deus na terra —, Deus, em certo sentido, perdeu o domínio sobre a criação, e esse domínio passou para Satanás. No entanto, Deus, assim acreditavam, está levantando um povo para recuperar o domínio sobre a terra. Eles serão dotados de capacidade, por meio da fé nas promessas de Deus, de reverter a maldição sobre a criação e de proferir palavras de vida e de cura. A palavra falada com fé e de acordo com a Palavra de Deus tem o poder de banir a doença e a morte, criando vida, saúde, bem-estar, prosperidade e abundância.

No final do século 20, muitos dos que tinham sido, direta ou indiretamente, influenciados pelos ensinamentos da Chuva Serôdia acreditavam ter o mandato de recuperar a cultura secular para Cristo. Eles se envolveram em longos períodos de oração e de jejum, com o objetivo de acabar com o aborto nos Estados Unidos, superar a pornografia e a tentação sexual, unir as igrejas, capacitar o evangelismo, manifestar sinais e maravilhas por meio da cura e redimir a música, a arte e o cinema para os propósitos do reino. Eles não eram mais pré-milenaristas, como os pentecostais típicos das décadas de 1920 e 1930. Embora acreditassem que Jesus retornaria para estabelecer seu reino, também acreditavam que a fé e a fidelidade da igreja eram o instrumento por meio do qual Cristo estabeleceria seu reinado sobre a terra. Tecnicamente, isso pode ser classificado como pós-milenarismo, e não como pré-milenarismo. Seu *éthos* agressivo e voltado para o exterior lembrava mais o calvinismo americano do que o sectarismo da primeira geração de pentecostais. A crença otimista na capacidade dos cristãos de mudar a cultura secular parecia um recrudescimento do pós-milenarismo puritano inicial ou do pós-milenarismo otimista do final do século 19. Um observador dos reconstrucionistas cristãos — um movimento não carismático que busca reinstituir a lei do Antigo Testamento nos tempos modernos — observou que os reconstrucionistas e os carismáticos pareciam estar estabelecendo um relacionamento mais próximo entre si.[25] Alguns livros analisaram a influência política da direita religiosa, mas pouca atenção foi

[25] Veja House e Ice, *Dominion theology?*, espec. "Appendix A: heat and light: the charismatic connection", p. 367-95.

dispensada às raízes teológicas e intelectuais mais profundas do impulso carismático para o domínio cultural.[26]

O ensinamento da prosperidade à luz do Movimento da Chuva Serôdia

Esta análise se concentrará em estudiosos da prosperidade como Kenneth Hagin Sr.[27] — geralmente considerado a figura central —, ao lado de Kenneth e Gloria Copeland,[28] Charles Capps[29] e Jerry Savelle.[30] Com frequência, ele são chamados de pregadores da "Palavra da Fé", e o rótulo parece tão adequado quanto qualquer uma das alternativas. Fred K. C. Price e Norvel Hayes podem ser vistos como figuras menores nessa escola. Um tom um pouco diferente é o de Robert Tilton, cuja mensagem está mais próxima do "pensamento positivo" de Norman Vincent Peale ou do "pensamento de possibilidade" de Robert Schuller do que do ensino da Palavra da Fé. Joel Osteen, na minha opinião, é mais bem-compreendido ao lado de Peale e Schuller do que de Hagin e Copeland. A mensagem positiva de Osteen inclui relativamente poucas referências às Escrituras ou a Jesus Cristo.[31] Em algumas ocasiões, Benny Hinn pregou algo parecido com a mensagem da Palavra da Fé e, mais tarde, viria a rejeitá-la como um ensino da "Nova Era" — embora possivelmente não de forma intencional.[32] Oral Roberts pode, em alguns aspectos,

[26] Considere o livro recente, *Kingdom coming*. A autora, Michelle Goldberg, que se autodenomina "judia secular e uma cidadã urbana convicta", escreveu esse livro sobre a teologia do domínio "em parte porque estava aterrorizada pela crescente hostilidade da América em relação aos valores cosmopolitas que aprecio" (p. 21). Embora a obra caracterize, de forma precisa, determinados aspectos da atual "teologia do domínio", Goldberg não parece compreender as nuances teológicas e a diversidade do movimento, e as formas que isso conduz a diferentes estratégias e respostas à cultura secular nos Estados Unidos. Basicamente, o trabalho não reconhece que a busca por uma "América cristã" não é nova e tem sido uma preocupação constante desde o início do período colonial dos anos 1600. Veja Handy, *Christian America*.

[27] Entre os muitos trabalhos de Kenneth E. Hagin Sr. que são relevantes para esse artigo, estão: *Believer's authority*; *El Shaddai*; *Exceedingly growing faith*; *How to turn your faith loose*; *I believe in visions*; *Midas touch*; *Ministry of a prophet*; *Name of Jesus*; *Present-day ministry of Jesus Christ*; *Right and wrong thinking*; *Seven steps for judging prophecy*; "Trend toward faith movement", p. 67-70; *Triumphant church*; *Understanding the anointing*; *"You can have what you say!"*; *Zoe: the God-kind of life*.

[28] Copeland, *God's will is prosperity*; *Laws of prosperity*.

[29] Capps, *Authority in three worlds*; *The tongue*.

[30] Savelle, *Expect the extraordinary*; *If Satan can't steal your joy*; *Walking in divine favor*.

[31] Veja Byassee, "Health and wealth gospel", p. 20-3.

[32] Ferraiuolo, "Christian leaders admonish him", p. 38-9.

ser considerado a fonte do ensino da prosperidade, popularizando, pela primeira vez, o princípio da "semente da fé" já na década de 1950 e, portanto, muito antes de o ministério de Kenneth Hagin se tornar amplamente influente. No entanto, Oral Roberts manteve uma escatologia pré-milenarista, e sua mensagem não mostra muita afinidade com os ensinamentos da Chuva Serôdia e com seus ensinamentos escatológicos distintivos.[33] T. D. Jakes também tem sido, algumas vezes, associado ao ensino da prosperidade.[34] No entanto, a pregação de Jakes é menos sobre prosperidade e mais sobre avanço pessoal e capacitação em meio às dificuldades da vida. John Avanzini oferece um ensinamento sobre prosperidade, mas seu impulso principal é a ideia de transferência de riqueza, ou seja, que a riqueza dos ímpios será dada aos justos no fim dos tempos.[35] Por último, mas não menos importante, é o caso de Pat Robertson, cujos livros e transmissões às vezes mostram afinidade com o ensino da Palavra da Fé. *The secret kingdom*, de Robertson, que ele escreveu em coautoria com Bob Slosser, apresenta uma versão da teologia do domínio.[36] No entanto, as afinidades entre a teologia da prosperidade e o ensino da Chuva Serôdia são mais evidentes no caso da escola da Palavra da Fé, para a qual nos voltamos agora.

Uma característica marcante no ensino da Palavra da Fé é a afirmação de que os seres humanos são divinos ou podem tornar-se divinos. Tais declarações são realmente surpreendentes para o leitor não iniciado. Assim, Kenneth Hagin escreve: "O crente é uma encarnação tanto quanto Jesus".[37] Kenneth Copeland afirma: "Você não tem um Deus vivendo em você; você é um deus!". Frederick K. C. Price comenta: "Eu acredito que [...] Deus fez do homem um deus.

[33] Para as visões escatológicas de Oral Roberts, veja seu trabalho *Drama of the end-time*; *God's timetable for the end of time*; *Salvation by the blood*.

[34] Lee, "Prosperity theology", p. 227-36.

[35] Avanzini escreve: "Uma profecia clara [...] mostra que, em breve, o mundo testemunhará um dia em que haverá uma transferência dramática da riqueza mundial, literalmente arrancando a riqueza do controle dos ímpios e colocando-a nas mãos de pessoas informadas em todo o mundo" (Avanzini, *Wealth of the world*, p. 10). Kenneth Hagin, em seus trabalhos posteriores, rejeitou a ideia de transferência de riqueza. Veja *Midas touch*, p. 170-2.

[36] Robertson com Slosser, *Secret kingdom* [ed. em português: O reino secreto (São Paulo: Vidal, 1985)].

[37] Kenneth Hagin, apud Randles, *Weighed and found wanting*, p. 49.

Um deus abaixo Deus". Charles Capps observa que "Jesus disse 'vocês são deuses'. Em outras palavras, Adão era o deus da terra". Robert Tilton explica: "Você é [...] uma criatura do tipo Deus. Originalmente, você foi projetado para ser um deus neste mundo [...] É claro que o homem perdeu seu domínio para Satanás, que se tornou o deus deste mundo".[38] Muitas outras citações poderiam ser fornecidas. Basta dizer que todos os principais autores da escola da Palavra da Fé fazem regularmente esse tipo de afirmação. Mas o que elas significam?

Morris Cerrullo, em uma pregação televisionada de 1991 sobre os "Filhos manifestos de Deus", explicou o ponto de vista da seguinte forma: "Deus está se duplicando na terra [...] Finalmente, chegou a hora. Deus está liberando sua vida por meio do corpo [...] A plenitude da divindade habita em mim. Deus planejou que eu fosse a imagem de Cristo na terra".[39] Desse modo, a doutrina da humanidade divina está atrelada aos propósitos de Deus de se manifestar no mundo. Deus escolhe trabalhar por meio da igreja como seu intermediário e de uma forma tão aparente e inconfundível que se pode dizer que a igreja se tornou divina. Earl Paulk comenta: "A conclusão da encarnação de Deus no mundo deve ocorrer em sua igreja [...] Jesus é as primícias, mas, sem a colheita contínua, a encarnação nunca será completa". Em outro lugar, Paulk afirma: "Estamos na terra como extensões de Deus para concluir a obra que ele começou. Somos a essência de Deus, sua encarnação contínua no mundo".[40]

Tais afirmações fazem sentido tendo como pano de fundo os ensinamentos da Chuva Serôdia das décadas de 1950 e 1960. George Warnock escreveu que "Cristo, o cabeça [...] não está completo sem Cristo; o corpo [...] Cristo é o corpo, o corpo inteiro, e não apenas a cabeça".[41] Observe que a simples afirmação de Warnock, de que

[38] Hunt e McMahon, *Seduction of Christianity*, p. 84, citando a mensagem de Copeland "The force of love", carta pessoal de Price, 25 ago. 1982; carta pessoal de Capps, 4 jun. 1982; e *God's laws of success*, de Tilton, p. 170-1. Um líder pentecostal do início do século 20 que antecipou os ensinamentos da Chuva Serôdia sobre a humanidade divina foi John G. Lake (1870-1935), que escreveu: "O homem não é uma criação separada, desconectada de Deus; ele é uma parte do próprio Deus [...] Deus quer que sejamos deuses" (Lindsay, *God-Men, and other sermons of John G. Lake*, p. 20-1).

[39] O programa de Cerrullo de 1991 sobre "Filhos manifestos de Deus", citado em Randles, *Weighed and found wanting*, p. 50.

[40] Randles, *Weighed and found wanting*, p. 50.

[41] Warnock, apud Randles, *Weighed and found wanting*, p. 49.

"Cristo é o corpo", estava apenas a um pequeno passo da afirmação "o corpo é Cristo". Em *Jesus the pattern son* [Jesus, o filho-padrão] (1966), Bill Britton estabelece a premissa básica do ensinamento da Chuva Serôdia de que "a vida de Jesus em sua humanidade aqui na terra foi o padrão divino para o corpo perfeito de Cristo no tempo do fim". Tudo o que Cristo alcançou em sua natureza humana será, por fim, alcançado corporativamente na igreja e, mais notavelmente, por meio dos "Santos Águias" ou "Vencedores", especialmente aqueles destinados ao cumprimento dos propósitos de Deus.[42] Uma tendência importante no ensino da Chuva Serôdia foi reduzir a disparidade entre Cristo e a igreja. Essa linha de pensamento está subjacente às palavras de James Robison: "Deus quer que vejamos Jesus apenas como um irmão mais velho em uma enorme família de irmãos e irmãs. Você tem a natureza divina, a vida eterna de Deus. Deus revela que Cristo tinha de ser formado, mesmo em Jesus".[43]

Outra maneira de o ensino da Chuva Serôdia e da Palavra da Fé atenuar a distinção entre Cristo e a igreja foi por uma espécie de cristologia carismática ou espiritual. Jesus, durante sua jornada terrena, realizou seus milagres e viveu de forma obediente, não por causa da confiança em sua natureza divina, mas simplesmente pela perfeita submissão de sua natureza humana à direção e à capacitação do Espírito Santo.[44] Os pregadores da Chuva Serôdia e da Palavra da Fé costumam citar Atos 10:38: "Como Deus ungiu a *Jesus* de *Nazaré* com o *Espírito* Santo e poder, e como ele andou por toda parte fazendo o bem e curando todos os oprimidos pelo Diabo, porque Deus estava com ele". Jesus é o ungido de Deus por excelência. No entanto, os crentes em sentido individual e, especialmente, corporativo, também são ungidos. Quase seria possível falar da igreja como messias ou como Cristo. Em *Understanding the anointing*, Hagin faz uma declaração intrigante:

[42] Britton escreve: "Embora existam multidões de pessoas salvas pela graça de Deus [...] os verdadeiros propósitos divinos estão ligados àquele grupo de santos que avança rumo ao alvo da soberana vocação de Deus [...] Eles são os cem frutos da terra, produzidos pela chuva serôdia [...] São eles que colocam Satanás debaixo de seus pés e recuperam a herança perdida por Adão" (Britton, *Jesus the pattern Son*, p. 16).

[43] James Robison, apud Randles, *Weighed and found wanting*, p. 49.

[44] Charles Capps explica: "Sim, Jesus era o Filho de Deus; mas, antes de tudo, era homem. Ele não estava operando em seu divino poder e glória como Deus quando destruiu as obras do Diabo. Estava extraindo da unção que Deus havia colocado sobre ele como homem" (Capps, *When Jesus prays through you*, p. 53).

"Estou completamente convencido, embora não se possa nem provar nem refutar isso pela Bíblia, que nós, como o corpo de Cristo *como um todo*, temos *a mesma medida* do Espírito Santo que Jesus, mas não como membros individuais do corpo de Cristo. *A maior unção de todas é a unção corporativa"*.[45] Nessa perspectiva, o Espírito de Deus agiu por intermédio de Jesus durante sua vida terrena e depois, no dia de Pentecostes, a mesma plenitude do Espírito foi efetivamente transferida para a igreja.

Kenneth Hagin Sr. não é apenas um típico especialista da Palavra da Fé, mas também alguém que mostra claramente as influências da Chuva Serôdia. Considere os primeiros escritos de Hagin, *The believer's authority*. Nessa obra, ele afirma que passou por um ponto de transformação em sua compreensão da autoridade espiritual no período de 1947 a 1948 — na mesma ocasião, coincidentemente, em que o Movimento da Chuva Serôdia estava emergindo. Hagin escreve: "Alguns de nós mal chegamos ao limite dessa autoridade, mas, antes que Jesus volte novamente, haverá todo um grupo de crentes que se levantará com a autoridade que lhe pertence e fará o trabalho que Deus planejou que fosse feito".[46] Observe a linguagem plural. Embora Hagin e outros especialistas da prosperidade tenham posteriormente enquadrado sua mensagem no sentido da confiança individual em Deus pela fé, esse texto anterior falava da igreja — "todo um grupo de crentes" que exerceria em conjunto a autoridade espiritual. Isso estava inteiramente de acordo com a noção de "Vencedores" da Chuva Serôdia.

Mais tarde, em *The believer's authority*, Hagin afirma: "Somos um com Cristo. Nós somos Cristo. Estamos sentados à direita da Majestade nas alturas. Todas as coisas foram colocadas sob nossos pés. Nosso problema é que temos pregado a religião da 'cruz', e precisamos pregar a religião do 'trono' [...] Sim, nós morremos; mas ressuscitamos com Cristo. Estamos assentados com ele". As palavras "a elevação do povo de Cristo" significam que "compartilhamos não apenas seu

[45] Hagin, *Understanding the anointing*, p. 149 [ed. em português: *Compreendendo a unção* (Rio de Janeiro: Graça Editorial, 2019)].

[46] Hagin, *Believer's authority*, prefácio [ed. em português: *A autoridade do crente* (Rio de Janeiro: Graça Editorial, 2019)].

trono, mas também sua autoridade".[47] Aqui podemos notar a escatologia completamente realizada de Hagin. O reino já está aqui — já está acontecendo —, e há pouca ênfase em qualquer momento de realização futura ou na necessidade de ser paciente e esperar. Pelo contrário, Hagin insiste que a igreja, corporativamente, tem o poder de reivindicar sua própria autoridade legítima em nome de Jesus e, assim, decretar o reino aqui e agora. Sobre o tema da escatologia: "Nosso problema é que relegamos tudo para o futuro! A maioria das pessoas da igreja acredita que exerceremos a nossa autoridade espiritual em algum momento do milênio [...] É agora, quando há algo que vai ferir e destruir, que temos autoridade!". Para Hagin, a igreja pode dominar Satanás aqui e agora. Hoje, a igreja não tem menos autoridade do que tinha logo depois que Jesus morreu e ressuscitou.[48]

A versão de Hagin da história da redenção começa com a ideia de que Deus entregou a Adão o domínio sobre a terra. "Em outras palavras, Adão era o deus deste mundo. Adão cometeu alta traição e se vendeu a Satanás, o qual, então, tornou-se o deus deste mundo. Adão não tinha o direito moral de cometer traição, mas tinha o direito legal de fazê-lo. Agora, Satanás tem o direito de estar aqui e de ser o deus deste mundo até que o 'período de Adão' termine. Satanás tinha o direito de governar sobre nós até que nos tornássemos novas criaturas e fôssemos o corpo de Cristo [...] Por isso Satanás não tem o direito de nos governar ou dominar".[49] No entan-

[47] Ibidem, p. 16-7.

[48] Ibidem, p. 20.

[49] Hagin, *Believer's authority*, p. 19-20. Charles Capps faz um relato elaborado do plano redentor da história. "Deus deu a Adão um arrendamento neste planeta e deu à humanidade seu domínio. Mas, quando Adão pecou, ele entregou o arrendamento a Satanás. Assim, Deus estava com um problema em suas mãos. O que ele faria? Ele deu ao homem um arrendamento sobre a terra, mas Adão quebrou a Palavra de Deus e vendeu-a ao Diabo. O Diabo tornou-se, em essência, "o deus deste mundo" (2Coríntios 4:4). Mas Deus tinha um plano para trazer sua Palavra de volta a esta terra. Primeiro, ele fez uma aliança com Adão. Então, fez aliança com Noé e com Moisés. Mas aquela que ele fez com Abraão foi a aliança de todas as alianças. De fato, com tal aliança, Abraão passou a ter acesso ao que Deus tinha [...] O plano de Deus era recuperar o controle sobre a terra. Para fazer isso, teve de fazer com que seu Filho nascesse nesta terra com um corpo físico de carne, sangue e ossos. Então, Jesus teria autoridade legal aqui [...] Quando você perceber o que diz o primeiro capítulo de Gênesis, entenderá por que Deus não volta à terra e destrói o Diabo e todo o mal. Para fazer isso no tempo presente, Deus teria de violar a sua Palavra [...] Ele tem a capacidade de destruir o Diabo e todo o mal, mas, se o fizesse agora, antes de o arrendamento expirar, violaria sua Palavra. A verdadeira igreja, que é o corpo de Cristo na terra hoje, tem autoridade para impor a derrota de Satanás até sermos arrebatados. Deus fez tudo o que *ele fará* a respeito até que o arrendamento deste planeta termine. Mas, quando esse arrendamento expirar, Satanás será colocado em seu lugar" (Capps, *When Jesus prays through you*, p. 46).

to, a maioria dos crentes não entende que tem autoridade sobre Satanás. Quando Hagin escreveu *The believer's authority*, não parecia estar preocupado principalmente com a prosperidade material. Em vez disso, sua ênfase estava no domínio. Como corolário do domínio, Hagin fala por vezes do triunfo do crente em circunstâncias desfavoráveis como a pobreza. Ele escreve: "O plano de Deus para nós é que governemos e reinemos na vida como reis: para governar e reinar sobre as circunstâncias, a pobreza, a doença [...] ou seja, sobre tudo o que nos possa impedir [...] Nós reinamos por Jesus Cristo. Na próxima vida? Não, *nesta* vida".[50] Assim, a pobreza e a riqueza parecem desempenhar papel relevante, embora apenas subordinado, nos ensinamentos de Hagin durante a década de 1960.

Tanto a noção de humanidade divina como o tema do domínio nos ajudam a compreender a ideia de que os seres humanos — como Deus — podem criar a realidade por meio das palavras que falam. Com frequência, esse ensinamento sobre o poder criativo da linguagem ou da "confissão positiva" é tomado como evidência *ipso facto* da influência do "Novo Pensamento" em Hagin e de outros pregadores da Palavra da Fé. No entanto, é possível tecer uma interpretação diferente. Se entendermos que a igreja reina sobre o mundo em nome de Deus, então é lógico que a palavra humana deve alinhar-se com a Palavra divina. Nesse caso, a autoridade, a eficácia e a dignidade da palavra humana dependem inteiramente da Palavra divina. Embora alguns pregadores da Palavra da Fé tenham dado a impressão de que a "confissão positiva" começa com os desejos e anseios do crente individual, há também uma forte ênfase compensatória na necessidade de a palavra humana entrar em concordância com a Palavra divina. Sem uma Palavra de Deus que lhe sirva de "apoio", a palavra humana não é capaz de produzir efeito. Além disso, há uma analogia notável entre as palavras divinas e humanas e os respectivos papéis desempenhados pela fé. Hagin escreve: "Deus é um Deus de fé [...] Deus criou tudo, exceto o homem,

[50] Hagin, *Believer's authority*, p. 39. Uma discussão mais aprofundada sobre o reinado do crente sobre a situação é encontrada em Hagin, *Zoe*: "O ser humano não foi feito para ser escravo. Ele foi feito para reinar como um rei debaixo da autoridade de Deus. Esse ser real foi criado à imagem e à semelhança de Deus. Deus fez do homem seu substituto [...] O homem vivia no reino de Deus. O homem vivia em pé de igualdade com Deus" (p. 36).

por meio da palavra. Ele é um Deus de fé. Deus fez do homem um homem de fé, porque o homem pertence à categoria de Deus. E um homem de fé vive no reino criativo de Deus".[51]

Muito mais poderia ser incluído aqui sobre as conexões entre as doutrinas da Chuva Serôdia e os pregadores da Palavra da Fé sobre Deus, Cristo, a humanidade, o papel da igreja e a realização do reino na história. Tanto os pregadores da Chuva serôdia como os da Palavra da Fé exibem uma escatologia otimista segundo a qual a igreja do fim dos tempos manifestará visível e poderosamente a presença de Deus na terra, superando as forças da doença, da incredulidade, da discórdia e da pobreza. A prosperidade, com certeza, faz parte desse quadro. No entanto, no avivamento da Chuva Serôdia dos anos 1950 e 1960, e nas primeiras fases do ensino da Palavra da Fé, dos anos 1960 ao início dos anos 1970, a prosperidade não foi distinguida ou separada de outros aspectos do reinado real de Deus. O princípio mais importante era o domínio divino sobre a terra, sendo a igreja o meio de Deus para alcançar esse domínio.

Conclusões

Duas escolas de pensamento emergiram da Chuva Serôdia. Uma delas enfatizou a eclesiologia, a "igreja madura" do fim dos tempos e o papel especial a ser desempenhado por um conjunto de superssantos nos últimos dias. Poderíamos chamá-la de *escola corporativista-elitista*. O atual movimento de oração 24 horas por dia, 7 dias por semana e a Casa Internacional de Oração (CIO) em Kansas City têm defendido muitos aspectos dessa tradição, incluindo uma previsão entusiástica de que, em breve, os crentes escolhidos realizarão obras milagrosas, superando até mesmo as realizações dos apóstolos do primeiro século.[52] Um texto bíblico do Evangelho de João é frequentemente citado nesse contexto: "Fará coisas ainda maiores do que

[51] Hagin, *Zoe*, p. 36.

[52] John Wimber, em discurso proferido em Docklands, Inglaterra, em 1990, fez uma declaração abrangente sobre o movimento vindouro de Deus e o papel a ser desempenhado pelos "Elias": "Haverá um tempo em que, como em Atos 2, estando eles reunidos, o Senhor aparecerá de repente no meio deles com uma unção além de qualquer coisa que já foi dada ao homem antes. Algo surpreendente, tão maravilhoso que Deus manteve como um mistério, por assim dizer, atrás de si, e ele está prestes a revelá-lo. Com o julgamento de toda a humanidade,

estas, porque eu estou indo para o Pai" (João 14:12). Mike Bickle, fundador da CIO, admitiria, posteriormente, que seu ministério se caracterizava pelo elitismo espiritual durante a década de 1980 e o início da década de 1990.[53] Uma segunda corrente de pensamento tem uma orientação mais individualista. Pode ser chamada de *escola individualista-populista*. A mensagem básica dos populistas era que qualquer crente, ao exercer sua fé, poderia realizar milagres. Os crentes que andassem de acordo com Deus e com a Palavra de Deus poderiam banir as doenças e libertar novas riquezas em suas vidas e na vida de outras pessoas. Incluídos nessa segunda escola, estavam muitos pregadores da Palavra da Fé, como Kenneth Copeland e Robert Tilton. Enquanto a escola corporativista-elitista se apegou mais aos temas distintivos do ensino da Chuva Serôdia das décadas de 1950 e 1960, a escola de pensamento individualista-populista mostrou marcas de afinidade com a Chuva Serôdia por sua insistência em "Eu sou um 'Cristo'" e na tese de que a palavra falada do crente pode ser o meio pelo qual o domínio de Deus será restabelecido na terra. Especialmente no caso de Kenneth Hagin Sr., observar-se como as influências da Chuva Serôdia foram um fator importante no surgimento do ensino da prosperidade.

Algumas lições historiográficas mais amplas podem ser extraídas do argumento apresentado. Está claro que o período imediatamente após a Segunda Guerra Mundial trouxe uma série de novas

virá esse incrível revestimento encarnacional do espírito de Deus e nós veremos o Elias [*sic*] [...] Esse exército do fim dos tempos será formado pelos Elias do Senhor Deus" (Randles, *Weighed and found wanting*, p. 47-8).

[53] Mike Bickle, em um ensaio de Lee Grady em *Charisma* (jul. 1993), "Kansas city churches reconciled", admitiu uma série de erros: "Tínhamos um espírito elitista. Isso se tornou cada vez mais real para mim — e é tão repulsivo". "Promovemos a experiência mística de forma desproporcional, e isso foi algo desastroso." "Fomos descuidados na forma de comunicarmos as palavras proféticas. Em muitos casos, isso foi prejudicial." "Estávamos errados na forma de promovermos o conceito de igreja urbana. Ainda acredito nisso, mas agora acredito que é uma unidade baseada na amizade." Compare a declaração de Bickle com a de Bob Jones — um dos profetas de Kansas City que havia falado das capacidades extraordinárias a serem demonstradas pelos santos do fim dos tempos: "Desde a formação das areias do tempo, chamei o melhor de cada linhagem da face da terra para esta geração [...] Até mesmo a linhagem de Paulo [...] de Davi [...] de Pedro, Tiago e João, o melhor de sua linhagem está sobre esta geração. Eles serão até mesmo superiores a eles em coração, estatura e amor por mim [...] Eles experimentarão coisas sobrenaturais com que ninguém jamais se envolveu antes. Cada milagre, cada sinal e cada maravilha que já existiram na Bíblia, eles realizarão de forma sistemática. Eles se moverão no poder de Cristo [...] Eles próprios serão aquela geração que será levantada para colocar a própria morte debaixo de seus pés e glorificar a Cristo de todas as maneiras [...] De modo que aquela igreja gloriosa possa ser revelada nos últimos dias porque o Senhor Jesus é digno de ser exaltado por uma igreja que atingiu a plena maturidade do Deus homem!" (Bickle e Jones, "Visions and revelations", apud Randles, *Weighed and found wanting*, p. 77).

ideias e práticas para o pentecostalismo americano. O Movimento da Chuva Serôdia foi extraordinariamente importante para o desenvolvimento de congregações carismáticas independentes e ministérios paraeclesiásticos, bem como para o surgimento da renovação carismática na Igreja Católica Romana e entre os principais protestantes. Pode-se dizer que foi o avivamento da década de 1940 que empurrou os pentecostais para fora de uma postura estreita e sectária, que dominou as décadas de 1920 e 1930. Hoje, os historiadores da história religiosa americana reconhecem que o fundamentalismo do início do século 20 foi, em grande parte, de orientação sectária. Em meados da década de 1940, houve uma mudança radical no surgimento do neoevangelicalismo, marcado pela fundação da Associação Nacional de Evangélicos (1942), pela fundação do Seminário Teológico Fuller (1947) e pela súbita aparição de Billy Graham (1949) como porta-voz nacional dos neoevangélicos. Não se reconhece tão amplamente que os cristãos "cheios do Espírito" passaram por uma transição comparável mais ou menos na mesma época de seus homólogos evangélicos. A Chuva Serôdia e seus subgrupos exibiram nova confiança, desejo e capacidade de aprofundar-se na cultura secular com influências cristãs.

Ao focar no final da década de 1940 como um período de transição e transformação no movimento pentecostal, este capítulo discorda do principal estudioso da teologia pentecostal primitiva, Douglas Jacobsen, que declarou: "Numa explosão de energia criativa de 25 anos no início do século 20, esses líderes [pentecostais] articularam quase todas as ideias teológicas básicas que continuam a definir a mensagem pentecostal nos Estados Unidos e em todo o mundo".[54] Jacobsen fez um trabalho brilhante ao expor o pensamento pentecostal anterior a 1925 e muitas das ideias que permaneceram fundacionais entre os pentecostais na era pós-Segunda Guerra Mundial. No entanto, não parece justo ou correto afirmar que "quase todas as ideias teológicas básicas" haviam entrado em vigor em meados da década de 1920. Talvez seja hora de acabar com a teoria do "Big Bang" da história pentecostal carismática. Nem tudo o que é significativo na história pentecostal e carismática pode ser atribuído à

[54] Jacobsen, *Thinking in the spirit*, p. x.

missão da rua Azusa. Nem tudo o que foi significativo para as décadas de 1940, 1970 e 1990 surgiu na década de 1920. Como alternativa ao "Big Bang", deixe-me oferecer algo que chamo de "sequência de fogos de artifício". No início da década de 1900, o reavivamento da rua Azusa em Los Angeles foi um evento crucial, mas foi apenas um de uma série de percussões espirituais, ao lado da que ocorreu no País de Gales em 1904-1905; na Índia em 1905; na Coreia em 1907-1908; na Manchúria em 1908; no Chile em 1909; e nos reavivamentos da África Ocidental, na Libéria, na Costa do Marfim e na Nigéria de 1914 a 1922. No contexto americano, os avivamentos de 1900 a cerca de 1910 lançaram as bases para o pentecostalismo do século 20. No entanto, o reavivamento da Chuva Serôdia na década de 1940 trouxe muitas mudanças profundas dentro do movimento pentecostal mais amplo, sem as quais o surgimento do ensino da prosperidade durante as décadas de 1960 e 1970 talvez não tivesse ocorrido.

Quarta parte

ESCATOLOGIAS PENTECOSTAIS EM PERSPECTIVA

14

A Nova Jerusalém *versus* responsabilidade social:

os desafios do pentecostalismo[1] na Guatemala

NÉSTOR MEDINA ■

> A ênfase no fim do mundo acrescentou sentido de urgência ao evangelismo, o que explica, pelo menos parcialmente, o rápido crescimento pentecostal na América Latina, em especial quando unido ao consolo que proporciona aos pobres e oprimidos. Mas uma ênfase constante no fim do mundo também pode minar a vontade dos crentes de trabalhar para melhorar sua situação e até despertar um sentimento de vingança pelas injustiças do mundo.[2]

Introdução

JÁ SE PASSARAM MAIS DE VINTE ANOS desde que deixei a Guatemala e me mudei para o Canadá. Desde então, o país mudou

[1] Na Guatemala, o rótulo "pentecostal" é um termo relativamente fluido e frequentemente substituído pelo rótulo "evangélico", que não tem as conotações políticas de direita na América do Norte, particularmente nos Estados Unidos. Na Guatemala, evangélico é sinônimo de protestante, então os pentecostais são concebidos como parte de um grupo maior de denominações, que são diferentes das comunidades protestantes mais "tradicionais", como, por exemplo, os presbiterianos e anglicanos. Ao mesmo tempo, enquanto na Guatemala os rótulos "protestante" e "evangélico" são usados como sinônimos, o rótulo "cristão" foi adotado para distinguir o pentecostalismo do catolicismo. Os católicos não são considerados cristãos pelos evangélicos. No entanto, o rótulo "cristão" também admite grupos católicos que abraçaram o movimento de renovação.

[2] Moreno, "Rapture and renewal in Latin America", p. 33.

profundamente. A sensação de cidade pequena que outrora existia foi substituída por uma série interminável de carros, ônibus, caminhões, projetos de infraestrutura, enormes centros comerciais, todos apontando para a industrialização. Hoje, a capital é uma metrópole movimentada, superlotada, altamente urbanizada e repleta de corrupção e crime; é um bom exemplo do impacto ambíguo de processos complexos que hoje chamamos de *globalização*. Poucos países experimentaram em tão pouco tempo as mudanças dramáticas no cenário social, político e religioso quanto a Guatemala. Hoje, as igrejas católicas e "protestantes históricas" competem com as diversas igrejas pentecostais, em rápida expansão: desde as pequenas lojas até os templos de tamanho médio e o crescente número de megaigrejas.[3]

No meio dessas diversas mudanças, a face do pentecostalismo na Guatemala também está mudando de forma significativa. Em geral, os pentecostais podem ser categorizados em quatro grupos principais: (1) igrejas diretamente ligadas à tradição pentecostal clássica (como as Assembleias de Deus, a Igreja do Evangelho Quadrangular, a Igreja de Deus); (2) igrejas ligadas ao pentecostalismo clássico, mas divididas pela rejeição da liderança estrangeira, fundando, assim a sua própria irmandade pentecostal (*Iglesia Príncipe de Paz*); (3) as igrejas da renovação carismática (incluindo protestantes e católicos históricos, que adotaram muitos dos elementos do pentecostalismo); (4) e os grupos neopentecostais (igrejas independentes que resistem à afiliação denominacional e optam por missões autoidentificadas, como Elim, Lluvias de Gracia, Maranatha, El Verbo, Fraternidad Cristiana, El Shaddai).[4]

[3] A Guatemala é singular quanto à relação entre a religião e a população indígena. "Em um país que é metade maia, a competição entre grupos religiosos por convertidos indígenas tem sido feroz. O catolicismo popular, a teologia da libertação e vários grupos protestantes competem e, por vezes, até se combinam com as religiões maias tradicionais para formar uma paisagem religiosa colorida e controvertida." Steigenga, "Guatemala", em *Religious freedom and evangelization in Latin America*, p. 150-1.

[4] Assim como há debate sobre a forma que os rótulos evangélico e protestante são usados como sinônimos, há também dificuldade na forma de os vários agrupamentos "pentecostais" serem identificados pelos estudiosos. Para outra categorização alternativa de grupos pentecostais, veja Steigenga, *Politics of the spirit*, p. 7-11; Miller e Yamamori, *Global Pentecostalism*, p. 25-8. No contexto da Guatemala, contudo, há muito pouca diferença na percepção das pessoas entre os grupos protestantes "históricos" e os pentecostais. Os membros de ambas as tradições identificam-se como protestantes, e os de fora também não fazem distinções de relevo. As distinções tornam-se mais pronunciadas quando se fala dos neopentecostais, uma vez que eles resistem a qualquer filiação denominacional. Estou usando "pentecostal" e protestante quase de forma indistinta, dada a conexão cronológica histórica entre os dois, salvo indicação em contrário.

Apesar das diferenças marcantes entre essas igrejas, todas insistem no poder e na atividade do Espírito Santo, na realidade de milagres e curas, bem como no sacerdócio de todos os crentes. Embora a maioria não seja totalmente dispensacionalista, de várias maneiras elas seguem algumas das ideias pré-milenaristas de Cyrus Scofield sobre o *eschâton*, a segunda vinda de Cristo, o período de tribulação e o fim cataclísmico do mundo.

O desenvolvimento da orientação escatológica do pentecostalismo em relação ao contexto sócio-histórico-político da Guatemala é o tópico deste capítulo. Por um lado, concentro-me especificamente em como os pentecostais adotam uma orientação escatológica voltada ao mundo por vir, o que às vezes os impede de participar da dimensão político-social da vida e trazer mudanças para a população em geral, especialmente os pobres. Por outro lado, destaco como os pentecostais, por causa de seus próprios interesses no evangelismo e na promoção do cristianismo pentecostal, entram na arena político-social.[5] Por essa razão, e pela própria natureza de seu (des)envolvimento paradoxal com a política, os pentecostais na Guatemala não se enquadram estritamente na categoria de "apolíticos", apesar de sua insistência inflexível no "não envolvimento" sociopolítico. Proponho que esse é o maior desafio que os pentecostais na Guatemala (e no restante do mundo) enfrentam ao confrontarem a realidade de inúmeros problemas sociais de proporção nacional (e global), enquanto, ao mesmo tempo, tentam manter uma orientação escatológica voltada ao mundo por vir.[6] Sabendo que o crescimento pentecostal atingiu seu patamar em vários países da América Latina (Guatemala, Chile, Venezuela etc.), a forma

[5] Aqui concordo com a avaliação de Daniel Míguez de que os pentecostais "paradoxalmente" se envolvem e se desligam da participação política e social. Veja seu "Why are pentecostals politically ambiguous?", p. 57-74.

[6] Embora discorde da caracterização generalizante dos problemas sociais latino-americanos feita por Pedro Moreno, acredito que muitos dos males sociais que ele enumera são endêmicos no tecido social da Guatemala. Ele escreve que, embora o povo seja caloroso e generoso, "a América Latina é também um continente marcado por grandes paradoxos sociais. Uma terra de profunda religiosidade, mas de pouca moralidade (ou seja, com a mentira institucionalizada e o adultério socialmente aceito); saturada por tipos 'machistas', mas não por homens suficientemente responsáveis; com uma classe dominante etnicamente 'mestiça' (mistura de índios e europeus), mas, por preconceito, considerando-se 'branca'; um local em que a lei raramente é abertamente desafiada, mas que, com frequência, é desobedecida e ignorada" (Moreno, "Rapture and renewal in Latin America", p. 31).

que o pentecostalismo se torna relevante para as maiores instituições desses países pode determinar seu futuro.

Muitas vezes, o pentecostalismo é concebido como um movimento jovem, recém-chegado à arena sociorreligiosa. Como mostrarei, no caso da Guatemala, devemos datar o desenvolvimento do pentecostalismo por ocasião da chegada histórica do protestantismo, há mais de cento e vinte anos.[7] Da mesma forma, não se pode estudar o crescimento "acelerado" do pentecostalismo sem prestar atenção às mudanças sociopolíticas no país ao longo do último século e à rejeição do catolicismo pelos governos liberais. Sugiro que o desenvolvimento do pentecostalismo na Guatemala deve ser compreendido como parte de seu processo interno, complexo e desigual, de reconfiguração das lealdades religiosas da população em conexão com as — e reação às — mudanças no ambiente histórico e sociopolítico da nação. Isso é o que Edward Cleary chama de "abordagem histórico-estrutural": o desenvolvimento das mudanças religiosas que ocorrem na Guatemala deve ser entendido como parte da forma que as pessoas interagem com as condições mutáveis de seu ambiente social, político e econômico.[8] Divido o desenvolvimento do pentecostalismo em quatro fases: a entrada do protestantismo (pentecostalismo), o monopólio do catolicismo, a "explosão" silenciosa do pentecostalismo e o envolvimento do pentecostalismo e do neopentecostalismo na política nacional. Em seguida, discuto esses quatro estágios que conectam o crescimento do pentecostalismo e sua relação com a visão escatológica que o acompanha.

Pentecostalismo protestante na Guatemala

Como era de esperar, a história do cristianismo na Guatemala corresponde à chegada dos conquistadores espanhóis. A invasão das "Américas" pelos espanhóis trouxe consigo muitos elementos culturais para aquelas terras. Ao lado das *encomiendas*, da dizimação da população indígena e da escravização de indígenas e africanos, os espanhóis impuseram suas versões do catolicismo à população.

[7] Veja Stewart-Gambino e Wilson, "Latin American Pentecostals", p. 228-32.
[8] Veja Cleary, "Evangelicals and competition in Guatemala", cap. 9.

Tanto por uma conversão verdadeira como na forma de sobrevivência, muitos setores da população adotaram o catolicismo como tradição religiosa. Mas os espanhóis não conseguiram erradicar as tradições, os costumes e as práticas religiosas dos povos indígenas e, portanto, o que emergiu foi uma nova mistura de símbolos e práticas contendo elementos religiosos indígenas maias e cristãos europeus. O que surgiu foi uma nova versão do cristianismo. Os protestantes não eram bem-vindos. A resistência contra o protestantismo por parte do catolicismo institucional foi tanta que no período de 1556 a 1598, vinte e um protestantes foram condenados pela Inquisição.[9]

O catolicismo continuou a ser a religião suprema daquela região, mesmo depois de as Províncias Unidas da América Central terem declarado independência da monarquia do México, em 1823. Em 1824, redigiram uma Constituição declarando que "a religião das Províncias Unidas é católica, apostólica e romana, com a exclusão de todas as outras".[10] Foi apenas no final do século 19, quando os liberais tomaram o poder, que os privilégios e o poder da Igreja Católica na Guatemala foram consideravelmente reduzidos.[11] A disposição da Constituição de 1824 que tornava o catolicismo a religião oficial da Guatemala foi cancelada, proclamando a liberdade religiosa como a posição oficial do governo guatemalteco.[12] Logo isso foi revertido por um curto período durante o governo de Rafael Carrera Turcios (ditador de 1840 a 1865), que procurou restaurar o monopólio da Igreja Católica na Guatemala, mas não conseguiu alterar a Constituição para restabelecer as condições originais de 1824.

Embora Mariano Gálvez tenha permitido a entrada de protestantes na Guatemala, todos eles retornaram aos seus países na época de Carrera Turcios. Somente com o governo liberal de Justo Rufino Barrios (1873-1885) é que o protestantismo se tornou parte das tradições religiosas da Guatemala. Em 1882, Barrios viajou para Nova

[9] Garrard-Burnett, *Living in the New Jerusalem*, p. 1.

[10] Steigenga, "Guatemala", p. 152.

[11] Ao longo da administração de Mariano Gálvez (1831-1838) foram adotadas medidas para reduzir a religião católica e restringir o poder aquisitivo de terras por parte dos católicos. Ele também facilitou a expropriação do tesouro diocesano nacional pelo tesouro nacional, secularizou cemitérios e tornou o casamento civil obrigatório. Veja Garrard-Burnett, *Living in the New Jerusalem*, p. 3.

[12] O anticlericalismo contra o catolicismo no final do século 19, sob Justo Rufino Barrios, foi comparado ao desprezo do próprio Porfirio Diaz, no México, pela Igreja Católica. Veja Wilson, "Guatemalan Pentecostals", p. 141.

York e solicitou às Missões Mundiais Presbiterianas que redirecionassem um de seus missionários (John Clark Hill) para a Guatemala. Hill experimentou grande oposição e logo foi substituído por Edward M. Haymaker, um presbiteriano que foi profundamente influenciado pelo evangelho social, conectando as preocupações sociais à salvação.[13]

Barrios queria moldar a Guatemala de acordo com os países "modernos" do século 19. Conhecido como *O Reformador*, ele e os presidentes liberais que o sucederam adotaram o darwinismo social como política para o "progresso". Eles acreditavam que os principais obstáculos que impediam a "modernização" da Guatemala eram os povos indígenas, com suas tradições e seus costumes "atrasados", e a Igreja Católica.[14]

O darwinismo social tornou-se o quadro teórico dos teóricos da missão. De acordo com Garrard-Burnett, isso acabou contribuindo para a noção de que os Estados Unidos tinham um "destino manifesto" divino, segundo o qual o cristianismo protestante passou a ser visto como o meio de deter "a tendência descendente das raças degeneradas".[15] Com seu trabalho na educação, o presbiteriano Haymaker tornou-se fundamental para o governo da Guatemala. Ele acreditava que o catolicismo "havia atrofiado o processo de evolução social, gerando um ambiente social de opressão, embriaguez e ganância".[16] A solução para o problema dos "índios" na Guatemala foi a *castellanización* (instrução da língua e cultura espanholas).

Os protestantes contaram com o apoio dos governos liberais na Guatemala. Como afirma Steigenga, a presença do protestantismo foi significativa por três razões: 1) trouxe influência cultural estrangeira, que se revelou crucial para alterar os valores tradicionais; 2) ajudou o governo a minar a influência da Igreja Católica; e 3) por meio de projetos educativos, auxiliou o governo no controle das comunidades

[13] Garrard-Burnett, *Living in the New Jerusalem*, p. 16.

[14] A introdução de uma economia nacional baseada no café causou danos irreparáveis aos indígenas guatemaltecos. Perera afirma que "os historiadores consideram agora Barrios e a ascensão das fazendas cafeeiras o segundo capítulo da conquista e da exploração da população indígena da Guatemala" (Perera, *Unfinished conquest*, p. 9).

[15] Garrard-Burnett, *Living in the New Jerusalem*, p. 22.

[16] Ibidem, p. 17.

indígenas.[17] Por tais razões, essa época marca a chegada do protestantismo à Guatemala: a Igreja Presbiteriana (1882), a Missão Centro-Americana (1888), a Missão Pentecostal (mais tarde chamada de Nazarenos) (1901), a Sociedade dos Amigos (1902), a Igreja Metodista Primitiva (1932), a Igreja de Deus (Cleveland) (1916), as Assembleias de Deus (década de 1920, formalizadas em 1934). Nesse período, os Adventistas do Sétimo Dia e as Testemunhas de Jeová também vieram para a Guatemala (1916 e 1918, respectivamente).

Com seus projetos sociais, que incluíam escolas, clínicas médicas, um hospital, programas de alfabetização, editoras e tradução da Bíblia, os protestantes se tornaram recursos importantes para a liderança nacional da Guatemala em sua agenda "civilizadora" dos povos indígenas.[18] Quaisquer que sejam os interesses por trás da permissão da entrada do protestantismo, é fato que, nesse período, os protestantes e os pentecostais plantaram as sementes da explosão posterior do protestantismo e do pentecostalismo no país. No entanto, o foco na escatologia pré-milenarista parece ter surgido mais tarde. Embora o crescimento do pentecostalismo tenha sido negligenciado, uma vez que os protestantes e evangélicos representavam menos de um por cento da população da Guatemala, Kenneth Grubb relata que, em 1937, a comunidade evangélica contava com 40.657 membros adultos comprometidos.[19]

O monopólio do catolicismo e a ameaça do comunismo

Apesar de o número de membros chegar aos milhares, o protestantismo passou despercebido na Guatemala, mesmo depois da Segunda Guerra Mundial. O protestantismo ainda não havia sido dominado pelo espírito evangelístico, que caracteriza essa segunda fase. A maioria dos missionários não tinha a intenção de sair da missão. Em sua maior parte, eles cuidavam de suas próprias congregações, com um eleitorado predominantemente europeu.[20]

[17] Steigenga, "Guatemala", p. 153.
[18] Garrard-Burnett, *Living in the New Jerusalem*, p. 33.
[19] Cleary, "Evangelicals and competition".
[20] Ibidem.

Como estrangeiros em um ambiente hostil, os protestantes trabalharam entre a população, apesar da oposição significativa. Estabeleceram missões no interior do país entre os povos indígenas e trabalharam arduamente no desenvolvimento de líderes locais. Essa era uma das áreas mais frágeis do catolicismo, pois os padres, em sua maioria, eram estrangeiros e não falavam línguas indígenas. A fim de resolver a barreira linguística, os protestantes investiram em programas linguísticos para traduzir a Bíblia nas línguas locais do povo. Isso foi cimentado com a criação da "Liga Protestante Indígena" (1921).[21]

Manuel Estrada Cabrera (1898-1920) chegou à presidência na virada do século. Seguiram-se revoltas populares que o forçaram a renunciar. Ele foi substituído por uma série de presidentes do Partido Unionista, muito influenciados pelo darwinismo social. Esses presidentes viam os povos indígenas como "crianças que poderiam ser transformadas em adultos por meio de educação, nutrição e saúde". Eles procuravam a "absorção cultural e até mesmo física dos indígenas na sociedade latina em geral".[22] Não causa surpresa que os protestantes tenham sido considerados úteis ao projeto indigenista de "civilização" das comunidades e dos povos indígenas, por causa de seu trabalho na área da educação.

É certo que o trabalho missionário protestante foi financeiramente prejudicado pela falta de fundos, em virtude da Grande Depressão americana da década de 1930. Mas, durante a administração de Jorge Ubico y Castañeda (1931-1944), o importante trabalho que os protestantes realizavam foi interrompido.[23] Confrontado com enormes dificuldades econômicas e com a ascensão do comunismo, a administração militar de Ubico y Castañeda adotou políticas impopulares, que incluíam brutalidade, tortura e repressão dos guatemaltecos. Ele usou a luta contra o comunismo como desculpa para intervir no

[21] De acordo com Garrard-Burnett, durante todo esse tempo a Missão Centro-Americana, os presbiterianos e os nazarenos lançaram projetos de tradução nas línguas Kaqchiquel, Kanjobal, Chuj, Ki'che, Mam e Kec'chi. Veja Garrard-Burnett, *Living in the New Jerusalem*, p. 53, 69.

[22] Garrard-Burnett, *Living in the New Jerusalem*, p. 68.

[23] Ubico y Castañeda chegou ao poder por meio de um golpe que destituiu o governo anterior e, com a ajuda do governo dos Estados Unidos, organizou uma eleição na qual ele foi o único candidato, assumindo, assim, o poder como presidente da Guatemala em 1931.

trabalho de educação dos protestantes entre os indígenas. Ele acreditava que, se os povos indígenas aprendessem a ler, poderiam "se tornar vítimas de ideias subversivas".[24] As duas principais preocupações deles eram: o comunismo e a obtenção do controle dos maias, para evitar que se rebelassem. Mais tarde, ele mudou de opinião em relação ao protestantismo e decidiu aproveitar seu trabalho educacional.[25]

Por fim, em 1944, Ubico y Castañeda foi substituído por uma junta militar e, mais tarde, pela eleição democrática de Juan José Arévalo Bermejo (1945-1951). Ele e seu sucessor, Juan Jacobo Arbenz Guzmán (1951-1954), representaram uma tentativa nacionalista séria de reformar a Guatemala. Eles planejaram meios de devolver a Guatemala aos guatemaltecos.[26] Apoiando a reforma social, ele encorajou a criação de grupos trabalhistas e de direita, além da criação de um Código Trabalhista progressista que permitia aos trabalhadores urbanos fundar sindicatos, fazer greve e negociar coletivamente.[27] Seu "socialismo espiritual" foi bem recebido pelas massas pobres, mas as mudanças ameaçavam a oligarquia. Isso levou a um número sem precedentes de tentativas fracassadas de derrubá-lo.

Árbenz Guzmán deu continuidade ao programa de reformas do seu antecessor. Ele propôs uma reforma agrária para melhorar a distribuição desigual de terras no país. Seu plano permitiu ao governo recuperar porções não cultivadas de terras aráveis de grandes plantações, pelas quais os proprietários recebiam compensação financeira, segundo o valor de mercado. Embora os poderosos também tenham resistido ao seu plano, a maior ameaça à sua reforma vinha "de fontes mais poderosas, a United Fruit Company e os Estados Unidos".[28]

Alguns protestantes apoiaram a reforma nacionalista de Árbenz. A Missão Centro-Americana, a Igreja Presbiteriana e alguns protestantes que nutriam simpatia comunista apoiaram seu programa, porém, mais tarde, eles foram punidos com restrições financeiras

[24] Garrard-Burnett, *Living in the New Jerusalem*, p. 74.

[25] Ao apoiar o trabalho dos protestantes, muitos protestantes, por fim, celebraram sua administração, associando a lealdade civil ao comportamento cristão. Veja Garrard-Burnett, *Living in the New Jerusalem*, p. 77.

[26] Arévalo Bermejo criou o Instituto Guatemalteco de Seguridade Social e propôs que as línguas indígenas fossem tratadas com uma igualdade sem precedentes, como o espanhol.

[27] Garrard-Burnett, *Living in the New Jerusalem*, p. 81-3.

[28] Steigenga, "Guatemala", p. 155.

por seus fundadores nos Estados Unidos. O ataque contra a administração de Árbenz veio da Igreja Católica. A Acción Católica — organização composta por Padres Maryknoll e Salesianos, com raízes na Espanha, que chegou à Guatemala em 1935 — o acusou de ser comunista. Em 1951, Carlos Castillo Armas tentou uma rebelião contra Árbenz Guzmán, mas falhou.[29] Dessa vez, em 1954, Castillo Armas liderou as forças do "Exército de Libertação", com o apoio da CIA, sob o codinome "Operação Sucesso" e da Igreja Católica. As acusações de "influência comunista" nunca foram provadas, mas o receio de que a Guatemala se transformasse em um porto seguro para o comunismo foi suficiente para os Estados Unidos ajudarem a destituir o presidente que havia sido democraticamente eleito.

Na condição de ex-presidente da Guatemala, Castillo Armas buscou recompensar a Igreja Católica por seu apoio na remoção de Árbenz. Em 1955, ele redigiu uma nova Constituição, que revogou formalmente as limitações à aquisição de terras. No entanto, não conseguiu devolver o monopólio religioso da Guatemala à Igreja Católica. Com seu novo estatuto, e por meio da Acción Católica, os católicos fizeram incursões significativas nas terras altas da Guatemala. O objetivo era transformar os povos indígenas em católicos ortodoxos. Para fazer isso, minaram as estruturas de autoridade e de coesão comunitária das comunidades indígenas, mas não sem contar com a oposição ferrenha das comunidades locais.[30] A Igreja Protestante tinha perdido seu estatuto de favorecimento. Quem suportou o peso foram os indígenas que se haviam convertido ao protestantismo. Os protestantes nas terras altas começaram a ser perseguidos, expulsos de aldeias e atacados fisicamente. Alguns até mesmo tiveram suas igrejas queimadas.[31] Garrard-Burnett escreve que, à medida que os habitantes locais começaram a vivenciar a desintegração de suas tradições, estruturas e *costumbres* (cultura e costumes), o comunismo e o protestantismo tornaram-se os alvos

[29] No encontro com as forças presidenciais, ele foi baleado e preso, até escapar e se exilar em Honduras.

[30] Cleary, "Evangelicals and competition", p. 4-5.

[31] De acordo com Steigenga, a perseguição contra os protestantes ocorreu mais em nível popular e foi mais uma reação das múltiplas forças que minavam os "padrões tradicionais de autoridade" e organização dos povos indígenas, como as *cofradías*. Eles culparam o protestantismo pela destruição das estruturas sociais e culturais indígenas. Veja, de sua autoria, *Guatemala*, p. 156.

fáceis que carregaram a culpa.[32] No entanto, apesar da oposição, o protestantismo continuou a crescer nas terras altas da Guatemala.

O impulso ao nacionalismo, que começou com Arévalo Bermejo e Árbenz Guzmán, recebeu expressão concreta no protestantismo. Algumas das igrejas explicitamente pentecostais, então, dividiram-se, pois alguns dos líderes queriam uma igreja totalmente guatemalteca, sem missionários estrangeiros.[33] Embora os pentecostais tivessem adotado formas mais assertivas de pregar sua mensagem desde o início, os verdadeiros efeitos de sua pregação não seriam sentidos até a robusta campanha evangelística lançada pela Missão Centro-Americana, em 1962.[34] Vale a pena mencionar que a Missão Centro-Americana foi um grupo interdenominacional fundamentalista com uma doutrina que inclui a segunda vinda de Cristo pré-milenarista e a escatologia apocalíptica. Embora os protestantes estivessem crescendo de forma significativa, no final desse período os pentecostais ainda constituíam apenas uma pequena porção.

As mudanças de maré: a "explosão" silenciosa do pentecostalismo

Castillo Armas lançou uma guerra contra o comunismo e suprimiu grupos trabalhistas e de direita — grupos que, no governo de Arévalo Bermejo, gozavam de liberdade. Foi substituído por Miguel Ydígoras Fuentes (1958-1963). A Guatemala estava passando por sérias dificuldades econômicas e muitos desaprovavam suas estreitas ligações com os Estados Unidos, apoiando a invasão de Cuba pela Baía dos Porcos. A corrupção foi outro elemento que caracterizou seu governo. Em decorrência de sua incapacidade de governar, muitos jovens oficiais do exército, desencantados, tentaram destituí-lo. Sem sucesso,

[32] Garrard-Burnett, *Living in the New Jerusalem*, p. 106.

[33] Em 1954, as Assembleias de Deus se dividiram e nasceu a missão Príncipe de Paz. E, em 1962, a Iglesia Primitiva Metodista passou por uma divisão, dando origem à Missão Elim. Tanto o Príncipe de Paz como o Elim foram organizados e partilhavam a mesma postura doutrinária de suas igrejas-mãe, com a ressalva de que eram missões "totalmente" guatemaltecas. De muitas maneiras, isso contribuiu grandemente para o crescimento exponencial dessas missões.

[34] Isso pode ser visto pela alusão de Edward Cleary ao trabalho de Henry e Susanna Strachan, que organizavam campanhas em massa de evangelização na América Latina e na Guatemala já na década de 1920. Veja, de sua autoria, "Evangelicals and competition", p. 9.

em 1961 formaram o *Movimento Revolucionário* (MR-13). Esse foi o primeiro movimento de insurreição organizado na Guatemala. Ydígoras Fuentes retaliou com a lei marcial e um cerco nacional, mas foi rapidamente substituído por outro golpe, embora, a essa altura, a Guatemala já tivesse mergulhado em uma guerra civil.

Em 1966, Julio César Méndez Montenegro foi empossado como presidente e, em sua tentativa de erradicar os grupos guerrilheiros, criou as famosas organizações paramilitares *Mano Blanca* [Mão Branca] e o *Ejército Secreto Anticomunista* [Exército Anticomunista Secreto]. Esses grupos foram os precursores dos "esquadrões da morte", que reinaram na Guatemala durante as décadas de 1970 e 1980, responsáveis pela maior parte dos assassinatos ao longo desses anos.

Em face das condições de ruptura social e instabilidade política, os protestantes começaram a (des)politizar sua mensagem, adotando uma postura anticomunista. A guerra contra os insurgentes comunistas concentrou-se nas terras altas da Guatemala, tendo como principal alvo a população indígena. Com o desejo de apresentar uma fachada de neutralidade, adotaram uma postura anticomunista, em parte por causa da influência fundamentalista de direita dos Estados Unidos e, em parte, porque não queriam sofrer a repressão do governo guatemalteco. Muitos católicos também se identificaram como evangélicos para escapar da tortura e da morte.[35]

Ao mesmo tempo, alguns clérigos católicos que trabalhavam nas comunidades indígenas começaram a adotar a visão progressista do Vaticano II. Eles queriam ajudar as comunidades indígenas a se organizarem. Isso foi percebido pelo governo como uma promoção da revolução e uma ligação comunista.[36] Isso resultou em perseguição e repressão sistemática aos católicos. Por sua vez, essa situação tornou o protestantismo uma opção mais viável.[37] Muitas pessoas

[35] Cleary, "Evangelicals and competition".

[36] De acordo com Timothy Steigenga, em meados da década de 1970, o crescimento do movimento popular *Comité de Unidad Campesina*, o Comitê de Justiça e Paz, grupos trabalhistas e até mesmo comunidades eclesiais de base eram vistos como uma séria ameaça pelos militares e pela oligarquia guatemalteca, razão pela qual foram violentamente reprimidos. Veja, de sua autoria, Steigenga, "Guatemala", p. 158.

[37] Timothy Evans descobriu que a presença do grupo ultraconservador *Acción Católica* e a erupção da teologia da libertação no catolicismo forçaram a população das terras altas a procurar modos alternativos de filiação religiosa, por causa do ambiente político de repressão. Veja, de sua autoria, "Religious conversion in Quetzaltenango, Guatemala", cap. 5.

inundaram as igrejas pentecostais. A experiência popular com a guerra, a repressão militar e a instabilidade social ecoou a mensagem bíblica da tribulação e do fim dos tempos. Muitos também se converteram ao protestantismo para resistir à suspeita de simpatizarem com o comunismo: era uma questão de sobrevivência! No entanto, "a mensagem dos 'evangélicos' parece ter oferecido uma autêntica conciliação espiritual às vítimas da violência, um consolo que a Igreja Católica estava em má posição para oferecer, por causa da carência de padres [...] e da repressão aos católicos".[38]

Ao mesmo tempo, os governos da Guatemala estavam sob a pressão política dos governos de direita dos Estados Unidos. Precisando de seu apoio financeiro, investiram na erradicação de qualquer influência "comunista". A instabilidade social causada pelo desemprego, as grandes desigualdades na distribuição salarial e o empobrecimento crescente da população guatemalteca não tinham limites. Esses males sociais seriam ampliados pelo terremoto de 1976. Durante a década de 1960, os pentecostais estavam crescendo de forma constante, mas nada se compara à sua "explosão" no rescaldo do terremoto que deixou cerca de vinte mil mortos e bem mais de um milhão de pessoas desalojadas.

Como as igrejas protestantes não contavam com uma organização central como a católica, conseguiram responder de forma mais eficaz na prestação de socorro à população. Grupos locais populares e a tão necessária ajuda de missionários estrangeiros contribuíram para que os protestantes desempenhassem papel proeminente durante essa crise nacional. Sem dúvida, muitos se converteram ao protestantismo em decorrência do extraordinário trabalho de ajuda recebido. E muitos pentecostais aproveitaram para oferecer socorro em troca de alguns minutos para ouvirem a mensagem evangélica. Isso levou muitos a concluir que, nesse momento, a expansão do pentecostalismo estava relacionada com as necessidades materiais da população: *lámina por anima* (traduzido livremente como "cristãos [por interesse] de arroz"). O que é mais revelador é que o ritmo de crescimento das igrejas protestantes e pentecostais aumentou mesmo depois de o auxílio

[38] Garrard-Burnett, *Living in the New Jerusalem*, p. 131.

financeiro estrangeiro ser interrompido.[39] As pessoas converteram-se ao protestantismo e ao pentecostalismo porque isso as ajudava a ter controle sobre suas próprias vidas. No final da década de 1970, o protestantismo tornou-se uma força nacional sem envolvimento estrangeiro. Para alguns, tornou-se até mesmo um "veículo de expressão étnica". Nesse ponto, concordo com a afirmação de Cleary, de que o crescimento do pentecostalismo não deve ser explicado como algo "especialmente misterioso ou milagrosamente repentino".[40] O pentecostalismo ajudou as pessoas a reconstruírem a vida e a darem sentido à sua realidade pelas lentes apocalípticas. A mensagem pentecostal da vinda iminente do Senhor, da guerra, do sofrimento e dos terremotos como sinais do fim dos tempos contribuiu, de forma significativa, para que as pessoas afluíssem às igrejas pentecostais. A mensagem escatológica parecia adequar-se ao contexto social e político. Essa foi uma "explosão" silenciosa, pois só na década de 1980 é que o pentecostalismo se tornou visivelmente presente no cenário religioso da Guatemala. Quaisquer que sejam a motivação e os métodos pentecostais para prestar socorro às vítimas do terremoto, nesse momento de crise nacional eles assumiram a responsabilidade social pelo restante da população guatemalteca.

Rumo a um cristianismo pentecostal? Pentecostais e neopentecostais na política nacional

Os abusos e a repressão da população guatemalteca continuaram sob o mandato de Fernando Romeo Lucas García (1978-1982). Em 1979, sob o governo de Jimmy Carter, a ajuda militar dos Estados Unidos à Guatemala foi suspensa por causa das inúmeras violações dos direitos humanos por parte do governo guatemalteco. Lucas García foi substituído por outro golpe militar liderado pelo general reformado Efraín Ríos Montt (1982-1983).

[39] Wilson, "Guatemalan Pentecostals", p. 150. Miller e Yamamori relatam que, das igrejas que estudaram, as congregações mais "bem-sucedidas" não dependiam de financiamento estrangeiro nem eram lideradas por missionários estrangeiros. O processo de indigenização do movimento diz totalmente respeito à velocidade com que aumentaram em número.

[40] Cleary, "Evangelicals and competition".

Ríos Montt desempenhou papel fundamental nessa época da história da Guatemala, por vários motivos: 1) sob nenhum outro governo a destruição, a repressão, e os assassinatos sistemáticos em massa da população indígena da Guatemala foram tão elevados;[41] 2) embora durante a década de 1970 tenham nascido mais dois grupos guerrilheiros,[42] foi durante seu mandato que os vários grupos guerrilheiros se juntaram e formaram a União Revolucionária Guatemalteca (URG),[43] que exerceu enorme pressão sobre as forças militares; 3) em nenhum outro período a ligação entre os fundamentalistas de direita nos Estados Unidos e o pentecostalismo da Guatemala foi tão óbvia. Não só Ríos Montt foi apoiado pela administração Reagan de direita, mas também o *700 Club,* de Pat Robertson, o celebrou como o salvador da Guatemala;[44] 4) ele forçou o pentecostalismo a sair do armário social. Seu carisma e sua confiança aberta como membro da missão neopentecostal *El Verbo* deram crédito aos pentecostais para ocuparem as ruas da Guatemala de cabeça erguida. Várias missões e igrejas pentecostais colaboraram em alguns de seus programas para "reconstruir" as aldeias que o exército havia queimado, matando seus habitantes;[45] 5) nenhum outro presidente da Guatemala, antes ou depois, autorizou assassinatos em massa em nome de Deus como ele fez; e 6) mais pertinente para este capítulo, em sua visão de transformar o coração e a alma da população do país, Ríos Montt tornou o pentecostalismo na Guatemala globalmente visível. O mundo, então, tomou ciência de que, na década de 1980, as igrejas pentecostais e protestantes se haviam multiplicado, e cerca de dez mil igrejas e trezentas denominações coloriam a paisagem religiosa da Guatemala.[46] Até então, a Guatemala era considerada o bastião do catolicismo.

[41] Consta que, nos seus primeiros três meses de governo, o exército matou vinte e seis mil indígenas. E, no final do seu mandato, com a sua abordagem de "queimar a terra" (a destruição de tudo o que impedia o avanço do exército), quatrocentas aldeias foram destruídas e mais de meio milhão de indígenas foram realocados. Veja Steigenga, "Guatemala", p. 159-60.

[42] O Exército Guerrilha dos Pobres (EGP) e a Organização Armada do Povo (OAP).

[43] *Union Revolucionaria Nacional Guatemalteca.*

[44] É relatado que, apenas uma semana após o golpe, Ríos Montt apareceu no *700 Club*, onde lhe foi prometida uma quantia substancial em dinheiro (que nunca foi recebida) para a construção da Guatemala. Veja Garrard-Burnett, *Living in the New Jerusalem*, p. 140.

[45] Garrard-Burnett, *Living in the New Jerusalem*, p. 149.

[46] Ibidem, p. 155.

O pentecostalismo tornou-se parte central da sociedade guatemalteca, sem que muitas pessoas se dessem conta disso.

A breve presidência de Ríos Montt não contribuiu, de forma significativa, para o crescimento do pentecostalismo. Mas o uso que ele fazia da linguagem de Deus para justificar a destruição de aldeias inteiras e a matança de milhares de povos indígenas também não impediram seu crescimento. Virginia Garrard-Burnett argumenta que, surpreendentemente, o pentecostalismo cresceu mais em áreas nas quais o conflito armado foi mais grave. Por razões de segurança, muitos se tornaram pentecostais, enquanto os católicos sofreram perseguições, torturas e desaparecimentos.[47] Alguns pentecostais atuaram como informantes do governo e ajudaram o exército a identificar aqueles que apresentavam inclinações "comunistas".[48] Eles queriam aparentar uma fachada de neutralidade e, muitas vezes, eram coagidos a ajudar o exército, pelo que muitos se tornaram informantes também como medida de sobrevivência.[49] Mais ainda: eles encontraram ressonância em suas crenças sobre a tribulação, a vinda iminente do Senhor e o fim dos tempos. Esses fatores devem ser considerados para a compreensão do desenvolvimento e do crescimento do pentecostalismo na Guatemala.[50]

Os pentecostais sofreram alguns graus de perseguição no interior do país, depois de Ríos Montt ter sido deposto por outra junta

[47] Garrard-Burnett observa que a repressão não foi exclusivamente contra os católicos. Quarenta e sete protestantes também foram julgados nos tribunais secretos (*fueros especiales*) criados por Ríos Montt, e quatro deles foram executados durante a visita de João Paulo II à Guatemala. Veja Garrard-Burnett, *Living in the New Jerusalem*, p. 149.

[48] Ríos Montt deslocou centenas de milhares de indígenas etnicamente diversos e os agrupou no que chamou de *communidades de población en Resistencia* (lit., comunidades para pessoas em resistência). "Nas recém-criadas 'aldeias estratégicas' [...] [os protestantes] tornaram-se o elo de ligação preferido entre o exército e a comunidade local, carregando patrulhas de defesa civil e eliminando simpatizantes da guerrilha. Por sua vez, os comandantes do exército recompensaram essa cooperação nomeando evangélicos para ocupar cargos de autoridade" (Steigenga, "Guatemala", p. 160).

[49] David Stoll afirma que "a colaboração evangélica foi menos um apoio aos militares contra as guerrilhas do que uma tentativa de simplesmente sobreviver à violência e mostrar uma posição de neutralidade". Citado em Steigenga, "Guatemala", p. 160.

[50] Como afirma Steigenga, embora "os protestantes tivessem uma longa história na Guatemala, as pressões da repressão militar, o aumento da falta de terra, as dificuldades econômicas, a urbanização e outras formas de deslocamento social no campo, lidando com estratégias agressivas de evangelização e com os perigos associados à condição de serem vistos como católicos progressistas, tudo isso contribuiu para o rápido crescimento do protestantismo (especialmente do pentecostalismo) entre as décadas de 1950 e 1980" (Steigenga, "Guatemala", p. 160).

militar, agora liderada por Óscar Humberto Mejía Víctores, em 1983. No entanto, Ríos Montt abriu a porta para que pentecostais e protestantes imaginassem ter seu próprio líder político nacional evangélico. Era apenas uma questão de contar com uma massa crítica para eleger tal líder. Isso não se concretizou até a eleição do evangélico José Antonio Serrano Elías, em 1991. Embora, aparentemente, Serrano Elías não tenha sido eleito presidente por sua filiação evangélica, não há dúvida de que sua presidência foi importante para os pentecostais, protestantes e católicos da Guatemala. Infelizmente, por causa de seu autogolpe fracassado — orquestrado por ele, assim como seu contemporâneo Fujimori, no Peru, fez no mesmo ano, 1993 — e das acusações de corrupção por roubo de fundos públicos, seu governo "evangélico" se provou uma grande decepção.

É pertinente observar aqui a reconfiguração do protestantismo mais na direção do pentecostalismo. A "pentecostalização" das igrejas protestantes e católicas "históricas" já era vista nas décadas de 1960 e 1970. Esse processo fez parte do movimento de renovação carismática, que impactou a América do Norte na mesma época, mas passou despercebido. Na década de 1980, era impossível evitar ou minar o crescimento acelerado e a popularidade do pentecostalismo e de igrejas semelhantes às pentecostais. A mudança do ambiente político, desde a guerra civil até a assinatura do acordo de paz em 1996, correu paralelamente às profundas mudanças tectônicas na forma que o pentecostalismo seria configurado. É do conhecimento geral que a maioria das pessoas que se converteram ao pentecostalismo na Guatemala veio do catolicismo. Nas décadas de 1970 e 1980, as igrejas protestantes "históricas" também estavam perdendo membros para o pentecostalismo, por causa da renovação carismática. A última tendência no pentecostalismo é o crescimento acelerado das igrejas neopentecostais à custa dos pentecostais clássicos e dos protestantes "históricos". As diferenças fundamentais entre dessas igrejas neopentecostais é que estão crescendo entre as classes sociais mais altas da Guatemala, mostrando a tendência não apologética à adoção de elementos culturais estrangeiros (principalmente dos Estados Unidos), incluindo a construção de megaigrejas e a ênfase no evangelho da prosperidade (saúde e riqueza). O pentecostalismo não é mais monopólio das classes pobres da Guatemala![51]

Estabelecendo conexões: igreja, sociedade, política e escatologia

Embora, aparentemente, o regime de Ríos Montt não tenha provocado um impacto negativo de relevo sobre o pentecostalismo na Guatemala e a eleição de Serrano Elías não possa ser atribuída ao apoio evangélico, mas, sim, a uma campanha bem conduzida, há poucas dúvidas de que a participação desses dois homens na política pública contribuiu para uma mudança de atitude na forma de os pentecostais na Guatemala conceberem a relação entre igreja e sociedade. Essa mudança de atitude está intimamente relacionada com — e é paralela a — uma mudança na escatologia do pentecostalismo guatemalteco.

Por um lado, o profundo impacto do pentecostalismo na sociedade guatemalteca pode ser apreciado nas diversas salas de cinema, que deixaram de funcionar e agora são ocupadas por igrejas. Os espaços públicos são bombardeados pelos muitos vendedores que têm o rádio sintonizado na estação cristã local. Os numerosos canais de televisão com programação pentecostal e filmes cristãos, e o canto dos coros das igrejas domésticas próximas celebrando seus cultos de adoração, são uma clara demonstração de que o pentecostalismo faz parte do tecido social. Por outro lado, a realidade da pobreza, do crime cometido por gangues e da corrupção em todos os níveis do governo faz com que nos perguntemos sobre os efeitos do pentecostalismo nessa sociedade. A presença generalizada do pentecostalismo não melhorou muito a condição social geral dos guatemaltecos. Na verdade, várias respostas são apresentadas pelos pentecostais e podem ser rastreadas desde o início do protestantismo, no final do século 19.

Como já observei, a escatologia desempenhou papel secundário nas missões protestantes, que entraram na Guatemala no final do século 19 e no primeiro quarto do século 20. Seu foco era fornecer

[51] Os pentecostais não podem mais afirmar que estão ganhando exclusivamente os pobres. Veja Walker, "Where Pentecostalism is mushrooming", p. 81.

serviços sociais importantes às comunidades de diversas maneiras. Nessa primeira fase, o protestantismo e as missões pentecostais posteriores eram, em grande parte, de natureza insular, orientadas para se enquadrar na paisagem social e religiosa da Guatemala. Durante a segunda e a terceira etapas, houve maior abertura à sociedade na forma de evangelização. Isso se caracterizava pela mensagem de um futuro apocalíptico por meio do qual os crentes seriam finalmente vindicados.[52] Com a ênfase na futura vinda de Cristo, a igreja adotou uma atitude voltada para o mundo por vir, em que a participação social e política era tida como desnecessária.[53] O foco em questões sociais e políticas também diminuiu, uma vez que o tempo deveria ser gasto em levar as pessoas a Cristo.[54] A única preocupação da igreja era pregar a mensagem pentecostal. Com os benefícios concomitantes da participação das pessoas nas estruturas eclesiais, do sentimento de pertencimento a uma comunidade local específica, da substituição de redes familiares e da criação de novas redes de relacionamento, da domesticação dos homens e do bônus adicional de uma alternativa ao alcoolismo, às drogas, ao vício e aos jogos de azar, os pentecostais chegaram à conclusão de que estavam mudando a sociedade, uma pessoa de cada vez. O pressuposto por trás do receio de se envolver na política era a ideia de que, quanto mais pessoas se convertessem ao pentecostalismo, menos o governo necessitaria abordar questões sociais, enviar notificações ou se organizar, pois os funcionários do governo saberiam o que fazer.[55]

[52] Isso é o que Garrard-Burnett aponta, afirmando que, "sem dúvida, o crescimento do protestantismo também teve relação com a mensagem apocalíptica de salvação dos protestantes, uma tradução da verdade que enfatizou o tempo da tribulação para pressagiar a segunda vinda de Cristo, o arrebatamento dos fiéis e o castigo dos ímpios" (Garrard Burnett, *Living in the New Jerusalem*, p. 132).

[53] Miller e Yamamori argumentam que, se a igreja enfatiza o mundo por vir, seu foco será naqueles que fazem parte da comunidade. Nesse caso, haverá muito pouco envolvimento com políticas públicas e bem-estar social, exceto para manter o direito ao culto. A perseguição é vista por esses grupos como divinamente ordenada. Veja Miller e Yamamori, *Global Pentecostalism*, p. 54.

[54] Manuela Cantón Delgado considera que o milenarismo é um elemento difundido quando as pessoas testemunham sobre suas razões para a conversão ao pentecostalismo. Segundo ela, o testemunho reflete a genuína urgência milenar, que antecipa com ansiedade a segunda vinda do Salvador, predita na Bíblia com mortes, guerras e catástrofes, o que, na Guatemala, é uma realidade cotidiana. Isso é anunciado com sinais impactantes ("preparem-se, Cristo está voltando!"). Como ela comenta, "essa é a opção que considero completamente apropriada ao que dá sentido ao discurso pentecostal guatemalteco" (Cantón Delgado, "Lo sagrado y lo político entre los pentecostales guatemaltecos", p. 9).

[55] Míguez, "Why are Pentecostals politically ambiguous?", p. 68.

Na época de Ríos Montt, conversão equivalia a uma mobilidade ascendente e uma melhoria social e comunitária. Esse era o pressuposto operacional da agenda de Ríos Montt para transformar a sociedade. Ele acreditava que a pobreza, a desigualdade e o conflito de classes estavam enraizados na podridão da humanidade.[56] Tudo esse discurso, porém, desmoronou quando ele usou sua mensagem evangélica para se envolver em atos sistemáticos de genocídio. Involuntariamente, ele contribuiu para que o pentecostalismo tivesse coragem de reivindicar espaço social e participação na sociedade guatemalteca em seus próprios terrenos.

Nessa quarta fase, as coisas ficaram muito mais complicadas. Tal como na primeira fase, a tradição de oferecer serviços sociais essenciais às comunidades foi mantida com a manutenção de clínicas médicas, criação de universidades evangélicas e refeitórios locais para crianças e dependentes químicos. Assim como na segunda e na terceira fases, o foco na evangelização ainda é uma parte central da identidade e da prática pentecostal, de modo que a adoção de uma mentalidade voltada ao mundo por vir prevaleceu entre muitas igrejas.

Quando chegamos à quarta etapa, observamos aspectos contraditórios em competição. Para alguns, a ênfase na saúde e na riqueza promove uma abordagem individualista, alinhada com as exigências consumistas do capitalismo globalizado, em que a abundância é equiparada ao resultado da obediência a Deus, e a falta de meios materiais é explicada como falta de fé por parte dos crentes.[57] A pobreza é desprezada, não por ser uma doença social que

[56] Garrard-Burnett, *Living in the New Jerusalem*, p. 148.

[57] Aqui, a influência dos pregadores dos Estados Unidos é profundamente sentida, uma vez que os programas de televisão de Oral Roberts, Kenneth Hagin, Frederick Price, Creflo Dollar, John Hagee e outros são ouvidos com bastante interesse pela população guatemalteca. Adotando a linguagem bíblica de "semear e colher" ("siembra y cosecha") e "primícias", as pessoas são ensinadas a se considerarem escolhidas para ser prósperas, e o tamanho e o número de uma igreja tornam-se o indício de sucesso e satisfação do cliente. Trata-se da incorporação da mentalidade capitalista traduzida em linguagem religiosa: o evangelho se transforma em mercadoria, produto a ser consumido e que retribui na forma de dividendos significativos. Miller e Yamamori observam que, para muitas igrejas do evangelho da prosperidade, não há contradição "entre fazer afirmações sobre a capacidade de Deus de curar as pessoas e abençoá-las financeiramente, e fundar clínicas de saúde, desenvolver escolas e coisas do gênero" (Miller e Yamamori, *Global Pentecostalism*, p. 32). Mas, ao mesmo tempo, admitem que a expressão do pentecostalismo está repleta de exploração de pessoas pobres que dão dinheiro na expectativa de que serão cem vezes mais abençoadas. E muitas vezes também explora

precisa ser erradicada, mas como um indício de não estar "bem com Deus".[58] Dessa forma, a pobreza torna-se o destino divino de algumas pessoas até se tornarem fiéis a Deus, ou até que Deus pare de testar sua fé. É certo que a melhoria econômica e a mobilidade ascendente têm sido elementos-chave do protestantismo e do pentecostalismo.[59] O dinheiro anteriormente gasto em álcool e jogos de azar agora ajuda a atender às necessidades gerais da família. Isso contribui para a percepção dos crentes e dos não crentes de que a melhoria econômica ocorreu em decorrência da conversão ao pentecostalismo.[60] Mas essa abordagem individualista não é capaz de contestar as estruturas do capitalismo. Os pentecostais têm-se mostrado dispostos a trabalhar para "subir na escada do sistema econômico capitalista, mesmo que o efeito abrangente desse sistema seja manter um grande número de pessoas na pobreza, mas o que eles deixam de fora é 'a ênfase bíblica na justiça social'".[61]

Outros pentecostais assumem uma atitude mais escapista e apocalíptica, segundo a qual a sociedade nunca melhorará até a vinda de Cristo e até que herdem o novo céu e a nova terra. Este mundo e esta vida são vistos como temporários e sem importância após a conversão. Afinal, os crentes têm um futuro glorioso determinado por Deus; tudo o que precisam fazer é permanecer fiéis até o fim.

pessoas que estão gravemente doentes e dispostas a se agarrar a qualquer coisa que prometa alívio do sofrimento (Miller e Yamamori, *Global Pentecostalism*), p. 175.

58 Sepúlveda, "Pentecostalism and liberation theology", p. 54.

59 Ao envolver os grupos e as culturas indígenas da Guatemala, Amy Sherman adota o enquadramento social weberiano, por meio do qual há uma estreita ligação entre a mobilidade econômica ascendente e a conversão ao protestantismo e ao pentecostalismo. Ela testa a teoria que conecta a conversão ao protestantismo com a mobilidade ascendente. Ela atribui à mistura de afiliações religiosas ancestrais e católicas da população maia seus baixos níveis de crescimento econômico e desenvolvimento. Veja, de sua autoria, *Soul of development*. Segundo Steigenga, porém, a população pentecostal não apresenta níveis mais elevados de *status* econômico. "De acordo com as medidas do estatuto socioeconômico, os protestantes como grupo não são significativamente mais instruídos (exceto os neopentecostais na Guatemala), não têm melhores empregos, não são mais ricos do que os católicos e os não afiliados religiosamente [...] Na verdade, os pentecostais tendem a apresentar pontuações ligeiramente mais baixas do que outros grupos em medidas de situação ocupacional, nível de educação e alfabetização — uma conclusão que é condizente com estudos anteriores na região" (Steigenga, *Politics of the Spirit*, p. 40).

60 Isso ajuda a explicar por que muitos consideram que existe uma ligação entre uma ética pentecostal e uma ética protestante. A ética pentecostal produz pessoas "honestas, disciplinadas, transparentes em seus negócios", vendo seu trabalho como uma vocação e um chamado de Deus. Isso evita que desperdicem seu dinheiro, o que, por sua vez, tem um efeito econômico positivo. No entanto, o ganho financeiro é uma consequência não intencional de uma vida mudada. Veja Miller e Yamamori, *Global Pentecostalism*, p. 165, 169.

61 Miller e Yamamori, *Global Pentecostalism*, p. 183.

Qualquer tentativa relevante de mudar a realidade torna-se inútil, porque isso é algo que só Deus pode fazer. Embora para alguns pentecostais essa visão escatológica funcione como escapismo da realidade, entorpecendo a dor e o sofrimento suportados por causa da tragédia, da perda de parentes e da pobreza absoluta, para a maioria dos crentes essa não é a promessa de uma "gratificação adiada", mas, sim, de um "tempo de vindicação, justiça, capacitação e reunião para os pobres e oprimidos, os herdeiros da terra intitulados pelo próprio Jesus no Sermão do Monte".[62]

Outros ainda estão acordando para a dura realidade de que a mensagem onipresente do pentecostalismo não melhorou as condições sociais gerais.[63] Juan Sepúlveda afirma: "É claro que o crescimento pentecostal não trouxe, por si só, uma diminuição proporcional e significativa de alguns problemas sociais importantes, como pobreza, delinquência, alcoolismo, dependência de drogas, abuso infantil, violência doméstica etc. Essa evidência força as igrejas pentecostais a questionarem o significado do seu crescimento: basta evangelizar e crescer para fazer do evangelho um fator significativo na sociedade?".[64]

À luz disso, muitos estão começando a enxergar uma conexão direta entre o envolvimento social e político, por um lado, e a pregação do evangelho, por outro.[65] Essa mudança social em curso na Guatemala foi concretizada em 1987, quando o documento *The political task of evangelicals: ideas for a new Guatemala* [A tarefa política dos evangélicos: ideias para uma nova Guatemala] circulou entre os evangélicos. Anne M. Hallum afirma que esse é um documento importante porque "convoca os crentes a se tornarem ativos no trabalho social e político, bem como no evangelismo", e "reconhece a responsabilidade do governo pelos problemas sociais e econômicos na Guatemala e a responsabilidade cristã de se envolver em níveis local e nacional, gerando mudanças".[66]

[62] Garrard-Burnett, *Living in the New Jerusalem*, p. 132.

[63] Sepúlveda, "Pentecostalism and liberation theology", p. 54

[64] Idem, "Future perspectives for Latin American Pentecostalism", p. 193.

[65] Como observa Cantón Delgado, "a negação explícita de uma consciência política, o proclamado distanciamento dos 'assuntos do mundo' e a alienação face aos crescentes [literalmente: *sangrentos*] problemas sociais, características consideradas inerentes ao discurso e à prática do protestantismo, foram questionados e precisam ser reconsiderados". Cantón Delgado, "Lo sagrado y lo político entre los pentecostales guatemaltecos: vivencia y significación", p. 1.

[66] Steigenga, "Guatemala", p. 164.

Isso mostra que, na Guatemala, alguns pentecostais estão começando a ver a importância de atender às necessidades materiais das pessoas e à necessidade de mudar as estruturas de pobreza como parte da pregação da mensagem do evangelho. Como observa Lidia Vaccaro de Petrella: "Todos aqueles que tiveram uma experiência pentecostal não podem permanecer de braços cruzados diante daqueles que têm sede e fome, que se encontram em situação de rua ou são injustamente marginalizados, como acontece com tantos neste século".[67]

Esses "pentecostais progressistas", conforme denominados por Miller e Yamamori, representam um novo rumo para o pentecostalismo. Eles estão começando a adotar uma abordagem mais integral ou holística do ministério, por meio da qual o evangelismo nunca deve ser divorciado da satisfação das necessidades do indivíduo como um todo.[68]

Essa mudança nas marés do envolvimento social pentecostal também está modificando a escatologia da igreja. A escatologia pré-milenarista e apocalíptica tem sido a doutrina predominantemente ensinada pelos pentecostais e protestantes na Guatemala, com exceção da Igreja Presbiteriana. Entretanto, algumas igrejas estão adotando uma abordagem pós-milenarista, de acordo com a qual a segunda vinda de Cristo é vista como ocorrendo apenas depois que a igreja tiver construído um reino de mil anos aqui na terra.[69] Segundo essa posição emergente, o reino de Deus não é concebido simplesmente como uma realidade futura. Em vez disso, "o cristão fiel que procura seguir o exemplo de Jesus também é obrigado a ser um agente de amor e compaixão no momento presente".[70] Essa mudança na escatologia e na orientação para uma sociedade mais abrangente representa mudanças teológicas profundas e uma redefinição do entendimento pentecostal tradicional da igreja, da sociedade, da política e de Deus.

Essa é uma etapa crucial na história do pentecostalismo e do protestantismo na Guatemala. Os estudos começam a mostrar que

[67] Vaccaro de Petrella, "Tension between evangelism and social action in the pentecostal movement", p. 36.
[68] Miller e Yamamori, *Global pentecostalism*, p. 60.
[69] Steigenga, "Guatemala", p. 165. Veja Miller e Yamamori, *Global pentecostalism*, p. 213.
[70] Miller e Yamamori, *Global Pentecostalism*, p. 213.

o crescimento do pentecostalismo diminuiu e que isso não pode ser considerado sem prestar atenção à elevada taxa de abandono escolar.[71] No processo de maturidade do pentecostalismo, algumas segundas e terceiras gerações também estão perdendo a intensidade das primeiras gerações e demonstrando indiferença.[72] Entretanto, alguns estão abandonando completamente o pentecostalismo e outros têm regressado ao catolicismo.[73] Permanecem questões sobre a razão pela qual as pessoas mudam entre suas tradições religiosas sem tensões, desviando-se de lealdades, a depender de suas necessidades e de seus interesses.[74]

Conclusão

Como demonstrei, a noção de que os pentecostais são apolíticos precisa ser repensada e rearticulada.[75] O contexto da Guatemala mostra, contudo, que os pentecostais e os protestantes têm estado envolvidos na vanguarda das questões políticas, por vezes até mesmo apoiando governos repressivos. Portanto, dessa perspectiva, não há razão para argumentar que os pentecostais na Guatemala sejam apolíticos. Não são nem politicamente neutros nem ausentes da arena política. O pentecostalismo na Guatemala é uma força social, política e econômica, mas não pode ser simplificado como expressão de interesses estrangeiros. Embora, em seus estágios iniciais, o pentecostalismo tenha recebido apoio financeiro e influência de missões e missionários estrangeiros, o pentecostalismo de

[71] Cleary, "Shopping around", p. 50-3.

[72] Stewart-Gambino e Wilson, "Latin American Pentecostals", p. 228.

[73] Cleary, "Evangelicals and competition".

[74] Green, *Fear as a way of life*, p. 160-2. Em seu trabalho na zona rural da Guatemala, Green descobriu que a mudança de lealdades religiosas era uma prática comum entre alguns povos indígenas. Na sua opinião, as pessoas não viam nenhuma contradição em serem membros da igreja evangélica, ao mesmo tempo que mantinham contato com os curandeiros maias e aceitavam alívio da Igreja Católica.

[75] Concordo que, se para a maioria dos pentecostais a vida deles e suas redes de relacionamento são "comprometidas e construídas em torno da sua fé religiosa, e não de outros compromissos (particularmente partidários)", e se a sua orientação é que "a fé individual deve ser colocada em Deus, não em movimentos políticos que prometem transformação temporal com base em [*sic*] [ideologias] criadas pelo homem, então o pentecostalismo é inerentemente apolítico" (Stewart-Gambino e Wilson, "Latin American Pentecostals", p. 233). No entanto, isso seria um erro na Guatemala porque rejeita a participação dos pentecostais nos assuntos políticos do país.

hoje é nativo da Guatemala.[76] Como diz Garrard-Burnett, "o cristianismo na Guatemala perdeu seu sotaque estrangeiro".[77]

A Guatemala está passando por um renascimento espiritual/religioso, e isso também está acontecendo entre os católicos.[78] Assim, as noções triunfalistas de um crescimento "explosivo" acelerado devem ser temperadas com o fato de que o crescimento do pentecostalismo não é algo recente, mas tem ocorrido ao longo de décadas antes da chegada de Ríos Montt ou de Mejía Víctores. É certo que ambos simbolizaram a emergência do pentecostalismo na arena pública e ajudaram a agitar as grandes massas pentecostais, ao considerarem a possibilidade de haver um presidente evangélico democraticamente eleito. Isso contribuiu para que os pentecostais na Guatemala rejeitassem o estatuto histórico de cidadania de segunda classe que eles tinham e reivindicassem o direito à plena participação na sociedade guatemalteca.

Contudo, essas reivindicações exigem que os pentecostais repensem a forma que concebem sua relação com a sociedade em geral. Com ênfase em uma escatologia futurista e milenar, e com a vida cristã definida como de natureza exclusivamente espiritual, algumas expressões do pentecostalismo retardam a transformação social.[79] Na verdade, argumenta Pedro Moreno, há razões para

[76] Por causa de suas raízes históricas únicas, do desenvolvimento e do ambiente sociopolítico dentro do qual cresceu e se tornou uma força tão grande, Everett Wilson argumenta que o pentecostalismo na Guatemala não pode ser entendido de outra forma senão como algo muito guatemalteco. Embora existam algumas ligações missionárias com o nascimento do protestantismo na Guatemala, as atuais expressões do protestantismo e do pentecostalismo são movimentos verdadeiramente nativos. Veja, de sua autoria, "Guatemalan Pentecostals". "Onde quer que surja, o pentecostalismo tende a indigenizar, absorvendo a cultura local na forma que cultua, se organiza e se relaciona com a comunidade local" (Miller e Yamamori, *Global Pentecostalism*, p. 211).

[77] Virginia Garrard-Burnett, "God was already here when Columbus arrived", p. 126.

[78] De acordo com Cleary, há poucos motivos para antecipar o fim do catolicismo. Na verdade, ele demonstra que um ímpeto semelhante e um crescimento acelerado estão a ultrapassar também a Igreja Católica. Veja Cleary, "Evangelicals and competition".

[79] Não se pode negar que o pentecostalismo deve superar algumas críticas externas sérias, tais como a sua organização autoritária e a repressão das mulheres. Aqui discordo de Miller e Yamamori, pois eles argumentam que, entre os pentecostais, as mulheres às vezes funcionam até mesmo como clérigos. Mas essa é uma forma de adoçar a colocação endêmica e sistêmica das mulheres em posições de subordinação aos homens. Além disso, insistem que, embora os pentecostais tenham estruturas hierárquicas, a noção do "sacerdócio de todos os crentes" e a ideia de que todos são iguais aos olhos de Deus alimentam uma visão democrática. Mas, novamente, há diversas dificuldades com essa teoria, não só porque os pentecostais têm apoiado governos conservadores e repressivos de direita (por exemplo, Chile e Guatemala), mas também porque não operam democraticamente; as mulheres ainda são relegadas a papéis subalternos. Veja Miller e Yamamori, *Global*

pensar que algumas expressões do pentecostalismo impedem suas próprias contribuições potenciais para melhorar a sociedade.[80] "Existem muitas igrejas pentecostais que estão atoladas no legalismo e preferem orar pela salvação do mundo a transformá-lo por meio de suas ações [...] O maior desafio para os pentecostais é ir além de um modelo individualista de serviço social."[81]

Em um aspecto positivo, alguns pentecostais já estão enfrentando os males sociais de frente, mas certamente esses são poucos, quando consideramos o todo.[82] Não há dúvida de que sua resposta envolverá uma escatologia criativamente reformulada. A interligação de questões sociais e escatológicas, arrisco-me a dizer, será o desafio do pentecostalismo em um futuro próximo. Enquanto as pessoas simplesmente ficarem esperando a vinda de Cristo e espiritualizarem todos os problemas sociais, vendo-os como forças demoníacas neste mundo, não haverá motivação para mudar a comunidade no entorno.[83] As formas pelas quais os pentecostais se tornarão relevantes para a sociedade em geral vão refletir, em grande medida, as mudanças em sua visão de igreja, de sociedade e de escatologia.

Pentecostalism, p. 177. Além disso, de acordo com Alan Walker, os pentecostais devem começar a abordar as questões relacionadas com muitas perdas de membros, excessos emocionais, os escândalos que vêm à luz "quando cristãos recém-convertidos não conseguem viver à altura de sua nova confissão de fé", a frágil base intelectual da doutrina do movimento, as razões por trás do desapontamento entre os jovens e os pentecostais de segunda geração e o mais importante de tudo: porque o pentecostalismo mostra poucos sinais de consciência social. Veja, de sua autoria, "Where Pentecostalism is mushrooming", p. 82.

[80] De acordo com Moreno, há três razões pelas quais a mudança social está sendo dificultada pelos pentecostais: eles traçam uma linha muito nítida entre o secular e o sagrado, rejeitam desnecessariamente a razão, com o objetivo de enfatizar a emoção, e enfatizam exageradamente o "chamado ao ministério" e o fim do mundo. Veja Moreno, "Rapture and renewal in Latin America", p. 32-3. Além disso, no caso de algumas igrejas, "o foco no retorno iminente de Cristo normalmente as restringe de se envolver em expressões mais programáticas e de longo prazo de atividade social cristã". Miller e Yamamori, *Global Pentecostalism*, p. 31.

[81] Miller e Yamamori, *Global Pentecostalism*, p. 67.

[82] Miller e Yamamori afirmam que os "projetos que envolvem questões em um nível sistêmico são a vanguarda do pentecostalismo progressista, mas ainda consistem em um movimento emergente" (Miller e Yamamori, *Global Pentecostalism*, p. 213). Eles insistem que, enquanto muitos pentecostais estão desenvolvendo ministérios, abordagens e programas que respondem às necessidades das pessoas, as tentativas de eliminar as causas da pobreza por meio da mudança da política social são relativamente raras entre os pentecostais. Ao mesmo tempo, eles "encontraram alguns clérigos que estão mobilizando sua congregação para combater a corrupção política, bem como confrontar estruturas econômicas que geram pobreza" (Miller e Yamamori, *Global Pentecostalism*, p. 42).

[83] Miller e Yamamori, *Global Pentecostalism*, p. 127.

15

"Se fue con el Señor": *o funeral pentecostal hispânico como celebração antecipatória*

SAMMY ALFARO ■

Introdução

SENTADO EM UM MONTE DE TERRA com um primo em um cemitério em San Luis, Sonora, México, há mais de vinte anos, refleti seriamente, pela primeira vez na vida, sobre o significado da morte e suas consequências. Ao observarmos o sepultamento de nosso tio, meu primo perguntou: "O que acontece quando morremos?". Aos doze anos e sem nenhuma linguagem teológica para ensaiar uma resposta adequada, as únicas palavras que consegui articular vieram de um eufemismo popular pentecostal para a morte, frequentemente ouvido: "*Se fue con el Señor*" ("Ele foi com o Senhor").[1] Volto-me agora para esse clichê com o fim de oferecer uma reflexão mais sofisticada, pois acredito que é representativo de uma compreensão escatológica muito mais profunda da morte, que pode ser obtida a partir dos hinos esperançosos e dos testemunhos cheios de fé que caracterizam o serviço funerário pentecostal hispânico.

[1] O título de um artigo de 1981 em *El Evangelio*, a revista oficial de La Iglesia de Dios (o ministério hispânico da Igreja de Deus, Cleveland, TN), serve para exemplificar o uso desse eufemismo pentecostal hispânico comum para a morte. O artigo celebra a vida e a obra de Jesús Fierro de Perez, carinhosamente conhecido como "Mamá Chuy". Ela foi uma humilde mulher de Deus, pioneira no estabelecimento da igreja em Guasave, Sinaloa, bem como em missões nas cidades próximas, com seu amor pelo evangelismo pessoal (Murrieta, "Mamá Chuy se fue con el Señor", p. 19).

O objetivo deste capítulo é demonstrar que o serviço funerário pentecostal hispânico funciona como uma celebração antecipatória do reino vindouro de Deus. Ao refletir sobre as dimensões escatológicas implícitas que se expressam na liturgia do funeral pentecostal hispânico, é possível lançar as bases para uma escatologia que não seja simplesmente "voltada para o mundo por vir", como tem sido comumente afirmado sobre os pentecostais.[2] Contudo, antes de apresentar as dimensões escatológicas do serviço funerário hispânico-pentecostal, este capítulo considerará as fontes para uma escatologia hispânico-pentecostal. O propósito desse primeiro passo é delinear a escatologia popular exposta pela comunidade pentecostal hispânica. O dispensacionalismo pré-milenarista é uma estrutura escatológica externa, que mina a esperança escatológica contida nas expressões de fé inerentes da comunidade. Por último, este capítulo reflete sobre como o pentecostalismo hispânico pode reinventar sua compreensão escatológica.

Em busca de fontes para uma escatologia pentecostal hispânica

O leitor atento talvez pergunte: por que focar nas práticas religiosas populares, e não nos tratados teológicos? A resposta curta é que a teologia pentecostal hispânica é, necessariamente, uma "teologia orgânica", pois está ocupada com a compreensão popular da experiência de Deus.[3] Há muito se reconhece que as principais fontes para uma teologia pentecostal hispânica não são de natureza acadêmica, mas, sim, as expressões de sua espiritualidade popular. Para compreender suas contribuições teológicas distintivas, como afirma Eldin Villafañe, "seria muito mais frutífero e, em um sentido real, mais próximo de sua natureza autóctone, olhar para a

[2] Eldin Villafañe dá uma razão para a popularidade dessa perspectiva escatológica "voltada para o mundo por vir". "Parece que a 'visão dos deserdados' (os pentecostais hispânicos) rejeita aquelas pessoas e instituições, e seus valores informativos, que os rejeitaram na cultura dominante. Assim, eles muitas vezes projetam o cumprimento de sua própria visão de um 'céu e terra' renovados para o *escháton*" (Villafañe, *Liberating Spirit*, p. 152-3).

[3] Aproveito a sugestão para apresentar a reflexão pentecostal hispânica como uma "teologia orgânica" de Ada María Isasi-Díaz, que aborda sua própria teologia *mujerista* em termos semelhantes. (Ada María Isasi-Díaz, *La lucha continua: teologia mujerista.*)

teologia implícita manifestada, acima de tudo, no 'culto'".[4] Por "culto", Villafañe refere-se ao serviço pentecostal hispânico em geral e, especificamente, às atividades dentro do serviço que servem para expressar o discurso teológico implícito — por exemplo, sermões, testemunhos, canções e qualquer outra atividade praticada pela "comunidade do Espírito" dentro ou fora dos muros da igreja.[5] De maneira semelhante, Samuel Soliván identifica o *locus theologicus* da teologia hispânica como o culto de adoração.[6] No início do mesmo capítulo, Soliván apresenta o que isso implica com mais profundidade: "O culto de adoração é o lugar e a ocasião em que as fontes e as normas que informam nossa teologia se reúnem. É no meio do culto que ouvimos, vemos, sentimos e refletimos sobre o que Deus disse, está dizendo e nos chama a ser. A teologia pentecostal hispânica é incompreensível fora dessa experiência de adoração e louvor cheios do Espírito Santo".[7] Assim, o serviço pentecostal hispânico funciona como o lugar no qual as crenças são expressas em termos orgânicos para a comunidade de fé.

Seguindo essa linha de pensamento, acredito que a base para uma escatologia pentecostal hispânica pode ser estabelecida pelo exame das expressões de adoração e fé durante o serviço fúnebre. Hinos e testemunhos fornecem um painel de visões escatológicas do qual uma escatologia pentecostal hispânica orgânica pode emergir. No entanto, deveríamos simplesmente deixar de lado as contribuições escatológicas publicadas dos pentecostais hispânicos?

De forma significativa, se nos concentrássemos apenas nas obras publicadas dos pentecostais hispânicos, a fim de delinear sua visão escatológica do mundo, o resultado ignoraria os elementos-chave da esperança escatológica da comunidade. A principal razão é que, tradicionalmente, o pentecostalismo tem trabalhado com um paradigma escatológico que foi adotado a partir da escatologia dispensacionalista fundamentalista.[8] Em certo sentido, esse quadro

[4] Villafañe, *Liberating Spirit*, p. 123.

[5] Ibidem, p. 121.

[6] Samuel Soliván, "Sources of Hispanic/Latino American theology", p. 142. Veja também Soliván, "Hispanic Pentecostal worship", p. 43-56; Maynard, "In the Spirit of *fiesta*", p. 161-86, espec. 173-7.

[7] Soliván, "Sources of Hispanic/Latino American theology", p. 140.

[8] Peter Althouse argumenta que a escatologia pentecostal popular contemporânea adotou acriticamente a estrutura dispensacional como base para a crença no retorno pré-milenarista de Jesus Cristo. É uma adoção

escatológico externo atravessou o caminho da doutrina pentecostal por meio de uma adoção acrítica de crenças fundamentalistas em nome da ortodoxia. Talvez não haja maior evidência disso dentro da comunidade pentecostal hispânica do que o uso da *Bíblia Scofield*[9] e a proliferação de mensagens e ensinamentos proféticos baseados em sua estrutura dispensacional.[10]

Para aqueles de nós que crescemos frequentando uma congregação pentecostal hispânica, não é novidade ouvir explicações detalhadas que derivam das notas de Scofield ao texto bíblico.[11] Membros comuns da igreja sem treinamento bíblico tornaram-se intérpretes ungidos do livro do Apocalipse, desvendando sua mensagem apocalíptica ao reunir as pistas e os modelos fornecidos pelas anotações de Scofield. Por exemplo, tenho uma memória muito vívida de ajudar minha mãe a montar um gráfico que diagramava uma interpretação dispensacional do livro do Apocalipse. Embora fosse graduada (e mais tarde instrutora) do Instituto Bíblico, ela confiava nas notas "especializadas" de sua *Bíblia Scofield*.

Além de casos episódicos, tem sido difícil documentar o uso da *Bíblia de Scofield* na escatologia pentecostal hispânica popular.

acrítica porque a imaginação escatológica pentecostal primitiva é de "um tipo diferente do pré-milenarismo conhecido como chuva serôdia", que "vislumbrava o período do fim dos tempos como uma gloriosa demonstração da vinda do Rei", e não necessariamente incluía a crença no arrebatamento. Peter Althouse, "'Left Behind': fact or fiction", p. 188-9.

[9] De modo significativo, foi somente em 1966 que a *Bíblia Scofield* foi traduzida pela primeira vez para o espanhol. Mas rapidamente se tornou a Bíblia de estudo das Américas, sendo por algum tempo rivalizada apenas pela tradução espanhola da *Bíblia de Referência Thompson*. Outra Bíblia que ganhou popularidade entre os círculos pentecostais hispânicos, principalmente por causa de seu foco na profecia, é a *Biblia de Estudio de Profecia*, de Tim Lahaye. C. I. Scofield, *Scofield Reference Bible*.

[10] Dale Coulter identifica C. I. Scofield como uma das figuras mais influentes por trás do rápido avanço do dispensacionalismo, no início do século 20. Além disso, Coulter documenta o uso da *Bíblia Scofield* como um instrumento para reforçar os ensinamentos dispensacionalistas nos círculos pentecostais. O que é totalmente surpreendente sobre o caso de amor entre o pentecostalismo e a *Bíblia Scofield* é que o ensino dispensacional scofieldiano afirma abertamente a cessação dos dons espirituais, negando o foco pentecostal moderno. Mas, como o francês L. Arrington aponta, os pentecostais "viram o sistema dispensacional como uma ajuda útil para enfatizar a segunda vinda pré-milenarista de Cristo, o arrebatamento da igreja, os sete anos da grande tribulação, o milênio e o cataclísmico julgamento que marcará o fim da presente ordem". Coulter, "Pentecostal visions of the end", p. 83, 87; Alexander, "Scofield Reference Bible", p. 1044; Arrington, "Dispensationalism", p. 585.

[11] Como as duas principais denominações pentecostais de língua espanhola (Assemblies of God e Church of God, Cleveland, TN) tendem a seguir o exemplo de suas contrapartes anglo-americanas, era de esperar que também adotassem a *Bíblia Scofield* como sua ferramenta favorita para estudo da Bíblia. Veja Thomson, *Waiting for the Antichrist*, p. 48; Prosser, *Dispensational eschatology and its influence on American and British religious movements*, p. 253.

Na melhor das hipóteses, é possível deduzir que as ferramentas que os especialistas da Bíblia usaram para interpretar Daniel e Apocalipse confirmam que uma orientação dispensacional guiada pelas notas bíblicas de referência de Scofield estava no centro de sua compreensão escatológica.[12] Por exemplo, a tradução para o espanhol dos gráficos e diagramas dispensacionais de Alfred Thompson Eade tornou-se o principal auxílio visual dos estudos proféticos e das conferências sobre o livro de Apocalipse.[13] Além disso, entre os livros didáticos mais populares usados nos institutos bíblicos para cursos sobre profecia bíblica, estava o comentário de Sunshine Ball sobre Daniel e Apocalipse.[14] É certo que esse livro não faz referência explícita às obras dispensacionais nem à *Bíblia Scofield*. No entanto, a julgar pela linha de interpretação que segue, supõe-se que uma estrutura dispensacionalista sustente sua exegese.[15]

[12] Em sua tentativa de demonstrar que os pentecostais não eram originalmente dispensacionalistas e que é problemático para os pentecostais abraçarem o dispensacionalismo, Gerald Sheppard faz alguns comentários sobre o pentecostalismo hispânico e sua hesitação em adotar plenamente a estrutura dispensacionalista. Para estabelecer isso, Sheppard aponta para a abordagem literal da interpretação bíblica conforme exposta na *Hermeneutics or the science and art of interpreting the Bible*, de Eric Lund. (Uma edição recente desse livro foi publicada com a *Introducción Bíblica* de Alice Luce, como E. Lund e A. Luce, *Hermenéutica, introducción bíblica*). Publicado pela primeira vez em espanhol em 1934, rapidamente se tornou o livro didático para o ensino de hermenêutica entre os pentecostais hispânicos. Sheppard observa que "o livro ignora totalmente o sistema hermenêutico dispensacional" e que "nenhuma referência é feita à *Bíblia Scofield* ou aos materiais dispensacionais padrão". Contudo, o problema com essa linha de raciocínio é que assume que essa linha hermenêutica orientou apenas a interpretação dos livros de Daniel e Apocalipse. No entanto, é mais provável que várias fontes dispensacionalistas tenham formado a base para a interpretação da profecia bíblica pelos pentecostais hispânicos, como pode ser deduzido de uma análise detalhada da compreensão pentecostal hispânica da profecia bíblica em comparação com os principais princípios da escatologia dispensacional. Sheppard, "Pentecostals and the hermeneutics of dispensationalism", p. 16.

[13] Não se deve subestimar o significado desses recursos visuais, pois serviram de modelo para os gráficos e diagramas que foram utilizados no ensino da profecia bíblica. Na década de 1980, era popular fazer grandes diagramas "apocalípticos" usando cartolina e recortes de jornais/revistas para ilustrar as visões e os sinais do Apocalipse de João, a fim de fornecer um *layout* pictórico do livro de Apocalipse e, assim, esboçar um interpretação literal dos eventos que ocorreriam em futuro próximo. Eade, *Panorama de la Biblia*. Também do mesmo autor e editora: vol. 2 "*La segunda venida de Cristo*"; vol. 4, "*El libro de Apocalipsis*".

[14] Sunshine Ball era a esposa de Henry Ball, um ministro das Assembleias de Deus cujo nome é sinônimo de ministério entre os imigrantes mexicanos que vivem na fronteira do Texas com os Estados Unidos. Juntos, serviram como missionários, ajudaram a organizar o Distrito Latino-Americano das Assembleias de Deus e fundaram a Editorial Vida (editora oficial do ministério hispânico das Assembleias de Deus). Significativamente, foi também por causa dos seus esforços que o Instituto Bíblico Latino-Americano foi fundado em San Antonio, Texas. Embora publicado há mais de cinquenta anos, agora em sua décima edição, o livro de Sunshine Ball sobre Daniel e Apocalipse continua a ser o livro didático em muitos institutos bíblicos de hoje. Ball, *Daniel y el Apocalipsis*.

[15] É preciso esclarecer primeiro que muitos livros publicados há mais de vinte anos (e até alguns hoje!) por editoras hispânicas nem sempre contêm referências bibliográficas ou citações que permitam ao leitor seguir

Outra forma de avaliar a dependência dispensacionalista dos escritos escatológicos hispânicos pentecostais é analisando o fluxo interpretativo encontrado no material didático oficial usado nas aulas da Escola Dominical. Por exemplo, em 1992, *El Maestro Pentecostés* — o manual oficial para professores adultos da Escola Dominical da Iglesia de Dios (Igreja de Deus, Cleveland, TN) — continha planos de aulas baseados "nas doutrinas fundamentais da Bíblia".[16] Da décima à décima quarta lições, o material cobre o arrebatamento da igreja, o tribunal de Cristo, os sete anos de tribulação, o milênio e o julgamento final.[17] Ao longo das explicações, as marcas da escatologia dispensacional são expostas de uma forma que Scofield e seus antecessores ficariam orgulhosos.[18] Além disso, em um manual complementar, que tinha como objetivo expandir essas lições da Escola Dominical, a maioria das referências citadas menciona estudiosos dispensacionalistas amplamente conhecidos.[19] Vale a pena notar que alguns trabalhos acadêmicos

a trilha das fontes utilizadas. Esse é o caso em ambos os relatos de *Daniel y el Apocalipsis*, de Sunshine Ball. Apesar da falta de referências, ainda é possível formar uma suposição fundamentada quanto às fontes por trás da interpretação. Por exemplo, o comentário de Ball sobre as cartas às igrejas em Apocalipse 2—3 segue uma abordagem muito scofieldiana ao explicar que as sete igrejas correspondem a sete "períodos distintos da igreja na terra, desde os tempos apostólicos até o arrebatamento" (tradução do autor). Além de outras passagens em que é possível "ler nas entrelinhas" a fim de estabelecer sua dependência de obras dispensacionais, há uma passagem em que isso é mais explicitamente evidente. No seu comentário sobre as setenta semanas de Daniel, ela se refere à época da igreja como uma dispensação da graça. No final, deve-se concluir que, embora os exegetas pentecostais hispânicos não tenham adotado o sistema dispensacional como um todo, das sete dispensações, a sexta (graça) e a sétima (reino milenar) formam a base de sua cosmovisão escatológica. Ball, *Daniel y el Apocalipsis*, p. 66, 47.

[16] Nos comentários introdutórios dessa edição, o editor comenta que será a primeira vez que a editora utilizará contornos próprios. Calderón, Wilfredo, *El Maestro Pentecostés: manual para maestros de adultos y jóvenes*, p. 4.

[17] Significativamente, a Declaração de Fé da Igreja de Deus não se refere à tribulação de sete anos. Apenas as duas últimas declarações de fé abordam temas escatológicos: o arrebatamento [o arrebatamento é vago em relação à fonte citada: o arrebatamento poderia simplesmente referir-se à ressurreição], a segunda vinda e o milênio. "13. [Cremos...] Na segunda vinda pré-milenarista de Jesus. Primeiro, para ressuscitar os justos e arrebatar os santos vivos para ele nos ares. Segundo, para reinar sobre a terra por mil anos. 14. Na ressurreição corporal; vida eterna para os justos e punição eterna para os ímpios." "Declaração de fé", site oficial da Igreja de Deus (Cleveland, TN).

[18] Na verdade, são feitas referências explícitas a Charles C. Ryrie (dispensacionalismo revisado), J. Dwight Pentecost (dispensacionalista progressista), bem como a outros notáveis estudiosos dispensacionalistas. Calderón, *El Maestro Pentecostés*, p. 98-9.

[19] Ao lado de outras obras, a Bíblia de Estudo de Charles Ryrie e *Events to come*, de J. Dwight Pentecost, são apontados como ferramentas úteis para a compreensão da profecia bíblica. Calderón, *Doctrina bíblica y vida cristiana*, p. 204, 206.

mais recentes dentro da mesma denominação tentam distanciar-se do guarda-chuva da escatologia dispensacional.[20] Esse é o caso do comentário exegético de Hiram Almirudis sobre a declaração de fé da Igreja de Deus[21] e de dois comentários sobre os livros de Daniel e Apocalipse de Wilfredo Calderón.[22]

Por último, se nos concentrássemos apenas nos escritos pentecostais populares, que pretendem desvendar os mistérios contidos na profecia bíblica, teríamos uma escatologia que emprega uma forte retórica anticatólica e antiecumênica. Por exemplo, livros como *El Anticristo* [O Anticristo], de Yiye Avila, estão entre as interpretações mais populares do fim dos tempos para os pentecostais hispânicos.[23] Nesses escritos, é típico ler interpretações que retratam a Igreja Católica como a Grande Prostituta de Apocalipse 17, e o Papa como o falso profeta, ou mesmo o Anticristo. Em relação ao

[20] Foi revigorante ler em um manual de ensino da Escola Dominical mais recente uma crítica à escatologia dispensacional. Depois de delinear a interpretação dispensacionalista, que vê as sete igrejas do Apocalipse (Apocalipse 2—3) como representativas de estágios históricos da igreja, Osvaldo Pupillo comenta sobre a igreja moderna em relação à sua contraparte dispensacional — a igreja de Laodiceia: "Alguns rejeitam esse argumento à luz do crescimento fenomenal do movimento pentecostal e do maior esforço missionário na história do reino, o que seria incompatível com uma igreja cega e morna" (tradução do autor). Pupillo, "Cristo, el eterno Señor", em *El discípulo bí*blico, p. 161.

[21] Como exegeta cuidadoso do texto bíblico e da Declaração de Fé da Igreja de Deus, Hiram Almirudis não faz menção explícita ao período de sete anos chamado de "Grande Tribulação". Na verdade, nesse comentário ele fornece uma articulação clara e concisa da declaração de fé da tradição, sem nenhuma dependência aparente da estrutura escatológica dispensacional. Almirudis, *Comentario sobre la Declaración de Fe de la Iglesia de Dios*. Hiram Almirudis, "A commentary on the church of God Declaration of Faith for Latin American Churches".

[22] Notavelmente, Wilfredo Calderón tenta distanciar-se da escola dispensacionalista de interpretação, observando que os futuristas literais não precisam ser dispensacionalistas, fazendo referência explícita à *Bíblia Scofield*. Apesar disso, o autor ainda dá preferência à perspectiva dispensacionalista dos últimos dias, apoiando-se fortemente em estudiosos dispensacionalistas. Além disso, Calderón também fundamenta sua interpretação do "filho da mulher" (Apocalipse 12:5,13) como os 144 mil, aludindo ao trabalho do exegeta dispensacionalista pentecostal Finis Jennings Dake. Calderón faz de tudo para reconhecer Dake como um grande estudioso e dedicado exegeta bíblico de convicção pentecostal, cujas obras ele consultou ao escrever esses comentários (as obras aqui mencionadas são *Dake's annotated reference Bible* e *Revelation expanded*). Como uma observação lateral, algo que ainda é preocupante nesse trabalho é a retórica anticatólica do autor, particularmente na identificação da Igreja Católica como a prostituta da Babilônia em Apocalipse 17 e na surpreendente afirmação de que "milhões de judeus foram massacrados no Holocausto sob o regime nazista da Alemanha católica" (tradução do autor). Calderón, *Daniel*; *El Apocalipsis*, p. 38, 111, 208, 240, 288, 340.

[23] Yiye Avila é um evangelista pentecostal popular que tem pregado extensivamente em toda a América Latina durante os últimos trinta anos e cujo ministério tem uma orientação escatológica marcante (¡Cristo Viene Pronto! — Jesus está voltando em breve!). Entre as afirmações proféticas que Ávila tornou populares por meio de suas pregações e de seus escritos, ele afirma que o Anticristo já está vivo e esperando para tomar o poder quando surgir a oportunidade, e identifica a Igreja Católica como a grande prostituta da Babilônia em Apocalipse 17. Ávila, *El Anticristo*, p. 35.

movimento ecumênico, Ávila escreve: "O objetivo do movimento ecumênico é fundir todas as igrejas e religiões do mundo em uma única igreja universal".[24]

Essa fixação equivocada de tentar identificar os personagens do livro do Apocalipse com seus homólogos históricos revela os perigos de continuar a propagar um sistema escatológico sem uma análise crítica. Dado o fervor apocalíptico da tradição, não é surpreendente que os pentecostais hispânicos tenham devorado, um a um, todos os livros da série *Deixados para trás*.[25]

Com base nessas premissas, se concluíssemos que a escatologia pentecostal hispânica é meramente "voltada para o mundo por vir" e pessimista, estaríamos fazendo um julgamento parcial, pois ignoraríamos as expressões mais populares de sua fé. Em parte, o problema reside no fato de o pentecostalismo hispânico ter definido a escatologia de uma forma muito limitada. Se a escatologia se relaciona apenas com o desenrolar histórico do plano de Deus para o fim dos tempos, então a missão de um especialista em escatologia é montar o quebra-cabeça da profecia bíblica. No entanto, se entendermos a escatologia como abrangendo "o que acontece quando morremos" (escatologia individual), bem como a futura manifestação do reino de Deus (escatologia geral), então teremos uma visão de mundo escatológica mais holística. Nesse sentido, a forma que vivemos e morremos nesta vida diz totalmente respeito ao vindouro reino de Deus.

As dimensões escatológicas do culto fúnebre pentecostal hispânico

A fim de descobrir e avaliar as vozes populares da comunidade pentecostal, realizei uma breve pesquisa entre as igrejas pentecostais hispânicas. A pesquisa consistiu em três perguntas principais:

[24] Ávila, *El Anticristo*, p. 56.

[25] A referência de Peter Althouse aos temas anticatólicos na série *Deixados para trás* serve para realçar as semelhanças: "O papa é retratado como anticristão, influenciado pelo Anticristo para estabelecer uma religião mundial relativista que opera a partir da Nova Babilônia. As tentativas de diálogo ecumênico e inter-religioso são retratadas como fúteis e influenciadas, além de um engano do Anticristo" (Althouse, "'Left Behind' — fact or fiction", p. 188).

1. Em distinção ao culto fúnebre na tradição católica, como você se referiria aos procedimentos de um culto fúnebre na igreja pentecostal hispânica? Qual seria considerada a ordem típica do culto?
2. Quais hinos você se lembra de ter cantado em um funeral recente? Quais sentimentos esses hinos evocaram? O que dizem sobre a morte de um cristão?
3. O culto fúnebre revela como determinada cultura ou religião enfrenta a morte. Em geral, com que atitude você acredita que a igreja pentecostal hispânica enfrenta a morte (resignação, celebração, desesperança, esperança, medo, alegria etc.)?

A pesquisa foi escrita em espanhol e distribuída a estudantes hispânicos pentecostais de um curso de teologia (Teología Bíblica y Sistemática III) que lecionei no Seminario Hispano de Misionología, um instituto bíblico em Phoenix, Arizona, no outono de 2008. Além disso, entrei em contato com pastores hispânicos locais da Igreja de Deus (Cleveland, TN), e eles concordaram em distribuir a pesquisa entre seus congregados. Dos cem inquéritos distribuídos, quarenta e dois regressaram e formaram o conjunto de dados para este estudo.[26]

As pessoas que responderam a essa pesquisa podem ser classificadas da seguinte forma:

- vinte líderes eclesiásticos, dezenove membros de igreja e três pastores;
- dezesseis Igrejas de Deus (Cleveland, TN), vinte e quatro independentes e duas Assembleias de Deus;
- dezenove mulheres e vinte e três homens;

[26] Este autor está ciente de que os dados desta pesquisa são limitados em muitos aspectos porque não são representativos dos pentecostais hispânicos como um todo. Por exemplo, nessa pesquisa, as Assembleias de Deus são ofuscadas pela Igreja de Deus (Cleveland, TN), o que vai contra a realidade das percentagens denominacionais; tanto as igrejas quanto os membros do AD superam os do IG. Além disso, a exclusão não intencional de membros das congregações apostólicas (La Iglesia Apostólica de la Fe en Cristo Jesús) também limita o alcance desses dados. Outra admissão é que a designação de denominação independente é um tanto enganosa. Digo isso porque fiquei com algumas suspeitas. Por exemplo, quando questionados sobre a filiação denominacional, alguns dos participantes preencheram "independente" quando a sua congregação é parcialmente afiliada à Igreja de Deus (Cleveland, TN), considerando que as igrejas foram iniciadas como missões, embora até hoje funcionem como órgãos eclesiásticos independentes. Dadas essas limitações, e outras que o leitor possa notar, é mais apropriado considerar essa reflexão uma amostra. Um estudo mais matizado e completo deve ser realizado.

O que se segue é uma análise descritiva das respostas à pesquisa. Algumas vezes, as respostas individuais são destacadas, mas, em sua maior parte, as observações são agrupadas.

Como representante dos serviços funerários pentecostais hispânicos, Eliseo López Cortéz fornece a seguinte descrição de um serviço funerário apostólico mexicano: "Quando um membro crente da igreja morre, um culto especial de vigília é realizado para o falecido, e passagens bíblicas relacionadas à morte e à ressurreição para a vida eterna são lidas. Esse culto é acompanhado por hinos fúnebres. A urna é posicionada em frente ao altar, com o corpo presente, para uma vigília, com as luzes acesas, mas sem acender velas ou lustres. No dia seguinte, quando o corpo é levado ao cemitério, o pastor da igreja celebra outro culto especial, com um sermão alusivo ao ato".[27] Em essência, é possível dividir o culto fúnebre em três elementos principais: canto, testemunho e sermão. É um momento para lembrar o falecido pela vida que ele viveu. Para atingir esse objetivo, músicas que tiveram um significado especial para o falecido são cantadas em sua homenagem. Além disso, há um momento para a família e outros amigos do falecido subirem ao púlpito e, então, expressar condolências e compartilhar testemunhos episódicos que lembrem o indivíduo em vida. Por último, é pregado um sermão evangelístico, dirigido especificamente aos presentes que não são crentes.

Dos hinos mencionados nas pesquisas, aquele que aparece quase com consenso unânime é *Más allá del sol*[28] (das 42 respostas, apenas

[27] López Cortéz, *Pentecostalismo y milenarismo*, p. 72.

[28] A questão acadêmica aqui seria: quem escreveu o hino? Ainda não encontrei uma resposta conclusiva para a composição de *Mas Allá del Sol*. Em uma conversa por e-mail com Daniel Ramirez, sua composição pode ser reduzida a duas possíveis origens: CLADIC (Concilio Latino-Americano de Iglesias Cristianas) ou Adventista Mexicana. Além disso, dada a natureza extemporânea do culto pentecostal, é difícil documentar quem compôs um hino específico. Por exemplo, não existe um hinário que consista apenas em canções compostas por pentecostais hispânicos. Além disso, há a questão de como determinar se uma fonte específica pode ser considerada "pentecostal". A dificuldade desse processo pode ser vista quando se considera que muitos hinos (e *coritos*) foram adotados literalmente ou às vezes com um toque pentecostal adicionado, e que não foram necessariamente escritos por um pentecostal, mas foram adotados porque, de alguma forma, expressam a experiência pentecostal. Na verdade, uma grande percentagem de hinos cantados nas igrejas pentecostais hispânicas foi traduzida de seus homólogos anglo-americanos ou tomada por empréstimo de hinários apostólicos hispânicos. É comum no culto pentecostal hispânico tradicional que um irmão ou irmã suba ao púlpito e dê um testemunho, que é seguido por um hino que acompanha o que acabou de ser dito.

quatro não mencionaram esse hino). Esse hino solene, reservado quase exclusivamente aos cultos fúnebres, começa estabelecendo o contraste dessa vida com a próxima. Apesar das dificuldades econômicas que podemos encontrar neste mundo (*aunque en esta vida* [embora nesta vida]), há a esperança de uma nova vida, que porá fim a todo sofrimento. No momento, porém, tudo o que o crente pode fazer é desejar aquele lugar celestial, que, um dia, será seu novo lar. Assim, o refrão traz uma alegre declaração de esperança:

//Mas allá del sol//	//Para além do sol//
Yo tengo un hogar,	eu tenho uma casa,
Hogar bello hogar,	Uma bela casa
Mas allá del sol	Para além do sol

Frequentemente, a pessoa que canta em um funeral, acompanhando a congregação, começa a chorar por causa do retrato vívido da volta do ente querido para casa, conforme expresso na letra. Assim, o hino tem dupla função: por um lado, contrastar o sofrimento deste mundo com as alegrias da vida futura; e, por outro lado, dizer adeus à pessoa que se foi com o Senhor. Antonia González, uma senhora idosa que é cristã há 27 anos, comenta: "Bem, no funeral da minha mãe, há dezenove anos, o pastor fez um sermão breve, chamou ao altar as pessoas que não conheciam Cristo, e nós cantamos hinos antigos. E, para encerrar, como somos três irmãos, todos cristãos, cantamos *Más allá del sol* para

Um exemplo pessoal disso vem da lembrança do testemunho dos meus pais (Quirino e Alicia Alfaro). Quando éramos crianças, era muito comum um dos dois subir ao púlpito e testemunhar, e depois pedir ao outro que se juntasse a eles com uma canção especial para o Senhor. Da mesma forma, tive conhecimento do hinário rústico de Abundio Saldívar (meu sogro). Como é típico de muitos salmistas pentecostais que cantam ao Senhor, ele carregou consigo aquele hinário e anotou nele os cânticos que ouvia e que tinham um significado especial para sua experiência de caminhar com o Senhor. Em seu hinário, encontrei evidências do tipo de empréstimo mencionado. Algumas músicas são traduções de um clássico hino pentecostal ou evangélico. Outras são retiradas do repertório de compositores hispânicos. No entanto, as mais queridas ao seu coração — aquelas que foram mais cantadas — e as que mais caracteristicamente evocam algum sentimento pentecostal hispânico são aquelas que, sem o conhecimento do meu sogro, foram escritas por um dos muitos pentecostais unicistas mexicanos. Isso sugere que a autoria é menos significativa que o conteúdo; o que é importante para o cantor é a ressonância da canção em sua experiência e em sua capacidade de transportar o cantor para um plano no qual sua experiência está interligada com as palavras da canção. Para um estudo estatístico dos hinos latinos com foco especial nos hinos pentecostais, veja Ramirez, "Alabaré a mi Señor", p. 196-218.

nos despedirmos dela".[29] Vale a pena notar como esse hino expressa um testemunho em narrativa em primeira pessoa, como se a pessoa morta estivesse realmente presente para acalmar a tristeza dos presentes, informando-lhes que está em casa com o Senhor.

Outra música que evoca belamente uma cena celestial para trazer conforto aos presentes em um funeral é *Alégrate alma triste.*[30] Seguem as palavras da primeira estrofe e do refrão:

Anhelo en las regias mansiones morar, Do reina mi Salvador Escucho los ecos de un dulce cantar De triunfo y de gran loor.	Desejo morar nas mansões reais, Onde meu Salvador reina Eu ouço os ecos de uma doce canção De triunfo e de grande alegria.
Coro A mi supremo Rey, alegre cantaré; Mis ojos han de ver, la patria celestial Feliz y libre soy, y caminando voy Con júbilo a mi eterno hogar.	**Refrão** Ao meu Rei supremo cantarei com alegria Meus olhos um dia verão o país celestial Sou feliz e livre, e caminho Com júbilo ao meu lar eterno.

Esse hino também apresenta o testemunho vivo de uma pessoa que já partiu para estar com o Senhor. Ao ouvirmos a letra desse hino, só podemos imaginar o falecido em uma viagem que atravessa os limites deste mundo e entra no próximo. Como aponta Guillermina Barajas, "cantamos hinos que se referem à nossa cidadania celestial". Também em relação a esse sentimento, Graciela Salgado recorda a

[29] "Bueno, en el servicio de mi madre, hace 19 años ya que murio, el pastor dio un corto sermón, llamó a la gente que todavia no conocia a Cristo como su Salvador, cantamos cantos ya viejitos y para cerrar somos tres hermanos todos cristianos y le cantamos *Más allá del sol* para despedirla."

[30] Embora esse hino seja provavelmente de origem apostólica, é muito popular em serviços funerários dentro das denominações pentecostais hispânicas. Tenho duas lembranças especiais a respeito desse hino. Um amigo, Gamaliel Ruiz, cantou no funeral da mãe dele (que, na época, era pastora da igreja que eu frequentava), e minha mãe cantou no funeral da minha avó.

esperança expressa nas palavras do apóstolo Paulo aos filipenses: "porque para mim o viver é Cristo e o morrer é lucro" (1:21). Nesse sentido, a morte é apenas uma jornada para quem crê no Senhor.

Em resumo, outros hinos mencionados nas pesquisas são: *Cruzando el valle voy*, *La ultima milla* e *En presencia estar de Cristo*. Cada um deles, à sua maneira, contém o tema semelhante da morte como uma jornada para a vida após a morte. O primeiro representa a vida como uma viagem pelo vale cujo destino é uma mansão de luz, em que o peregrino começa sua vida com o Senhor. O segundo prevê os últimos estágios da vida nesta terra como a última milha da corrida. O terceiro antecipa o encontro face a face do crente no momento em que entra na presença de Cristo. O que todos esses hinos têm em comum é a compreensão da vida como transitória e da morte como a jornada final para a presença de Deus.

Se nos concentrarmos no aspecto testemunhal dos serviços funerários, fica evidente a noção do sacerdócio de todos os crentes. Sempre há um momento em que qualquer pessoa presente pode se apresentar e dar um testemunho ou dizer palavras de conforto para a família enlutada. Às vezes, a pessoa que testemunha faz alusão a um sonho ou uma visão do falecido, comentando sobre sua morada celestial.[31] Além disso, como tantas vezes acontece nos funerais pentecostais hispânicos, lembram-se episódios das últimas coisas que a pessoa fez na vida, a fim de levar uma palavra de exortação aos presentes. Ainda me lembro das palavras emocionadas proferidas por Victor Pagan, na época superintendente do território hispânico do sudoeste da Igreja de Deus, no funeral de Lita Ruiz, esposa do pastor da igreja na qual cresci: "Ela morreu com os pés calçados!". Esse comentário foi feito em referência ao acidente automobilístico em que ela morreu, pois, na época, ela acompanhava um grupo de jovens a caminho de uma cruzada evangelística em Ciudad Obregon, Sonora, México. Outro exemplo disso é a recordação dos últimos momentos da vida de Francisca García Bázaca: "Todos os anos, ela prometia a Deus que leria a

[31] No funeral de Adónica Nuñez, uma menina de 12 anos que morreu após uma batalha de cinco anos contra a leucemia, a irmã Elsa Castellanos narrou um sonho em que viu Adónica num encontro lúdico com anjos. Depois, ela comentou como isso se aplicava à atitude lúdica da jovem na vida.

Bíblia inteira. E naquele dia, 16 de dezembro de 1981, enquanto esperava por um amigo seu que a levaria às compras, ela adormeceu com a Bíblia no peito e com uma página entre os dedos da mão direita. Terminou a vida assim, agarrada ao seu sonho!".[32] Se não fossem o caixão e as flores na igreja, seria fácil confundir o culto com uma cruzada evangelística.

Muitas vezes, a pregação em um funeral pentecostal hispânico torna-se uma manifestação evangelística, concentrando-se na presença de familiares e amigos não crentes. Para os pentecostais hispânicos, o funeral é uma oportunidade de pregar o evangelho. Na verdade, é esse impulso evangelístico que encerra o culto. Em certo sentido, a ideia de levar outros à salvação torna o serviço fúnebre significativo, pois a morte da pessoa torna-se plena de significado, representando a oportunidade de amigos e familiares incrédulos chegarem ao conhecimento salvífico de Jesus Cristo. Curiosamente, um entrevistado observou que a ordem do serviço fúnebre (hinos, lembranças, testemunhos, oração de consolação) prepara o coração dos ouvintes para a pregação do evangelho. Assim, em meio à morte, os pentecostais hispânicos encontram conforto em saber que o funeral de um ente querido se torna uma oportunidade de levar alguém à salvação.[33]

Em resumo, é significativo recordar de que forma as lutas desta vida se justapõem às glórias do céu em todas as expressões de fé presentes no funeral. Enquanto o sofrimento remete à vida na terra, o fim do sofrimento é a forma que o céu é retratado. Nas palavras do muito popular e alegre *corito*:

///Allá en el cielo///	///Lá em cima está o céu///
No habrá más llanto	Não haverá mais lamento
Ni más tristeza	Nem mais tristeza

[32] Ruiz, "El drama humano", p. 7.

[33] Vale ressaltar que esse impulso evangelístico também está presente em muitos dos hinos cantados em funerais. Por exemplo, a última estrofe de *Mas allá del sol* diz: "A todas as raças da linhagem humana/Cristo quer dar a salvação plena". Outro hino que alude à plenitude da salvação é *Gozándome yo voy* (Vou com alegria). Esse hino é cantado em tom alegre e imagina a morte como uma caminhada alegre até o lar eterno, no qual Jesus está presente. No hino, essa caminhada fica ainda mais alegre com o conhecimento de que os pecadores estão se juntando à jornada em direção ao lar celestial.

Ni más dolor	Nem mais dor
Y cuando estemos los redimidos	E quando nós, os redimidos, estivermos
Allá en el cielo	Lá em cima, no céu
Alabaremos al Señor	Louvaremos ao Senhor

Confrontada com uma vida de luta constante, dificuldades e questões econômicas, a comunidade pentecostal hispânica olha para a vida após a morte como um momento em que todo o sofrimento cessa e apenas a alegria subsistirá.

Refletindo sobre o impacto das lutas da vida, Samuel Soliván comenta:

> A realidade socioeconômica da comunidade hispânica e a localização da igreja hispânica pentecostal também refletem sua visão do mundo. Com frequência, os pentecostais hispânicos se consideram um baluarte contra a morte e as forças do mal que estão dominando o mundo. Eles são uma fortaleza contra as forças culturais que tentam destruí-los em seu sistema de valores — um sistema que eles entendem como refletindo os valores do reino de Deus e do seu Senhor Jesus Cristo. Essa postura contracultural é a contrapartida da atitude que a cultura dominante teve e continua a ter em relação a eles. Essa cosmovisão desempenha papel relevante no *éthos* do seu culto, que é alimentado por uma visão escatológica — às vezes até mesmo apocalíptica — do futuro.[34]

Por isso o culto fúnebre nas congregações pentecostais hispânicas passou a ser celebrado em espírito de festa.

Talvez não haja demonstração de *fiesta* [festa] mais verdadeira na comunidade pentecostal hispânica do que a celebração de um culto fúnebre. É uma verdadeira *fiesta* porque amigos que não se viam há muito tempo se reencontram para se despedir de um amigo em comum. É um momento em que a comida é abundante, pois comer juntos traz conforto à família e aos amigos enlutados. É hora de rir

[34] Soliván, *Hispanic Pentecostal worship*, p. 47.

das coisas engraçadas que a pessoa amada fez na vida.[35] De muitas maneiras, na imaginação pentecostal hispânica, é assim que o céu será. Como diz o refrão de um hino:

A los amigos y vecinos veremos allá: Oiremos cantos conocidos en el viaje de afán. Alístate a partir gozoso hacia aquel hogar, En donde amigos y vecinos veremos allá.	Amigos e vizinhos veremos lá Ouviremos músicas familiares na jornada Prepare-se com alegria para partir em direção àquela casa Onde veremos amigos e vizinhos.

Na verdade, mais do que uma cerimônia de despedida, o funeral é visto como uma celebração antecipada que simboliza como será a nova vida no céu.

Escatologia pentecostal hispânica: voltada para o mundo por vir ou para o mundo presente?

Após apresentar a compreensão escatológica popular do fim retratada nos escritos dos pentecostais hispânicos, por um lado, e os principais contornos do serviço funerário pentecostal hispânico, por outro, torna-se um exercício significativo analisar a continuidade e/ou descontinuidade entre ambos. Que correlação existe em um movimento que vê decisivamente a série *Deixados para trás* como uma excelente interpretação do livro do Apocalipse e a mesma escatologia orgânica da tradição, tipificada na celebração de cultos fúnebres? A importância de delinear a estrutura escatológica dispensacional justaposta a várias manifestações da escatologia popular é que torna possível contrastar as principais atitudes que cada uma promove. A primeira está centrada na destruição cataclísmica do mundo no fim dos tempos e, como tal, apresenta uma visão

[35] No funeral da minha tia-avó, a família riu ao lembrar como *la tia Leja* vestia o tradicional vestido branco todas as noites antes de ir para a cama, semanas antes de sua morte. Ela fez isso porque queria estar pronta, mas não queria ser despida por outra pessoa.

muito pessimista do cumprimento do livro do Apocalipse. A segunda contém uma perspectiva mais otimista, uma vez que a morte é vista como uma viagem transitória deste mundo para o outro. Contudo, podemos questionar: ambas as perspectivas não apresentam caminhos diferentes para o escapismo? A visão escatológica intrínseca dos pentecostais hispânicos provoca o mesmo elemento sobrenatural do dispensacionalismo pré-milenarista?

A análise de Peter Althouse acerca da escatologia em *Deixados para trás* fornece uma ilustração útil para a compreensão da diferença entre as visões: "O pré-milenarismo do fundamentalismo, com sua doutrina de um arrebatamento secreto, se opõe ao pré-milenarismo da igreja primitiva. O apocalipticismo da igreja primitiva incluía uma esperança escatológica que resistia aos poderes do pecado e da opressão, mas o apocalipticismo fundamentalista incorpora uma fuga espiritual deste mundo. A retirada passiva, na esperança de um arrebatamento secreto, faz com que abdiquemos de nossas responsabilidades de protestar contra os poderes do pecado e da opressão em todas as suas dimensões pessoais, sociais e cósmicas.[36] A mesma distinção poderia ser traçada entre o dispensacionalismo pré-milenarista e as expressões escatológicas orgânicas hispânicas pentecostais da fé. A escatologia do outro mundo vê o mundo atual caminhando em direção ao seu destino apocalíptico de destruição cataclísmica. Não há nada a ser feito para resgatá-lo do futuro pretendido; é apenas uma questão de tempo até que a história siga seu curso. A única resposta a esse cenário escatológico é o escapismo, a fim de fugir da destruição vindoura. Embora essa possa ser a conclusão lógica do dispensacionalismo pré-milenarista, é contrária às expressões de fé contidas no serviço funerário pentecostal hispânico.

Em vez disso, a escatologia pentecostal hispânica orgânica contém implicações libertadoras para o mundo presente, concentrando-se nos sinais escatológicos do reino orientados para o futuro (redenção espiritual, cura física e libertação social), mas com um olho no presente. Como tal, anuncia os aspectos redentores do futuro reinado de Deus, mas também denuncia as estruturas pecaminosas

[36] Althouse, "'Left Behind': fact or fiction", p. 191.

e injustas, que militam contra sua manifestação no presente.[37] No centro dessa afirmação, está uma escatologia que entende o reino vindouro de Deus como nada menos do que o cumprimento presente e futuro do reinado que Jesus pregou e encarnou.

Como já observado na seção anterior, no serviço fúnebre hispânico-pentecostal, a esperança escatológica da comunidade reside na vanguarda dessa experiência trágica. No entanto, a esperança não se baseia na fuga do falecido das catástrofes apocalípticas que aguardam este mundo. Em vez disso, a esperança é encontrada no conhecimento de que o falecido, que era um companheiro de sofrimento neste mundo, partiu para estar com o Senhor. Assim, o falecido torna-se um modelo para os vivos, personificando o triunfo sobre as provações do mundo atual. Como os hinos expressam de várias maneiras, aquele que estará com o Senhor pode juntar-se a Paulo em uma alegre exclamação: "Combati o bom combate, terminei a corrida, guardei a fé. Agora me está reservada a coroa da justiça, que o Senhor, justo Juiz, me dará naquele dia; e não somente a mim, mas também a todos os que amam a sua vinda" (2Timóteo 4:7-8).

Os hinos e testemunhos do culto fúnebre apresentam afirmações dessa esperança escatológica. São lembretes, para a comunidade deixada para trás (trocadilho intencional), de que eles devem continuar a combater o bom combate. Daniel Castelo comenta as dimensões escatológicas da prática pentecostal de partilha de testemunhos: "Os testemunhos são sinais de que os crentes estão em perpétuo estado de permanência diante do Senhor, porque o ato de partilhar a forma que Deus está presente entre os crentes inspira a visão de estar vivendo "entre os tempos", uma visão que demonstra a maneira que Deus rompe a experiência da igreja em um ato que

[37] Samuel Cruz fornece um lembrete útil do perigo de interpretar crenças e práticas sem um exame cuidadoso do contexto e da fé vivida na comunidade pentecostal hispânica. Ele afirma: "As generalizações improdutivas parecem ser perigosas quando se tenta compreender as premissas fundamentais dos rituais/crenças pentecostais latino(a) no que se refere às noções pentecostais de realidades culturais, sociais, políticas e teológicas. Como observador-participante, encontrei manifestações únicas de práticas pentecostais, que frequentemente são diferentes do que às vezes é verbalizado nos discursos pentecostais durante os cultos e do que os estudiosos religiosos costumam afirmar". Cruz afirma que a percepção de que os pentecostais latinos são apolíticos se deve à má compreensão das formas não convencionais pelas quais a comunidade afirma seus atos de resistência política vis-à-vis os da cultura anglo. Cruz, ""Rereading of latino(a) Pentecostalism", p. 202.

prenuncia seu reinado iminente."[38] Que melhor maneira de trazer conforto a uma comunidade sofredora do que fazê-la se concentrar no triunfo que a morte representa para o indivíduo que crê no Senhor? O falecido não entrou no purgatório nem jaz aguardando seu destino final; ele está presente com o Senhor nas mansões celestiais!

Durante a celebração de um funeral, a comunidade hispânica pentecostal concentra-se no mundo vindouro, a fim de ganhar forças para continuar a sobreviver nesta era presente. A esperança de um paraíso no qual toda a dor e todo o sofrimento acabarão, porém, não é como uma "torta" à espera no céu. O anseio por uma morada eterna lembra à comunidade pentecostal a recompensa futura pelas provações e os sofrimentos presentes. Os pentecostais estão plenamente conscientes de que as forças da época atual, que trouxeram a morte a um ente querido, não têm a palavra final no assunto. Quer a morte tenha sido o resultado de uma doença, quer tenha decorrido de violência, os pentecostais podem regozijar-se no conhecimento de que Deus triunfará sobre todas as forças do pecado e do mal no fim dos tempos. No entanto, na era atual, é possível ter um gostinho da "torta celestial". Os futuros sinais do estabelecimento do reino escatológico de Deus manifestam-se parcialmente, à medida que Deus vai trazendo cura, salvação e libertação no presente. Frank Macchia oferece uma definição mais sutil da escatologia pentecostal: "Para os pentecostais, a escatologia não trata simplesmente do fim dos tempos, como o último capítulo de um sistema teológico. É uma esperança viva que afeta toda a vida cristã. Cristo, como o rei vindouro, integra e define a obra salvadora de Cristo, o batismo no Espírito e a cura. Essa é a compreensão pentecostal do evangelho cristão, e é completamente escatológica".[39] De uma forma significativa, os pentecostais hispânicos fazem uso de imagens apocalípticas bíblicas para se capacitarem a viver nesta época atual.

Por exemplo, o hino *Marcha del triunfo*[40] apresenta a vida cristã como uma batalha militar entre o exército cristão e as forças satânicas. Quando lemos a letra desse hino tendo como pano de fundo as

[38] Castelo, "Tarrying on the Lord", p. 53.

[39] Macchia, "Pentecostal and charismatic theology", p. 282.

[40] Vale destacar que esse hino se tornou o hino oficial entre os jovens. Ainda me lembro de como nosso grupo de jovens foi ao altar para testemunhar juntos durante o culto de domingo à noite. Obviamente, nós

batalhas apocalípticas do livro do Apocalipse, não podemos deixar de notar as semelhanças. Por exemplo, o hino alude ao sangue dos mártires, que, inevitavelmente, será derramado no decorrer da batalha (Apocalipse 7:14; 12:11,17). Além disso, na batalha espiritual do hino, assim como nas passagens apocalípticas, os santos são auxiliados por um exército de anjos celestiais. O que é significativo notar aqui é de que forma, na imaginação escatológica hispânica pentecostal, é possível imaginar as lutas da vida usando imagens apocalípticas.

Outro exemplo disso é o hino *Ya Se Acerca el Tiempo de Prueba.* O mais interessante em relação a esse hino é como um pré-tribulacionista pode cantá-lo e não perceber que ele vai contra a essência do dispensacionalismo pré-milenarista. A primeira estrofe e o refrão do hino dizem:

Ya se cerca el tiempo de prueba	Já se aproxima o tempo de provações
El Anticristo muy pronto obrará [...]	Em breve, o Anticristo fará seu trabalho
Y después de esta vida de prueba	E depois desta vida de provações
Cosas nuevas Jesús me dará.	Jesus nos dará coisas novas
Coro:	**Refrão:**
//Fiel, fiel al Señor yo seré,	//Fiel, fiel ao Senhor serei,
Y la corona de vida tendré//	e terei a coroa da vida //

O que é intrigante no uso desse hino é que, embora ensine que a igreja passará por tribulação, os pentecostais hispânicos não parecem ter problemas em cantá-lo. Em uma cultura que prega o arrebatamento pré-tribulação da igreja, como podemos incluir em nossos hinários uma canção que procura entregar as chaves para a sobrevivência durante a tribulação? Além da resposta óbvia (ou seja, muitas vezes as pessoas cantam sem entender completamente o que cantam), acredito que se refere ao significado que o hino proporciona

tínhamos outros hinos em nosso repertório, mas esse, de longe, era nosso preferido, principalmente porque retrata a juventude como um exército conquistador.

para a vida cotidiana. Esse cântico faz pouco sentido se considerarmos a tribulação em um sentido dispensacionalista fundamentalista, como um período no futuro em que a igreja estará ausente. Tribulações são provações contínuas. Será que, inadvertidamente, os pentecostais hispânicos cantam esse hino, em contradição com sua estrutura dispensacionalista adotada, apenas porque a letra evoca um sentimento de provação e sofrimento que faz lembrar sua vida atual? De muitas maneiras, uma releitura do livro do Apocalipse com um olhar sobre o sofrimento da igreja passada e presente forneceria um corretivo bem necessário para as visões escatológicas populares na comunidade pentecostal hispânica. Da mesma forma, a recuperação de imagens apocalípticas bíblicas e não bíblicas poderia servir para enquadrar nossa própria compreensão "apocalíptica" do mundo atual de forma que a visão escatológica pudesse verdadeiramente produzir esperança para a comunidade de fé.

Conclusão

Para aqueles de nós que crescemos em uma tradição pentecostal, é difícil compreender o pensamento de uma escatologia que se afaste de uma estrutura dispensacionalista pré-milenarista. Em parte, isso acontece porque é quase impossível abalar o cenário escatológico do fim dos tempos, que postula a interpretação literal do livro do Apocalipse. Pessoalmente, tenho dito com frequência que a escatologia é uma arena teológica que eu prefiro evitar, em face da dificuldade de ler o livro do Apocalipse sem que me venham à mente interpretações arraigadas e preconcebidas. No entanto, após olhar para as dimensões escatológicas presentes em nossos cultos funerários, tenho esperança de que uma escatologia pentecostal hispânica verdadeiramente orgânica seja viável.

Em parte, o caminho para repensar nossa escatologia exigirá recuperação e redescoberta: recuperação, porque precisamos olhar para trás, para nossas raízes, e construir a partir da esperança escatológica intrínseca de nossa comunidade; redescoberta, porque a compreensão de que estávamos trabalhando com uma estrutura escatológica estranha deveria conduzir-nos a novas buscas. Portanto, à questão de os pentecostais serem pré-milenaristas sem que se mostrem dispensacionalistas, acrescento: os pentecostais podem ser não literalistas em sua interpretação do livro do Apocalipse? Ao começar a responder a essa pergunta, lembro-me do esforço equivocado de tentar interpretar cada detalhe da pintura de um impressionista. Em vez de encontrar significado em todos os pequenos detalhes, é preciso dar um passo atrás e observar toda a pintura. Sendo a pintura de um artista impressionista, os traços gerais com que João escreveu seu Apocalipse demandam maior compreensão de seu significado simbólico e da esperança que evocava em seus leitores. Da mesma forma, nossas reflexões escatológicas devem estar sempre atentas à esperança que proporcionam à comunidade de fé. Talvez o que devesse estar na vanguarda da tarefa interpretativa fosse a conexão que compartilhamos com os leitores originais: a esperança escatológica em meio ao sofrimento.

16

Construindo uma escatologia pentecostal africana:

qual é o caminho?

J. AYODEJI ADEWUYA ■

Introdução

EMBORA EU SEJA AFRICANO de nascimento e wesleyano-pentecostal em minha confissão de fé, é desafiadora a tarefa de escrever um capítulo sobre escatologia pentecostal africana. Parte da dificuldade reside no fato de minha formação ser principalmente na disciplina de Estudos Bíblicos e de meu conhecimento da história e do crescimento do movimento pentecostal ser, em grande medida, limitado e restrito ao cenário nigeriano e à minha experiência pessoal nesse ambiente. Nesse sentido, minha abordagem neste capítulo é reflexiva. Contudo, o maior desafio consiste, especificamente, em definir o "pentecostalismo africano" e, portanto, como, a partir dessa compreensão, se constrói uma visão escatológica que não seja apenas tipicamente pentecostal, mas também particularmente africana. Quando se fala de África, deve-se ter em mente que estamos falando de um continente de mais de cinquenta países, cada um com seu governo próprio e muitos grupos de pessoas (tribos), cada qual com suas próprias crenças e práticas tradicionais. No entanto, há algo comum que atravessa todo o continente. O fato de comentários serem feitos com base nos aspectos em comum, porém, não significa que não haja exceções. Ao mesmo tempo, comentários centrados em determinado grupo de pessoas não implicam que a mesma crença ou prática não seja encontrada em outros lugares.

Esse capítulo se baseia em fundamentos em comum de crenças e práticas. O que acabamos de dizer também se aplica ao pentecostalismo. Escrevendo sobre o pentecostalismo como um movimento, Kalu afirma, correta e sucintamente, que "o pentecostalismo é um movimento de diversas cores".[41] Isso é particularmente verdadeiro na África. Portanto, não se deve assumir que o pentecostalismo na África seja monolítico, uma vez que tal suposição não apenas é falsa, mas também simplista.[42] No entanto, existem áreas comuns a todos os pentecostais que nos permitem falar de uma espiritualidade pentecostal africana distinta, que faz parte de uma cosmovisão escatológica.

Tanto como africano quanto como alguém que se concentra nos escritos e na teologia de Paulo, é importante definir minha compreensão do termo "escatologia" não como um *locus* separado da teologia que se concentra principalmente nas "últimas coisas" ou nos "últimos dias isolados do passado ou do presente". Entendo que toda a teologia cristã seja escatológica no sentido de que está preocupada com o reino de Deus e a inauguração da "nova terra", que está se tornando realidade no presente. Portanto, há um aspecto escatológico em cada faceta da teologia cristã. No contexto do presente capítulo, a escatologia pentecostal africana é comprendida e tratada como parte de sua espiritualidade — parte que, por sua vez, é moldada pela "africanidade" do autor.

Metodologicamente, o capítulo é reflexivo e prossegue examinando a cosmovisão escatológica africana básica, uma vez que não se pode falar de escatologia pentecostal africana sem primeiro delinear a cosmovisão escatológica africana básica. Em seguida, passa a discutir a espiritualidade pentecostal africana, prestando atenção a questões específicas que são de particular importância entre os pentecostais africanos.

[41] Kalu, *African Pentecostalism*, p. 4.

[42] Gifford, "Complex provenance of some elements of African Pentecostal theology", p. 62-79.

Uma cosmovisão escatológica africana

Não é possível tecer uma discussão abrangente da cosmovisão escatológica africana neste capítulo. Nesse sentido, vou me concentrar brevemente em três áreas que podem servir de janela para a mente africana em relação ao assunto a ser apresentado. Essas questões estão relacionadas com a morte e com a vida após a morte, por um lado, e com o julgamento, por outro.

Morte e vida após a morte

Mbiti, em sua conhecida explicação do conceito africano de tempo, argumenta que, para os africanos, o futuro se estende por um período de cerca de seis meses, não mais de dois anos, no máximo.[43] Segundo ele, os eventos fora dessa faixa estão além do que constitui o tempo real. Ele afirma que, "no máximo, podemos dizer que esse futuro curto é apenas uma extensão do presente". Os africanos, segundo Mbiti, não "concebem a possibilidade de que o fim do mundo seja um mito ultra-histórico que não possa ser enquadrado na conceitualização imediata e individual de homens e mulheres".[44]

> No pensamento tradicional africano, não existe um conceito de história que se mova "para a frente", em direção a um clímax futuro, ou em direção ao fim do mundo. Como o futuro não existe para além de alguns meses, não pode esperar inaugurar uma idade de ouro, ou um estado de coisas radicalmente diferente daquele que existe nos Sasa e nos Zamani. A noção de uma esperança messiânica, ou de uma destruição final do mundo, não tem lugar no conceito tradicional de história. Os povos africanos não têm uma "crença no progresso", em que existe uma ideia de que o desenvolvimento das atividades e realizações humanas passa de um nível inferior para um grau mais elevado. As pessoas não planejam o futuro distante, nem "constroem castelos no ar".[45]

[43] Mbiti, *African religions and philosophy*, p. 16-17.
[44] Ibidem, p. 235.
[45] Ibidem, p. 23.

Mbiti está certo naquilo que afirma e errado naquilo que nega. A teoria de que os africanos são pessoas que não estão orientadas ao futuro é, na melhor das hipóteses, duvidosa. Embora os africanos estejam entusiasmados com a possibilidade de uma boa vida "aqui", e sua visão escatológica seja definitivamente voltada para este mundo, eles nutrem uma esperança para o "além", que é o futuro. Devemos notar que a existência humana para além da morte é demonstrada por diferentes práticas entre os africanos tradicionais. Um bom exemplo é o de muitos grupos que enterram os mortos com seus pertences pessoais. Além da crença na existência continuada para além da morte, há, por parte de alguns grupos, declarações relativas ao modo de vida no além. Alguns acreditam em duas categorias de céu: "um paraíso de brisa fresca" para as pessoas boas e um "céu de vasos quebrados" para as más.[46] Isso remete à discussão sobre a noção de um julgamento final entre os africanos tradicionais.

Julgamento

Mbiti afirma que, embora os africanos tradicionais acreditem em vida após a morte para seus antepassados, não estão conscientes das recompensas ou dos castigos na vida após a morte. Alguns estudiosos concordam com a afirmação de Mbiti. Essa posição é bem articulada por Steve Biko. Ele escreve:

> Acreditávamos, e isso era condizente com a nossa visão da vida, que todas as pessoas que morriam tinham um lugar especial ao lado de Deus. Sentíamos que a comunicação com Deus só poderia acontecer por intermédio dessas pessoas. Nunca soubemos nada sobre o inferno — não acreditamos que Deus possa criar as pessoas apenas para puni-las eternamente após um curto período na terra [...] Foram os missionários que confundiram nosso povo com a sua religião. Eles [...] pregam uma teologia da existência do inferno, assustando nossos pais e mães com histórias sobre queimar em chamas eternas e ranger de dentes e ranger de ossos. Essa religião fria e cruel era estranha para nós, mas nossos antepassados [*sic*] estavam

[46] Parrinder, *African traditional religion*, p. 136.

tão assustados com a raiva desconhecida e iminente que acreditaram que valia a pena tentar. E nossos valores culturais se foram![47]

No entanto, eu discordo dessa visão. Como iorubá, sei que a noção de *Orun Rere* (bom céu) ou *Orun Apaadi* (um céu cheio de cacos de cerâmica, algo que pressagia brasas), semelhante ao que Parrinder argumenta, é bem conhecida. Acredita-se que as pessoas boas estão destinadas aos primeiros lugares, as más, aos últimos. Também é interessante notar que a morte dos idosos é celebrada como uma "volta para casa", o que justifica as elaboradas festividades funerárias que se seguem à morte dos idosos.[48] No que diz respeito ao julgamento final da forma que é ensinado no cristianismo, embora não haja paralelo na crença tradicional africana, a maioria dos africanos não veria problema em associar o ato de julgar a Deus. No entanto, ao contrário da teologia tradicional, segundo a qual todo o julgamento está reservado para o futuro, os africanos abrem espaço para a punição aqui e agora. E, nesse sentido, ética e moralidade são questões importantes.

A influência da teologia evangélica

Questionado sobre a razão pela qual um jovem que frequentava uma escola dirigida por missionários se tornara um comunista fervoroso, ele respondeu: "Os missionários nos ensinaram a ler, mas os comunistas nos deram os materiais para ler". A última parte da resposta do jovem destaca a influência e a importância da página impressa. Esse é um ponto de grande importância quando se explora e investiga a questão da escatologia pentecostal africana. Os primeiros missionários na África eram principalmente de tradição evangélica, cuja maioria das crenças escatológicas se baseia no dispensacionalismo. Assim, no contexto africano, a linha entre as "escatologias" evangélicas e pentecostais não é tão clara como no Ocidente, pois,

[47] Biko, *Biko*, p. 49.

[48] Veja também Theo Sundermeier, que, apesar de concordar com a afirmação geral de Mbiti, permite exceções como os povos Koko e Basa dos Camarões, que acreditam que pessoas boas e más estão destinadas a lugares diferentes: as primeiras a um lugar frio e as últimas a um lugar cheio de luz. Veja também Hammond-Tooke, *Roots of black South Africa*, p. 149.

em linhas gerais, a teologia pentecostal na África permanece, em grande parte, oral, apesar de muitos trabalhos acadêmicos publicados sobre o movimento pentecostal na África. No entanto, ao refletir pessoalmente sobre o assunto, parece-me que a teologia pentecostal na África está tão próxima da teologia evangélica tradicional que a primeira parece não ser mais do que um "sorvete de teologia evangélica", muitas vezes com um "batismo com o Espírito" ou o "falar em línguas". Em outras palavras, as distinções eurocêntricas entre as correntes evangélica e pentecostal do cristianismo são, em sua essência, confusas, agora intensificadas porque muitas igrejas não pentecostais abraçam sinais e maravilhas como elementos necessários a uma proclamação eficaz do evangelho. Isso não é para rebaixar a teologia evangélica tradicional, mas para realçar a necessidade de apontar as diferenças entre as duas tradições.

Uma espiritualidade pentecostal africana

Embora o Espírito Santo possa ter sido marginalizado na teologia ocidental,[49] é evidente que a presença e as atividades do Espírito Santo na — e por meio da — comunidade de crentes estão no cerne da espiritualidade pentecostal africana. Na África, o Espírito foi redescoberto em um momento de crise profunda e turbulenta em sua história. A Nigéria é um exemplo disso. A espiritualidade pentecostal floresceu em uma época de desintegração socioeconômica e instabilidade política, no final dos anos 1970 e início dos anos 1980. Essa espiritualidade foi amplamente adotada porque oferece os recursos para lidar com o desespero e empreender o programa de ajuste estrutural necessário para a procura contínua de maior harmonia e prosperidade para todos. Pela minha experiência na Nigéria, os cristãos "nascidos de novo", como são frequentemente chamados os membros dos grupos pentecostais (e até mesmo de comunidades e grupos evangélicos), são considerados defensores de padrões morais mais elevados do que aqueles predominantes na sociedade. Dado o caráter transnacional da espiritualidade

[49] Moltmann, *Spirit of life*, p. 83. Ele chama a atenção para como o Espírito é visto na teologia protestante apenas como um princípio subjetivo para a apropriação da salvação conquistada objetivamente por Jesus na cruz. Pittinger, *Holy Spirit*, p. 11-2, remete a marginalização do Espírito ao cristianismo primitivo.

pentecostal[50] e à heterogeneidade da África, é possível levantar questões sobre a propriedade de falar sobre a espiritualidade pentecostal africana. Como disse anteriormente, não pretendo dar a impressão de que as espiritualidades pentecostais africanas sejam monolíticas. No entanto, há uma semelhança familiar entre elas. Reconheço o caráter transnacional ou, mais precisamente, sua ligação com a espiritualidade americana. Embora essa espiritualidade seja aparentemente periférica no Ocidente em geral e na vida dos Estados Unidos em particular, oferece o quadro conceitual dominante na África.

Salvação

Na cosmovisão tradicional africana, a salvação é entendida como alívio ou ajuda nos tempos difíceis. Assim, a salvação se expressa em atos como cura, libertação de espíritos malignos, fortalecimento do eu individual e sucesso na vida. Nesse sentido, a compreensão tradicional da salvação, que não só se concentra, mas também se preocupa principalmente com a salvação da alma do inferno, permanece inadequada para satisfazer às necessidades do mundo africano, especialmente se essa salvação não proporciona felicidade e prosperidade agora. Não é de surpreender que o chamado evangelho da "prosperidade" ou de "saúde e riqueza", ridicularizado no Ocidente, esteja muito à vontade entre os pentecostais africanos, pois preenche um vazio ao tentar desenvolver uma escatologia pentecostal coerente no contexto africano. Argumentarei, por um lado, que, embora a mensagem da prosperidade tenha sido articulada na América, cruza-se com a visão holística da salvação nas religiões primitivas da África. O bem-estar é concebido como algo que diz respeito tanto à vida aqui e agora como à vida futura. Por outro lado, essa mensagem de prosperidade induz e, ao mesmo tempo, reforça uma vertente na tradição religiosa primordial da África que desconsidera a ação humana na transformação da sociedade.

[50] Veja van Dijk, "From camp to encompassment", p. 142. Ele escreve: "O pentecostalismo é historicamente um fenômeno transnacional, que, em suas formas modernas, é reproduzido na sua diversidade local, por meio de uma circulação altamente acelerada de bens, ideias e pessoas. O novo tipo carismático de pentecostalismo cria uma geografia moral e física cujo domínio é de interpenetração e fluxo cultural transnacional".

Por fim, defendo que a espiritualidade pentecostal-carismática dispõe de recursos para superar essa unilateralidade.

Morte e vida após a morte

A morte é muito importante na visão de mundo africana.[51] Embora haja muita discordância entre os estudiosos africanos sobre a existência de mitos sobre como a morte poderia ser removida ou talvez mesmo superada,[52] há um consenso de que, basicamente para os africanos, a morte não é o fim da existência humana. Para os africanos tradicionais, a morte não é vista como uma mera separação dos vivos, mas apenas como uma transição para o reino do espírito. Desse modo, o falecido nunca é separado da família, mas está sempre presente e é tratado com grande reverência [...] Como observa Mana, para o africano, a morte é o princípio iniciático do enriquecimento individual e comunitário da vida, e não algo a ser visto como uma catástrofe. A morte, argumenta ele, faz parte da nova criação, algo que está incluído no plano divino.[53] Esse é um eco do sentimento de Paulo em 1Tessalonicenses 4:16, passagem na qual ele se refere aos santos mortos como se estivessem dormindo. O objetivo dessa metáfora é mostrar aos tessalonicenses que, no Senhor, expressamos a esperança de restauração à vida dos crentes mortos no dia da ressurreição. Da mesma forma que uma pessoa que dorme pode ser ressuscitada, também os mortos, como se "dormissem", têm a possibilidade de recriação e de nova vida. O céu não é uma realidade distante da experiência histórica, mas o *locus* da harmonia manifestada na experiência da liberdade.

Um aspecto importante do julgamento final que informa a escatologia pentecostal é o da celebração. No Novo Testamento, o foco dos últimos dias não está tanto no julgamento dos últimos dias, mas, sim, naquele que virá trazendo o julgamento. Aqui reside o significado da ênfase dos pentecostais em Cristo como o rei que virá

[51] Healey e Sybertz, *Towards an African narrative theology*, p. 207.

[52] Veja, por exemplo, Mbiti, *Introduction to African religion*, p. 117, que afirma que "não existem mitos na África sobre como a morte poderá um dia ser superada ou removida do mundo". Essa visão é insustentável à luz de vários mitos africanos que apontam para uma figura do salvador-redentor.

[53] Mana, *Christians and churches of Africa envisioning the future*, p. 59.

em breve. A teologia da segunda vinda de Cristo é um denominador comum de fé para pentecostais e evangélicos, além de constituir um aspecto importante da parúsia. O que tem sido negligenciado é seu caráter comemorativo. Crescendo entre os evangélicos e ouvindo sermões sobre a segunda vinda de Cristo, a apresentação de Jesus como o Juiz é, sem dúvida, unilateral. A noção de julgamento final é predominantemente apresentada como um dia terrível de medo. As palavras finais de Paulo sobre a parúsia em 1Tessalonicenses 4:18 são muitas vezes interpretadas como "aterrorizem uns aos outros com essas palavras", e não como "confortem uns aos outros com essas palavras". A linguagem de Paulo é, na verdade, a de uma reunião familiar, uma ocasião marcada pela celebração, o que, por sua vez, deveria suscitar grande expectativa.

Espíritos

Segundo a crença tradicional africana, os espíritos são onipresentes: não existe nenhuma área da face da terra que não tenha um espírito próprio ou que não possa ser habitada por um espírito.[54] O universo africano "é um universo espiritual, no qual seres sobrenaturais desempenham papéis significativos no pensamento e na ação das pessoas".[55] Explicando como um africano tradicional poderia ter uma visão do universo de tal natureza, Baeta afirma sucintamente: "Em uma visão do mundo que pressupõe a presença efetiva de inúmeros espíritos, e considera que toda a vida é uma unidade, sem haver distinção clara entre o material e o imaterial, o natural e o sobrenatural, muito menos entre o secular e o religioso, ou mesmo entre o homem e outros seres criados, dificilmente poderia surgir uma visão diferente do universo."[56]

A crença na existência de outros seres espirituais além de Deus é generalizada. O africano tradicional vive em um mundo no qual as coisas não acontecem por acaso. Mesmo quando os problemas são causados naturalmente, acredita-se que os espíritos malignos logo

[54] Idowu, *African traditional religion*, p. 175.
[55] Gyekye, *African philosophical thought*, p. 69.
[56] Baeta, "Christianity and healing", p. 19.

se instalam e exploram a situação em prejuízo da vítima. A crença geral é que os eventos têm causas. Portanto, quando Paulo fala sobre lutar com "principados e potestades" ou ter um "agente de Satanás" no seu corpo, ele fala em categorias e expressões que estão bem à vontade com as ideias cosmológicas africanas. Infelizmente, como Ferdinando observou corretamente, a abordagem dos estudos ocidentais às questões relacionadas às "crenças espirituais" na África é "dominada pelo racionalismo antissobrenaturalista, segundo o qual "os espíritos não têm lugar exceto como construções da mente humana".[57] As experiências de possessão demoníaca são explicadas como condições psicológicas ou psiquiátricas, sendo vistas, portanto, como patologia mental.[58] Sem hesitação, Asamoa tem razão ao advertir os missionários ocidentais por sua atitude casual e bastante desdenhosa em relação aos efeitos dos espíritos malignos nas sociedades africanas. Ele escreve: "Não é exagero dizer que a atitude da igreja em relação às crenças africanas tem sido geralmente de negação, uma negação da validade dessas crenças [...] Qualquer pessoa que conheça mais estreitamente o cristão africano saberá que nenhuma negação de uma parte da igreja expulsará a crença nos poderes sobrenaturais da mente do povo africano".[59]

No entanto, o africano tem uma crença profundamente enraizada em um poder ou uma força mística no universo. As pessoas usam esse poder de diversas maneiras: prática médica, adivinhação, exorcismo, previsão dos lugares nos quais encontrar objetos perdidos e previsão do resultado de um empreendimento. Com poder, eles empregam a prática de magia, feitiçaria e bruxaria. Indivíduos como adivinhos, médicos tradicionais e bruxos sabem melhor do que outras pessoas sobre como empregar esse poder, algumas vezes em conexão com espíritos. O uso positivo desse poder místico é valorizado e desempenha importante papel na regulação das relações éticas na comunidade e no fornecimento de respostas a questões sobre as causas da boa sorte ou dos infortúnios. Por medo da bruxaria e das maldições formais, as pessoas

[57] Ferdinando, *Triumph of Christ in African perspective*, p. 70.
[58] Radin, *Primitive religion*, p. 131-2, como citado por Ferdinando, *Triumph of Christ*, p. 71.
[59] Asamoa, "Christian church and African heritage", p. 297.

podem abster-se de roubar, falar rudemente, mostrar desrespeito em situações nas quais o respeito é esperado, quebrar tabus como o incesto ou fazer mal a pessoas que são consideradas vulneráveis, como mulheres, crianças, deficientes e estranhos. Esse é um efeito positivo do poder místico na sociedade. No entanto, o medo e o tormento desses poderes realçam a necessidade de libertação por parte de um poder superior. Os pentecostais estão muito à vontade em questões relacionadas à superação ou à derrota dos poderes do mal e à superação das condições debilitantes que afligem as pessoas, como vemos nos Evangelhos e em Atos, pois eles se veem, basicamente, como um movimento restauracionista. Na verdade, é possível afirmar que uma grande diferença entre os pentecostais e outras tradições cristãs não é simplesmente "falar em línguas", mas também a ênfase atribuída ao poder do Espírito Santo em ajudar as pessoas a superarem as influências debilitantes do mal por meio dos dons espirituais. Assim, pela demonstração de poder do Espírito Santo, Jesus se torna uma realidade viva, cumprindo a promessa feita em João 14:16. A esse respeito, a observação de Bediako sobre os cristãos em geral é verdadeira para os pentecostais em particular. Ele escreve: "Nesse cenário de poderes onipresentes e misteriosos, o cristão que compreendeu que Jesus Cristo é uma realidade viva pode sentir-se bem à vontade, assegurado pela fé de que só Jesus é Senhor, Protetor, Provedor e Capacitador. Nas lutas das batalhas da vida, o cristão descobre que Jesus vai à frente, e que [...] só ele é capaz de lutar e conquistar, liderando seu povo em triunfo".[60]

A escatologia pentecostal africana, com o sentido do regresso garantido e iminente de Cristo, não deve temer, mas, sim, continuar a promover uma abordagem ao evangelismo que enfatize o poder do Espírito Santo como um meio de alcançar os incrédulos. Essa abordagem, por um lado, leva a sério a possessão demoníaca; por outro lado, como já dissemos, é coerente com a visão de mundo africana. É uma visão de mundo radicalmente diferente daquela que foi "transmitida" aos africanos pelos missionários. Esta última é bem resumida por Bediako:

[60] Bediako, *Jesus and the gospel in Africa*, p. 9.

> Coincidindo com avanços significativos nas descobertas científicas, o Iluminismo agiu no sentido de desviar a atenção intelectual do domínio da transcendência para o mundo empírico, que podia ser visto e sentido, ou seja, do intangível para o tangível. Em geral, a teologia cristã no Ocidente se alinhou com o Iluminismo. Sua resposta foi traçar uma linha entre o mundo secular e a esfera sagrada, por assim dizer, de modo que traçou uma fronteira entre o mundo espiritual, por um lado, e o mundo material, por outro, criando, na verdade, uma dicotomia entre eles. Desde então, muitos cristãos sinceros têm tentado, por vários meios, estabelecer uma ponte entre os dois mundos.[61]

Como Bediako ainda observa, é aqui que a África e, se posso acrescentar, o pentecostalismo africano em particular seguiram um caminho cultural e intelectualmente diferente da herança do Iluminismo.[62]

Questões centrais da escatologia pentecostal

Embora eu esteja pessoalmente comprometido com o paradigma quíntuplo do evangelho (alguns diriam quádruplo), minha intenção aqui é principalmente identificar e focar no que considero algumas questões centrais na escatologia pentecostal, o que pode ser útil quando se tenta definir e desenvolver uma estrutura escatológica que seja, ao mesmo tempo, africana e pentecostal.

A certeza do retorno de Jesus

O Novo Testamento é muito claro sobre a certeza da volta de Jesus. Primeiro, o próprio Jesus declara isso inequivocamente nos Evangelhos (Marcos 13:24,26; Mateus 24:30). Embora subsistam os debates acerca do tempo de cumprimento, o foco é claro: os Evangelhos, sem dúvida, falam da segunda vinda. Em Marcos 13:26, a palavra *opsontai,* "verá", está no futuro do modo indicativo. As pessoas verão o Filho do Homem (Jesus) vindo em glória. O sentido da palavra não é

[61] Bediako, "Worship as vital participation", p. 3.
[62] Ibidem.

um "pode ser" ou um "mero desejo", ou uma espécie de "pensamento positivo", mas um evento que certamente ocorrerá. O particípio presente *erchomenon*, "vindo", sugere que seu cumprimento será simultâneo ao do verbo principal, ou seja, "verá". A certeza de um garante a "certeza" do outro. A certeza expressa nessa passagem constitui a base de sua suposição como um fato em outros contextos (Mateus 25:31; João 14:3). Segundo, o retorno de Jesus fazia parte do *kerygma* da igreja primitiva. A vinda novamente de Cristo para julgamento e restauração de todas as coisas (Atos 3:20-21; 10:42; 17:31; 1Coríntios 15:20-28; 1Tessalonicenses 1:10) foi proclamada com seriedade.

A certeza da ressurreição de todos (crentes e não crentes)

Várias passagens do Novo Testamento falam sobre a ressurreição de todos (crentes e não crentes). Por uma questão de brevidade, nosso foco será limitado a duas passagens (1Coríntios 15:12-19 e Atos 24:15). Paulo começa pelo assunto da ressurreição em geral: alguns coríntios estavam dizendo que não há ressurreição dos mortos (v. 12b). Mas Paulo raciocina que, se não há ressurreição dos mortos, então Cristo não ressuscitou; e, se Cristo não ressuscitou, seguem-se três conclusões de consequências devastadoras para a vida cristã. Primeiro, sua mensagem, ou proclamação, é inútil, ou seja, não tem poder nem consequência. Em segundo lugar, é lógico que, se Cristo não ressuscitou, todo pregador, todo professor e todo missionário no mundo estão — intencional ou involuntariamente — perpetrando uma farsa, perpetuando um erro e induzindo as pessoas a confiarem em uma ilusão, não simplesmente no que diz respeito à ressurreição como um fato da história, mas também no que se refere ao evangelho, que dela depende. Terceiro, sem a ressurreição de Cristo como uma realidade histórica, Paulo diz aos coríntios que a fé deles é inútil e, por conseguinte, eles ainda estão em seus pecados (v. 17). Se Cristo não ressuscitou, então toda pessoa que confiou em Cristo para o perdão dos pecados e, com base na fé em Cristo, teve a certeza de que seus pecados foram perdoados está, na verdade, miseravelmente iludida. Quarto, se não houver ressurreição, não há esperança além do túmulo — aqueles que adormeceram em Cristo também estão perdidos (v. 18,19). Os rigores, os sofrimentos, as abnegações, as maiores esperanças e aspirações desta vida, tudo isso foi em vão. Em que estado lamentável se encontram os crentes!

Em Atos 24:15, no contexto de sua autodefesa contra as acusações dos judeus diante de Félix, Paulo disse: "E tenho em Deus a mesma esperança desses homens: de que haverá ressurreição tanto de justos como de injustos". Aqui, Paulo está listando algumas características de sua crença e de sua mensagem em cuja base ele declara em 24:16: "Por isso procuro sempre conservar minha consciência limpa diante de Deus e dos homens". A crença de que haverá ressurreição do "eu" deve surtir efeito em minha conduta de vida. O ponto principal aqui é que a posição de Paulo sobre a ressurreição é bem clara. Todos serão ressuscitados — cada pessoa será ressuscitada; cada pessoa terá uma existência no além-túmulo. No entanto, isso não é tudo. O Novo Testamento também ensina que a vida futura tem relação direta com a vida que nós temos agora. Assim, diz Paulo, os crentes devem manter-se despertos e sóbrios em antecipação à parúsia (1Tessalonicenses 5:1-11).

A derrota de Satanás

Embora os pentecostais possam, algumas vezes, ser acusados de uma "atitude triunfalista", não se pode fugir ao fato de que a base dessa atitude é o triunfo de Cristo na cruz. Os pentecostais levam a sério a derrota de Satanás e se sentem à vontade em diversas passagens que mencionam a exaltação de Cristo sobre os poderes e sua sujeição. Por exemplo, 1Coríntios 15:24 apresenta claramente o reinado de Cristo como algo que é bem compreendido como presente e dinâmico. Passagens como Colossenses 2:15 e Marcos 16:15-18 aparecem com destaque na proclamação do evangelho e formam a base da crença pentecostal e da prática de cura e libertação. Isso se soma a vários textos dos Evangelhos Sinóticos em que Jesus realiza milagres de cura e libertação. Mateus, em particular, tem o cuidado de mostrar que Jesus cumpre Isaías 53:5 tanto em sua pessoa como em seu ministério. O significado existencial do ministério de Cristo torna-se ainda mais claro entre os pentecostais africanos por meio dos ministérios de cura e libertação, aspectos do ministério cristão que são considerados cruciais para o evangelismo.

Problemas no continente africano

Atualmente, sempre que ouvimos as notícias, sentimo-nos tentados a fazer a mesma pergunta que Natanael: "Pode alguma coisa boa sair de Nazaré (África)?". A África é um continente devastado por guerras internas e continua a ser econômica, política e, infelizmente, religiosamente explorado. Esse continente continua a ser devastado por fome, calamidades naturais e desastres ecológicos produzidos pelo homem. A história da África é de opressão, agressão, guerra, vingança e contravingança, homicídio e genocídio. Portanto, o anseio final e indescritível dos africanos é a justiça. Eles anseiam por uma forma de justiça em que os opressores não triunfem sobre a vítima. A corrupção parece não ser apenas um fato da vida; ela é aceita como a norma. Em diversos países africanos, há muita incerteza no que diz respeito a uma segurança duradoura. Os ricos fogem para o Ocidente, enquanto os pobres ficam sem alternativa a não ser permanecer em uma situação incerta e precária. O quadro geral parece ser de desesperança e desamparo. O que está reservado para o crente nessa situação? Os pobres têm alguma esperança? As crenças escatológicas têm relação com esses assuntos? A questão é: "Pode haver alguma esperança nesse estado de desamparo?". A resposta é sim. A escatologia fornece uma base para uma expressão facial sorridente nessas condições? A justiça última existe? Sim, existe! Deus providenciará essa justiça.

Uma escatologia pentecostal africana: qual é o caminho?

Em suma, devemos voltar à questão de como desenvolver uma escatologia que esteja em consonância com a espiritualidade pentecostal e que se inspire na espiritualidade africana. Uma autêntica escatologia pentecostal africana não deve ter de escolher entre a teologia evangélica e a visão de mundo escatológica africana; caso contrário, estará fadada ao fracasso, pois uma escolha desse tipo levará à irrelevância. Embora a teologia evangélica seja e mantenha sua natureza exterior, alguns aspectos de uma escatologia puramente africana permanecem um tanto supérfluos. Como tal, o caminho a seguir no desenvolvimento de uma autêntica escatologia pentecostal africana reside em fornecer uma crítica profunda tanto da teologia evangélica como das cosmovisões escatológicas africanas, proporcionando equilíbrio saudável entre os aspectos "aqui" e "do outro mundo" da vida cristã. A formulação de escatologias pentecostais africanas exige a busca de "uma síntese entre o compromisso religioso cristão e a continuidade cultural".[63] Requer que o teólogo africano repense o cristianismo de uma perspectiva não ocidental, sem trair ou distorcer o evangelho. Em outras palavras, devemos recuperar os elementos funcionais de nossa cultura e rejeitar aqueles que não estão de acordo com o evangelho.[64]

Os pentecostais africanos devem libertar-se das algemas do individualismo que mantiveram cativos os evangélicos e os pentecostais americanos. O foco no renascimento pessoal, que muitas vezes levou à negligência do renascimento social, precisa ser mudado. Isso porque me parece que a espiritualidade pentecostal ressoa no mundo contemporâneo africano e dispõe de recursos para produzir reflexão, envolvimento e transformação social. Os pentecostais africanos devem levar a sério as cosmovisões africanas de salvação, todas elas abrangentes e não limitadas a atender apenas ao bem-estar espiritual dos africanos. Assim, a escatologia pentecostal africana deve ser holística e superar o foco apenas no mundo por vir que tem caracterizado a teologia evangélica.

As escatologias pentecostais africanas devem dar sentido aos sofrimentos do povo da África e evitar a atitude triunfalista de seu homólogo ocidental, em especial o americano. Deve manter um equilíbrio saudável entre o "já" e o "ainda não". Concluindo, como eu disse no início deste capítulo, não pretendo oferecer mais do que um tratamento superficial do assunto. O que é oferecido aqui é importante por seu valor heurístico, e não por sua abrangência. Meu objetivo foi oferecer uma oportunidade para uma exploração mais aprofundada.

[63] Bediako, *Jesus and the gospel*, p. 67.

[64] Veja Benoit, *L'actualité des Péres de Leglise*, p. 79, que defendeu essa ideia em sua discussão sobre a relevância dos pais da igreja para a igreja no século 20.

17

Jesus é vitorioso:

a escatologia dos Blumhardt com implicações para as escatologias pentecostais

FRANK D. MACCHIA ■

POUCAS PESSOAS NA AMÉRICA DO NORTE sabem sobre os Blumhardt, pai (Johann) e filho (Christoph), embora nos círculos europeus seja amplamente conhecido, há décadas, o fato de que ambos desempenharam papel seminal no renascimento da escatologia na teologia moderna. Neste capítulo, meu objetivo é utilizar meus anos de pesquisa sobre a escatologia dos Blumhardt para expor suas ideias mais importantes a um público mais amplo.[1] Seus esforços implícitos, sob a rubrica do reino de Deus, para conectar a cura divina à transformação social têm implicações em uma escatologia pentecostal, que está aberta ao trabalho transformador do Espírito em uma variedade de contextos globais. Começaremos pelas origens espirituais da mensagem blumhardtiana no pietismo do sul da Alemanha.

O reino de Deus no pietismo inicial do sul alemão

O pietismo surgiu no século 17, em grande parte com o objetivo de adicionar devoção experiencial e zelo missionário à ênfase na

[1] Discuto esse tópico com maior profundidade em meu trabalho anterior, *Spirituality and social liberation*.

confissão ortodoxa predominante entre as igrejas protestantes (especialmente na Alemanha). Ainda mais importante: um componente essencial desse renascimento pietista foi a esperança escatológica revigorada. Philip Jacob Spener (1635-1705), o progenitor do pietismo alemão, ansiava por um "tempo melhor" para a igreja, o que estava atrelado à sua esperança de que "o reino de Deus irrompera cada vez mais entre nós".[2] Na verdade, havia "uma explosão de pensamentos semelhantes, escatológicos, especialmente quiliásticos, em toda parte no movimento pietista inicial".[3] Em grande medida, foi esse fervor escatológico que fez com que o reino de Deus na terra se tornasse um dos principais pontos de ênfase da teologia protestante no século 20.

Os Blumhardt, no século 19, enfatizaram esse fervor, mais do que qualquer outra pessoa, em sua formação pietista, incluindo Württemberg ou o contexto do sul da Alemanha, onde viviam e eram ativos no ministério. Digo isso com pleno conhecimento do fato de que o pietismo inicial em Württemberg foi especialmente caracterizado por vários grupos mais ou menos separatistas, que promoviam a expectativa fervorosa do breve reino de Deus na parúsia, ou na segunda vinda de Cristo. Os pietistas do sul da Alemanha viam a opressão causada pelo absolutismo real, a corrupção política e a frouxidão moral em todos os níveis da sociedade — o que caracterizou a Alemanha dos séculos 17 e 18 — como um sinal de que o fim estava próximo.[4]

Algumas influências teológicas que direcionaram a atenção para a estrutura escatológica da história bíblica também alimentaram esse fervor. Desde cedo, houve, por exemplo, a teologia federal de Johann Coccejus (1603-1669), que conectava a noção do reino de Deus com uma teologia fortemente pactual. Campegius Vitringa (1659-1722) tornou-se um estudante da teologia do reino de Coccejus e insistiu que ela se fundamentasse na exegese bíblica, e não na especulação filosófica sobre a natureza da história e seu fim futuro. Ele mediou esses pensamentos ao famoso estudioso

[2] Spener, *Pia desideria*, p. 76.

[3] Greschat, "Die 'Hoffnung besserer Zeiten' für die Kirche", p. 288.

[4] Lehmann, *Pietismus und weltliche ordnung in Württemberg*, p. 31-2.

bíblico pietista, Albrecht Bengel (1687-1752).[5] A grandeza de Bengel consistia em sua capacidade de sintetizar várias reflexões bíblicas relativas à escatologia em uma ênfase unificada no reino vindouro, o que teria impacto significativo no pietismo de Württemberg para as gerações vindouras.

Bengel não é conhecido tanto por seus escritos escatológicos, mas por seu trabalho em uma abordagem científica para descobrir um texto confiável do Novo Testamento, um esforço que resultou em sua obra-prima, o *Gnomon*.[6] Esse trabalho influenciou gerações de exegetas e críticos textuais. No entanto, seu maior impacto no pietismo de Württemberg veio por meio de sua escatologia, que também consistiu em fonte de controvérsia. Não seria incorreto dizer que, para Bengel, o livro do Apocalipse desempenhou o mesmo papel que Romanos desempenhou para Lutero. O comentário de Bengel sobre o livro do Apocalipse (*Erklaerte Offenbahrung*, 1740) foi amplamente lido em Württemberg.[7] Ele afirmava que o livro do Apocalipse representava "coisas que inquestionavelmente acontecerão".[8] A técnica mais importante a ser empregada na interpretação desse livro seria "a decifração de sua cronologia".[9] Nesse caso, "os principais pontos a serem considerados são os fatos e os números".[10]

Bengel tentou retratar o cerne de toda a Bíblia como uma cronologia de eventos da história da salvação que é fixa e pode ser descoberta por meio de exegese bíblica. Por intermédio de um sistema de cálculo elaborado, às vezes até mesmo fantástico, Bengel previu a vinda de Cristo para 1836, ao lado de uma série de outros eventos pretéritos.[11] Sua visão teológica mais ampla, porém, não era apenas histórica, mas também cósmica, como uma "*oeconomia individualis*

[5] "Bengel is unthinkable without Coccejus", Gottlob Schrenk, *Gottesreich und Bund im älteren Protestantismus vornehmlich bei Johannes Coccejus*, p. 314, veja especialmente 305-18. Veja também Stoeffler, *German Pietism during the Eighteenth Century*, p. 97; e Bauch, "Die Lehre vom Wirken des heilgen Geistes im Frühpietismus", p. 58.

[6] A obra original de Albrecht Bengel é *Gnomon Novi Testamenti in quo ex natura verborum vi simplicitas, concinnitas, salubritas, sensuum, caelestium indicator*.

[7] Uma observação de Gottfried Mälzer, *Johann Albrecht Bengel, Leben und Werk*, p. 316.

[8] Bengel, *New Testament word studies*, p. 841.

[9] Ibidem, p. 832.

[10] Ibidem.

[11] Veja Sauter, "Die Zahl als Schluessel zur Welt", p. 1-36.

et universae". A Bíblia seria essencialmente um "relato incomparável sobre a economia divina" entre todas as criaturas e todas as gerações, "de todos os tempos, do princípio ao fim de todas as coisas".[12] Essa dimensão cósmica teve origem no impulso universalista da visão do reino de Coccejus e Vitringa.

Uma escatologia mais especulativa foi canalizada para o pietismo do sul da Alemanha do século 18, pelo seguidor mais influente de Bengel, Friedrich Christoph Oetinger (1702-1782). Oetinger também foi profundamente influenciado pela teologia mística e pelas especulações teosóficas de Jakob Böhme. Oetinger considerava os *insights* de Böhme sobre a presença divina na natureza como um grande recurso em sua luta contra o que ele percebia ser uma visão mecanicista da natureza, o racionalismo e o determinismo implícitos nas filosofias de Leibniz e Wolff.[13] Nos escritos de Böhme, Oetinger descobriu um sistema que via Deus como ativo (*actus purus*) e a natureza mais íntima de Deus como vida.[14] Ao contrário do materialismo (que vê a natureza como autossuficiente) e do panteísmo (que simplesmente identifica a natureza com Deus), Oetinger encontrou em Böhme uma visão de Deus como estando intimamente envolvido na natureza, movendo-a na direção de sua redenção final. Tanto Deus como a natureza aproximam-se cada vez mais, à medida que Deus se realiza mais e mais por meio de um reino sempre em expansão de corporalidade espiritual, uma corporeidade em direção à qual a natureza também está sendo transformada.[15] Embora menos explicitamente bíblico do que Bengel, Oetinger ainda centrava sua visão teleológica da transformação universal em Cristo, ao escrever: "Um novo poder e um novo movimento foram desencadeados no mundo pela ressurreição de Cristo".[16] "Conversão" tornou-se o principal termo usado para se referir à consumação de todas as coisas em Cristo.[17]

[12] Bengel, "Die zweite Aufgabe der heiligen Schrift", p. 49; veja também Mälzer, *Bengel und Zinzendorf, zur Biographie und Theologie Johann Albrecht Bengels*, p. 328.

[13] "No passado, Deus revelou muito sobre sua glória a Jakob Böhme", Oetinger, *Heilige philosophie*, p. 25; veja tb. Oetinger, *Selbstbiographie*, p. 36-7, 41-4.

[14] Oetinger, *Selbstbiographie*, p. 36-7; veja também Stoeffler, *German pietism*, p. 112-3.

[15] Oetinger, *Heilige philosophie*, p. 27; veja também Ibidem.

[16] Ibidem, p. 82.

[17] Ibidem, p. 56-8.

Uma terceira figura que vale a pena mencionar na base do interesse pela escatologia no pietismo do sul da Alemanha é Nikolaus Ludwig von Zinzendorf (1700-1760). O impacto de Zinzendorf no pietismo de Württemberg foi canalizado, em grande parte, por Herrnhuter. O Bruedergemeinde, chamado de Herrnhuter na Europa e de Morávios ou Unidade dos Irmãos nos Estados Unidos, estava enraizado na Jednota Bratrska, fundada no século 15 pelos seguidores de Jan Hus. Mais tarde conhecida como Unitas Fratrum, a comunidade se estabeleceu em Kunwald, a leste de Praga, para formar uma comunidade pietista na qual a moral e a conduta eram enfatizadas acima da doutrina. Em 1467, eles se haviam separado formalmente de Roma e, no século 17, tragaram mais da metade dos protestantes da Boêmia e da Morávia. A Guerra dos Trinta Anos e a derrota dos protestantes da Boêmia na Batalha da Montanha Branca, em 1620, levaram a Unitas Fratrum à clandestinidade ou ao exílio. O movimento foi mantido vivo pelos esforços do Bispo Comenius (1592-1672). Por fim, alguns foram exilados para a Polônia, enquanto outros foram para a Alemanha, onde procuraram refúgio na Saxônia, na propriedade de um nobre austríaco, o conde Nicholaus Ludwig von Zinzendorf, que, então, se ofereceu como seu mentor e líder.[18]

Com um cristocentrismo ainda mais radical que o de Bengel e Oetinger, Zinzendorf fez do Cristo crucificado o início e o fim de sua escatologia: "Que maravilhosa afirmação é esta: que meu Criador deu sua vida por mim! Toda a sua teologia, toda a sua teosofia, discernimento e conhecimento devem ser centrados nesse ponto central [...] Não há nada mais elevado, nada maior do que essa verdade".[19] A visão do Salvador sofredor foi central para a visão de Zinzendorf em relação à história e à transformação de todas as coisas. A pessoa se converte ao ser confrontada com essa visão do crucificado e é encorajada ao arrependimento constante e à santidade em memória.[20] O objetivo é a reconciliação com Deus, o Criador, resultando em uma relação frequentemente referida em termos familiares (tendo Deus como Pai ou esposo).[21] Contudo, essa

[18] Lindt Gollin, *Moravians in two worlds*, p. 1-5.

[19] Zinzendorf, *Nine public lectures*, p. 39; cf. Aalen, "Theologie des Grafen von Zinzendorf", p. 343.

[20] Zinzendorf, *Nine lectures*, p. 66-7, 86.

[21] Ibidem, p. 77.

comunhão com Deus, o Criador, nunca supera nossa comunhão com o Salvador sofredor, uma vez que "não se conhece a presença do Criador senão na beleza dos seus sofrimentos".[22] Reavivamento, piedade e missão eram suas ênfases escatológicas. Assim, ele nutria pouca simpatia pela especulação escatológica como um fim em si mesmo: "Não é suficiente chamá-lo de nosso Criador e Esposo? Não basta que uma alma nas circunstâncias mais perplexas e intrincadas, enredada nas armadilhas de Satanás, possa pensar em uma hora feliz: 'Eu sou, no entanto, criado para ele; sou uma alma, uma criatura. Portanto, pertenço ao Criador. Ele é meu esposo'. Isso não é suficiente? Devemos entrar nos mistérios profundos de Deus e aventurar-nos a proferir esses mistérios com a boca por lavar?".[23]

No século 19, deparamos com a leitura literal dos textos apocalípticos de Bengel, a visão especulativa de Oetinger sobre a transformação cósmica e a rejeição de ambos por Zinzendorf em favor dos efeitos práticos da esperança escatológica em uma piedade e uma missão centradas em Cristo. Essas figuras-chave naturalmente se sobrepunham em suas preocupações, mas ainda apresentavam ênfases distintas que influenciaram o pietismo do sul da Alemanha de diferentes maneiras. Essa expectativa diversificada do reino de Deus alimentou o surgimento, no século 19, de discussões escatológicas, reavivamento, formação de células e atividades missionárias, proporcionando a atmosfera espiritual necessária à compreensão da mensagem escatológica dos Blumhardt. Esses desenvolvimentos estavam tão intimamente interligados que seria difícil discutir um sem incluir os outros.

Os principais centros para o florescer desses desenvolvimentos do século 19, além da casa de cura dos Blumhardt, em Bad Boll (perto de Stuttgart), foram: a aldeia separatista pietista de Korntal, que cultivou uma intensa expectativa do breve regresso de Cristo; e Stuttgart, que foi um centro destinado ao avivamento e aos pregadores do avivamento; e (não muito longe desses centros do sul da Alemanha) a cidade suíça de Basileia, que se tornou a sede da

[22] Ibidem, p. 84-6; Aalen fala apropriadamente de um misticismo de "paixão" e "noiva" em Zinzendorf, "Theologie des Grafen von Zinzendorf", p. 340ss.

[23] Zinzendorf, *Nine lectures*, p. 5.

Sociedade Missionária de Basileia, um importante centro para a missão global. É fascinante, ao ler as obras dos principais pietistas de Württemberg, perceber com que frequência esses centros são mencionados e quão intensos os contatos entre eles eram mantidos. Estavam todos unidos em torno da ideia de que o reino de Deus viria à terra no regresso de Cristo e que a igreja deveria ser reavivada e mais do que nunca determinada a percorrer o globo em missão, como uma forma de prepará-lo para esse cumprimento.[24]

Os Blumhardt foram diretamente influenciados por esses centros e pelo desenvolvimento em torno da proclamação pietista do reino de Deus e, mais do que qualquer outro, proclamaram essa mensagem antes da virada do século 20. Eles acabariam por levar essa mensagem do reino a outro nível, acentuando-a como o tema onipresente de sua pregação e reflexão teológica. Eles também a direcionaram não apenas à piedade e à missão, mas principalmente à humanidade sofredora e aos sinais de cura possíveis, em antecipação à nova criação. Assim, eles ajudaram a mudar o curso da teologia moderna, fazendo da escatologia seu tema onipresente, uma história fascinante para a qual nos voltamos agora.

A escatologia de Johann Blumhardt

O Blumhardt mais velho (Johann) (1805-1880) estudou teologia na Universidade de Tübingen e, após, assumiu o pastorado em Iptingen, onde experimentou a pobreza diretamente, tanto em sua própria vida como na vida da maioria de seus paroquianos. Ele, então, se mudou para Möttlingen, como pastor da igreja protestante, uma mudança que se provaria histórica, pois foi lá que ele encontrou uma jovem mental e espiritualmente perturbada chamada Gottliben Dittus e lutou em oração por sua libertação — uma batalha que amplificaria e moldaria a direção escatológica de sua mensagem. Em 1842, seus familiares reclamaram de objetos em movimento e ruídos na casa de Gottlieben, e ela mesma buscou alívio de algo que ela considerava um tormento e uma angústia espiritual. Nas palavras de Blumhardt, "um campo misterioso e perigoso

[24] Discuto esse desenvolvimento em meu trabalho anterior, *Spirituality and social liberation*, p. 21-44.

se abriu diante de mim. Não pude deixar de recomendar o assunto ao Senhor em minhas orações solitárias".[25] A investigação do passado de Gottlieben revelou evidências de abuso por parte de uma tia guardiã, que expusera a criança a práticas ocultas e jurara dedicá-la a Satanás. A tia morreu antes de cumprir sua promessa. No entanto, Gottlieben teve dificuldade durante sua juventude com visões, hemorragias e desmaios.[26]

Quanto mais Blumhardt se envolvia no caso de Gottlieben, mais se dava conta da gravidade de sua condição. Em 1842, em um momento decisivo, Gottlieben começou a ter convulsões na presença de Blumhardt. Nesse momento, Johann convenceu-se de que algo demoníaco estava em jogo. Ele deu um pulo e disse energicamente: "Já vimos o suficiente do que Satanás pode fazer. Agora queremos ver o que Jesus pode fazer". Ele forçou as mãos dela a se unirem e a fez orar com ele: "Jesus, me ajude". Os sintomas diminuíram temporariamente, mas a "batalha" (*Kampf*), como passou a ser chamada, estava longe de seu término. Por mais de dezoito meses, Blumhardt passou horas, dias e noites orando (e, mais tarde, jejuando) pela libertação de Gottlieben. Nesse ínterim, ela teve alguns ataques, sangrava profusamente, tentou suicídio, relatou ter visões de espíritos e falou com inúmeras vozes que afirmavam representar almas que já haviam partido. A vitória final veio ao fim de uma vigília de oração que durou toda a noite, na madrugada de 28 de dezembro de 1843, quando uma voz rugiu por intermédio da irmã de Gottlieben, Kathrina (que havia começado a manifestar sintomas semelhantes): "Jesus é vitorioso" ("Jesus ist Sieger"). Os sintomas de Gottlieben (e os de Kathrina) foram permanentemente apaziguados. Mais tarde, ela conseguiria se casar e se tornar um membro confiável e respeitado da família extensa de Blumhardt, no centro de cura que eles estabeleceram em Bad Boll.[27]

A libertação de Gottlieben desencadeou um reavivamento na igreja, em toda a aldeia e nas áreas circundantes. Em um culto

[25] Blumhardt, *Blumhardt's battle*, p. 12, veja p. 12-6.

[26] Bovet, "Zur Heilungsgeschichte der Gottlieben Dittus", p. 1-7; J. C. Blumhardt, *Battle*, p. 11-2; Zündel, *Johann Christioph Blumhardt*, p. 101.

[27] Blumhardt, *Battle*; F. Zündel, *Blumhardt*, p. 128-32.

realizado logo após o evento, Blumhardt falou sobre o tema: "A destra do Altíssimo pode mudar tudo". Esse evento representou o ponto de virada do avivamento. As pessoas inundavam seus cultos religiosos, provenientes das cidades vizinhas. Tantas pessoas foram à sua casa para confissão e absolvição que ele esteve ocupado nos primeiros dias do avivamento, das sete da manhã às onze da noite, sem nenhum intervalo significativo. Pessoas de todas as esferas da vida esperavam em sua sala pela chance de receber oração. Algumas até voltaram várias vezes. Sobre essas visitas, Blumhardt escreveu: "Elas continuaram vindo durante todo o dia, sem interrupção, a tal ponto que eu não conseguia pensar em mais nada".[28] Ele via o reavivamento como a extensão da vitória da cura de Gottlieben. No calor do avivamento, ele escreveu: "Quanto mais batalha houver, mais vitória teremos. Portanto, não estou disposto a desistir. Se for esse o caso, a vitória está garantida".[29]

O avivamento quase cessou, em parte por causa das críticas dos pastores das cidades vizinhas e das restrições posteriores do consistório da igreja de Blumhardt. Blumhardt convenceu-se de que seu trabalho em Möttlingen havia chegado ao fim. Ele então, começou a procurar um cenário para o ministério que o colocasse fora dos holofotes públicos e do olhar atento das autoridades eclesiásticas. As negociações resultaram na compra de Bad Boll, perto de Stuttgart, uma antiga clínica de saúde e teatro. A extensa família dos Blumhardt (incluindo Gottlieben Dittus) mudou-se, então, para Boll e o transformou em um centro de retiro, um local aonde as pessoas podiam ir para orar e receber orientação em todas as suas necessidades. Johann teve um ministério longo e frutífero em Boll, fazendo muitos amigos e correspondendo-se com muitos outros, por meio de seu agora famoso *Blätter aus Bad Boll*.

Em Boll, Johann ansiava por um reavivamento generalizado, que espalharia o reino de Deus por todo o mundo, em preparação para a vinda de Cristo. Esse avivamento envolveria o derramamento do Espírito Santo no fim dos tempos, levando ao arrependimento, à cura e ao discipulado. O primeiro impulso dele, então, foi combinar

[28] Blumhardt, "Möttlingen Mitteilungen", p. 111, 114.
[29] Zündel, *Blumhardt*, p. 145.

a renovação do Pentecostes na igreja com a expansão do reino de Deus no mundo. Em suas palavras: "O Espírito de Pentecostes está direcionado ao crescimento e ao cumprimento do reino de Deus".[30] A escatologia dele baseou-se nesse casamento de Pentecostes e do reino. Pode-se dizer que, para o Blumhardt mais velho, o Espírito era a própria substância do reino de Deus, e Cristo era seu rei. A experiência de Cristo como vitorioso que Gottlieben Dittus experimentou em sua vida se tornaria universalmente disponível por meio do derramamento do Espírito Santo no mundo e da vinda de Cristo.

Em seu pensamento sobre a invasão do reino de Deus, Johann atribuiu ao tema da libertação do sofrimento uma centralidade e uma força sem paralelo em sua formação pietista. Seu tio, G. C. Blumhardt, membro ativo da Missão Basileia, havia escrito um livro comovente sobre a importância da cura entre os pobres e oprimidos para a experiência do reino de Deus no mundo,[31] que, obviamente, influenciou Johann. O passado de Blumhardt na pobreza, seu trabalho entre os muitos pobres e doentes de Iptingen e a batalha pela cura de Gottlieben convenceram-no de que o grito "Jesus é o vitorioso" significa que o evangelho deve levar à libertação da escravidão e do sofrimento.[32] Para ele, a ascensão de Cristo e o derramamento do Espírito de Pentecostes tiveram o propósito de ajudar o sofrimento da terra.[33] E isso também significava que a oração gramatical "Venha o teu reino" consistia em uma batalha pelo reino no mundo, que tem uma história e uma realização futura de natureza divina (como Karl Barth tão bem observou em seu comentário sobre o *slogan* de Blumhardt: "Jesus é vitorioso").[34] A centralidade da libertação do sofrimento para a compreensão do evangelho por Blumhardt é revelada na maneira que ele interpreta alguns conceitos extraídos das Escrituras. O derramamento do Espírito foi comparado ao êxodo de Israel da escravidão.[35] O "bem-aventurado" do

[30] Blumhardt, *Ausgewählte Schriften in drei Baende*, p. 140; veja também *Blätter aus Bad Boll*, Gesammelte Werke, Reihe II, Bd. 4, 1876, p. 335-6.

[31] Blumhardt, *Lazarus, Der Kranke, Sterbende, und Auferweckte, Fuer Leidende und Freunde der Leidenden.*

[32] Blumhardt, *Ausgewählte Schriften*, Bd. 2, p. 33.

[33] Ibidem, Bd. 2, p. 25.

[34] Veja Barth, *Church dogmatics* 4/3, p. 168-71.

[35] Blumhardt, *Blätter*, p. 347.

Sermão do Monte deveria ser traduzido por "libertado".[36] O grito "resgata-nos" pode ser traduzido por "liberta-nos".[37] Seu grito não era uma escatologia especulativa, mas a esperança vibrante de libertação e nova criação, que afeta a vida das pessoas aqui e agora e permeia todos os aspectos de sua mensagem.

Essa escatologia estava enraizada em uma compreensão clássica da expiação como *Christus Victor*.[38] Segundo Blumhardt, a vitória de Cristo na cruz foi para conquistar todo o poder das trevas, incluindo tanto o pecado como a doença.[39] Essa vitória e essa libertação também foram prefiguradas no ministério carismático de Jesus antes de sua morte. Os milagres de cura de Jesus surgiram de sua empatia pelos doentes e pobres. Blumhardt escreveu: "Deveríamos sempre contemplar essa empatia infinitamente profunda de Jesus pelos miseráveis; então, nisso residem o poder e a beleza de seus milagres".[40] Essa esperança de libertação estava enraizada na morte e na ressurreição de Cristo, e foi disponibilizada pela inauguração do reino de Deus no Pentecostes. Blumhardt ansiava, nesse contexto teológico, pelo derramamento final do Espírito nos últimos dias, o qual espalharia o reino de Deus por toda a terra e prepararia o mundo para a vinda de Cristo.

A cura estava no centro da vitória que se aproximava. Blumhardt via a cura como parte de um renascimento geral dos dons espirituais, especialmente aqueles de natureza milagrosa. O derramamento do Espírito de Pentecostes estava inseparavelmente atrelado a um reavivamento dos dons espirituais.[41] Os dons representam a ajuda direta e pessoal de Deus.[42] Portanto, a ausência dos dons milagrosos da igreja é um sinal de nosso distanciamento do Espírito de Pentecostes e da vitória do reino de Deus.[43] A ausência de dons, portanto, era causada por descrença e desobediência em resposta à autorrevelação pessoal de Deus como disposto a ajudar.[44] Sem cura,

[36] Blumhardt, *Blätter*, Bd. 3, 1876, p. 9.
[37] Blumhardt, *Ausgewählte Schriften*, p. 43.
[38] Veja Aulen, *Christus Victor*.
[39] Blumhardt, *Blätter*, Bd. 2, 1874, p. 251-2.
[40] Ibidem, Bd. 2, 1874, p. 218.
[41] Blumhardt, *Ausgewählte Schriften*, Bd. 3, p. 24.
[42] Ibidem, Bd. 1, p. 47; Bd. 3, p. 287, 291.
[43] Ibidem, Bd. 1, p. 47; Bd. 3, p. 48.
[44] Ibidem, Bd. 1, 10-11; Bd. 3, p. 193-4.

tudo o que Jesus disse teria sido um sermão enfadonho.[45] Blumhardt sustentava firmemente a crença de que a pregação e a cura eram "uma única coisa", uma vez que ambas proclamam o evangelho do reino.[46] A principal questão para Blumhardt, no entanto, não era o espanto diante dos milagres, mas, sim, o poder de Deus para transformar uma vida pela invasão do reino de Deus. Uma simples admiração por milagres "não é conversão de forma alguma. Ainda não se sente a proximidade de Deus com essa maravilha que facilmente desaparece no nada".[47]

Ao contrário do que, em geral, se pensa do Blumhardt mais velho, existem vestígios, aqui e ali em seus escritos, de uma conexão entre a libertação da pobreza ou da opressão social e a cura divina. O segmento textual "Os mansos herdarão a terra" significava, para Blumhardt, que os humildes, a quem "quase nada foi dado para viver", um dia terão sua parte, quando os efeitos do reino de Deus mudarem na terra. Os poderosos serão forçados a renunciar à sua posição privilegiada e a se humilhar.[48] Ele também mencionava mulheres e crianças vítimas de abuso como estando entre os oprimidos.[49] Noutro lugar, ele afirmou que Jesus morreu para que pudéssemos viver "sem torturar e oprimir uns aos outros por uma vida melhor".[50] O pedido na oração do Pai-nosso para os necessitados, "dai-nos hoje o pão nosso de cada dia", deveria ser "dai pão aos pobres", se já temos o suficiente. O "pão" era visto como o sustento da vida, pois "Deus tem bons ouvidos para aqueles que têm fome e sede ,e são miseráveis de qualquer forma, se isso se relacionar com aspectos da vida no reino externo".[51]

O contexto mais amplo da obra do Espírito ao trazer o reino foi uma visão de uma vasta mudança cósmica por intermédio de Cristo e do Espírito. A "transformação" e a "restauração" oetingeriana de todas as coisas tornaram-se, para Blumhardt, a "libertação" de

[45] Blumhardt, *Blätter*, Bd. 2 (1875), p. 18.
[46] Ibidem, Bd. 2 (1875), p. 185.
[47] Ibidem, Bd. 2 (1875), p. 11.
[48] Ibidem, Bd. 1 (1873), p. 131-2.
[49] Ibidem, Bd. 1 (1873), p. 131-41.
[50] Ibidem, Bd. 4 (1877), p. 118.
[51] Blumhardt, *Ausgewählte Schriften*, Bd. 1, p. 283-5, 288-9.

todas as coisas do sofrimento. Blumhardt também se referia à salvação universal como o "reavivamento" de todas as pessoas e de toda a criação![52] Essa ligação da salvação com o avivamento converge com outros temas, uma vez que o avivamento é citado como uma paixão pela libertação,[53] e como uma consciência da vontade de Deus manifestada na invasão do reino.[54] A descrição dominante da salvação universal é a de Jesus como vitorioso sobre todas as forças das trevas e sobre a maldição do pecado.[55] Uma vez erradicado e conquistado o mal, toda a criação poderá ser reconciliada com Deus,[56] e Deus será "tudo em todos".[57]

Blumhardt divergiu em vários aspectos importantes do fervor escatológico fundamentalista posterior que emergiu na América do início do século 20 e moldou o *éthos* evangélico inicial.[58] Johann separou-se da visão apocalíptica da história como gradualmente piorando até que a destruição total ocorresse ou antes da parúsia. À visão apocalíptica da história de "inclinação descendente", Blumhardt preferia a esperança de uma renovação da criação por meio da obra do Espírito.[59] De forma mais semelhante à escatologia pentecostal da chuva serôdia, Blumhardt colocou o derramamento e a renovação dos últimos dias do Espírito no centro da realização escatológica, abrigando uma esperança brilhante para o futuro. O Senhor não destruirá a criação, mas, sim, renová-la antes do seu regresso; caso contrário, seu retorno não serira o cumprimento de seu presente trabalho na criação.[60] O Senhor não é simplesmente um "destruidor" (*Kaputmacher*), mas alguém que abençoa e renova.[61] Como a criação deve glorificar a Deus, ele não pode destruí-la sem se desonrar.[62] Nada disso significava para Johann que a vinda do

[52] Ibidem, Bd. 3, p. 214-5, 265.
[53] Blumhardt, *Blätter*, Bd. 2, 1874, p. 256.
[54] Ibidem, Bd. 3, 1875, p. 279.
[55] Blumhardt, *Ausgewählte Schriften*, Bd. 1, p. 300-1; Bd. 2, p. 103, 316-7; Bd. 3, p. 297-8; Blumhardt, *Blätter*, Bd. 1, 1873, p. 78; Bd. 3, 1876, p. 151; Bd. 4, 1876, p. 343.
[56] Blumhardt, Blätter, Bd. 4, 1876, p. 221.
[57] Blumhardt, *Ausgewählte Schriften*, Bd. 1, p. 267.
[58] Veja Sandeen, *Roots of fundamentalism*.
[59] Blumhardt, *Ausgewählte Schriften* Bd. 2, p. 236; Blumhardt, *Blätter*, Bd. 4, 1877, p. 71.
[60] Blumhardt, *Ausgewählte Schriften*, Bd. 2, p. 218-9.
[61] Blumhardt, *Blätter*, Bd. 1, 1873, p. 200.
[62] Ibidem, Bd. 1, 1873, p. 84-5.

Senhor não inauguraria uma criação genuinamente nova, mas tão somente que o que a parúsia traz representará, em certo sentido, o cumprimento da presente renovação de todas as coisas. Portanto, o que Deus e nós fizermos para perceber a presença do reino contribuirá com algo para a nova criação no tempo final.

Blumhardt também discordava da visão apocalíptica da história como algo preordenado e fixo, sem espaço para uma formação responsável e profética da história em diálogo com Deus.[63] Johann rejeitava qualquer tentativa de calcular o fim, uma vez que isso dificultava o zelo e o trabalho em prol da vinda do reino de Deus.[64] Ele rejeitou as previsões porque são fatalistas, enquanto a verdadeira profecia está sempre condicionada, até certo ponto, ao que fazemos![65] Em resposta à pergunta sobre a vindoura "tribulação", ele observou que essa especulação apenas remove a devida atenção de nossa responsabilidade pelo momento presente. Ele deu o mesmo tipo de resposta a uma pergunta relativa ao milênio.[66]

Além disso, ele interpretou Mateus 24 (uma passagem-chave para a especulação apocalíptica sobre os eventos do fim dos tempos) como se referindo à destruição de Jerusalém em 70 d.C.[67] Tentar interpretar o livro do Apocalipse em busca de sinais do futuro é infrutífero, uma vez que o futuro não pode ser conhecido.[68] Ele até mesmo zombou das muitas tentativas no passado de combinar as Escrituras com os eventos futuros. O fim vindouro foi cumprido cem vezes![69] Ele rejeitava uma interpretação quiliástica de Apocalipse 20, alegando que uma abordagem desse tipo se baseia em interpretações duvidosas e romantizadas de várias profecias do Antigo Testamento sobre o reino vindouro na terra, e que o derramamento do Espírito na história antes da parúsia é tudo o que se faz necessário para se preparar para a eternidade.[70]

[63] Uma expressão moderna de um sentimento semelhante pode ser encontrada em Buber, "Prophecy, apocalyptic, and historical hour", p. 172-87.

[64] Blumhardt, *Ausgewählte Schriften*, Bd. 1, p. 147.

[65] Ibidem, Bd. 3, p. 16.

[66] Blumhardt, Blätter, Bd. 1, 1873, p. 109-11; Bd. 4, 1877, p. 80.

[67] Ibidem, Bd. 1, 1874, p. 22.

[68] Ibidem, Bd. 3, 1875, p. 414; 1876, p, 94.

[69] Ibidem, Bd. 4, 1876, p. 403.

[70] Ibidem, Bd. 4, 1877, p. 102.

A escatologia de Blumhardt afetou a espiritualidade ao promover tanto o encorajamento para trabalhar pelo alvorecer do reino como a disposição para esperar que Deus traga a realização. Assim, a escatologia de Blumhardt foi distinta em sua ênfase em "apressar-se e esperar",[71] uma característica de sua escatologia que atraiu Karl Barth.[72] Fundamental nessa tensão é a convicção de que a salvação é pela graça e começa na iniciativa divina. A petição da oração do Pai-nosso "teu é o reino" significa que apenas se Deus trouxer o reino é que as coisas na terra mudarão.[73] Johann declarou inequivocamente: "A salvação é inteiramente do Senhor".[74] No entanto, há muitas referências nas obras de Johann ao papel essencial que desempenhamos em sermos canais da invasão do reino antes do derramamento final. Ele escreveu que o Senhor nos dará o reino, mas que nós "devemos conquistá-lo".[75] Cada simples clamor a Cristo que diz "venha" "coloca a roda para girar em um movimento mais intenso".[76] O Senhor bate à porta (Apocalipse 3:20) querendo voltar. Mas ele só o fará se abrirmos a porta e o recebermos.[77] Johann compartilhava a suposição comum entre seus contemporâneos de que o evangelho deve ser pregado em todo o mundo antes de chegar o fim.[78] Fé, esperança e autossacrifício também são aspectos importantes da nossa participação na invasão do reino.[79] Ele escreveu: "Se todos sofreram, lutaram e acreditaram, o reino de Deus não deveria tomar uma direção inteiramente nova?".[80] Embora Johann tenha enfatizado o papel das forças demoníacas em aprisionar a humanidade, ele escreveu que essas forças nos prendem apenas quando permitimos.[81] Desempenhamos papel essencial na vitória de Cristo sobre o mal, por meio do conflito e da

[71] Ibidem, Bd. 1, 1874, p. 140-7.
[72] Barth, *Action in waiting*.
[73] Blumhardt, *Ausgewählte Schriften*, Bd. 2, p. 321.
[74] Blumhardt, *Blätter*, Bd. 2, 1874, p. 373.
[75] Blumhardt, *Ausgewählte Schriften*, Bd. 2, p. 277.
[76] Ibidem, Bd. 2, p. 272.
[77] Ibidem, 309-10; Blumhardt, *Blätter*, Bd. 1, 1874, p. 28-9.
[78] Blumhardt, *Blätter*, Bd. 4, 1876-1877, p. 404, 412, 413.
[79] Blumhardt, *Ausgewählte Schriften*, Bd. 3, p. 195; Blumhardt, Blätter, Bd. 1, 1873, p. 151.
[80] Blumhardt, *Ausgewählte Schriften*, Bd. 3, p. 199-200.
[81] Blumhardt, *Blätter*, Bd. 2, 1874, p. 262.

luta contra a importunação e a impaciência.[82] Ele declarou: "Não somos escravos ou marionetes de Deus", porque Deus nos permite "fazer algo com ele antes que ele o realize".[83]

Uma das maneiras mais importantes de participar da invasão do reino de Deus para Blumhardt é por meio do "gemido" por redenção universal (Romanos 8). Esse gemido não é um grito de desamparo, mas um anseio positivo pela libertação de todas as coisas do sofrimento e da escravidão.[84] Quanto mais gememos, mais perto Cristo estará de nos ajudar.[85] Sem o nosso anseio, "o reino não pode prosseguir em direção ao seu objetivo".[86] Ele surge do nosso sentimento de falta do reino na criação.[87] O sofrimento de Cristo na cruz foi um anseio e um gemido pela redenção do mundo.[88] Compartilhamos o coração de Cristo quando gememos com ele pela criação sofredora.[89] Nisso também compartilhamos a dor e o anseio que residem no próprio coração de Deus.[90] Aqueles que gemem com a criação sofredora em uma situação de sofrimento inevitável podem sofrer construtivamente.[91] Outros podem identificar-se, de forma abnegada, com aqueles que sofrem e gemem, em uma espécie de representação sacerdotal deles e da criação diante de Deus.[92] Na verdade, o cerne de toda oração verdadeira deveria consistir ,de alguma forma, nesse gemido sacerdotal com toda a criação. Segundo ele, "sua oração deve ser sempre a expressão de toda a criação que geme, para que você seja seu representante. Essa é a maneira correta de orar, pois dessa forma você ora como um filho do reino".[93] O jovem Blumhardt herdou a inquietação que esse anseio pelo reino inspirava.

[82] Blumhardt, *Ausgewählte Schriften*, Bd. 3, p. 80; Blumhardt, Blätter, Bd. 1, 1874, p. 60; Bd. 2, 1874, p. 415; Bd. 3, 1876, p. 124; Bd. 4, 1876, p. 277.

[83] Blumhardt, *Blätter*, Bd. 2, 1875, p. 38.

[84] Blumhardt, *Ausgewählte Schriften*, Bd. 1, p. 23-4; Bd. 3, p. 82-90.

[85] Ibidem, Bd. 3, p. 242, 93.

[86] Ibidem, Bd. 1, p. 273.

[87] Blumhardt, *Blätter*, Bd. 2, 1874, p. 230-1.

[88] Ibidem, Bd. 1, 1874, p. 100.

[89] Ibidem, Bd. 1, 1873, p. 200.

[90] Blumhardt, *Ausgewählte Schriften*, Bd. 1, p. 277; Blumhardt, Blätter, Bd. 2, 1874, p. 316-7.

[91] Blumhardt, *Blätter*, Bd. 2, 1874), p. 237-9.

[92] Ibidem, Bd. 2, 1874, p. 251, 278; *Ausgewählte Schriften*, Bd. 2, p. 266.

[93] Blumhardt, *Blätter*, Bd. 1, 1876, p. 52.

A escatologia do jovem Blumhardt

O filho de Johann, Christoph, cresceu em meio a essa ardente esperança do derramamento do Espírito nos últimos dias e da vinda de Cristo, que logo se seguiria. Ele estudou teologia em Tübingen, assim como seu pai antes dele. No entanto, ele teve dificuldade com os estudos, principalmente em combinar o que seu pai lhe ensinara com o que aprendia na universidade. A respeito de seus professores em Tübingen, ele disse: "Se eles encontrassem aquele sobre quem estavam pontificando, seus rostos ficariam brancos como um lençol!". Perto do final de seus estudos, ele expressou dúvidas quanto ao estudo da teologia lhe ser ou não adequado.[94]

Apesar das contínuas dúvidas sobre sua vocação ao pastorado, Christoph foi ordenado em 1866, em Göppingen, e pouco depois foi colocado em seu primeiro Vikariat em Spoeck, perto de Bruchsal. Após breves ministérios nesse local e em alguns outros, o pai de Christoph solicitou que ele fosse a Boll para ajudar no trabalho ali. No início, Christoph tinha as tarefas humildes de dar devoções aos criados e limpar. Mais de um ano depois (aos 27 anos), Christoph começou a ajudar o pai no trabalho de secretariado. Logo, porém, tornou-se o braço direito do pai, encarregando-se da maior parte da correspondência escrita e representando-o em algumas ocasiões.[95] Durante essa fase do ministério de Christoph (1880), seu pai lhe entregou o cargo de liderança em Bad Boll, pouco antes de sua morte, com as seguintes palavras: "Eu o abençoo pela vitória".[96] A partir de então, Christoph começaria a desenvolver uma carreira e uma mensagem que abalariam o mundo pietista e alterariam ainda mais o curso da teologia moderna.

Pela maior parte da década de 1880, o ministério de Christoph em Boll foi bem tranquilo. Depois de 1888, vemos que ele sentia cada vez mais frustrado com seu papel de pastor em Boll. Ele estava cansado das pessoas que vinham a Boll para encontrar um refúgio do mundo ou para buscar respostas às duas necessidades — necessidades que Christoph considerava egocêntricas.[97] Ele se sentia

[94] Jäckh, *Blumhardt Vater und Sohn und Ihre Botschaft*, p. 110-8.
[95] Ibidem.
[96] Reden, *Ansprachen, Predigten, Reden, Briefe*, p. 37.
[97] Blumhardt, *Ansprachen*, vol. 2, p. 67.

todo o estresse e a tensão do pastorado em Boll,[98] e chegou à conclusão de que "o cuidado pastoral não é mais adequado".[99] Em tese, ele não se opunha ao trabalho pastoral. O que ele não suportava era seu próprio trabalho como pastor e o modo que as pessoas em Boll dependiam excessivamente dele.[100] Ele, então, concluiu que não poderia continuar como pastor em Boll. Em 1894, ele se despiu da toga pastoral e deixou de se identificar como pastor.[101]

Nesse mesmo período, Christoph tornava-se cada vez mais inquieto, na expectativa de um novo rumo, de uma nova revelação que seria tão significativa para ele quanto a "batalha" fora para seu pai. Na expectativa de uma nova revelação, ele começou a interpretar a mensagem de seu pai como uma etapa que preparava o caminho para o que estava por vir. Nesse aspecto, ele tendia a simplificar um pouco a mensagem de seu pai, considerando-a excessivamente espiritual e não suficientemente mundana. Ele passou a ver a "luta" da época de seu pai como espiritual e oculta, além de consistir em ajuda humana.[102] Mas era chegada a hora de levar a luta para o mundo. A luta de seu pai estava no reino invisível, mas agora havia acabado: "Hoje a luta que ocorreu chegou ao fim. Quanto a nós, somos puxados para o mundo no qual clamamos: 'Jesus é vitorioso'".[103] Christoph afirmou: "Hoje a luta é mundial. Ela desce pelas ruas, onde quer que estejam os pobres, os que sofrem abusos e os miseráveis".[104]

Sua insatisfação com a piedade egocêntrica de Boll o levou a ansiar por sair entre os estranhos "que obedecem à vontade de Deus com avidez".[105] Sua lealdade deveria dirigir-se ao reino de Deus, e não a Boll ou às igrejas.[106] Se o grande derramamento do Espírito não fosse introduzido simplesmente por Bad Boll e outras missões ou igrejas pietistas, teria de ser inaugurado com a ajuda de movimentos mundanos. Christoph estava prestes a dar sua "virada

[98] Ibidem, p. 41.
[99] Ibidem, p. 97
[100] Ibidem, p. 115.
[101] Ibidem, p. 35-7.
[102] Ibidem, p. 35-7.
[103] Ibidem, p. 40; veja v. 1, p. 82.
[104] Blumhardt, *Ansprachen*, vol. 2, p. 84.
[105] Ibidem, p. 38.
[106] Ibidem, p. 67.

para o mundo" em sua compreensão do cumprimento mundial do reino de Deus. Essa virada no início do século 20 o levaria a se tornar um socialista apaixonado e até mesmo a entrar na política por um breve período. O anseio do pai pelo derramamento do Espírito nos últimos dias, especialmente com os dons de cura, fora transformado para incluir movimentos seculares de libertação global e renovação social.

Houve alguns desenvolvimentos teológicos no pensamento de Christoph que levaram à sua "virada" para o mundo. Primeiro, Christoph passou a enfatizar a encarnação como o lugar no qual o reino começa a penetrar na realidade concreta da vida humana. A ênfase do Blumhardt mais velho no Pentecostes mudou no Blumhardt mais jovem para a ênfase na encarnação da presença de Deus por intermédio da pessoa de Jesus Cristo. Ele afirmou: "Ainda temos religião, ainda temos moral cristã. Mas o fato de que Jesus veio em carne, de que nosso Deus está aqui, isso muitas vezes desaparece de nós".[107] Deus está em todo o universo como um riacho represado e pronto para irromper sobre nós, mesmo onde isso não é sobrenaturalmente aparente.[108] Para o Blumhardt mais velho, o trabalho do reino não deveria começar em uma escala universal até o retorno do Espírito de Pentecostes. O jovem Blumhardt, porém, já tinha a certeza da presença de Deus para a libertação universal, não apenas como a presença do Pentecostes, mas como o resultado da encarnação.

Para Christoph, a encarnação de Deus em Cristo tornou-se uma realidade contínua na história, mediada a nós por meio da ressurreição de Cristo. Ele escreveu: "Devemos sentir a encarnação, assumir uma nova carne por meio da sua. O amor de Deus penetra em nossa carne, removendo o pecado. A ressurreição é agora; o que nos separa de Deus deve morrer".[109] Assim como o seu pai, Christoph ainda esperava pela futura transformação de todas as coisas por meio do Espírito. Mas, ao contrário de seu pai, Christoph dava muita ênfase à encarnação como a inauguração do reino de Deus no mundo e como a garantia de que Deus está presente para levar

[107] Blumhardt, *Ansprachen*, v. 1, p. 123.
[108] Ibidem, p. 126.
[109] Blumhardt, *Ansprachen*, v. 2, p. 101-2.

ainda mais o crescimento do reino. Para o Blumhardt mais velho, o Espírito Santo era o *Espírito* de Cristo. Para o jovem Blumhardt, o Espírito era o Espírito de *Cristo*.

Essa ênfase em "Cristo" não residia tanto em sua divindade, mas em sua humanidade como o recipiente em sua carne da presença divina e o início da operação de Deus em toda a carne. No início de seu pastorado, Christoph escreveu: "Precisamos de algo em nossa carne e em nosso sangue que signifique 'Deus' e que seja mais forte que o mundo".[110] A atuação da presença de Deus deve ser realizada no reino corpóreo para que a identidade de Jesus como o ponto de união entre Deus e a criação tenha significado. Esse é o pano de fundo para sua afirmação de que a vida de Deus deve ser representada corporalmente: "caso contrário, Jesus não é Jesus".[111] Há aqui uma tendência inicial de Christoph interpretar a salvação como um tipo oetingeriano de divinização da criação, o que está implícito na seguinte observação: "Duas ações devem se unir para que o reino de Deus esteja conosco: algo de Deus deve se tornar visível e, consequentemente, algo divino deve ser formado em torno disso na terra — este é o reino de Deus".[112]

A ênfase de Christoph na encarnação trouxe consigo a ênfase seminal no "progresso", ou seja, o progresso da vida de Deus em Jesus Cristo ao longo da história. Sem rodeios, ele escreveu: "As coisas de Deus estão se desenvolvendo na terra".[113] Mais tarde, ele elaboraria isso, escrevendo que a vida de Jesus está na terra e que está progredindo "cada vez mais". Christoph sentiu que, se quisesse permanecer fiel, "deveria estar no lugar de onde procede".[114] O desafio é que "sejamos pessoas de progresso para o reino de Deus" porque "aquilo que é divino progride".[115] Dessa forma, cumprimos a nossa natureza de pessoas criadas por Deus: "A humanidade foi feita para o progresso. Por amor a Deus, devemos mudar. Aquilo que é puramente animalesco deve nos deixar. Nós viemos de Deus".[116]

110 Ibidem, v. 1, p. 92.
111 Ibidem, v. 2, p. 53.
112 Ibidem, v. 1, p. 234
113 Ibidem, v. 1, p. 187.
114 Ibidem, v. 2, p. 90.
115 Ibidem, p. 21.
116 Blumhardt, *Ansprachen*, v. 2, p. 51.

Com isso, encontramos um interesse crescente pela história "de Deus para o exterior",[117] uma vez que procuramos "compreender os tempos de Jesus Cristo".[118] Essa ênfase no progresso e na história não é o desenvolvimento dialético hegeliano do espírito divino. Essa visão hegeliana significava, para Christoph, que "tudo vem de Deus, mesmo que seja o diabo executando".[119] Segundo Christoph, o progresso significava que Deus está presente e ativo para nos ajudar em nosso sofrimento e em nossa angústia.[120] Se a crise que irrompe do reino de Deus por meio da cura foi a ênfase do Blumhardt mais velho, o desenvolvimento do reino no mundo em contexto secular tornou-se a ênfase de seu filho.

Embora a ênfase de Christoph no progresso do reino pelo processo contínuo da encarnação postulasse uma relação estreita entre Deus e a criação, Christoph ainda teve o cuidado de manter parte da ênfase de seu pai na liberdade de Deus. Christoph disse, no início de seu pastorado, que "a mistura entre Deus e o mundo deve cessar".[121] Pouco antes do momento em que Christoph defenderia uma relação mais estreita entre o desenvolvimento do reino e o progresso social, ele ainda foi capaz de elogiar seu pai por nunca misturar o humano com o divino.[122] Isso ocorre porque o reino se desenvolve não apenas dentro, mas também fora do mundo.[123] A vida de Deus é "uma vida que vem do alto, e não da humanidade".[124]

Embora Christoph tenha começado nos primeiros anos a acentuar o progresso do reino mais do que seu pai, encontramos no pensamento de Christoph uma tensão semelhante à do seu pai entre as realizações presentes e futuras do reino. Desde o início, Christoph afirmava que não seremos abençoados até que todos os povos sejam abençoados. Portanto, somos abençoados hoje pela esperança.[125] A graça de Deus ainda não chegou como uma

[117] Ibidem, v. 1, p. 103.
[118] Ibidem, v. 2, p. 62.
[119] Ibidem, v. 1, p. 343.
[120] Ibidem.
[121] Ibidem, p. 61.
[122] Ibidem, v. 2, p. 98-9.
[123] Ibidem, v. 1, p. 63.
[124] Ibidem, v. 2, p. 127.
[125] Ibidem, v. 1, p. 90.

realidade visível na terra.[126] A habitação de Deus entre nós é algo que Christoph pode dizer que ainda se encontra à espera.[127] No entanto, como já observado, ele enfatizava, de forma considerável, a presença de Deus na encarnação contínua de Cristo na criação e na história. Assim, Christoph considerava "pessimista" uma fé que resiste às trevas do momento presente apenas na esperança de um mundo futuro. Ele também considerava que uma fé assim era como escuridão.[128] No que diz respeito à ressurreição final, Christoph disse: "Tudo o que ainda é futuro deve estar presente ou não será nada!".[129] Ele até falou da parúsia como tendo, em certo sentido, já começado, como uma realidade que pode ser experimentada.[130] Concordo com H. Gollwitzer que, para Christoph, a encarnação é uma força dinâmica na história, a começar pela pessoa histórica de Jesus e culminando na parúsia.[131] Para Christoph, a parúsia pode ser experimentada pela presença encarnada de Deus em Cristo e do ministério do Espírito antes do fim dos tempos.

A ênfase encarnacional de Christoph foi gradualmente aumentada pela ênfase na cruz para definir a direção da presença encarnada de Cristo. "Morra para que Jesus viva", esse se tornou o *slogan* dessa nova "espiritualidade da cruz".[132] Com essa ênfase na cruz na espiritualidade de Blumhardt, veio uma nova ênfase na humildade e na autorresignação: "Seja pobre e miserável, recue, desista do seu papel, e ele aparecerá".[133] Incluído nisso, estava o julgamento de Deus sobre todas as nossas formas de igreja e piedade.[134] Esse julgamento implícito na cruz também se baseava em nossa identidade religiosa e cultural, em tudo o que nos separa como pessoas uns dos outros. Christoph observou que os pietistas perguntavam quando o Anticristo viria, sem saber que ele viria sempre que alguém deixasse de negar a si mesmo. O católico range os dentes porque algo católico

[126] Ibidem, v. 2, p. 56.
[127] Ibidem, p. 63.
[128] Ibidem, p. 87.
[129] Ibidem, p. 90.
[130] Ibidem, p. 112; veja também p. 144; v. 2, p. 47.
[131] Gollwitzer, "Christoph Blumhardt neu sichtbar", p. 259.
[132] Blumhardt, *Ansprachen*, v. 1, p. 181-4.
[133] Ibidem, p. 184.
[134] Ibidem, p. 105, 112, 186; v. 2, p. 3-4, 6, 106, 126.

deve morrer, e o protestante range os dentes porque algo protestante deve morrer. "Algo de nós deve morrer repetidas vezes até que todos nós tenhamos morrido em Cristo."[135] A "carne" deve morrer, não aquela que Deus criou, mas aquela que estabelecemos a partir de nossa identidade conquistada, que é contrária ao reino de Deus.[136] Christoph referia-se ao seu processo de morte como sendo "esmagado" para que a verdade pudesse manifestar-se por nosso intermédio, como ocorreu por intermédio de Cristo. Deveríamos pedir a Deus que nos destruísse para preservar a verdade: "A verdade é maior do que eu. Jesus seguiu esse caminho. A verdade o esmagou".[137]

O autossacrifício leva ao servir à imagem da cruz. Christoph escreveu que a salvação não é apenas pelo sangue de Cristo, mas também pelo nosso sangue. A salvação é "pelo nosso sangue, por meio do sangue de Cristo", sendo o sangue um símbolo de autossacrifício.[138] Imitar Jesus em um "autossacrifício silencioso" é melhor do que qualquer milagre.[139] Christoph não se deu conta de que estava envolvido em uma sutil mudança teológica de foco, de Jesus como uma força dinâmica na história para a cura, para Jesus como um símbolo de nossa participação no progresso do reino. Agora, a redenção de Cristo é pelo "nosso sangue por meio do sangue dele".

Embora o pensamento social de Christoph não desempenhasse papel dominante em sua mensagem até a sua "virada" para o envolvimento social em 1900, a discussão, até então, mostrava que as raízes de seu pensamento estavam ali com ele desde o início. Alguns exemplos dessa mudança inicial no sentido de uma ênfase na dimensão social do efeito do reino no mundo seriam úteis. O "gemido" do velho Blumhardt pela criação sofredora tornou-se, para Christoph, um gemido pelos agricultores oprimidos.[140] O "pecado contra o corpo" não era mais a opressão demoníaca ou a doença, mas as terríveis condições das fábricas.[141] O mal manifestado na

[135] Blumhardt, *Ansprachen*, v. 1, v. 2, p. 30.
[136] Ibidem, p. 30-1.
[137] Ibidem, p. 5.
[138] Ibidem, p. 9-10.
[139] Ibidem, p. 105.
[140] Ibidem, p. 16.
[141] Ibidem, p. 39.

criação não era mais mostrado apenas em sua alienação do Criador, mas em árvores envenenadas e moribundas.[142] A hesitação do velho Blumhardt em condenar as riquezas (ou a disposição de aceitar a obtenção dessas riquezas como bênçãos divinas) foi mudada para a condenação das riquezas por Christoph como parte do espírito do Anticristo.[143] Em 1904, Christoph escreveu que não havia conforto para aqueles que sofriam sob os pecados da sociedade. Se a cabeça da serpente for realmente esmagada, será no contexto da sociedade humana.[144] A consciência social de Christoph estava florescendo antes de seus anos políticos.

Christoph interessou-se intensamente pelos acontecimentos políticos ao longo do ano de 1898. Esse foi o ano no qual o Kaiser fez seu "discurso na prisão", em Oeynhausen. O Kaiser declarou que toda pessoa que impedisse o trabalho ordeiro dos trabalhadores ou que entrasse em greve seria punida com pena de prisão. Em junho de 1899, houve uma manifestação de protesto contra essa declaração. O pastor Blumhardt estava lá para expressar sua solidariedade aos trabalhadores. Ele chamou a declaração do Kaiser de "farsa de justiça". Blumhardt também esteve presente, em outubro do mesmo ano, em uma reunião do Partido Social-Democrata Marxista em Göppingen, na qual expressou a mesma simpatia. A imprensa anunciou a "confissão de social-democracia do pastor Blumhardt" imediatamente após essa reunião. A imprensa pietista o criticou duramente.

No entanto, o jovem Blumhardt estava muito acima de seus colegas pietistas, que ignoravam amplamente as questões sociais em seu anseio pelo reino de Deus, bem como de seus colegas de mentalidade mais social, preocupados com a "questão social" alemã, que tentavam interpretar o reino de Deus, quer a serviço do nacionalismo alemão, quer dentro de uma doutrina dualista de dois reinos que alienava o envolvimento social dos ensinamentos de Jesus.[145] A teologia do reino de Christoph pode ser chamada de "dialética",

[142] Ibidem, p. 113.

[143] Ibidem, p. 61, 124.

[144] Blumhardt, *Ansprachen*, vol. 2, p. 43.

[145] Veja meu *Spirituality and social liberation*, p. 128-33. Veja também Meier, *Christoph Blumhardt*, p. 46-7, 60; Sauter, *Theologie des Reiches Gottes beim älteren und jüngeren Blumhardt*, p. 136; Bentley, *Between Marx and Christ*.

no sentido de que o reino de Deus é revelado por meio do testemunho de análogos sociais ao reino, sem assumir qualquer equivalência entre os dois ou um dualismo. Esse foi o aspecto da teologia do reino de Christoph que o jovem Karl Barth, assim como Paul Tillich, consideraram tão esclarecedor.[146]

Durante os anos de envolvimento político de Christoph (1899-1906), ele expandiu sua visão do reino para incluir socialistas e ateus, além de budistas e muçulmanos, todos os que implicitamente ansiavam pelo reino de Deus na terra. Sua escatologia era ampla, envolvendo uma visão da obra do reino de Deus que era fundamentalmente inclusiva da igreja, mas também transcendia a igreja, permitindo que os dons implícitos dos movimentos seculares por justiça e misericórdia também estivessem envolvidos. Para Christoph, o reino sempre esteve centrado em Cristo, mesmo que fosse o Cristo escondido nos movimentos que implicitamente testemunhavam a justiça e a misericórdia da cruz.[147] Não apenas Karl Barth, Eduard Thurneysen e Paul Tillich foram seminalmente influenciados por esse rumo da escatologia do jovem Blumhardt, mas também e especialmente Dietrich Bonhoeffer, Harvey Cox e Jürgen Moltmann.[148] Não era a suficiência de Cristo para o reino que Christoph questionava, mas a suficiência da igreja institucional.

Após os anos que passou envolvido com a política, Christoph parecia menos otimista de que os socialistas inaugurariam um grande movimento do Espírito, algo análogo àquele movimento pelo qual seu pai esperara por tanto tempo, em parte por causa das lutas internas que ele testemunhava dentro do partido. política. No entanto, de 1907 em diante, Christoph se envolveu em um pensamento mais maduro acerca da relação entre o desenvolvimento

[146] Veja Barth, "Past and future", p. 35-45; Tillich, *History of Christian thought from its Judaic and Hellenistic origins to existentialism*, p. 531-3.

[147] *Christus in der Welt*, p. 22. Veja tb. Macchia, *Spirituality and social liberation*, p. 122-47, e também meu "Secular and the religious under the shadow of the cross", p. 59-77.

[148] Thurneysen escreveu um livro sobre Christoph Blumhardt e apresentou seu pensamento ao jovem Barth. Veja Thurneysen, *Christoph Blumhardt*. Sobre a consideração positiva e significativa de longo prazo, mas também um tanto ambivalente, de Barth pelos Blumhardt, veja Collins Winn, *Jesus is Victor*. Veja tb. o comentário de Harvey Cox de que seu clássico, *Secular city*, foi escrito tendo em mente a dissertação de Gerhard Sauter sobre os Blumhardt, *Religion in the secular city*, p. 22. Moltmann também dá a Christoph Blumhardt o mesmo significado seminal que atribui à sua própria escatologia, veja Moltmann, *Church in the power of the Spirit*, p. 282.

do reino e o fluxo da história. Ele passou a se referir à transcendência do reino e à nossa relação com ele da seguinte forma pitoresca: "O reino se desenvolve a partir de si mesmo. Caminhamos ao lado dele e estamos felizes em reconhecer esse grande movimento do reino de Deus, que não tolera nenhum partido, muito menos um partido se considere o único detentor da fé 'correta'".[149] No entanto, o reino também não deve ser totalmente separado do contexto natural.[150] Em 1910, Christoph escreveu a L. Ragaz, dizendo que "um movimento do Espírito de Cristo prossegue ao longo dos tempos", apresentando-nos um núcleo de verdade que nos impulsionará para o que é novo.[151] Em outro contexto, ele escreveu que o futuro irrompe no presente em um ponto de "harmonia" deste último com o primeiro.[152] Isso envolve nossa responsabilidade por harmonizar nossos próprios esforços com o reino vindouro de Deus. Dessa forma, todo "desenvolvimento superficial dos povos" é "puxado para dentro" do contexto do reino, criando novos rumos de crescimento que antes não estavam presentes.[153] Essa perspectiva não está muito distante do evento *kairos,* retratado na obra clássica de Paul Tillich, *The socialist decision* [A decisão socialista].[154] O jovem Barth também captou o significado dialético da escatologia do jovem Blumhardt e elogiou a maneira que ele evitou tanto o separatismo dualista do mundo como uma simples identificação do reino com movimentos sociais ou ideologias.[155]

Reflexão final

Os Blumhardt desempenharam papel relevante na redescoberta da escatologia na teologia moderna. Barth, Tillich e Bonhoeffer, sem mencionar Cox e Moltmann, foram seminalmente influenciados pela pregação do reino dos Blumhardt. Grupos pentecostais europeus

[149] Blumhardt, *Ansprachen*, v. 3, p. 70.
[150] Ibidem, p. 124.
[151] Ibidem, p. 61.
[152] Ibidem, p. 91.
[153] Blumhardt, *Christus in der Welt*, p. 233.
[154] Tillich, *Socialist decision*.
[155] Barth, "Past and future".

também reivindicaram uma herança nos Blumhardt. A título de conclusão, aqui está o que considero serem as questões relevantes da escatologia dos Blumhardt, especialmente para o pentecostalismo.

Primeiro, o reino de Deus para os Blumhardt não era um *lugar* que pudesse ser ocupado, mas, sim, o reinado dinâmico e libertador de Deus no mundo, cumprindo o plano redentor de Deus. *A esperança escatológica estava centrada em Deus.* Havia um enfoque cristológico, mas também uma substância pneumatológica robusta em sua escatologia. O reino foi revelado em Cristo, que encarnou e se identificou com o pecador e o oprimido até a cruz. O reino foi revelado na vitória da ressurreição e na presença do Espírito no mundo. O reino foi revelado no triunfo final de Cristo em sua vinda, na verdade, o triunfo do Deus trino. O velho Blumhardt enfatizava a identificação do reinado de Deus com a vitória de Cristo na experiência de cura, especialmente quando possibilitada pela obra do Espírito entre aqueles que creem. O jovem Blumhardt atribuía maior importância à encarnação de Cristo na carne e à vitória da cruz como o lugar para o qual Cristo desceu mais profundamente nos braços do sofrimento humano e que está tanto disponível como oculto nos movimentos seculares de libertação. Mas, quer a ênfase estivesse no Espírito como o portador da vitória de Cristo para aqueles que têm fé, quer estivesse em Cristo como aquele que vence e continua a vencer no reino da carne de forma mais geral, os Blumhardt fizeram da obra libertadora de Deus no mundo o local em que a escatologia deveria ser discernida.

Em segundo lugar, o ponto anterior significa que os Blumhardt imaginaram uma escatologia que concedia a Deus o papel decisivo e até mesmo abrangente a desempenhar, sem diminuir a liberdade e a responsabilidade humanas. *Em outras palavras, a esperança no Espírito é fortalecedora.* "Jesus é vitorioso" não é uma bandeira sob a qual uma igreja adormecida pode descansar segura, mas, sim, um grito de guerra pelo qual o povo de Deus deve zelar e orar, trabalhar e lutar, em prol do movimento teleológico do reino de Deus no mundo. É claro que a igreja deve ser humilde e criteriosa, além de dialógica, especialmente em relação àqueles que mais sofrem e que correm mais riscos na esperança da libertação que o reino de Deus traz ao mundo. Essa humildade faz parte da paciência da igreja.

Mas o humilde discernimento e o diálogo da igreja devem servir ao propósito mais amplo de sua luta pelo reino de Deus no mundo. A espiritualidade implícita na esperança apaixonada pelo reino de Deus no mundo era a de "apressar-se e esperar", ou de uma espera ativa e uma ação paciente.

Terceiro, ambos os Blumhardt acreditavam que a escatologia abordava principalmente uma nova esperança para a renovação da vida, e não uma curiosidade sobre os acontecimentos do fim dos tempos. *A esperança escatológica é santificadora no sentido mais amplo do termo, não se limitando à moral pessoal, mas estendendo-se também à justiça social e até mesmo à transformação cósmica.* Eles tinham pouco interesse na especulação escatológica, mas muito interesse em localizar onde a esperança se faz necessária para superar o desespero. Embora o Blumhardt mais jovem tenha tornado essa luta mais explicitamente secular do que o Blumhardt mais velho, ambos ansiavam e lutavam à sua maneira, na esperança das forças de renovação do mundo. Em última análise, não pode haver separação entre a paixão do Blumhardt mais velho pelo arrependimento pessoal e pela cura e a luta do Blumhardt mais jovem pela libertação dos povos oprimidos, apanhados nas garras da pobreza e do desespero. A vitória de Jesus e o derramamento do Espírito no mundo devem estar relacionados, pois ambos estão inseparavelmente conectados na vida.

Quarto, nosso ponto anterior significa que os Blumhardt desempenharam papel significativo na libertação da escatologia de seus limites de uma piedade estreita para uma visão mais ampla da obra do reino de Deus no mundo. *A esperança escatológica é diversa e global, aberta a uma variedade de lutas, heranças e línguas.* A escatologia não foi uma fuga do mundo por um círculo interno de eleitos privilegiados, mas, sim, uma força onipresente de renovação no mundo. O evangelho trata da vida e da renovação da criação em escala global. O presbítero Blumhardt manteve o papel indispensável da igreja na vanguarda da invasão do reino de Deus no mundo, embora também reconhecesse que a igreja institucional se mostrara aquém de sua vocação. Assim, ele exigia que aqueles que estavam fora da igreja e que ansiavam pelos efeitos curativos do reino se engajassem. O jovem Blumhardt aplicou a teologia do reino de Deus de forma muito mais crítica em relação à igreja e foi mais irrestrito em sua aceitação dos descrentes na vanguarda do reino de Deus. Mas eu concordo com aqueles que dizem que Christoph era contra a igreja para ser a favor dela. No final, ambos os Blumhardt lutaram com uma visão de reino semelhante. Eles apenas divergiam em relação ao papel preciso da igreja e à confiança necessária para expandir os limites da vitória do reino para além dos muros da igreja.

Hebreus 11:1 observa que a fé tem a ver principalmente com a esperança nas coisas que não vemos, coisas que ainda não estão totalmente ao nosso alcance. Que os Blumhardt nos encorajem em nossa luta, pela graça de Deus, para conhecer o incognoscível, para compreender o incompreensível ou para falar o que está além das palavras. Só então, poderemos conhecer a libertação do reino de Deus na terra em seu sentido mais profundo. Só então, poderemos dizer verdadeiramente: "Jesus é vitorioso".

Bibliografia

AALEN, Live. "Die theologie des Grafen Von Zinzendorf: ein beitrag zur dogmengeschichte des protestatismus", in: GRESCHAT, M., org. *Zur Neueren Pietismusforschung* (Darmstadt: Wissenschaftliche Buchgesellschaft, 1955), p. 319-53.

ACHTEMEIER, Paul J. et al., orgs. *Introducing the New Testament: its literature and theology* (Grand Rapids: Eerdmans, 2001).

ALEXANDER, Kimberly E. "Pentecostal healing: models in theology and practice", *JPTSup* 29 (Dorset, Inglaterra: Deo, 2006).

ALEXANDER, Patrick H. "Scofield reference Bible", in: *DPCM*, p. 771-2.

ALEXANDER, Paul. *Peace to war: shifting allegiances in the Assemblies of God* (Telford: Cascadia, 2009).

ALMIRUDIS, Hiram. *Comentario sobre la declaración de fe de la iglesia de Dios* (San Antonio: Hiram Almirudis, 1997).

______. "A commentary on the church of God Declaration of Faith for Latin American churches". D. Min. thesis, San Francisco Presbyterian Theological Seminary, 1981.

ALTHOUSE, Peter. "In appreciation of Jürgen Moltmann: a discussion of his transformational eschatology", *Pneuma* 28.1, 2006, p. 21-32.

______. "Left behind: fact or fiction: ecumenical dilemmas of the fundamentalist millenarian tensions within Pentecostalism", *Journal of Pentecostal theology* 13, 2005, p. 187-207.

______. "Spirit of the last days: Pentecostal eschatology in conversation with Jürgen Moltmann", *JPTSup* 25 (London: T. & T. Clark, 2003).

______. "Towards a Pentecostal ecclesiology: participation in the missional life of the triune God", *JPT* 18, 2009, p. 230-45.

ALTIZER, Thomas J. "Modern thought and apocalypticism", in: *EA* 3:325-59 (New York: Continuum, 1998).

ANDERSON, Allan. "The contribution of David Yonggi Cho to a contextual theology in Korea", *JPT* 12, 2005, p. 85-105.

ANDERSON, C. Colt. "A catholic and ecumenical response to the Left Behind series", *JPT* 13, 2005, p. 209-30.

ANDERSON, H. George; STAFFORD, J. Francis; BURGESS, Joseph, orgs. "The one mediator, Mary, and the saints", in: *Lutherans and catholics in dialogue* 8 (Minneapolis: Augsburg, 1992).

ANDERSON, Robert Mapes. *Vision of the disinherited* (Oxford: Oxford University Press, 1979).

ANDREAS. "Catena", in: CRAMER, J. A., org. *Catena in epistolas catholicas* (Oxford: Clarendon, 1840).

ANGLICAN ROMAN CATHOLIC International Commission. "Mary: grace and hope in Christ". Disponível em: http://www.prounione.urbe.it/dia-int/arcic/doc/e_arcic_mary.html.

APOSTOLIC CONSTITUTION on the doctrine and practice of indulgences. Disponível em: http://www.vatican.va/holy_father/paul_vi/apost_constitutions/documents/hf_p-vi_apc_19670101_indulgentiarum-doctrina_en.html.

AQUINAS, Thomas. *Summa theologica*. Trad. para o inglês Fathers of the English Dominican Province. Allen, TX: Christian Classics, 1948, 5 v.

ARRINGTON, F. L. "Dispensationalism", in: *DPCM*, p. 247-48.

______. "Dispensationalism". In: *NIDPCM*, p. 584-6.

ASAMOA, E. A. "The Christian church and African heritage", in: *IRM*, 1955, p. 292-301.

AULEN, Gustaf. *Christus Victor: an historical study of the three main types of the idea of atonement*. Ed. reimpressa. Eugene: Wipf and Stock, 2003. [1931.]

AUNE, D. E. "Revelation 17-22", *WBC* 52 (Nashville: Nelson, 1998).

AVANZINI, John. *The wealth of the world: the proven wealth transfer system* (Tulsa: Harrison House, 1989).

AVILA, Yiye. *El Anticristo* (Miami: Carisma, 1994).

BARNES, Robin B. "Images of hope and despair: Western apocalypticism: ca. 1500-1800", in: *EA*, n. 2, p. 143-84.

BARRETT, C. K. "The first epistle to the Corinthians", *BNTC* (Peabody: Hendrickson, 1968).

BAECK, Leo. *The essence of Judaism* (New York: Schocken, 1961).

BAER, Richard A. "Quaker silence, catholic liturgy, and Pentecostal glossolalia: some functional similarities", in: SPITTLER, Russel P., org. *Perspectives on the new Pentecostalism* (Grand Rapids: Baker, 1976), p. 150-64.

BAGCHI, David. "Luther's ninety-five theses and the contemporary criticism of indulgences", in: SWANSON, R. N., org. *Promissory notes on the treasury of merits: indulgences in late Medieval Europe*. Brill's Companions to the Christian Tradition 5 (Leiden: Brill, 2006), p. 331-56.
BALL, Sunshine. *Daniel y el Apocalipsis* (Miami: Vida, 2000).
BAMBERGER, Bernard J. *The search for Jewish theology* (New York: Behrman House, 1978).
BARTH, Karl. *Action in waiting* (Rifton: Plough, 1998).
_____. *CD* 4/1. Org. e trad. T. F. Torrence; G. W. Bromily (Edinburgh: T. & T. Clark, 1961).
_____. *CD* 4/3. Org. e trad. T. F. Torrence; G. W. Bromily (Edinburgh: T. & T. Clark, 1961).
_____. *The epistle to the Romans*. 6. ed. Org. e trad. para o inglês Edwyn C. Hoskyns (London: Oxford University Press, 1968).
_____. "Past and future: Friedrich Naumann and Christoph Blumhardt". In: ROBINSON, J. A., org. *The beginnings of dialectic theology*. Trad. K. R. Crim (Richmond: John Knox, 1968, v. 1).
BARTLEMAN, Frank. *Another wave rolls in!* Org. de John G. Myers (Northridge: Voice, 1970).
BASHAM, Don. "Forum: CGM and new wine", *New Wine Magazine*, dez. 1976, n. 31.
BAUCH, Harmann. "Die lehre vom wirken des heilgen geistes im frühpietismus", *Theologische Forschung*, Hamburg: Reich, n. 55, 1974, p. 1-153.
BAUCKHAM, Richard. *The climax of prophecy* (Edinburgh: T. & T. Clark, 1993).
_____. "Early Jewish visions of hell", *JTS* 41, 1990, p. 354-62.
_____. "Jesus and the wild animals (Mark 1:13): a christological image for an ecological age", in: GREEN, Joel B.; TURNER, Max, orgs. *Jesus of Nazareth: essays on the historical Jesus and the New Testament christology* (Grand Rapids: Eerdmans, 1994), p. 3-21.
_____. "Jude, 2 Peter", *WBC 50* (Waco: Word, 1983).
BAXTER, Ern. "The earth is the Lord's", *New Wine Magazine*, jan. 1985, p. 24-30.
_____. "Every knee shall bow", *New Wine Magazine*, dez. 1986, p. 18-22.
_____. "King of glory", *New Wine Magazine*, abr. 1982, p. 28-32.
_____. "Perspective for a decade: discipling the nations", *New Wine Magazine*, fev. 1981, p. 4-8.
_____. "Thy kingdom come". The National Men's Shepherding Conference, set. 1975, Holy Spirit Research Center, Oral Roberts University, transcrição, p. 15.
_____. *Thy kingdom come* (Ft. Lauderdale: CGM, 1977).
_____; MUMFORD, Bob. "Transcript of Elder's Meeting", 16 nov. 1975, grupo privado.
BEASLEY-MURRAY, G. R. "Revelation", *NCB* (Grand Rapids: Eerdmans, 1981).
BEDE. "On 2 Peter", in: MIGNE, J. P., org. *Patrologia latina*. Paris: Migne, 1857-1886, v. 90.
BEDIAKO, Kwame. *Jesus and the gospel in Africa* (Maryknoll: Orbis, 2004).
_____. "Worship as vital participation: some personal reflections on ministry in the African church", *JACT* 8, dez. 2005, p. 3-7.
BENGEL, J. A. *New Testament word studies*. Trad. para o inglês C. T. Lewis; M. R. Vincent (Grand Rapids: Kregel, 1971, v. 2).
BENOIT, André. *L'actualité des péres de leglise*. Neuchâtel: Ed. Delachaux et Niestlé, 1961.
BENTLEY, James. *Between Marx and Christ* (New York: Schocken, 1982).
BERGMANN, Sigurd. *Creation set free: the Spirit as liberator of nature*. Sacra Doctrina: Christian theology for a postmodern age, n. 4. trad. para o inglês Douglas Stott (Grand Rapids: Eerdmans, 2005).
BERRY, Wendell. *What are people for?* (New York: North Point, 1990).
BERRYMAN, Phillip. *Religion in the megacity: catholic and protestant portraits from Latin America* (Marynoll: Orbis, 1996).
BERTONE, John A. "The law of the Spirit": experience of the Spirit and displacement of the law in Romans 8:1-16", in: *Studies in Biblical Literature* 86 (New York: Lang, 2005).
_____. "The function of the Spirit in the dialectic between God's soteriological plan enacted but not yet culminated: Romans 8.1-27", *JPT* 15, 1999, p. 75-97.
____. "The experience of glossolalia and the Spirit's empathy: Romans 8:26 revisited", *Pneuma* 25, 2003, p. 54-65.
BEST, Ernest. *The first and second epistles to the Thessalonians*. BNTC (London: Adam and Charles Black, 1977).
BIKO, Steve. *Steve Biko: I write what I like: a selection of his writings*. org. de A. Stubbs (Johannesburg: Picador Africa, 2004).
Bilateral Working Group of the German National Bishops' Conference and the Church Leadership of the United Evangelical Lutheran Church of Germany. *Communio sanctorum: the church as the communion of saints* (Collegeville: Liturgical Press, 2004).
BIRCH, Bruce C.; RASMUSSEN, Larry L. *Bible and ethics in the Christian life*. Ed. rev. e ampl. (Minneapolis: Augsburg, 1989).
BLACK, Edwin. *War against the weak: eugenics and America's campaign to create a master race* (New York: Four Walls Eight Windows, 2003).
BLAISING, Craig; BLOCK, D. L. *Progressive dispensationalism* (Wheaton: Bridge Point, 1993)
BLATTNER, John. "A living prophecy: report on the conference", *New Covenant*, out. 1977, p. 4-9.
BLUMHARDT, Christoph. *Reden, ansprachen, predigten, reden, briefe*: 1865-1917. Bd. 1-3. org. de J. Harder. Neukirchen-Vlyun: Neukirchener, 1978.

______. *Christus in der welt* (Zurich: Zwingli, 1958).

BLUMHARDT, Christoph; LAZARUS, G. C. *Der kranke, sterbende, und auferweckte, fuer leidende und freunde der leidenden* (Basel: Schneider, 1827).

BLUMHARDT, Johann. C. *Ausgewählte schriften in drei baende*, Bd. 1-3. Org., B. Otto (Zurich: Goetthelf, 1947-50).

______. *Blätter aus bad boll*. Gesammelte Werke, Reihe II (Göttingen: Vandenhoeck & Ruprecht, 1968-1970).

______. *Blumhardt's battle*. Trad. para o inglês F. S. Boshold (New York: Lowe, 1970).

______. *Der kampf in möttlingen*. Org. de G. Schaefer (Göttingen: Vandenhoeck & Ruprecht, 1979).

BOBRINSKOY, Boris. *The compassion of the father*. Trad. para o inglês Anthony P. Gythiel (Crestwood: Saint Vladamir's Seminary Press, 2003).

BOESAK, Allan. "The eye of the needle", *IRM* 72, jan. 1983, p. 7-10.

BOLAJI, Idowu E. *African traditional religion: a definition* (Maryknoll: Orbis, 1973).

BORNKAMM, Gunther. "μυστηριον μυεω", *TDNT* 4, p. 802-28.

BOUMA-PREDIGER, Steven. *For the beauty of the earth: a Christian vision for creation care* (Grand Rapids: Baker Academic, 2001).

______. *The greening of theology: the ecological models of Rosemary Radford Ruether, Joseph Sittler, and Jürgen Moltmann* (Atlanta: Scholars, 1995).

BOUTENEFF, Peter; HELLER, Dagmar. *Interpreting together* (Geneva: World Council of Churches, 2001).

BOVET, T. "Zur Heilungsgeschichte der Gottlieben Dittus", in: SCHAEFER, G., org. *Der kampf in möttlingen*. Göttingen: Vandenhoeck & Ruprecht, 1979.

BOVON, François. *Luke 1: a commentary on the gospel of Luke1:1—9:50*. Trad. para o inglês Christine M. Thomas. Hermeneia (Minneapolis: Fortress, 2002).

BOYER, Paul. "The growth of fundamentalist apocalyptic in the United States", in: *EA* 3, p. 140-78.

BRAUN, Herbert. *Jesus*. Stuttgart: Kreuz, 1969. Trad. para o inglês: *Jesus of Nazareth: the man and his time*. Trad. para o inglês Everett R. Kalin (Philadelphia: Fortress, 1979).

BRITTON, Bill. *Apprehended of God* (Springfield, MO: s.l., s.d.).

______. *Benjamin* (Springfield: B. Britton, s.d.).

______. *Beyond Jordan* (Springfield: B. Britton, s.d.).

______. *Changed by the son* (Springfield: s.l., s.d.).

______. *The cleansing of the temple* (Springfield: s.l., s.d.).

______. *Climb the highest hill* (Springfield: s.l., s.d.).

______. *A closer look at the rapture* (Springfield: The Church Action, s.d.).

______. *Divine breakthrough into the unlimited* (Springfield: s.l., s.d.).

______. *A double portion of the Holy Ghost and power* (Springfield: s.l., s.d.).

______. *Eagle saints arise!* (Springfield: B. Britton, 1980).

______. *From the known to the unknown* (Springfield: s.l., s.d.).

______. *God's sabbath: the coming age of miracles* (Springfield: s.l., s.d.).

______. *God's two armies* (Springfield: s.l., s.d.).

______. *Hebrews: the book of better things* (Springfield: B. Britton, 1977).

______. *His unlimited glory* (Springfield: s.l., s.d.).

______. *Jesus: the pattern son* (Springfield: B. Britton, 1966).

______. *Light out of shadows* (Springfield: The Church Action, 1970).

______. *Noah's ark* (Springfield: B. Britton, s.d.).

______. *Not as a servant* (Springfield: s.l., s.d.).

______. *Oil on the beard* (Springfield: B. Britton, s.d.).

______. *One new man* (Springfield: B. Britton, s.d.).

______. *One shall be taken* (Springfield: s.l., s.d.).

______. *Only in his likeness* (Springfield: s.l., s.d.).

______. *Peter's shadow* (Springfield: s.l., s.d.).

______. *Points to consider* (Springfield: B. Britton, s.d.).

______. *Prophet on wheels* (Shippensburg: Destiny Image Publishers, 1987).

______. *Purple hearts and silver stars* (Springfield: s.l., s.d.).

______. *Reach for the stars* (Springfield: B. Britton, 1970).

______. *Sectarianism in the "move of God."* (Springfield: s.l., s.d.).

______. "Shepherds, submission, and trans-local authority" (Springfield: s.l., s.d.).

______. *Songs for eagle saints* (Springfield: s.l., s.d.).

BROUWER, Steve; GIFFORD, Paul; ROSE, Susan D. "The prosperity gospel in Africa: expecting miracles", *Christian Century*, n. 10, jul. 2007, p. 20-4.

BROWN, Peter. *The cult of the saints: its rise and function in Latin Christianity* (Chicago: University of Chicago Press, 1982).

BROWN, Raymond et al. *Mary in the New Testament* (New York: Paulist, 2001).

BRUCE, Frederick F. *The epistle of Paul to the Romans: an introduction and commentary* (Grand Rapids: Eerdmans, 1963).

______. *The epistles to the Colossians, to Philemon, and to the Ephesians*. NICNT (Grand Rapids: Eerdmans, 1984).
BRUEGGEMANN, Walter. *The Psalms and the life of faith*. Org. de Patrick D. Miller (Minneapolis: Fortress, 1995).
BRUINIUS, Harry. *Better for all the world: the secret history of forced sterilization and America's quest for racial purity* (New York: Knopf, 2006).
BUBER, Martin. "Prophecy, apocalyptic, and historical hour", in: *On the Bible, eighteen studies*. Org. de N. N. Glatzer (New York: Schocken, 1982), p. 172-87.
BULGAKOV, Sergius. *The bride of the lamb*. Trad. para o inglês Boris Jakim (Grand Rapids: Eerdmans, 2002).
______. *The Comforter*. Trad. para o inglês Boris Jakim (Grand Rapid: Eerdmans, 2004).
BUNDY, David. "Visions of sanctification: themes of orthodoxy in the Methodist, holiness, and Pentecostal traditions", *WTJ* 39, 2004, p. 104-36.
BRUNS, J. E. "The contrasted women of Apoc. 12 and 17", *CBQ*, n. 26, 1964, p. 459-63.
BUSCH, Eberhard. *The great passion: an introduction to Karl Barth's theology*. Trad. para o inglês Geoffrey W. Bromiley. Org. e notas Darrell L. Guder e Judith J Guder (Grand Rapids: Eerdmans, 2004).
BYASSEE, Jason. "Be happy: the health and wealth gospel", *Christian Century*, n. 12, jul. 2005, p. 20-3.
CAIN, Paul; BICKLE, Mike. *An interview with Paul Cain*. VHS Videorecording (Grandview, MO: Grace Ministries, 1990).
______. *The prophetic history of metro Vineyard Fellowship: updated 1991*. Sete fitas cassete (Grandview, MO: Metro Vineyard Fellowship, 1990).
CAIN, Paul; KENDALL, R. T. *The word and the Spirit* (Eastbourne, Sussex: Kingsway, 1996).
CAIRD, G. B. *The Revelation of Saint John* (New York: Harper & Row, 1966).
CALDERÓN, Wilfredo. *Daniel: un mensaje profético* (Miami: Gospel, 2001).
______. *Doctrina bíblica y vida cristiana* (Cleveland: Editorial Evangélica, 1994).
______. *El apocalipsis: un mensaje escatológico* (Miami: Gospel, 2003).
______, org. *El maestro Pentecostés: manual para maestros de adultos y jóvenes* 43.10 (Cleveland: Editorial Evangélica, 1992).
CANFIELD, J. M. *The incredible Scofield and his book* (Vallecito: Ross House, 1988).
CANTALAMESSA, Raniero. *Come, creator Spirit: meditations on the "Veni Creator"*. Trad. para o inglês Denis e Marlene Barrett (Collegeville, MN: Liturgical, 2003).
CAPPS, Charles. *Authority in three worlds* (Tulsa: Harrison House, 1982).
______. *The tongue: a creative force* (Tulsa: Harrison House, 1976).
______. *When Jesus prays through you: release the infinite power of heaven in your life* (Tulsa: Harrison House, 1994).
CARSON, D. A. *Showing the Spirit: a theological exposition of 1 Corinthians 12-14* (Grand Rapids: Baker, 1987).
CARTER, Grayson. *Anglican evangelicals: protestant secessions from the Via Media, c. 1800- 1850*. Oxford Theological Monographs (Oxford: Oxford University Press, 2001).
CASSIDY, Richard J. *Jesus, politics, and society: a study of Luke's gospel* (Maryknoll: Orbis, 1978).
CASTELO, Daniel. *The apathetic God: exploring the contemporary relevance of divine impassibility* (Milton Keynes: Paternoster, 2009).
______. "Tarrying on the Lord: affections, virtues, and theological ethics in Pentecostal perspective", *JPT*, n. 13, 2004, p. 31-56.
Catechism of the catholic church. Disponível em: http://www.usccb.org/catechism/text/
CHAN, Simon. "The language games of glossolalia, or making sense of the 'Initial Evidence'", in: MA, Wonsuk; MENZIES, Robert, orgs. *Pentecostalism in context: essays in honor of William W. Menzies*, *JPTsup*, n. 11 (Sheffield: Sheffield Academic, 1997).
______. *Pentecostal theology and the Christian spiritual tradition*, *JPTSup*, n. 21 (Sheffield: Sheffield Academic, 2000).
______. "Evidential glossolalia and the doctrine of subsequence", *AJPS*, n. 2, 1999, p. 195- 211.
CHAPPELL, Paul G. "The divine healing movement in America". PhD dissertação (Drew University, 1983).
CHARLESWORTH, James H., org. *The messiah: developments in earliest Judaism and Christianity* (Minneapolis: Fortress, 1987-1992).
CHAFER, Lewis Sperry. *Major Bible themes*. Rev. de John F. Walvoord (Grand Rapids: Zondervan, 1974).
CHARETTE, Blaine. "Tongues as of fire": judgment as a function of glossolalia in Luke's thought", *JPT*, n. 13, 2005, p. 173-86.
CHEUNG, P. W. "The mystery of revelation 17:5 & 7: A typological entrance", *Jian Dao*, n. 18, 2003, p. 1-19.
CHILTON, Bruce. "Resurrection of the body in early Judaism and early Christianity: doctrine, community, and self-definition", *CBQ*, n. 68, jan. 2006, p. 157-60.
CHO, Youngmo. *Spirit and kingdom in the writings of Luke and Paul* (Milton Keynes: Paternoster, 2005).
CLEARY, Edward L. "Evangelicals and competition in Guatemala". In: CLEARY, Edward L.; STEWART-GAMBINO, Hannah, orgs. *Conflict and competition: the Latin American church in a changing environment*

(Boulder, Colorado: Lynne Rienner, 1992), p. 167-95. Disponível em: http://www.domcentral.org/library/cleary_books/conflict/ conflict09.htm. Acesso em: 24 nov. 2008.

______. "Shopping around: questions about Latin American conversions", *IBMR*, n. 28, abr. 2004, p. 50-3.

COHN, Norman. *The pursuit of the millennium: revolutionary millenarians and mystical anarchists of the Middle Ages* (New York: Oxford University Press, 1970).

COLEMAN, Simon. *The globalization of charismatic Christianity: spreading the gospel of prosperity* (Cambridge: Cambridge University Press, 2000).

______. "Conservative Protestantism and the word order: the faith movement in the United States and Sweden", *Sociology of religion*, n. 54, 1993, p. 353-73.

COLLINS, John J. *The apocalyptic imagination* (New York: Crossroad, 1984).

______; MCGINN, Bernard; STEIN, Stephen J. "General introduction", *EA*, n. 3, p. ix-xiii.

COLLINS WINN, Christian T. *"Jesus is victor": the significance of the Blumhardts for the theology of Karl Barth*. Princeton Theological Monograph Series 93 (Eugene: Pickwick, 2009).

CONZELMANN, Hans. *1 Corinthians*. Trad. para o inglês James W. Leitch. Hermeneia (Philadelphia: Fortress, 1975).

COPELAND, Gloria. *God's will is prosperity* (Tulsa: Harrison House, 1978).

COPELAND, Kenneth. *The laws of prosperity* (Ft. Worth: Kenneth Copeland, 1974).

CORTÉZ, Eliseo López. *Pentecostalismo y milenarismo: la iglesia apostólica de la fe en Cristo Jesús* (Iztapalapa: Universidad Autónoma Metropolitana, 1990).

COSTAS, Orlando E. *The integrity of mission: the inner life and outreach of the church* (San Francisco: Harper & Row, 1979).

COULTER, Dale M. "Pentecostal visions of the end: eschatology, ecclesiology, and the fascination of the Left Behind series", *JPT*, n. 14, 2005, p. 81-98.

CRUTCHFIELD, L. V. *The origins of dispensationalism: the Darby factor* (New York: University Press of America, 1992).

CRUZ, Samuel. "A rereading of Latino(a) Pentecostalism", in: Valentín, Benjamín. *New horizons in Hispanic/ Latino(a) theology* (Cleveland: Pilgrim, 2003), p. 201-16.

CULLMAN, Oscar. *Christ and time: the primitive Christian conception of time and history*. Trad. para o inglês Floyd V. Filson (Philadelphia: Westminster, 1962).

______. "The son of man in first-century Judaism", *NTS*, n. 38, 1992, p. 446-52.

DAKE'S *annotated reference Bible* (Lawrenceville: Dake, 1963).

DALLEN, James. *The reconciling community: the rite of penance* (Collegeville: Liturgical, 1992).

DANIELS, David D. "'Gotta moan sometime': a sonic exploration of earwitnesses to early Pentecostal sound in North America", *Pneuma*, n. 30, 2008, p. 5-32.

DANKER, Frederick W., org. *A Greek-English lexicon of the New Testament and other early Christian literature*. 3. ed., baseada na 6. ed. revisada e org. por Walter Bauer's. *Griechisch-deutsches Worterbuch zu den Schriften des Neuen Testaments und der übrigen urchristlichen Literatur* (Chicago: University of Chicago Press, 2000).

DARBY, J. N. *The collected writings of J. N. Darby*. Org. de William Kelly (Sunbury: Believers Bookshelf, 1971), 34v.

DARWIN, Charles. *The origin of the species with introductions and notes*. The Harvard Classics, n. 11. Org., Charles W. Eliot (New York: Collier, 1909).

DAVIES, W. D. *Paul and rabbinic Judaism: some rabbinic elements in pauline theology* (London: SPCK, 1955).

DAYTON, Donald W. *Theological roots of Pentecostalism* (Peabody: Hendrickson, 1987).

"Declaration of faith". The Official Website of the Church of God (Cleveland, TN). Disponível em: http://churchofgod.org/index.php?page=declaration-of faith&phpMyAd min=EyPnWE74if52AvqTJ13%-2COH6xVv1. Acesso em: 12 fev. 2009.

DE JONGE, Marinus. *Jewish eschatology, early Christian christology and the testaments of the twelve patriarch* (New York: Brill, 1991).

______. "The use of the word 'anointed' in the time of Jesus", *Novum Testamentum*, n. 8, 1966, p. 132-48.

______. "The role of intermediaries in God's final intervention in the future according to the Qumran Scrolls". In: MITCHEL, O. et al., orgs. *Studies on the Jewish background of the New Testament* (Assen: Van Gorcum, 1969), p. 44-63.

DEISSMANN, Adolf. *Light from the Ancient East: the New Testament illustrated by recently discovered texts of the Graeco-Roman world*. Reimpresso (Peabody: Hendrickson, 1996). [1927.]

DE JONGE, Marinus; WOUDE, Van Der. "11Q Melchizedek and the New Testament", *NTS*, n. 12, 1965-1966, p. 301-26.

DE PETRELLA, Lidia Susana Vaccaro. "The tension between evangelism and social action in the Pentecostal movement", *IRM*, n. 75, 1986, p. 36-8.

DELGADO, Manuela Cantón. "Lo sagrado y lo político entre los pentecostales guatemaltecos: vivencia y significación", *Gazeta de Antropología*, n. 9, 1992. Disponível em: http:// www.ugr.es/~pwlac/G09_14Manuela_Canton_Delgado.html. Acesso em: 12 dez. 2008.

DEMPSTER, Murray W. "Christian social concern in Pentecostal perspective: reformulating Pentecostal eschatology", *JPT*, n. 2, 1993, p. 51-64.

_____. "The church's moral witness: a study of glossolalia in Luke's theology of Acts", *Paraclete*, n. 23, inverno de 1989, p. 1-7.
_____. "Evangelism, social concern and the kingdom of God". In: DEMPSTER, Murray W. et al., orgs. *Called and empowered: global mission in Pentecostal perspective* (Peabody: Hendrickson, 1991), p. 22-43.
_____. "Pentecostal social concern and the biblical mandate of social justice", *Pneuma*, n. 9, inverno de 1987, p. 129-53.
_____. "Presidential address: Christian social concern in Pentecostal perspective". Apresentação na 21ª Assembleia Annual da Sociedade para Estudos Pentecostais, Southeastern College, Lakeland, Flórida, nov. 1991.
_____. "Soundings in the moral implications of glossolalia". Apresentação na 13ª Assembleia Anual da Sociedade para Estudos Pentecostais, Cleveland, TN, 1983.
_____. "The structure of a Christian ethic informed by Pentecostal experience: soundings in the moral significance of glossolalia". In: MA, Wonsuk; MENZIES, Robert P., orgs. *The Spirit and spirituality: essays in honour of Russell P. Spittler, JPTsup*, n. 24 (London: T. & T. Clark, 2004), p. 108-40.
_____. "A theology of the kingdom: a Pentecostal contribution". In: SAMUEL, Vinay; SUGDEN, Chris, orgs. *Mission as transformation: a theology of the whole gospel* (Oxford: Regnum, 1999), p. 45-75.
DEMPSTER, Murray W., org. "Church mission and social concern: the changing global face of classical Pentecostalism", *Transformation* 11 (Jan.-Mar. 1994), p. 1-33.
DESCARTES, René. *Discourse on method*. Trad. para o inglês Donald A. Cress, 1637 (Indianapolis: Hackett, 1998).
DEVLIN, Christopher, org. *The sermons and devotional writings of Gerard Manley Hopkins* (Oxford: Oxford University Press, 1959).
"Discipleship: Forum in Ft Lauderdale", *New Wine Magazine* (mar. 1976).
DOLAN, Jay. *The American catholic experience* (New York: Doubleday, 1985).
DUFFIELD, Guy P. et al., orgs. *Foundations of Pentecostal theology* (Los Angeles: L.I.F.E. Bible College, 1983).
DUFFY, Eamon. *The stripping of the altars: traditional religion in England, 1400-1580* (New Haven: Yale University Press, 1999).
DUNN, James D. G. *The theology of Paul the apostle* (Grand Rapids: Eerdmans, 1998).
_____. *Beginning from Jerusalem*. Christianity in the Making (Grand Rapids: Eerdmans, 2009, v. 2).
_____. *Romans*. WBC (Dallas: Word, 1988), p. 38a, 38b.
EADE, Alfred Thompson. *Panorama de la Biblia: curso de estudios. "El plan de los Siglos"* (El Paso: Casa Bautista de Publicaciones, 1975, v. 1).
_____. *"La Segunda venida de Cristo", "El Libro de Apocalipsis"* (El Paso: Casa Bautista de Publicaciones, 1976, v. 4).
EHLERT, Arnold D. *A Bibliographic history of dispensationalism* (Grand Rapids: Baker, 1965).
EIRE, Carlos M. N. *From Madrid to purgatory: the art and craft of dying in sixteenth century Spain* (Cambridge: Cambridge University Press, 2002).
ELIADE, Mircea; KITAGAWA; MITSUO, Joseph, orgs. *The history of religions: essays in methodology* (Chicago: University of Chicago Press, 1959).
ELLINGTON, Scott A. *Risking truth: reshaping the world through prayers of lament* (Princeton Theological Monography Series 98. Eugene: Pickwick, 2008).
ERVIN, Howard M. *Healing: sign of the kingdom* (Peabody: Hendrickson, 2002).
EUSEBIUS OF EMESA. "Catena", in: Cramer, J. A. *Catena in Epistolas Catholicas* (Oxford: Clarendon, 1840).
EVANS, Timothy. "Religious conversion in Quetzaltenango, Guatemala". PhD dissertação, University of Pittsburgh, 1990.
FAITH AND ORDER COMMISSION. *A treasure in earthen vessels: an instrument for an ecumenical reflection on hermeneutics*. Paper n. 182. Geneva: World Council of Churches, 1998. Disponível em: http://wcc-coe.org/wcc/what/faith/nature1.html.
FARAH, Jr., Charles. *From the pinnacle of the temple* (Plainfield: Logos International, 1979).
_____. "A critical analysis: the 'roots and fruits' of faith formula theology". *Pneuma* 3, 1981, p. 3-21.
FARMER, Ron. "The kingdom of God in the gospel of Matthew", in: WILLIS, Wendell, org. *The Kingdom of God in 20th-Century Interpretation* (Peabody: Hendrickson, 1987), p. 119-30.
FAUPEL, D. William. *The everlasting gospel: the significance of eschatology in the development of Pentecostal thought* (Sheffield: Sheffield Academic, 1996).
_____. "The everlasting gospel: the significance of eschatology in the development of Pentecostal thought". PhD dissertação, University of Birmingham, 1989.
_____. "The function of 'models' in the interpretation of Pentecostal thought". *Pneuma* 2, 1980, p. 51-71.
_____. "Whither Pentecostalism?", *Pneuma* 15 (primavera de 1993), p. 9-27.
FEE, Gordon D. *The disease of the health and wealth gospel* (Costa Mesa: Word for Today, 1979).
_____. *The first epistle to the Corinthians*. NICNT (Grand Rapids: Eerdmans, 1987).
_____. "Hermeneutics and historical precedent — a major problem in Pentecostal hermeneutics", in: SPITTLER, Russel P., org. *Perspectives in the New Pentecostalism* (Grand Rapids: Baker, 1976), p. 118-32.

_____. "The kingdom of God and the church's global mission", in: DEMPSTER, Murray W. et al., orgs. *Called and empowered: global mission in Pentecostal perspective* (Peabody: Hendrickson, 1991), p. 7-21.

FERDINANDO, Keith. *The triumph of Christ in African perspective: a study of demonology and redemption in the African context* (Carlisle: Paternoster, 1999).

FERRAIUOLO, Perruci. "Christian leaders admonish him: televangelist calls word-of faith 'new age'", *Christianity Today* 16 (ago. 1993), p. 38-9.

FEUERBACH, Ludwig. *The essence of Christianity*. Trad. para o inglês George Eliot, 1845 (Reimpressão: New York: Harper and Row, 1957).

FIDDES, Paul. *The promised end: eschatology in theology and literature* (Oxford: Blackwell, 2000).

FITZMYER, Joseph A. *The Acts of the Apostles*. Anchor Bible 31 (New York: Doubleday, 1998).

_____. *Paul and his theology: a brief sketch*. Englewood Cliffs: Prentice Hall, 1989.

Folarin, George O. "Contemporary state of the prosperity gospel in Nigeria", *Asia Journal of Theology*, n. 21, 2007, p. 69-95.

FOWLER, Robert Booth. *The greening of protestant thought* (Chapel Hill: University of North Carolina Press, 1995).

FRAIKIN, Daniel. "'Charismes et ministères' à la lumière de 1Cor 12-14". *EgT* 9 (out. 1978), p. 455-63.

FRIEDLANDER, Michael. *The Jewish religion* (London: Shapiro Valentine & Co, 1937).

GAFFIN, Richard B. *Perspectives on Pentecost* (Phillipsburg: Presbyterian and Reformed, 1979).

GARRARD-BURNETT, Virginia. "'God was already here when Columbus arrived': inculturation theology and the Mayan movement in Guatemala", in: Cleary, Edward L.; STEIGENGA, Timothy J., orgs. *Resurgent voices in Latin America: indigenous peoples, political mobilization, and religious change* (Brunswick: Rutgers University Press, 2004), p. 125-53.

_____. *Living in the New Jerusalem: Protestantism in Guatemala* (Austin: University of Texas Press, 1998).

GAUSE, R. H. *Revelation: the stamp of God's sovereignty on history* (Cleveland: Pathway, 1983).

GEE, Donald. *Concerning spiritual gifts* (Springfield: Gospel, 1980).

GIFFORD, Paul. "'Africa shall be saved': an appraisal of reinhard Bonnke's Pan-African Crusade", *JRA* 17, 1987, p. 63-92.

_____. *The new crusaders: Christianity and the new right in Southern Africa* (London: Pluto, 1991).

_____. *Exporting the American gospel: global Christian fundamentalism* (New York: Routledge, 1996).

_____. "The complex provenance of some elements of African Pentecostal theology", in: GIFFORD, Paul; CORTEN, André; MARSHALL-FRATANI, Ruth, orgs. *Between Babel and Pentecost: transnational Pentecostalism in Africa and Latin America* (Bloomington: Indiana University Press, 2001), p. 62-79.

GIFFORD, Paul; CORTEN, André; MARSHALL-FRATANI, Ruth, orgs. *Between Babel and Pentecost: transnational Pentecostalism in Africa and Latin America* (Bloomington: Indiana University Press, 2001).

GILL, Anthony. *Rendering unto Caesar: the catholic church and the state in Latin America* (Chicago: University of Chicago Press, 1989).

GOFF, James. *The birth of purgatory* (Chicago: University of Chicago Press, 1984).

GOLDBERG, Michelle. *Kingdom coming: the rise of Christian nationalism* (New York: Norton, 2006).

GOLLIN, Gillian Lindt. *Moravians in two worlds* (New York: Columbia University Press, 1967).

GOLLWITZER, Helmut. "Christoph Blumhardt neu sichtbar" (*Evangelische Theologie*: 1981), p. 259-75.

GONZÁLEZ, Justo L. *The story of Christianity. The reformation to the present day* (San Francisco: Harper & Row, 1984, v. 2).

GRAY, Sherman W. *The least of my brothers Matthew 25:31-46: a history of interpretation SBL dissertation series 114* (Atlanta: Scholars, 1989).

GREATHOUSE, William M. "John Wesley's view of the last things", in: DUNNING, H. Ray, org. *The second coming: a Wesleyan approach to the doctrine of last things* (Kansas City: Beacon Hill, 1995), p. 139-60.

GREEN, Joel B. *The gospel of Luke*. NICNT (Grand Rapids: Eerdmans, 1997).

GREEN, Linda. *Fear as a way of life: Mayan widows in rural Guatemala* (New York: Columbia University Press, 1999).

GREEN, William Scott. "Messiah in Judaism: rethinking the question", in: NEUSNER, Jacob et al., orgs. *Judaisms and their messiahs at the turn of the Christian Era* (New York: Cambridge University Press, 1987), p. 1-13.

_____. *The life of Moses*. The Classics of Western Spirituality. Trad. para o inglês Everett Ferguson; Abraham J. Malherbe (New York: Paulist, 1978).

GRESCHAT, Martin. "Die 'hoffnung besserer zeiten' für die kirche". In: GRESCHAT, M., org. *Zur Neueren Pietismus Forschung* (Darmstadt: Wissenschaftliche Buchgesellschaft, 1977), p. 224-39.

GRIBBEN, Crawford. *Writing the rapture: prophecy fiction in evangelical America* (Oxford: Oxford University Press, 2009).

GROS, Jeffrey. "Towards a hermeneutics of piety for the ecumenical movement", *Ecumenical Trends* 22 (jan. 1993), p. 1-12.

GRUDEM, Wayne. *The gift of prophecy in 1 Corinthians* (Washington: University Press of America, 1982).

GYEKYE, Kwame. *African philosophical thought: the Akan conceptual scheme* (Philadelphia: Temple University Press, 1995).

HAARBECK, H. "Word, tongue, utterance", in: *NIDNTT*, p. 1078-146.

HAENCHEN, Ernst. *The Acts of the Apostles: a commentary*. Trad. para o inglês Bernard Noble et al. (Philadelphia: Westminster, 1971).

HAGIN, Kenneth E., Sr. *The believer's authority* (Tulsa: Faith Library, 1984).
______. *El Shaddai: the God who is more than enough, the God who satisfies us with long life* (Tulsa: Faith Library, 1980).
______. *Exceedingly growing faith* (Tulsa: Faith Library, 1983).
______. *How to turn your faith loose* (Tulsa: Faith Library, 1979).
______. *I believe in visions*. 2. Ed. (Tulsa: Rhema Bible Church, 1989).
______. *The Midas touch: a balanced approach to biblical prosperity* (Tulsa: Kenneth Hagin Ministries, 2000).
______. *The ministry of a prophet* (Tulsa: Faith Library, 1979).
______. *The name of Jesus* (Tulsa: Kenneth Hagin Ministries, 1986).
______. *The present-day ministry of Jesus Christ* (Tulsa: Kenneth Hagin Ministries, 1983).
______. *Right and wrong thinking* (Tulsa: Faith Library, 1966).
______. *Seven steps for judging prophecy* (Tulsa: Faith Library, 1986).
______. "Trend toward faith movement". *Charisma* (ago. 1985), p. 67-70.
______. *The triumphant church* (Tulsa: Rhema, 1993).
______. *Understanding the anointing* (Tulsa: Faith Library, 1983).
______. "You can have what you say!" (Tulsa: Faith Library, 1979).
______. *Zoe: the God-Kind of life* (Tulsa: Hagin Ministries, 1981).
HALL, Franklin. *Atlantic Ocean storms destroying many cities: new continents coming forth* (Phoenix: s.e., 1973).
______. *Atomic power with God with fasting and prayer* (Phoenix: s.e., 1973 [1946]).
______. *Bodyfelt salvation: the eradication of the adamic sickness* (Phoenix: Hall Deliverance Foundation, 1983 [1968]).
______. *Formula for raising the dead and the baptism of fire* (San Diego: s.e., 1960).
______. *Our divine healing obligation*. s.l., s.d.
______. *The return of immortality* (Phoenix: Hall Deliverance Foundation, 1976).
______. *Subduing the earth controlling the elements and ruling the nations with Jesus Christ* (Phoenix: s.e., 1966).
HANDY, Robert T. *A Christian America: protestant hopes and historical realities* (New York: Oxford University Press, 1984).
HAMMOND-TOOKE, D. *The roots of black South Africa* (Johannesburg: Jonathan Ball, 1993).
HAMON, Bill. *The day of the saints* (Shippensburg: Destiny Image, 2005).
______. *The eternal church* (Santa Rosa Beach: Christian International, 1981).
______. *Prophets and personal prophecy* (Shippensburg: Destiny Image, 1987).
______. *Prophets, apostles, and the coming moves of God* (Santa Rosa Beach: Christian International, 1997).
______. *Prophets, pitfalls and principles* (Shippensburg: Destiny Image, 1991).
HARINK, Douglas. *Paul among the postliberals: Pauline theology beyond Christendom and modernity* (Grand Rapids: Brazos, 2003).
HARPER, Michael. *Walk in the Spirit* (Plainfield: Logos International, 1968).
HARRELL, David Edwin. *All things are possible* (Bloomington: Indiana University Press, 1975).
______. *Oral Roberts: an American life* (Bloomington: Indiana University Press, 1985).
HARSHBARGER, Luther H.; John A. MOURANT. *Judaism and Christianity: perspectives and traditions* (Boston: Allyn & Bacon, 1968).
HAWN, Robert. "Kansas City: conference heard 'round the world'", *Charisma* (set.-out. 1977), p. 10-1.
HAWTIN, George R. *According to the purpose*, s.d.
______. *The treasures of truth* (Battlefield: G. R. Hawtin, s.d., v. 15).
______. "Account of the 1948 latter rain outpouring" [Flower Center].
______. *Beholding the more excellent glory* (Battlefield: G. R. Hawtin, 1980).
______. *The body of Christ, the house not made with hands* (Battlefield: G. R. Hawtin, 1980).
______. *Church government* (Battlefield: G. R. Hawtin, 1949).
______. *Creation, redemption, and the restitution of all things: the treasures of truth* (Saskatoon, Saskatchewan: Modern, 1980, v. 28).
______. *The evil day* (Battlefield: G. R. Hawtin, 1980).
______. *Eschatology, the doctrine of last things* (Battlefield: G. R. Hawtin, 1980).
______. *Fragments that remain* (Battlefield: G. R. Hawtin, 1980).
______. *From glory to glory* (Battlefield: G. R. Hawtin, 1980).
______. *Glory, honor, and immortality, eternal life* (Battlefield: G. R. Hawtin, 1980).
______. *The glory soon to be revealed* (Battlefield: G. R. Hawtin, 1980).
______. *God's great family of sons* (Battlefield: G. R. Hawtin, 1980).
______. *Here is the mind that hath wisdom* (Battlefield: G. R. Hawtin, 1980).
______. *The Holy Spirit* (Battlefield: G. R. Hawtin, 1980).
______. *Learning from illustrious men* (Battlefield: G. R. Hawtin, s.d.).
______. *Mystery Babylon* (Battlefield: G. R. Hawtin, 1980).
______. *The mystery of Christ and our union with him* (Battlefield: G. R. Hawtin, 1980).

______. *The nine gifts of the Spirit*. s.l., s.d.
______. *Our so great salvation* (Battlefield: G. R. Hawtin, s.d.).
______. *Pearls of great price* (Battlefield: G. R. Hawtin, s.d.).
______. *Portrait of things to come* (Battlefield: G. R. Hawtin, 1980).
______. *Thy kingdom come* (Battlefield: G. R. Hawtin, 1980).
______. *Watchman, what of the night* (Battlefield: G. R. Hawtin, 1980).
______. *When saints become the will of God* (Battlefield: G. R. Hawtin, 1980).
HEALEY, Joseph; SYBERTZ, Donald. *Towards an African narrative theology* (Maryknoll: Orbis, 1996).
HEGEL, G. W. F. *Phenomenology of Spirit*. Trad. para o inglês A. V. Miller. Notas de J. N. Findlay (Oxford: Oxford University Press, 1977).
HILL, C. In *God's time: the Bible and the future* (Grand Rapids: Eerdmans, 2002).
HOCKEN, Peter. "Charismatic movement", in: *NIDPCM*, p. 477-519.
HOGAN, J. Philip. "Because Jesus did", *Mountain Movers* 31 (jun. 1989), p. 10-1.
HOLDCROFT, L. Thomas. *The Holy Spirit: a Pentecostal interpretation* (Springfield: Gospel, 1979).
HOLLENWEGER, Walter J. *Pentecostalism: origins and developments worldwide* (Peabody: Hendrickson, 1997).
HORTON, Harold. *The gifts of the Spirit* (London: Assemblies of God Publishing House, 1962. Reimpr. Springfield: Gospel, 1975).
HORTON, Stanley M. *What the Bible says about the Holy Spirit* (Springfield: Gospel, 1976).
HOUSE, H. Wayne; ICE, Thomas. *Dominion theology: blessing or curse?* (Portland: Multnomah, 1988).
HOWARD, T. "The literary unity of 1 Thessalonians 4:13—5:11", *GTJ* 9 (1988), p. 163-90.
HUGHES, Richard T., org. *The American quest for the primitive church* (Urbana: University of Illinois Press, 1988).
______. *The primitive church in the modern world* (Urbana: University of Illinois Press, 1995).
HUNSBERGER, George; GELDER, Craig von, orgs. *The church between gospel and culture* (Grand Rapids: Eerdmans, 1996).
HUNT, Dave; MCMAHON, T. A. *The seduction of Christianity: spiritual discernment in the last days* (Eugene: Harvest House, 1985).
"INDULGE US". *Commonweal*, n. 125. 18 dez. 1998, p. 6.
ISAAC, Ephraim. "1 (Ethiopic Apocalypse of) Enoch", in: CHARLESWORTH, James H., org. *The Old Testament pseudepigrapha*, n. 1 (New York: Doubleday, 1983), p. 5-89.
ISASI-DÍAZ, Ada María. *La lucha continues: mujerista theology* (Maryknoll: Orbis, 2004).
ISRAEL, Richard D. "Joel 2:28-32 (3:1-5 MT): prism for Pentecost", in: ROBECK, Jr., Cecil M., org. *Charismatic experiences in history* (Peabody: Hendrickson, 1985), p. 1-14.
IVERSON, Dick. *The journey: a lifetime of prophetic moments* (Portland: Bible Temple, 1995).
______; SCHEIDLER, Bill. *Present day truths* (Portland: Bible Press, 1975).
______; STRAZA, Daniel. *Restoration, God's plan* (Regina, Canadá: Maranatha Christian Centre, 1984).
JÄCKH, Werner. *Blumhardt vater und sohn und ihre botschaft* (Stuttgart: Steinkopf, 1925).
"Jacobo Árbenz Guzmán". Disponível em: http://en.wikipedia.org/wiki/Jacobo_Arbenz_Guzm%C3%A1n. Acesso em: 18 dez. 2008.
JACOBSEN, Douglas. *Thinking in the Spirit: theologies of the early Pentecostal movement* (Bloomington: Indiana University Press, 2003).
JEREMIAS, Joachim. *Rediscovering the parables*. Trad. para o inglês S. H. Hooke; Frank Clarke (New York: Scribner, 1966).
______. *The Sermon on the Mount*. Facet Books Biblical Series (Philadelphia: Fortress, 1963).
"Joaquinismos, utopías, milenarismos y mesianismos en la América Colonial", in: CLOSA, Josep Saranyana, org. *Teología en America Latína (1493-1715)* (Madrid: Iberoamericana, 1999, v. 1), p. 613-88.
JOHNSON, Aaron P. "Resurrection of the body in early Judaism and early Christianity", *JECS*, n. 14 (verão de 2006), p. 235-6.
JOHNSON, Luke T. *The Acts of the Apostles*. Sacra Pagina 5 (Collegeville: Liturgical, 1992).
JOYNER, Rick. *The apostolic ministry* (Wilkesboro: MorningStar, 2004).
______. *The call* (Charlotte: MorningStar, 1999).
______. *Epic battles of the last days* (Charlotte: MorningStar, 1997).
______. *The final quest* (Kensington: Whitaker House, 1996).
______. *The harvest* (Pineville: MorningStar, 1989).
______. *The prophetic ministry* (Charlotte: MorningStar, 2006).
______. *Shadows of things to come: a prophetic look at God's unfolding plan* (Nashville: Nelson, 2001).
______. *Visions of the harvest* (Charlotte: MorningStar, 1994).
KAISER, Walter C. *Toward Old Testament ethics* (Grand Rapids: Zondervan, 1983).
KALU, Ogbu. *African Pentecostalism: an introduction* (Oxford: Oxford University Press, 2008).
KASPER, Walter. *Faith and the future* (New York: Crossroads, 1982).
KAUFFMAN, Rick. "Separate, but united in Spirit", *National Courier* (19 ago. 1977), p. 1.
KELLY, Anthony. *Eschatology and hope*. Theology in Global Perspective Series (Maryknoll: Orbis, 2006).

KIDDLE, M. *Revelation*. MNTC (London: Hodder and Stoughton, 1947).

KLAUSNER, Joseph. *The messianic idea in Israel: from its beginning to the completion of the Mishnah*. Trad. para o inglês W. F (Stinespring, New York: MacMillan, 1955).

KNIGHT III, Henry H. *The presence of God in the Christian life: John Wesley and the means of grace* (Metuchen: Scarecrow, 1992).

______. "God's faithfulness and God's freedom: a comparison of contemporary theologies of healing", *JPT* 2, 1993, p. 65-89.

______. "From Aldersgate to Azusa: Wesley and the renewal of Pentecostal spirituality", *JPT* 8 (abr. 1996), p. 82-98.

KUZMIČ, Peter. "History and eschatology: evangelical views", in: NICHOLS, Bruce J., org. *Word and deed: evangelism and social responsibility* (Grand Rapids: Eerdmans, 1985), p. 1135-64.

______. "Kingdom of God", in: *DPCM*, p. 521-6.

KYDD, Ronald A. N. *Healing through the centuries: models for understanding* (Peabody: Hendrickson, 1998).

LADD, George E. *The gospel of the kingdom: popular expositions on the kingdom of God* (Grand Rapids: Eerdmans, 1959).

______. *Jesus and the kingdom: the eschatology of biblical realism* (Waco: Word, 1964).

______. *Revelation* (Grand Rapids: Eerdmans, 1972).

______. *The presence of the future* (Grand Rapids: Eerdmans, 1974).

LAHAYE, Tim. *Biblia de estudio de profecia* (Nashville: Broadman & Holman, 2002).

LAND, Steven J. *Pentecostal spirituality: a passion for the kingdom*. JPTSup 1 (Sheffield: Sheffield Academic, 1993).

LAWRENCE, B. F. *The apostolic faith restored* (St. Louis: Gospel Publishing House, 1916).

LAYZELL, Reginald. *The pastor's pen: early revival writings of pastor Reg. Layzell* (Vancouver: Glad Tidings Temple, 1965).

______. *Unto perfection: a sequel to "The Pastor's Pen"* (Yuba City: Glad Tidings Missionary Church, 1981).

LEE, Shayne. "Prosperity theology: T. D. Jakes and the gospel of the Almighty Dollar". *Cross Currents* (verão de 2007), p. 227-36.

LEHMANN, H. *Pietismus und weltliche ordnung in Württemberg* (Stuttgart: Kohlhammer, 1969).

LENHARD, H. "Ein beitrag zur Übersetzung von II Ptr 3.10d". *Zeitschrift für die neutestamentliche Wissenschaft* 52 (1962), p. 128-9.

LIE, Geir. *E. W. Kenyon: cult founder or evangelical minister?* (Oslo: Refleks, 2003).

LIGHTFOOT, J. B. *The apostolic fathers* (London: Macmillan, 1890, parte 1, v. 2).

LINDARS, Barnabas. *New Testament apologetics: the doctrinal significance of the Old Testament quotations* (Philadelphia: Westminster, 1961).

LINDSAY, Gordon, org. "Spiritual hunger", in: *The God-Men, and other sermons of John G. Lake* (Dallas: Christ for the Nations, 1978).

LUCE, Alice. *Introducción bíblica in hermenéutica, introducción bíblica*. Ed. de Eric Lund et al. (Miami: Vida, 1964).

MACCHIA, Frank D. *Baptized in the spirit: a global Pentecostal theology* (Grand Rapids: Zondervan, 2006).

______. "Discerning the truth of tongues speech: a response to Amos Yong", *JPT* 1, 1998, p. 67-71.

______. "Pentecostal and charismatic theology", in: WALLS, Jerry L., org. *The Oxford handbook of eschatology* (Oxford: Oxford University Press, 2008), p. 280-94.

______. *Spirituality and social liberation: the message of the Blumhardts in the light of Württemberg pietism* (Metuchen: Scarecrow, 1993).

______. "Tongues as a sign: towards a sacramental understanding of Pentecostal experience", *Pneuma* 15, 1993, p. 61-76.

______. "Sighs too deep for words: toward a theology of glossolalia", *JPT*, 1992, p. 47-73.

______. "The tongues of Pentecost: a Pentecostal perspective on the promise and challenge of Pentecostal/Roman catholic dialogue", *JES* 35 (inverno de 1998), p. 1-18.

______. "The question of tongues as initial evidence: a review of initial evidence". Org. Gary B. McGee, *JPT* 2, 1993, p. 117-27.

______. "The secular and the religious under the shadow of the cross: implications in Christoph Blumhardt's kingdom spirituality for a Christian response to world religions", in:: SHARMA, Arvind, org. *Religion in a secular city: essays in honor of Harvey Cox* (Philadelphia: Trinity, 2001), p. 59-77.

______. "The time is near! Or, is it? Dare we abandon our eschatological expectation?", *Pneuma*, n. 25, 2003, p. 161-3.

MADDOX, Randy L. *Responsible grace: John Wesley's practical theology* (Nashville: Kingswood, 1994).

MÄLZER, Gottfried. *Bengel und Zinzendorf, zur biographie und theologie Johann Albrecht Bengels* (Witten: Luther, 1968).

______. *Johann Albrecht Bengel, leben und werk* (Stuttgart: Calwer Verlag, 1970).

MANA, K. *Christians and churches of Africa envisioning the future* (Glasgow: Regnum, 2002).

MANSFIELD, Stephen. *Derek Prince: a biography* (Lake Mary: Charisma House, 2005).

MANUEL, David. *Like a mighty river* (Orleans, Rock Harbor, 1977).

MARSHALL, I. Howard. *The gospel of Luke: a commentary on the Greek text*. NIGTC (Exeter: Paternoster, 1978).

MARTY, Martin E. "In defense of indulgences". *Christian Century*, n. 111, 1994, p. 735.

MAXWELL, David. "'Delivered from the Spirit of poverty?': Pentecostalism, prosperity and modernity in Zimbabwe", *JRA*, n. 28, 1998, p. 350-73.

MAYNARD-REID, Pedrito U., org. "In the Spirit of fiesta", in: *Diverse worship: African American, Caribbean & Hispanic Perspectives* (Downers Grove: IVP, 2000), p. 161-86.

MBITI, John. *Introduction to African religion* (Nairobi: East African Educational Publishers Limited, 1992).

______. *African religions and philosophy* (London: Heinemann, 1969).

MCCLUNG, L. Grant, Jr. "Missiology", in: *DPCM*, p. 606-9.

MCCONNELL, D. R. *A different gospel* (Peabody: Hendrickson, 1988).

MCDONNELL, Kilian. "Luther and Trent on penance", *Lutheran Quarterly*, n. 7, 1993, p. 261-76.

MCDOWELL, D. H. "The purpose of the coming of the lord", *Pentecostal Evangel*, 2 mai. 1925, p. 2.

MCGINN, Bernard. *Apocalyptic spirituality* (New York: Paulist, 1979).

______. "Apocalypticism and church reform: 1100-1500", in: *EA*, n. 2, p. 74-109.

______. *Visions of the end* (New York: Columbia University Press, 1979).

______. *Antichrist: two thousand years of the human fascination with evil* (San Francisco: HarperSanFrancisco, 1994).

______. *The Calabrian Abbott: Joachim of Fiore in the history of western thought* (New York: Macmillan, 1985).

MCGINN, Bernard; RUSSELL, Jeffrey Burton. "The last judgment in Christian tradition", in: *EA*, n. 2, p. 361-401.

MEIER, K. J. *Christoph Blumhardt: Christ, sozialist, theologe* (Bern: Lang, 1979).

MENZIES, William W. *Anointed to serve: the story of the assemblies of God* (Springfield: Gospel, 1971).

______. "Synoptic theology: an essay on Pentecostal hermeneutics", *Paraclete*, n. 13 (inverno de 1979), p. 14-21.

METZGER, Bruce M. *A textual commentary on the Greek New Testament* (New York: United Bible Societies, 1971).

MEYER, Brigit. "Delivered from the powers of darkness: confessions of satanic riches in Christian Ghana", *Africa*, n. 65, 1995, p. 236-55.

MÍGUEZ, Daniel. "Why are Pentecostals politically ambiguous? Pentecostalism and politics in Argentina, 1983-1995", *European review of Latin American and Caribbean studies*, n. 67, (1999, p. 57-74.

MILLER, Donald E.; YAMAMORI, Tetsunao. *Global Pentecostalism: the new face of Christian social engagement* (Los Angeles: University of California Press, 2007).

MILLGRAM, Abraham Ezra, org. *Great Jewish ideas* (Washington: B'nai B'rith Dept. of Adult Jewish Education, 1964).

"Minutes of the general council of the assemblies of God in the United States, Canada and Foreign Lands, 1916". Flower Pentecostal Heritage Center. Disponível em: http://ifphc .org/DigitalPublications/USA/Assemblies%20of%20God%20USA/Minutes%20General%20Council/Unregistered/1916/FPHC/1916.pdf. Acesso em: nov. 2009.

MOLTMANN, Jürgen. *The church in the power of the Spirit*. Trad. para o inglês Margaret Kohl (New York: Harper & Row, 1977).

______. *The coming of God: Christian eschatology*. Trad. para o inglês Margaret Kohl (Minneapolis: Fortress, 1996).

______. *God in creation: an ecological doctrine of creation*. Trad. para o inglês Margaret Kohl (London: SCM, 1985).

______. *In the end: the beginning: the life of hope*. Trad. para o inglês Margaret Kohl (Minneapolis: Fortress, 2004).

______. *Science and wisdom* (Minneapolis: Fortress, 2003).

______. *Theology of hope: on the ground and the implications of a Christian eschatology*. Trad. para o inglês James W. Leitch (London: SCM, 1967).

______. *The Spirit of life: a universal affirmation*. Trad. para o inglês Margaret Kohl (Minneapolis: Fortress, 1992).

______. *The way of Jesus Christ: Christology in messianic dimensions*. Trad. para o inglês Margaret Kohl (London: SCM, 1990).

MONTEFIORE, C. G. *Rabbinic literature and gospel teachings* (New York: Ktav, 1970).

MOO, D. *The epistle to the Romans*. NICNT (Grand Rapids: Eerdmans, 1996).

MOORE, Carey. "Kansas City hears 'Jesus is Lord'", *Logos Journal* (set.-out. 1977), p. 50-3.

MOORE, David. "Basham, Don Wilson", in: *NIDPCM*, p. 367.

______. "Baxter, W. J. E. ("Ern")", in: *NIDPCM*, p. 367-8.

______. "Mumford, Bernard C., Jr. ("Bob")", in: *NIDPCM*, p. 911.

______. "Prince, Peter Derek V", in: *NIDPCM*, p. 999.

______. "Simpson, Charles Vernon", in: *NIDPCM*, p. 1070.

______. “The Shepherding Movement: a case study in charismatic ecclesiology”, *Pneuma* 22 (outono de 2000), p. 249-70.
______. *The Shepherding Movement: controversy and charismatic controversy* (London: T. & T. Clark, 2003).
MOORHEAD, James H. “Apocalypticism in mainstream protestantism, 1800 to the present”, in: *EA*, n. 3, p. 72-107.
MORENO, Pedro C. “Rapture and renewal in Latin America”, *First Things* n. 74 (jan.-jul. 1997), p. 33.
MOSS, Vernon. “I Corinthians xiii.13”, *ExpTim*, n. 73, 1962, p. 93.
MOTT, Stephen Charles. *Biblical ethics and social change* (New York: Oxford University Press, 1982).
MOUNCE, R. H. *The Book of Revelation* (Grand Rapids: Eerdmans, 1977).
MOWINCKEL, Sigmund. *He that cometh: the messiah concept in the Old Testament and later Judaism*. Trad. para o inglês G. W. Anderson (Nashville: Abingdon, 1956).
MUMFORD, Bob. “Change in the wind”, *LifeChangers* (jan.-fev. 1981), p. 1-4.
______. “Focusing on present issues”, *LifeChangers* (1979).
______. *Forty years in ministry 1954-1994*. Raleigh: LifeChangers, 1994.
______. “God’s purpose for his people today”. The National Men’s Shepherding Conference, set. de 1975. Holy Spirit Research Center, Oral Roberts University, transcrição.
______. “Hit by a Greyhound Bus”. *Lifechangers* (ago. 1979), p. 1-4.
______. *LifeChangers newsletter*, nov. 1975, p. 1-8. Holy Spirit Research Center, Oral Roberts University, Tulsa.
______. *Shepherd of a dark and cloudy day*. Audiocassettes; Ft. Lauderdale: LifeChangers, s.d.
MURRAY, Paul D., org. *Receptive ecumenism and the call to catholic learning exploring a way for contemporary ecumenism* (Oxford: Oxford University Press, 2008).
MURRIETA, Leopoldo. “Mamá Chuy se fue con el Señor”. *El Evangelio*, n. 36, out. 1981, p. 19.
MURPHY, F. J. *Fallen is Babylon* (Harrisburg: Trinity, 1998).
MYLAND, D. Wesley. “Latter day lectures”. *The latter rain evangel*, n. 1 (maio-out. 1909), s.l.
______. *The latter rain covenant and Pentecostal power* (Chicago: The Evangel Publishing House, 1910).
Nazianzo, Gregório de. *On God and Christ: the five theological orations and two letters to Cledonius*. Popular Patristics. Trad. para o inglês Frederick Williams; Lionel Wickham (Crestwood: St. Vladimir’s Seminary Press, 2002).
NIEBUHR, H. Richard. *The responsible self* (New York: Harper & Row, 1963).
NEUMANN, H. Terris. “The cultic origins of word-faith theology within the charismatic movement”. *Pneuma*, n. 12, 1990, p. 32-55.
NEUSNER, Jacob. *Handbook of rabbinic theology: language, system, structure* (Leiden: Brill, 2002).
______. *Theological dictionary of rabbinic Judaism* (Lanham: University Press of America, 2004, partes 1-3).
______. *Theology of normative Judaism*. Boulder: University Press of America, 2005.
______; Chilton, Bruce. *Jewish; Christian doctrines: the classics compared* (London: Routledge, 2000).
______. *Jewish-Christian debates* (Minneapolis: Fortress, 1998).
NOTH, Martin. *The Old Testament world*. Trad. para o inglês Victor I. Gruhn (Philadelphia: Fortress, 1966).
OBERMAN, Heiko Augustinus. *Luther: man between God and the Devil* (New Haven: Yale University Press, 1990).
Oecumenius. “Commentary on 2 Peter”, in: Migne, J. P. *Patrologia Graeca* (Paris: Migne, 1857-1886, v. 119).
OETINGER, Friedrich Christoph. *Heilige philosophie* (Württemberg: Metzinger, s.d).
______. *Selbstbiographie*. Württemberg: Metsinger, 1961.
OLUPONA, J. K. “Survey of West Africa”, in: *NIDPCM*, p. 13-21.
ON BECOMING *a Christian*. Disponível em: http://www.prounione.urbe.it/dia-int/pe-rc/e_pe-rc-info.html.
OSBORNE, Kenan. *Reconciliation and justification* (New York: Paulist, 1990).
PALMER, Parker. *The courage to teach: exploring the inner landscape of a teacher’s life* (San Francisco: Jossey-Bass, 2007).
PALMER, P. F.; TAVARD, G. A. “Indulgences”. *The new catholic encyclopedia*. 2. ed. (Washington: Catholic University Press, 2002, v. VII).
PANNENBERG, Wolfhart. *Anthropology in theological perspective*. Trad. para o inglês Matthew J. O’Connell (Philadelphia: Westminster, 1975).
PARHAM, Charles F. *A voice crying in the wilderness*. 4. ed. (Joplin, MO: Joplin Printing, 1944).
PARRINDER, G. *African traditional religion* (London: Hutchinson’s, 1961).
PATAI, Raphael. *The Messiah texts* (Detroit: Wayne State University Press, 1979).
PAULK, Earl. *Held in the heavens until* (Atlanta: K-Dimension, 1985).
______. *Ultimate kingdom* (Atlanta: K-Dimension, 1986).
______. *The wounded body of Christ* (Atlanta: K-Dimension, 1983).
PEARLMAN, Myer. *Knowing the doctrines of the Bible* (Springfield: Gospel, 1981).
PENTECOST, J. Dwight. *Things to come: a study in biblical eschatology* (Grand Rapids: Zondervan, 1958).

PERERA, Victor. *Unfinished conquest: the Guatemalan tragedy* (Los Angeles: University of California Press, 1993).

PERRIMAN, Andrew, org. *Faith, health, and prosperity: a report on "Word of faith" and "Positive confession" theologies* (Carlisle: Paternoster, 2003).

PERVO, Richard I. *Acts: a commentary*. Hermeneia (Minneapolis: Fortress, 2009).

PETER, Carl J. "The communion of saints in the final days of the Council of Trent", in: Anderson, George H. et al., orgs. *One mediator, the saints, and Mary* (Minneapolis: Augsburg, 1992), p. 219-33.

PETERSEN D. L.; NICKELSBURG, G. W. "Eschatology", in: *ABD* (New York: Doubleday, 1992, v. 2).

PETERSEN, Douglas. *Not by might nor power: a Pentecostal theology of social concern in Latin America* (Oxford: Regnum, 1996).

PHAN, Peter. *Eternity in time: a study of Karl Rahner's eschatology* (Sesinsgrove: Susque-hanna University Press, 1988).

______. *Responses to 101 questions on death and eternal life* (New York: Paulist, 1997).

PHIRI, Isaac; MAXWELL, Joe. "Gospel riches: Africa's rapid embrace of prosperity Pentecostalism provokes concern and hope", *Christianity Today* (jul. 2007), p. 23-9.

PITTINGER, Norman. *The Holy Spirit* (Philadelphia: Pilgrim, 1974).

PLEVNIK, Joseph. *Paul and the parousia: an exegetical and theological investigation* (Peabody: Hendrickson, 1997).

POLOMA, Margaret. *The charismatic movement: is there a New Pentecost?* (Boston: Twayne, 1982).

______. "The future of American Pentecostal identity: the assemblies of God at a crossroad", in: WELKER, Michael, org. *The work of the Spirit: pneumatology and Pentecostalism* (Grand Rapids: Eerdmans, 2006), p. 147-65.

POMERVILLE, Paul. *The third force in missions* (Peabody: Hendrickson, 1985).

PUPILLO, Osvaldo. "Cristo, el eterno Señor", in: *El discípulo bíblico: manual para maestro de adultos*. 4.1 (Cleveland: Editorial Evangélica, 2006).

PRIGENT, P. *L'Apocalypse de saint Jean* (Geneva: Labor et Fides, 2000).

PRINCE, Derek. "Letter to Charles Simpson" (verão de 1983), posse privada, p. 1-2.

______. "Our debt to Israel", *New Wine Magazine* (jun. 1978), p. 26-30.

______. *Resurrection of the dead*. Ft Lauderdale, FL: Derek Prince Publications, s.d.

______. "The vision of the completed body". The National Men's Shepherds Conference, set. 1975. Holy Spirit Research Center, Oral Roberts University, transcrição.

PROSSER, Peter E. *Dispensational eschatology and its influence on American and British religious movements*. TSR 82 (Queenston: Mellen, 1999).

RADIN, P. *Primitive religion* (New York: Dover, 1957).

RAHNER, Karl. "Remarks on the theology of indulgences", in: *Theological investigations* (Baltimore: Helicon, 1955, v. 2).

RAMIREZ, Daniel. "Alabaré a mi Señor: hymnody as ideology in Latino protestantism", in: Blumhofer, Edith L.; NOLL, Mark A., orgs. *Singing the Lord's song in a strange land: hymnody in the history of North American Protestantism* (Tuscaloosa: University of Alabama Press, 2004), p. 196-218.

RANDLES, Bill. *Weighed and found wanting: putting the Toronto blessing in context* (Marion: Believers in Grace Fellowship, 1995).

RASMUSSEN, Larry L. "Creation, church, and Christian responsibility", in: GRANBERG-MICHAELSON, Wesley, org. *Tending the garden: essays in the gospel and the earth* (Grand Rapids: Eerdmans, 1987), p. 114-31.

RATZINGER, Joseph. *Eschatology: death and eternal life* (Washington: Catholic University of America Press, 1988).

______. *Theology of history in St. Bonaventure* (Chicago: Franciscan Herald, 1971).

REYMOND, Robert L. *What about continuing revelations and miracles in the presbyterian church today?* (Phillipsburg: Presbyterian and Reformed, 1977).

RISS, Richard. *Latter rain: the latter rain movement of 1948 and the mid-twentieth century evangelical awakening* (Mississauga: Honeycomb Visual Productions, 1987).

______. *A survey of 20th century revival movements* (Peabody: Hendrickson, 1988).

ROBECK, Cecil M. *The Azusa Street mission and revival* (Nashville: Nelson, 2006).

______. *Witness to Pentecost: the life of Frank Bartleman*, in: HCL, n. 5.

ROBERTS, J. W. "A note on the meaning of II Peter 3.10d", *Restoration Quarterly*, n. 6, 1962, p. 32-3.

ROBERTS, Oral. *The drama of the end-time* (Franklin Springs: Publishing House of the Pentecostal Holiness Church, 1941).

______. *God's timetable for the end of time* (Tulsa: Heliotrope, 1969).

______. *Salvation by the blood* (Franklin Springs: Pentecostal Holiness Publishing House, 1938).

ROBERTSON, Pat with Bob Slosser. *The secret kingdom* (Nashville: Nelson, 1982).

ROBINS, R. G. *A. J. Tomlinson: plainfolk modernist* (Oxford: Oxford University Press, 2004).

ROOT, Michael. "The jubilee indulgence and the joint declaration on the doctrine of justification", *Pro Ecclesia*, n. 9, outono de 2000, p. 460-75.

ROSSING, B. *The rapture exposed: the message of hope in the Book of Revelation* (Boulder: Westview, 2004).

RUIZ, Mario. "El drama humano", *El Evangelio*, maio 1982, p. 6-7.
RUSCONI, Roberto. "Antichrist and Antichrists", in: *EA*, n. 2, p. 287-325.
RUSHDOONY, Rousas John. "Marching orders", *New Wine Magazine*, set. 1986, p. 18-9.
______. "Modern morality: tampering with God's law", *New Wine Magazine*, out. 1981, p. 22-5.
______. "Prayer: talking with someone you love", *New Wine Magazine*, mai. 1984, p. 11-2.
______. *God plan for victory: the meaning of postmillennialism* (Fairfax: Thaburn, 1977).
______. "Back to the future: a historical look at eschatology", *New Wine Magazine*, nov. 1986, p. 24-5.
RYBARCZYK, Edmund J. *Beyond salvation: eastern orthodoxy and classical Pentecostalism on becoming like Christ* (Milton Keynes: Paternoster, 2004).
______. "Spiritualities old and new: similarities between eastern orthodoxy and classical Pentecostalism", *Pneuma*, n. 24, 2002, p. 7-25.
RYRIE, Charles C. *Dispensationalism today* (Chicago: Moody, 1965).
______. *The basis of the premillennial faith* (Neptune: Loizeaux Brothers, 1953).
SASSE, H. "aivwn aivw,nioõ", in: *TDNT*, n. 1, p. 197-209.
SAUTER, Gerhard. *Die theologie des reiches gottes beim älteren und jüngeren Blumhardt* (Zürich: Zwingli, 1962).
______. "Die zahl als schluessel zur welt", *Evangelische Theologie*, Heft 1, Bd. 26, 1966, p. 1-36.
SAVELLE, Jerry. *Expect the extraordinary: thinking in the image of Christ* (Tulsa: Harrison House, 2000).
______. *If Satan can't steal your joy...* (Tulsa: Harrison House, 1982).
______. *Walking in divine favor* (Crowley: Jerry Savelle Publications, 1997).
SCHECHTER, Solomon. *Aspects of rabbinic theology* (New York: Schocken, 1972).
SCHMID, L. "ke,leusma", in: *TDNT*, n. 3, p. 656-9.
SCHNEIDER, G. "dei,knumi deiknu,w", in: *EDNT*, n. 1, p. 280-1.
______. "pa,reimi", in: *EDNT*, n. 3, p. 36.
SCHOLEM, Gershom. *The messianic idea in Judaism* (New York: Schocken, 1971).
SCHONBORN, Christoph. *From death to life: the Christian journey* (San Francisco: Ignatius, 1988).
SCHRAGE, Wolfgang. *The ethics of the New Testament*. Trad. para o inglês David E. Green (Philadelphia: Fortress, 1988).
SCHRENK, Gottlob. *Gottesreich und bund im älteren protestantismus vornehmlich bei Johannes Coccejus, zugleich ein beitrag zur geschichte des pietismus und der heilsgeschichtlichen theologie* (Gütersloh: Bartelsmann, 1923).
SCHÜSSLER Fiorenza, Elizabeth. *The Book of Revelation: justice and judgment* (Philadelphia: Fortress, 1985).
SCHWARZ, Hans. *Eschatology* (Grand Rapids: Eerdmans, 2000).
SCOFIELD, C. I. *Rightly dividing the word of truth* (Fincastle: Scripture Truth Book Co., s.d).
______. *Scofield study leaflets* (Philadelphia: Philadelphia School of the Bible, 1935).
______, org. *Oxford NIV Scofield study Bible* (New York: Oxford University Press, 1984).
SEPÚLVEDA, Juan. "Future perspectives for Latin American Pentecostalism", *IRM*, n. 87, 2006, p. 189-95.
______. "Reflections on the Pentecostal contribution to the mission of the church in Latin America", *JPT*, n. 1, 1992, p. 93-108.
______. "Pentecostalism and liberation theology: two manifestations of the work of the Holy Spirit for the renewal of the church". Trad. para o inglês J. M. Beaty. In: HUNTER, Harold D.; HOCKEN, Peter D., orgs. *All together in one place: theological papers from the Brighton Conference on world evangelization* (Sheffield: Sheffield Academic, 1993), p. 51-64.
SENIOR, Donald; STUHLMUELLER, Carrol. *The biblical foundations for mission* (Maryknoll: Orbis, 1983).
SELTER, F.; BROWN, C. "Other", in: *NIDNTT*, p. 739-42.
SHAFFERN, Robert. "Learned discussions of indulgences for the dead in the Middle Ages", *Church History*, n. 61 (dez. 1992), p. 367-81.
______. "Reflections on the Pentecostal contribution to the mission of the church in Latin America", *JPT*, n. 1, 1992, p. 93-108.
The penitents' treasury: indulgences in Latin Christendom, 117-1375 (Scranton: University of Scranton Press, 2007).
SHEPPARD, Gerald T. "Pentecostals and the hermeneutics of dispensationalism: the anatomy of an uneasy relationship", *Pneuma*, n. 6, 1984, p. 5-33.
SHERMAN, Amy. *The soul of development: biblical Christianity and economic transformation in Guatemala* (New York: Oxford University Press, 1997).
SIDER, Ronald H. *Rich Christians in an age of hunger* (Downers Grove: IVP, 1984).
______."Sidetracked!", *Mountain movers*, n. 31 (mar. 1989), p. 3.
SIMMONS, Dale. *E. W. Kenyon and the postbellum pursuit of peace, power, and plenty* (Metuchen: Scarecrow, 1996).
SIMPSON, Charles. "A heavenly perspective: proclaiming a victorious church", *New Wine Magazine* (nov. 1986), p. 8-10.
______. *A new way to live* (Greensburg: Manna Christian Outreach, 1975).

______, org. *The covenant & the kingdom* (Kent: Sovereign World, 1995).
______. "The destiny of the people of God", *New Wine Magazine* (dez. 1979), p. 26-33.
SKAGGS, Rebecca. *1 Peter, 2 Peter, Jude*. The Pentecostal Commentary (Cleveland: Pilgrim, 2004).
SKEAT, W. W. *An etymological dictionary of the English language* (Oxford: Clarendon, 1946).
SMALLEY, Stephen S. "Spirit, kingdom and prayer in Luke-Acts", *Novum Testamentum*, n. 15, 1973, p. 59-71.
______. *The revelation to John* (Downers Grove: IVP, 2005).
SMITH, Brian. *Religious politics in Latin America: Pentecostal vs. catholic* (Notre Dame: University of Notre Dame Press, 1998).
SMITH, A. Christopher. "The eschatological drive of God's mission", *Review & Expositor*, n. 82, primavera de 1985, p. 209-16.
SMITH, Morton. "What is implied by the variety of messianic figures?", *JBL*, n. 78, 1959, p. 66-72.
SNYDER, Howard A. *Signs of the Spirit* (Grand Rapids: Zondervan, 1989).
SOLIVÁN, Samuel. "Sources of Hispanic/Latino American theology: a Pentecostal perspective". In: ISASI-DÍAZ, Ada Maria; SEGOVIA, Fernando F., orgs. *Hispanic/Latino theology: challenge and promise* (Minneapolis: Fortress, 1996), p. 134-8.
______. "Hispanic Pentecostal worship". In: González, Justo L., org. *¡Alabadle!: Hispanic Christian worship* (Nashville: Abingdon, 1996), p. 43-56.
SpeSalvi. Disponível em: http://www.vatican.va/holy_father/benedict_xvi/encyclicals/documents/hf_ben-xvi_enc_20071130_spe-salvi_en.html # 15.
SPENER, Jacob. *Pia desideria*. Trad. para o inglês T. G. Tappert (Philadelphia: Fortress, 1964).
STACKHOUSE, Reginald. *The end of the world?: a new look at an old belief* (New York: Paulist, 1997).
STAGG, Frank. "Glossolalia in the New Testament". In: STAGG, Frank et al., orgs. *Glossolalia: tongue speaking in biblical, historical, and psychological perspectives* (Nashville: Abingdon, 1967), p. 20-44.
STANLEY, Alessandra Stanley. "Urging millennial penitence, pope is offering indulgences", *New York Times*, n. 148, 28 nov. 1998, p. 1.
STAUFFER, Ethelbert. *Christ and the Caesars*. London: SCM, 1955.
STEIGENGA, Timothy J. "Guatemala". In: SIGMUND, Paul R., org. *Religious freedom and evangelization in Latin America: the challenges of religious pluralism* (Maryknoll: Orbis, 1999), p. 150-74.
______. *The politics of the Spirit: the political implications of Pentecostalized religión in Costa Rica and Guatemala* (New York: Lexington, 2001).
STEVENS, John Robert. *Baptized in fire* (North Hollywood: Living Word, 1977).
______. *Elijah and Elisha* (North Hollywood: Living Word, 1975).
______. *The kingdom fast* (North Hollywood: Living Word, 1975).
______. *Living prophecies* (North Hollywood: Living Word, 1974).
______. *The living word on the coming glory* (North Hollywood: Living Word, 1976).
______. *Prophecies of december 1968* (Sepulveda: Living Word, 1969).
______. *The school of prophets* (North Hollywood: Living Word, 1976).
______. *Twelve keys to heaven's best* (North Hollywood: Living Word, 1959).
STEWART, Roy A. *Rabbinic theology* (Edinburgh: Oliver & Boyd, 1961).
STEWART-GAMBINO, Hannah W.; WILSON, Everett. "Latin American Pentecostals: old stereotypes and new challenges". In: Cleary, Edward L.; Stewart-Gambino, Hannah W. *Power, politics, and Pentecostals in Latin America* (Boulder: Westview, 1997), p. 228-32.
STOEFFLER, F. Ernest. *German pietism during the eighteenth century*. Studies in the History of Religions (Leiden: Brill, 1973, v. 24).
STREIFF, Patrick. *Reluctant saint? A theological biography of Fletcher of Madeley*. Trad. para o inglês G. W. S. Knowles (Peterborough, UK: Epworth, 2001).
STRONSTAD, Roger. *The charismatic theology of St. Luke* (Peabody: Hendrickson, 1984).
SUTCLIFFE, Edmund F. *The Old Testament and the future life* (London: Burns, Oates and Washbourne, 1947).
SWANSON, R. N. *Indulgences in Late Medieval England* (Cambridge: Cambridge University Press, 2007).
______. *Promissory notes on the treasury of merits: indulgences in Late Medieval Europe* (Leiden: Brill, 2006).
SWINTON, John. *Raging with compassion* (Grand Rapids: Eerdmans, 2007).
TANNEHILL, Robert C. "What kind of king? What kind of kingdom? A study of Luke", *Word & World*, n. 12, 1992, p. 17-22.
TANNER, N. P., org. *Decrees of the ecumenical councils* (Washington: Georgetown University Press, 1990, v. 2).
TAVARD, George H. *The contemplative church: Joachim and his adversaries* (Milwaukee: Marquette University Press, 2005).
TELUSHKIN, Joseph. *Jewish literacy* (New York: Morrow, 1991).
TERTULLIAN. *Of patience* (Whitefish, MO: Kessinger, 2004).
"The object of the baptism in the Holy Spirit", *The latter rain evangel*, n. 3, maio 1911, p. 8-9.
THOMAS, John Christopher. "The kingdom of God in the gospel according to Matthew", *NTS*, n. 39, 1993, p. 136-46.

______. *Spirit of the New Testament* (Blandford Forum, UK: Deo, 2005).
THOMAS, R. L. "Tongues... Will Cease", *JETS*, 1974, p. 81-9.
______. "Contemporary issues in the doctrine of the Holy Spirit: IV, spiritual gifts today", *BSac*, n. 130, out. 1973, p. 315-28.
THOMPSON, Damian. *Waiting for the Antichrist: charisma and apocalypse in a Pentecostal church* (Oxford: Oxford University Press, 2006).
THOMPSON, Matthew K. *Kingdom come: revisioning Pentecostal eschatology*, JPTSup (Blandford Forum, UK: Deo, 2010).
THURNEYSEN, Eduard. *Christoph Blumhardt* (Münich: Kaiser, 1926).
TILLICH, Paul. *A history of Christian thought from its Judaic and Hellenistic origins to existentialism*. Ed. de C. E. Braaten (New York: Harper & Row, 1967).
______. *The socialist decision*. Trad. F. Sherman (New York: Harper & Row, 1977).
TROCMÉ, André. *Jesus and the nonviolent revolution*. Trad. para o inglês Michael H. Shank; Marlin E. Miller (Scottsdale: Herald, 1973).
TURNER, Max. "The 'Spirit of prophecy' as the power of Israel's restoration and witness". In: MARSHALL, I. Howard; PETERSON, David, orgs. *Witness to the gospel: the theology of Acts* (Grand Rapids: Eerdmans, 1998), p. 327-48.
TUTU, Desmond. "Forward". In: HABEL, Norman C.; BALABANSKI, Vicky, orgs. *The earth story in the New Testament* (London: Sheffield Academic, 2001).
TRUESDALE, Al. "Last things first: the impact of eschatology on ecology", *Perspectives on science and Christian faith*, n. 46, jun. 1994, p. 116-22.
VAN DE WALLE, Bernie A. *The heart of the gospel: A. B. Simpson, the fourfold gospel, and the late nineteenth-century evangelical theology*. Princeton Theological Monograph Series 106 (Eugene: Pickwick, 2009).
VAN DIJK, Rijk A. "From camp to encompassment: discourses of intersubjectivity in the Ghanaian Pentecostal diaspora", *JRA*, n. 27, 1997, p. 135-59.
VARNER, Kelly H. *Chosen for greatness: discover your personal destiny* (Shippensburg: Destiny Image, 2003).
______. *Corporate anointing: Christ manifest in the fullness of his body* (Shippensburg: Destiny Image, 1998).
______. *The issues of life* (Shippensburg: Destiny Image, 1992).
______. *Moses, the master, and the manchild: every 2000 Years God has a son* (Shippensburg: Destiny Image, 2001).
______. *Prevail: a handbook for the overcomer* (Little Rock, AR: Revival Press, 1982).
______. *The priesthood is changing* (Shippensburg: Destiny Image, 1991).
______. *Secrets of the ascended life* (Shippensburg: Destiny Image, 2006).
______. *Sound the alarm: the apocalyptic message from the book of Joel* (Shippensburg: Destiny Image, 2005).
______. *The time of the Messiah: a prophetic picture of the end-time church* (Shippensburg: Destiny Image, 1996).
______. *Understanding types, shadows, and names: a biblical guide* (Shippensburg: Destiny Image, 1996).
______. *Unshakeable kingdom: the life and times of Haggai the prophet* (Shippensburg: Destiny Image, 1994).
______. *Whose right it is? A handbook of covenantal theology* (Shippensburg: Destiny Image, 1995).
VERHEY, Allen. *The great reversal: ethics and the New Testament* (Grand Rapids: Eerdmans, 1984).
VILLAFAÑE, Eldin. *The liberating Spirit: towards an Hispanic American Pentecostal social ethic* (New York: University Press of America, 1992).
VOLF, Miroslav. "Materiality of salvation: an investigation in the soteriologies of liberation and Pentecostal theologies", *JES*, n. 26, 1989, p. 447-67.
______. "On loving with hope: eschatology and social responsibility", *Transformation*, n. 7, jul.-set. 1990, p. 28-31.
______. *Work in the Spirit: toward a theology of work*. Reimpressão: Eugene: Wipf and Stock, 2001 [1991].
WACKER, Grant. "A profile of American Pentecostalism". In: HUNTER, Harold D., org. *Pastoral problems in Pentecostal-Charismatic Movement* (Cleveland: Society for Pentecostal Studies, 1983), p. 1-47.
______. "Are the golden oldies still worth playing? Reflections on history writing among early Pentecostals", *Pneuma*, n. 8, outono de 1986, p. 81-100.
______. *Heaven below: early Pentecostals and American culture* (Cambridge: Harvard University Press, 2001).
WADDELL, Robby. "Revelation and the (new) creation: a prolegomenon on the Apocalypse, science, and creation". In: YONG, Amos, org. *The Spirit renews the face of the earth: Pentecostal forays in science and theology of creation* (Eugene: Pickwick, 2009), p. 30-50.
WALKER, Alan. "Where Pentecostalism is mushrooming", *Christian Century*, n. 85, 17 jan. 1968, p. 81-2.
WALL, R. W. *Revelation*, NIBC, n. 18. Peabody: Hendrickson, 1991.
WALVOORD, John F. "Dispensational premillennialism", *Christianity Today*, n. 15 (set. 1958), p. 11-13.

WARNOCK, George H. *Beauty for ashes, part I: the family of God* (Cranbrook: s.l., 1985).
______. *Beauty for ashes, part II* (Cranbrook: s.l., 1986).
______. *Crowned with oil* (Cranbrook: s.l., 1987).
______. *Evening and morning* (Cranbrook: s.l., 1979).
______. *The feast of tabernacles* (Springfield, MO: s.l., 1951).
______. *"Feed my sheep"*. (Cranbrook: s.l., 1980).
______. *From tent to temple* (Cranbrook: s.l., 1984).
______. *Seven lamps of fire* (Cranbrook: s.l., 2001).
WARRINGTON, Keith. *Pentecostal theology* (New York: T. & T. Clark, 2008).
WEBER, Timothy. "Dispensational and historic premillennialism as popular millennialist movements". In: BLOOMBERG, Craig L. et al., orgs. *Historic premillennialism: an alternative to "left behind" eschatology* (Grand Rapids: Baker Academic, 2009), p. 1-22.
______. *Living in the shadow of the second coming: American premillenialism* (Chicago: University of Chicago Press, 1987).
______. *On the road to Armageddon: how evangelicals became Israel's best friend* (Grand Rapids: Baker Academic, 2005).
WESLEY, John. *The works of John Wesley: Sermons*. Ed. Albert C. Outler (Nashville: Abingdon, 1984-1987), 4 vols.
WHITE, Lynn. "The historical roots of our ecological crisis", *Science*, n. 155, 1967, p. 1203-7.
WILLIAMS, Stephen N. "The partition of love and hope: eschatology and social responsibility", *Transformation*, n. 7, 1990, p. 24-7.
WILSON, Dwight J. "Eschatology, Pentecostal perspectives on". In: *DPCM*, p. 264-8.
WILSON, Everett. "Guatemalan Pentecostals: something of their own". In: CLEARY, Edward L.; STEWART-GAMBINO, Hannah W., orgs. *Power, politics, and Pentecostals in Latin America* (Colorado: Westview, 1997), p. 139-62.
WILSON, W. E. "Euvreqhsetai in 2 Peter iii.10", *Expository Times*, n. 32, 1920-21, p. 44-5.
WITHERINGTON, Ben, III. *Revelation*. New Cambridge Bible Commentary (Cambridge: Cambridge University Press, 2003).
______. *Jesus, Paul, and the end of the world: a comparative study in New Testament eschatology* (Downers Grove: IVP, 1992).
______. *Jesus the seer: the progress of prophecy* (Peabody: Hendrickson, 2000).
WOLF, Ron. "God, James Watt, and the public lands", *Audubon*, n. 83, maio 1981, p. 58-65.
WOOD, A. S. "Ephesians". In: *The expositor's Bible commentary* (Grand Rapids: Zondervan, 1982, v. 11).
WOOD, Laurence W. *The meaning of Pentecost in early methodism: rediscovering John Fletcher as John Wesley's Vindicator and designated successor*. Pietist and Wesleyan Studies, n. 15 (Lanham: Scarecrow, 2002).
WRIGHT, N. T. *The climax of the covenant: Christ and the law in Paul* (Minneapolis: Fortress, 1992).
______. *Justification: God's plan and Paul's vision* (Downers Grove: IVP, 2009).
______. *The New Testament and the people of God* (Minneapolis: Fortress, 1992).
______. *Paul: in fresh perspective* (Minneapolis: Fortress, 2005).
______. *Surprised by hope: rethinking heaven, the resurrection, and the mission of the church* (New York: HarperOne, 2008).
YONG, Amos. *The Spirit poured out on all flesh: Pentecostalism and the possibility of global theology* (Grand Rapids: Baker Academic, 2005).
______. "'Tongues of fire' in the Pentecostal imagination: the truth of glossolalia in light of R. C. Neville's theory of religious symbolism", *JPT*, n. 6, 1998, p. 39-65.
ZINZENDORF, L. *Nine public lectures on important subjects in religion*. Trad. para o inglês G. W. Forell (Iowa City: University of Iowa Press, 1973).
ZMIJEWSKI, J. "Bdelugma". In: *EDNT*, n. 1, p. 209-10.
ZÜNDEL, Friedrich. *Johann Christoph Blumhardt*. 19. ed. (Basel: Brunnen, 1979).